インドにおける
経営者集団の
形成と系譜

グジャラート州の宗教・カーストと経営者

篠田 隆
SHINODA TAKASHI

日本評論社

扉写真：アダーラジの階段井戸（撮影　篠田あき）

インド行政地図（2018年）

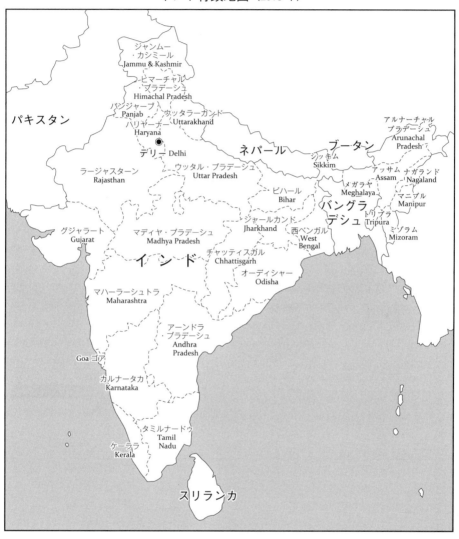

グジャラート州の各県と4地域（2018年）

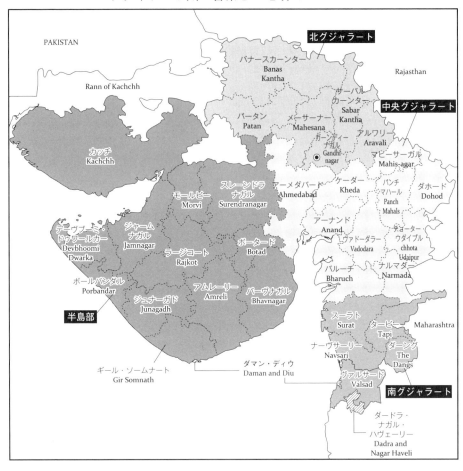

インドにおける経営者集団の形成と系譜——グジャラート州の宗教・カーストと経営者

目　次

序　章 ———————————————————————————— 1
 1. 本書の狙い　1
 2. 研究史　2
 3. グジャラートの宗教・カースト人口の再構成　4
 4. グジャラートにおける姓の使用と改姓運動　7
 5. 姓集団の設定と分析対象経営層の概要　11
 6. 本書の概要　14

第Ⅰ部　インドの経営展開と社会集団格差

第1章　産業政策と企業家 ———————————————————— 19
 はじめに　19
 1. 産業政策の変遷　19
 2. 5カ年計画と経済動向　22
 3. 近代工業の担い手　28
 おわりに　46

第2章　経営と社会関係資本 ——————————————————— 47
 はじめに　47
 1.「インド人間開発調査」の概要　48
 2. 世帯の主要収入源と社会的属性　53
 3. 社会経済的モビリティとネットワーク　71
 おわりに　83

i

第Ⅱ部　グジャラートの宗教、カースト、職業

第3章　宗教・カーストの人口構成 ———— 87
　はじめに　87
　1. ボンベイ管区とグジャラートの領域　88
　2. 宗教人口と地理的分布　94
　3. 宗教内カースト・セクト人口と地理的分布　99
　おわりに　115

第4章　宗教・カーストと職業 ———— 117
　はじめに　117
　1. 地域別職業構成　118
　2. カースト別職業構成　127
　おわりに　139

第5章　農村部における職業構成 ———— 143
　はじめに　143
　1. カースト制度の変容　145
　2. カーストと職業　148
　3. カーストとモビリティ　163
　4. 社会的教育的後進諸階級と認定基準　170
　5. SEBCC のその後の展開　176
　おわりに　183

第6章　平原部の部族民 ———— 187
　はじめに　187
　1. 植民地期の部族民　188
　2. 独立後の展開　192
　3. アイデンティティの課題　211
　おわりに　215

第Ⅲ部 グジャラートの経営者名簿分析

第7章 州政府製造業者名簿分析 ——— 219
はじめに　219
1. グジャラート州の製造業　220
2. 経営者と宗教・カースト　236
おわりに　259

第8章 グジャラート商工会議所1991年度版名簿分析 ——— 265
はじめに　265
1. グジャラート商工会議所の沿革　267
2. 会員数の分布　274
3. 会員とカースト　292
おわりに　304

第9章 グジャラート商工会議所2014年度版名簿分析 ——— 307
はじめに　307
1. 近年の動向　307
2. 会員数の分布　313
3. 会員とカースト　326
おわりに　344

第10章 南グジャラート商工会議所名簿分析 ——— 347
はじめに　347
1. 商工会議所の沿革　348
2. 会員の地域・業種・カースト分布　350
おわりに　360

第11章 大規模工業の展開と経営者 ——— 361
はじめに　361
1. グジャラートの経済と工業　361

2. 個票にみる大規模工業の展開　364
　　3. 大規模工業経営者の出自分析　388
　　おわりに　401

第12章　中小零細企業の展開と経営者 ──── 403
　　はじめに　403
　　1. 中小零細企業の展開　404
　　2. 宗教・カースト集団と中小零細企業　411
　　3. 姓集団と社会集団の関わり　430
　　4. 社会集団別の中小零細企業の展開　436
　　5. 宗教・カースト集団の内部格差　444
　　おわりに　458

第13章　ダリト経営者の個別事例研究 ──── 461
　　はじめに　461
　　1. ダリトの事業展開　461
　　2. ダリト商工会議所の形成と展開　463
　　3. グジャラートのダリト経営者家族の事例　465
　　おわりに　470

終　章 ──── 473
　　1. インドの経営展開と社会集団格差　473
　　2. グジャラートの宗教、カースト、職業　474
　　3. グジャラートの経営者名簿分析　478
　　4. 個別の宗教・カーストの経営と課題　484

参考文献　491
あとがき　511
索　引　517

序　章

1. 本書の狙い

　インドは発展途上国のなかでは例外的に豊富な企業家層を抱えており、その活動は国内のみならず、広く海外に及んでいる。このように、インドには比較的豊富な企業家層が存在するのだが、その出自はバニヤー（商業を伝統的職業とするカースト集団）などの特定のカースト集団に限定される傾向にあった。すでにイギリス統治期に形成されていた財閥の多くもこれら特定のカースト集団の出身であった。1947年の独立を境に産業政策は大きく変化した。新たな産業政策は、経済力の集中の抑制と小企業家層の保護育成を目標に掲げた。その影響もあり、企業家の構成は独立以降多様となった。さらに、1990年代に入ると、経済自由化政策が導入され、産業政策にも大きな転換がみられた。この過程で、従来は製造業や商業の経営における実績に乏しかった宗教・カースト集団も経営に参入するようになった。産業構造における農業および土地所有の規定力は徐々に弱まり、製造業や商業への経営参入の広がりと深度が、宗教・カースト集団の社会経済力を規定するようになった。
　本書の目的は、インドのなかでも製造業や商業の先進地域であったグジャラート州を事例として、製造業や商業の経営者における宗教・カースト構成がイギリス植民地期以降どのように変動したのかを考察することにある。そのなかでの具体的な課題には、①宗教・カーストの「伝統的」職業と彼らの製造業・商業の実際の経営分野とがどの程度相関しているのか、②製造業や商業の経営者層にみられる宗教・カースト間の格差は縮小しているのか、③後進諸階級の経営参入の規模はどの程度であり、どのような困難に直面しているのか、を明らかにすることにある。
　この目的のために、本書では文献調査と実態調査に基づき分析を行ってい

る。植民地期については国勢調査（センサス）を主資料として、宗教・カースト構成と職業の関わりを検討する。独立後の時期については、諸種の経営者名簿を主資料とし、宗教・カースト構成の変動を跡付け、変動要因の分析を行う。経営者名簿には経営者の氏名が記載されているので、姓分析により、経営者の宗教・カーストの割り出しを行う。これにより、政府編纂の資料や報告書にみられる社会集団区分（「指定カースト」「指定部族」「その他後進諸階級」「その他集団」）よりも格段に詳細な宗教・カースト構成の変動を把握できる。本書の独自性は、経営者名簿を資料として活用していること、分析手段として姓分析を活用していること、宗教・カースト集団の経営展開やモビリティに焦点を合わせた経営（史）研究であることにある。経営者の宗教・カースト構成の変動は、経営経済分野のみならず、政治や文化を含む広範囲にわたる社会変動の重要な要因になっている。このように、本書は経営者の集合的集団的分析に基づくグジャラートの社会経済変動論と位置づけることができる。

2. 研究史

　経営史や経営者史（企業者史）は比較的若い学問である[1]。日本や欧米については、これまでに比較的多数の経営史や経営者史が出版されている。アジアの経営者についても、近年成果が出始めている[2]。

　企業家・経営者が経済発展の重要な要因であることは広く認識されてきたが、これまでの「インドの経営者」研究の主要なテーマは財閥[3]や経営代理制度であった。財閥は後発資本主義国として国家主導型の工業化を推進した日本をはじめとして、東アジア、東南アジア、南アジアの多くの国々で形成され、これら諸国の資本形成と経済発展にとってきわめて重要な役割を果た

---

1) 経営史や経営者史（企業者史）の誕生・展開については、中川（1995）「第1部 経営史学の方法」を参照のこと。
2) これまでに日本で刊行されたアジアの企業家・経営者研究の主だった業績には、伊藤編（1983）；井上（1989）；井上編（1994）；小池（1979）；小池編（1982）；小池・星野編（1993）；末廣・南原（1991）；藤森編（1987）；米川編（1981）；米川・小池編（1986）がある。

してきた。また、経営代理制度は融資や労働力・原材料調達などの経営環境が不安定な状態のもと、主に南アジアで展開し、財閥の形成とも大きく関わってきた。それゆえ、研究者の関心が財閥や経営代理制度の研究に集中してきたのも、理由のあることである。もうひとつ、研究の比較的進んでいるのが、マールワーリー商人といった特定商業集団の研究分野である。これらの特定商業集団は南アジアにおける商工業の展開と資本蓄積に重要な役割を果たしてきた[4]。

これに対して、インドにおける中小規模の企業家・経営者研究は非常に遅れた研究分野をなしてきた。これまで、家内工業は産業構造が緩慢にしか変化しないインドにおいては当分保護されるべき分野として研究されてきたし、都市インフォーマル・セクターも経済学者や社会学者の研究対象とされてきた。また、近代工業としての中小企業(とりわけ機械部品工業など)は工業化における裾野の広がりを示すものとして注目されてきた。このように、中小企業の経済的側面に関する研究自体は比較的豊富に存在しているが、企業家・経営者の人的側面に踏み込む研究は少なかった[5]。その理由は、いろいろと考えられる。経営者研究における問題関心が財閥研究に向きがちなこと、国民統合の観点からの経営者研究が弱いために裾野をなす経営者層の重要性が看過されてきたこと、近代工業部門における中小企業経営者の顕著なる成

---

3) 本稿では財閥を「後発資本主義国の工業化過程に顕著にあらわれる家族・同族の支配に基づく多角的事業集団」と大まかに捉える。日本の財閥の特徴としては、①国家権力との強い結合、②同族支配、③コンチェルン型の多角経営、④流通支配の重要性などが指摘され、形成過程や事業形態に応じた財閥の類型化も国内ではほぼ定着している。これに対して、発展途上国の財閥研究は歴史が浅いことに加えて、諸国間の家族制度、相続制度、経営風土などにかなりの相違があるために、財閥の定義もなかなか一本化できない状態にある。もともと、発展途上国の財閥研究は日本の財閥を強く意識した形で進められてきたが、近年ではコンチェルンや独占・寡占の規定が緩められ、発展途上国の工業化に特有な企業集団として大きな枠組みのなかに括られる傾向にある。ちなみに、安岡重明は財閥の特徴として、家族性、多角性、大規模性の3要因を重視し、「財閥とは、家族または同族が出資し支配する多角的事業体であって、そのうちの大規模な事業部門(または企業)は国民経済・地方経済に大きい影響力を及ぼすほどの規模を有する」(安岡 1985: 5)と定義している。
4)「インドの経営者」研究に関わる邦文の論文は多数発表されている。以下に主要な著書のみを記す。金田編(1960); 加藤(1962); 田部(1966); 小池(1979); 石井(1982); 三上(1993)。財閥関連の研究史は三上の著書に手際よくまとめられている。

長は比較的近年の現象であることなどが主要な理由である。さらに、資料の制約も大きい。自叙伝、伝記、社史などが豊富に存在する財閥研究においても、重要資料は非公開であることが多い。中小企業経営者研究のための資料入手はさらに困難である。

このように、中小企業経営者研究の障害は大きいが、新たな資料を発掘し、これまで看過されてきた厖大な経営者層の役割を歴史的に分析することが、インドの経済発展および社会発展に対する彼らの関わりを正当に評価するために必要となっている。

3. グジャラートの宗教・カースト人口の再構成

本書では製造業や商業における経営者の宗教・カースト構成が長期的にどのように変動したのかを考察する。最新の2011年国勢調査（センサス）の社会経済調査でカーストの情報が収集されたが、いまだに公開されておらず、公開の目途も立っていない。カースト別人口分布については、植民地期の1941年国勢調査以降情報が収集されていないので（ただし、「指定カースト」や「指定部族」の情報は収集公開されている）、1931年国勢調査に依拠してグジャラートの宗教・カーストの人口構成を確認しておこう（詳細は第3章を参照のこと）。

1931年国勢調査に依拠してグジャラートのカースト別人口を再構成する試みはいくつかみられる。カースト別人口の再構成は各自の研究テーマに沿う形でなされており、たとえば、クシャトリヤ連合の形成に焦点を合わせるガンシャム・シャー（Ghanshyam Shah）はラージプートとコーリーの対比を明確にするために国勢調査の分類に反してラージプートを上位カーストに位置づけているし（Shah, G 1975a: 9)、独立後のグジャラートの政治とカースト

---

5) 英文のインド近代経営史研究で重要なのは、Ray (ed.) (1992); Nafziger (1978); Singer (ed.) (1973) およびインド経営研究所 (Indian Institute of Management, Ahmedabad) の論文集として刊行された以下の経営史研究三部作である (Tripathi (ed.) 1984, 1987, 1991)。財閥研究には、Tripathi (1981) および Tripathi and Mehta (1990) がある。綿工業の経営者については、Mehta, M. (1982)、農村部における小規模工業と経営者については、Rutten (1995) を参照のこと。

に焦点を合わせるプラヴィン・シェート（Pravin Sheth）はKHAM連合（ク
シャトリヤ、指定カースト、指定部族、イスラム教徒による政治連合）の勢力（人
口比率）が把握しやすいように諸集団を配列している（Sheth and Menon
1986: 2）。

　筆者の関心はイギリス統治下から独立後にかけてグジャラートの商工業の
展開を商人、企業家として支えた諸集団の人口とその地理的分布を明らかに
することにあるので、国勢調査や先行諸研究とは異なる分類方式をとる。表
0-1に「グジャラートの主要宗教・集団・カースト別人口の分布」、を掲げる。

　同表の先進グループにはグジャラートの商工業の展開を牽引した諸集団を
配列してある。ローハーナーやソーニーを項目に掲げたのもこの関連からで
ある。もちろん、先進グループを構成するどの宗教・集団・カースト内部に
も経済格差は存在し、かつその格差の規模は宗教・集団・カーストにより異
なっている。商工業の展開を牽引した先進グループはグジャラートの人口の
約25％を占めている。この先進グループの層の厚さに他州にはみられないグ
ジャラートの特徴がある。先進グループ内部の最大人口集団パーティーダー
ルは、すでに1931年国勢調査時点においてグジャラートでもっとも政治化し
た集団をなし、商工業への進出を開始していた。グジャラートの先進グルー
プの他の特徴は、バラモンの比率が他州よりも小さいことと、商工業に特化
するバニヤー、ジャイナ教徒、パールスィー教徒が有力な勢力をなしている
点にある。

　中間グループは商工業の展開への寄与が比較的小さい集団よりなる。有力
な土地所有層を形成するラージプートはとくに半島部において商工業にも進
出しているが、全般的な参入規模はパーティーダールに比較するとはるかに
小さい。また、スタール、ローハール、クンバールなどの職人カーストの一
部は「伝統的」技術の蓄積を活用し、機械、金属、非伝統的陶業などの経営
に参入しているが、カースト別の腑分けが困難なために、職人・サービスカ
ーストを一括して中間グループに位置づけた。コーリーにみるように、中間
グループ人口の少なからぬ部分は社会教育的後進諸階級に指定されている。

　後進グループは小商業以外の商工業に進出するための経済・教育基盤およ
びモビリティに欠ける集団よりなる。牧畜カーストは1931年国勢調査では中

表0-1 グジャラートの主要宗教・集団・カースト別人口の分布 (1931年)

分類	宗教・集団・カースト	領域				計 上段 人数 下段 %	比率 小計
		直轄統治県	藩王国代理政府	西インド藩王国代理政府	バローダ藩王国		
先進	バラモン	123,426	50,167	214,184	123,714	511,491 (4.5)	(23.9)
	ローハーナー	10,149	1,086	100,492	13,570	125,297 (1.1)	
	ソーニー	15,513	3,880	32,625	12,145	64,163 (0.6)	
	バニヤー	62,784	25,433	62,909	41,486	192,612 (1.7)	
	パーティーダール	255,896	118,878	631,081	469,989	1,475,844 (13.1)	
	ジャイナ教徒	41,076	15,043	203,626	48,408	308,153 (2.7)	
	パールスィー教徒	14,359	1,352	871	7,127	23,709 (0.2)	
中間	ラージプート	174,452	67,325	227,137	94,805	563,719 (5.0)	(38.6)
	コーリー	822,127	500,568	481,285	435,087	2,239,067 (19.8)	
	職人・サービスカースト	155,710	71,146	320,841	140,054	687,751 (6.1)	
	その他の中間集団	213,930	117,951	365,677	162,505	860,063 (7.7)	
後進	牧畜カースト	63,560	19,052	298,264	70,915	451,791 (4.0)	(26.2)
	後進集団	90,461	35,620	173,914	53,301	352,296 (3.1)	
	被抑圧集団	210,147	83,916	318,220	203,043	815,326 (7.2)	
	原始的集団・部族民	485,363	525,936	15,552	357,071	1,383,922 (12.2)	
他	イスラム教徒	365,386	70,886	545,569	182,630	1,164,471 (10.3)	(11.3)
	キリスト教徒	42,596	3,351	1,396	7,262	54,605 (0.5)	
	その他宗教・集団	1,057	146	5,607	19,895	26,705 (0.2)	
	計	3,147,992	1,710,736	3,999,250	2,443,007	11,300,985 (100.0)	(100.0)

注:( )内数値は宗教・集団・カースト人口のグジャラートの総人口に占める比率(%)。
出所:1931 Bombay Census Part 2, pp. 412-442, 1931 W.I.S.A. Census Part 2, pp. 282-301, 1931 Baroda Census Part 2, pp. 120-126より作成。

間集団に含まれているが、教育における後進性が著しく、かつ商工業と無縁なので、後進グループに含めた。後進集団は社会的教育的後進諸階級の核をなしている。指定カースト、指定部族と対応する被抑圧集団、原始的集団・部族民についての情報は独立後の国勢調査でも編纂されている。

　グジャラートの人口の10％を占めるイスラム教徒は全体としてはヒンドゥー教徒よりも政治経済的に後進的だと位置づけられている。ただし、グジャラートのイスラム教徒は都市居住率、商業への参入の面で旧ボンベイ管区の同教徒に優越しており、商業セクトの実態把握が同教徒の全般的な評価のためにも必要となっている。

4. グジャラートにおける姓の使用と改姓運動

　グジャラートで姓が一般的に使用されるようになったのは、イギリスの統治下においてであり、その歴史は150年にも満たない。とくに、1872年から独立にいたる間の国勢調査は宗教、カーストの「公的」な分類や順位づけをとおして宗教、カーストの再編を促し、この過程で新たな状況に対応するためにカースト組織の内部改革に向かう求心力が形成されるとともに、上位に位置づけられたカーストの慣行その他の模倣をとおして社会的位置づけの上昇を試みる動きがあらわれた。多数のカーストにおける姓の受容・形成と姓を表示する慣行は姓の模倣とともにこの過程のなかで定着していったものとおもわれる。グジャラートにおける姓の模倣や改姓の動きをみるうえで重要なのは、商工業への新たな参入による職種・職能・地名を表示する姓の獲得とラージプート姓への集団改姓の2つである。グジャラート形成史の大きな特徴は、この領域が中央（北インド）のバラモン的秩序に不満をもつ階層の新開地として多数の商人層を引き付けたこと、このため当初より高度に商業化された地域をなしたこと、以上の経緯を背景としてグジャラート社会におけるバニヤーは経済力のみならず社会的序列の面でもバラモンを凌駕してきた点にある。グジャラートにおけるバラモンの人口比（総人口の約5％）が北インドをはるかに下回っているのも、バニヤーが当初からこの地域の実質的な覇権を掌握してきたことと無縁ではない。すでに、中世におけるギルド

の形成と機能にみるように、同業組合への参加は特定の宗教やカーストに限定されなかったために、出自を異にする人々が組合員を構成した[6]。後に彼らは共通のタイトルに括られ、集団としての社会的評価が定まるとともに、個々の成員の出自は新たなタイトルに埋没していった。また、ジャリーワーラー（Jariwala：金刺繍織物商人）、ラクダーワーラー（Lakdawala：材木屋）、ダールーワーラー（Daruwala：酒製造業者）、ダーントワーラー（Dantwala：歯医者）などにみるように、接尾辞ワーラー（-wala：～屋）をもつ姓はグジャラートには多数みられ、その多くは商業集団を表示している。これらの姓は姓により比率を異にするが、ヒンドゥー教徒、ジャイナ教徒のほかにイスラム教徒やパールスィー教徒に共有されている。ここに、グジャラート社会の、個々の出自・系譜ではなくて機能を社会的評価の基準として重視する傾向をみてとることができる。このような商工業への参入をとおしての新たなタイトルや姓の獲得、その結果としてのバニヤーあるいはそれに準じる集団としての社会的評価の享受は、個々の世帯あるいは家族のモビリティの結果として実現されたのであり、集団的な運動の形態をとることはまれであった。

　これに対して、ラージプート姓への改姓は集団的な運動として推進された。グジャラートのラージプートは103の氏族（Clan）に分かれ、その一部はイギリス東インド会社がグジャラートに地歩を築いた時点、主にサウラーシュトラ（Saurashtra：原意は百王国；多数の藩王国で構成された半島部の領域なので、以降「半島部」と表記する）で有力な領主層を形成していた。その後、イギリスによる間接統治のもとラージプート領主層の多くは没落したが、社会的には再生族クシャトリヤとしての比較的高い評価を享受した。ラージプートは軍事的性格のほかに土地所有・経営から派生する農業的性格も有しており、何らかの形で農業や雑業に携わるカーストにとっての同化目標とされやすかった。実際、低カーストにとってバラモンやバニヤー（ヴァイシャ）への同

---

[6] 近代グジャラートにおける商工業の展開は中世に形成された商業組織、自治組織、経営風土などの検討なしには十分に理解できない。経営史においても中世から近世、近代への移行の態様は未開拓の分野となっている。ただし、商工業と関わる中世グジャラートの研究は比較的豊富である。長島（1982, 1984, 1994）；平田（1983）；Pearson（1976（生田訳（1984）））; Nightingale（1970）; Chavda（1985）; Singh, O.（1977）; Gokhale（1978）; Janaki（1980）; Mehta, M.（1991）などを参照のこと。

化は障害が多過ぎ、上位ヴァルナ枠ではクシャトリヤが唯一残された選択肢であった。このような背景のもと、イギリス統治下において静かに進行していた低カーストによるラージプート姓の模倣は独立直後のクシャトリヤ協会（Ksyatriya Sabha）の形成をきっかけとして一挙にラージプート姓への集団改姓運動を巻き起こすことになった。独立インドにおける普通選挙制度の導入がクシャトリヤ協会形成の背景となっている。社会的には高く評価されているものの人口規模が小さく、かつ経済力の衰退しているラージプートは、人口規模の大きいコーリー（Koli）を「クシャトリヤ」として取り込むことにより、選挙制度をとおして、政治権力の把握を試みた[7]。この試みは一定の成功をみせたために、コーリーのみならず指定カーストや他の後進諸階級はクシャトリヤへの同化をはかるために、パルマール（Parmar）、ワーゲーラー（Waghela）、ラトード（Rathod）、チャーウダー（Chavda）などのラージプート姓を名乗るようになった。これら同化グループの人口はもともとのラージプートの人口を圧倒的に上回っているために、上記ラージプート姓は現在、指定カーストやその他後進集団の標章として一般に理解されるようになっている。

「ボンベイの部族とカースト」（The Tribes and Castes of Bombay）（Enthoven 1975）と「グジャラートのヒンドゥー・カーストと部族」（Hindu Castes and Tribes of Gujarat）（Campbell（ed.）1988: Vol.IX PartⅠ）にはカーストの氏族名およびセクト名が紹介されている。姓の受容・形成過程のなかで、氏族名、セクト名の一部はそのまま姓を表示する標章としても機能していることが確認できる。ただし、これらの資料からはカーストごとの姓使用の有無、使用姓の種類や頻度などの具体的なことは何もわからない。

宗教・カーストと使用姓の関係をもっとも具体的に示す資料は、宗教およびカースト団体の成員名簿である[8]。カースト団体はイギリス統治下におけ

7）クシャトリヤ協会形成の経緯とその機能については、Shah, G.（1975a）および Kothari（ed.）（1970）、第3章に詳しい。

8）グジャラートにはカースト団体の機関誌、成員名簿を体系的に収集している機関はみあたらない。ちなみに、近代グジャラートの歴史資料がもっとも豊富なグジャラート・ヴィデャーピート（Gujarat Vidyapith）図書館の所蔵するカースト団体の成員名簿は20数点に過ぎない（2002年）。資料収集の障害は大きい。

るカースト体制の再編に対処するために形成されたカーストの求心的な組織で、内部改革をとおしての新たなアイデンティティの確立とカーストの政治経済力の強化をめざし、そのための広報活動として機関誌を発行した。カースト団体はすでに一定の政治経済力を有するカーストにのみ形成されたのに対して、後進的なカーストはこのような求心力を発揮することはできなかった。機関誌の発行は一部のカースト団体では団体形成時点にまでさかのぼることができるが、成員名簿の発行は比較的近年に行われるようになった。成員名簿はカースト成員間の所在の確認、配偶者の選択、社会的経済的交流の促進を目的として作成されている。

　改姓運動のように姓と出自との対応をより複雑化する動きもみられるが、現在でも相当数の姓は単一の宗教あるいはカーストと対応している。もちろん、複数の宗教あるいはカーストが姓を共有する事例は少なからず存在するが、たとえばジャイナ教徒とヒンドゥー教徒バニヤーとの共有、ヒンドゥー教徒バラモンとバニヤーとの共有、ヒンドゥー教徒ラージプートと後進諸階級・指定カーストとの共有、などの一定の傾向がみられるために、区割りを拡大することにより位置づけが可能となる。とくに、ここでの課題は一定の政治経済力を前提とする製造業者の姓と出自の関係なので、現実にはより複雑な様相を呈している姓の共有関係もより限定された関係として捉えることを可能とする[9]。ただし、このような限定化はともすると後進的だとみられ

---

[9] 柳沢編（1995）に対する藤井毅氏の書評（『南アジア研究』第8号：148-158頁）のなかで、同書第11章の拙稿「グジャラートにおける製造業の展開とカースト」についても論評された。藤井氏は書評のなかで、拙稿の姓分析は「南アジアにおける命名原理に関して大きな誤解に基づいて論証が試みられている」「収集した名辞の内実分析の方策を示さずに、単純にそれを比較すれば分析対象の属性が浮かび上がると考えるのは方法論上の錯誤ではないのか」と批判している。その批判に対する篠田の反論と藤井氏の再反論のやりとり4本が『南アジア研究』第9号に「書評論文再論」（篠田・藤井 1997：153-166）として掲載されているので参照されたい。
　筆者の姓分析方法論に基づく英文論考（Shinoda 2000, 2002；後者は前者EPW論考の改訂版）を読んだインドの研究者やジャーナリストからも姓分析についての感想を得ている。とりわけ、Rajiv Shah は、'The Dye is Caste in Gujarat,'（URL：https://timesofindia.indiatimes.com/blogs/true-lies/the-dye-is-caste-in-gujarat/ 2016年9月5日アクセス）のなかで、姓に対するインド人の関心の多様を自身の体験も交えて論じており、大変興味深い。なお、筆者の姓分析方法論に基づく英文論考はShinoda（2000, 2002a）の2点である。

ている諸集団の過小評価につながりやすいので、この点は十分に注意する必要がある。

5. 姓集団の設定と分析対象経営層の概要

　本書の第Ⅲ部では経営者の姓情報が編纂された諸種の名簿や個票データに基づき、姓集団としての経営者の分類を行い、姓集団が経営者としてどのような属性や特徴をもっているのかを分析した。そのために、本書では名簿にあらわれた主要な姓と宗教・カーストとの対応関係をいくつかの姓集団に分けて検討した。グジャラート出自の姓集団は、第7章から第10章までの分析では①バラモン、②クシャトリヤ、③バニヤー（ジャイナ教徒＋ヒンドゥー・バニヤー）、④上位諸カースト（ジャイナ教徒＋ヒンドゥー・バニヤー＋バラモン＋パーティーダール）、⑤パーティーダール、⑥職人カースト、⑦イスラム教徒、の7つのグループに分類した。ジャイナ教徒とヴァイシュナヴァ派ヒンドゥー教徒の姓は重なっているために、両者を一括して「バニヤー」に括った。「上位諸カースト」には複数のカースト集団が共有している姓をまとめた。人口規模は小さいが非常にモビリティの高い集団であるパールスィー教徒は、いわゆるバニヤー姓のほかにカンバーター（Khambhata）やカーマー（Cama）などの姓も使用している。「パーティーダール」のなかには、「上位諸カースト」に分類されているデーサイー（Desai）やアミーン（Amin）、「クシャトリヤ」に分類されているチャウドリー（Chaudhri）などの姓の使用者もいるが、腑分けができないので、このグループにはパテール（Patel）のみを分類した。職人カーストとイスラム教徒の姓も比較的把握しやすい。

　中小零細企業経営者を分析した第12章では、新たに、⑧「部族民」、⑨「その他後進諸階級」、⑩「パンジャービー」の姓集団区分を加えた。「部族民」姓は第7章から第10章までの姓分析に使用した名簿や個票データにはほぼ含まれていなかったが、中小零細企業の個票データには含まれていたので追加した。「その他後進諸階級」の姓集団には、「クシャトリヤ」や「職人カースト」に分類されなかったOBC（Other Backward Classses: その他後進諸階級）に属する姓集団を組み入れた。「パンジャービー」とはインド北部に位置す

表0-2 資料別分析対象経営層の比較

章	名簿名称	対象時期	対象企業	対象地域	対象企業数
第1章	IHDS個票データ	2011	非特定	全インド	42,129
第7章	州政府製造業者名簿	1987	工場、小規模・零細工業等	全グジャラート	19,454
第8章	GCCI 1991年会員名簿	1949–91	商工業経営者、専門職等	全グジャラート	4,706
第9章	GCCI 2014年会員名簿	1949–2014	商工業経営者、専門職等	全グジャラート	3,099
第10章	SGCCI 1991年会員名簿	1991	商工業経営者、専門職等	南グジャラート	2,489
第11章	大規模工業個票データ	1983–2014	大規模工業	全グジャラート	6,092
第12章	中小零細企業個票データ	2006–15	中小零細企業	全グジャラート	350,786

注1：IHDSは、「インド人間開発調査」の略。
　2：GCCIは、「グジャラート商工会議所」の略。
　3：SGCCIは、「南グジャラート商工会議所」の略。
出所：筆者作成。

るパンジャーブ州出身の人々のことである。近年、グジャラート州で経営展開しており、彼らを捕捉するためにこの区分を設定した。

　また、第11章の大規模工業経営者の分析では、多数の州外出自の経営者が含まれていたので、①「州内」（グジャラート特有の姓）、②「共通」（グジャラートおよび他州でも使われている姓）、③「州外」（他州でのみ使われている姓）に経営者を分類し、この分類と他の経営属性との関連を考察した。

　次に、本書で利用する名簿や個票データに記載されている経営者の特性について、表0-2に基づき、あらかじめ比較検討しておこう。分析対象企業は、グジャラート州の大規模工業、中規模工業、小規模工業、零細企業とすべての規模の製造業と関連サービス業を網羅している[10]。また、商工会議所の会員には専門職や中小零細企業に未登録の経営者も含まれている。第Ⅲ部での経営者分析のほかに、第Ⅰ部の第2章でも「インド人間開発調査」の個票

---

[10] 2018年現在の規模別製造業の定義は、設備と機械類（Plant and Machinery）への投資額を基準に、250万ルピー未満が零細業、250万～5000万ルピー未満が小企業、5000万～1億ルピー未満が中企業、1億ルピー以上が大企業に区分されている。ただし、サービス業の場合は、設備（Equipments）への投資額を基準に、100万ルピー未満が零細企業、100万～2000万ルピー未満が小企業、2000万～5000万ルピー未満が中企業に分けられている。中小零細企業の定義は、2006年の中小零細企業法に規定されている。

データ（4万2129件）に基づき、全インドの宗教・カーストと社会関係資本や経営形態との関連を分析している。

　分析対象時期は、使用する名簿や個票データにより異なっている。州政府製造業者名簿は1987年時点の名簿（1万9454件）を分析した。経済自由化の影響があらわれる前の工場・小規模工業における経営者の宗教・カースト構成を考察した。その後、2006年の中小零細企業法により、小規模工業は中小零細企業に再編された。本書で使用する中小零細企業の個票データ（約35万件）は、経済自由化政策の影響があらわれた2006-15年間をカバーしており、経営者の宗教・カースト構成にも1987年時点と異なる新たな展開がみられた。

　グジャラート商工会議所はグジャラート州最大の商工会議所である。同商工会議所の1991年版（4706件）と2014年版名簿（3099件）を分析した。この名簿の利点は、各会員に個別の会員番号（会員登録順の通し番号）が与えられており、会員構成の時期別展開を分析できる点にある。会員番号の情報を利用し、1949年から2014年までの登録会員の産業構成や宗教・カースト構成の動向を跡付けることができた。ここでも、経済自由化を前後して会員構成に変化がみられた。南グジャラート商工会議所はグジャラート州第2位の規模（会員数）の商工会議所である。会員はスーラトを中心とした南グジャラートに集中している。残念ながら、個別の会員番号が与えられていなかったので、1991年時点の単年度の会員構成（2489件）の検討を行ったが、グジャラート州で最重要の2つの商工会議所の会員分析を行うことができた。

　大規模工業の個票データ（6092件）には登録年の情報が含まれていたので、1983年から2014年までの経営者と宗教・カーストとの関わりとその動向を姓分析により検討した。この期間を4期に区分し、時期別の企業の特徴と経営者構成の変化を跡付けた。

　このように、本書ではグジャラート州における大規模工業から零細企業まですべての規模の製造業と関連サービス業の経営者を分析対象としている。また、グジャラート商工会議所、大規模工業、中小零細企業の名簿や個票データについては、時期区分により時期別展開も跡付けることができた。このため、経営者の宗教・カースト構成の変動についても、より大規模かつ実証的な分析をすることができた。

6. 本書の概要

　本書は、インドのなかでも製造業や商業の先進地域であったグジャラート州を事例として、製造業や商業の経営者における宗教・カースト構成がイギリス植民地期以降どのように変動したのかを経済学・社会学の手法で分析した研究成果であり、3部で構成される。

　第Ⅰ部では、経営活動の前提条件をなす「産業政策」の展開と「社会関係資本」の態様を全インドレベルで検討した。独立を境に産業政策は大きく変化した。新たな産業政策は、経済力の集中の抑制と小企業家層の保護育成を目標に掲げた。産業政策の影響もあり、企業家の構成は独立以降多様となった。さらに、1990年代に入ると、経済自由化政策が導入され、産業政策にも画期的な転換がみられた。しかし、「社会関係資本」については、宗教・カースト間に大きな格差が存在し、社会経済的な後進集団である「指定カースト」「指定部族」「その他後進諸階級」や「イスラム教徒」は司法立法行政から疎外され、さらにはセキュリティの不安を抱えるなど、社会的に孤立する状況が確認できた。

　第Ⅱ部では、グジャラートにおける植民地期以降の職業構成の推移を、宗教・カーストの「伝統的」職業の動向を中心に検討した。植民地期には、大工・床屋・陶工・鍛冶工・裁縫師・清掃人・皮革加工業など後進集団の「伝統的」職業の多くは村落内（間）分業体制に組み込まれていた。先進集団のなかでもパーンチャルやソーニーなどは「伝統的」職業である「金銀銅・真鍮製品製造業」「金工・宝石商」の就業人口比率が高かった。しかし、独立後には職人・サービスカーストの「伝統的」職業からの乖離が進んだ。価格競争や嗜好の変化のほかに、州政府の「指定カースト」「指定部族」「その他後進諸階級」に対する留保政策の展開が重要な要因であった。社会的上昇のために伝統的職業を積極的に廃棄しようとする動きもあらわれた。

　第Ⅲ部では、グジャラートの独立後における経営者の宗教・カースト別構成の変動を、諸種の経営者名簿を主資料として検討した。その結果、宗教・カースト別資本蓄積の諸形態、たとえば、農耕カースト・パーティーダール

の場合は農業部門から商工業への資本移動、バニヤー・ジャイナ教徒の場合は商業・金融業から製造業への参入、職人・サービスカーストの場合は技術・ノウハウ蓄積を活用した「伝統的」部門での展開、一部のバラモンやパールスィー教徒の場合は官界から実業界への移動が検証できた。また、「指定カースト」や「指定部族」などの後進集団の経営参入に対しては、現在でも差別が根強く存在しているため、政府購入分の一定割合の買い取り枠設定を含むさまざまな優遇政策を求める主張にも十分な根拠のあることを確認できた。

このように、本書では、インド、グジャラート州における経営者の宗教・カースト別構成の長期変動（植民地期の1930年代から2015年まで）を国勢調査、インド人間開発調査、経営者名簿などの文献調査と経営者からの聞き取り調査を組み合わせ、実証的に跡付けるとともに、変動要因の分析を行った[11]。

---

11) 本章も多くの人々の協力により成り立っている。とりわけ、経営者の姓分析にあたって、グジャラート・ヴィディヤーピート（Gujarat Vidyapith）のプラヴィン・シェート（Pravin Sheth）、グジャラート大学のR. L. ラーワル（R. L. Raval）、グジャラート商工会議所（Gujarat Chamber of Commerce and Industry）のイーシュワルラール・カニヤー（Ishwarlal Kaniya）の諸氏から貴重な助言をいただいた。また、第11章と第12章での姓分析については、SETU のアチュート・ヤーグニック氏（Achut Yagnik）から、第12章でのイスラム経営者、ダリト経営者、部族民経営者の姓分析については、各々、イスラム経営者のアリフセーン・モーミン氏（Alihusen Momin）、ダリト経営者のディネーシュ・ラージワンシー氏（Dinesh Rajvanshi）、グジャラート大学のアーナンド・ワサワー氏（Anand Vasava）からご教示いただいた。ここに記して謝意をあらわす。もちろん、本論中のいかなる誤りも筆者のものである。

なお、本書では、グジャラート州に関わる人名や地名のカタカナ表記は、できるだけグジャラート語の表記に準じたが、アーメダバード（グジャラート語ではアムダーヴァード）とスーラト（グジャラート語ではスラト）の2つについては慣用的な表現を選択した。

第Ⅰ部

インドの経営展開と社会集団格差

第1章
産業政策と企業家

はじめに

　企業家は賃金労働者とともに工業化に不可欠な人的資源をなす。発展途上国では一般に、資本、技術の欠乏とともに企業家不足が工業化の制約要因になっている。国家が自前の企業家集団をもたないために、外部から流入した集団が商工業を担うケースもまれではない。企業家は植民地支配や国家の一連の産業政策のもと、その態様を大きく変化させており、この意味できわめて歴史的な産物といえる。

　独立インドにおける経済体制と産業政策の特徴を整理し、これらが企業家に対して与えた影響の一端を検証するのが本章の課題である。第1節で産業政策の変遷を、第2節では独立インドの経済動向を5カ年計画に即して跡付け、続く第3節で近代工業の担い手に関する諸種の問題を検討する。

1. 産業政策の変遷

　独立インドにおける産業政策の最重要課題は、経済的自立と貧困の除去、換言すると経済発展と雇用確保に置かれた。産業政策の基本的枠組みは1948年4月の産業政策決議（Industrial Policy Resolution：以下、1948年決議と略称）、1951年の産業（開発・規制）法（Industries Development and Regulation Act：以下、1951年産業法と略称）そして1956年の産業政策決議（以下、1956年決議）で固められた。これらの産業政策によりインド経済は方向づけられ、後続の産業政策により軌道の修正が行われた。公共部門と民間部門に対する産業政策の概要とその変遷を検討しておこう[1]。

(1) 公共部門

　1948年決議では重要な業種を公共部門とすること、民間企業の国有化は10年間行わないこと、財閥への経済力集中を防止する一方で財閥の諸権利を保障することなどの基本方針が決定された。さらに、1956年決議で公共部門は拡大され、基礎部門や戦略部門のほかに、消費財・サービス・金融・観光部門も含まれるようになった。この結果、インド経済は混合経済として、公共部門（政府の出資率が51％以上）、ジョイント部門（政府と民間の出資率が各々26％と25％）、民間部門の3部門により構成されることになった。

　公企業はインドの経済計画のなかで重化学工業の牽引力としての役割を担うと同時に、収益性は低いが公共性の高い業種をも担うことになった。また、大規模な繊維工業など経営不振に陥った民間企業の一部も雇用確保の観点から政府に接収され公企業とされた。このように、公企業は業種のみならず資本集約度や収益性の異なる多様な事業体を含んでいた。

　公企業の非効率性は、多岐にわたる構造的な問題から派生した。公企業は1950年代および1960年代の輸入代替政策のなかで、工業化に不可欠な重工業、機械工業およびインフラ建設を一手に担ってきた。その際、民間部門で関連産業が未展開なこともあり、公企業内部で自己完結的な生産体制を築いた。また、地域格差を縮小させるための立地の分散、多品目の生産、規模の経済に満たない工場の建設・操業、技術の後進性と技術開発の遅れ、高率関税と輸入規制によるハイコスト化、産業許可制度による国内市場の保護、国際競争力の欠如なども非効率の原因となった。

　公企業改革の議論は長らく等閑に付されてきたが、1970年代末から財政再建や民営化との関連で公企業の改革が叫ばれるようになった。1984年のセーングプター委員会報告書は、経営責任を明確化し監督機関と公企業間で「合意書」(Memorandum of Undertaking) を取り交わすこと、非主要部門の赤字

1）下山・佐藤は、独立後の1951年から1984年までの産業政策を6期に区分し、各時期の特徴を詳細に説明している。とくに、第3章の第2図（24-25頁）は時期区分の背景と、産業政策と経済や政治との関連がわかりやすい（下山・佐藤 1986: 23-68）。小島は産業政策を工業化との関わりで、初期成長期（1947-65年）、工業化停滞期（1965-80年）、成長回復期（1980年代）に区分したうえで、産業政策の与件として、混合経済体制、多元的開発目標、産業許認可制度のあることを強調している（小島 1993: 13-19）。

公企業に対しては閉鎖の措置をとること、民間部門の経営不振企業の接収は従業員数2000人以上の企業に限定することなどの提言を行った。このうち、「合意書」の交換については進展をみたが、赤字公企業の閉鎖に対しては反発が大きく、実施できなかった。この間、公企業に限定されていた業種の一部は民間企業にも開放され、民営化が一定程度進行した。さらに、1991年のラーオ政権下での経済改革により、規制緩和と自由化が大幅に進み、黒字公企業の株式放出と赤字公企業の閉鎖が協議事項に位置づけられた。

(2) 民間部門

　5カ年計画に体現される開発目標を達成するために、公共部門はもちろんのこと、民間部門も諸種の規制下に置かれることになった。民間部門に対するもっとも重要な規制は、1951年の産業法に規定された産業許可制度である。産業許可制度は、工業投資と生産の規制、財閥の規制、小規模工業の保護、地域間の均衡的発展を目的として開始された。この制度の対象は、労働者数50人以上の動力を使用する工場あるいは労働者数100人以上の動力を使用しない工場であり、これらの企業は中央政府への登録が義務づけられ、新規企業の設立、新規商品の生産、既存施設の大規模な拡張、立地の変更などに際しては、事前に産業許可証を入手することが義務づけられた。産業許可証の審査は産業許可委員会（Licensing Committee：議長は産業開発局長、委員は各省庁の代表者により構成）でなされ、審査を通った企業には暫定的に「予備的合意書」（Letter of Intent）が発行された。「予備的合意書」の条件に基づき、企業が1年以内に必要な事務手続きを完了できた場合にのみ、産業許可証が発給された。産業許可証発給から2年以内に企業は生産を開始せねばならず、その際に企業は統制下の希少資源の割り当て、土地や融資の獲得、原材料や機械類の輸入などの面で諸種の特典に浴することができた。産業許可証の発給はインド全体の生産目標との関連で決定されるべき事項であったが、実際には審査にあたる官僚の裁量が大きく、このため、産業許可制度による民間部門の規制はライセンス支配（License Raj）と呼ばれたりした。

　1970年代の規制緩和の動きのなかで、1975/76年には24業種が、1980年代の経済自由化の動きのなかで、1985年には31業種が産業許可制度の適用から

除外された。このように、1980年代までに民間部門に対する規制は徐々に緩和されていくが、産業許可制度そのものは存続した。1990年代に入り、インドの経済政策は大きく転換した。1991年の総選挙により誕生したインド国民会議派のナルシンハ・ラーオ（Pamulaparti Venkata Narasimha Rao: 1921-2004）内閣は未曾有の債務危機を打開するために、財政支出の削減、金利の引き上げ、為替レートの切り下げを断行し、国際通貨基金（IMF）からの融資を取りつけた。この開放体制への移行のなかで、産業許可制度も安全保障や戦略的産業など18業種を除き原則的に廃止された。

2. 5カ年計画と経済動向

1938年のインド国民会議派による国民計画委員会の設置にみるように、すでに独立前から独立を見据えて経済政策を策定する試みがみられた。委員長はジャワーハルラール・ネルー（Jawaharlal Nehru: 1889-1964）が務め、1944年には立場の異なる3種類の経済計画案が公表された。通称「ボンベイ・プラン」（Bombay Plan）は民族資本家、通称「ピープルズ・プラン」（People's Plan）はインド労働者連盟、通称「ガーンディー主義プラン」（Gandhian Plan）はガーンディー主義者が策定した計画案である[2]。このように、植民地型経済構造の克服と経済発展への指向をモチーフとした経済計画案は独立前から策定されており、独立後の5カ年計画はこのような伝統のうえに立脚して推進された。

独立後の1947年から2017年まで、インド経済は5カ年計画を前提として運

2）黒沢は、各プランの特徴を以下のようにまとめている。「ボンベイ・プラン」の特徴は、3段階に分けられた15年間に個人所得の倍増を目標として農業生産と工業生産の目標を設定したこと、自由経済を認めつつ国家の介入を許すという混合経済的発想の原点がみられることにあるとしている。「ピープルズ・プラン」は、インドの貧困の根本原因を労働者の低生産性に求め、農業生産性の向上を最優先課題としたこと、計画資金は公共部門投資からの収益を充てるべきとした点に特徴がある。「ガーンディー主義プラン」は、人間生活の質の向上を目標とし、農村の福祉向上に最大の力点を置いた点に特徴があった（黒沢 1983: 34-37）。さらに、独立後の1950年にはジャヤプラカーシュ・ナーラーヤン（Jayaprakash Narayan: 1902-79）により「サルボーダヤ・プラン」（Sarvodaya Plan）も提出された。このプランにもガーンディー主義の影響が色濃くみられ、農業と村落工業の発展が重視された。

表1-1　5カ年計画別経済成長の目標と実績の推移

時期区分	計画期	期間（年度）	目標値（%）	実績値（%）	計画目標
第1期	1	1951-55	2.1	3.6	農業発展
	2	1956-60	4.5	4.3	重化学工業化
	3	1961-65	5.6	2.8	経済自立化
第2期	年次計画	1966-68			農業発展
	4	1969-73	5.7	3.3	安定的成長
	5	1974-78	4.4	4.8	貧困撲滅
	計画延期	1978-79			雇用確保
第3期	6	1980-84	5.2	5.7	国民所得増進
	7	1985-89	5	6	食料、仕事、生産性
	計画延期	1990-91			
第4期	8	1992-96	5.6	6.8	経済改革
	9	1997-01	6.5	5.4	社会正義、平等と成長
	10	2002-06	8.0	7.6	経済成長、貧困削減
	11	2007-11	9.0	8.0	包摂的成長
	12	2012-16	8.0		持続的包摂的成長
	NITI委員会計画	2017-19			

注1：目標値と実績値は年平均成長率（%）で表示されている。
　2：インドの会計年度は4月1日～翌3月31日。
　3：NITIは「インド変革国立研究所（National Institute for Transforming India）」の略
出所：Government of India, *Twelfth Five Year Plan*（2012-17）より作成。

営された。この間に、産業政策に関していくつかの紆余曲折がみられた[3]。

　各5カ年計画の目標と実績を表1-1で確認しながら、5カ年計画の動向を検討してみよう。独立後の経済実績動向は、独立から第3次計画までの第1期（1947-65年度）、1966年度の年次計画から1979年度の年次計画までの第2

---

[3] 石上は、1950/51年から2007/08年までの産業政策と産業発展の関わりを、インド化・グローバル化・インフォーマル化の視点から跡付けている（石上 2011: 149-182）。伊藤・絵所は独立後の1950年から1990年代初頭までの経済発展戦略を、①1950-60年代前半：「社会主義型社会」の形成、②1960年代後半：長期経済停滞と統制システムの強化、③1970年代：規制緩和への動き、④1980年代：経済自由化に本腰、⑤1990年代：開放体制への移行、に時期区分するなかで、5カ年計画との関連も論じている（伊藤・絵所 1995: 43-74）。小島は第1次5カ年計画から第7次計画までの公共支出額、成長率、物価変動率、粗貯蓄率、年平均実質成長率などを比較検討している（小島 1993: 20-22）。黒沢は第1次5カ年計画から第6次計画までの基本目標、物的目標、戦略、成果などを簡潔にまとめている（黒沢 1983: 54）。経済自由化以降のインド経済の構造変化については、内川編（2006）を参照のこと。また、インドにおける製造業の空間的地理的展開については、以下の2書で検討されている。岡橋・友澤編（2015）；澤（2018）。

期（1966-79年度）、第6次計画から1990年度の年次計画までの第3期（1980-90年度）、1991年の経済改革以降の第4期（1991-2016年度）に時期区分できよう。第1期は初期成長期、第2期は長期停滞期、第3期は成長回復期[4]、第4期は構造改革期と概括できよう。

(1) 第1期（1951-65年度）

　独立時のインド工業は、鉄鋼業や機械工業の展開も若干みられたものの、繊維工業や食品加工業などの消費財生産部門が付加価値と就業人口の双方において圧倒的に優位な状況にあった。民間部門が主体であり、工業立地もカルカッタを中心とする東インドとボンベイ、アーメダバードを中心とする西インドに偏向していた。このような状況のなか、1951年度に第1次5カ年計画（1951-55年度）が開始された。ただし、第1次計画は準備不足もあり、体系性に欠け、既存の開発プロジェクトを農工間のバランスをとりつつ取りまとめた性格のものであった。体系的な開発戦略はマハラノビス（Prasanta Chandra Mahalanobis: 1893-1972）の基本成長モデルに依拠した第2次5カ年計画期（1956-60年度）と第3次5カ年計画期（1961-65年度）に展開された。マハラノビスは閉鎖体系の前提で、生産財生産部門と消費財生産部門の2部門分割モデルを開発し、生産財生産部門への重点投資は長期的には消費財生産部門への重点投資よりもはるかに高い経済成長率を実現できると主張した。このモデルは輸入代替政策により自前の生産財生産部門を確立し、社会主義型社会を指向するネルーの考えとも一致した。こうして、重化学工業などの生産財生産部門を公共部門が中心となり推進するという開発戦略が5カ年計画の基軸に据えられた。

(2) 第2期（1966-79年度）

　最初の転機は1960年代半ばに訪れた。パキスタンとの国境紛争の再発や2年連続の凶作が直接の引き金となり、インドは深刻な食料難に陥り、インフレも昂進した。食料輸入により外貨準備に不足し、赤字財政も拡大した。こ

4）小島は1980年代までを、このように3期に区分しており、本書でもその区分に従う（小島　1993: 13-14）。

の結果、公共部門とりわけ資本財生産部門への投資が減退し、経済全体が長期的（1965-75年）に停滞した。この経済危機を打開するために、インド政府はすぐさま世界銀行に借款を申し込み、世界銀行の勧告に従い、ルピーの切り下げ、輸入関税の引き下げ、輸出補助金の削減、産業許可制度の規制緩和などの自由化政策を実施した。しかし、アメリカはパキスタンとの紛争を理由にインドへの援助を打ち切ったために、世界銀行からの援助も大幅に削減された。

　これを契機に、インドの産業政策は自由化から規制強化による自立化への方向へと大きく転換した。与党のインディラー・ガーンディー（Indira Gandhi: 1917-84）は、反米路線を明確にするとともに、第4次5カ年計画期（1969-73年度）に14大銀行の国有化、財閥規制、貧困追放キャンペーンなど社会主義的色彩の濃い政策を断行した。また、食料自給戦略の一環として「緑の革命」の導入をはかった。経済の統制・規制は第4次計画期にもっとも強まった。しかし、インディラー政権の基盤が安定すると1975年の産業許可の一部自由化にみるように、財閥に対する規制は緩和された。第5次5カ年計画期（1974-78年度）には下層民対策として所得再分配が打ち出されたが、同計画期半ばの1977年総選挙でこれまでの強権政治がたたり、インディラー派は大敗した。政権を握ったジャナタ党内閣は零細工業の保護育成などに努めたが、結束が弱く短命であった。

(3) 第3期（1980-91年度）

　1980年の総選挙で政権に返り咲いたインディラーは、第6次5カ年計画期（1980-84年度）に財閥に対する規制緩和をさらに進め、近代化や規模経済による生産性の向上を政策目標に据えた。また、国際通貨基金（IMF）からの借款を実現するために、貿易・外資・産業政策の緩和をはかった。規制緩和を主体とする限定されたものであるが、この時期に経済自由化は本格的に始動した。

　インディラーは1984年に暗殺され、後任の首相にはラジーヴ・ガーンディー（Rajiv Gandhi: 1944-91）が任命された。ラジーヴは同年末の総選挙で大勝し、第7次5カ年計画期（1985-89年度）に海外からの高度技術や電子製品の

輸入および外資の導入をはかり、産業政策上の規制緩和をさらに進めた。1990年の湾岸戦争によりインドの外貨準備は底をつき、内政も極度に不安定となっていた。安定政権の誕生が嘱望され国民会議派への期待は高まったが、ラジーヴは選挙運動中に暗殺された。

(4) 第4期（1992-2016年度）

　ラジーヴ暗殺直後の選挙の結果、会議派は第1党に返り咲き、ナラシンハ・ラーオ（Narasimha Rao: 1921-2004）政権が誕生した。マンモーハン・シン（Manmohan Singh: 1932-）を蔵相とするラーオ政権下で貿易・為替および産業政策全般にわたる大幅かつ根本的な見直しが行われた。第8次5カ年計画期（1992-96年度）には悪化する貿易収支や工業の停滞を克服するために、経済自由化のなかで財政経済改革を進めた。投資総額に占める公共部門の比率は34％に大きく落ち込んだが、年率6.8％の成長を遂げることができた。

　その後、1996年に政権は統一戦線（United Front Government）に移り、その政権下での第9次5カ年計画期（1997-2001年度）には、「社会正義と平等をともなう成長」を標榜し、民間セクターの役割を高めるとともに、政府は民間企業が入りづらい教育、健康などの社会セクターや農業や農村開発での役割を高めた。

　第10次5カ年計画期（2002-06年度）には、主要な開発項目、たとえば、識字率や賃金の男女差の縮小、幼児および妊婦の死亡率の低減、安全な飲料水へのアクセスなどにモニター可能な目標を設定した。また、農業を経済の主要な牽引力として位置づけた。ガバナンスを開発の重要な要因とみなし、パンチャーヤティー・ラージ（Panchayati Raj）機関の行政参加の拡大をはかった。この計画期末にインドは、世界でもっとも速く成長する国のひとつになった。

　2005年に政権に返り咲いた統一進歩同盟（United Progressive Alliance）政権のもとでの第11次5カ年計画期（2007-11年度）には、「より速く包摂的な成長」が目標とされた。インドの貯蓄率・投資率はともに増加し、工業セクターもグローバル化のなかでの競争に対応できるようになった。しかし、後進諸階級をなすSC（Scheduled Castes：指定カースト）、ST（Scheduled Tribes：

指定部族）や少数集団は開発の恩恵に十分に浴すことができず、貧困、失業、栄養失調、高死亡率などの問題を抱えていた。彼らを包摂した成長を達成するために、成長促進と貧困低減、雇用創出、健康・教育サービスへのアクセスをリンクさせた開発が模索された。この計画期には2007年のアメリカのサブプライムローン問題に端を発する世界的な不況、さらに2011年のEUの負債問題に見舞われたが、この計画期ではこれまでの5カ年計画期でもっとも高い年率8％の成長をみた。

第12次5カ年計画期（2012-16年度）は、EUの負債問題がインドにも影響を与えるなか開始されたので、インド経済を成長軌道に戻すことが優先的な目標とされた。その際に、成長は包摂的で持続可能であることが強調された。包摂とは、集団間の平等、貧困低減を通して地域間のバランスを実現すること、持続可能とは、健康、教育、技能、栄養、情報技術の改善をとおして環境の持続性と人間資本の開発を実現することと定義された。

第4期は独立後の時期区分のなかでもっとも重要かつ劇的な転換期をなした。歴代の政権が着手できなかった構造調整に本格的に取り組み、成長率を維持したままでの財政赤字の緩和、インフレの抑制に成功した。また、貿易・為替・外資政策を含む産業政策全般の規制緩和を大胆に進め、インドを開放体制への軌道に乗せた。これまでは輸入代替政策に象徴される内向きの経済・産業政策が主流であったが、第4期には海外からの資本や技術の導入を含めた開放経済体制への移行が進んだ。5カ年計画の年実質成長率は、第3期までの実質値を上回った。しかし、製造業の分野で経済のグローバル化に適合できたのは主に財閥・大手企業であり、海外企業や国内大手企業との厳しい競争にさらされている中小零細企業の成長発展が雇用確保と製造業の裾野拡大の両面で喫緊の課題となっている[5]。

5）佐藤隆広は、1950年から2012年までのインド経済の産業構造の変化を、①脱農化、脱工業化、サービス経済化の動きがみられる、②公的部門の役割は低下傾向にある、③資本労働比率や生産性には大きな産業間格差が存在している、④都市化の明確なトレンドが観察される、⑤民間の登録部門が製造業全体の成長を牽引している、⑥民間非登録部門の資本労働比率や生産性は停滞的である、⑦「農村工業化」という新しいトレンドが観察される、⑧これまで工業的には後進的であった特定の州で製造業の成長が著しい、とまとめている（佐藤編 2017: 40）。以上の諸点のうち、③⑤⑥については、本書第Ⅲ部でグジャラート州の製造業を事例に検討を行う。

さらに、独立以降5カ年計画を立案してきた計画委員会が、モーディー（Narendra Modi: 1950-）政権のもとで、第12次5カ年計画の期間中の2015年に解散されたのも、第4期を象徴する出来事のひとつであった。計画委員会は「インド変革国立研究所」（National Institute for Transforming India: NITI）委員会（Aayog）と呼ばれるシンクタンクに置き換えられた[6]。

3. 近代工業の担い手

インドで近代工業がインド人により開始されるのは19世紀半ばのことであり、近代工業の展開過程のなかで成長した民族資本は独立運動の強力な推進母体となった。インドの初期工業化は綿工業やジュート工業などの特定工業部門に偏向して展開した。鉄鋼業が創設されたのは1907年にいたってからである。初期の段階では主としてパールスィー教徒が工業化の担い手となっていたが、第一次世界大戦以降はバニヤーが多数工業に参入した。バニヤーのなかでもラージャスターン出自の同郷集団であるマールワーリーのなかからビルラーにみるような巨大な財閥が形成された。

1947年の独立以降、新興財閥が形成されるとともに、工場経営および小規模工業に多様な出自の集団が参画するようになった。このようなインドにおける近代工業の展開は、当然のことながら、階級構造の再編を促すことになった。近代工業の展開以前は土地所有集団や商業集団が覇権を握っていたが、近代工業を基礎とする産業資本家の成長により、階級構造は大きく変動した。階級構造のありように見られる地域差はいまだ小さくないけれども、全体的には土地所有にのみ安住してきた支配集団の支配力は弱まり、経営・投資の多角化に失敗した集団の凋落を誘うことになった。近代工業は地域経済の牽引力であると同時に、近代工業への参入規模は在地社会における宗教・カースト序列に大きな影響を与えている。以上の問題関心に沿い、企業家の出自

6）「インド変革国立研究所」委員会は、3年間の年次計画（2017-19年）を作成した。このほか、15年間ビジョン（the Fifteen Year Vision）、7年間戦略（Seven Year Strategy）も準備中とのことである。Office Order PMO ID No.360/31/C/38/2014-ES-II dated 09/05/2016（Annexure 1）The Vision, Strategy and Action、URL: http://niti.gov.in/writereaddata/files/coop/India_ActionAgenda.pdf, 2017年7月5日アクセス。

について検討しておこう。

(1) 財閥の形成と展開
財閥への規制

　財閥は民間部門の最大企業群として、独立前には工業化の推進母体であった。財閥には外資系と民族系の2系統があり、20世紀に入り民族系の財閥が急成長を遂げたことはすでに検討したとおりである。イギリス統治期においても財閥は諸種の規制下に置かれていたが、独立後は計画経済の枠組みのなかで財閥に対する新たな規制が設けられた。1948年決議や1956年決議による民間部門の業種規制、1951年産業法の産業許可制度などは当然のことながら財閥に対しても適用された。さらに、1947年と1955年の「資本発行統制法」（Capital Issues Control Act）により、証券の発行には資本発行検査官の事前の承認が必要となった。また、1956年と1965年の「会社法」（Companies Act）により、「株式会社」（Public Joint Stock Companies: 正確には株式公開有限責任会社）のみならず、「株式非公開有限責任会社」（Private Limited Companies）も貸借対照表を提出する義務を負った。ただし、これらの諸規制は財閥の経済活動にとって大きな制約とはならなかった。これら諸規制には例外規則が多く、法の運用も柔軟であり、違反企業に対する処罰も厳格には行われなかった。官僚と財閥の関係は概して良好であり、産業許可証なども財閥に対して優先的に交付された。このため、1950年代から1960年代にかけて財閥の経済力は急速に増大した。その結果、資本の過度の集中が政治問題となり、1969年に「独占・制限的取引慣行法」（Monopolies and Restrictive Trade Practice Act）、1973年に「外国為替規制法」（Foreign Exchange Regulation Act）が制定された。さらに、1973年の産業政策声明で財閥に対する規制強化の一環として、ジョイント・セクター（民間企業と政府の共同出資企業）構想と転換条項（政府系金融機関から民間企業に融資を行う場合、一定期間後貸付け金を株式に転換できる）構想が打ち出された。このように、財閥をはじめとする民間企業に対する規制は1973年時点でもっとも強まった。しかし、この規制強化は長続きせず、インディラー・ガーンディー政権下の1975年にははやくも規制緩和が始まり、その後の数次にわたる（1977年、80年、82年）産業政策

声明により規制緩和はさらに進んだ。その内容は、許可枠を上回る生産実績の追認、自動認可制度の導入、許可取得手続きの簡素化、許可取得制限の緩和、許可適用除外品目の拡大などであった。さらに、1991年の新経済政策以降は財閥に対する規制はほとんど取り外された。

財閥の形成

インドの財閥はすでに独立前に形成されており[7]、独立後も民間部門において主導的な役割を担った。財閥は家族性、多角性、大規模性を特徴とする企業体で、財閥相互間の売上高や純資産の格差は非常に大きい。定義により財閥の括り方が異なってくるため、財閥数は簡単には把握できない。ここでは、1969年の独占・制限的取引慣行法に規定する相互結合企業を財閥とみなす。相互結合企業とは株式支配や経営支配を媒介として結合する企業群のことである。ちなみに、1985年時点での資産10億ルピー以上の財閥数は61である。このうち、規模の大きいものを10大財閥あるいは20大財閥と括ることが多い[8]。

ちなみに、1985年時点での20大財閥の創設者の出身地(故地)は偏向しており、ラージャスターン、グジャラート、マハーラーシュトラ、パンジャーブ、ハリヤーナーなど北西部、西部インドが優勢である。なかでも、ラージャスターンからはビルラー、スィンガニア、モーディー、バングル、バジャージの5財閥、グジャラートからはターター、リライアンス、マファトラール、ワールチャンド、サーラーバーイの5財閥が出ている。財閥創設者の出自については、商業を「伝統的」職業とするバニヤー(ヒンドゥー・バニヤー

---

7) 三上は、独立前の財閥形成を第1期:1854-1914年(第一次世界大戦)、第2期:1915-47年(独立)に区分し、第1期はイギリス系企業主導のなかで綿工業などの分野に、とくにターターに代表されるパールスィー教徒が活躍する時期、第2期はイギリス系企業が引き続き優位ななかで、それに対抗して、とくにビルラーに代表されるマールワーリーが参入する時期と捉えている(三上 1993: 11-18)。
8) 伊藤は、20財閥の1972年と1985年間の規模の変化とランキングを分析している。その時点では、ビルラーとターターは純資産や売上高が桁外れに大きいので、両者は2大財閥と呼ばれた。伊藤はまた、独立後の有力財閥の純資産の順位を1951年から1985年まで跡付け、財閥の発展の重要な要因として、「政府との緊密な関係」「外国技術と資金の導入の成否」をあげている(伊藤編 1988: 94-104)。

とジャイナ教徒）が圧倒的多数を占めている。例外はパールスィー教徒のターター、パンジャーブ・カトリーのターパルとマヒンドラ、グジャラート・パーティーダールのマファトラールと、マハーラーシュトラ・バラモンのキルロースカルのみである[9]。

20財閥は財閥ピラミッドの頂点に君臨する財閥群であり、その下には、小財閥あるいは財閥予備軍としての企業群が存在している。Sharma, R. (1980)は1988年時点での小財閥を含めた財閥の宗教・カースト構成と出身地域との関わりについて踏み込んだ分析をしているので、検討してみよう。表1-2に1988年時点における「規模別操業開始時期別財閥数の分布」を掲げる。同表には産業許可制度調査委員会報告書のなかで、巨大・大規模と分類された民族系財閥（以下、大財閥と略記）、独立前に製造業に参入した家族企業（以下、小財閥と略記）、独立後（1947-72年）に参入した家族企業（以下、新興財閥と略記）の出自別の頻度が示されている。

大財閥の約半数はマールワーリー（ラージャスターン出身のバニヤー）に属し、それに南インド系とグジャラーティーの財閥が続いていた。これら3集団で大財閥数の81％を占めた。南インド系の6大財閥のうち、3つは農工カーストのカンマー・ナーイドゥ、他の3つはバラモンの出自であった。グジャラーティーの場合は、2つの大財閥がバニヤー、1つの大財閥がパーティーダールであった。工業化初期に活躍したパールスィー教徒からはターター以外の大財閥は出なかった。他地域の大財閥の出自は、マハーラーシュトラはバラモン、パンジャーブはカトリー、北インドは2つの大財閥ともにバニヤーであった。

小財閥にはマールワーリーの優越性はみられなかった。小財閥の層がもっとも厚いのはグジャラーティーで、それに南インド系とマールワーリーが続いた。グジャラーティーのなかではバニヤーが11小財閥と圧倒的に優勢であったが、パーティーダール、バラモン、バティヤーからも小財閥は出ていた。南インド系の小財閥は多様な宗教・カーストから構成されていた。主要な宗教・カーストの小財閥数は、金融業との関わりの深いチェッテイアーとムダ

---

[9] 三上はターターやビルラー以外の有力財閥の事例研究もしており、それにはバジャージ、マヒンドラ、ワールチャンド、シュリー・ラームも含まれている（三上 1993）。

第Ⅰ部　インドの経営展開と社会集団格差

表1-2　規模別操業開始時期別財閥数の分布

地域／宗教・カースト	①大財閥		②独立前に参入した小財閥		③独立後に参入した新興財閥		計	
	数	%	数	%	数	%	数	%
南インド								
1. Chettiars	—	—	3	5.0	—	—	3	1.3
2. Land owning castes ― Kammas & Naidus ―	3	11.5	2	3.3	4	2.7	9	3.9
3. Mudaliars	—	—	3	5.0	3	2.0	6	2.6
4. Brahmins	3	11.5	1	1.7	9	6.1	13	5.6
5. Gounders	—	—	1	1.7	—	—	1	0.4
6. Syrian Christians	—	—	2	3.3	2	1.4	4	1.7
7. Muslims	—	—	—	—	1	0.7	1	0.4
8. Not Known	—	—	2	3.3	5	3.4	7	3.0
小計	6	23.0	14	23.3	24	16.3	44	18.9
グジャラート								
1. Banias-Hindu & Jain	2	7.7	11	18.3	18	12.2	31	13.3
2. Patels	1	3.8	2	3.3	10	6.8	13	5.6
3. Bohra Muslims	—	—	—	—	3	2.0	3	1.3
4. Lohanas	—	—	—	—	2	1.4	2	0.9
5. Brahmins	—	—	1	1.7	2	1.4	3	1.3
6. Bhatia	—	—	1	1.7	—	—	1	0.4
7. Not Known	—	—	1	1.7	—	—	1	0.4
小計	3	11.5	16	26.7	35	23.8	54	23.2
パールスィー教徒	1	3.8	—	—	—	—	1	0.4
マールワーリー	12	46.2	10	16.7	25	17	47	20.2
マハーラーシュトラ								
1. Brahmins	1	3.8	3	5.0	3	2.0	7	3.0
2. Jain Banias	—	—	—	—	1	0.7	1	0.4
3. Marathas	—	—	—	—	2	1.4	2	0.9
小計	1	3.8	3	5.0	6	4.1	10	4.3
パンジャーブ								
1. Khatris	1	3.8	7	11.7	9	6.1	17	7.3
2. Banias-Hindu & Jain	—	—	2	3.3	1	0.7	3	1.3
3. Brahmins	—	—	—	—	1	0.7	1	0.4
4. Sikhs	—	—	—	—	6	4.1	6	2.6
5. Not Known	—	—	—	—	1	0.7	1	0.4
小計	1	3.8	9	15	18	12.2	28	12.0
ベンガル								
1. Kayasthas	—	—	—	—	5	3.4	5	2.1
2. Brahmins	—	—	1	1.7	2	1.4	3	1.3
3. Baidyas	—	—	—	—	1	0.7	1	0.4
4. Suvarnabaniks	—	—	—	—	1	0.7	1	0.4
小計	—	—	1	1.7	9	6.1	10	4.3
スィンド／ヒンドゥー教徒	—	—	—	—	4	2.7	4	1.7

第1章　産業政策と企業家

オリッサ								
1. Brahmins	—	—	—	—	1	0.7	1	0.4
2. Kayasthas	—	—	—	—	1	0.7	1	0.4
小計	—	—	—	—	2	1.4	2	0.9
カシュミール／バラモン	—	—	—	—	1	0.7	1	0.4
ハルヤーナー／バニアー	1	3.8	1	1.7	6	4.1	8	3.4
ウッタル・プラデーシュ								
1. Banias-Hindu & Jain	1	3.8	1	1.7	5	3.4	7	3.0
2. Kayasthas	—	—	—	—	1	0.7	1	0.4
3. Not Known	—	—	2	3.3	—	—	2	0.9
小計	1	3.8	3	5.0	6	4.1	10	4.3
デリー								
1. Jain Banias	—	—	—	—	1	0.7	1	0.4
2. Jats	—	—	—	—	2	1.4	2	0.9
小計	—	—	—	—	3	2.0	3	1.3
ビハール／バラモン	—	—	1	1.7	1	0.7	2	0.9
M. P.（4）／イスラーム教徒	—	—	—	—	1	0.7	1	0.4
その他	—	—	2	3.3	6	4.1	8	3.0
計	26	100	60	100	147	100	233	100

注1：①大財閥は、原表には「財閥」（Established Industrial Houses）と記載されている。
　2：②小財閥は、原表には「独立前に工業に参入したその他の家族」と記載されている。
　3：③新興財閥は、原表には「独立後に工業に参入したその他の家族」と記載されている。
　4：M. P.はマディアー・プラデーシュ州の略。
出所：Sharma, R. A., *Entrepreneurial Change in Indian Idustry*, New Delhi, Sterling Publishers, 1980, pp.117-119.

リアールが各々3、ナーイドゥとシリア派キリスト教徒が各々2となっていた。小財閥数に占めるマールワーリー、南インド系、グジャラーティーの3集団合わせた比率は67％に過ぎず、大財閥よりは特定集団への集中度が小さかった。パンジャービーや北インド系も各々10％以上の比率を保っていた。パンジャービーのなかではカトリーが7小財閥と優越しており、他はバニヤーの2小財閥のみであった。北インド系の小財閥はバニヤーとバラモンで構成されていた。

　新興財閥の地域集団別分布は小財閥のものと類似していた。ここでも層がもっとも厚いのはグジャラーティーで、それにマールワーリー、南インド系が続いていた。これら3集団で新興財閥数の57％を占めていた。北インド系とパンジャービーが各々10％以上の比率で3集団に続いていた。また、大財閥や小財閥とほぼ無縁であったベンガリーやその他集団のスィンディー、オーリヤーなどからも小規模ながら新興財閥が生まれた。新興財閥の出自には

小財閥とも異なる顕著な特徴がみられた。第1は、バニヤーの比率が相対的に低くなっていることである。第2は、新興財閥の宗教・カースト構成が多様化していることである。第3は、多様化のなかで地域経済の覇権をめぐる新たな対抗関係の形成されていることが、新興財閥数の分布から読み取れることである。たとえば、グジャラーティーの対抗関係はバニヤーとパーティーダール、南インド系では農耕カーストとバラモン、パンジャービーではカトリーとスィク教徒、ベンガリーではカヤスターとバラモン、マハーラーシュトラではバラモンとマラーター、北インドではバニヤーとジャート・ラージプートとなっていた。独立後における階級構造の再編が、大規模な製造業を舞台とする有力宗教・カースト間の覇権闘争に顕著にあらわれていたとみることができよう。全体的には、計にみるように、主要3集団が財閥数の62％を占め、優位を保っていた。

　しかし、その後の新興財閥の成長により、財閥構成およびランキングに大きな変化が生じた。その変化を後押ししているのが、経済自由化と規制緩和、グローバル化、技術革新、産業構造の変化、そして地域分散および多様化の傾向である。その後の財閥構成およびランキングの変化を3時点で比較してみよう。表1-3に上位30位の財閥のランキング表を掲げる。年度は1990-92年、2000-02年、2010-12年の3時点である。

　1990-92年は経済の自由化が本格的に始動した時期である。この時期に上位を占めたのは、経験の蓄積があり、金融機関からの融資を受けやすく、輸出による収益が大きく、規模の大きい財閥であった。

　1990-92年以降、上位30位間でのランキングに大きな変動がみられた。1990-92年から2000-02年間にかけての順位の変動の特徴は、①1990-92年次の上位5位までの変動は小さかったが、1位のターター（Tata）が2位のリライアンス（Relience）[10]に追い抜かれたこと、②1990-92年次の上位6位か

---

10) リライアンスはディルーバーイー・アンバーニー（Dhirubhai Ambani: 1932-2002）が創設した企業で1970年代にそれまで他の財閥が参入しなかった石油精製、石油化学、化学繊維の分野で急成長し頭角をあらわした。現在は2人の息子のムケシュとアニルが各々リライアンス・グループを率いている。1980年代までのリライアンスの躍進については、伊藤（1988: 105-108）に詳しい。また、須貝（2011: 153-185）にリライアンスの概要がまとめられている。

第 1 章　産業政策と企業家

表1-3　上位30位の財閥・企業集団の推移（1990-2012年）

期間：1990-92年		期間：2000-02年		期間：2010-12年	
財閥・企業集団	順位	財閥・企業集団	順位	財閥・企業集団	順位
Tata Group	1	Reliance Group	1	Reliance Group (Mukesh Ambani)	1
Reliance Group	2	Tata Group	2	Tata Group	2
Aditya Birla Group	3	Aditya Birla Group	3	Essar (Ruia) Group	3
Unilever Group	4	Unilever Group	4	Aditya Birla Group	4
ITC Group	5	ITC Group	5	Om Prakash Jindal Group	5
BK Birla Group	6	TVS Iyengar Group	6	Larsen & Toubro Group	6
RPG Enterprises Group	7	Larsen & Toubro Group	7	Mahindra & Mahindra Group	7
KK Birla Group	8	Mahindra & Mahindra Group	8	Reliance Group (Anil Ambani)	8
Mahindra & Mahindra Group	9	Videocon Group	9	Bharti Telecom Group	9
Chidambaram M A Group	10	Om Prakash Jindal Group	10	Vedanta Group	10
UB Group	11	Vedanta Group	11	ITC Group	11
CK Birla Group	12	RPG Enterprises Group	12	Hero (Munjals) Group	12
MurugappaGroup	13	Hero (Munjals) Group	13	Ruchi Group	13
Larsen & Toubro Group	14	Chidambaram MA Group	14	WIPRO Group	14
Holcim Group	15	UB Group	15	Bajaj Group	15
Thapar Group	16	BK Birla Group	16	UB Group	16
Avantha Group	17	Essar (Ruia) Group	17	TVS Iyengar Group	17
Vedanta Group	18	KK Birla Group	18	KK Birla Group	18
Arvind Mafatlal Group	19	Murugappa Group	19	Unilever Group	19
Godrej Group	20	Godrej Group	20	Adani Group	20
TVS Iyengar Group	21	Ruchi Group	21	HCL Group	21
Escorts Group	22	Holcim Group	22	Holcim Group	22
Hinduja (Ashok Leyland) Group	23	Thapar Group	23	Videocon Group	23
Bajaj Group	24	Adani Group	24	RPG Enterprises Group	24
Wadia (Bombay Dyeing) Group	25	Hari Shankar Singhania Group	25	Jaiprakash Group	25
Shriram Industrial Enterprises Group	26	Hinduja (Ashok Leyland) Group	26	Murugappa Group	26
Hari Shankar Singhania Group	27	Amalgamation Group	27	Hinduja (Ashok Leyland) Group	27
MP Birla Group	28	Avantha Group	28	BK Birla Group	28
Amalgamation Group	29	Birla CK Group	29	Future Group	29
Kirloskar Group	30	WIPRO Group	30	Welspun Group	30

注1：財閥・企業集団の順位は、資産総額と純売上高を基準とした。
　2：使用したデータは、Centre for Monitoring Indian Economy (CMIE). の Prowess database である。
出所：Aditya Mohan Jadhav, V Nagi Reddy, "Indian Business Groups and Their Dominance in the Indian Economy", *Economic and Political Economy*, 52(29), July 22, 2017, p.92.

ら20位までの財閥のほとんどは順位を下げたこと、③1990-92年に上位30位に入っていた財閥のうち、8財閥は2000-02年にはリストから外れたことにある。外れた財閥のなかには、独立時に有力な財閥をなしていたマファトラール（Mafatlal）、ワディア（Wadia）、キルロースカル（Kirloskar）も含まれた。これらに代わって、新たに上位30位に入ったのは、ヴィデオコン（Videocon）、ジンダル（Om Prakash Jindal）、エッサール（Essar）、アダーニー（Adani）、ウィプロ（WIPRO）などである。

　2000-02年は世界的に技術ブームでそれにともなう経済改革が進んだ時期である。この時期に業績を伸ばしたのは、輸出を含めた販売促進、市場シェアの拡大、かつ規模が大きく技術革新に集中した財閥であった。新興企業にはWIPROなどソフトウエア開発を牽引した企業集団も含まれた。

　2000-02年から2010-12年にかけての順位の変動の特徴は、①2000-02年次の上位5位までの変動も激しくなったこと、とくにユニリーバ（Unilever）、アイ・ティー・シー（ITC）が順位を大きく落とし、そこにエッサール、ジンダルが大きく躍進して入り込んできたこと、②2000-02年次の上位6位から20位までの財閥は混戦状態であること、③リスト外になった5財閥にはゴードレージ（Godrej）、ターパル（Thapar）など以前の有力財閥も含まれた。新たにリスト入りしたのは、バーラティー・テレコム（Bharti Telecom）、ジェイピー（Jaiprakash）、フューチャー（Future）、ウエルスパン（Welspun）などの新興財閥・企業群であった。

　2010-12年は2007年のアメリカのサブプライムローン問題に端を発した世界的金融不況の影響から回復したばかりの時期である。この時期に業績を伸ばしたのは、経営陣がより若くより柔軟で、かつ市場シェアと資本規模の大きい財閥であった。また、規制緩和が大きく進んだので、金融、インフラ、携帯の分野で、バーラティー・テレコム、アダーニーなどのグループの業績が大きく伸びた。

　財閥は財閥予備軍を底辺層とするピラミッドの頂点に位置するが、このピラミッドのなかでの収益がますます上位30位までの財閥に集中している（Jadhav and Reddy 2017: 91）。1991年の経済自由化以降、その恩恵を最大限に享受したのは財閥予備軍の上位を占める財閥であり、財閥予備軍を含む企

業の中間層や、中小零細企業などの下層が規制撤廃や海外の企業との競争に苦戦しているのと対照的である。とはいえ、上位の財閥もめまぐるしく変化する世界の技術、金融、市場の動向に対応しなければならず、財閥の群雄割拠時代はもうしばらく続きそうである。

(2) 中小零細企業の担い手
中小零細企業の展開

　独立後の産業政策のもうひとつの顕著な特徴に、小工業に対する優遇政策がある。小工業は雇用確保、公正な所得分配、経済力集中の排除、地域格差の縮小のために大きな役割を果たしうると認識されたためである。ただし、小工業と一括される企業群は資本、技術、生産関係、雇用数の面できわめて多様である。それらは通常、近代的部門と伝統的部門に二分されている。

　インド政府は小工業に対する産業政策の観点から、小規模工業（Small Scale Industry）、関連工業（Ancillary Industry）、零細工業（Tiny Industry）、力織機工業（Powerloom）を近代的部門に、カーディー工業（Khadi）、農村工業（Village Industries）、手織機業（Handloom）、養蚕・生糸（Sericulture）、手工芸（Handicrafts）、ヤシ繊維製造業（Coir）を伝統的部門に分類した。伝統的部門におけるカーディーとは手紡ぎ手織り綿布のことである。独立闘争のなかで M. K. ガーンディーは、衰退しつつあった農村工業を復興させる鍵として、ひいては独立の象徴としてカーディー生産を位置づけた経緯があり、独立後もガーンディー主義機関を中心としてカーディーの生産が奨励された[11]。

　小工業に対する優遇政策は、産業許可制度の適用除外、消費税の免除・軽減、政府による優先的買い付け、融資面での優遇など税制・金融・販売の多岐にわたった。さらに、特定の品目を小工業のみに留保する品目留保政策もとられた。伝統的部門に対しては雇用確保、近代的部門に対してはその他に金属・機械工業の成長による裾野の拡大が期待された。近代工業の生産性を上げ、高度化を進めるためには、小規模工業および部品工業としての関連工

---

[11] 独立後の第1次5カ年計画から1980年代までの小工業政策の展開は、真実（1986: 141-145）に詳しい。

羊毛カーディー部門の小工業の作業場で紡糸作業を行う女性労働者たち(グジャラート州ランプール、2009年8月)

業の展開が不可避であるが、公企業を含むインドの大規模工業は、裾野産業の未展開により一貫型の生産体制を余儀なくされてきた。

　1991年以降の経済改革の導入とともに、政府はそれまでの小規模工業に対する保護的な政策を取り下げ、競争を促す政策に切り替えた。経済自由化のなかでグローバル化も進み、より優れた技術も普及し、小規模工業は国内の大規模工業だけではなくインドに進出した多国籍企業との激しい競争にさらされた。この状況に対応するために、2006年に「中小零細企業法」(Micro, Small & Meduim Enterprises: MSME Act) が施行され、従来の小規模工業は中小零細企業に再編された。ここで新たに「中企業」(Medium Industry) のカテゴリーがつくられた。また、従来の「小規模工業」(Small Scale Industry: SSI) は「小企業」(Small Enterprise) に、「零細工業」(Tiny Industry) は「零細企業」(Micro Enterprise) に再編された。この再編にともない、カテゴリー間の企業数比率が大きく変化した。

　このように、経済自由化の導入以前と以降では小規模工業を取り巻く環境が大きく変化した。それが小規模工業の展開にどのような影響を与えたのか

を、検討してみよう。表1-4に、「小規模工業の実績の推移」を掲げる。ここでは経済自由化の開始前を第1期（1981-91）、経済自由化の開始後から「中小零細企業法」の施行までを第2期（1991-2006）、「中小零細企業法」の施行から2015年現在までを第3期（2006-16）に時期区分して実績の変化を比較する[12]。

　ここでは、「平均年成長率」（Average Annual Growth Rate: AAGR）を指標として、改革以前と改革以降の動向を時期ごとに比較検討する。平均年成長率は時期ごとの成長率の動向を集約的に示す指標であり比較に便利である。なお、第3期については、各年度の企業数と雇用数は推計値となっている。まず、企業数の動向であるが、第1期の企業数は100万台、それが1990年以降600万台以上に跳ね上がるのは、1990年に調査対象の企業の定義が変更になったためである。実態としての中小零細企業の数が1990年を境に大きく増加したわけではない。同様に、2006年から企業数が360万台以上に跳ね上がるのも、2006年の中小零細企業法に基づく定義の変更による。以上を踏まえて、平均年成長率で企業数の時期ごとの動向を比較してみよう。興味深いことに、企業数の平均年成長率は第1期の8.16％から第2期には5.15％に減少している。第1期には中小零細企業に対して手厚い保護政策がとられていたのに対して、第2期には中小零細企業に対する保護政策の縮小や撤廃、さらには競争を促進させる措置がとられていった。そのため、第2期には潜在的な経営者が中小零細企業への参入により慎重になった結果、平均年成長率が鈍化したものと捉えられる。第3期は推計値であるが、企業数の平均年成長率は第2期を若干上回っている。2000年代前半からのインド経済全般の成長率の増加と2006年の中小零細企業法の成立が、中小零細企業への参入をわずかではあるが後押ししたものとおもわれる。

　実質価格、経常価格の双方で、第2期の生産額の平均年成長率は第1期のそれを下回っている。これは企業数の平均年成長率が鈍化したこと以上に大きな問題である。第2期に生産額の平均年成長率が鈍化した原因には、中小零細企業のカテゴリー構成比が変化し、零細企業（2005年までは零細工業

---

[12] 絵所は1995年から2006年までの中小零細企業の実績の動向として、企業数、生産額、雇用数、輸出額を検討しているので参照のこと（絵所 2008: 87-89）。

表1-4 小規模工業の実績の推移（1981-2015年）

年度		企業数 (100万)	生産額 (10億ルピー)		雇用数 (100万人)	雇用者当たり生産額 (1,000ルピー)	SSI輸出 (10億ルピー)	(100万ドル)
			実質価格	経常価格		経常価格		
	1	2	3	4	5	6	7	8
第1期	1981-82	0.96	783	326	7.5	104	21	2,309
	1982-83	1.06	847	350	7.9	107	20	2,116
	1983-84	1.16	935	416	8.4	111	22	2,093
	1984-85	1.24	1,046	505	9.0	116	25	2,137
	1985-86	1.35	1,181	612	9.6	123	28	2,263
	1986-87	1.46	1,336	723	10.1	132	36	2,851
	1987-88	1.58	1,505	873	10.7	141	44	3,372
	1988-89	1.71	1,699	1,064	11.3	150	55	3,790
	1989-90	1.82	1,899	1,323	12.0	159	76	4,579
	1990-91	6.79	847	788	15.8	54	97	5,386
	AAGR(%)	8.16	20.07	10.98	5.65		24.82	
第2期	1991-92	7.06	874	806	16.6	53	139	5,632
	1992-93	7.35	922	844	17.5	53	178	6,140
	1993-94	7.65	988	988	18.3	54	253	8,068
	1994-95	7.96	1,088	1,222	19.1	57	291	9,258
	1995-96	8.28	1,212	1,477	19.8	61	365	10,903
	1996-97	8.62	1,349	1,678	20.6	66	392	11,056
	1997-98	8.97	1,463	1,872	21.3	69	444	11,958
	1998-99	9.34	1,575	2,105	22.1	71	490	11,642
	1999-00	9.72	1,704	2,338	22.9	74	542	12,508
	2000-01	10.11	1,844	2,613	24.1	77	698	15,278
	2001-02	10.52	2,823	2,823	24.9	112	712	14,938
	2002-03	10.95	3,068	3,149	26.0	116	860	17,773
	2003-04	11.40	3,363	3,645	27.1	122	976	21,249
	2004-05	11.86	3,729	4,298	28.3	130	1,244	27,690
	2005-06	12.34	4,189	4,978	29.5	140	1,502	33,935
	AAGR(%)	5.15	16.58	9.01	4.01		22.49	
第3期	2006-07	36.18	11,988	13,514	80.52	149	1,825	40,309
	2007-08#	37.74	13,228	14,352	84.2	157	2,020	50,202
	2008-09#	39.37	13,756	15,242	88.1	156	—	—
	2009-10#	41.08	14,884	16,194	92.2	161	3,912	82,494
	2010-11#	42.87	16,536	17,216	96.5	171	5,077	111,403
	2011-12#	44.76	17,886	18,343	101.2	177	6,301	131,483
	2012-13#	46.75	18,100	—	106.1	171	6,982	128,316
	2013-14#	48.86	—	—	111.4	—	8,069	133,364
	2014-15#	51.06	—	—	117.1	—	8,492	138,894
	2015-16#	—	—	—	—	—	8,554	130,651
	AAGR(%)	6.43			3.63		23.82	

注1：2006-07年以降の企業には、卸小売業、法律、教育と社会サービス、ホテル・レストラン、輸送、倉庫業なども含まれる。
　2：#の付した年度の企業数と雇用数は推計値である。
　3：2005-06年までは「小規模工業」(SSI)、それ以降は「中小零細企業」(MSME) のデータである。
　4：項目3の2001-02年以降の生産額の数値は、2001-02年価格、2006-07年以降の生産額は2004-05価格である。
出所：Reserve Bank of India, *Handbook of Statistics on the Indian Economy*, 2016-17.

(Tiny Industry))の比率が増大したこと、技術革新が生産額の水準を大きく押し上げるほどには展開しなかったこと、このため、輸出についても成長率が大きくなかったこと、があげられる。

　雇用の確保は中小零細企業（当初は小工業）に期待されてきたもっとも大きな役割のひとつである。しかし、その平均年成長率は、第1期から第2期にかけて大きく落ち込んでいる。この原因にはカテゴリー構成の変化と資本構成が以前よりも高度化してきている影響の双方が考えられる。第3期については推計値によるが、雇用数の平均年成長率は第2期よりもさらに低下している。カテゴリー構成に占める零細企業の企業数比率が増大するだけではなく業態区分におけるサービス業企業の比率もますます増大しているためである。サービス業の圧倒的多数を占める零細企業では、投資額も雇用数も、文字どおり非常に零細である。中小零細企業における雇用数が伸び悩んでいるために、都市部と農村部ともに雇用不安が大きな社会問題となっている。

　輸出の促進もとくに経済自由化以降、中小零細企業の発展と経営展開との関連で重視されてきた。しかし、第2期の輸出額の平均年成長率は第1期を若干下回っており、より競争的な環境のもとでの輸出の促進は、所期の成果を上げているとは言い難い。しかし、第3期には経済の好況のなかで輸出額の年成長率が少し上がってきている。

　以上のように、経済自由化以前と以降を比較すると、企業数、生産額、雇用数、輸出額のいずれの項目についても、経済自由化以降の中小零細企業の経済実績は、平均年成長率のレベルでは、自由化直前の10年間の実績を下回っている。より保護的な環境から、より競争的な環境に移行した影響と、カテゴリー構成に占める零細企業数比率の増大が、経済自由化以前と以降の中小零細企業の経済実績を左右した。零細企業のなかでも、企業当たりの資本額と雇用数がより小さいサービス業企業がより急速に増加している。彼らの経営能力の獲得は、中小零細企業全体の経営層の流動性を高め、カテゴリー構成を高度化していくためにも喫緊の課題となっている。

　次に、表1-5に基づき、中小零細企業の地域分布と集中度を2時点における中小零細企業数上位10州の構成と順位の変動をもとに検討してみよう。

　比較するのは、小規模工業の最初のセンサスが行われた1973-74年次のデ

表1-5 小規模工業、中小零細企業数の上位10州の推移（1973-74、2015-16年）

順位	第1回小規模工業センサス 1973-74			順位	NSS73ラウンド 2015-16		
	州	企業数	比率(%)		州	企業数(10万)	比率(%)
1	タミルナードゥ	18,548	12	1	ウッタル・プラデーシュ	89.99	14
2	マハーラーシュトラ	17,338	11	2	西ベンガル	88.67	14
3	西ベンガル	16,904	11	3	タミルナードゥ	49.48	8
4	パンジャーブ	14,827	9	4	マハーラーシュトラ	47.78	8
5	ウッタル・プラデーシュ	13,939	9	5	カルナータカ	38.34	6
6	グジャラート	11,599	7	6	ビハール	34.46	5
7	アーンドラ・プラデーシュ	8,999	6	7	アーンドラ・プラデーシュ	**33.87	5
8	マディヤ・プラデーシュ	8,727	5	8	グジャラート	33.16	5
9	ラージャスターン	8,055	5	9	ラージャスターン	26.87	4
10	カルナータカ	7,062	4	10	マディヤ・プラデーシュ	26.74	4
	上位10州計	125,998	79		上位10州計	469.4	74
	その他	33,323	21		その他	164.5	26
	全インド計	159,321	100		全インド計	633.9	100

注1：第1回小規模工業センサスの調査対象企業は、近代部門の稼働登録企業に限定された。
　2：＊＊テーレンガーナーを含む。
出所：MS Government of India, *Report on Census of Small Scale Industrial Unit*, Vol. I, New Delhi, 1977, p.10. Government of India, Annual Report 2017-18, Ministry of MSME, 2018, p.32.

ータと中小零細企業の最新（2015-16年）の調査結果である全国標本調査73ラウンドのデータである。ただし、前者の調査対象企業は近代部門の稼働登録小規模工業であるのに対して、後者は伝統的部門と非登録企業を含む中小零細企業なので、直接的な比較はできない。しかし、登録企業数は未登録企業数と有意に相関しているので、順位の変動には中小零細企業の州別増加率の違いが反映されていると理解できる。1973-74年には上位10州の企業数比率は全インドの79％と8割近くを占めていた。近代部門の稼働小規模工業が調査対象なので、それらは工業基盤の比較的整った一部諸州に集中する傾向があった。ただし、抜き出た州もなく、上位5州の企業数比率の差は小さかった。このなかにパンジャーブ州も含まれていたが、その後順位を大きく下げた。上位10州の地域的内訳は、北インドが4州（ウッタル・プラデーシュ、マディヤ・プラデーシュ、パンジャーブ、ラージャスターン）で23％、南インドが3州で22％、西インドが2州で18％、東インドが1州で11％であった。

　2015-16年の上位10州の中小零細企業数比率は全インドの74％と、1973-74

年時よりは減少したが、高い集中度を示した。その地域的内訳は、北インドが4州（ビハールも含む）で27％、南インドが3州で19％、西インドが2州で13％、東インドが1州で14％であった。

近年における中小零細企業数の動向に関して以下のことが指摘できよう。第1に、上位10州の合計比率が若干低下したのは、零細企業がこれまでに製造業やサービス業の基盤の弱かった地域でも展開し始めたからである。第2に、上位10州については、かつて経済発展の著しかった西インド（マハーラーシュトラ、グジャラート）の比率が低下したこと、ヒンディー・ベルト諸州のウッタル・プラデーシュとビハールが比率と順位を大きく伸ばしていること、順位に入れ替わりはみられるものの南インドでは中小零細企業が十分に展開していること、経済的な地盤沈下に苦しんでいる西ベンガルは中小零細企業数については上位に位置していること、が指摘できる。

中小零細企業の経営問題

中小零細企業は、近代工業部門における裾野の拡大と企業家の育成の両面でインド経済の発展にとって重要な役割を担っている。中小零細企業は一般に資本、雇用数の双方において「工場」よりも小規模であるために、比較的少額の資本を元手に参入が可能である。さらに、工場法の適用から除外されるほかに、経営・技術訓練を含む諸種の優遇措置が適用されている。中小零細企業の立地が、中央政府や州政府の指定する後進地域の場合は、優遇措置の特典はさらに大きくなる。このため、経営ノウハウの蓄積の乏しい集団や近代工業が未展開であった地域の人々の参入も可能となっている。また、中小零細企業育成政策の一環として、指定カーストや指定部族などの後進諸階級の企業家育成も重視されており、年々の中小零細企業登録数に占める後進諸階級の比率は着実に増大している。

ここでは、経営展開の観点から、中小零細企業の経営展開の障害になっている構造的な問題と個別経営の問題の双方を検討する。構造的な問題で重要なのは、以下の3つである。第1は、中小零細企業部門内部に固定資本投資額の比較的大きな少数グループと零細企業に代表される投資額の小さな多数グループが存在し、融資を含む優遇措置の便益の大半を前者が享受している

ことである。第2は、工場部門の企業が他人名義で中小零細企業を設立する動きのみられることである。第3は、工場法の適用を免れ優遇措置を継続的に享受するために、経営規模の拡大よりは企業の分割を志向する傾向のあることである。この結果、株式の相互所有や名義分散などをとおして、複数の企業と関わる企業家群が形成されている[13]。このように、中小零細企業の実態は中小零細企業育成政策の目標のひとつである経済力の分散化に反する側面をもっている。

　中小零細企業の個別経営の問題で重要なのは以下の4点である[14]。第1は、融資の問題である。制度的融資を受けるためには、資産価値など厳格な基準を満たさなければならないが、多くの中小零細企業とりわけ小企業と零細企業は基準を満たさないために制度的融資の対象外になっている。このため、初期投資だけではなく、運転資金にも事欠くことが多い。知人、親戚、高利貸しなどの非制度金融に依存することが多く、利子支払いが大きな負担となっている。現在は登録した中小零細企業を対象とした融資制度もあるが、手続きが煩瑣で、時間もかかるため、ほとんどの登録企業はこの制度を活用していない。

　第2は、中小零細企業の製造業における技術の選択が適切でないことが多い。機械類やプラントは旧式なものが多く、技術もまた伝統的なことが多く、国内・海外企業と競争できない。企業を立ち上げる際に、技術、製品の質やデザイン、需要の動向について十分に検討されていない。

　第3は、熟練労働者の不足である。経済自由化以降は、保護的な政策が廃止され、財閥を含む国内の企業だけではなく、海外からの企業とも製品の品質で競争的な立場に置かれるようになった。しかし、熟練労働者は、とくに

---

13) 真実（1986: 157-161）；近藤（2003: 2-41）を参照のこと。また、二階堂は1991年からの経済自由化と1995年に発効したWTO体制が「小規模工業」に与えた影響を検証し、「小規模工業」が企業規模のメリットを活かしきれず、ダイナミズムが欠如している状況を指摘している（二階堂 2006: 294-317）。工業労働者の状況と問題については、木曽（2003、2012）を参照されたい。

14) ここでの記述では、以下を参考にした。Packia Lakshmi, The Performance of Small-Scale Industries in India, URL: http://lfymag.com/admin/issuepdf/09-12_Small%20Scale%20Industries_FFY%20Dec-13.pdf#search ='PACKIA + LAKSHMI + Fact + for + You + dec +2013'、2017年7月5日アクセス。

農村部では不足しており、競争力の低下を招いている。

　第4は、原材料の供給が不定期なために、適時の生産ができないことも多い。さらに、原材料の質が低いことも多く、これも競争力の低下をもたらす原因のひとつになっている。販路の確保、とりわけ組織的な販路を開拓することが、国内・国外企業と競争するためにも不可欠である。このような、中小零細企業の仕入れと販売の問題を集団的に解決するために、政府あるいは民間主導で各地に工業団地が設置されたが、道路、電力、工業用水などのインフラとその他の企業に対する支援策が不十分なことが多い。

中小零細企業家の系譜と覇権

　地域経済の覇権をめぐる有力カースト・集団間の競争は工場部門のみならず、中小零細企業部門でも展開されている。中小零細企業家の宗教・カースト構成とその動向に関する研究はほとんど存在しないために、全インド的な状況を実証的に把握することはできないが、一部の州の事例研究から新興財閥の場合と同様の有力カースト・集団間の対抗関係が中小零細企業部門にも成立していると推測できる。ちなみに、筆者の行ったグジャラート州の事例研究では、中小零細企業家に占めるバニヤーの比率が低下していること、非バニヤーとりわけパーティーダールが台頭していること、この結果、伝統的に商工業で優勢であったバニヤーと新興勢力のパーティーダールが現在の主要な対抗軸をなしていることが検証できた。また、独立以降、バラモンの商工業への参入が進展していることも確認できた。以上の動向は、グジャラート州に関する限り、新興財閥の動向とも符合している。

　もうひとつ重要なのは、指定カーストや指定部族などの後進諸階級がコンスタントに中小零細企業に参入していることである。中小零細企業育成政策の一環として、経済自由化以降も、後進諸階級に対してはとりわけ諸種の保護・育成のインセンティブが与えられている。このような制度的な保護・育成政策は、これまでのところ効果は限定的であるが、後進諸階級に対して議席、高等教育機関、公務職の一定比率の席数を留保する留保政策と類似の社会経済効果をもたらす可能性がある。製造業への参入は就学・就業構造の高度化とともに、集団の社会経済発展にとって不可避となっており、この意味

でも中小零細企業部門におけるカースト・集団構成の動向に注目したい。

おわりに

　独立インドは第2次5カ年計画期以降、公共部門主導型の統制的な経済体制を堅持してきた。この経済体制を支えた産業政策の枠組みは1951年産業法と1956年決議で決定され、その後若干の紆余曲折を経たものの、基本的に独立以降の産業政策を律してきた。しかし、1990年代初頭の未曾有の政治経済危機、対外債務危機のなかで、インドはこれまでの経済体制と産業政策を抜本的に見直さざるをえなくなった。1990年7月に成立したラーオ政権は、国際通貨基金からの巨額借款を梃に、開放経済体制に向けて大胆な改革に着手した。1991年以降の継続的な改革は、構造調整をはじめ貿易・為替・産業政策全般にわたる本格的なものであり、これまで着手できなかった赤字公企業の閉鎖や公企業の民営化も射程に捉えていた。

　開放経済体制への移行にともない、海外からの直接投資と技術導入が進展し、国内市場をめぐる競争が生産財消費財部門の双方で激化した。この新たなビジネス・チャンスの最大の受益者は既存の財閥であるが、同時に合弁や高度技術導入による新興財閥の成長もみられた。地域経済における有力カースト・集団間の覇権闘争は、製造業を舞台にこれまで以上に熾烈に展開されるようになった。

　これまでの経営者研究はいわゆる財閥を主要な研究対象としてきた。民間部門とりわけ組織部門の生産高と純資産に占める財閥の比率は圧倒的であり、この意味でも財閥研究の意義はいまだ大きいが、現在インド各地で生じている地域経済の再編を担い手である企業家の側面から捉えるためには、新興財閥と財閥予備軍をなす企業家層の研究のほかに、中小零細企業など製造業と関連サービス業の底辺層の経営者研究に本格的に取り組んでいく必要があろう。

第2章
経営と社会関係資本

はじめに

　後進的集団[1]の高学歴化と就業構造の多様化が一定程度進展した現在、商工業への参入と成功が彼らのさらなる社会経済的発展のための喫緊の課題となっている。本章では、後進的集団の経営分野への参入と展開の前提条件のひとつをなす社会関係資本の状況を検討する。

　インドには諸種の大規模な経営調査がある。これらのうち、「経済センサス」(Economic Census)[2]はもっとも大規模かつ詳細な経済活動調査であるが、宗教やカーストの情報は編纂されていない。後進諸階級を含む社会集団の個票データが利用できる大規模な経営関連調査には、①「全国標本調査」(National Sample Survey: NSS)[3]、②「インド人間開発調査」(India Human Development Survey: IHDS) の2つがある。

　「全国標本調査」には1999/2000年に開始され5年おきに実施される「非組織製造業調査」(Unorganized Manufactory Survey) が含まれている。最新調査は2010/11年なので、もっとも古い調査（1999/2000年）との2時点比較も

---

1) 本章での後進的集団とは、ヒンドゥー教内部の「指定カースト」(Scheduled Castes)、「指定部族」(Scheduled Tribes)、「その他後進諸階級」(Other Backward Classes) とイスラム教徒を指す。
2) 経済センサスは農業と非農業のすべての経営体をカバーするもっとも大規模な経済統計である。第1回経済センサスは1977年に、インド中央統計局 (Central Statistical Organisation) と経済統計局 (Directorate of Economics & Statistics) が共同で実施し、その後2013年までに不定期に6回の経済センサスが実施された。
3) インド政府が1950年に設立した「全国標本調査機構」(National Sample Survey Organization) が実施する社会経済調査のことである。政策立案に必要な雇用や消費支出は定期的に調査されるほかに、不定期に、農業、家畜、製造業など多岐にわたるテーマで調査が行われている。

興味深いのだが、上記の２調査は調査対象事業の定義が異なっているので、厳密な比較はできない。また、世代間職業移動の資料にもなる世帯主の父親の職業は、現在（Current Occupation）あるいは最終職業となっているために、父親の主だった職業を捉えづらいとの批判がある。

これに対して、「インド人間開発調査」での世帯主の父親の職業は、生涯でもっとも長期間従事した職業（Life Long Occupation）となっているので、世代間職業移動の実相が捉えやすい。また、「インド人間開発調査」には、経営調査のほかに、幅広い関連調査結果が編纂されており、経営調査結果の分析を深めるのに役立っている。

それゆえ、本章では「インド人間開発調査」2011/12年版の個票データに依拠して、インドにおける社会集団と就業構造の関連を考察する。

1.「インド人間開発調査」の概要

（1）調査対象と調査内容

「インド人間開発調査」はこれまでに２回実施された。１回目は2004/05年に、1503村、971都市居住区（Urban Neighborhoods）の４万1554世帯を対象にデーサイー（Sonalde Desai, University of Maryland）と「全国応用経済研究審議会」（National Council of Applied Economic Research, New Delhi）が共同で実施した。調査名が示すように、人間開発に関わる多様なテーマが調査の対象とされた。テーマには、健康、教育、雇用、経済状況、結婚、出生、ジェンダー関係、社会関係資本などが含まれ、「個人」「世帯」「医療」「非居住」「小学校」「出産歴」「村落」「作物」の８つのデータセットがホームページ上で公開されている[4]。

第２回調査は2011/12年に、1503村、971都市居住区の４万2152世帯を対象に、第１回と同じ機関が共同で実施した。基本的に第１回調査の再調査として前回調査した世帯から聞き取りを行ったが、追跡ができなかった場合には、同じ集落から無作為に追加世帯を抽出した。前回調査した世帯の85％が再調

4）IHDSD の2004/05調査の Description より（IHDSD のホームページ、2015年８月20日アクセス）。

査された。テーマは前回と同じで、調査結果は「個人」「世帯」「成人女性」の3つのデータセットにまとめられた[5]。

このように、「インド人間開発調査」では同世帯の再調査が行われているので、時系列分析にとっても貴重なデータセットであるが、調査の間隔が6〜7年に過ぎないこと、また、経営調査は第2回調査がより詳細なので、本章では、2011/12年の「世帯」の個票データ（4万2129件）に基づき、分析を行う。

(2) 宗教・カースト集団と地理的分布

この調査では、インドにおける多様な社会集団間の格差を検討するために、3種類の社会集団の分類方法をとっている。第1は、宗教（Religion）分類である。本調査では調査対象者の宗教集団を9集団に分類している。この分類の特徴は、インドにおける人口構成上重要な宗教集団のほとんどを取り込んでいること（「ヒンドゥー教」「イスラム教」「キリスト教」「スィク教」「仏教」「ジャイナ教」）、「部族民」（Tribal）を独立した宗教集団として取り上げていること、「その他」（Others）のほかに、「無宗教」（None）の項目も立てられていることにある。人口規模の小さいパールスィー教を単独の集団として分類していないのは、調査対象者に含まれていなかったのか、あるいは「その他」に分類されたのかはわからない。ここでの「部族民」には、回答者が「ヒンドゥー教」や他の宗教と異なる宗教アイデンティティとして「部族民」と回答した世帯が分類されている。

第2は、カースト（Caste）分類である。全国標本調査のような大規模な社会経済調査では、社会格差、とりわけ上層と下層の格差を捉えるために、「社会集団」（social group）が設定されている。「社会集団」は人口の80％弱（2011年）を占めるヒンドゥー教徒内部の格差をみるために、「指定カースト」（Scheduled Castes）、「指定部族」（Scheduled Tribes）、「その他後進諸階級」（Other Backward Classes）、「その他」（Others）に分類されている。ヒンドゥー教以外の宗教が調査対象に含まれる場合は、彼らはほとんどの場合、「その

---

5) IHDSDの2011/12調査のDescriptionより（IHDSDのホームページ、2015年8月20日アクセス）。

他」に含まれることになる。もちろん、例外があり、それについては後述する。この調査でのカースト分類は基本的に「社会集団」分類を踏襲しながら、「社会集団」分類の「その他」を「バラモン」(Brahmin)、「先進カースト（バラモンを除く）」(Forward/General except Brahmin) そして「その他」(Others) に再分類している。再分類の目的は、後進諸階級以外のカースト集団の内部格差を捉えることにある。単に社会経済的格差だけではなく、たとえば、不可触民制についての意識や行動の違いを捉えるうえで意義のある再分類になっている。

　第3は、カースト・宗教（Caste and Religion）分類である。この分類方法の特徴は、本来錯綜した関係であるカーストと宗教関係のなかから比較する意義のある集団を7つに絞り抽出している点にある。たとえば、インド人口の14%（2011年）を占めるイスラム教が単一の集団として取り上げられるとともに、社会経済的モビリティがかなり異なる人口規模の小さい3宗教を「キリスト教・スィク教・ジャイナ教」（以下、「3宗教」と略記）として1つの集団にまとめるなど、調整が行われている。イスラム教は、全体として、モビリティの低い集団として、他のカースト・宗教の下位集団との比較が重要になる。すなわち、宗教分類ではヒンドゥー教内部の多様性と格差が捨象され、カースト分類では、イスラム教が外れてしまう。宗教分類とカースト分類を調整し、インド社会の多様性と格差を比較するための集団抽出を行ったのが、カースト・宗教分類である。その際に、カースト分類では、「指定カースト」「指定部族」と表現されていた集団が、ここでは「ダリト」（原意は差別される者）、「アーディワーシー」（原意は先住の民）と記載されている点に留意する必要がある。「指定カースト」「指定部族」は留保政策に関わる行政用語であるのに対して、「ダリト」「アーディワーシー」は政治社会運動のなかでアイデンティティに関わる自称として使用されてきた経緯がある。

　本章では、カースト・宗教分類に主に依拠しながら、これ以降の分析を行う。ただし、宗教差、とりわけ、3宗教間の相違や格差を確認する際に、宗教分類での検討も行う。まず、両分類がどのように関わり合っているのかを、表2-1「宗教分類とカースト・宗教分類のクロス表」に基づき、検討しておこう。

第 2 章　経営と社会関係資本

表2-1　宗教分類とカースト・宗教分類のクロス表

(世帯数)

カースト・宗教	宗教									計
	ヒンドゥー教	イスラム教	キリスト教	スィク教	仏教	ジャイナ教	部族民	その他	なし	
バラモン	2,175	0	0	0	0	0	0	0	0	2,175
先進カースト	7,012	0	0	0	14	0	2	8	1	7,037
その他後進諸階級	14,102	0	0	161	9	0	8	5	1	14,286
ダリト	8,236	41	137	316	204	0	6	0	1	8,941
アーディワーシー	2,856	44	465	1	42	2	201	24	9	3,644
イスラム教徒	0	4,843	0	0	0	0	0	0	0	4,843
キリスト教・スィク教・ジャイナ教	0	0	616	482	0	105	0	0	0	1,203
計	34,381	4,928	1,218	960	269	107	217	37	12	42,129

出所：『インド人間開発調査』2011-12年版「世帯」個票データから筆者作成。

　まず、ヒンドゥー教のなかの調査対象者のカースト構成であるが、後進諸階級のなかでは「その他後進諸階級」「ダリト」「アーディワーシー」は各々41％、24％、8％を占めている。後進諸階級以外では、「先進カースト」の比率が高い。「キリスト教徒」のなかには、「ダリト」「アーディワーシー」が多く含まれている。「イスラム教徒」のなかにも若干の「ダリト」「アーディワーシー」が含まれている。調査対象の「スィク教徒」の半数は、「その他後進諸階級」と「ダリト」である。このため、後に検討する社会経済指標は低くなっている。「仏教徒」のほとんどは「ダリト」であるが、「ダリト」のなかでの「仏教徒」の比率は3％弱と少ない。後進諸階級のなかでは、「アーディワーシー」の宗教構成がもっとも多様であり、それに「ダリト」が続いている。「その他後進諸階級」のヒンドゥー教以外の宗教人口は非常に少ない。「バラモン」と「先進カースト」はほぼヒンドゥー教徒により構成されている。

　表2-2に基づき、「カースト・宗教の地域別分布」を検討してみよう。本調査では政府直轄領を含めて37州のデータがとられている。それらをすべて示すのは煩瑣となるため、インドを東西南北の4地域に区分して、4地域間のカースト・宗教分類別世帯数の分布の特徴をみてみよう。

　まず、横列の比率、すなわち、4地域別のカースト・宗教人口構成の特色

第Ⅰ部　インドの経営展開と社会集団格差

表2-2　カースト・宗教の地域別分布

地域区分		バラモン	先進カースト	その他後進諸階級	ダリト	アーディワーシー	イスラム教	キリスト教・スィク教・ジャイナ教	計
北インド	世帯数	1,147	2,430	3,637	3,623	381	1,924	542	13,684
	(横列) %	8.4	17.8	26.6	26.5	2.9	14.1	4.0	100.0
	(縦列) %	52.7	34.5	25.5	40.5	10.5	39.7	45.1	32.5
東インド	世帯数	302	1,216	1,471	1,444	940	1,315	27	6,715
	(横列) %	4.5	18.1	21.9	21.5	14.0	19.6	0.4	100.0
	(縦列) %	13.9	17.3	10.3	16.2	25.8	27.2	2.2	16.0
西インド	世帯数	381	1,872	3,200	1,296	1,075	531	88	8,443
	(横列) %	4.5	22.2	37.9	15.3	12.7	6.3	1.0	100.0
	(縦列) %	17.5	26.6	22.4	14.5	29.5	11.0	7.3	20.0
南インド	世帯数	345	1,519	5,978	2,578	1,248	1,073	546	13,287
	(横列) %	2.6	11.4	45.0	19.4	9.4	8.1	4.1	100.0
	(縦列) %	15.9	21.6	41.8	28.8	34.2	22.2	45.4	31.5
計	世帯数	2,175	7,037	14,286	8,941	3,644	4,843	1,203	42,129
	(横列) %	5.2	16.7	33.9	21.2	8.6	11.5	2.9	100.0
	(縦列) %	100.0	100.0	100.0	100.0	100.0	100.0	100.0	100.0

注：インド内務省は国土を北部、中央部、東部、西部、南部、北東部に6区分しているが、本表ではより簡潔な地域比較をするために、北部と中央部、東部と北東部をそれぞれ統合して「北部」「東部」と再構成し、東西南北の4地域に区分した。
出所：表2-1と同じ。

を、インド全体のカースト・宗教人口構成比率との相違点を中心に検討すると、北インドについては、「バラモン」の比率が比較的高いこと、「アーディワーシー」の比率の低いことが指摘できる。東インドについては、「アーディワーシー」と「イスラム教徒」の比率が相対的に高いことが確認できる。西インドについては、「アーディワーシー」の比率が高いことと、逆に「イスラム教徒」の比率が低いことが特徴になっている。南インドでは、「バラモン」の比率が低いこと、「その他後進諸階級」の比率が非常に高いことが指摘できる。

次に、縦列の比率、すなわちカースト・宗教別人口の地域分布のパターンを検討しておこう。4地域のサンプル数はインド人口に占める地域の人口比率が考慮されているために、今回の調査のサンプル数も北インドと南インドが各々全体の30％強と東インドと西インドの同比率を大きく上回っている。

そのうえで、4地域間のカースト・宗教人口構成の際立った特徴として、北インドについては「バラモン」「ダリト」そして「イスラム教徒」の調査世帯数とその比率が他地域を圧倒していること、南インドでは「その他後進諸階級」の比率は高いが「バラモン」「先進カースト」そして「イスラム教徒」の地域比率が相対的に低いこと、東インドについてはとくに「イスラム教徒」と「アーディワーシー」の相対的比率が高いが「キリスト教徒等」の比率は低いこと、西インドについては「イスラム教徒」のみならず「キリスト教徒等」の比率も低いことが指摘できる。人間開発指標は地域の社会経済的発展状況の影響を大きく受けるので、カースト・宗教別の地域分布の特徴に留意する必要がある。

2. 世帯の主要収入源と社会的属性

本節では、本章の主要課題である世帯の主要収入源と社会的属性の関わりを検討する。インド人間開発調査の個票データには個人別の教育職業データもまとめられているが、ここでは、世帯単位の個票データに基づき、社会経済的モビリティのカースト・宗教間格差の態様を検討する。

(1) 世帯の主要収入源

今回の調査では、調査対象世帯のもっとも主要な収入源についての情報が収集されている。この情報だけで世帯収入が把握できるわけではないが、カースト・宗教別の主要収入源の構成を検討することにより、かなり的確にカースト別あるいは宗教別の全般的な経済状況を推測することができる。

表2-3に、「カースト・宗教と主要収入源別世帯数比率のクロス表」を掲げる。同表の収入源は11職種に分類されている。収入源により、世帯差はあるにせよ、収入額の水準とその分布が異なっていると理解することができる。たとえば、被雇用の職種である「農業賃金労働」や「非農業賃金労働」は、農村や都市における底辺層の収入源であるのに対して、「俸給」や「年金・賃料」は組織部門での労働や資産活用と関わるので、より条件のよい収入源であると理解できる。また、「専門職」の多くは教育、技術、資格を得るた

第I部　インドの経営展開と社会集団格差

表2-3　カースト・宗教と主要収入源別世帯数比率のクロス表

(%)

収入源別職種	カースト・宗教							全体平均
	バラモン	先進カースト	その他後進諸階級	ダリト	アーディワーシー	イスラム教	キリスト教・スィク教・ジャイナ教	
耕作	21.7	29.9	29.6	13.6	36.4	13.5	2.8	24.4
農業関連	0.3	0.8	1.3	0.6	0.9	0.6	2.8	1.0
農業賃金労働	1.4	4.2	9.3	18.1	15.5	7.6	2.7	10.1
非農業賃金労働	7.4	10.1	21.7	33.8	22.9	30.8	15.2	22.5
職人・自営業	1.6	1.3	1.6	1.4	0.8	3.3	1.2	1.6
小商店	12.3	13.1	11.7	6.9	4.4	18.7	12.9	11.1
組織事業	2.1	2.4	1.2	0.4	0.4	1.9	3.2	1.4
俸給	35.3	27.0	15.9	18.4	14.7	15.4	23.4	19.3
専門職	2.5	0.8	0.5	0.4	0.2	0.3	1.1	0.6
年金・賃料	11.4	7.9	4.4	3.7	2.7	3.8	8.7	5.1
その他	4.0	2.5	2.9	2.7	1.1	4.1	4.9	2.9
計	100.0	100.0	100.0	100.0	100.0	100.0	100.0	100.0

出所：表2-1と同じ。

めの先行投資を必要としている。「専門職」で自立できているならば、一定の水準の収入を得ていると推測できる。同様に、「組織事業」についても、先行投資、融資へのアクセスが前提となっていると理解できる。「職人・自営業」の大半は非組織部門の事業と推測できるので、条件のよい収入源ではない。「小商店」には幅広い経営体が含まれ、収入源の評価は難しいが、一定の資本投下を前提とすることを考慮する必要がある。「耕作」と「農業関連」については、土地の所有・経営面積、灌漑条件などがわからなければ収入の推測はまったくできないが、一般的に「耕作」を主要な収入源とする世帯は農村部では中上層に位置づけることができよう。

　以上の検討を踏まえ、カースト・宗教別に主要収入源構成の特徴をみてみよう。「バラモン」の主要収入源構成の特徴は、「俸給」層が35％もの高率を占めていること、「年金・賃料」の比率も11％と分析対象集団のなかでもっとも高いことにある。「専門職」の比率も他を引き離している。逆に、「農業賃金労働」や「非農業賃金労働」の比率は対象集団中、もっとも低い。以上のように、「バラモン」の主要収入源の分布は、他の集団と大きく異なり、「バ

ラモン」の収入源における優位性をはっきりと示している。

　「バラモン」の対極に位置づけられるのが「アーディワーシー」と「ダリト」である。「アーディワーシー」の場合は、「耕作」の比率は集団のなかでもっとも高いものの、山岳・丘陵地帯に集住している制約を考慮する必要がある。「俸給」「年金・賃料」「専門職」「組織事業」の比率は集団中もっとも低い。「農業賃金労働」の比率はかなり高い。同様に、「ダリト」についても、「農業賃金労働」や「非農業賃金労働」の比率は対象集団中、もっとも高い。また、「アーディワーシー」と対照的に「耕作」の比率は、集団のなかでも低く、土地所有・経営の面で後れをとり、賃金労働者の供給源として位置づけられている状況が端的にあらわれている。

　「イスラム教徒」は対象集団のなかでも独特の主要収入源構成を示している。一番の特徴は、「非農業賃金労働」「職人・自営業」「小商店」の比率がいずれも集団中でもっとも高いことである。この３者は連動しており、「イスラム教徒」の収入源がサービス業や自営業の運営、あるいは職工としての被雇用にかなりの程度依存している状況を示している。「耕作」についても、「ダリト」と同程度の低い比率である。

　もうひとつ、主要収入源構成が他の集団と大きく異なるのが、「３宗教」である。その構成の特徴は、「組織事業」の比率がもっとも高いほか、「専門職」「年金・賃料」でも「バラモン」に次ぐ高い比率を示していること、「小商店」の比率も３番目に高いこと、逆に「耕作」の比率は2.8％と集団中もっとも低いことにある。「耕作」はほぼ行っていないという比率である。ここでの「３宗教」のうち、「スィク教徒」には多数の「ダリト」が含まれており、それが３宗教全体の主要収入源構成を下方に引き下げていると推測できる。

　「先進カースト」と「その他後進諸階級」は、ともに「耕作」の比率が30％ほどと高く、「耕作」の主体を形成している。「耕作」以外の主要収入源構成では、「バラモン」と「アーディワーシー」「ダリト」の収入源構成の中間的な位置を示している。主要収入源の比率の分布から、「先進カースト」はより「バラモン」に近い収入源構成のパターンを、「その他後進諸階級」はより「アーディワーシー」や「ダリト」に近いパターンを示すことが確認できる。

（2）父親・夫の職業

　今回の調査では、回答者の父親（回答者が女性の場合は夫）の教育と職業（生涯でもっとも長く従事した職業：ライフロング職業: Life Long Occupation）も収集している。世代間の職業変化の研究にとって、非常に貴重なデータとなっている。ちなみに、全国標本調査の製造業に関する調査では、父親の最後に従事した職業を聞き取っている。

　まず、表2-4に基づき、「父親・夫の産業別平均教育年数の分布」を検討してみよう。調査結果は2桁の全国産業分類（National Industrial Classification）に基づき、67区分（Division）に分類されている。同表には、そのうち、人数が100人以上の38区分のみを、平均教育年数の少ない順に並べてある。その際に、教育年数に応じて8グループ（2年未満、2〜3年未満、3〜4年未満、4〜5年未満、5〜6年未満、6〜7年未満、7〜10年未満、10年以上）に区分し、グループの総数とそれが総人数に占める比率を表示してある。このグループの総数には100人未満の産業の人数も含めてある。

　平均教育年数と産業の間にはかなり明確な相関がみられる。もっとも平均教育年数の少ない2年未満のグループには、「農業」「建設」「漁労」「畜産」「陶業」が含まれている。これらは学歴を必要としない産業であり、調査対象となった父親・夫の半数弱の48％が従事していた。このうち、とくに高い比率を占めたのは、農業（31％）と建設（13％）であった。

　他方、もっとも平均教育年数の長い10年以上のグループには、「教育」「銀行」「法律」「保険」など資格や高度な教育を前提とする産業が含まれている。なかでも、教育（3％）は、同グループ内での比率が高いほか、社会的にも影響力の大きな産業であり重要である。

　他の産業は両者の中間に位置づけられている。これらのなかで、平均教育年数が2〜3年未満のグループには、「大工」「皮革加工」「タバコ」「車両」「ジュート」「羊毛」などの製造業と「私的サービス」が含まれている。ここでの製造業には伝統的な村落内・間分業に組み込まれた産業と植民地期以降に展開した「タバコ」「ジュート」などの産業の双方が含まれている。「私的サービス」には家僕など諸種の雑役労働が括られている。

　平均教育年数が3〜4年未満のグループには、「綿製品」「衣料」「食品」「金

表2-4 父親・夫の産業別平均教育年数の分布

教育年数区分	父親・夫の産業区分	平均教育年数	人数	人数比率（％）	累積人数比率（％）
2年未満	農業	1.08	7,633		
	畜産	1.20	197		
	建設	1.58	3,259		
	陶業	1.74	205		
	漁労	1.93	300		
	小計		11,594	47.8	47.8
2～3年未満	皮革加工	2.10	104		
	木材・家具製造	2.29	533		
	タバコ製造	2.32	125		
	輸送機器製造	2.36	545		
	私的サービス	2.44	511		
	ジュート製造	2.94	100		
	小計		2,051	8.5	56.3
3～4年未満	衛生	3.08	142		
	農園	3.12	146		
	衣料製造	3.41	489		
	サービス一般	3.44	452		
	綿製品製造	3.45	238		
	食品製造	3.53	264		
	金属加工	3.55	160		
	食品小売	3.79	1,305		
	世帯小売	3.91	140		
	レストラン	3.92	207		
	石炭採掘	3.94	137		
	輸送一般	3.97	104		
	代理製造	3.98	138		
	小計		4,074	16.8	73.1
4～5年未満	修理サービス	4.22	172		
	航空輸送	4.22	361		
	小売一般	4.66	380		
	コミュニティ	4.80	335		
	小計		1,620	6.7	79.8
5～6年未満	不動産	5.01	980		
	繊維小売	5.31	185		
	その他製造	5.60	151		
	事業サービス	5.83	109		
	小計		1,526	6.3	86.1
6～7年未満	電気	6.56	223		
	小計		367	1.5	87.6
7～10年未満	行政	7.29	1,673		
	薬剤	8.89	209		
	通信	9.13	126		
	小計		2,110	8.7	96.2
10年以上	教育	10.25	748		
	銀行	10.73	103		
	小計		929	3.8	100.0
計		3.19	24,271	100.0	

出所：表2-1と同じ。

第Ⅰ部　インドの経営展開と社会集団格差

表2-5　父親・夫のカースト・宗教別平均教育年数の分布

カースト・宗教	平均教育年数	教育年数分布（％）					計（％）	世帯数
		0年	1～6年	7～9年	10～12年	13年以上		
バラモン	5.59	32.6	25.1	13.4	20.6	8.3	100.0	2,164
先進カースト	3.90	45.9	26.3	11.0	12.9	3.9	100.0	6,996
その他後進諸階級	2.33	61.8	23.3	7.6	5.8	1.5	100.0	14,172
ダリト	1.58	73.6	16.9	5.0	3.8	0.7	100.0	8,882
アーディワーシー	1.40	74.8	17.1	4.2	3.2	0.7	100.0	3,620
イスラム教	2.07	67.1	19.3	7.0	5.4	1.2	100.0	4,767
キリスト教・スィク教・ジャイナ教	4.54	36.0	32.1	13.4	13.6	4.9	100.0	1,188
全体平均	2.56	61.1	21.8	7.7	7.3	2.1	100.0	41,789

出所：表2-1と同じ。

属加工」などの製造業および「食品小売業」や「レストラン業」が含まれている。「衛生業」や「農園」（プランテーション）もこのグループに括られている。「衛生業」には自治体衛生部門の役人や道路清掃、便所清掃の労働者が含まれている。彼らの平均教育年数が最底辺でないのは、衛生部門の役人や監督者の教育年数が全体を引き上げているためだとおもわれる。

　平均教育年数が4～5年未満のグループには、「小売業」「コミュニティ」「航空輸送」などが含まれている。識字や計算などの基礎的能力が必要とされる産業である。父親・夫数に占めるこのグループの比率は7％弱と少ないが、教育年数5年未満の累積比率は80％ほどの高率を示している。

　5年以上10年未満のグループには、「行政」「不動産」「電気」「薬剤」「通信」などの産業が含まれている。これらのうち、たとえば、「行政」は採用基準に一定の教育水準が求められている産業であり、「不動産」「薬剤」は実質的な知識や教養など教育成果が求められている産業である。教育年数が5年以上のグループの比率は、調査対象となった父親・夫数の20％ほどであり、この層が教育の上位層として比較的所得の高い産業に従事していた。

　次に、父親・夫の平均教育年数がカースト・宗教別にどのように分布しているのかを表2-5で検討してみよう。まず、ヒンドゥー教徒内部の社会集団のなかでは、「バラモン」の平均教育年数が5年を超えるのに対して、「アーディワーシー」は1.4年に過ぎず、両者には4年ほどの開きがある。ヒンドゥ

一教の社会集団のなかで「バラモン」に次ぐのは「先進カースト」で、平均教育年数は4年弱である。後進諸階級のなかでは「その他後進諸階級」の平均教育年数は2.3年ともっとも長いが、「バラモン」や「先進カースト」との格差は大きい。「ダリト」の平均教育年数は「アーディワーシー」と近似し、1.6年ほどである。「イスラム教徒」は諸宗教のなかで、平均教育年数はもっとも短く2年ほどである。それでも、「アーディワーシー」や「ダリト」の平均教育年数を若干上回っている。「3宗教」の平均教育年数は「バラモン」に次ぐ4.5年である。ただし、このグループの宗教間には教育や社会経済力の格差が存在している点はすでに触れたとおりである。

　平均年数だけでは、ちらばりがわからないので、教育年数分布で補足しておこう。ここでの教育年数のグループは、インドでの一般的な学制を考慮して、無教育（0年）、初等課程（1～6年）、中等課程（7～9年）、高等課程（10～12年）、学士課程以上（13年以上）の5グループに分けた。調査対象である父親・夫全体の教育年数分布は、無教育が61％、初等課程が22％、中等課程が8％、高等課程が7％、そして学士課程以上は2％となっている。初等課程以上を識字者だとみなせば、全体の識字率は39％となる。

　社会集団別の無教育の比率は、社会集団間格差が非常に大きく、「バラモン」「3宗教」の30％台から「アーディワーシー」「ダリト」の70％台までの幅がある。「3宗教」の無教育の比率は、「バラモン」の同比率に近く、「イスラム教徒」の無教育の比率は、後進諸階級の「アーディワーシー」「ダリト」の同比率に近似している。

　また、識字率の高い社会集団ほど、回答者の父親・夫の教育年数分布に占める高等課程および学士課程以上の比率が相対的に高い。ちなみに、「バラモン」の場合は、高等課程が21％、学士課程以上が8％、「3宗教」の場合は、前者が14％、後者が5％を占めている。後進諸階級の場合は、識字者の半数強が初等課程に集中している。「イスラム教徒」の場合も同様の傾向がみられる。「イスラム教徒」の教育年数分布における高等教育課程の比率は、「その他後進諸階級」と「アーディワーシー」「ダリト」の中間に位置している。このように、カースト・宗教と父親・夫の教育年数分布には非常に明確な相関関係が確認できる。

表2-6 父親・夫の宗教集団別平均教育年数の分布

宗教	平均教育年数	教育年数分布（%）					計(%)	世帯数
		0年	1～6年	7～9年	10～12年	13年以上		
ヒンドゥー教	2.57	61.0	21.8	7.7	7.4	2.1	100.0	34,164
イスラム教	2.06	67.3	19.2	6.9	5.4	1.2	100.0	4,851
キリスト教	4.32	34.8	36.4	12.8	11.6	4.4	100.0	1,202
スィク教	2.26	69.1	13.8	6.8	8.8	1.5	100.0	959
仏教	2.32	59.0	27.1	7.1	4.9	1.9	100.0	268
ジャイナ教	5.58	27.5	36.3	7.8	17.6	10.8	100.0	102
部族民	1.35	74.5	18.5	4.2	1.9	0.9	100.0	216
その他	2.26	63.1	21.1	7.9	7.9	0	100.0	38
なし	2.00	63.6	27.3	0	9.1	0	100.0	11
全体平均	2.56	61.1	21.8	7.7	7.3	2.1	100.0	41,811

出所：表2-1と同じ。

　もうひとつ、宗教と回答者の父親・夫の教育年数の分布との関わりを表2-6に基づき検討しておこう。そのポイントは、前表で確認できなかった宗教間の相違をここで確認しておくことにある。平均教育年数では、「ジャイナ教」が5.6年と突出して高く、それに「キリスト教」が4.3年、「ヒンドゥー教」が2.6年、「仏教」が2.3年、「スィク教」が2.3年と続いている。「ジャイナ教」はインド有数の商業集団をなし、彼らの教育水準は他集団を凌駕している。「キリスト教」にはカトリックと新教への改宗者の双方が含まれているが、いずれも植民地期から教育への志向が強く、独立以降もその伝統は続いている。「仏教」には「ダリト」と「非ダリト」の双方が含まれている。また「ダリト」から「仏教」への改宗者には「ダリト」上層が多く含まれているために、前表の「ダリト」よりも「仏教」の教育水準は若干高い。本調査での「スィク教」は教育水準が概して低く、「イスラム教」とほぼ同様の教育年数の分布を示している。「部族民」は前表の「アーディワーシー」よりも低い教育年数の分布を示しているが、サンプル数はきわめて少ない。

　次に、父親・夫の産業とカースト・宗教別世帯数比率の関連を表2-7に基づき検討してみよう。同表には諸種産業のなかから全体として200人以上が従事した父親・夫のライフタイムの産業21区分のみを選択し、宗教・カースト別対象者数に占める比率を示してある。その際、産業区分を父親・夫の平

均教育年数別に6つのグループに分類した。また、他の産業区分への従事者数比率は、「その他」の項目にまとめた。

　ここではカースト・宗教と産業との具体的な関わりについての特徴を検討する。平均教育年数が2年未満の産業には調査対象者の50％弱が就業した。なかでも、農業の比率は高く、「アーディワーシー」は50％を超え、それに「ダリト」「その他後進諸階級」「イスラム教徒」の順で続いている。もっとも比率の低い「バラモン」でも9％を示している。このように、農業は調査対象者が従事した中核的な産業区分をなしていた。さらに、平均教育年数が2年未満の産業区分には調査対象者の13％が従事した「建設」も含まれている。とくに、「ダリト」「アーディワーシー」「イスラム教」にとって、「建設」は「農業」に次ぐ就業者比率の高い産業区分であった。この教育年数グループには「漁労」も含まれている。「3宗教」のなかには、キリスト教徒の漁民が多く含まれており、「漁労」に就労した対象者は6％の比率を占めている。

　平均教育年数が2〜3年未満の産業区分のなかで特徴的なのは、「木材・家具製造」では「その他後進諸階級」と「イスラム教」が3％前後の比率であることと、「その他後進諸階級」が「私的サービス」で他のカースト・宗教を大きく上回る比率を示していることである。

　平均教育年数が3〜4年未満の産業区分には、「イスラム教徒」の間でよく普及している産業区分が含まれている。たとえば、「衣料製造」や「綿織物製造」などの織物業は、伝統的に「イスラム教徒」に就業者の多い産業区分であるし、「食品小売」や「レストラン」も「イスラム教徒」の顧客を主な対象とした確かな需要に支えられた産業区分である。「その他後進諸階級」には諸種の職人・サービスカーストが含まれ、そのなかで「綿織物製造」や「食品小売」の従事者も多い。「食品小売」は都市農村を問わず需要があり、参入も比較的容易である。このため、対象者に占める「食品小売」従事者の比率は、比較的高い。ただし、「ダリト」と「アーディワーシー」の2集団は、製造業や小売業での就業者比率が、他のカースト・宗教よりも格段に低い。

　平均教育年数が4〜7年未満の産業区分では、「バラモン」と「3宗教」の2集団の比率の高さが目立つようになる。たとえば、「バラモン」は「コミュニティ」や「電気」の産業区分で、「3宗教」は「航空輸送」「不動産」

第Ⅰ部　インドの経営展開と社会集団格差

表2-7　父親・夫の産業とカースト・宗教別世帯数比率のクロス表

平均教育年数分類	産業区分	カースト・宗教 (%)							全体平均(%)	世帯数	平均教育年数
		バラモン	先進カースト	その他後進諸階級	ダリト	アーディワーシー	イスラム教	キリスト教・シク教・ジャイナ教			
2年未満	農業	8.8	19.4	32.3	43.1	50.7	23.1	17.0	31.5	7,700	1.08
	建設	3.6	8.0	11.9	18.5	17.4	15.6	8.9	13.4	3,281	1.58
	陶業	0.3	0.6	1.6	0.7	0.2	0.5	0.3	0.8	207	1.74
	漁労	0.1	0.6	1.6	1.2	0.3	1.0	6.0	1.2	303	1.93
	小計	12.8	28.6	47.4	63.5	68.6	40.2	32.2	46.9	11,491	
2〜3年未満	木材・家具製造	0.7	1.6	3.3	1.5	1.2	2.7	2.0	2.2	538	2.29
	輸送機器製造	1.2	1.5	2.1	2.7	2.4	2.7	2.2	2.2	550	2.36
	私的サービス	1.6	1.2	3.5	1.7	1.0	1.5	1.0	2.1	515	2.44
	小計	3.5	4.3	8.9	5.9	4.6	6.9	5.2	6.5	1,603	
3〜4年未満	衣料製造	1.2	1.6	2.5	1.2	0.3	3.9	1.6	2.0	490	3.41
	サービス一般	2.4	2.4	1.9	1.9	1.2	1.3	1.4	1.9	458	3.44
	綿製品製造	0.7	1.1	1.5	0.4	0.3	1.4	0.3	1.0	240	3.45
	食品製造	1.6	1.7	1.4	0.4	0.4	1.0	1.4	1.1	266	3.53
	食品小売	6.3	9.5	5.4	1.8	2.1	8.4	7.2	5.4	1,317	3.79
	レストラン	1.2	1.1	1.1	0.2	0.4	1.2	1.3	0.9	211	3.92
	小計	13.4	17.4	13.8	5.9	4.7	17.2	13.2	12.3	2,982	
4〜7年未満	航空輸送	2.0	1.7	1.4	0.9	2.3	2.1	2.9	1.5	373	4.22
	小売一般	1.9	3.3	1.3	0.5	0.5	2.7	1.6	1.6	387	4.66
	コミュニティ	10.9	1.7	0.7	0.5	0.4	1.3	1.4	1.4	340	4.80
	不動産	5.3	5.1	3.9	2.9	1.7	5.5	6.7	4.0	988	5.01
	電気	2.0	1.0	1.0	0.8	0.7	0.5	1.8	0.9	225	6.56
	小計	22.1	12.8	8.3	5.6	5.6	12.1	14.4	9.4	2,313	

第2章 経営と社会関係資本

7～10年未満	行政	16.0	13.1	4.7	5.6	4.7	4.3	11.0	6.9	1,678	7.29
	薬剤	3.5	1.3	0.7	0.6	0.2	0.7	0.5	0.9	211	8.89
	小計	19.5	14.4	5.4	6.2	4.9	5.0	11.5	7.8	1,889	
10年以上	教育	11.1	5.5	2.4	1.3	2.2	2.6	4.7	3.1	752	10.25
	その他	17.5	17.4	13.7	11.6	9.3	16.0	18.6	14.1	3,448	
計	%	100.0	100.0	100.0	100.0	100.0	100.0	100.0	100.0	24,478	3.19
	世帯数	1,215	3,559	7,592	6,282	1,605	3,462	763	24,478		

出所：表2-1と同じ。

「電気」の産業区分で、他のカースト・宗教の同比率を大きく上回っている。

平均教育年数が7～10年未満の産業区分では、「バラモン」「3宗教」のほか、「先進カースト」も高い比率を示すようになっている。ちなみに、この3集団は「行政」の比率がいずれも10％を上回っている。「行政」でもうひとつ興味深いのは、「その他後進諸階級」の「行政」就業者の比率が5％前後であり、「イスラム教徒」の4.3％を上回っていることである。詳細は本調査の調査項目に含められていないので不明であるが、「その他後進諸階級」の「行政」就業者の多くは、留保政策により就業したものと推測できる。さらに、「行政」にも諸種のランク（たとえば、自治体職員であれば、第1級から第4級までの幅がある）があり、そのランク差は確認できないが、「その他後進諸階級」の「行政」就業者の職位は概して低いものとおもわれる。この平均教育年数のもうひとつの産業区分である「薬剤」については「バラモン」の比率が他のカースト・宗教を大きく引き離している。

平均教育年数が高等課程以上（10年以上）の産業区分は、ここでは「教育」のみ掲げられている。他にも3産業（「銀行業」「保険業」「法律業」）あるが、いずれも200人に満たないために、ここに掲げていない。しかし、これらの産業のカースト・宗教別の就業者比率についても、「教育」と同様の傾向がみられ、「バラモン」の比率が他のカースト・宗教を圧倒している。それに、「先進カースト」と「3宗教」が続いている。このように、回答者の父親・夫の従事した産業区分と平均教育年数の間にはかなり明確な相関関係が認められ、カースト・宗教分類の上位集団は平均教育年数の長い産業区分での就業率が比較的高いのに対して、下位集団の場合は、就業者が平均教育年数の低い産業区分に集中する傾向にあることが具体的に検証できた。

(3) 現世帯の事業

回答者の父親・夫の教育年数とライフタイム産業の検討に引き続き、回答者世帯の現時点での事業の詳細について検討してみよう。本調査では、調査世帯の事業活動について詳細な情報を収集している。ここでの事業とは、自家労働力あるいは雇用労働力に依拠したビジネスのことで、複数の事業を行っている場合には、世帯当たり所得の高い順に3種類の事業まで情報を収集

した。その結果、調査対象の4万2129世帯数の21％に当たる8801世帯が第1の事業の報告をした。このうち、932世帯は第2の事業を報告し、そのうちさらに92世帯は第3の事業を報告した。第2の事業は調査対象世帯の2％ほど、第3の事業は0.2％ほどと比率が非常に低いので、ここでは第1の事業についてのみ検討を行う。

そのために、表2-8に「カースト・宗教と第1事業の産業別世帯数比率のクロス表」を掲げる。同表は世帯の第1事業のみを対象としたものなので、前表の産業別従業者数の分布とは性格を異にしている。前表には被雇用労働が含まれていたが、ここでは自家労働か雇用労働に依拠した事業のみが取り上げられている。そのため、「役人」などの公務員や民間雇用の従業員は含まれていない。また、最大の産業区分である農業は、ここでの事業としての要件を満たしていないので、外されている。このため、前表で検討した産業の構成とここでの産業構成とは大きく異なっている。

それゆえ、ここではカースト・宗教別の産業構成の特徴を事業の産業構成に限定して検討を行う。前表との比較をしやすくするために、ここでも平均教育年数グループをもとに産業を配置する。ただし、この平均教育年数グループは回答者の教育年数ではなく、前表で使用した回答者の父親・夫の教育年数を援用したものである。平均教育年数と産業との関わりをおおまかに把握するためである。ここで取り上げるのは、世帯数が100以上の19区分の産業であり、7つの平均教育年数グループに分類した。

まず、カースト・宗教別世帯数に占める事業世帯数比率からみてみよう。全体の事業世帯数比率は21％である。この比率がもっとも高いのは「イスラム教」であり、29％の世帯が事業を報告している。「イスラム教」の事業構成の特徴は、平均教育年数が3年未満のグループに配置されている産業区分（畜産、漁労、建設、家具製造）の比率が比較的低いこと、平均教育年数が3～6年未満に区分されている産業区分の比率が比較的高いこと、なかでも「衣料製造」「小売一般」「修理サービス」などの比率が相対的に高いこと、もっとも比率の高い産業区分は「食品小売」の28％であること、平均教育年数が8年以上の産業区分（「薬剤」と「教育」）の比率は低いこと、とまとめることができる。「イスラム教」の就業構造のなかで、自営を中心とした製

第Ⅰ部　インドの経営展開と社会集団格差

表2-8　カースト・宗教と第1事業の産業別世帯数比率のクロス表

平均教育年数分類	産業区分	カースト・宗教 (%)							全体平均(%)	世帯数	平均教育年数
		バラモン	先進カースト	その他後進諸階級	ダリト	アーディワーシー	イスラム教	キリスト教・シィク教・ジャイナ教			
2年未満	畜産	0.7	1.3	3.0	2.5	3.9	1.4	2.7	2.2	197	1.2
	建設	2.3	2.1	1.2	0.8	3.2	0.6	2.1	1.4	124	1.58
	漁労	0.0	0.4	1.6	1.5	1.2	1.1	1.4	1.2	103	1.93
	小計	3.0	3.8	5.8	4.8	8.3	3.1	6.2	4.8	424	
2～3年未満	木材・家具製造	0.7	1.1	2.8	3.9	4.9	1.7	5.8	2.4	210	2.29
	私的サービス	2.6	2.5	5.3	4.8	1.7	2.6	2.4	3.8	332	2.44
	小計	3.3	3.6	8.1	8.7	6.6	4.3	8.2	6.2	542	
3～4年未満	衣料製造	3.6	4.9	5.9	6.4	4.4	9.8	2.1	6.2	545	3.41
	食品製造	2.6	3.3	4.0	1.5	1.7	2.1	1.7	2.9	259	3.53
	食品小売	21.9	26.3	28.0	25.8	32.3	27.7	8.9	26.7	2,347	3.79
	世帯小売	2.6	0.3	2.4	3.0	1.7	2.5	15.1	2.6	233	3.91
	レストラン	2.1	3.6	2.5	0.9	3.2	1.2	5.1	2.3	200	3.92
	代理製造	4.7	2.5	2.7	2.4	1.0	3.0	4.5	2.9	256	3.98
	小計	37.5	40.9	45.5	40.0	44.3	46.3	37.4	43.6	3,840	
4～5年未満	修理サービス	3.0	2.5	2.8	4.4	2.0	4.4	8.2	3.2	285	4.22
	小売一般	9.0	9.0	6.1	7.6	5.4	8.1	2.4	7.4	653	4.66
	コミュニティ	7.3	0.9	0.8	1.1	0.5	0.4	7.5	1.2	102	4.8
	小計	19.3	12.4	9.7	13.1	7.9	12.9	18.1	11.8	1,040	
5～6年未満	不動産	5.7	7.2	6.2	8.1	7.4	8.6	1.7	7.1	624	5.01
	機械卸	0.7	1.9	1.7	1.1	3.0	2.6	2.7	1.8	158	5.02
	繊維小売	2.1	0.5	2.0	1.7	0.7	2.9	0.0	2.7	238	5.31
	小計	8.5	9.6	9.9	10.9	11.1	14.1	4.4	11.6	1,020	

8〜9年未満		2.6	1.7	1.0	0.9	0.7	1.0	1.0	1.3	113	8.89
10年以上		3.1	2.6	1.2	1.4	1.0	0.9	4.1	1.6	138	10.25
その他		22.7	18.6	18.9	20.1	20.0	17.4	20.5	19.1	1,684	3.19
計	%（縦列）	100.0	100.0	100.0	100.0	100.0	100.0	100.0	100.0	8,801	
	第1事業世帯数	576	1,707	3,186	1,220	406	1,414	292	8,801		
	第1事業世帯数比率（%）	26.5	24.3	22.3	13.6	11.1	29.2	24.3	20.9		
	全世帯数	2,175	7,037	14,286	8,941	3,644	4,843	1,203	42,129		

出所：表2-1と同じ。

造業、サービス業はきわめて重要な位置を占めている。なかでも、「衣料製造」「小売一般」「修理サービス」などは「イスラム教」の代表的な事業として知られている。本調査でもこのことが確認できた。

「イスラム教」を除く6つのカースト・宗教の事業世帯数比率については、上位集団は全体の比率を上回るのに対して、下位集団はこの比率を大きく下回る傾向が確認できる。上位集団のうち、「バラモン」と「先進カースト」は事業世帯数比率が25％前後と他のカースト・宗教を大きく上回っていること、ともに平均教育年数3年未満の産業区分の比率が比較的低いこと、そして平均教育年数が8年以上の産業区分の比率が高いところに特色がある。このように、上位集団に「薬剤」や「教育」関連の事業者が多いのは、彼らの平均教育年数の分布が諸集団のなかでもっとも高度であることと密接に関わっている。本調査結果は「3宗教」も上位集団のひとつであることを示しているが、彼らの事業別世帯数分布には集団内部の上位層（ジャイナ教徒）と下位層（スィク教徒）双方の特色がモザイク状にあらわれている。たとえば、彼らの平均教育年数3年未満の産業区分の比率が相対的に高いのは、これらに「スィク教徒」が関わっていることを示している。同時に、平均教育年数が10年以上の「教育」の比率が諸集団のなかでもっとも高いのは、「ジャイナ教徒」と「キリスト教徒」の関与が大きいためである。その他の事業で彼らの特色があらわれているのは、「世帯小売」と「修理サービス」の比率が群を抜き高いのに「食品小売」の比率がたいへん低い点にある。

下位集団の第1事業の産業別世帯数の分布には、上位集団と対照的な特徴がみられる。まず、事業世帯数比率では「アーディワーシー」と「ダリト」は10％前半の低い水準を示している。「その他後進諸階級」の事業世帯数比率は20％前半で、「アーディワーシー」と「ダリト」の同比率を大きく上回り、下位集団のなかにも比較的大きな違いのあることを示している。しかし、産業別世帯数の分布の特色は3集団ともに共通しており、平均教育年数が3年未満の産業の比率が高いのに対して、8年以上の産業の比率は低い。

集団別にみると、「アーディワーシー」は「食品小売」の比率が32％と全集団のなかでもっとも高い。また、事業種類の幅は全集団のなかでもっとも狭く、それだけにもっとも参入が容易で、かつ地域の需要のある「食品小売」

が彼らにとっての主要な事業になっている。このほか、「畜産」や「建設」も他のカースト・宗教よりも比率の高い事業である。

「ダリト」の産業別世帯数の分布には、下位集団としてのもうひとつの特徴があらわれている。それは、「食品製造」と「レストラン」の産業別比率が全集団のなかでもっとも低い数値を示していることである。これらは決して参入の困難な産業ではないが、「ダリト」の場合には、これら食に関わる業種には自己規制を含む不可触規制が強く働いているものと推測できる。

「その他後進諸階級」の産業別世帯数の分布の特徴のひとつは、「ダリト」と対照的に「食品製造」の比率が全集団でもっとも高いことにある。土地の所有と経営の基盤の強い集団なので、農産物を活用する食品加工は身近で参入しやすい産業となっている。もうひとつの特徴は、「私的サービス」の比率が比較的高いことである。「ダリト」とともに、都市部と農村部における「私的サービス」の大きな供給源となっている。

以上のように、本調査における調査対象世帯数の約20％を占める第１事業の世帯数の産業別分布にも、上位集団と下位集団の格差はみられた。しかし、ここでは事業を行っている世帯のみが対象のため、事業の産業構成における格差はみられるが、それは世帯の主要収入源のカースト・宗教別分布に比較すると、小さいといえる。また、現世代における産業別分布にみられるカースト・宗教間格差は、父親の世代の同格差よりも縮小していると捉えることができる。

本調査のデータには、事業所得のデータも含まれているので、表2-9に基づき、「カースト・宗教別第１〜３事業の平均所得の分布」を検討してみよう。

第１事業の所得をみると、平均所得は「３宗教」が17万ルピーと群を抜いて高い。それに、「先進カースト」と「バラモン」が10万ルピー台で続いている。平均所得がもっとも低いのは「ダリト」と「アーディワーシー」で、ともに６万ルピー前後である。先進カーストの第１事業の所得の３分の１から２分の１の水準である。「イスラム教徒」の平均所得は「その他後進諸階級」と近似し、８万ルピーほどである。このように、先進集団と後進集団間の所得格差はきわめて大きい。第２事業と第３事業の平均所得は８万ルピー前半であり、第１事業の平均所得を１万ルピーほど下回っているが、その差

第Ⅰ部 インドの経営展開と社会集団格差

表2-9 カースト・宗教別第1～3事業の平均所得の分布

カースト・宗教	項目	第1事業純所得（Rs）	第2事業純所得（Rs）	第3事業純所得（Rs）
バラモン	平均所得（Rs）	110,637	97,418	39,217
	事業数	573	72	6
	事業数比率（%）	6.5	7.7	6.5
	所得計（Rs）	63,395,148	7,014,130	235,300
	所得計（%）	7.6	9.0	3.1
先進カースト	平均所得（Rs）	142,521	143,644	156,104
	事業数	1,699	184	25
	事業数比率（%）	19.4	19.7	27.2
	所得計（Rs）	242,142,621	26,430,525	3,902,600
	所得計（%）	29.1	33.9	51.4
その他後進諸階級	平均所得（Rs）	82,583	65,976	52,516
	事業数	3,180	340	32
	事業数比率（%）	36.3	36.5	34.8
	所得計（Rs）	262,612,895	22,431,869	1,680,510
	所得計（%）	31.6	28.7	22.1
ダリト	平均所得（Rs）	56,945	40,922	49,114
	事業数	1,219	112	9
	事業数比率（%）	13.9	12.0	9.8
	所得計（Rs）	69,416,547	4,583,210	442,030
	所得計（%）	8.4	5.9	5.8
アーディワーシー	平均所得（Rs）	63,444	55,914	
	事業数	406	29	
	事業数比率（%）	4.6	3.1	
	所得計（Rs）	25,758,329	1,621,520	
	所得計（%）	3.1	2.1	
イスラム教	平均所得（Rs）	83,947	62,309	68,547
	事業数	1,405	165	19
	事業数比率（%）	16.0	17.7	20.7
	所得計（Rs）	117,945,162	10,281,020	1,302,400
	所得計（%）	14.2	13.2	17.1
キリスト教・スィク教・ジャイナ教	平均所得（Rs）	171,615	189,947	36,000
	事業数	288	30	1
	事業数比率（%）	3.3	3.2	1.1
	所得計（Rs）	49,425,163	5,698,420	36,000
	所得計（%）	5.9	7.3	0.5
計	平均所得（Rs）	94,720	83,756	82,596
	事業数	8,770	932	92
	事業数比率（%）	100.0	100.0	100.0
	所得計（Rs）	830,695,865	78,060,694	7,598,840
	所得計（%）	100.0	100.0	100.0

出所：表2-1と同じ。

は小さい。第1事業のカースト・宗教別の平均所得の格差は、第2事業においても、ほぼ同様に観察される。第3事業については事業世帯数が非常に小さいために、比較することができない。

3. 社会経済的モビリティとネットワーク

本節では、意識調査と諸種ネットワーク調査の結果に基づき、カースト・宗教間の意識やネットワークの違いについて検討を行う。意識やネットワークの違いは大きくは就業構造全般と、また前節で検討した事業の展開とも密接に関わっていると想定できる。カースト・宗教間に上位集団と下位集団の格差がみられ、意識とネットワークの状況も異なっている。これを具体的に確認するのが本節での課題である。

(1) 生活改善意識

まず、表2-10に基づき、カースト・宗教と生活改善意識との関わりを検討してみよう。同表には、「過去6～7年の間に生活は改善されたか」との質問に対する、3種類の回答（変化なし、改善した、悪化した）の比率を表示してある。全体では、回答者の52％が「変化なし」、39％が「改善した」、10％が「悪化した」と回答した。カースト・宗教のなかで、「改善した」との回答比率がもっとも高かったのは「3宗教」の52％であり、それに「バラモン」と「先進カースト」が45％前後で続いている。これに対して、「改善した」との回答比率が低かったのは、「アーディワーシー」と「ダリト」であり、各々の比率は30％ほどであった。「イスラム教」と「その他後進諸階級」の「改善した」との回答比率は両者の中間の30％台後半であった。「悪化した」との回答比率のカースト・宗教間の違いはそれほど大きくはないが、「ダリト」と「イスラム教」が11％台でもっとも高い。ただし、いずれのカースト・宗教についても、「改善した」は「悪化した」の比率を20ポイント以上上回った。

「変化なし」との回答比率は、カースト・宗教により非常に異なっている。ちなみに、「アーディワーシー」は61％もの高い比率を示している。この比

表2-10 カースト・宗教と生活改善意識別世帯数比率のクロス表

回答	カースト・宗教（％）							全体平均（％）
	バラモン	先進カースト	その他後進諸階級	ダリト	アーディワーシー	イスラム教	キリスト教・スィク教・ジャイナ教	
変化なし	47.2	45.3	51.9	55.6	60.7	52.4	38.7	51.8
改善した	44.2	46.4	39.0	32.7	30.5	36.4	52.3	38.5
悪化した	8.6	8.3	9.1	11.7	8.7	11.2	9.0	9.7
計（％）	100.0	100.0	100.0	100.0	100.0	100.0	100.0	100.0
世帯数	2,146	6,890	14,055	8,800	3,560	4,719	1,187	41,357

出所：表2-1と同じ。

率がもっとも低いのは「3宗教」の39％であり、それに「バラモン」と「その他後進諸階級」が45％ほどで続いている。このように、「変化なし」との回答比率には、上位集団と下位集団の違いが鮮明にあらわれている。

「生活が改善したかどうか」は、回答者が社会、経済、政治、治安、行政など多様な要因を総合的に評価した回答である。それゆえに、この意識調査の結果は、所得などの経済的指標の変化よりも雄弁に生活の社会経済的変化を示している側面があり重要である。

(2) 親族知人ネットワーク

親族・カースト・宗教、あるいは知人のネットワークは仕事、生活、安全、医療などの生活全般をより快適に効率的に維持するために大きな役割を果たしている。これらの役割を正確に評価するのは、共通の尺度で秤量することができないために難しいが、親族知人ネットワークにカースト・宗教間でどの程度の相違があるのかを確認しておこう。

表2-11に「カースト・宗教別知人関係の分布」を示す。回答は、イエスが1、ノーが0と入力されているので、同表には知人の有無についてイエス（すなわち知人あり）と回答した人の比率が表示されていることになる。同表に掲げた6つの職種のうち、回答者が知人をもつ比率が比較的高いのは、「医者」と「教師・校長」、比較的低いのは、「官僚」「警部」(Inspector)「軍人」である。これら職種の対象者は、「親族・カースト・宗教」を同じくする場合と、「その他」に二分されており、後者の比率は当然のことながら前者よ

第2章　経営と社会関係資本

表2-11　カースト・宗教別知人関係の分布

知人の有無	カースト・宗教 (%)							全体平均(%)	回答世帯数
	バラモン	先進カースト	その他後進諸階級	ダリト	アーディワーシー	イスラム教	キリスト教・スィク教・ジャイナ教		
医者（親族・カースト・宗教）	35	29	16	15	13	25	35	20	42,052
医者（その他）	49	43	39	33	33	36	51	38	41,975
教師・校長（親族・カースト・宗教）	50	40	28	24	27	33	43	31	42,055
教師・校長（その他）	57	48	43	37	41	39	49	43	41,985
官僚（親族・カースト・宗教）	19	14	7	6	8	8	20	9	42,047
官僚（その他）	24	21	13	11	12	12	24	14	41,951
役人（親族・カースト・宗教）	22	21	12	11	17	14	25	15	42,027
役人（その他）	29	27	19	16	22	18	27	21	41,928
警部（親族・カースト・宗教）	11	9	5	4	6	5	11	6	42,028
警部（その他）	14	15	8	7	8	8	20	9	41,924
軍人（親族・カースト・宗教）	24	19	10	10	11	7	20	12	41,990
軍人（その他）	23	21	11	10	12	9	22	13	41,876

出所：表2-1と同じ。

りも高くなっている。

　職種を問わず、知人をもつ比率のカースト・宗教間の格差は、とりわけ「親族・カースト・宗教」を同じくするケースで大きい。全般的に、「バラモン」と「3宗教」の比率は高く、「ダリト」と「アーディワーシー」の比率は低い。「その他後進諸階級」の比率は下位集団としての特徴をもち、「先進カースト」の比率は「バラモン」に近似している。ちなみに、医者（親族・カースト・宗教）の場合は、「バラモン」と「3宗教」の比率35％に対して、「アーディワーシー」の比率は13％に過ぎない。医者に比べて低学歴で留保制度の恩恵の大きい教師・校長（親族・カースト・宗教）の場合は、カースト・宗教間格差は比較的小さい。「医者」（その他）と「教師・校長」（その他）は家族の教育、医療との関わりがあるので、カースト・宗教間の比率の差は小さい。「官僚」は大きな権限をもつ上級官僚のことで、「役人」は下級官僚のことを指す。「官僚」（親族・カースト・宗教）をもつ比率は、上位集団と下位集団で大きく異なっているが、「役人」（親族・カースト・宗教）の場合は、留保制度の恩恵があるので、両集団の比率の差は小さい。

　「イスラム教徒」が知人をもつ比率は、「アーディワーシー」「ダリト」と近似し、下位集団の特徴をもっている。ただし、「医者」（親族・カースト・宗教）と「教師・校長」（親族・カースト・宗教）の比率は、「アーディワーシー」「ダリト」を上回っている。「イスラム教徒」のここでのもうひとつの特徴は、軍人（親族・カースト・宗教）と軍人（その他）の比率がともに、もっとも低いことにある[6]。

　6種類の職種のなかで、親族・カースト・宗教内に「警部」をもつ比率がもっとも低いのは、「警部」に任命されるのがそれだけ難しいからである。警察官の階級のなかで上位に位置する「警部」は、多数の配下と強力な権限をもっている。地方における警察権力の中枢にあるので、社会的な影響力は非常に大きい。「3宗教」は「警部」（親族・カースト・宗教）の比率が11％ともっとも高いだけではなく、「警部」（その他）も20％とさらに高い比率を示している。このように、カースト・宗教を超えての広いネットワークをも

6）この背景にはインドとパキスタンの分離独立（1947年）の経緯があり、インド国内の「イスラム教徒」は軍務とは疎遠になっている。

つのも、上位集団の特徴のひとつである。

(3) 社会活動

　調査対象の世帯員が各種団体のメンバーとしてどの程度社会的に活動しているのかを、表2-12で検討してみよう。同表には8団体へのメンバーとしての関与と公会への参加の有無のデータを編纂している。この表でも、イエス（すなわちメンバーとして参加）と回答した人の比率が表示されている。同表に掲げた組織のなかで、回答者世帯がメンバーとして参加した比率が比較的高いのは、「自助団体」[7]と「宗教団体」の2つ、比率が低いのは、「協同組合」[8]「政治団体」「パンチャーヤト」[9]の3つである。

　各種団体のメンバーとしての社会活動の規模を示す比率は、これまでに検討した「生活改善意識」や「親族知人ネットワーク」と異なるパターンでのカースト・宗教間での分布を示している。たとえば、「バラモン」の同比率は、ほとんどの団体について全体の平均以下であり、ここで取り上げた各種団体活動に関心が薄いことを示している。「先進カースト」の同比率の多くは「バラモン」を若干上回っているが、大きな差はない。そのなかにあって、「3宗教」だけが、「女性団体」[10]「宗教団体」「カースト団体」[11]「協同組合」「政治団体」の5つの団体について、もっとも高い比率を示している。このうち、「宗教団体」と「カースト団体」は、他集団との比率の差がとくに大きな団体である。「3宗教」には人口の少ない3つの宗教が含まれているために、

---

7) 自助団体（Self Help Group）は、1987年にラージャスターン州で試行された貯蓄と信用供与の組織がモデルとなっている。村内で社会経済状態をともにする10～20人ほどの貧困層の女性が中心となり自助グループを形成し、互助により銀行や公共サービスの活用をはかり、社会変革を進めようとしている。

8) ここでの協同組合は、農業信用協同組合やミルク生産者協同組合など農業や畜産と関連する協同組合が中心となっている。

9) 農村地域の自治機構であるパンチャーヤト制度（Panchayati Raj）のことを指している。メンバーの一部は、後進諸階級や女性に留保されている。

10) 女性団体（Mahila Mandal）には、宗教行事、職業訓練、教育振興から貯蓄や融資目的の団体にいたるまで多様な目的・種類の団体が含まれる。近年は、女性のエンパワーメントを推進する機関のひとつとして、その役割が注目されている。

11) カースト団体（Caste Association）は、旧来の伝統的なカースト組織と異なり、政治に積極的に関与し、教育や啓蒙活動を推進する機関である。

第Ⅰ部　インドの経営展開と社会集団格差

表2-12　カースト・宗教別各種団体メンバーの分布

メンバー	カースト・宗教（％）							全体平均（％）	回答世帯数
	バラモン	先進カースト	その他後進諸階級	ダリト	アーディワーシー	イスラム教	キリスト教・スィク教・ジャイナ教		
女性団体メンバー	7	12	9	8	8	5	14	9	42,072
自助団体メンバー	8	16	22	21	22	12	16	19	42,071
宗教団体メンバー	13	13	10	8	14	14	30	12	42,069
社会・祭団体メンバー	7	9	7	5	12	7	9	7	42,065
カースト団体メンバー	7	8	9	7	9	8	23	9	42,067
協同組合メンバー	3	4	4	1	3	1	7	3	42,066
政治団体メンバー	3	5	3	3	5	3	7	4	42,061
パンチャーヤトメンバー（世帯員）	5	5	4	4	7	3	3	4	41,928
公会への参加	24	32	29	28	42	22	29	29	41,981

出所：表2-1と同じ。

「宗教団体」への参加比率がとくに高くなっているものと推測できる。

　下位集団のなかでは、「ダリト」の各種団体への参加率がもっとも低い。「ダリト」は「宗教団体」や「カースト団体」などの宗教・カースト組織だけではなく、農業・畜産と密接な関わりのある「協同組合」、さらには自己カーストの社会組織や伝統の維持と関わる「社会・祭団体」への参加率も低調である。「ダリト」運動が展開し、「ダリト」の政治社会的意識が比較的高いのは一部の地域に限定され、大部分の地域では「ダリト」は社会的に孤立しており、各種団体をとおしての内部的結合力も弱い。

　「イスラム教徒」の各種団体への参加率も全般的に低調である。とくに、「女性団体」「協同組合」「パンチャーヤトメンバー」（世帯員）の比率はもっとも低い。「女性団体」への参加率が他の集団を大きく下回っているのは、家屋内外での女性の自由な移動や活動を規制する「パルダー」の習慣が、現在でも強く働いているためだと推測できる。「協同組合」については、「ダリト」と同様に、土地所有・経営層が薄いことが低い比率にあらわれている。

「パンチャーヤト」についても、メンバーに選出される比率が低いことが、その背景にあるとおもわれる。また、公会への参加率ももっとも低い。このように、「イスラム教徒」についても、各種団体への参加率の検討から、社会的な孤立と内部結合力の弱さを指摘できる。彼らの組織のなかで、比較的参加率が高いのは「宗教団体」のみである。

「アーディワーシー」は同表中の3つの各種団体と公会への参加率がもっとも高い。このうち、「自助団体」については、下層集団すべてが相対的に高い比率を示している。なお、「自助団体」は6つの各種団体のうち、全体の参加率がもっとも高い組織をなしている。「パンチャーヤトメンバー」(世帯員)の比率が高いのは、彼らがいわゆる部族民ベルトと呼ばれる地域に集住しているので、そこでの村落行政組織である「パンチャーヤト」のメンバーに選出される比率自体が高いためだと推測できる。「社会・祭団体」への参加率と公会への参加率がともに高いのは、「アーディワーシー」のなかで、伝統的な行事や社会組織を維持しようとする力が、より強く働いているからだと理解することができよう。このように、「アーディワーシー」は、他の下層集団と異なり、各種団体への参加率が全般的に高い。

(4) 村での紛争

村内あるいは地域社会における紛争や不可触民差別の実態を、カースト・宗教別に検討してみよう。表2-13にみるように、「村での紛争」の評価点は全体で2.46(数値は、1・紛争多い、2・紛争あり、3・紛争なし、の3段階評価の平均値なので、3に近づくほど紛争が少ないことを示す)であり、全体として村でわずかであるが紛争のあることを示している。カースト・宗教間の評価点の差はわずかであるが、「3宗教」の評価点がもっとも高く、下位集団の評価点は低い。「村のカースト・宗教間の紛争」についても、「村での紛争」と同様に、カースト・宗教間に評価点の差がみられる。このように、上位カーストは、「村での紛争」や「村のカースト・宗教間の紛争」をわずかの差ではあるが、少ないと回答する傾向があるのは、何を紛争として認識するかについて、上位集団と下位集団の間に認識の差が存在するものと想定できる。紛争の際に被害を受けやすい下位集団のほうが、紛争の認識についてより敏

表2-13　カースト・宗教別紛争と不可触民差別

紛争の種類	カースト・宗教							全体平均	回答世帯数
	バラモン	先進カースト	その他後進諸階級	ダリト	アーディワーシー	イスラム教	キリスト教・スィク教・ジャイナ教		
村での紛争（3段階評価点）	2.47	2.46	2.44	2.45	2.44	2.47	2.59	2.46	42,065
地域問題の解決（2段階評価点）	1.26	1.28	1.28	1.26	1.24	1.28	1.28	1.27	42,058
村のカースト・宗教間の紛争（3段階評価点）	2.49	2.49	2.49	2.49	2.44	2.52	2.65	2.50	42,034
不可触民制差別の実践（％）	43	26	27	9	19	10	10	21	41,936
SCが台所・食器を共有する問題（％）	17	9	13	6	9	7	8	10	32,359
過去5年間に不可触民差別を経験（％）				19				19	8,260

注：SCは指定カーストを指す。
出所：表2-1と同じ。

感であると推測できる。「地域問題の解決」の評価点は、地域問題をどのように解決するのかの選択肢（1は共同で解決、2は家族で個別に解決）の平均値を示したものである。この質問項目の回答もカースト・宗教間の評価点の差はわずかではあるが、「アーディワーシー」が、より1に近く、共同で解決する度合いが他の集団よりも若干高いことを示している。

不可触民差別に関しては3つの設問があり、これらについての回答は、該当世帯の比率で表示している。「過去5年間に不可触民差別を経験」とは「ダリト」を対象とした質問であり、「ダリト」世帯の19％が過去5年間に不可触民差別を経験したと回答した。不可触民差別は「ダリト」の社会経済発展の大きな阻害要因のひとつになっている。「不可触民差別の実践」には「ダリト」に対する差別を実践した回答者の比率が示されている。この比率がもっとも高いのは「バラモン」の43％であり、もっとも低い「ダリト」でも9％の回答者が不可触民差別を実践したと回答した。この比率は「ダリト」内部にもカーストの序列があり、上位が下位を差別する構造を背景としている。不可触民差別でもうひとつ特徴的なことは、ヒンドゥー教徒の内部集団による不可触民差別が外部集団のものよりも広く激しく実践されていることであ

る。「その他後進諸階級」の比率が「先進カースト」の比率を若干上回っているのは、下層集団に括られる「その他後進諸階級」が自らと「ダリト」を区別するために差別化意識がより強く働くためだとおもわれる。「アーディワーシー」の回答者の78%はヒンドゥー教徒なので、前述したように彼らによる不可触民差別も19%もの比率を示している。ヒンドゥー教以外の宗教である「イスラム教」と「３宗教」の２集団のみが、不可触民差別の実践についての比率は比較的低い。「SCが台所・食器共有の問題」の比率は、「ダリト」と台所や食器を共有するのは問題であるとの回答者の比率である。これも「不可触民差別の実践」のカースト・宗教間における比率の分布と類似の傾向、すなわち、「バラモン」の比率がもっとも高く、「ダリト」内部にも台所・食器共有を問題とする回答者がおり、ヒンドゥー教以外の諸宗教の比率がもっとも低いことが確認できる。

(5) 社会への信頼度

次に、回答者の社会への信頼度がカースト・宗教によりどのように異なっているのかを表2-14に基づき検討してみよう。同表には国の司法立法行政機関、軍隊そしてメディアや教育機関に対する回答者の信頼度の評価点（１：たいへん信頼する、２：少し信頼する、３：まったく信頼しない、の３段階評価の平均値：数値が小さいほど、信頼度が高い）を表示してある。

ここで取り上げた６機関のなかで、回答者の信頼度がもっとも高かったのは「軍隊」で、もっとも低かったのは「政治家」であった。「軍隊」の評価点は１に近いので、絶大なる信頼が与えられていると理解できる。それに対して、「政治家」は３に近い評価点であり、信頼度はきわめて低い。他の諸機関のなかで、信頼度が比較的高いのは、「学校」と「裁判所」、逆に信頼度が比較的低いのは「警察」と「州政府」である。「メディア」の評価点はそれらの中間に位置している。全体的な特徴として、「軍隊」と「裁判所」への信頼度が高いこと、「政治家」「州政府」よりも「メディア」のほうがはるかに信頼されていることが指摘できる。インドの人々の三権およびメディアに対する評価があらわれており、興味深い。

カースト・宗教のなかで、これら諸機関に対する評価が全般的に高いのは、

表2-14　カースト・宗教別各種機関への信頼度の分布

信頼度	カースト・宗教（3段階評価点）							全体平均（3段階評価点）	回答世帯数
	バラモン	先進カースト	その他後進諸階級	ダリト	アーディワーシー	イスラム教	キリスト教・スィク教・ジャイナ教		
政治家 （政策実行）	2.47	2.42	2.42	2.40	2.34	2.41	2.40	2.41	42,039
軍隊 （国家防衛）	1.12	1.15	1.15	1.17	1.24	1.34	1.13	1.18	41,967
警察 （法の実行）	2.04	1.99	1.97	1.96	1.92	2.03	1.88	1.98	42,015
州政府 （州民への奉仕）	1.95	1.96	1.90	1.88	1.84	1.97	1.88	1.91	41,927
メディア （真実の報道）	1.65	1.64	1.66	1.67	1.63	1.73	1.70	1.67	41,913
公立学校 （良い教育）	1.60	1.48	1.52	1.46	1.45	1.53	1.46	1.50	42,034
私立学校 （良い教育）	1.29	1.32	1.32	1.36	1.37	1.30	1.21	1.32	42,014
裁判所 （正義の裁定）	1.39	1.40	1.40	1.39	1.37	1.50	1.36	1.40	41,918

出所：表2-1と同じ。

「アーディワーシー」と「3宗教」の2集団である。とりわけ、「アーディワーシー」は、「政治家」「州政府」「メディア」「公立学校」の4機関について、諸集団のなかで、もっとも高い信頼度を示している。また、「裁判所」についても、高い信頼度を示している。このうち、「政治家」と「州政府」への評価は連動する傾向にあり、「アーディワーシー」の政治・行政に対する満足度も相対的に高いことを示している。

「3宗教」は諸集団のなかで「警察」「裁判所」「私立学校」への評価がもっとも高い。また、「軍隊」への評価も「バラモン」に次ぎ高い。「メディア」については、全体平均の評価を下回っているが、その他の項目については比較的高い評価を与えている。このように、「3宗教」が国家の諸機関に対して比較的高い信頼を寄せている背景には、彼らの利害がこれら諸機関により守られてきたとの認識がより強いためだとおもわれる。

上位階級のなかでも、「バラモン」のこれら諸機関に対する評価は全般的に低い。「政治家」「警察」「公立学校」の3機関について、諸集団のなかで、もっとも低い信頼度を示している。また、「州政府」に対する評価も低い。

第 2 章　経営と社会関係資本

1980年代の宗教紛争以降、ゲットー化がますます進むイスラム教徒集住地区での入居説明会に参加するムスリム中産階級の人々（アーメダバード市、2017年 1 月）

　このように、「バラモン」の政治、行政、警察に対する信頼度が低いのは、彼らの過半数が居住する北インドにおける州政治と行政が「バラモン」の利害と反することが多いためだと推測できる。
　社会への信頼度についても、「イスラム教徒」の立場は独特である。彼らは、「軍隊」「州政府」「メディア」「裁判所」の 4 機関について、全集団のなかで、もっとも低い信頼度を示している。とくに、「軍隊」については、他集団の評価点との差も大きく、インドのなかで「イスラム教徒」が置かれている立場が明瞭にあらわれている。また、「警察」に対する信頼度も低く、セキュリティーに大きな不安を抱えていることがわかる。司法、行政のみならず、「メディア」に対しても信頼度が低いのは、「イスラム教徒」が公正に取り扱われていないとの不満があるためである。
　その他の集団である「先進カースト」「その他後進諸階級」「ダリト」の評価点は、信頼度が全般的に高めにあらわれがちな「アーディワーシー」「 3 宗教」、低めにあらわれがちな「バラモン」「イスラム教徒」の中間に位置している。

第Ⅰ部　インドの経営展開と社会集団格差

表2-15　カースト・宗教別多額出費・損失項目の分布

多額出費の項目	カースト・宗教（%）							全体平均（%）	回答世帯数
	バラモン	先進カースト	その他後進諸階級	ダリト	アーディワーシー	イスラム教	キリスト教・スィク教・ジャイナ教		
病気・事故	27	26	27	28	18	29	27	26	42,051
旱魃・洪水・火災	5	6	10	7	10	8	3	8	42,060
失業	3	3	2	2	4	3	2	3	42,055
結婚	29	31	32	32	30	34	28	32	42,051
作物の失敗	15	16	19	12	24	10	5	16	42,055
死亡	20	19	18	20	19	17	22	19	42,048

出所：表2-1と同じ。

(6) 多額出費

　最後に、家計に大きな影響を与える多額出費について、表2-15に基づき、検討しよう。前回の調査から今回の調査までの6～7年間に多額の出費・損失を招いた出来事があったかを問う設問で、出来事は6種類あげられている。回答は、イエスが1、ノーが0と入力されているので、数値はイエスの回答者の比率をあらわしている。

　6項目のなかで、全体の比率がもっとも高いのは「結婚」の32％で、もっとも低いのは「失業」の3％である。インドにおける「結婚」が多額の出費をともなうことはよく知られているが、本調査でも6～7年間に三分の一もの世帯が結婚で出費したことが確認できる。それに次ぐのは、「病気・事故」と「死亡」である。両者ともに避けがたい出費項目である。天災による出費・損失も決して少なくない。「作物の失敗」は全体で16％、「旱魃・洪水・火災」は8％の比率を占めている。作物はさまざまな理由で失敗するが、灌漑設備が整っていれば、作物の失敗をかなりの程度抑制することができる。

　カースト・宗教別の比率の分布で特徴があるのは、「アーディワーシー」と「3宗教」の2集団である。「アーディワーシー」は「作物の失敗」「旱魃・洪水・火災」「失業」の3項目で、もっとも高い比率を示している。とくに、前2者は耕作者比率が高く灌漑が比較的未展開な部族民ベルトで生じやすい損失である。「失業」についても、開発が比較的遅れている部族民ベルトで

の雇用機会の少なさが影響しているものと推測できる。

「3宗教」は「作物の失敗」と「旱魃・洪水・火災」の比率がともに、もっとも低い。耕作者比率が低いことに加え、農業経営地では灌漑率が高いこと、また旱魃・洪水の被害を受けづらい地域に居住していることが、比率が低い要因だとおもわれる。「結婚」の比率ももっとも低いが、集団間での比率の差はわずかである。上位集団の「結婚」の比率は下位集団の同比率を若干下回っているが、カースト・宗教を問わず、「結婚」が大きな出費となっていることに変わりはない。

おわりに

本章で依拠した「インド人間開発調査」は大規模な個票データであるほかに、経営分析上、2つの利点があった。ひとつは、世帯主の父親・夫の教育年数と職業(ライフタイム)の情報が組み込まれていること、もうひとつは経営分析に役立つ諸種の社会関係資本(ネットワーク、意識、信頼度等)の情報が編纂されていることである。世帯の社会経済状態だけではなく、社会関係資本、さらには世帯が帰属する宗教やカーストのネットワークの広がりやモビリティの高さが、世帯の社会経済的発展を大きく規制していると捉えることができる。これらがどのように関連しているのかは、これまでにほとんど明らかにされてこなかった。

本章での検討の結果、学歴や産業構成のみならず、社会関係資本や帰属集団のネットワークについても、カースト・宗教間に少なからぬ格差が存在していることが確認できた。また、社会経済的な下層集団である、「ダリト」「アーディワーシー」「その他後進諸階級」や「イスラム教徒」は共通の社会経済的課題を抱えると同時に、社会関係資本や帰属集団のネットワークについては異なる態様を持ち、個別の課題を抱えている側面のあることも検討できた。とくに、「イスラム教徒」については、司法立法行政から疎外され、さらにはセキュリティの不安を抱えるなど、社会的に孤立する状況の一端が確認できた。ヒンドゥー教の内部では「ダリト」が現在でも不可触民差別を受けるとともに、彼らの内部的結束力は脆弱であり、社会的に孤立する状況

にあることが確認できた。

　社会経済発展の政策や計画は、個人や世帯のみを対象とするために、社会関係資本の脆弱性や帰属集団におけるネットワークの強化には結びつきづらい。この点をどのように克服するのかが、後進諸階級の商工業への参入と経営能力の改善にとって重要な鍵を握っている。

第Ⅱ部

グジャラートの宗教、カースト、職業

第3章
宗教・カーストの人口構成

はじめに

　本書では植民地期から独立を経て現在にいたるまでのグジャラートにおける経営展開を経営者の出自と系譜に焦点を合わせて考察する。その一環として、本章では、植民地期の宗教・カーストの人口構成を検討する。この検討は、近代グジャラートにおける経営展開の出発点となる植民地期の宗教・カースト構成を把握するうえでも、独立前から独立後にかけてのカースト体制・制度の動態を把握し、経営展開の長期的変動をみるうえでも重要である。

　植民地期の宗教・カースト構成を把握するために、本章では国勢調査のデータに依拠して分析を行う。国勢調査のデータには諸種の問題はあるが、人口、識字、就業構造などをマクロのレベルで把握できる利点は大きい。本章で依拠する1931年国勢調査はカースト別の情報が編纂された独立前の最後の国勢調査であり、独立後の国勢調査にはないカースト研究上の利点をもっている[1]。

　本章では1931年国勢調査に依拠し、以下の基礎作業を行う。第1は、諸種の政治単位に分割されていた「グジャラート」の領域を現グジャラート州の領域と近似するよう再構成する作業である。第2は、この再構成の上に立ち、宗教・カーストの人口とその地理的分布を確定し、それらの基本的特徴を検討することにある。本章は独立前におけるグジャラートの宗教・カースト研究の基礎編にあたる。次章ではグジャラートの宗教・カーストの就業構造、識字率、その他の社会経済的指標および宗教・カースト分類に関わる諸問題を検討する。

　独立前の国勢調査の参照を快諾してくれた国勢調査事業部（Directorate of

Census Operations, Ahmedabad) の主任調査官 R. V. サンガーニー (R. V. Sanghani) 氏に記して謝意を表する。

1. ボンベイ管区とグジャラートの領域

(1) ボンベイ管区の領域

　図3-1にみるように、1931年にはグジャラートの領域はボンベイ管区の一部を構成していた。ボンベイ管区の領域はボンベイ政府の直接的な統治下にある直轄統治県と政治的な支配下にあるボンベイ藩王国代理政府に二分された。

　表3-1にみるように、直轄統治県は、①スィンド (Sind)、②北支部 (Northern Division)、③中央支部 (Central Division)、④南支部 (Southern Division)、⑤ボンベイ市 (Bombay City) の5政治行政領域に区分された。しかし、政治行政的領域区分は地理、風土、言語、慣習のまとまりを中心とする自然的領域区分 (Natural Divisions) と異なっており、1931年国勢調査報告書での作表には両区分が併用された。自然的領域単位は①スィンド、②グジャラート (Gujarat)、③デカン (Deccan)、④コンカン (Konkan) に4区分された。

　ボンベイ藩王国代理政府はマヒーカーンター (Mahikantha)、レーウワーカーンター (Rewakantha) などの代理政府と多数の藩王国により構成された。ボンベイ管区の藩王国数は562、グジャラートの藩王国数は222であった。

---

1) 植民地期のカースト研究において1901年と1931年の国勢調査は特別重要な位置にある。エントーヴンの「ボンベイ管区のカーストと部族」(Enthoven, 1922) は1901年の国勢調査で試みられた民族誌学の調査結果を基礎にしたものであるし、1931年国勢調査結果はマンダル委員会 (Mandal Committee)(マンダル委員会はカースト・インデックスの根拠を1891年と1931年の国勢調査結果に置いている。Government of India (1980: 13) をはじめ多数の研究者によりカーストの分類と人口比率推定の基礎資料として利用されている。カーストに関わる情報は国勢調査間に大きな異同があり、1951年国勢調査では指定カースト (Scheduled Castes)、指定部族 (Scheduled Tribes)、後進諸階級 (Backward Classes)、それ以降は指定カースト、指定部族のみが集計されている。指定カースト、指定部族、後進諸階級以外の諸カーストの情報は1872年から1941年国勢調査まで集計されているが、1941年国勢調査は第二次世界大戦の影響で不完全な国勢調査となっている。そのため、1931年国勢調査が事実上、カースト一般の情報が得られる最後の国勢調査となっている。2011年国勢調査ではカースト調査が行われたが、その調査結果はまだ公表されていない。

第3章 宗教・カーストの人口構成

図3-1 ボンベイ管区の領域 (1921-31)

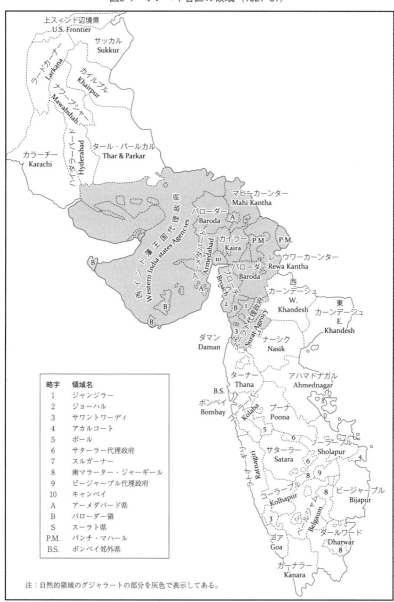

注：自然的領域のグジャラートの部分を灰色で表示してある。

表3-1　政治行政的領域単位と自然領域単位の異同

政治・行政的領域			自然的領域		
単位	直轄統治県	面積（平方マイル）	単位	直轄統治県	面積（平方マイル）
スィンド	ハイダラーバード、カラーチー、ラードカーナー、ナワーブシャー、サッカル、タール・パールカル、上スィンド辺境県	46,378	北西乾燥地域（スィンド）	ハイダラーバード、カラーチー、ラードカーナー、ナワーブジャー、サッカル、タール・パールカル、上スィンド辺境県	46,378
北支部	アーメダバード、ブローチ、カイラー、パンチ・マハル県、スーラト代理政府、ターナー	13,615	グジャラート	アーメダバード、ブローチ、カイラー、パンチ・マハル県、スートラ県	10,193
ボンベイ市		24	デカン	アハマドナガル、東カーンデーシュ、西カーンデーシュ、ナーシク、プーナ、サターラー、ソーラーブル、ビージャープル、ベールジャム、ダールワード	53,327
中央支部	アハマドナガル、東カーンデーシュ、西カーンデーシュ、ナーシク、プーナ、サターラー、ソーラーブル、ボンベイ、郊外県	38,553			
南支部	ベールジャム、ビージャープル、ダールワード、カーナラー、コーラーパー、ラトナーギリ	25,029	コンカン	ボンベイ、ボンベイ郊外県、コラーバー、ラトナーギリ、カーナラー、ターナー	13,701
計		123,599	計		123,599

出所：1931 Bombay Census Part 1, pp.1-2, Statement No.2より。

(2) グジャラートの領域

　独立前の国勢調査における「グジャラート」[2]は言語・文化・地理的まとまりを指標とする自然的領域として表現されている。自然的領域としてのグジャラートは2つあるいは5つの下部単位により構成され、国勢調査主要報告書ではこれらの区分に従い一定種類のデータがとりまとめられている。

　2区分の場合は、カティアワード（Kathiawad/Kathiawar）とグジャラー

2）「グジャラート」の語源は中世に北方よりグジャラートに移住・定着したグジャール族（Gujar）にあるといわれている。もともとはグジャール族の住む地（Gujar Rashtra）を意味していたが、グジャラーティー語の形成・展開とともに、グジャラーティー語の通用圏をグジャラートと呼ぶようになった。このため、「グジャラート」の自然的領域は時代とともに変化している。

ト本土（The Main Land）に区分されている。この場合のカティアワードは半島部の他にカッチ（Kachchh）を含んでいる。カッチの領域内には広大なカッチ大湿原（The Great Rann of Kutch）が横たわっており、恒常的な農地、居住区は領域の南部に集中している。カッチは北西部の砂漠を挟み、またカッチ湾（Gulf of Kutch）のマーンドヴィー（Mandvi）、カンドラー（Kandla）の港湾を通じてスィンドとつながっており、交易のみならず文化的な交流も深い。カティアワード半島はカッチ湾、アラビア海、カンバット湾（Gulf of Khambhat：キャンベイ湾とも呼ばれた）に面する湾曲した海岸線をもつ。現ジャームナガル（Jamnagar）、ポールバンダル（Porbandar）、バーヴナガル（Bhavnagar）の港湾を通じて外部とつながるとともに、ムガル帝国やマラーター王国の支配からは比較的自由であり、サウラーシュトラ（Saurashtra：すなわち百王国）と呼ばれたように政治的に自立した多数の中・小王国のもと、独自の文化を発展させた[3]。グジャラート本土の地勢はカティアワードと大きく異なっている。グジャラート本土の東部には丘陵地帯が南北に走り、隣接地域を水源とする通年河川、マヒー（Mahi）河、タービー（Tapi）河、ナルマダー（Narmada）河が丘陵地帯を貫通しカンバット湾に流れ込んでいる。このため、溜め池・井戸灌漑の他に河川からの揚水や用水路灌漑も展開し、カティアワードの農業よりは集約的である。年間降水量もカティアワードを上回っており、本土のなかでは南部の降水量が多い。グジャラート本土の発展に重要な役割を果たしたキャンベイ、バルーチ、スーラトの港湾都市の他に近代グジャラートの発展を牽引したアーメダバード、バローダー（現ヴァドーダラー：Vadodara）などの内陸都市がある。これら諸都市は歴代権力・外国勢力からの支配や干渉を受けながらも、国内・国外交易の両面においてインドの発展に貢献した。グジャラート本土内部の多様性は後述するようにカティアワードを上回っているが、カティアワードとの比較において1つのまとまった地域を構成すると理解することができる。

　5区分の場合は、カッチと半島部のほかにグジャラート本土が北グジャラート、中央グジャラート、南グジャラートに3区分される。北グジャラート

3）カティアワードの通史はWilberforce-Bell（1980）を参照のこと。

第Ⅱ部　グジャラートの宗教、カースト、職業

乾燥地帯カッチでみられる円筒形で耐震性に優れた伝統的家屋（カッチ、2007年3月）

グジャラートの平原部では集村が一般的で、その中心に位置する貯水池で洗濯や食器洗いが行われている。（アーメダバード県、2011年3月）

はグジャラート本土のなかでは最後進地域に属するが、中央グジャラートに隣接する一角では集約的農業もみられる。アーメダバード県、カイラー県、バローダー藩王国中央部を中核とする中央グジャラートは近代グジャラートにおける最先進地域で、農業、工業、商業のバランスのよい発展がみられる。カイラー県から南グジャラートにかけての一帯はグジャラートの穀倉地帯である。1931年時点におけるグジャラートの3大工業都市のうち、アーメダバード市とバローダー市の2都市が中央グジャラートに位置している。南グジャラートはスーラト、ブローチなどの港湾都市を擁する。ボンベイ市の出現により、これら諸都市の港湾都市としての重要性は著しく低下したが、スーラトの商工業は引き続き活況を呈した。さらに南グジャラートはカイラー県とともにグジャラートのなかでは農業条件の恵まれた地域に属し、丘陵地帯に集住する部族民労働者に大きく依存する農業経営が展開した。

　以上検討したグジャラートの自然的領域区分は政治行政的領域区分の影響から完全に自由ではありえず、後者の変動とともに国勢調査におけるグジャラートの自然的領域も変動した。1901-41年間のグジャラートの領域の変動は概して僅少であり、未調査地域（Unsurveyed Area）の調査、政治行政単位の小規模な再編が変動の主要な理由であった。

　独立後の1950年、ボンベイ・プロヴィンス（Bombay Province）はボンベイ州（Bombay State）に再編された。この再編はボンベイ・プロヴィンス領域内外の藩王国の大規模な吸収合併を含んだために、ボンベイ州の領域は大きく拡大した。この結果、1951年までに現グジャラート州を構成する34県（2017年）のうち11県が誕生した。旧西インド藩王国代理政府の領域のうち、半島部のゴーヒルワード（Gohilwad）、ジャーラーワード（Zalawad）、マディヤ・サウラーシュトラ（Madya Saurashtra）、ハラール（Halar）およびソーラート（Sorath）の5県はインド共和国のB州（Part B State）、カッチはC州（Part C State）に再編された。

　1953年のインド政府州再編委員会（The States Reorganisation Commission, Government of India）の設置とともにグジャラートでは大グジャラート（Maha Gujarat）運動が政財界の支援のもと展開し、運動の推進機関である大グジャラート会議（Maha Gujarat Parishad）は1954年に同委員会に大グジャ

ラート構想の覚え書きを提出した[4]。この構想の柱はターナー県の一部とボンベイ市を大グジャラートに含むことにあった。グジャラートの資本とボンベイ市との緊密な結びつきがその根拠とされた。州再編委員会は言語別州再編成を課題としながらもボンベイ州の分割は避けたため、旧藩王国の同州への吸収が州再編成の主要な内容となった。1956年の州再編により、B州とC州はボンベイ州に吸収され、B州の5県は各々バーヴナガル（Bhavnagar）、スレーンドラナガル（Surendranagar）、ラージコート、ジャームナガル、ジュナーガド（Junagadh）、C州はカッチと改名された。これら6県と前記11県を合わせた17県により、現グジャラート州の輪郭ができあがった。

マラーティー語とグジャラーティー語を主要言語とする2言語州ボンベイ州は1960年5月に主要言語別にマハーラーシュトラ州とグジャラート州に分割された。1956年の州再編により大グジャラート構想の原案そのものの実現は不可能になったので、1960年の分割に先立ち、グジャラートの政財界はボンベイ市をインド政府の直轄領とする2州1直轄領案を推進していた。1960年の分割により、1950年代のグジャラートにおけるもっとも重要な政治運動である大グジャラート運動は終焉した。その後1964年にスーラト県はスーラト県とワルサード（Walsad）県に分割、またメーサーナー（Mehsana）県とアーメダバード県の一部領域からガーンディーナガル（Gandhinagar）県が誕生し、グジャラート州は1990年には19県、2017年には34県構成となった。

2. 宗教人口と地理的分布

宗教人口の分布

宗教は1872年の国勢調査以降、主要な調査項目のひとつに数えられてきたが、宗教区分の有効性については1921年の国勢調査以来、疑問や批判が提出されていた。人口統計に関わる幼児婚の風習、教育水準、就業形態などの格差は宗教に代表される縦割り（Vertical）区分よりも社会経済条件に基づく

---

4) 以下の覚書である。Maha Gujarat Parishad, Formation of Maha Gujarat, Memorandum Submitted to the States Reorganisation Commission, Government of India, Kaira, Vallabh Vidyanagar,1954.

横割り（Horizontal）区分のほうがより説得的な説明基準となる、というのが疑問・批判の主旨であった（1931 Baroda Census Part1: 373）。しかし、宗教区分の有効性を支持する意見も根強く、1931年国勢調査でも宗教区分は存続することになった。この点に関してボンベイ管区国勢調査報告書は、たとえばヒンドゥー教徒とイスラム教徒では結婚年齢、女性の財産権、ダウリ、再婚の自由、女性の就業などの面で少なからぬ相違のあることを指摘している（1931 Bombay Census Part1: 353）。また、バローダー藩王国国勢調査報告書は結婚規制や識字率ひいては人口動態と宗教は関わり合っているので、宗教区分の不完全性にもかかわらず、宗教による分類は存続するであろう（1931 Baroda Census Part1: 374）、と述べている。

　宗教人口は、ヒンドゥー教徒（Hindu）、イスラム教徒（Muslim）、ジャイナ教徒（Jain）、パールスィー教徒（Zoroastrian）、キリスト教徒（Christian）、部族民（Tribal）、スィク教徒（Sikh）、ユダヤ教徒（Jew）、仏教徒（Buddhist）、その他（Others）、に10区分された。これら宗教人口の大区分（Religion: Dharma）に加え、下部区分であるセクト（Sect: Panth）の情報も収集された。

　宗教に関する情報はバローダー藩王国国勢調査の精度が高く、ボンベイ管区国勢調査、西インド藩王国国勢調査の場合はセクト名の記載が徹底せず、ヒンドゥー教徒と部族民の区分も明瞭ではなかった。バローダー藩王国国勢調査は1921年国勢調査の監督官が1931年も引き続き監督官を務めたため、事前準備を丹念に進めることができた。調査員は教員を主体に雇用し、事前研修において比較的細かな指示も徹底させることができた。また、収集情報についてもヒンドゥー教徒についてはセクトの他、サブ・セクト（Sub-Sect）の項目をたて、たとえばヒンドゥー教徒／ヴァイシュナヴァ派／スワーミーナーラーヤン、というように情報を収集した。セクト、サブ・セクトのリストはあらかじめ調査員に配付された。さらに、キリスト教徒のセクト記載には特別の注意を払い、キリスト教徒を調査員に起用するとともに、キリスト教布教団体の会員名簿との照合を試みた。バローダー藩王国国勢調査報告書は、宗教に関する情報の精度に問題はない（1931 Baroda Census Part1: 374）、と報告している。これに対して、ボンベイ管区国勢調査と西インド藩王国国勢調査では調査員に対する指示が徹底せず、このため1921年国勢調査での失

第Ⅱ部　グジャラートの宗教、カースト、職業

表3-2　領域・宗教別人口の分布（1931年）

領域	宗教						総人口
	ヒンドゥー教	イスラム教	ジャイナ教	キリスト教	パールスィー教	部族民	
直轄統治県	2,568 (81.5)	365 (11.6)	41 (1.3)	43 (1.4)	14 (0.5)	117 (3.7)	3,148 (100.0)
藩王国代理政府	1,594 (93.3)	71 (4.1)	15 (0.8)	3 (0.2)	1 (0.1)	26 (1.5)	1,711 (100.0)
西インド藩王国代理政府	3,247 (81.2)	545 (13.6)	204 (5.1)	1 (0.0)	1 (0.0)	1 (0.0)	3999 (100.0)
バローダー藩王国	2,152 (88.1)	183 (7.5)	48 (2.0)	7 (0.3)	7 (0.3)	45 (1.8)	2443 (100.0)
グジャラート	9,561 (84.6)	1,164 (10.3)	308 (2.7)	54 (0.5)	23 (0.2)	189 (1.7)	11,301 (100.0)

注1：上段人口は1,000人を単位とする。
　2：下段（　）内数値は、領域に占める宗教人口の比率（％）である。
出所：1931 Bombay Census Part 2, pp.404-410, 1931 W.I.S.A. Census Part2, pp.282-301, 1931 Baroda Census Part2, p.114より作成。

敗が繰り返された。調査員は概してセクトの情報の重要性をよく認識せず、この質問を省くことが多かったために、非特定（Unspecified）セクト人口の比率が高くなった。また、調査員の間では、回答者が他のよく知られた宗教を自己の宗教と主張しない限り、回答者をヒンドゥー教徒に括ろうとする傾向が強く、このため部族民人口の把握は1881年以降の国勢調査のなかでもっとも不正確な項目のひとつをなした（1931 Bombay Census Part1: 355）。

　グジャラートの「領域・宗教別人口の分布」を表3-2に掲げる。同表には国勢調査の宗教区分に従い主要宗教人口とそれらの地域ごとの比率を示してある。直轄統治県の人口は実際にカウントされた人口を表示してある。直轄統治県と藩王国代理政府の領域に集中する部族民人口の大半はヒンドゥー化したとみなされヒンドゥー教徒に括られている。同表の部族民とは、いわゆるヒンドゥー化していない部族民のことで、人口は僅少である。西インド藩王国代理政府、バローダー藩王国の領域ではヒンドゥー化していない部族民は例外に過ぎない。ヒンドゥー教徒の人口比率はどの地域においても80％を超えており、グジャラート全体では84.6％を示している。イスラム教徒もグジャラート全土に広範に分布しており、グジャラートの人口の10.3％を占めている。グジャラートはジャイナ教徒の集住地域のひとつであり、ジャイナ

第3章 宗教・カーストの人口構成

表3-3 領域・宗教別都市人口と都市居住率の分布（1931年）

領域	宗教					総人口
	ヒンドゥー教	イスラム教	ジャイナ教	パールスィー教	キリスト教	
直轄統治県	492 (19.1)	197 (53.9)	20 (48.4)	10 (68.9)	11 (25.5)	734 (23.3)
藩王国代理政府	106 (6.7)	26 (36.8)	6 (40.8)	0 (24.0)	0 (15.3)	139 (8.1)
西インド藩王国代理政府	564 (17.4)	241 (44.2)	76 (37.5)	1 (94.4)	1 (86.2)	884 (22.1)
バローダー藩王国	411 (19.1)	81 (44.4)	20 (42.1)	6 (81.2)	3 (37.2)	523 (21.4)
グジャラート	1,573 (16.4) [69.0]	545 (46.8) [23.9]	122 (39.8) [5.4]	17 (70.9) [0.7]	15 (28.0) [0.7]	2,280 (20.2) [100.0]
ボンベイ管区	3,850 (18.7) [70.3]	1,198 (24.8) [22.0]	84 (29.3) [1.6]	81 (89.6) [1.5]	192 (57.9) [3.5]	5,434 (20.7) [100.0]

注1：上段人口は1,000人を単位とする。
 2：中段（　）内数値は都市居住率（％）を示す。
 3：下段［　］内数値は都市人口に占める各宗教の人口比率（％）である。
出所：1931 Bombay Census Part2, pp.405-410, 1931 W.I.S.A. Ceusus Part2, pp.20-21, 1931 Baroda Census Part1, p.69より作成。

教はグジャラート第3位の宗教人口を擁している。西インド藩王国代理政府の領域はジャイナ教徒の人口比率が高く、グジャラートのジャイナ教徒人口の66％が集中している。キリスト教徒とパールスィー教徒はともに直轄統治県に集中しており、西インド藩王国代理政府の領域での人口は僅少である。

宗教間の都市・農村居住率の差は大きい。この点を確認するために、表3-3に「領域・宗教別都市人口と都市居住率の分布」、を掲げる。ボンベイ管区ではパールスィー教徒の都市居住率が90％ときわめて高い。また、キリスト教徒の都市居住率も50％を上回っている。ジャイナ教徒、イスラム教徒はヒンドゥー教徒よりは都市居住率が高いものの、ともに30％を下回っている。ボンベイ管区との対比におけるグジャラートの宗教別都市居住率の特徴は、①パールスィー教徒の都市居住率がボンベイ管区の同比率を約20ポイント下回っていること、②イスラム教徒およびジャイナ教徒の都市居住率がボンベイ管区の同比率を大幅に上回っていること、③キリスト教徒の都市居住率が20％台と低いこと、に要約できる。ヒンドゥー教徒の都市居住率は5宗教の

なかでもっとも低く、ボンベイ管区では18.7%、グジャラートでは16.4%となっている。グジャラートはパールスィー教徒がインドのなかで最初に定着した地域であり、グジャラートでの拠点となったブローチ、スーラト、ナーヴサーリー（Navsari）の近郊農村には少なからぬ人口が居住している。グジャラートからボンベイ市およびその周辺都市へのパールスィー教徒の移住は18世紀末に開始された。移住先は都市に集中していたために、ボンベイ管区におけるパールスィー教徒の都市居住率はきわめて高い水準を示している。ちなみに、ボンベイ管区のパールスィー教徒人口の64%はボンベイ市に居住している。イスラム教徒は商業を生業とするセクトと農業を生業とするセクトに二分できる。グジャラートにおけるイスラム教徒の都市居住率が高いのは、宗教人口に占める商業を生業とするセクトの人口比率が他地域よりも著しく高いことによる。ヒンドゥー教徒のヴァイシュナヴァ派とともにバニヤーを形成するグジャラートのジャイナ教徒の都市居住率もボンベイ管区の同比率を10ポイント強上回っている。グジャラートのキリスト教徒はインド人改宗者を主体とするのに対して、ボンベイ管区の場合は、都市居住型のイギリス人、アングロ・インディアンおよびゴアからの移住者の人口比率が相対的に高い。グジャラートにおけるインド人改宗者の圧倒的多数は被抑圧階級の出自である。

　ヒンドゥー教徒の都市居住率は低いものの人口規模が大きいために、都市人口に占める同教徒の比率は他宗教を大きく引き離している。ボンベイ管区の都市人口に占める諸教の比率は、ヒンドゥー教徒70.9%、イスラム教徒22.0%、キリスト教徒3.5%、ジャイナ教徒1.6%、パールスィー教徒1.5%、グジャラートの場合は、ヒンドゥー教徒69.0%、イスラム教徒23.9%、ジャイナ教徒5.4%、パールスィー教徒0.7%、キリスト教徒0.7%となっている。ヒンドゥー教徒、イスラム教徒以外の宗教については、ボンベイ管区ではキリスト教徒の都市人口が他宗教に優るのに対して、グジャラートではジャイナ教徒の都市人口が優勢である。

　グジャラートのなかでは藩王国代理政府の領域での都市居住率がどの宗教についても、他領域よりも低くなっている。ただし、イスラム教徒とジャイナ教徒は、藩王国代理政府の領域でも40%前後の比較的高い都市居住率を示

している。これに対して、パールスィー教徒の同領域での都市居住率はきわめて低い数値を示している。西インド藩王国代理政府の領域でのキリスト教徒の都市居住率が高いのは、イギリス人、アングロ・インディアンの人口が優勢なためである。インド人改宗者を主体とするその他の領域におけるキリスト教徒の都市居住率は、ヒンドゥー教徒に次いで低い。

3. 宗教内カースト・セクト人口と地理的分布

　本節では、ヒンドゥー教徒、イスラム教徒、ジャイナ教徒の宗教内カースト・セクト人口の分布を検討する。パールスィー教徒とキリスト教徒については、バローダー藩王国国勢調査報告書を除き、宗教内セクト・グループの情報が与えられていないために検討できない。

(1) ヒンドゥー教徒

　1881年国勢調査以降、ヒンドゥー教徒人口はジャーティの社会経済的先進性・後進性を基準として先進 (Advanced) 集団、中間 (Intermediate) 集団、原始的 (Primitive) 集団、その他後進 (Other Backward) 集団、被抑圧 (Depressed) 集団の5集団に分類されている。この分類は最大宗教であるヒンドゥー教徒内部の社会経済格差を明示するとともに各集団の人口動態を跡付けることを目的としている。すべての主要なジャーティは5集団のいずれかに分類されている。また、一部のジャーティについては同一ジャーティ・グループへの統合を行い、ボンベイ管区国勢調査報告書にみるように管区全域を対象としたジャーティおよび諸集団のリストを作成している。

　ヒンドゥー教徒人口の5集団への分類は社会経済格差をみるうえで一定の有効性をもちながらも、同時に種々の問題をも孕んでいる。問題の第1は社会経済的先進性・後進性の基準そのものが明確でないことである。分類は国勢調査やその他の比較的合理的なデータに基づきなされたのではなく、ブラーフマニズム的観点に引きずられながらなされたために、社会的指標と経済的指標の噛み合わないケースが少なからず生じている。第2はマハール (Mahar) とワンカル (Vankar) の同一グループ化にみるように、同一ジャー

第Ⅱ部　グジャラートの宗教、カースト、職業

表3-4　領域・集団別ヒンドゥー教徒人口の分布（1931年）

領域	集団 先進 バラモン	集団 先進 その他	中間	原始	後進	被抑圧	計
直轄統治県	123 (4.8)	89 (3.5)	1,686 (65.6)	369 (14.4)	90 (3.5)	210 (8.2)	2,567 (100.0)
藩王国代理政府	50 (3.2)	30 (1.9)	894 (57.0)	500 (31.4)	36 (2.2)	84 (5.3)	1,594 (100.0)
西インド藩王国代理政府	214 (6.6)	202 (6.2)	2,324 (71.6)	15 (0.4)	174 (5.4)	318 (9.8)	3,247 (100.0)
バローダー藩王国	124 (5.8)	87 (4.0)	1,373 (63.8)	312 (14.5)	53 (2.5)	203 (9.4)	2,152 (100.0)
グジャラート	511 (5.4) [4.5]	408 (4.3) [3.6]	6,277 (65.8) [55.3]	1,196 (12.5) [10.5]	353 (3.7) [3.1]	815 (8.5) [7.2]	9,560 (100.0) [84.6]
ボンベイ管区	915 (4.5) [3.5]	1,127 (5.5) [4.3]	13,500 (65.7) [51.4]	1,940 (9.4) [7.4]	958 (4.7) [3.6]	2,099 (10.2) [8.0]	20,539 (100.0) [78.2]

注1：上段人口は1,000人を単位とする。
　2：中段（　）内数値はヒンドゥー教徒人口に占める各集団の人口比率（％）である。
　3：下段［　］内数値は総人口に占める各集団の人口比率（％）である。
出所：1931 Bombay Census Part2, pp.412-437, 1931 W.I.S.A. Census Part2, pp.282-295, 1931 Baroda Census Part1, p.398より作成。

ティ・グループへの統合に無理のあるケースがみられることである。第3はジャーティと集団の対応を単一に設定しているために、同一ジャーティ内部の地域間社会経済格差を国勢調査結果から汲み取れないことである。さらに、原始的集団すなわちヒンドゥー化した部族民のカウンティングにはすでに触れたように、調査員の先入観が大きく関与している。

　表3-4に「領域・集団別ヒンドゥー教徒人口の分布」を掲げる。ボンベイ管区国勢調査報告書と西インド藩王国代理政府国勢調査報告書は共通のジャーティ・リストにしたがいヒンドゥー教徒人口を5集団に分類している。先進集団はバラモン（Brahmans All Admissible Castes）とその他先進グループ（Other Advanced）に二分されている。国勢調査事業の開始とともに、国勢調査におけるジャーティの位置づけに対する不満、新たな位置づけを求める要請が多数のジャーティ組織より提出され、それら要請の一部はバラモンへの「格上げ」を求めるものであった。国勢調査委員会が要請を吟味し、必要

な場合には分類の変更を行った。アドミシブル（認可できる）との表現にはこのような背景がある。その他先進グループはバニヤーと上位職人カーストにより構成されている。中間集団は農耕カースト、牧畜カースト、職人・サービスカーストよりなる最大人口集団である。中間集団はその名称からも明らかなように先進集団と後進・被抑圧集団の中間に位置する集団として構想されており、社会経済状態に大きな開きのある諸ジャーティが中間集団として括られている。たとえば農耕カーストについては、ラージプート（Rajput）、カンビー（Kanbi/Patidar）、コーリー（Koli）など土地所有格差の大きな諸ジャーティがともに中間集団に位置づけられている。これら中間集団の一部は独立後の各州の後進諸階級委員会により後進諸階級に指定されている[5]。後進諸階級は雑役や農業労働に専従するヒンドゥー・カーストの最底辺に位置する諸ジャーティよりなる。これら諸ジャーティは独立後ほぼ例外なく後進諸階級に指定されている。原始的集団（およびヒンドゥー化していない部族民）は独立後の指定部族、被抑圧集団は指定カーストに対応している。バローダー藩王国国勢調査報告書はボンベイ管区国勢調査報告書や西インド藩王国代理政府国勢調査報告書と異なる分類方式をとっており、ヒンドゥー教徒人口を①バラモン、②バニヤー、③パーティーダール、④コーリー、⑤原始的集団、⑥被抑圧階級、⑦職人カースト集団に7区分している。パーティーダールの一肢レーウワー・パーティーダール（Lewa Patidar）は先進集団、コーリーは後進集団に属すものとされているが、他領域との整合性を保つためにこれらを中間集団に区分する。また、職人カースト集団のソーニー（Soni）は他領域では先進集団に含まれているが、ここでは職人カースト集団を一括して中間集団に区分しておく。

　グジャラートのヒンドゥー教徒人口に占めるバラモンの人口比率は5.4%である。グジャラートの総人口に占める同比率は4.5%に過ぎない。この人口比率は北インドの同比率を大きく下回っており、グジャラートにおけるバラモン的秩序が脆弱な理由のひとつとなっている。もちろん経済や文化の領域でバラモンの果たした役割を過小評価はできないが、商工業におけるより

---

[5] グジャラート州の社会的教育的後進諸階級のリストは、Government of Gujarat（1976）に掲載されている。また、第5章を参照のこと。

重要な貢献はバニヤーを中心とするその他先進グループとジャイナ教徒、パールスィー教徒によりなされた。グジャラートのヒンドゥー教徒人口に占める先進集団の比率は約10％である。藩王国代理政府の領域での先進集団の人口比率は約５％なのに対して、西インド藩王国代理政府の領域での同比率は約13％であり、分布の地域格差は小さくない。中間集団はヒンドゥー教徒人口の65.8％を占める最大人口集団である。この中間集団の動向がイギリス統治下および独立後のグジャラートの政治経済を左右するいわば台風の目となった[6]。原始的集団の分布はグジャラート本土の丘陵地帯に集中しており、藩王国代理政府の領域での人口比率が高くなっている。半島部での同人口比率はきわめて低い。原始的集団と部族民を合わせた人口はグジャラートの総人口の11.9％を占めている。独立前の国勢調査における後進諸階級は狭く枠付けされていたために、人口比率は僅少である。被抑圧集団は原始的集団と対照的にグジャラート全域に比較的均等に分布している。グジャラートの総人口に占めるその人口比率7.2％は現グジャラート州の同比率と近似している。

先進集団

　ヒンドゥー教徒諸集団の検討に引き続き、各集団のジャーティ構成をみておこう。表3-5に「領域・ジャーティ別ヒンドゥー教徒先進集団人口の分布」、を掲げる。先進集団の一部をなすグジャラート・バラモンを1901年の「ボンベイ地誌」（Bombay Gazetteer）は79ジャーティ[7]に、1901年のエントーヴンの国勢調査報告書は93ジャーティ（Enthoven 1922: Vol.1, 216-218）に区分している。

　グジャラート・バラモンのなかで人口の優勢なのは、アウディチ（Audich）、アナヴィル（Anavil）、モード（Modh）、ナーガル（Nagar）の諸ジャーティであり、これらジャーティはアナヴィルを除きグジャラート全域に分布している。南グジャラートに集住し強力な土地所有集団をなすアナヴィルは1891

6）政治分野における中間集団の動向は、Shah, G.（1975a）およびSheth（1976）に詳しい。
7）*Gazetteer of the Bombay Presidency*（1901）はCampbell（ed.）（1988）として再版されている。引用は再版に拠る。

表3-5 領域・ジャーティ別ヒンドゥー教徒先進集団人口の分布（1931年）

領域	バラモン			その他先進			その他	計
	アウディチ	モード	ナーガル	バニヤー	ローハーナー	ソーニー		
直轄統治県	277 (13.0)	76 (3.6)	42 (2.0)	628 (29.5)	101 (4.8)	155 (7.3)	846 (39.8)	2,125 (100.0)
藩王国代理政府	145 (17.9)	21 (2.6)	18 (2.3)	254 (31.5)	11 (1.4)	39 (4.8)	318 (39.5)	806 (100.0)
西インド藩王国代理政府	801 (19.3)	129 (3.1)	118 (2.8)	629 (15.1)	1,005 (24.2)	326 (7.9)	1,149 (27.6)	4,157 (100.0)
バローダー藩王国	452 (21.5)	90 (4.3)	81 (3.9)	415 (19.7)	136 (6.5)	121 (5.8)	807 (38.3)	2,102 (100.0)
グジャラート	1,675 (18.2) [1.5]	316 (3.4) [0.3]	259 (2.8) [0.2]	1,296 (21.0) [1.7]	1,253 (13.6) [1.1]	641 (7.0) [0.6]	3,120 (34.0) [2.8]	9,190 (100.0) [8.1]

注1：上段人口は100人を単位とする。
 2：中段（ ）内数値は先進集団に占める各ジャーティの人口比率（％）である。
 3：下段［ ］内数値は総人口に占める各ジャーティの人口比率（％）である。
出所：1931 Bombay Census Part 2, pp. 412-416, 1931 W.I.S.A. Census Part 2. pp. 281-285, 1931 Baroda Census Part 2, pp.120-124より作成。

年国勢調査ではアウディチに次ぐ人口を抱えていたが、1931年国勢調査ではバローダー藩王国を除きアナヴィルの人口が示されていないので、表には掲げていない。アウディチの名称は祖先が北インド（Udicha）からグジャラートに入ったことを示している。伝承によると、彼らはムルラージ王（King Mulraj: 961-996）の宗教儀式に招かれ、その後グジャラートに定着したことになっている。アウディチの経済基盤は脆弱であり、料理人あるいは村の司祭の就業者が多い（Enthoven 1922: Vol.1, 228）。モードはモーデーラー（Modhera）の地名に由来している。アウディチと同じ時期にグジャラートに入ったことになっている。ヴェーダの知識と関わるチャットルヴェーディー（Chaturvedi: 4 ヴェーダ）、トリヴェーディー（Trivedi: 3 ヴェーダ）などの姓をもつ（1931 Baroda Census Part1: 434）。ナーガルの名称はナーグ（Nag：蛇）信仰に由来するものとおもわれている。グジャラート・バラモンの最上位を主張するナーガルは5世紀頃にはグジャラートに定着していた。ナーガルはグジャラートにおける有力な知識人層をなすとともに、官職への進出により政治力の増大につとめてきた（Enthoven 1922: Vol.1, 234-235）。アウディチは29、モードは9、ナーガルは18のサブ・カーストをもつ。

第Ⅱ部　グジャラートの宗教、カースト、職業

　グジャラートのバニヤーは40のジャーティよりなる。これらジャーティの多くはジャイナ教徒のセクションをもち、パーティーダールのゴール（Gol）の形成にみるような通婚範囲の再編がバニヤー内部でも進展する以前は、ジャーティ内部の両宗教間の通婚は比較的自由に行われていた。商業への参入を通してバニヤー以外の諸種のジャーティ成員がバニヤーに転身しているが、バニヤーの主体はマールワール（Marwar）からグジャラートに入っている（1931 Baroda Census Part1: 469-470）。グジャラートにおけるバニヤーの社会的地位・評価はきわめて高い。人口の優勢なジャーティはシュリーマーリー（Shrimali）、ポールワード（Porwad）、ラード（Lad）であり、ヒンドゥー・バニヤーの多くはヴァイシュナヴァ派のヴァラーバチャーリー・セクト（Vallabhachari）に属する。

　ローハーナー（LohanaあるいはLuhana）の名称はパンジャーブのローハンプル／ローホーカト（Lohanpur/Lohokat）の地名に由来するといわれている。伝承によると、イスラム権力にパンジャーブを追われたローハーナーはスィンドを経由し、13世紀にカッチ、カティアワードに入ったことになっている（1931 Baroda Census Part1: 449）。ヴァイシュナヴァ派に属するローハーナーは商業を生業とし、とりわけ半島部の商工業の展開に重要な役割を果たしている。都市や大規模な村落で金銀細工に従事するソーニーはバニヤーに次ぐ高い社会的評価を享受している（Enthoven 1922: Vol.3, 348）。

中間集団

　中間集団のジャーティは多様であり、農耕カースト、牧畜カースト、職人・サービスカーストより構成されている。表3-6に「領域・ジャーティ別ヒンドゥー教徒中間集団人口の分布」、を掲げる。農耕カースト（他の宗教の農耕集団を除く）は中間集団人口の約70％、グジャラート総人口の38％を占める一大勢力をなしている。

　カンビーとは耕作者を意味し、レーウワー（Lewa）、カドゥワー（Kadwa）、マティア（Matia）、アーンジャナー（Anjana）の諸集団より構成されている。人口の優勢なのはレーウワー・カンビーとカドゥワー・カンビーで、両者ともにグジャラート全域に分布しているが、前者は中央グジャラート、後者は

第3章 宗教・カーストの人口構成

表3-6 領域・ジャーティ別ヒンドゥー教徒中間集団人口の分布（1931年）

領域	農耕カースト		牧畜カースト			職人・サービスカースト					その他	計
	カンビー	ラージプート	コーリー	アーヒール	バルワード	ダルジー	ワーランド	ガンバール	ローハール	スタール	テーリー		
直轄統治県	2,559 (15.2)	1,745 (10.3)	8,221 (48.8)	1 (0.0)	635 (3.8)	164 (1.0)	263 (1.6)	474 (2.8)	201 (1.2)	269 (1.6)	186 (1.1)	2,139 (12.6)	16,857 (100.0)
藩王国代理政府	1,189 (13.3)	673 (7.5)	5,006 (56.0)	3 (0.0)	187 (2.1)	91 (1.0)	118 (1.3)	216 (2.4)	138 (1.5)	108 (1.2)	42 (0.5)	1,168 (13.1)	8,939 (100.0)
西インド藩王国代理政府	6,311 (27.2)	2,271 (9.8)	4,813 (20.7)	1,278 (5.5)	1,705 (7.3)	446 (1.9)	461 (2.0)	1,296 (5.6)	414 (1.8)	551 (2.4)	40 (0.2)	3,657 (15.6)	23,243 (100.0)
バローダー藩王国	4,700 (34.2)	948 (6.9)	4,351 (31.7)	65 (0.5)	644 (4.7)	157 (1.1)	280 (2.0)	510 (3.7)	210 (1.5)	243 (1.8)	0 (0.0)	1,626 (11.9)	13,734 (100.0)
グジャラート	14,759 (23.5) [13.1]	5,637 (9.0) [5.0]	22,391 (35.6) [19.8]	1,347 (2.1) [1.2]	3,171 (5.0) [2.8]	858 (1.4) [0.8]	1,122 (1.8) [1.0]	2,496 (4.0) [2.2]	963 (1.5) [0.9]	1,171 (1.9) [1.0]	268 (0.4) [0.2]	8,590 (13.8) [7.7]	62,773 (100.0) [55.7]

注1：上段人口は100人を単位とする。
2：中段（　）内数値は中間集団に占める各ジャーティの人口比率（％）である。
3：下段［　］内数値は総人口に占める各ジャーティの人口比率（％）である。

出所：1931 Bombay Census Part2, pp.416-422, 1931 W.I.S.A. Census Part2, pp.285-289, 1931 Baroda Census Part2, pp.120-124より作成。

第Ⅱ部　グジャラートの宗教、カースト、職業

　北グジャラートとカティアワードへの集中度が高い。ボンベイ管区国勢調査報告書と西インド藩王国国勢調査報告書はカンビーをマラーター（Maratha）と同一カーストグループに括り、中間集団に位置づけている。しかし、カンビー諸集団間に少なからぬ社会経済格差があるために、バローダー藩王国国勢調査報告書はボンベイ管区国勢調査報告書による位置づけを受容せず、レーウワー・カンビーを先進集団、カドゥワー・カンビーを中間集団に位置づけている。カンビーは現在パーティーダール（地主の意味）の名称で知られているが、1931年時点では中央グジャラートのレーウワー以外のカンビーは呼称変更に消極的であった（1931 Baroda Census Part1: 448）。

　グジャラートのラージプート（Rajput）は103の氏族（Clan）よりなり、グジャラート全域に分布している。ラージプートの一部はイギリス統治以前には有力な領主層を形成していたが、イギリス統治下にその政治経済力は弱体化した。後進集団と被抑圧集団の諸ジャーティはクシャトリヤに属するラージプートへの同化を求め、ラージプート姓への大規模な改姓が行われた。

　コーリー（Koli）の人口統計は、コーリー自体がきわめて流動的な集団であることに加え、国勢調査によりその範囲の画定が異なっていたために、国勢調査年度間の人口比較に支障が生じている。通婚をとおしてラージプートと接合する部分からヒンドゥー化した部族民の子孫にいたる広範囲な諸集団がコーリーに括られている。グジャラートのコーリー人口は他の農耕カーストを凌駕しており、土地所有の零細性にもかかわらず、カンビーとの対抗勢力をなしている。

　グジャラートの主要な牧畜カーストはアーヒール（Ahir）、バルワード（Bharvad）、ラバーリー（Rabari）である。国勢調査ではラバーリーはバルワードの項目に含まれている。アーヒールの分布はカティアワードに限定されているのに対して、バルワード、ラバーリーはグジャラート全域に分布している。牧畜カーストの少なからぬ部分は独立後に社会的教育的後進諸階級に指定されている。

　表内の職人・サービスカーストはテーリー（Teli：搾油人カースト）を除き、村落内分業体制のもっとも基本的な職人・サービス層をなし、中小規模の村落にも一般的に分布している。ダルジー（Darji）は裁縫師、ワーランド

(Waland/Nai）は理髪師、クンバール（Kumbhar）は陶工、ローハール（Luhar）は鍛冶工、スタール（Sutar/Suthar）は大工を伝統的職業としている。グジャラート総人口の6％（ただし、イスラムの同職人層は含まれない）を占めるこれら職人・サービスカーストの各地域における人口比率は比較的コンスタントである。

後進集団

　後進集団は表3-7にみるように、グジャラート総人口の3.1％を占めるに過ぎない。人口12万人のワーグリー（Vaghri）が後進集団内の最大ジャーティで、後進集団人口の34％を占めている。ワーグリーの鳥打ち、歯ブラシ用ダータン枝販売にみるように、後進集団は雑業層兼農業労働者の性格を有している。彼らは社会的にはコーリーと被抑圧集団の中間に位置づけられている。皮革加工を伝統的職業とするモーチー（Mochi）も後進集団に含まれている。モーチーは独立後、指定カーストに位置づけられている。

被抑圧集団

　表3-8にみるように、被抑圧集団のなかで人口の優勢なのは、ワンカル（Vankar）、チャマール（Chamar）、バンギー（Bhangi）で、これら3ジャーティの合計人口は被抑圧集団人口の86.5％を占めている。ワンカルは紡織、チャマールは皮革、バンギーは清掃、メーグワル（Meghval）は紡織・皮革、ガローダ（Garoda）は司祭職を伝統的職業とする。被抑圧集団とりわけ主要3ジャーティは原始的集団および部族民と異なり、グジャラート全域に広範に分布している。被抑圧集団の情報は独立後の国勢調査でも一貫して編纂されているので、長期にわたる比較が可能である[8]。

8）篠田（1995a）「第4章 グジャラート州指定カースト内部の発展格差」では、1961年と1981年の20年間における主要指定カーストの教育・就業構造の変化を、Shinoda（2005）Chap.4では、1961年と1991年の30年間にわたる教育・就業構造の変化を跡付けた。指定カースト（被抑圧集団）については独立前と独立後の就業構造の比較も可能である。

表3-7　領域・ジャーティ別ヒンドゥー教徒後進集団人口の分布（1931年）

領域	バイラーギー	チャーラン	カワス	モーチー	ワーグリー	ヴァンジャーリー	その他	計
直轄統治県	125 (13.8)	42 (4.7)	2 (0.2)	52 (5.7)	504 (55.7)	25 (2.7)	155 (17.2)	905 (100.0)
藩王国代理政府	57 (15.9)	27 (7.7)	10 (2.7)	4 (1.2)	76 (21.3)	33 (9.3)	149 (41.8)	356 (100.0)
西インド藩王国代理政府	685 (39.4)	302 (17.3)	235 (13.5)	111 (6.4)	268 (15.4)	3 (0.2)	135 (7.8)	1,739 (100.0)
バローダー藩王国	N.A. —	26 (4.9)	N.A. —	105 (19.7)	358 (67.2)	10 (1.9)	34 (6.3)	533 (100.0)
グジャラート	867 (24.6) [0.8]	397 (11.3) [0.4]	247 (7.0) [0.2]	272 (7.7) [0.2]	1,206 (34.2) [1.1]	71 (2.0) [0.1]	473 (13.2) [0.4]	3,533 (100.0) [3.1]

注1：上段人口は100人を単位とする。
　2：中段（　）内数値は後進集団に占める各ジャーティの人口比率（％）である。
　3：下段［　］内数値は総人口に占める各ジャーティの人口比率（％）である。
出所：1931 Bombay Census Part 2, pp.426-434, 1931 W.I.S.A. Census Part 2, pp.290-293, 1931 Baroda Census Part2, pp.120-124より作成。

表3-8　領域・ジャーティ別ヒンドゥー教徒被抑圧集団人口の分布（1931年）

領域	バンギー	チャマール	ワンカル	メーグワル	ガローダ	その他	計
直轄統治県	374 (17.8)	474 (22.5)	1,129 (53.7)	5 (0.2)	N.A. —	119 (5.8)	2,101 (100.0)
藩王国代理政府	142 (16.9)	156 (18.6)	410 (48.8)	1 (0.1)	N.A. —	130 (15.6)	839 (100.0)
西インド藩王国代理政府	334 (10.5)	477 (15.0)	1,744 (54.8)	439 (13.8)	56 (1.8)	132 (4.1)	3,182 (100.0)
バローダー藩王国	310 (15.3)	428 (21.1)	1,080 (53.2)	N.A. —	78 (3.8)	134 (6.6)	2,030 (100.0)
グジャラート	1,160 (14.2) [1.0]	1,535 (18.8) [1.4]	4,363 (53.5) [3.9]	445 (5.5) [0.4]	134 (1.6) [0.1]	515 (6.4) [0.5]	8,152 (100.0) [7.2]

注1：上段人口は100人を単位とする。
　2：中段（　）内数値は被抑圧集団に占める各ジャーティの人口比率（％）である。
　3：下段［　］内数値は総人口に占める各ジャーティの人口比率（％）である。
出所：1931 Bombay Census Part2, pp.434-437, 1931 W.I.S.A. Census Part2, pp.293-295, 1931 Baroda Census Part2, pp.120-124より作成。

原始的集団

　原始的集団と部族民を画するヒンドゥー化の基準が明確でないことに加え、原始的集団とヒンドゥー教徒下層グループの境界が流動的なために、原始的集団のカウンティングは多大な困難に直面した。また、国勢調査年度により

表3-9 領域・グループ別ヒンドゥー教徒原始的集団人口の分布（1931年）

領域	ビール	チャウドリー	ドーディアー	ドゥーブラー	ナーイクダー	ターラーヴィア	その他	計
直轄統治県	608 (16.5)	426 (11.5)	773 (21.0)	600 (16.3)	498 (13.5)	582 (15.8)	200 (5.4)	3,687 (100.0)
藩王国代理政府	2,792 (55.8)	26 (0.5)	465 (9.3)	28 (0.6)	447 (8.9)	29 (0.6)	1,214 (24.3)	5,001 (100.0)
西インド藩王国代理政府	135 (91.8)	1 (0.7)	0 (0.0)	0 (0.0)	1 (0.7)	0 (0.0)	10 (6.8)	147 (100.0)
バローダー藩王国	532 (17.0)	297 (9.5)	254 (8.1)	128 (4.1)	117 (3.7)	524 (16.8)	1,270 (30.8)	3,122 (100.0)
グジャラート	4,067 (34.0) [3.6]	750 (6.3) [0.7]	1,492 (12.5) [1.3]	756 (6.3) [0.7]	1,063 (8.9) [0.9]	1,135 (9.5) [1.0]	2,694 (22.5) [2.4]	11,957 (100.0) [10.5]

注1：上段人口は100人を単位とする。
　2：中段（　）内数値は原始的集団に占める各グループの人口比率（％）である。
　3：下段［　］内数値は総人口に占める各グループの人口比率（％）である。
出所：1931 Bombay Census Part 2, pp. 422-425, 1931 W.I.S.A. Census Part 2, pp. 289-290, 1931 Baroda Census Part2, pp.122-123より作成。

　原始的集団を構成するグループやサブ・グループの再編が行われているために、国勢調査年度間の人口動態の把握にも支障が生じている。さらに、1931年国勢調査ではバローダー藩王国の報告書を除き、グループ別部族民人口が示されていないために、グループごとの原始的集団と部族民人口の集計も不可能となっている。それゆえ、ここでは原始的集団の主要グループのみを検討する。表3-9に「領域・グループ別ヒンドゥー教徒原始的集団人口の分布」、を掲げる。同表には人口の優勢な6グループのみを示す。
　ビール（Bhil）はボンベイ管区の原始的集団人口の40.1％を占める同集団における最大人口グループである。ビールはグジャラートにおいても原始的集団人口の34％を占めている。グジャラート全域に分布しているが、藩王国代理政府の領域での人口が圧倒的に優勢である。また、西インド藩王国代理政府の領域ではほぼ唯一の原始的集団のグループをなしている。中央グジャラートのビールはヴァールミーキ（Valmiki）の末裔を主張しヒンドゥー化に積極的であるが、全体としては原始的集団のなかでももっとも後進的なグループに位置づけられる（1931 Baroda Census Part1: 459）。
　ドーディアー（Dhodia）はビールに次ぐ人口を擁している。西インド藩王

国代理政府の領域を除く3領域に分布しているが、人口の約半数は直轄統治県の領域に居住している。グジャラートの原始的集団のなかで社会的地位の高いグループのひとつをなしている（1931 Baroda Ceasus Part1: 459）。

　ドゥーブラー（Dubla）人口の80％は直轄統治県、残余はバローダー藩王国の領域に居住している。ラージプートを主張するドゥーブラーのヒンドゥー化の度合いは高く、外観からはコーリーとの区別がつけがたい。彼らは南グジャラートで顕著な隷属的農業労働者ハーリー（Hali）の供給源をなしている[9]。

　ターラーヴィア（Talavia）はドゥーブラーのサブ・カーストのひとつが分化・独立したもので、ドゥーブラーに対して婚姻上の優位を主張している。彼らの信仰するヴェーライ・マーター（Verai Mata）女神はラージプート、ワーグリーの信仰対象でもある（1931 Baroda Census Part1: 463）。ターラーヴィアの分布は直轄統治県とバローダー藩王国の領域にほぼ限定されている。

　チャウドリー（Chodhra/Chodhri）は原始的集団のなかでもっともヒンドゥー化したグループであり、原始的集団のなかでの社会的地位は高い。北グジャラートのラージプート王国に運搬人として仕えていた祖先がイスラム権力に追われ、南グジャラートに逃避したとの伝承をもつ（1931 Baroda Census Part1: 459）。チャウドリーの分布は直轄統治県とバローダー藩王国の領域に集中している。

　ナーイクダー（Naikda/Nayaka）の分布はドーディアーと類似しており、藩王国代理政府の領域にも少なからぬ人口が居住している。ドーディアーとは緊密な関係にあり、ドーディアーは婚姻その他の儀式においてナーイクダーをバラモンと同様に遇している。ナーイクダーは農耕に専従している（1931 Baroda Census Part1: 462）。

　1931年時の原始的集団人口とグジャラート州誕生後の指定部族人口を直接比較することはできないが、参考までに2011年国勢調査における主要な指定部族の人口比率を以下に示す。2011年国勢調査ではグジャラート州の指定部

9）ハーリー制度を含む農業労働形態についてはDesai, M.（1948）、独立後の部族民労働者の実態についてはBreman（1985）を参照のこと。また、本書第6章でも詳細に考察している。

第3章 宗教・カーストの人口構成

表3-10 領域・セクト別イスラム教徒人口の分布（1931年）

領域	ボーホラー（シーア）	ボーホラー（スンニー）	ホージャ	メーモーン	パターン	スィンディー	テーリー	その他	計
直轄統治県	235 (6.4)	659 (18.0)	36 (1.0)	51 (1.4)	271 (7.4)	17 (0.5)	185 (5.1)	2200 (60.2)	3,654 (100.0)
藩王国代理政府	33 (4.7)	55 (7.7)	1 (0.1)	32 (4.5)	68 (9.6)	7 (1.0)	66 (9.4)	447 (63.0)	709 (100.0)
西インド藩王国代理政府	108 (2.0)	39 (0.7)	325 (6.0)	787 (14.4)	114 (2.1)	258 (4.7)	324 (5.9)	3,501 (64.2)	5,456 (100.0)
バローダー藩王国	117 (6.4)	166 (9.1)	22 (1.2)	90 (4.9)	159 (8.7)	46 (2.5)	N.A. ―	1,226 (67.2)	1,826 (100.0)
グジャラート	493 (4.2) [0.4]	919 (7.8) [0.8]	384 (3.2) [0.3]	960 (8.1) [0.8]	612 (5.2) [0.5]	328 (2.8) [0.3]	575 (4.9) [0.5]	7,374 (63.8) [6.7]	11,645 (100.0) [10.3]

注1：上段人口は100人を単位とする。
　2：中段（　）内数値はイスラム教徒に占める各セクトの人口比率（％）である。
　3：下段［　］内数値は総人口に占める各セクトの人口比率（％）である。
出所：1931 Bombay Census Part 2, pp. 437-422, 1931 W.I.S.A. Census Part 2, pp. 295-299, 1931 Baroda Census Part 2, p.126より作成。

族は29グループに分類されている。ビールは指定部族人口の47.3％、ドゥーブラーは7.2％、ドーディアーは7.1％、ナーイクダーは5.2％、チャウドリー（＝チョードラー）は3.4％を占めている[10]。ターラーヴィアはドゥーブラーのグループに括られている。

(2) イスラム教徒

　ボンベイ管区のイスラム教徒の88.8％、グジャラートのイスラム教徒の88.5％はスンニー（Sunni）派に属しており、シーア（Shia）派の比率は各々4.7％、11.2％と低い。ボーホラー（Bohra/Vohra）のようにスンニー派とシーア派に分化しているセクトもある。表3-10に「領域・セクト別イスラム教徒人口の分布」、を掲げる。表内には人口の比較的優勢な7セクトを示した。グジャラートのイスラム教徒人口に占めるこれら7セクトの合計人口の比率は36.2％に過ぎない。また、最大人口集団メーモーン（Memon）もグジャラ

---

10) Census of India 2011, Gujarat, Special Tables for Scheduled Tribes, 2011より算出。

第Ⅱ部　グジャラートの宗教、カースト、職業

ートのイスラム教徒人口の8.1%に過ぎず、人口面で支配的なセクトは存在しない。

　メーモーンはヒンドゥー教徒のローハーナーとカッチアー（Kachhia）[11]の改宗者により形成された。最初の改宗は15世紀半ばスィンドで行われ、商業に特化するメーモーンはその後カッチおよびカティアワードに入るとともに、インド各地の重要都市、ビルマ、東南アジア、東アフリカに移住した。スンニー派に属するメーモーンの名称は、信者を意味するモーミン（Muamin）の転訛したものである（1931 Baroda Census Part1: 451）。イスラム教徒諸集団のなかでメーモーンは経済的に豊かな階層をなす。グジャラート全域に分布しているが、西インド藩王国政府の領域にグジャラートの同集団人口の82%が集中している。

　ボーホラーの名称は北西インドに分布する同名のヒンドゥー・ジャーティ名に由来するとする説と、最初に改宗した人々の職業を示す「商うこと」（Vahorvun）に由来するとの2説がある。シーア派のボーホラーは11世紀にシーア派宣教師の影響のもとに改宗した人々の末裔で、ダヴェー（Dave）、トラワーディー（Travadi）、メーヘター（Mehta）などの姓はバラモンやバニヤーの出自を示唆している。一部のボーホラーはエジプトあるいはアラブからの移民の末裔であることを主張している。シーア派のボーホラーはグジャラートのイスラム教徒諸集団のなかでもっとも豊かな階層をなし、彼らの商活動はメーモーン同様広域にわたっている。シーア派のボーホラーはダウディ（Daudi）、スレーマニー（Sulemani）、アリーアー（Alia）、ジャフリー（Jaffri）、ナゴーシー（Naghoshi）の5セクションよりなる。人口および経済的にもっとも優勢なダウディ・ボーホラーはスーラトを宗教・経済活動の根拠地としている（1931 Baroda Census Part1: 472-473）。スンニー派のボーホラーは14世紀末から16世紀半ばにかけてのイスラム独立勢力統治期に形成された。イスラム独立勢力は国策としてスンニー派の形成・拡大に努めた。この間にバラモン、バニヤーからワンカルにいたるヒンドゥー教徒諸ジャーティ

---

[11] 園芸および野菜・果実販売を「伝統的」職業とするカッチアーはカンビーあるいはコーリーから分化したとされている。グジャラート全域に分布するが、中央および北グジャラートにより集中している（Enthoven 1922: Vol.2, 121）。

112

の一部成員がスンニー派に改宗しているが、圧倒的多数はカンビー、コーリーなどの農耕カーストからの改宗者である。また、イスラム独立勢力はシーア派の活動を牽制したので、一部のシーア派のボーホラーもスンニー・ボーホラーに移籍している（1931 Baroda Census Part1: 472）。スンニー派のボーホラーの多くは農耕に従事しており、農村居住率が高い。スンニー派のボーホラーは直轄統治県とバローダー藩王国の領域を主体とするグジャラート本土に集中しており、半島部での人口は僅少である。

スンニー派に属するパターン（Pathan）はアフガーンを故郷としている。パターンの名称は丘を意味するプシュトゥーン（Pushtun）の転訛したものだといわれている。兵士や商人としてグジャラートに移住したパターンは2グループに分化している。移住年代の古いグループは地域社会への同化により、移住前の特徴を喪失している。移住年代の新しいグループは慣習、命名法などにアフガーンの痕跡を色濃く残している。兵士、役人、金融業者として活躍している（1931 Baroda Census Part1: 454）。グジャラート全域に分布しているが、直轄統治県とバローダー藩王国の領域での人口が優勢である。

ホージャ（Khoja）もメーモーンと同様にヒンドゥー教徒のローハーナーからの改宗者を主体とする。改宗は12世紀にシーア派の布教者 Nur Satagur により進められ、ローハーナーの他にクシャトリヤ層からも改宗者を輩出した。ヒンドゥー相続法やシャクティ崇拝を容認する点で、ホージャは他のイスラム教徒セクトと異なっている。グジャラート諸都市における彼らの商業活動は広範にわたり、インド内外の交易センターにも進出している（1931 Baroda Census Part1: 445）。グジャラートのホージャ人口の85％は西インド藩王国代理政府の領域に集中している。

スィンディー（Sindhi）は文字どおりスィンドからの移住者よりなり、イスラム教徒の他のセクトとともにグジャラートの商工業の展開のなかで重要な役割を果たしている。スィンディーの分布はメーモーン、ホージャとともに西インド藩王国代理政府の領域に集中している。

(3) ジャイナ教徒

表3-11に「領域・グループ別ジャイナ教徒人口の分布」を掲げる。バロー

第Ⅱ部 グジャラートの宗教、カースト、職業

表3-11 領域・グループ別ジャイナ教徒人口の分布（1931年）

領　域	スゥエーターンバル	ディガンバル	その他	計
直轄統治県	360 (87.7)	51 (12.3)	― ―	411 (100.0)
藩王国代理政府	109 (72.3)	41 (27.7)	― ―	150 (100.0)
西インド藩王国代理政府	1,900 (93.3)	98 (4.8)	38 (1.9)	2,036 (100.0)
バローダー藩王国	394 (81.3)	35 (7.2)	56 (10.5)	485 (100.0)
グジャラート	2,763 (89.7) [2.4]	225 (7.3) [0.2]	94 (3.0) [0.1]	3,082 (100.0) [2.7]
ボンベイ管区	849 (29.6)	1,530 (53.3)	493 (17.1)	2,872 (100.0)

注1：上段人口は100人を単位とする。
　2：中段（　）内数値はジャイナ教徒に占める各グループの人口比率（％）である。
　3：下段［　］内数値は総人口に占める各グループの人口比率（％）である。
出所：1931 Bombay Census Part2, pp.406-407, 1931 W.I.S.A. Census Part1, p.120, 1931 Baroda Census Part2, p.116より作成。

ダー藩王国国勢調査報告書を除き、カースト別のジャイナ教徒人口は編纂されていないので、スゥエーターンバル（Shwetambar/Swetanbar：白衣派）とディガンバル（Digambar：裸行派）の大区分のみを示す。

　ボンベイ管区の領域ではディガンバルがジャイナ教徒人口の半数強を占め、スゥエーターンバルは30％の比率に過ぎなかった。中央支部ではディガンバルとスゥエーターンバルの人口はほぼ均衡していたが、南支部と藩王国代理政府の領域ではディガンバルが圧倒的に優勢であった。グジャラートのジャイナ教徒人口はボンベイ管区の同人口を上回っていた。グジャラートの直轄統治県と藩王国代理政府の領域はボンベイ管区に含まれていたので、グジャラートとグジャラート以外のボンベイ管区の領域でのジャイナ教徒人口を比較すると、その差は拡大する。グジャラートのジャイナ教徒人口の90％はスゥエーターンバルであり、その比率がもっとも低い藩王国代理政府の領域でもスゥエーターンバルは70％強の比率を占めていた。以上のように、両派の分布のパターンは明瞭に異なっており、スゥエーターンバルはグジャラートで優勢なのに対して、ディガンバルはボンベイ管区の山岳部および南部で優

勢であった。ボンベイ管区に西インド藩王国代理政府とバローダー藩王国を加えた領域でのスゥエーターンバルの人口はディガンバル人口の約２倍であった。

おわりに

本章ではグジャラート内部の地域区分を４つの政治行政単位（直轄統治県、藩王国代理政府、西インド藩王国代理政府、バローダー藩王国）の領域区分として行った。バローダー藩王国の一部領域は半島部に分散しているが、その面積、人口はそれほど大きくないので、西インド藩王国代理政府の領域とその他の３政治行政単位の領域の対比はグジャラートをカティアワードとグジャラート本土に二分する自然的領域区分と対応している。人口密度やジャイナ教徒、パールスィー教徒、原始的集団・部族民の分布およびカースト構成の面でカティアワードとグジャラート本土の相違は明瞭にあらわれている。グジャラートをカッチ、半島部、北グジャラート、中央グジャラート、南グジャラートに五分する自然的領域区分はより細かな地域格差を検討するのに便利であるが、集計上の困難が大きいために本章では試みていない。ただし、直轄統治県とバローダー藩王国はグジャラート本土の平原部、藩王国代理政府は丘陵部を主領域としており、両者の相違は都市・農村居住率、宗教・カースト構成などに明瞭にあらわれている。結局、本章におけるグジャラート内部の領域区分はカティアワード、本土平原部、本土丘陵部の宗教・カースト構成の諸特徴をうつしだす地域区分ともなっている。

ボンベイ管区およびグジャラートの領域は都市居住率の高さや商工業の展開にみるように、すでに1931年時点においてインド帝国のなかでの先進地域を構成していた。独立後、マハーラーシュトラ州とグジャラート州は商工業のさらなる展開により、農業発展の著しいパンジャーブ州やハリヤーナー州とともにインド諸州の先進グループを構成している。ボンベイ管区とグジャラートの宗教・カースト構成上の相違はすでに指摘したようにいろいろとあるが、インド帝国の他地域と比較した場合、むしろ共通性のほうが大きい。また、大グジャラート運動の経緯にもあらわれているように、グジャラート

とボンベイ管区とりわけボンベイ市との結びつきは深く、独立前における両者の発展を切り離しては理解できない。

　本章では国勢調査における宗教・カーストの分類を基本的にそのまま受容し、集計作業を行った。ただし、バローダー藩王国国勢調査報告書は他の報告書と若干異なる分類方法をとっており、一部ジャーティのヒンドゥー教徒諸集団への位置づけに若干無理の生じた箇所がある。他の報告書との整合性を保つためにバローダー藩王国国勢調査報告書における分類をあえて無視したためである。国勢調査における統一的な分類設定そのものがこのような無理を生じさせている。ボンベイ管区国勢調査報告書の宗教・カースト分類をそのまま受容している西インド国勢調査報告書の場合は、逆に地域社会の個別性が一部ねじまげられ整理される結果となっている。本章では分類に関わる諸問題については簡単に言及するにとどめた。これについては稿を改め論ずる予定である。

第4章
宗教・カーストと職業

はじめに

　本章では前章に引き続き、独立前のグジャラートの宗教・カースト研究の一環として、カーストと職業構成の関わりを1931年国勢調査に基づき検討する[1]。

　カーストと職業構成の関わりは独立前の国勢調査事業の重要な関心事のひとつであった。カーストはそのカーストに「固有」な「世襲的」「伝統的」職業を有しており、それは族内婚規制や接触・伴食規制とともにカースト体制の根幹をなすと理解されたために、カーストと「伝統的」職業との結合・乖離の動向がカースト体制の鍵を握るものとして注目された。独立後の体制全般にわたる制度的・経済的諸変化により、現在ほとんどの「伝統的」職業は存立基盤を喪失している。一般的な傾向として現在でも「伝統的」職業との結びつきの強いのは、「清掃業」のバンギー（Bhangi）や「皮革業」のチャマール（Chamar）にみるように後進的なカーストである。しかし、後に検討するように1931年時点では多数のカーストとりわけ職人・サービスカーストは「伝統的」職業と深く結合していた。これらの「伝統的」職業がいつ頃どのような契機で消滅したのかは制度的・経済的諸変化ばかりではなく、各

---

1) 本章で使用する1931年国勢調査報告書は以下のように略記する。
　Census of India, Vol. 8, Bombay Presidency, Part 1, General Report, and Part 2, Statistical Tables, Bombay, 1933（1931 Bombay Census Part 1およびPart 2と略記）。
　Census of India, Vol. 10, Western India States Agency, Part1, Report, and Part2, Statistical Tables, Bombay, 1933（1931 W.I.S.A. Census Part 1およびPart 2と略記）。
　Census of India, Vol.19, Baroda, Part 1, Report, and Part 2, Statistical Tables, Bombay, 1931（1931 Baroda Census Part1およびPart2と略記）。

カーストのモビリティのありようとも関連しており、カーストの動態を捉えるうえでも興味深いテーマをなしている。1931年国勢調査には20余りの諸カーストの職業構成しか与えられていない。本章の目的はそれらの検討をとおして1931年時点における特定カーストと「伝統的」職業との関わりを確認しておくことにある。

1. 地域別職業構成

独立前においても国勢調査により就業者（Workers）および職業（Occupations）の分類と定義が若干異なっているために国勢調査年度間の職業構成の比較に支障が生じている。1931年国勢調査はいわゆる就業者を稼働者（Earners）と労働従属者（Working Dependents）に分類している。稼働者とは恒常的かつ規則的な仕事により現金や現物の報酬を得る者、労働従属者とは現金や現物の報酬なしに家族の主要労働者の仕事を恒常的あるいは定期的に補助する者を指す。従属人口は非労働従属者（Non-working Dependents）に位置づけられている。1921年国勢調査までは人口を就業者（Workers）と従属者（Dependents）に二分していたが、1931年国勢調査の特徴は就業者を稼働者と労働従属者に分類したところにある。

職業の分類は最上位単位クラス（Classes）、上位単位サブ・クラス（Sub-Classes）、下位単位オーダー（Orders）、最下位単位グループ（Groups）に従いなされている。すべての職業は4つのクラス、（A）原料の生産、（B）材料の準備と供給、（C）行政と教育、（D）その他、に分類されている。クラスの下部単位サブ・クラスは、クラス（A）は（Ⅰ）動植物の利用、（Ⅱ）鉱物の利用、クラス（B）は（Ⅲ）工業、（Ⅳ）運輸、（Ⅴ）商業、クラス（C）は（Ⅵ）軍隊、（Ⅶ）行政、（Ⅷ）教育および専門職、クラス（D）は（Ⅸ）定収入生計、（Ⅹ）家事奉公、（Ⅺ）記述の不十分な職業、（Ⅻ）非生産的職業、の計12項目に分類されている。その下部単位のオーダーは55、さらにその下部単位のグループは195の項目により構成されている。本章が分析対象とするのは、サブ・クラスとオーダーの分類による職業構成である[2]。

それでは、グジャラートにおける職業構成を検討しよう。表4-1に「グジャ

第4章　宗教・カーストと職業

表4-1　グジャラート諸領域の男子稼働者構成（1931年）

産業区分	グジャラート					ボンベイ管区
	直轄統治県	藩王国代理政府	西インド藩王国代理政府	バローダー藩王国	計	
（Ⅰ）動植物の利用	608	759	534	662	618	643
（Ⅱ）鉱物の利用	3	0	5	2	3	1
（Ⅲ）工業	163	75	156	125	139	127
（Ⅳ）運輸	27	10	31	18	24	27
（Ⅴ）商業	60	45	99	69	73	61
（Ⅵ）軍隊	8	7	19	20	15	9
（Ⅶ）行政	16	20	30	17	21	20
（Ⅷ）教育および専門職	24	11	35	36	29	20
（Ⅸ）定収入生計	10	1	2	5	5	3
（Ⅹ）家事奉公	17	14	21	8	16	20
（Ⅺ）記述の不十分な職業	51	47	48	34	45	59
（Ⅻ）非生産的職業	13	11	20	4	12	10
計	1,000	1,000	1,000	1,000	1,000	1,000
稼働人口（100人）	7,505	3,894	9,298	7,116	27,812	69,629
人口1,000人当たり稼働人口	454	442	459	566	478	505
人口1,000人当たり労働従属人口	108	132	98	35	92	45

注1：産業区分別の数値は、稼働者1,000人当たりの区分別稼働者の人数を示す。
　2：稼働人口は100人単位。
出所：1931 Bombay Census Part2, p.158, 1931 W.I.S.A. Census Part1, pp.92-94, 1931 Baroda Census Part1, pp.47-75より作成。

ラート諸領域の男子稼働者構成」を掲げる[3]。グジャラートの諸領域の稼働者構成の特徴をより明確に示すために、ボンベイ管区全体の稼働者構成も同表に含める。人口1000人当たりの稼働人口ではボンベイ管区がグジャラートを若干上回っているが、これに労働従属人口を加えたいわゆる就業人口ではグジャラートがボンベイ管区を多少上回っている。労働従属人口のカウンテ

2）領域間および時系列的な職業構成の比較上重要なのはクラス（A）〜（C）のサブ・クラスである。クラス（D）のサブ・クラスは記述の不十分な職業や非生産的職業にみるように、統計上の価値は低い。クラス（A）は農村部で優勢な職業、クラス（C）は都市部で優勢な職業、クラス（B）は都市部と農村部にともにみられる職業により構成されている。
3）1931年国勢調査では職業構成は都市・農村別に分割されていない。このために、都市職業構成や農村職業構成の地域間比較、都市職業構成と農村職業構成の地域内比較ができない。職業分類方法に加え、職業構成の都市・農村別への未分割が独立後の国勢調査との職業構成の比較を困難にしている。

ィングには調査員の恣意が働きやすいために、人口1000人当たりの労働従属人口は地域により大きく異なっている。バローダー藩王国の人口1000人当たりの稼働人口はグジャラートの他地域を100人以上上回っているが、労働従属者数を加えた就業者数は各地域とも550〜600人の範囲にある。

　ボンベイ管区との比較におけるグジャラートの男子稼働者構成の特徴は、クラス（A）の稼働人口比率が相対的に低いこと、クラス（B）とクラス（C）の稼働人口比率が相対的に高いこと、に要約できよう。グジャラートにおける都市居住率の高さと商工業の展開がボンベイ管区の稼働者比率との相違をもたらしている。

　グジャラートの諸地域間の稼働者構成の相違は小さくない。藩王国代理政府の領域では農業関連の稼働人口比率が高く、商工業の稼働人口比率は低い。これと対照的なのが西インド藩王国代理政府の領域で、農業関連の稼働人口比率は他地域に比べてきわめて低く、商工業の稼働人口比率が高い。工業の稼働人口比率のもっとも高いのは、アーメダバードやスーラトの工業都市を抱える直轄統治県の領域である。

　女子の就業者構成を検討するために、表4-2に「グジャラート諸領域の女子稼働者構成」を掲げる。グジャラートの領域は直轄統治県の北地区と藩王国を主体とするために、1931年国勢調査では女子就業者が過度に労働従属者に括られる結果となった。ちなみに、グジャラートの人口1000人当たりの女子労働従属人口は同稼働人口102人の2倍弱の188人を示している。これに対して、ボンベイ管区の稼働人口は労働従属人口を凌駕しており、女子就業者の稼働者と労働従属者への分割の仕方に大きな相違のあることを示唆している。稼働者と労働従属者を合わせた人口1000人当たりの就業人口ではグジャラートがボンベイ管区を74人上回っており、グジャラートにおける女子の労働参加率が相対的に高いことを示している。グジャラートの諸領域間の人口1000人当たりの就業人口および稼働人口・労働従属人口比率の差は大きい。人口1000人当たりの就業人口のもっとも多いバローダー藩王国ともっとも少ない西インド藩王国代理政府では168人の開きがある。また、稼働人口が労働従属人口を上回っているのはバローダー藩王国のみで、他領域では労働従属人口が稼働人口を凌駕している。とくに、藩王国代理政府の領域では女子

第4章　宗教・カーストと職業

表4-2　グジャラート諸領域の女子稼働者構成（1931年）

産業区分	グジャラート					ボンベイ管区
	直轄統治県	藩王国代理政府	西インド藩王国代理政府	バローダー藩王国	計	
（Ⅰ）動植物の利用	665	681	506	654	626	740
（Ⅱ）鉱物の利用	1	1	5	3	3	2
（Ⅲ）工業	140	98	137	92	115	97
（Ⅳ）運輸	16	1	12	9	11	7
（Ⅴ）商業	22	37	51	40	37	33
（Ⅵ）軍隊	0	0	0	0	0	1
（Ⅶ）行政	3	10	8	1	4	5
（Ⅷ）教育および専門職	14	10	25	12	15	10
（Ⅸ）定収入生計	2	0	13	10	8	1
（Ⅹ）家事奉公	5	4	19	10	10	20
（Ⅺ）記述の不十分な職業	122	147	197	164	159	64
（Ⅻ）非生産的職業	10	11	27	5	12	20
計	1,000	1,000	1,000	1,000	1,000	1,000
稼働人口（100人）	1,455	420	1,236	2,474	5,585	17,176
人口1,000人当たり稼働人口	97	51	63	209	102	137
人口1,000人当たり労働従属人口	192	287	153	175	188	79

注1：産業区分別の数値は、稼働者1,000人当たりの区分別稼働者の人数を示す。
　2：稼働人口は100人単位。
出所：表4-1と同じ。

就業者の圧倒的多数が労働従属者に位置づけられている。

　ボンベイ管区との比較におけるグジャラートの女子稼働者構成の特徴は、クラス（A）の稼働人口比率が相対的に低いこと、クラス（B）の稼働人口比率が相対的に高いこと、クラス（D）の記述の不十分な職業の比率がきわめて高いこと、に要約できよう。記述の不十分な職業の比率がボンベイ管区の同比率を大きく上回っているのは、グジャラートでの調査員による職業記載に大きな問題のあったことを示している。クラス（A）とクラス（B）については男子の場合と同様に、グジャラートにおける都市居住率の高さと商工業の展開がボンベイ管区の同比率との差をもたらしていると考えられる。ただし、グジャラートの女子就業者に占める稼働者の比率は比較的低いので、労働従属者を加えた就業者構成を算出すると、農業関連就業者は就業人口1000人当たり772人となる。労働従属者1000人当たり851人が農業関連職種に従事しているために就業者構成に占める農業関連就業人口比率が跳ね上がる

第Ⅱ部　グジャラートの宗教、カースト、職業

のである。このようにグジャラートにおいても、就業者全体をみた場合、女子は男子以上に農業関連職種に集中している。

　次に、国勢調査の職業分類のなかでグジャラートの社会経済状態ともっとも密接に関わる3つのサブ・クラス、すなわち農業、工業、商業の稼働者構成の詳細をオーダーのレベルで検討しておこう。上記したように女子の稼働者構成の分析には諸種の制約があるので、ここでの分析は男子に限定する。

　まず、表4-3に「グジャラート諸領域の男子農業関連稼働者構成」を掲げる。サブ・クラス（Ⅰ）動植物の利用、はオーダー①牧畜と農業、②漁労と狩猟、よりなる。オーダー①はさらに（a）耕作、（b）特別作物、果樹等の耕作、（c）林業、（d）牧畜、（e）小動物、昆虫の飼養、の5つのサブ・オーダー（Sub Order）に分化している。稼働者の圧倒的多数はサブ・オーダー（a）耕作、に集中している。サブ・オーダー（a）を構成する7グループのうち上表には、地代取得者（地主）、自耕作者、小作人、農業労働者を独立の項目として示し、私有地経営代理人、政府地経営代理人および地代徴収人の3グループは一括して「その他」に含めた。

　ボンベイ管区との対比におけるグジャラートの農業関連稼働者構成の特徴は、地代取得者および自耕作者よりなるいわゆる土地所有者の比率が優勢なこと、土地所有者のなかでは自耕作者の層が厚いこと、農業労働者の比率が低いこと、に要約できる。地代取得者と小作人の数的比率はボンベイ管区、グジャラートともに共通しており、地代取得者が農業関連稼働者数の約4％、小作人が約31％を占めている。稼働者数にみる地主小作関係の展開の規模はボンベイ管区とグジャラートでは類似している。しかし、ボンベイ管区における土地所有者の比率は農業関連稼働者数の27.8％を占めるに過ぎず、土地所有者に占める地代取得者の比率14.4％はグジャラートの同比率8.3％を大きく上回っている。このため、ボンベイ管区の農地面積に占める小作地比率はグジャラートの同比率を上回っていたものと推測できる。また、小作人と農業労働者の比率を比べると、ボンベイ管区では農業労働者が小作人の比率を上回っているのに対して、グジャラートでは小作人が農業労働者の比率を凌駕しており、著しい対照を示している。農業労働者の比率の相違は地主小作関係の展開に規制されるとともに、自耕作者の比率に制約されている。

第4章　宗教・カーストと職業

表4-3　グジャラート諸領域の男子農業関連稼働者構成（1931年）

領　域	地代取得者	自耕作者	小作人	農業労働者	その他	計
直轄統治県	19,325 (4.4) [28.3]	287,769 (65.8) [38.3]	28,462 (6.5) [5.7]	92,159 (21.2) [32.4]	45,700 (10.2) [88.4]	473,415 (100.0) [27.0]
藩王国代理政府	6,094 (2.1) [8.9]	94,613 (32.8) [12.6]	150,057 (52.0) [30.1]	33,958 (11.8) [11.9]	4,001 (1.3) [7.7]	288,723 (100.0) [17.8]
西インド藩王国代理政府	30,995 (7.0) [45.4]	75,668 (17.1) [10.1]	264,981 (59.8) [53.1]	70,116 (15.8) [24.6]	1,494 (0.3) [2.9]	443,254 (100.0) [27.4]
バローダー藩王国	11,908 (2.7) [17.4]	292,478 (65.1) [39.0]	55,715 (12.4) [11.2]	88,416 (19.7) [31.1]	484 (0.1) [0.9]	449,001 (100.0) [27.7]
グジャラート	68,322 (4.2) [100.0]	750,528 (46.4) [100.0]	499,215 (30.8) [100.0]	284,649 (17.6) [100.0]	51,679 (3.0) [100.0]	1,618,393 (100.0) [100.0]
ボンベイ管区	168,285 (4.0)	1,005,819 (23.8)	1,317,952 (31.2)	1,714,567 (40.6)	14,126 (33.4)	4,220,749 (100.0)

注1：上段数値は各オーダーの稼働人口を示す。
　2：中段（　）内数値は横列計に占める各オーダーの稼働人口比率（％）。
　3：下段［　］内数値は縦列計（グジャラート）に占める各領域の稼働人口比率（％）。
出所：1931 Bombay Census Part2, pp.159-185, 1931 W.I.S.A. Census Part1, p.92, 1931 Baroda Census Part1, p.48 より作成。

　グジャラート諸領域の農業関連稼働者構成の相違は大きい。直轄統治県とバローダー藩王国の領域では自耕作者が優勢で地主小作関係が劣勢なのに対して、藩王国代理政府と西インド藩王国代理政府の領域では逆に地主小作関係が優勢であり、自耕作者の比率は低い。農業労働者の比率はどの領域でもボンベイ管区の水準を大幅に下回っているが、グジャラート内部では直轄統治県とバローダー藩王国の同比率が他領域よりも多少高くなっている。農耕カーストのみならず多種のカーストが土地所有や農業経営に参画しているが、直轄統治県における主要な土地所有カーストはレーウワー・パーティーダールとアナヴィル・バラモン、バローダー藩王国ではレーウワー・パーティーダールとカドゥワー・パーティーダール、藩王国代理政府ではカドゥワー・パーティーダール、ラージプート、コーリーの混在、西インド藩王国代理政府ではラージプートが支配的な土地所有集団をなしている。グジャラート本土でのラージプートの土地所有は比較的零細である。また、グジャラート北

123

第Ⅱ部　グジャラートの宗教、カースト、職業

部での支配的な土地所有集団カドゥワー・パーティーダールは半島部では小作人層をなしている。独立後の土地改革とりわけ小作人に対する土地分配政策は半島部のラージプートからカドゥワー・パーティーダールへの土地移転を推進した。しかし、グジャラート本土については所有地上限規制法が柔軟に適用されたために、パーティーダールの土地所有は温存された。

次に、工業関連の稼働者について検討してみよう。表4-4に「グジャラート諸領域の男子工業関連稼働者構成」を掲げる。同表にはサブ・クラス（Ⅲ）工業を構成するオーダーのうち主要なものを配列してある。

ボンベイ管区とグジャラートの工業関連稼働者構成は共通する部分が多い。西インドはインド帝国のなかでも工業の比較的展開していた領域であることに加えて、当時の基軸工業である近代的綿工業はボンベイ市とアーメダバード市を２大センターとしていたこと、さらにグジャラートの直轄統治県と藩王国代理政府の稼働者がボンベイ管区の稼働者にも数えられていることが両者の稼働者構成を近似するものとしている。工業部門における稼働人口比率では両者ともに繊維業が30％台の比率を占め、縫製業が20％弱、木材加工業が11％余りでそれに続いている。ただし、繊維業と縫製業を合わせた繊維関連部門の稼働人口比率はボンベイ管区が56.2％で、グジャラートの46.7％を10ポイントほど上回っている。グジャラートの稼働人口比率がボンベイ管区のものを上回っているのは、皮革加工業、金属工業、窯業などである。とくに皮革加工業の稼働人口比率の格差は大きい。

グジャラートのいずれの領域でも繊維業と縫製業の稼働人口比率は工業関連種の上位を占めている。そのなかでも直轄統治県とバローダー藩王国の２領域は繊維業・縫製業中心型の稼働者構成を示している。とくに、直轄統治県では繊維業と縫製業の比率は計59.8％の高率を示している。両領域ともに木材加工業と窯業の比率が繊維業・縫製業に続いている。これに対して、藩王国代理政府では繊維業・縫製業の比率が諸領域中もっとも低い。もっとも稼働人口が優勢なのは木材加工業であり、窯業、皮革加工業の比率も高い。ただし、藩王国代理政府は工業の比較的未展開な領域により構成されているので、稼働人口の絶対数は小さい。西インド藩王国代理政府では木材加工業、窯業、皮革加工業、金属工業などが繊維業・縫製業に続いており、直轄統治

第4章 宗教・カーストと職業

表4-4 グジャラート諸領域の男子工業関連稼働者構成（1931年）

領域	繊維業	皮革加工業	木材加工業	金属工業	窯業	化学工業	食品工業	縫製業	建設業	その他	計〔全体平均〕
直轄統治県	568 (46.3) [48.9]	49 (4.0) [18.8]	118 (9.6) [26.6]	54 (4.4) [23.7]	69 (5.6) [22.5]	35 (2.8) [30.7]	29 (2.3) [24.4]	165 (13.5) [25.8]	59 (4.8) [24.8]	76 (6.2) [23.5]	1,226 (100.0) [31.8]
藩王国代理政府	46 (15.9) [4.0]	30 (10.3) [11.5]	48 (16.6) [10.8]	18 (6.3) [7.9]	36 (12.3) [11.8]	16 (5.4) [14.0]	5 (1.9) [4.2]	47 (16.2) [7.3]	16 (5.6) [6.7]	28 (9.5) [8.6]	291 (100.0) [7.5]
西インド藩王国代理政府	293 (20.2) [25.2]	129 (8.9) [49.6]	167 (11.5) [37.7]	108 (7.5) [47.4]	131 (9.0) [42.8]	39 (2.7) [34.2]	52 (3.6) [43.7]	276 (19.0) [43.1]	107 (7.4) [45.0]	139 (9.5) [42.9]	1,452 (100.0) [37.7]
バローダー藩王国	254 (28.6) [21.9]	52 (5.9) [20.0]	110 (12.4) [24.8]	47 (5.3) [20.6]	70 (7.9) [22.9]	25 (2.8) [21.9]	32 (3.6) [26.9]	152 (17.2) [23.8]	55 (6.2) [23.1]	82 (9.2) [25.3]	886 (100.0) [23.0]
グジャラート	1,161 (30.1) [100.0]	260 (6.8) [100.0]	443 (11.5) [100.0]	228 (5.9) [100.0]	306 (7.9) [100.0]	114 (3.0) [100.0]	119 (3.1) [100.0]	640 (16.6) [100.0]	238 (6.2) [100.0]	324 (8.4) [100.0]	3,856 (100.0) [100.0]
ボンベイ管区	3,235 (36.7)	165 (1.9)	975 (11.1)	390 (4.4)	481 (5.5)	173 (2.0)	274 (3.1)	1,721 (19.5)	593 (6.7)	744 (8.4)	8,818 (100.0)

注1：上段数値は各グループの稼働人口を示す。稼働人口は100人単位。
 2：中段（ ）内数値は横列計に占める各グループの稼働人口比率（％）。
 3：下段〔 〕内数値は縦列計（グジャラート）に占める各領域の稼働人口比率（％）。
出所：1931 Bombay Census Part2, pp.186-222, 1931 W.I.S.A. Census Part1, p.93-295, 1931 Baroda Census Part1, pp.52-60より作成。

県やバローダー藩王国と異なる稼働者構成を示している。

　グジャラートの工業関連稼働人口に占める領域別の比率では、西インド藩王国代理政府がもっとも高く37.7％、それに直轄統治県とバローダー藩王国が各々31.8％、23.0％で続いている。業種別工業関連稼働人口に占める領域別の比率がグジャラートにおける当該領域の工業関連稼働人口（すなわち計）の比率を大きく上回る業種はその領域が稼働人口の面で比較優位をもつ業種である。直轄統治県の繊維業、藩王国代理政府の化学工業、窯業、皮革加工業、西インド藩王国代理政府の皮革加工業、金属工業、建設業などがそのような業種にあたる。バローダー藩王国は領域がカティアワードとグジャラート本土に分散していることもあり、このような業種はみられない。グジャラートの皮革加工業は現在衰退しているが、旧直轄統治県の領域における繊維業やカティアワードにおける金属工業など現在まで比較優位の継続している業種もある。

第Ⅱ部　グジャラートの宗教、カースト、職業

表4-5　グジャラート諸領域の男子商業関連稼働者構成（1931年）

領域	銀行業	繊維	皮革	木材	ホテルサービス	食品	雑業	その他	計
直轄統治県	26 (5.7) [15.1]	46 (10.2) [20.0]	7 (1.5) [34.8]	2 (0.4) [12.3]	22 (4.8) [20.4]	140 (30.8) [18.2]	191 (42.4) [35.1]	20 (4.2) [10.8]	454 (100.0) [22.2]
藩王国代理政府	20 (11.5) [11.8]	13 (7.2) [5.5]	2 (1.2) [11.0]	1 (0.3) [2.9]	11 (6.5) [10.7]	67 (38.0) [8.7]	55 (30.9) [10.0]	7 (4.0) [3.8]	176 (100.0) [8.6]
西インド藩王国代理政府	71 (7.7) [41.2]	118 (12.8) [51.2]	9 (1.0) [47.1]	9 (1.0) [54.0]	40 (4.3) [37.4]	325 (35.3) [42.4]	260 (28.2) [47.8]	90 (9.8) [48.4]	922 (100.0) [45.1]
バローダー藩王国	55 (11.2) [31.9]	54 (11.0) [31.9]	1 (0.3) [7.1]	5 (1.1) [30.9]	33 (6.8) [31.5]	235 (47.8) [30.6]	39 (7.9) [7.1]	69 (14.1) [37.1]	491 (100.0) [24.0]
グジャラート	172 (8.4) [100.0]	231 (11.3) [100.0]	19 (0.9) [100.0]	17 (0.9) [100.0]	106 (5.2) [100.0]	767 (37.5) [100.0]	544 (26.6) [100.0]	188 (9.2) [100.0]	2,044 (100.0) [100.0]
ボンベイ管区	183 (4.3)	182 (4.3)	60 (1.4)	27 (0.6)	303 (7.1)	1,230 (28.9)	1,765 (41.5)	508 (11.9)	4,258 (100.0)

注1：上段数値は各オーダーの稼働人口を示す。稼働人口は100人単位。
　2：中段（　）内数値は横列計に占める各オーダーの稼働人口比率（％）。
　3：下段［　］内数値は縦列計（グジャラート）に占める各領域の稼働人口比率（％）。
出所：1931 Bombay Census Part2, pp.233-260, 1931 W.I.S.A. Census Part1, p.93, 1931 Baroda Census Part1, pp.60-68より作成。

　最後に、商業関連の稼働者について検討する。表4-5に「グジャラート諸領域の男子商業関連稼働者構成」を掲げる。同表にはサブ・クラス（Ⅴ）商業を構成するオーダーのうち主要なもののみを配列してある。
　農工商のうちボンベイ管区の男子稼働人口に対するグジャラートの同稼働人口の比率のもっとも高いのが商業であり、それに工業と農業が続いている。グジャラートの主要産業のなかで商業は稼働人口のみならず、経済活動のなかでもきわめて重要な部門となっている。ボンベイ管区との対比におけるグジャラートの商業関連稼働者構成の特徴は、食品、繊維および銀行業の稼働人口比率の高いことにある。とくに、繊維についてはグジャラートの稼働人口がボンベイ管区のそれを上回っており、銀行業については両者が近似している。これに対して、皮革の生産拠点はグジャラートであるにもかかわらず、皮革の流通に携わる稼働人口はボンベイ管区の同稼働人口を大きく下回っている。
　グジャラート諸領域のなかでは西インド藩王国代理政府における商業関連

稼働人口が突出しており、工業の展開の著しい直轄統治県の同稼働人口はバローダー藩王国よりも少ない。いずれの業種についても西インド藩王国代理政府の稼働人口がグジャラート諸領域のなかでもっとも大きくなっている。カティアワードはジャイナ教徒やヒンドゥー・バニヤーなどの商業集団の人口比率の高い領域であり、これが同領域における商業関連稼働者の比率を高める重要な要因となっている。とくに、グジャラートの業種別稼働人口に占める比率の高いのは、木材、繊維や皮革などの諸部門である。同様に、直轄統治県では皮革、バローダー藩王国では銀行業、ホテル・サービス、木材、食品などがグジャラートに占める領域別稼働人口比率の面で比較的有力な部門となっている。

2. カースト別職業構成

(1) 選択カースト

　独立前の国勢調査は若干の職人・サービスカーストおよびその他集団の職業構成（Occupation of Selected Castes, Tribes or Races）を編纂し、そのなかに「伝統的」職業の就業者数を示している。ちなみに、ボンベイ管区の国勢調査は以下の22集団、すなわちバンギー（Bhangi：伝統的職業は清掃・屎尿処理業、以下同順）、バルワード（Bharwad：牧畜・毛織物業）、チャマール・モーチー（Chambhar/Mochi：皮革加工業）、ダルジー（Darji：縫製業）、ドービー（Dhobi：洗濯人）、ハジャーム（Hajam：床屋）、コーシュティ（Koshti：織物業）、クンバール（Kumbhar：陶工）、ローハール（Lohar：鍛冶屋）、マハール・デード（Mahar/Dhed：村抱えの雑役夫）、マーング（Mang：皮なめし業・村抱えの雑役夫）、パーンチャル（Panchal：金銀銅・真鍮製品製造業）、ラモーシー（Ramoshi：番人）、ソーニー（Soni：金工・宝石商）、スタール（Sutar：大工）、テーリー（Teli：搾油人）、ヴァッダル（Vaddar：土木工事・石工）、ヴァンジャーリー（Vanjari：運搬人）、ミハルバハル（Miharbahar：インダス河の船頭）、ヨーロッパ人（Europeans）、アングロ・インディアン（Anglo-Indians）、パールスィー教徒（Zoroastrians：商人）を採り上げている。本章ではヨーロッパ人とアングロ・インディアンを除く19集団の職業構成の特徴を検討する。これら諸集

第Ⅱ部　グジャラートの宗教、カースト、職業

団を便宜的に選択カーストと記述する。

(2) 職業構成

　1931年国勢調査に職業構成の編纂されている諸集団の大半はヒンドゥー教徒に属する。例外はヨーロッパ人、アングロ・インディアン、パールスィー教徒とイスラム教徒のミハルバハルの４集団のみである。ただし、バンギー、ハジャーム、ローハールのようにヒンドゥー教徒およびイスラム教徒の両宗教にまたがる集団もある。このような集団の稼働人口は宗教別に編纂されているが、本章では両宗教を合計した稼働人口のみの検討を行い、宗教別の詳細には立ち入らない。これに関連し、ボンベイ管区の両宗教にまたがる集団の場合は、いずれもヒンドゥー教徒の稼働人口がイスラム教徒の稼働人口を大きく上回っていることを付言しておく。

　1881年国勢調査以降、ヒンドゥー教徒人口はジャーティの社会経済的先進性・後進性を基準として先進（Advanced）集団、中間（Intermediate）集団、原始的（Primitive）集団、後進（Other Backward）集団、被抑圧（Depressed）集団の５集団に分類されている。この分類は最大宗教であるヒンドゥー教徒内部の社会経済格差を明示するとともに各集団の人口動態を跡付けることを目的としている。すべての主要なジャーティは５集団のいずれかに分類されている。また、一部のジャーティについては同一ジャーティ・グループへの統合を行い、ボンベイ管区国勢調査報告書にみるように管区全域を対象としたジャーティおよび諸集団のリストを作成している。この分類はヒンドゥー教徒にのみ適用されたものであるが、以下に掲示する表の作成にあたっては、ヒンドゥー教・イスラム教の両宗教にまたがる集団もその一部を構成するヒンドゥー教徒の位置づけに従い分類を行う。ただし、これらに該当しないイスラム教徒やパールスィー教徒の集団は非分類の項目に位置づけておく。

　表4-6に「ボンベイ管区の中間集団以外の諸カースト男子稼働者構成」を掲げる。中間集団以外の諸カーストとしてここでは先進集団、後進集団、被抑圧集団および非分類の集団を示す。原始的集団の職業構成は1931年国勢調査では編纂されていないので、ここでも表示していない。本来ならば中間集団を含めた全選択カーストの職業構成を１つの表にまとめるべきであるが、

表4-6 ボンベイ管区の中間集団以外の諸カースト男子稼働者構成（1931年）

	先進			後進		被抑圧				非分類	
	パーンチャル	ソーニー	ラモーシー	ヴァッダル	ヴァンジャーリー	バンギー	チャマール	マハール	マーング	ミハル パハル	パールスィー教徒
伝統職	金銀鋼・真鍮製品製造業	金工・宝石商	番人	土木工事・石工	運搬人	清掃・屎尿処理業	皮革加工業	村抱えの雑役夫	皮なめし業・雑役夫	インダス河の船頭	商人
産業区分											
(I) 動植物の利用	172	166	733	216	549	196	283	612	451	620	80
(II) 鉱物の利用	1	3	7	11	1	6	7	4	4	2	20
(III) 工業	109	28	17	36	47	94	108	81	77	21	29
(IV) 運輸	3	6	11	11	9	21	20	40	12	20	185
(V) 商業	9	29	2	9	14	3	17	8	11	7	104
(VI) 軍隊	1	3	5	1	3	12	1	2	5	2	21
(VII) 行政	3	11	8	3	22	22	4	13	12	5	97
(VIII) 教育および専門職	17	13	2	4	3	11	3	6	8	4	68
(IX) 定収入生計	1	3	1	0	1	1	1	1	1	1	54
(X) 家事奉公	3	14	9	2	5	21	8	27	13	16	94
(XI) 記述の不十分な職業	9	18	73	78	25	75	28	62	64	52	99
(XII) 非生産的職業	6	7	8	9	23	18	9	30	13	4	4
伝統職	668	702	124	622	297	519	512	114	327	244	146
計	1,000	1,000	1,000	1,000	1,000	1,000	1,000	1,000	1,000	1,000	1,000
稼働人口	17,433	43,110	15,378	26,830	32,008	27,835	78,660	323,660	81,053	38,403	26,698
人口1,000人当たり稼働人口	565	470	510	474	328	544	522	514	524	N.A.	568
人口1,000人当たり労働従属人口	29	26	32	37	50	67	40	42	42	N.A.	6
労働従属人口1,000人当たり伝統職人口	883	899	828	851	938	934	925	924	897		1,000

注：産業区分別の数値は稼働者1,000人当たりの区分別稼働者の人数を示す。
出所：1931 Bombay Census Part2, pp.295-320.

第4章　宗教・カーストと職業

スペースの制約から選択カーストを便宜的に中間集団とそれ以外の諸集団に二分し作表を行った。先進集団はパーンチャル、ソーニー、後進集団はラモーシー、ヴァッダル、ヴァンジャーリー、被抑圧集団はバンギー、チャマール、マハール、マーング、非分類の集団はミハルバハル、パールスィー教徒により構成されている。非分類のミハルバハルの社会経済状態は後進的なのに対して、パールスィー教徒は経済のみならず政治の分野でも有力な集団をなしている。

　表4-6に掲載された集団・カーストのなかで人口の優勢なのはマハール、マーング、チャマール、人口の僅少なのはラモーシー、パーンチャルなどである。人口1000人当たり稼働人口が500人を下回るのは、ヴァンジャーリー（328人）、ソーニー（470人）、ヴァッダル（474人）の３カーストである。ヴァンジャーリーの人口1000人当たり稼働人口がとくに小さいのは、「伝統的」職業であるロバを使用しての運搬業に携わる世帯員数が過少報告により過少評価されているためだとおもわれる。以上の３カーストを除く諸集団・カーストの人口1000人当たり稼働人口はいずれも500人台である。労働従属人口で特徴的なのは、パールスィー教徒や先進集団の人口1000人当たりの同人口は後進的な集団に比べて僅少なことである。先進的な集団は就学期間が比較的長く、かつ職業構成に占める技能や熟練を要する職業の比率が高いために、労働従属人口の比率は相対的に低いのである。これに対して、後進的な集団の場合は就学率が低いことに加え「伝統的」職業が多分に未熟練肉体労働の性格を有するために労働従属人口の比率が相対的に高い。いずれの集団・カーストの場合も労働従属人口の８割以上は「伝統的」職業に従事している。

　職業構成の検討に入ろう。伝統職就業人口は独立の項目としてたてられ（Ⅰ）～（Ⅻ）の産業区分のなかに位置づけられていないので、諸集団・カースト間の職業構成の比較に支障が生じている。しかし、伝統職と産業区分との関連についてはかなりの程度推測ができる。たとえば、産業区分（Ⅱ）鉱物の利用には「土木工事・石工」、（Ⅲ）工業には「金銀銅・真鍮製品製造業」「皮革加工業」、（Ⅳ）運輸には「運搬人」「インダス河の船頭」、（Ⅴ）商業には「商人」が含まれるとみてよいだろう。「金工・宝石商」は（Ⅲ）工業と（Ⅴ）商業に、「番人」「清掃・屎尿処理業」は雇用主体に応じて主に（Ⅲ）～

（Ⅷ）の産業区分に分散していたものとおもわれる。「村抱えの雑役夫」は（Ⅹ）家事奉公か（Ⅻ）記述の不十分な職業のいずれかに含まれていたものとおもわれる。

　先進的な集団と後進的な集団の職業構成の相違は、第1に（Ⅰ）動植物の利用の比率にあらわれている。先進的な集団の人口1000人当たり稼働人口に占める（Ⅰ）の比率はいずれも200人を下回っている。パールスィー教徒の場合はわずか80人に過ぎない。これに対して、後進的な集団の場合は若干の例外を除き、稼働人口の過半数が（Ⅰ）動植物の利用に従事している。ここではグループのレベルの検討はできないが、後進的な集団については（Ⅰ）の稼働人口に占める小作人と農業労働者の比率は先進的な集団の場合よりもはるかに大きいものとおもわれる。後進的な集団の間でもバンギー、チャマール、ヴァッダルの（Ⅰ）の稼働人口比率は比較的低い。これは伝統職の形態と残存状況に大きく関わっており、その詳細は後述する。一般的にいって職業構成が農業に偏向する集団・カーストは社会経済的にも後進的である。さらに、職業構成そのものを大きく規定する都市居住率（あるいは農村居住率）についても、国勢調査は集団・カースト別の情報を編纂してはいないが、先進的な集団の都市居住率は後進的な集団を大きく上回っていたものとおもわれる。

　第2の相違点は商工業とりわけ商業の比率の高低にあらわれている。工業の産業区分には近代工業と家内工業いずれの就業者も括られているために、同比率はそのままでは当該集団・カーストの社会経済的な指標とはならない。これに対して、商業の場合は一般的に後進諸階級の参入が困難なために、同比率の先進・後進集団間の格差はきわめて大きくなっている。

　第3の相違点はクラス（C）の産業区分とりわけ（Ⅷ）教育および専門職と（Ⅸ）定収入生計の比率にみられる。これらは一定の教育水準を前提としているために、後進的な集団の参入が困難な部門である。先進的な集団の間でもパールスィー教徒の同比率は抜きんでいる。

　次に、伝統職を検討してみよう。伝統職の稼働人口比率はすでに触れたような諸要因に規定されており、集団・カーストによりその比率はまちまちである。先進的な集団のなかでは、パーンチャルとソーニーの同比率は700人

第Ⅱ部　グジャラートの宗教、カースト、職業

900店舗の貴金属店が集中する通称ソーニー・マーケットでソーニーが経営する店舗（アーメダバード市旧市街、2018年8月）

前後の高い水準を示すのに対して、パールスィー教徒の職業構成は多様化しており、伝統職の稼働人口比率は146人に過ぎない。パーンチャルは独立後も機械工業や金属工業の経営者や技師として伝統的技術の蓄積を活用できる分野で活躍している。ソーニーは伝統的職業との関連を保ちつつ諸種の近代工業に経営者として参画している。パールスィー教徒は独立前に商工業のみならず行政や専門職に職域を拡大できた数少ない集団のひとつである。後進的な集団のなかで伝統職の稼働人口比率が高いのは、「清掃・屎尿処理業」のバンギー、「皮革加工業」のチャマール、「土木工事・石工」のヴァッダルであり、いずれも500人を上回っている。バンギーはイギリス統治下における乾式便所の増加および地方自治体による清掃業の再編にともない、屎尿処理業や清掃業への参入規模を拡大したことが知られている。独立後も中央・州政府や地方自治体の清掃部門に多数のバンギーが雇用されている。後進諸階級のなかでも現在もっとも後進的だとされるバンギーについてもうひとつ興味深いのは、1931年時点の職業構成に占める（Ⅵ）軍隊、（Ⅶ）行政、（Ⅷ）教育および専門職の比率が他の後進集団を上回っている点である。これ以降

表4-7：ボンベイ管区の中間集団諸カースト男子稼働者構成（1931年）

産業区分		バルワード	ダルジー	ドービー	ハジャーム	コーシュティ	クンバール	ローハール	スタール	テーリー
	伝統職	牧畜・毛織物業	縫製業	洗濯人	床屋	織物業	陶工	鍛冶工	大工	搾油人
（Ⅰ）	動植物の利用	704	95	342	278	235	267	135	162	412
（Ⅱ）	鉱物の利用	1	0	2	1	2	2	1	3	3
（Ⅲ）	工業	15	58	42	22	63	73	88	30	65
（Ⅳ）	運輸	6	7	11	5	10	7	8	3	21
（Ⅴ）	商業	11	148	19	6	49	14	14	7	127
（Ⅵ）	軍隊	1	3	4	1	2	2	3	0	3
（Ⅶ）	行政	8	12	10	8	11	4	2	3	7
（Ⅷ）	教育および専門職	4	12	4	5	11	4	5	3	6
（Ⅸ）	定収入生計	3	3	1	2	2	1	1	1	3
（Ⅹ）	家事奉公	5	17	13	7	16	9	9	7	31
（Ⅺ）	記述の不十分な職業	32	23	27	12	40	26	19	15	44
（Ⅻ）	非生産的職業	7	4	6	5	7	4	4	3	14
伝統職		205	618	517	647	552	585	712	763	266
計		1,000	1,000	1,000	1,000	1,000	1,000	1,000	1,000	1,000
稼働人口		227,025	30,196	24,218	49,180	36,639	44,753	26,269	45,533	32,435
人口1,000人当たり稼働人口		525	511	583	544	713	519	590	551	517
人口1,000人当たり労働従属人口		55	28	37	52	89	55	41	34	30
労働従属人口1,000人当たり伝統職人口		938	939	939	933	934	931	926	888	891

注：数値は稼働人口1,000人当たりの各部門稼働者の人数を示す。
出所：表4-6と同じ。

の清掃・屎尿処理業へのさらなる集中により、バンギーの社会的地位は悪化の一途をたどった。これに対して、チャマールは1931年時点では伝統職との結びつきが強かったが、1960年代以降の皮革加工品に対する需給構造の変化および主体的な伝統職放棄により現在における皮革加工の就業者数は僅少となっている。後進的な集団で伝統職の稼働人口比率がとくに低いのはラモーシー、マハール、ミハルバハルなどである。彼らに共通するのは、彼らの伝統職「番人」「村抱えの雑役夫」「インダス河の船頭」に対する労働需要の大きさが彼らの稼働人口を大きく下回っていたことである。これら諸集団の職業構成は（Ⅰ）動植物の利用に偏向しており、農村部における農業労働の供給源として地域経済に組み込まれていたといえよう。

　中間集団の検討に移ろう。表4-7に「ボンベイ管区の中間集団諸カースト男子稼働者構成」を掲げる。同表に掲げた諸カーストのなかで人口の優勢な

第Ⅱ部　グジャラートの宗教、カースト、職業

のはバルワードのみであり、他の諸カーストの男子人口はいずれも10万人を下回っている。人口1000人当たりの稼働人口はいずれも500人台であり、人口1000人当たりの労働従属人口についてもカースト間の格差は小さい。中間集団の場合も労働従属人口のほとんどは伝統職に就業している。

　中間集団の諸カーストは主に農村部で一般的な職人・サービスカーストにより構成されている。それゆえ、これら諸カーストの伝統職の稼働人口は村落内（間）分業体制の規模を示す指標として重要である。ここでは詳細な検討は行わないが、農村人口や農村数に対する伝統職の稼働人口の比率を業種間であるいは時系列的に比較することは、村落内（間）分業体制の動向をマクロのレベルで押さえるのに役立つ。伝統職の稼働人口の絶対数は、スタール（3万4000人）、ハジャーム（3万1000人）、クンバール（2万6000人）、ローハール（1万8000人）、ダルジー（1万8000人）、ドービー（1万2000人）、テーリー（8000人）の順になっている。これら伝統職のなかでも大工・床屋・陶工・鍛冶工・裁縫師などがもっとも基本的な職人・サービス層をなしていたことがうかがえる。これらは小規模村落にも一般的にみられた業種であり、大中規模村落に局限されていた洗濯人や搾油人よりもやはり分布が厚い。農村部におけるこれら業種への需要と報酬の高さが伝統職の稼働人口を規制するもっとも重要な要因であったものとおもわれる。諸カーストの人口1000人当たりの伝統職の稼働人口は、伝統職に対する需要と報酬の高さのみならず、当該カーストの人口規模の影響もこうむっている。ここでも村落内（間）分業体制のなかでもっとも基本的な職人・サービス層を形成したスタール（763人）、ローハール（712人）、ハジャーム（647人）、ダルジー（618人）、クンバール（585人）などの同稼働人口は他のカーストのものを上回っている。

　次に、職業構成全般の検討に入ろう。表4-7に掲げられた伝統職のうち、「牧畜・毛織物業」は（Ⅰ）動植物の利用と（Ⅲ）工業に分散、「縫製業」「織物業」「陶工」「鍛冶屋」「大工」「搾油人」は（Ⅲ）工業、「洗濯人」「床屋」は（Ⅻ）非生産的職業に分類されていたものとおもわれる。伝統職の稼働人口比率の低い諸カーストはバルワードやテーリーにみるように、農業部門の稼働人口比率が高い。職業構成のその他の特徴として、ローハールとクンバールは伝統職以外の工業の比率が比較的高いこと、ダルジーとテーリーの商

業稼働人口比率は他カーストを大きく上回っていること、（Ⅶ）行政、（Ⅷ）教育および専門職ではダルジーとコーシュティの同比率は低水準ながら他カーストを若干上回っていることが指摘できる。バルワードの後進性は職業構成から確認できるが、他の職人・サービスカーストの相対的な発展格差は同表からは確認できない。

女子の稼働者構成は男子のものと著しく異なっている。表4-8に「ボンベイ管区の中間集団以外の諸カースト女子稼働者構成」を掲げる。人口1000人当たりの女子の稼働人口は男子を大きく下回っており、同稼働人口のもっとも大きいマハールの場合でも239人に過ぎない。

このように、女子の人口1000人当たりの稼働人口は全般的に小さいとはいえ、同稼働人口の集団・カースト間格差は男子の場合よりも大きい。先進的な集団の同稼働人口はいずれも100人を下回っている。とくに、パールスィー教徒の同稼働人口は極端に小さく19人に過ぎない。先進的な集団では男子稼働者の所得水準が比較的高いために女子の就業の必要性そのものが小さいことに加え、女子成員の就業に対する家族・集団内部からの否定的評価も作用したものとおもわれる。後進的な集団のなかでは、マハールとマーングの同稼働人口が他集団を若干上回っている。女子就業人口に占める労働従属人口の比率はいずれの集団の場合も男子のそれを大きく上回っており、人口1000人当たりの労働従属人口はバンギーの場合172人の高率を示している。ここでも先進的な集団の人口1000人当たりの労働従属人口の水準は後進諸階級のものよりは概して低い。

すでに検討したように、職業構成に占める農業就業者の比率はボンベイ管区およびグジャラートともに女子が男子を上回っている。しかし、カーストを個別に検討してみるとバンギーやミハルバハルのように例外をなすものもある。これら諸カーストの伝統職稼働人口比率は後述するように男子の同比率を上回っており、このため農業部門の稼働人口比率が低くなっている。これに対して、先進集団のパーンチャルとソーニーの場合は農業部門の稼働人口比率が600人前後の水準を示しており、男子の職業構成と著しい対照をなしている。ただし、パールスィー教徒の同稼働人口比率は168人に過ぎず、男子の場合と同様に、先進集団のなかでも職業構成がもっとも高度化してい

第Ⅱ部　グジャラートの宗教、カースト、職業

表4-8　ボンベイ管区の中間集団以外の諸カースト女子稼働者構成（1931年）

産業区分		先進			後進			被抑圧			非分類		
		バーン ニャル	ソーニー	ラモー シー	ヴァッ ゲル	ヴァンジ ャーリー	バンギー	チャマ ール	マハール	マーング	ミハル バハル	パールス イー教徒	商人
	伝統職	金銀銅・ 真鍮製品 製造業	金工・ 宝石商	番人	土工 事・石工	運搬人	清掃・屎 尿処理業	皮革 加工業	村抱えの 雑役夫	皮なめし 業・ 雑役夫	インダス 河の船頭		
(Ⅰ)	動植物の利用	606	579	781	271	529	79	485	695	484	224	168
(Ⅱ)	鉱物の利用	0	1	10	8	8	12	7	5	2	3	15
(Ⅲ)	工業	76	41	7	33	8	78	130	63	77	32	52
(Ⅳ)	運輸	4	1	2	12	4	14	17	9	7	30	17
(Ⅴ)	商業	36	20	4	17	10	1	15	11	16	11	120
(Ⅵ)	軍隊	1	0	1	0	0	1	0	0	2	6	0
(Ⅶ)	行政	1	1	0	0	0	13	5	5	6	2	43
(Ⅷ)	教育および専門職	21	16	0	4	1	1	7	2	5	45	251
(Ⅸ)	定収入生計	1	11	2	0	1	1	6	2	0	0	80
(Ⅹ)	家事奉公	57	93	27	24	9	18	21	22	20	92	96
(Ⅺ)	記述の不十分な職業	89	91	134	190	40	72	70	86	94	91	15
(Ⅻ)	非生産的職業	19	15	8	8	44	34	37	37	89	26	12
伝統職		90	130	25	434	345	673	205	64	197	439	131
計		1,000	1,000	1,000	1,000	1,000	1,000	1,000	1,000	1,000	1,000	1,000
稼動人口		2,302	5,424	5,235	9,655	15,006	8,513	23,746	151,684	36,442	1,717	845
人口1,000人当たり稼働人口		81	65	183	182	159	194	168	239	235	N.A.	19
人口1,000人当たり労働従属人口		82	61	80	94	53	172	100	97	91	N.A.	15
労働従属人口1,000人当たり 伝統職人口		895	903	918	852	707	943	943	935	921	920	1,000

注：数値は稼働人口1,000人当たりの各部門稼働者の人数を示す。
出所：表4-6と同じ。

る。職業構成のその他の特徴として、工業部門でチャマールが130人の水準を示していること、商業部門ではパールスィー教徒が120人と突出していること、(C) クラスの稼働人口比率ではやはり先進集団が後進集団を引き離していること、とりわけパールスィー教徒は (C) クラスの稼働人口比率が厚く (Ⅷ) 教育および専門職は251人、(Ⅸ) 定収入生計は80人の高比率を示していることをあげることができる。

　伝統職稼働人口比率が男子を上回っているのはヴァンジャーリー（345人）、バンギー（673人）、ミハルバハル（439人）の3カーストである。ヴァンジャーリーの運搬業はロバを使用し家族単位で行われるので女子の参入は比較的容易である。また、バンギーの清掃・屎尿処理業では男女間で分業が行われ、女子は道路清掃や乾式便所からの屎尿の引き抜き、男子はそれらの運搬や最終処理に従事した。ミハルバハルの女子の稼働者数は僅少であるが、その多くは船頭職に従事した。伝統職稼働人口比率がとくに低いのはラモーシー（25人）、マハール（64人）である。「番人」や「村抱えの雑役」は女子に適さない職業である。このように、女子の伝統職稼働人口比率には職業の性格も大きく作用している。女子の伝統職稼働人口比率に関するもうひとつの特徴は、先進集団とりわけパーンチャルとソーニーの伝統職稼働人口比率が男子の同比率を大きく下回っている点にある。

　中間集団の検討に移ろう。表4-9に「ボンベイ管区の中間集団諸カースト女子稼働者構成」を掲げる。稼働人口ではバルワードが他の諸カーストを圧倒している。人口1000人当たり稼働人口が100人を下回るのはダルジー（97人）とローハール（92人）、200人を上回るのはドービー（228人）とコーシュティ（241人）のみであり、他の諸カーストは100人台である。人口1000人当たりの労働従属人口はスタールの69人からコーシュティの184人までの幅があり、そのほとんどは伝統職に就業している。両者を合わせた就業人口比率で優勢なのはコーシュティ（425人）、ドービー（335人）とクンバール（322人）、劣勢なのはスタール（179人）、ローハール（181人）、ダルジー（201人）、ハジャーム（218人）などである。これら職人・サービスカーストのなかで比較的社会的評価が高く経済的にも安定していたのはスタールとローハール、浄性が低く経済的にも不安定であったのがドービーやハジャームなどである。

表4-9 ボンベイ管区の中間集団諸カースト女子稼働者構成(1931年)

産業区分		バルワード	ダルジー	ドービー	ハジャーム	コーシュティ	クンバール	ローハール	スタール	テーリー
	伝統職	牧畜・毛織物業	縫製業	洗濯人	床屋	織物業	陶工	鍛冶工	大工	搾油人
(Ⅰ)	動植物の利用	720	194	341	766	138	354	494	693	583
(Ⅱ)	鉱物の利用	1	2	0	2	3	1	1	3	4
(Ⅲ)	工業	17	68	21	18	140	19	35	27	29
(Ⅳ)	運輸	1	3	2	1	3	3	4	2	9
(Ⅴ)	商業	14	6	9	6	21	4	11	6	47
(Ⅵ)	軍隊	0	0	1	0	0	0	0	0	3
(Ⅶ)	行政	0	1	0	1	1	1	0	0	1
(Ⅷ)	教育および専門職	4	9	2	6	3	2	3	6	1
(Ⅸ)	定収入生計	1	9	2	5	2	1	3	3	9
(Ⅹ)	家事奉公	17	37	24	36	18	13	36	42	21
(Ⅺ)	記述の不十分な職業	62	63	42	105	75	61	126	77	56
(Ⅻ)	非生産的職業	8	10	6	4	10	5	5	11	12
伝統職		154	542	551	49	587	536	282	130	224
	計	1,000	1,000	1,000	1,000	1,000	1,000	1,000	1,000	1,000
稼働人口		67,226	5,374	8,631	10,905	11,979	15,105	3,759	8,318	10,756
人口1,000人当たり稼働人口		164	97	228	128	241	184	92	110	177
人口1,000人当たり労働従属人口		114	104	107	90	184	138	89	69	73
労働従属人口1,000人当たり伝統職人口		936	962	952	917	933	940	924	880	906

注:数値は稼働人口1,000人当たりの各部門稼働者の人数を示す。
出所:表4-6と同じ。

ハジャームの場合はイスラム教徒も含まれるために、就業人口比率が低くなっているものとおもわれる。

　伝統職の稼働人口比率は男子以上にカースト間のばらつきが大きい。男子の場合はバルワードとテーリー以外はいずれも同比率が500人を上回っていたが、女子の場合はこれら2カーストの他にハジャーム(49人)、スタール(130人)、ローハール(282人)の伝統職稼働人口比率が低い水準を示している。「大工」「鍛冶」は仕事の性質上女子が参入しづらい職業であるし、「床屋」は顧客の身体に直接触れる職業であるために女子は浄性が低いとみなされ、女子の参入は忌避された。不浄だとみなされた助産婦の仕事はハジャーム女子の伝統的職業に位置づけられていた。これらに対して、「縫製業」「洗濯人」「織物業」「陶工」などの伝統職にはなんら女子に対する参入規制はみられなかった。

第4章　宗教・カーストと職業

　中間集団の職業構成に関しては、伝統職の稼働人口比率の小さいカーストほど農業部門における稼働人口比率が高い。中間集団の職業構成が先進集団ほど多様化していないためである。コーシュティやテーリーのように伝統職以外の商工業にも進出しているカーストもあるが、その規模は小さい。また、中間集団のいずれのカーストの場合もクラス（C）を構成する産業にはほぼ進出しておらず、この分野での先進集団との格差は非常に大きなものとなっている。

おわりに

　ボンベイ管区との比較におけるグジャラートの職業構成の特徴は男女ともに商工業の比率が高く、かつ農業の比率の低い点にある。ボンベイ管区自体がインド帝国のなかで商工業の先進地帯をなしていたことを想起するならば、グジャラートの職業構成はすでに1931年の時点で他地域よりも高度化していたことが確認できる。グジャラート域内で商工業の稼働人口比率がもっとも高いのは西インド藩王国代理政府、低いのは藩王国代理政府の領域である。また、主要産業におけるグジャラートの職業構成をボンベイ管区のものと比較すると、農業部門では土地所有者の比率が優勢なこと、土地所有者のなかでは自耕作者の層が厚いこと、農業労働者の比率が低いことをグジャラートの特徴として指摘することができる。工業部門の職業構成は両地域とも繊維業・縫製業を主体としている点で類似している。グジャラートの稼働人口比率がボンベイ管区のそれを上回るのは皮革加工業、金属工業、窯業などである。商業は稼働人口比率および経済的重要性の両面においてグジャラートがとくに比較優位を保つ部門である。とりわけ、食品、繊維、銀行業の稼働人口比率はボンベイ管区のそれを凌駕している。グジャラート域内で商業のもっとも展開しているのは西インド藩王国代理政府の領域である。

　国勢調査報告書に職業構成が編纂されている集団・カースト数は20余りに過ぎないが、それらの検討はカーストと職業構成とりわけ「伝統的」職業との結合・乖離の動向を把握するのに役立つ。「伝統的」職業の稼働人口比率は、伝統職に対する需要と報酬の大きさのみならず、その集団・カーストの人口

規模にも左右されている。選択カーストの中間集団および後進集団の「伝統的」職業の多くは村落内（間）分業体制に組み込まれていた。とりわけ、大工・床屋・陶工・鍛冶工・裁縫師・清掃業・皮革加工業などは村落内（間）分業体制の要をなす職業であり、1931年時点におけるスタール、ローハール、ハジャーム、ダルジー、クンバール、バンギー、チャマールの男子稼働人口に占める伝統職稼働人口比率はきわめて高い水準を示していた。これらに対して、「番人」「村抱えの雑役夫」「船頭」などの伝統職に対する労働需要の大きさは当該カーストの稼働人口を大きく下回っていた。先進集団のなかでもパーンチャルやソーニーなどは「伝統的」職業である「金銀銅・真鍮製品製造業」「金工・宝石商」の稼働人口比率が高かった。このように、伝統職の稼働人口比率は先進・中間・後進集団いずれの場合も伝統職に対する需要や報酬の大きさなどに規定されており、この点何ら集団間格差は観察されない。

　しかし、職業構成には先進・後進集団間の格差があらわれている。先進集団の男子職業構成は後進集団に比べて農業部門の稼働人口比率が低く、商工業とりわけ商業部門の稼働人口比率が高い。また、教育および専門職や定収入生計などの比率も高い。このように、先進集団の職業構成の特徴は、非農業部門における比率が高いばかりではなく、資金や教育を要件とする部門への進出の度合いが大きいところにある。先進的な集団のなかでも、パールスィー教徒の職業構成はきわめて高度化している。中間集団は商工業の伝統職との結合の強いカーストが主体となり構成されているために、農業部門の比率は一般的に後進集団よりも低くなっている。ただし、教育および専門職や定収入生計などの比率は概して低く、ここに先進集団との職業構成における格差を認めることができる。

　女子の職業構成は男子のものと大きく異なっている。人口1000人当たりの就業人口は男子の水準を大幅に下回り、かつ就業人口に占める労働従属人口の比率は男子よりもはるかに高い。先進的な集団の人口1000人当たりの就業人口は非常に少なく、女子の就業に否定的な社会観が強く作用していたことをうかがわせる。イスラム教徒のミハルバハルの場合もやはり女子に対する社会的職業規制が機能していたものとおもわれる。また、中間集団のなかで

人口1000人当たりの就業人口が少ないのはイスラム教徒の含まれるハジャーム、経済的に安定しているスタールやローハールなどである。女子の職業構成は男子以上に集団・カースト間の相違が大きい。とりわけ、伝統職の稼働人口比率にみられる集団・カースト間の差は大きく、同稼働人口比率の低いのは「大工」「鍛冶」「床屋」などのように女子の参入が仕事の性格上困難な伝統職であった。

第5章
農村部における職業構成

はじめに

　近年、とりわけ独立後の指定カースト・指定部族政策およびその他後進諸階級への留保政策の進展とともに、従来の枠組みでは捉えきれない社会変動が発現しており、カースト制度の機能とその社会的規定力の捉えなおしが要請されるにいたっている[1]。もちろん、この変動はインド憲法に規定された歴史的被差別集団および明確な規定はないが留保枠の適用を受ける、その他の後進諸階級に対する政策の影響のみならず、独立後の社会経済制度的な諸変化によりもたらされたものである。

　現在グジャラート州で進行している社会変動はきわめて複雑な様相を呈している。独立後の土地改革をはじめとする一連の産業政策により喚起された第1次的な社会変動、そのうえにたつ指定カースト、指定部族、その他後進諸階級に対する留保枠の設定と、直接受益者は比較的少数とはいえその社会効果の顕在化、上位カースト内部または後進諸階級内部での階層分化の進展、カースト横断的な階級に基づく組織の形成、これと同時並行的なカースト団体形成と選挙制度をとおしての組織の政治化、などが錯綜して現在の状況を形成している。

　このような社会変動はアカデミズム[2]ばかりではなく、政策立案者の間にも現状の位置づけをめぐって深刻な亀裂を生じさせている。グジャラート州におけるこの代表例は、その他後進諸階級に対する政策に結実する第1次と

---

1) 中央政府の第2次社会的教育的後進諸階級委員会については、山口（1984）を参照。また、中間的農耕カーストの戦略に焦点を当てたものに、山口（1987）がある。指定部族、指定カースト政策については、押川（1981）が詳しい。

第Ⅱ部　グジャラートの宗教、カースト、職業

第 2 次社会的教育的後進諸階級委員会（Socially and Educationally Backward Classes Committee：以下、SEBCC と略記）間での現状認識の相違であろう。グジャラート州政府は、憲法により保護対象とされている後進諸階級の認定と優遇措置の内容の確定は各州の裁量に任せるとの1962年の内務省の通達を受け、3 つの委員会が発足された。第 1 次 SEBCC（通称バクシー委員会）（Goverment of Gujarat: 1976）はカーストを認定基準とする報告書を1976年に提出した。その後、第 1 次 SEBCC 報告書の検討を諮問された第 2 次 SEBCC（通称ラーネー委員会)[3]は1983年に職業を認定基準とする報告書を提出した。

本章の課題は、現状認識の基礎部分となっているカースト、職業[4]、後進性の三者の関係を既存の文献に基づき整理することと、その整理を両報告書の論理構造とつき合わせることにある。

国勢調査でのカースト別人口は、不可触民（指定カースト）、部族民（指定部族）を除き1941年以降発表されていない。さらに経済学的手法に基づく職業分析では、ほとんどの場合、カーストが捨象されている。それゆえ、本章で利用できるカーストと職業との関係を扱った資料は数多くないうえに、分析地域、分析年代による偏差も大きい。本章での分析対象を農村部に限定したのも、都市部のカーストと職業に関する資料が乏しいためである。都市部については農村部との関わりのある場合に必要最低限触れるにとどめる。

---

2 ）カーストと階級（あるいは市民社会）の関わりをどう捉えるのかがアカデミズムにおける中心的な論題である。シャーは階級がカーストを再編した形でとりこむと理解するのに対して、デーサイーは階級とカーストを二項対立的に捉えている。両者の主張については、Shah, G.（1984a）; Desai, I.（1985a）を参照のこと。
3 ）Goverment of Gujarat（1983）。グジャラート州の第 2 次 SEBCC 報告書の内容の紹介と分析は押川（1989）でなされている。また、この場をかりて、入手困難な第 2 次 SEBCC 報告書の参照を快諾された押川氏に謝意を表したい。
4 ）カーストの形成と展開過程のなかでカーストの指標のひとつとされる「固有」の職業がどのような役割を果たしたのかは、カーストの動態を解明するうえで慎重に取り扱わなければならないテーマであるが、本章ではこの問題に踏み込む余裕はない。
　　本章の分析対象は、イギリス統治以降のカーストと職業との関連にあるので、イギリス人の叙述したカーストの「固有」「世襲的」「伝統的」な職種のなかで現実に根拠を有したものを便宜的に受けいれ、「伝統的」職業と実際の生業との相関・乖離を検討する。カーストの動態についての理論の整理は、藤井（1989）を参照のこと。

1. カースト制度の変容

　グジャラートにおけるカースト制度は、イギリス統治（1803年）以降に時期を限定してみても、制度枠内における主要諸カーストの政治、経済力に基づく相対的序列に変更が生じているのみならず、カースト制度の枠組み自体にも、とくに独立（1947年）以降大きな変化が生じている。

(1) イギリス統治下

　イギリス統治下の19世紀に上位を占めていたのは、バラモン、バニヤー、ラージプートの諸カーストであった。グジャラートのバラモンは南グジャラート地方のアナヴィル・バラモンのような強力な土地所有集団を含んでいたが、全体的には人口比率のみならず政治、経済の支配力の点でも北インドのバラモンほど強力ではなく、これが政治経済力に基づく諸カースト、コミュニティ間の流動性を高める要因をなしていた。

　バニヤーは主にジャイナ教徒とヴァイシュナヴァ派ヒンドゥー教徒よりなり、主要都市で展開していた商人ギルドにみるように、豊かな経済基盤と政治への強力な影響力を有していた。カーストの社会的上昇戦略として後にヴァルナの一枠であるクシャトリヤ（王侯・武士階級）への同一化のみならず、ヴァイシャ（商人階級）への同一化が生ずるのも、グジャラートにおけるバニヤーの高い社会的地位を反映している。彼らの活動範囲は西インドの広範な地域に及んでおり、1960年のボンベイ州のグジャラート州とマハーラーシュトラ州への分割の際には、彼らの活動拠点のひとつであるボンベイ市の帰属が分割の焦点となった。

　ラージプートは19世紀をとおして、上位カーストの一角を占めてはいたが、この間に彼らの政治経済基盤は脆弱化している。イギリスがグジャラートに地歩を築いた19世紀初頭、一部ラージプートは少数のコーリー、ムスリムとともに平原部の一部地域および半島部の広域に多数存在していた中小規模の藩王国の領主層を形成していた。彼らはムガル朝、マラーター王国の支配からは比較的自由であり、歴代権力は彼らからの朝貢の実現のために、しばし

ば軍隊の派遣を要していた。イギリスは彼らの領主権を追認したが、村書記（タラーティー）の派遣および彼らの支配村からの恒常的な地租徴収の確立により、ラージプートの政治経済力は大幅に削減された[5]。

　20世紀に入り、諸カースト、コミュニティ間の序列上の流動性はさらに高まる。19世紀前半には中位の農耕カーストに位置づけられていたパーティーダールの台頭をみる。すでに19世紀半ばにはパーティーダールの社会組織に新たな変化が生じていた。優位を誇る特定村落の一部エリート層がダウリー（持参金）目的の上位婚を開始したのに対して、中農層以下のパーティーダールの支配的な村同士が上位婚の弊害（破滅的な額の持参金）を回避するために同族婚単位としてゴール（連合）を形成した。グジャラート中央部ケダー県を中心とするパーティーダールが1910-30年代に愛国的農民運動を展開した際に、これら婚姻グループはカースト・パンチャーヤトとともにパーティーダール間の連帯を強化した。この運動の成功により、彼らの政治力は格段に増強された。彼らの経済基盤は1860年代以降の商品作物（とりわけ綿花栽培）の進展、1880年代までの耕作面積の増加、それ以降の経営の多角化および積極的な移民活動により安定し、農民運動期に強化された[6]。

(2) 独立後

　独立後の諸変化はカースト制度の枠組み自体を揺るがす類のものであった。一連の土地改革は不徹底なものではあったが、一部ラージプートなどの旧領主層の特権的経済基盤を解体し、パーティーダール層に有利な枠組みで進められた。この新たな状況に対処すべくラージプートは自らのカースト団体に人口の優勢なコーリーを参入させることにより、クシャトリヤを旗印とするグジャラート・クシャトリヤ・サバー（協会）を1948年に形成した。特権を失うラージプートにとって協会に結集する人口（票数）こそ独立インドにおける最大の武器と考えられた。協会はコーリーの参入を促進するために、ク

5）イギリス統治下のグジャラートにおける地租政策の変遷とその農村諸階層への影響については、Patel, G.(1969) および Fukazawa (1982) を参照のこと。

6）パーティーダールの婚姻を含む社会関係については Pocok (1972)、愛国的農民運動の詳細については Hardiman (1981)、パーティーダールの経営活動史のコンパクトな記述は Breman (1985) にみられる。

表5-1 グジャラート州議会における社会集団別議員数の推移

カースト、コミュニティ	1960-62	1962-67	1967-72	1972-75	1975-80	1980
バラモン バニヤー	42 (31.82)	48 (31.17)	50 (29.76)	40 (23.81)	38 (20.88)	29 (15.93)
パーティーダール	11 (8.33)	33 (21.43)	33 (19.64)	32 (19.05)	44 (24.17)	33 (18.13)
クシャトリヤ	10 (7.58)	14 (9.09)	28 (16.67)	24 (14.28)	29 (15.93)	39 (21.43)
ムスリム	4 (3.03)	9 (5.84)	3 (1.78)	3 (1.78)	5 (2.75)	9 (4.95)
指定カースト	10 (7.58)	11 (7.14)	11 (6.55)	11 (6.55)	14 (7.69)	13 (7.14)
指定部族	15 (11.36)	21 (13.64)	22 (13.10)	22 (13.10)	27 (14.84)	26 (14.29)
後進諸カーストを含むその他カースト	12 (9.09)	15 (9.74)	15 (8.93)	28 (16.67)	25 (13.74)	33 (18.13)
その他	28 (21.21)	3 (1.95)	6 (3.57)	8 (4.76)	—	—
計	132 (100.00)	154 (100.00)	168 (100.00)	168 (100.00)	182 (100.00)	182 (100.00)

注1：上段数値は議員数（人）を示す。
　2：下段（　）内数値は縦列計に占める各カースト、コミュニティの議員数比率（％）。
出所：Shah, Ghanshyam, *Caste Sentiments, Class Formation and Dominance in Gujarat*, Surat, Centre for Social Studies, 1984, p.viii および Sheth, Pravin, "Caste, Class and Political Development," in D. T. Lakdawala (ed.), Gujarat Economy: *Problems and Prospects*, Ahmedabad, SPIESR, 1983, p.198より作成。

シャトリヤをその他後進諸階級（Other Backward Classes: OBC）のリストに含めるよう運動を展開した[7]。

　このクシャトリヤ協会をはじめとして、独立後は選挙あるいは政治の場における各種カースト、コミュニティ間の連合、共闘が展開し、経済的には劣勢である諸集団が票数（人口）の多さを背景として州、県、郡レベルの政治の主導権を握る状況が生じた。この動向の一端を示すために表5-1に「グジャラート州議会における社会集団別議員数の推移」を掲げる。1980年の州議会選挙の結果、KHAM連合（クシャトリヤ［Kshatriya］、指定カースト［Harijan］、指定部族［Adivasi］、ムスリム［Muslim］）が政権をとり、1985年の反留保暴動によりソーランキー政権が崩壊するまでの間に、独立後もっとも安定

7）グジャラート・クシャトリヤ・サバーの形成と展開については、Shah, G.（1975a）が詳細な分析を行っている。

した長期政権を維持した[8]）。

1960年代にすでにクシャトリヤとパーティーダールの緊張関係がグジャラートにおける政治の動因をなしていたが、1975年以降より広範な低位諸集団を含んだKHAM連合とパーティーダールを中心とする上位諸カーストとの対抗関係が政治の基調をなした。このように州、県、郡レベルの政治における旧来の上位カーストの支配性は覆されてきている。

これは政策に反映するのみならず、人々のカースト意識の変化をも喚起し、カースト制度の枠組み自体を揺るがしているといえよう。

2. カーストと職業

全州人口の69％（1981年国勢調査）が農村部に居住している。農村部男子人口の54％が就業者であり産業別内訳は就業者1000人当たり、農耕者532人、農業労働者233人、製造・サービス・修理従事者24人、その他の主要就業者194人、非主要労働者17人となっている。

農村部女子の場合は人口の27％が就業者であり、その内訳は、農耕者173人、農業労働者270人、製造・サービス・修理従事者9人、その他の主要就業者48人、非主要労働者449人となっている（Goverment of Gujarat 1985: 118-119, Table 1.5）。農村部人口の圧倒的多数が非主要労働を含め農業に従事している。農業を中核とする第一次部門の州内生産高に占める割合は1981/82年度には36.6％（Government of Gujarat 1985: 14-15, Table1.1）となっている。

(1) 土地所有とカースト

農業の基本的生活手段である農地の所有状況は、諸カースト、諸集団の農村での経済基盤を第一義的に左右する。土地所有規模のカースト差は多少は緩んできているとはいえ、いまだに大きい。グジャラートで有力な土地所有カーストは、農耕カーストのパーティーダールとコーリー、そして上位カーストとして土地所有に関わってきたバラモンとラージプートである。バラモ

---

[8] 1985年の反留保暴動の背景を分析したものにはDesai, I.（1985b）およびBose（1985）がある。またSheth and Menon（1986）は暴動過程について詳細な記述を行っている。

表5-2　カースト別土地所有と職業分布

カースト、コミュニティ	商業	サーヴィス業	その他非農業職種	農業/農外労働	自耕作 5エーカー以下	自耕作 6〜15エーカー	自耕作 16エーカー以上	就業者数（人）
バラモン	13.2	12.9	8.2	2.0	26.4	19.8	17.5	303
バニヤー	46.2	13.2	6.6	0.9	16.0	9.4	7.5	106
ラージプート	1.1	3.4	0.9	12.1	34.4	27.8	20.3	1,954
その他上位カースト	34.8	12.1	10.6	6.1	15.1	15.1	6.1	66
パーティーダール	1.3	1.9	0.6	6.4	22.4	36.1	31.2	1,863
職人カースト	25.3	5.9	3.7	10.3	26.0	14.0	14.9	809
コーリー	0.6	2.5	0.9	22.8	47.9	16.8	8.3	3,095
その他低位カースト	7.9	3.3	3.3	35.1	19.3	21.9	9.0	1,561
指定カースト	4.5	4.6	3.3	39.8	31.2	13.3	3.3	1,584
指定部族	0.7	1.6	0.7	23.5	53.1	18.2	2.1	3,445
ムスリム	14.3	5.3	2.2	25.5	18.9	22.9	10.9	685
その他非ヒンドゥー	3.9	7.9	6.6	36.8	26.3	9.2	9.2	76

注：この表はスーラトの社会研究センターがグジャラート全県から選定した100村調査の暫定的数値である。就業者数を除いた数値はカースト、コミュニティ別の就業者分布を示す比率（％）である。
出所：Shah, Ghanshyam, *Caste Sentiments, Class Formation and Dominance in Gujarat*, Surat, Centre for Social Studies, 1984, p.31.

ンの土地所有は南グジャラートで優勢であり、ラージプートは半島部および中央・北部グジャラートでの土地所有勢力であるのに対して、パーティーダールとコーリーは、ほぼグジャラート全土に分布し、土地所有カースト内部でのもっとも主要な対抗関係をなしている。農耕カーストのコーリーは農業労働者の供給源であるのに対して、パーティーダールはもっとも強力な土地所有カーストであり、世帯当たり土地所有面積も他カーストに比べて優勢である。土地所有面でのパーティーダールの優勢を報告する調査は表5-2のほかにも多数ある[9]。パーティーダールは独立後の土地改革の成果、とりわけ中間介在者の廃止にともなう農地の取得を半島部で推し進め経済基盤を拡大するとともに、小作の例外規定の設定や所有地上限規制法の立法化などの州政府の土地改革に対しては、ケールート・サマージ（農民議会）などの圧力団体を動員して対抗した（Shah, G. 1983: 186-187）[10]。

---

9) たとえば、福武・大内・中根（1964）は日本人研究者によるインド農村調査の先駆的業績である。また、調査対象村落数の多い調査には、Shah, V. and C. Shah,（1974）および Desai, M.（1971）がある。

表5-3　グジャラートの地租形態別面積比率

(1947年)

地租形態	面積比率（％）
ライヤットワーリー	39.92
ギーラスダーリー	16.48
ジャーギール	15.90
カッチ免税地	7.14
タールクダーリー	5.59
バールカーリー	3.95
個人免税地	3.68
その他24種の地租制度	7.34

出所：Government of Gujarat, *Report of the Gujarat State Land Commission*, Gandhinagar, 1979, p.37.

(2) 土地改革

地租形態

　インドの独立時点（1947年）での現グジャラート州に相当する地域での地租形態の面積別比率は表5-3のようであった。政府が中間介在者をとおさずに耕作民を直接把握するライヤットワーリー制度は約40％の地域のみで、残余はムガル朝やマラーター王国に起源をもつか、あるいはイギリスが新たに承認した地租制度よりなっていた。独立後、一定の補償とひきかえに旧領主層の特権の廃止、諸種イナーム地（免税地）の廃止、中間者を介する地租制度の廃止が進められ、1969年までに地租形態はほぼライヤットワーリー制度に一元化された[11]。これにより一部ラージプートなどの旧領主層は特権的経済基盤を失った。

小作立法

　土地改革の第2の柱、小作に対する州政府の対応は、未成年者、女性、障

---

10) ケールート・サマージはパーティーダールを主体として形成されたが、カースト色を打ち出さず、ラージプートらの中・富農層のみならずパーティーダール下層からの支持も一時的にとりつけることができた。ケールート・サマージは1952年創設のケールート・サング、68年設立のケールート・マンダルに続く組織である。パーティーダールを主体とする、より階級色の強い組織・圧力団体には、綿栽培人協会、タバコ栽培人協会などがある。

11) この過程の詳細については、Government of Gujarat（1979）Chap.2を参照のこと。

害者、軍人の特例を除き、小作関係を全面的に廃止するものであった。1956年の「小作および農用地（修正）立法」（The Tenancy and Agricultural Lands [Amendment] Act）により小作人に対する土地所有権の移転が進められ、1985年3月までに121万人の小作人に対して100万ヘクタールの移転が認められた（Government of Gujarat 1986: Part 2, 127）。これはグジャラート州の純播種面積の約10.4％を占めた。

このように小作人に対する所有権の移転については一定の成果をおさめているが、登記されない口頭契約による小作や物納による隠れた小作は、耕地面積の約10％を占めていると推定されている（Government of Gujarat 1979: 59）。

所有地上限規制法

土地改革の第3の柱は所有地上限規制法であった。1960年の「所有地上限規制法」（The Gujarat Agricultural Ceiling Act）の適用単位は家族であり、上限は灌漑施設や地質の等級に応じて、4.05～53.14ヘクタールに設定された。余剰地と認定されたのは1万8000ヘクタールであり、このうち1万7000ヘクタールが再分配された。1976年の「改正所有地上限規制法」では、上限を4.05～21.85ヘクタールに下げ、全耕地の3.95％の余剰地を見込んだが、実際に再分配されたのは0.2％にあたる2万ヘクタールのみであった。1985年3月までに2度にわたる所有地上限規制法の適用により9万2000ヘクタールの余剰地を認定し、そのうち1万ヘクタールを指定部族、2万ヘクタールを指定カースト、8000ヘクタールをその他後進諸階級および協同組合に再分配した。受益者は2万2000人であり、1人当たり分配面積は1.7ヘクタールと零細であった[12]。余剰地は概して地味が劣り、再分配面積も零細であるために、州政府からの土壌改良資金の供与を不可欠とした。

(3) 土地所有構造と生産性の変化
土地所有構造の変動

土地改革の一定の影響力を考慮に入れたうえで、農地の所有構造の変動を

---

12) 当パラグラフの数値は、Government of Gujarat（1986: 126）より。

表5-4　グジャラートの規模別土地所有構造の推移

土地所有規模	1970/71年度			1976/77年度		
	世帯数 (100世帯)	面　積 (100 ha)	1世帯当たり面積(ha)	世帯数 (100世帯)	面　積 (100 ha)	1世帯当たり面積(ha)
1 ha 未満	4,450 (23.06)	2,322 (2.88)	0.52	4,828 (22.79)	2,469 (3.07)	0.51
1〜5 ha 未満	9,468 (49.06)	24,422 (30.32)	2.58	10,970 (51.78)	28,265 (35.11)	2.58
5〜10 ha 未満	3,464 (17.95)	24,405 (30.29)	7.05	3,811 (17.99)	26,541 (32.97)	6.96
10〜50 ha 未満	1,909 (9.90)	28,656 (35.57)	15.01	1,569 (7.41)	22,519 (27.98)	14.35
50 ha 以上	6 (0.03)	754 (0.94)	117.45	7 (0.03)	703 (0.87)	100.97
計	19,297 (100.00)	80,559 (100.00)	4.17	21,185 (100.00)	80,497 (100.00)	3.80

注1：世帯数は100世帯、面積は100ha、1世帯当たり面積は ha を単位とする。
　2：下段（　）内数値は縦列計に占める各土地所有規模の比率（％）。
　3：同表は個別所有の数値であり、共同所有地は含まれていない。
出所：Government of Gujarat, *Handbook of Basic Statistics: Gujarat State 1969 to 1976*, Vol.1, Gandhinagar, 1978, pp.200-201 と Government of Gujarat, *Statistical Abstract of Gujarat State 1979-1982*, Gandhinagar, 1985, pp.212-213から作成。

検討してみよう。表5-4に「グジャラートの規模別土地所有構造の推移」を掲げる。50ヘクタール以上の特大規模層の比率は世帯数、総面積ともに無視できるほど僅少であった。1952/53年度には108エーカー（＝43.72ヘクタール）以上の特大規模層は世帯数の0.34％、面積の10.54％を占めていた（Government of Gujarat 1979: 27, Table1.16）が、その後1960年の所有地上限規制法に対応した名義変更による所有地分割登記が進行し（Desai, M. 1971: 123)[13]、この層の農地は10〜50ヘクタールの登記へと移行した。

さらに、50ヘクタール未満層には分割相続と相乗した土地への人口圧力増大の影響による世帯数の増加と、それによる規模別所有面積の下方への移行が明瞭にあらわれている。とくに1970/71年度間から1976/77年度間の10〜50ヘクタールの大規模層の比率の減少は、世帯数、面積ともに顕著であった。10ヘクタール未満層の比率が増大し、全体の1世帯当たり平均所有面積は

---

[13] M. B. デーサーイーは、名義変更による分割登記がこの期の所有規模変動の主要な原因であるとみている。

4.17ヘクタールから3.80ヘクタールへと減少した。

土地生産性の推移

　土地所有規模の零細化を相殺して農業経営基盤を確保するために、生産性（とりわけ土地生産性）の上昇が急務とされた。灌漑施設および一連の農業投入財を前提とする多収量品種、改良品種とその技術の導入は、この課題に対するアプローチのひとつであった。作物別播種面積に占める多収量品種と改良品種の合計割合は、それらの導入が開始された1967/68年度には小麦21.6％、米10.7％、トウジンビエ6.6％であったのが、1975/76年度には各々65.9％、37.3％、67.5％に増加した[14]。この間、純灌漑面積も1967/68年度の110万ヘクタール（純播種面積の11％）から1975/76年度には151万ヘクタール（同15％）へと増加した（Government of Gujarat 1985: 26-27, Table2.3）。化学肥料の投入量も1960/61年度の1万1000トンから1970/71年度の16万5000トン、そして1981/82年度の40万1000トンへと急増した（Government of Gujarat 1985: 31, Table2.6）。これに対応して、主要作物の土地生産性指数も、1959/60年度～61/62年度の3カ年平均を基準とすると、1976/77年度の作物別指数は小麦322、米194、モロコシ210、トウジンビエ295へと伸びた[15]。

　しかし新たな技術を効率よく享受できるのは、灌漑施設や農業投入財をまかなえる階層であり、本章の主要な関心対象であるその他後進諸階級にあたる集団は、集団内部に土地所有格差をもちながらも全体としては零細所有層が厚く、独立後の土地改革や新農業技術の成果を活用できていない。そのために、集団内部に土地経営に専従できる部分をもちながらも、大多数の世帯の経済基盤は脆弱であり、これが有利な雇用機会の活用と職業選択の幅を大きく制約している。つまり、土地経営への転身による伝統的職業からの離脱の点でも、職業選択の幅を広げるために必要な経済基盤の強化の点においても、その他後進諸階級にとっての土地所有による恩恵は総じて小さいといえよう。

---

14) Government of Gujarat（1979: 22）と idem, Handbook of Basic Statistics 1969 to 1976, Gandhinagar, Vol.1, pp.182-183, 186から計算。
15) Government of Gujarat（1985: 20, 24）より計算。

(4) 農業労働

　農村における主要な雇用機会は農業労働であり、零細農や土地なし層の多くは農村に滞在するかぎり農業労働に従事せざるをえない。

諸種の農業労働形態

　20世紀の前半、グジャラートでは農業賃金労働のほかに、①6〜12ヵ月を契約期間として、日々の食事、茶、タバコ、年1〜2回の衣類や靴の供与を受けるチャーカル制度、②生産手段の提供を受け農業労働を行い、定量の穀物あるいは生産物の一定割合が支払われるバギア制度、③債務奴隷として農業労働や雑役労働に拘束されるハーリー制度、が一般的であった（Desai, M. 1948: 155-163）。これらの農業労働供給源は、不可触民、部族民のほかに、コーリー、ワーグリーなどの後進諸カーストが主体であった。チャーカル制度とバギア制度は中央および南グジャラートの一部にみられたのに対して、ハーリー制度は南グジャラートに限定されており、部族民が主要な労働力であった。

　1980年代時点で、チャーカル制度、バギア制度は存続しているものの、ハーリー制度は消滅し、農業労働に占める賃金労働の比率が増大している。就業人口に占める農業労働人口比率は逓増し、上位カースト内の低所得層も農業労働に参入している。また、農業労働は農村部の女子労働力にとってほぼ唯一の雇用機会となっている。

労働形態、賃金の地域格差

　農業労働者の存在形態、賃金水準の地域格差は小さくない。支配的土地所有階層が農業監督に専従する南グジャラートでの農業経営は、年雇、季節労働者への依存度が高い。指定部族を中心とする豊富かつ廉価な労働力がこの形態を支えている。ここでは賃金水準がグジャラートでもっとも低い。これに対して、半島部では自家労働力を主体とする農業経営が優勢であり、指定カースト、指定部族の人口比も低く、賃金水準はグジャラートでもっとも高い。北および中央グジャラートの賃金水準は両者の中間にある。農業労働の供給源であるカーストの人口比は比較的高い。自家労働力による農業経営を

主体とするが、賃金労働に依存する経営や小作も進展している[16]）。

(5) 職人・サービスカーストの存在形態
外部的影響要因

　職人・サービスカーストの伝統的職業からの乖離を促す要因には、①財とサービスに対する需要の減退あるいは消失、②市場での外国製国内工場製品との価格競争、③飢饉や大不況を契機とする貧困化による伝統的職業の放棄、④嗜好や消費構造の変化、⑤社会的上昇のための伝統的職業の積極的放棄、などが考えられる。都市産業と農村の職人・サービス業では、これら諸要因のあらわれ方とあらわれる時期が異なっている。都市産業の多くはイギリス統治下の19世紀半ばまでに、旧支配層（宮廷）の奢侈品需要の激減（Divekar 1982: 347-348）[17]、外国製品との価格競争での敗退（Diverkar 1982: 347-350）[18]、都市上層民の外国製品への嗜好の変化などの原因で衰退した。さらに19世紀後半以降の綿工業をはじめとする国内工場生産の展開は、都市職人層の経営基盤をますます狭めた（Gadgil 1959: 38）[19]。

　しかし農村の職人・サービス業に対する19世紀半ばまでの上記諸要因の影響は、都市での需要品とは性質を異にする農村の需要に依存していたために僅少であった。農村の職人・サービスカーストの存在形態に本格的な影響をもたらしたのは、19世紀後半以降の諸変化であった。グジャラートの中央部

---

16) 賃金水準、農業経営形態の地域格差については、Government of Gujarat（1979: Chap.8）を参照のこと。
17) 19世紀初頭のグジャラートの奢侈品は、ブローチ市のバフター、モスリン、スーラト市の更紗、アーメダバード市の絹織物、ドーティー、ドゥパッター、そしてナーヴサーリーとガンデーヴィーの綿織物などであった。
18) 19世紀第1四半期のブローチ市ではヨーロッパ製の上質織物が現地産のバフター、モスリンの約半値で入手できるようになる。都市繊維産業は、織工の労働賃金を切り下げ、価格面での対抗をはかるとともに外国製紡糸の使用による適応を試みるが、生産技術と経営形態に変化はみられず、衰退過程に入る。繊維製品以外の輸入品も広範な都市産業に打撃を与えた。農具、工作具、台所用品用の鉄材を生産していた鉄精錬工場は、安価な輸入鉄鋼と燃料費高騰のなか19世紀半ば過ぎに消滅する。兵器産業の主要な労働力層であった銅細工師の失業が進行した。また製糸業も若干19世紀末まで存続するが、大半は同世紀内に衰退した。
19) ガドギルは19世紀インドでの都市産業衰退の一般的な原因として、①宮廷の消滅、②外国支配にともなう諸種の影響力、③工場製品との価格競争、をあげている。

と南部にまたがる5つの直轄統治県では、1860年代に中間者を排し政府が直接に耕作民を把握するライヤットワーリー制度が導入され、地税が30年間固定された。南北戦争を契機として商品作物である綿花の作付面積が増大し、農産物価格は全般的に上昇した。単位面積当たり実質地税負担は減少し（McAlpin 1983）[20]、耕作面積が拡大した。

そして耕作面積が天井をうち、農地への人口圧力が強まる1880年代までの好況期に、農業の繁栄と人口増加は農村の職人・サービス業への需要をも増加させたとおもわれる[21]。農地への人口圧力の増加は土地を稀少化し、職人・サービス層へのイナーム地の供与は縮小したものとおもわれる。その後、1910年代後半にかけて5回の飢饉がグジャラートに発生した（1899/1900、1900/01、1900/02、1911/12、1918/19年度）。飢饉は農業の不況をもたらし、そのもっとも深刻な影響は農民との財とサービスの交換関係にある職人・サービス層と雇用関係にある農業労働者層がまっ先にこうむった。飢饉救済事業での労働、雇用機会を求めての移住、また伝統的職業の一時的あるいは永久的な放棄が行われた[22]。

より持続的で決定的な変化は、交通・運輸の発達にともなう村民の嗜好の変化によりもたらされた。村民の嗜好の変化は、都市上層民の外国製国内製工場製品の受容よりも時期的には遅れるが、鉄道網、道路網の発達・整備による大規模・中規模都市市場への接近の容易化とともに、また交通網の発達を前提とする流通網の再編過程のなかで顕在化した。これは消費財について

---

20) マカルピンは19世紀後半の飢饉の原因に関するロメシュ・ダットの「古典的」学説のひとつ（過重な地租による農民の疲弊）に挑戦し、ボンベイ管区の単位面積当たり実質地税負担が1860年代から同世紀末までの間に著しく減少していることを実証している。
21) 職人・サービスカーストの存在形態の研究は、近世インド社会経済史研究のなかでもっとも手薄な部分のひとつをなしている。とくにこの時期の研究はすでに一定の研究成果の出ている18世紀（デカン地方を対象）と20世紀の諸研究をつなぐ結節点として重要であるが、実証的な研究はグジャラートについてはいまだあらわれていない。農業の繁栄、人口の増加、地税金納化、イナーム（免税あるいは減税）地の動向が職人・サービスカースト層のモビリティとどのように結合していたのか、が明らかにされる必要があろう。18世紀を対象とした研究には、深沢（1975）と小谷（1970）がある。
22) 飢饉が土地なし層の大規模な移住をひき起こす側面については、Punalekar（1980）を参照のこと。

の都市的嗜好の影響が農村に流入する過程でもあった。それゆえ、就学率の上昇および平均就学年数の増加とともに、嗜好の変化は加速化された。はやくも1920年代にはスーラト県の陶工は、伝統的（デーシー）瓦から改良式瓦、土製の穀物貯蔵器からブリキ製貯蔵器への需要の変化に直面した（Mehta, J. 1930: 114）。20世紀前半にかけて緩慢ではあるが着実に進行した農村における工場製綿布の需要の増大は、旧式の技術と資金不足の不可触民織工（Dheds）の存立基盤を危くした（Mehta, J. 1930: 115）。しかし本格的な変化は、農村の定期バス網の確立、教育普及と就学率の向上、国内産業の著しい展開をみる独立後にあらわれた。

独立後の職人・サービスカーストの伝統的職業からの乖離を規定する要因のなかで、以上検討してきた価格競争、嗜好の変化の諸要因のほかに、州政府の指定カースト、指定部族および社会的教育的後進諸階級に対する留保政策の展開が重要である。教育投資の効用も職業選択の幅を一般的に拡大することのほかに、留保枠を活用しての高等教育への進出と政府関連企業への採用あるいはホワイト・カラー職への就業による後進性からの脱却と結合しており、留保枠を享受できるのは認定された集団の上層に限定されやすい傾向はあるものの、集団全体の教育に対する期待と伝統的職業からの離脱の期待を増幅させているとおもわれる。

このような背景のなかで、社会的上昇のために伝統的職業を積極的に廃棄しようとする動きもあらわれている（篠田 1989: 198-199）。この動きは同じく社会的上昇を目標としながらも独立前にみられた儀礼、飲食習慣、再婚規制を中心とする上昇戦略とまったく異なった枠組みのなかで生起している[23]。

内部的影響要因

これまで農村における職人・サービスカーストの存立基盤を、外部から押しよせてくる諸要因の影響を中心に検討してきた。次に農村内部での権力構造が職人・サービスカーストの伝統的職業に与える影響を検討してみよう。

---

[23] この代表例が独立後のグジャラート・クシャトリヤ協会であり、選挙制度の活用よる政治的経済的利権の確保が主要な上昇戦略となっている。

農村での権力構造を掌握しているのは支配的な土地所有カーストである。支配的カーストは複数の場合もある。また彼らは必ずしも農耕カーストとは限らない。土地所有カーストと職人・サービスカースト間のジャジマーニー関係を含む財とサービス交換関係は、平等な立場での互恵関係とはいえず、支配的土地所有カーストが主導権を握っている[24]。彼らの低カーストに対する規制力はとくに強く、それは支配的土地所有カーストの利害に合致している限り、低カーストの伝統的職業からの離脱を阻止する規制力として働いている。この端的な事例は不可触民に対する規制である。

　それゆえ、農村における不可触民の職業構成には、伝統的職業を継続させようとする支配的な土地所有カーストからの規制と、外部からの諸影響のもとで後進性から脱却するために職業選択の幅を拡大しようとする諸力のせめぎ合いが反映されている。表5-5にI. P. デーサイーがグジャラート州の17県69村落の不可触民を対象とした1971年の実態調査（Desai, I. 1976）の成果の一部、「不可触民の職業活動」、を掲げる。

　不可触民には3種の不浄と考えられている仕事、家畜の死体運搬と皮剥ぎ、犬猫の死体運搬、道路清掃が課せられていた。また不可触民の建設労働参入への制限、共同農作業中の肉体の接触の忌避も3分の1の村落でみられた（Desai, I. 1976: 60）[25]。

　職業選択の幅の検討に移ろう。約半数の村では不可触民就業者全員が村内で不浄職と農業労働にのみ従事していた。残り半数の村では、農業労働以外の就業者がみられたが、村内での職種は、肉体労働、パンチャーヤトの従僕、石工、裁縫、牧畜、小商店経営などに限定されていた。就業者の職種が多様化している村ほど、村外での就業比率が高かった。しかし大部分の村では3種以上の職種がなかった。新たな傾向の職種は、①熟練を要する技術職、②

---

24) 村落内での土地所有層、職人・サービスカースト層・農業労働者層間の財とサービスの交換関係をジャジマーニー関係と呼ぶ。ジャジマーニー関係の動向を北インドを対象として理論的に整理したものにCommander（1983）の労作がある。
　　またBreman（1979）は、南グジャラートにおける支配的土地所有カーストと労働者カーストの相互関係の変化を、保護と従属としてのジャジマーニー関係の解体過程として捉え、労働者カーストの経済状態が近年ますます悪化していると指摘している。
25) さらに、商店、家屋、寺院への入場規制がみられる村落数は、全調査村数の各々82％、90％、98％を占めている。

第5章　農村部における職業構成

表5-5　不可触民の職業活動

職業活動	ワンカルデード	チャマール	バンギー	セーンヴァ	メーグワル	ガローダ	その他	計
織り	4							4
皮なめし	1	29			4			34
牛の死体処理	13	35	2		4		1	55
牛皮・骨販売	3	6	1				1	11
牛皮加工		23			3			26
道路清掃			29					29
犬猫死体処理	4	2	24					30
自耕作	31	34	21	3	4	1	3	97
農業労働	37	36	24	4	4	2	4	111
採掘労働	2	2						4
肉体労働	3	5	1	1	1	2	1	14
石加工	1	3					1	5
ダイヤ加工	2	1						3
工場労働	7	4						11
技師・技術者	2	2	1					5
運転業	3	1			1			5
自動車修理	1	1					1	3
繊維労働者	2	1	2					5
裁縫	3	2				1	1	7
教師	9	3				1		13
事務・会計	7	3						10
使丁	7	3	1			1		12
パンチャーヤト使丁	1	1	1					3
かご作り	1		3					4
行商	1	1						2
小商店	3	2					1	6
酪農	3	1						5
その他	9	6	7			4	2	28
計	158	202	117	8	22	12	16	535

注：表内の数値は人数（人）を示す。
出所：Desai, I. P., *Untouchability in Rural Gujarat*, Bombay, Popular Prakashan, 1976, pp.168-169より作成。

若干の学歴資格を要する職、③学歴は必要ないが小資本を要する職であり、①②職はほぼ村外での就業であるのに対して③職は村内・村外いずれにもみられた。

　村外での就業者の趨勢は地域の経済発展に大きく依存している。村外での就業機会はいまだ限定されているので、村内での不浄職は残存し、これが不可触制の枠組みを支えている。不可触民の諸カーストのなかで外部での雇用

機会を活用しているのは、相対的に社会経済力が上位のワンカル、チャマールである。

このように支配的土地所有カーストによる不浄職存続への圧力はいまだ強力であるが、不可触民の村外就業者の逓増傾向、交通・運輸の発達、初等教育の普及にともなう不可触民との接触規制の緩和が進行しているので[26]、長期的には不可触民に対する職業その他の規制は緩んでゆくものとおもわれる。

不可触民の職業選択の幅の検討は、後進諸階級の対象となる集団の職業についても一定の手掛かりを与える。支配的土地所有カーストの利害に沿う形での他カーストの職業規制は、不可触民のみを対象とするものではないからである。職人・サービスカーストを含む低位カーストに対して諸種の雑役が課されており、それら雑役の多くは汚れた、あるいは劣った経済活動だと考えられている。ダータン（歯ブラシ用の小枝）販売、助産婦、パンチャーヤト事務所の従僕などの雑役[27]は、土地所有カーストの需要を満たすものであるとともに低カースト世帯にわずかではあれ追加的所得を与え、本業である職人・サービス業の存続をはかる役割をもっている。

以上検討してきた伝統的職業の動向を規定している外部的、内部的諸要因の作用のもとで、これまでに少なからぬ伝統的職業が消滅している。さらに存続する伝統的職業についても、その存立基盤に変化がみられる。ジャジマーニー関係を含む経営形態、担い手、生産技術の面での変化を跡付けてみよう。

生産手段、技術、サービス圏の変化

農村に一般的にみられる職人・サービスカースト、たとえば鍛冶、大工、陶工、裁縫師、運搬人、司祭などの生産手段と生産技術に決定的な変化は生じていない。裁縫用のミシン、運搬用荷車のタイヤ、床屋の安全カミソリなどに多少の変化はみられるものの、生産技術に変更をもたらすほどのもので

---

[26] バスのなか、村の学校での座席配列、郵便局での切手購入に際して規制がみられる村落数は全調査村数の各々4％、2％、4％に過ぎない（Desai, I. 1976: 60）。
[27] これら雑役とカーストとの関連は、Government of Gujarat（1976: Vol.1, 59-106）を参照のこと。社会的教育的後進諸階級の認定対象となる82のカースト、集団ごとの解説が記されている。

第 5 章　農村部における職業構成

小村で壺を製作する陶工、数年後には廃業となった。（アーメダバード県、1985 年 3 月）

農業機械化とともに金属部品の製造・修理で忙しい鍛冶工の作業場（アーメダバード県、2011 年 9 月）

はない。また、職人カーストの生産物のデザイン、形式にも変化は生じていない。

しかし経営形態や財とサービスの供給範囲については変化がみられる。価格競争あるいは嗜好の変化に起因する需要の減退は、財やサービスの提供世帯の地域内での分散をより疎にするとともに、需要の比較的大きい大規模村落で就業する有利性を増す（Bose 1980: 61）[28]。これは第1に、一定地域内の財とサービスの提供世帯数の減少をもたらし、第2に財とサービス提供世帯当たりの村外需要の比率を高める（Bose 1980: 60）[29]。1世帯当たりのサービス圏が拡大する。さらに大工にみられるように、農民の市場町での農具購入の進展とともに、仕事内容の重点が生産から修理に移行する場合[30]も、サービス圏拡大への圧力が働く。

農村の伝統的職人・サービス業のなかには、一部の陶工世帯のように外部市場向けの生産に特化する部分が存在する。P・K・ボースが1970年代後半に調査したグジャラート12県の734陶工世帯のうち、11.5％の陶工世帯は完成品を契約制で納入、22.3％は自ら市場で販売、残りは居住地で販売していた（Bose 1980: 55-56）。市場向け生産に特化する陶工のうち17％の世帯が、上掘り、ろくろ回しなどの作業に賃金労働者を雇用していた（Bose 1980: 47）。金属製品との競合、市場縮小の趨勢のなかで契約制に基づく経営は、中間者や商人への依存をますます深めている。全体としては、消極的廃業の過程が進行している。

ジャジマーニー関係職種は、大工、鍛冶、床屋、司祭、裁縫の5職種が想定されているが（Desai, I. 1985a: 93）、裁縫は現在ジャジマーニー関係を維持していないとおもわれる。免税地の喪失、嗜好の変化、市場町での製品購入やサービスの享受によりジャジマーニー関係職種の経済基盤は弱体化の方向に向かっている。

---

28) ボースは、従来広く分散していたと想定される陶業と鍛冶業は、「大規模集落に局限されている」と指摘している。
29) 農業部での陶工の居住村内での顧客数は平均25.6世帯であるのに対し、村外の顧客数は31.5世帯を数えている。
30) 篠田（1989: 199）を参照のこと。

職業構成上の特性

　農村部の職人・サービスカーストの実際の職業構成を示す大規模な調査はない。しかし農村部における職種の幅は都市に比べ格段に狭いので、職業構成の推測は比較的容易である。農業労働が伝統的職業に代わる主要な就業機会であることは、職人・サービスカーストも農耕カーストと同様である。ただし、職人・サービスカーストは職業の流動性について農耕カーストと異なる特性をもっている。

　第1は、職人・サービスカースト間の伝統的職業の互換性である。鍛冶工の銀細工師、大工への参入、陶工の大工やレンガ工への参入などは一般的にみられる[31]。しかし農耕カーストの伝統的職人・サービス業への参入はみられない（Government of Gujarat 1984: 200-201）。

　第2は、職人・サービスカーストの伝統的職業と実際の生業とのズレは世帯を単位とした場合、常に存在していたことである（Desai, M. 1948: 209）。限定された村内の需要を上回る世帯数が存在する場合、一部世帯は他村あるいは都市に移動するか伝統的職業以外の生業に就かざるをえない。都市に移住する職人・サービスカーストのなかには、経営形態は異なるにせよ、同種の職業（たとえば村の床屋→理髪店）に就業する一団が存在する（Desai, I. 1985a: 97）[32]。総じて、職人・サービスカーストは農耕カーストと比べて、職人・サービスカースト間の互換性を含め伝統的職業との相関が強いとおもわれる。

3. カーストとモビリティ

　前節までに各カーストの職業構成および伝統的職業からの乖離を促す一般的な諸要因として、土地所有、交通・運輸の発達、技術の変化、価格競争、嗜好の変化を検討した。本節の課題は、職業と後進性の関連を実態に即して

---

31) 支配的土地所有カーストと労働者カースト間のジャジマーニー関係の衰退については、Breman（1979: Part2, Chap.5）を参照のこと。土地所有カーストと職人・サービスカースト間のジャジマーニー関係の内容と動向については、福武・大内・中根（1964）および篠田（1989）に詳しい。
32) このような職人層は、床屋、鍛冶工、金工、銅細工師、大工、裁縫師などである。

第Ⅱ部　グジャラートの宗教、カースト、職業

検討することにある。ただし、各カーストの職業構成を取り上げて、主要な職業と所得の関係を静態的に取り扱うのではない。これまでに検討してこなかった動態的側面、すなわち社会的経済的向上のために既存の枠組みのなかで与えられている諸機会を諸種のカースト、集団がどのように活用しているかに焦点を合わせて職業と後進性の関係を検討する。それら諸機会には、移住と教育の機会のほかに在村状態での村外雇用機会の活用がある。農村内部での職種は都市に比べ格段に少なく、かつそれらのなかで多少なりとも強固な経済基盤をもちうるのは、中農以上の農業経営世帯にほぼ限定されている。農村部に居住する後進諸階級の職業選択幅は狭く、賃金、所得も低位な水準に置かれている。それゆえ、村外雇用機会の活用およびその有効な活用の前提となる教育の普及は、後進性からの脱却の鍵のひとつとなる。

(1) 移住と経済基盤

　まず、移住に端的にあらわれるモビリティの活用が、カースト、階層、職業、教育とどのように関連しているかを南グジャラートで行われた2つの実態調査に基づき検討してみよう。ひとつはI. P. デーサイーが出身村で行った調査（Desai, I. 1964)[33]であり、他はS. P. プーナレーカルによる部族民ドーディアーを対象とした調査（Punalekar 1980)[34]である。

　両調査は南グジャラートを対象とし、取り扱う年代もほぼ重なっているのだが、移住パターンの相違は大きい。デーサイーの出身村からの1900-20年期の移民は、表5-6にみるように村内での支配的土地所有カーストであるアナヴィル・バラモンが主体であるのに対して、それ以降とくに1940-63年期

---

[33] 今世紀初頭から1960年代にいたる移住と職業パターンを考えるうえで、この調査は1村調査の限界はあるとはいえ示唆に富んでいる。デーサイーは1963年時点で村に居住していた世帯のうちから、その祖先が1900年に同村に存在していた家系のみを取り上げ、移住と職業のパターンを、家系、カースト、時期（第1期：1900-20年、第2期：1920-40年、第3期：1940-63年）ごとに跡付けている。

[34] グジャラート州の部族民のなかで第3位の人口規模（指定部族人口の10％）をもつ集団ドーディアーのスーラト市への移住を、移住前の経済基盤、学歴、移住後の職業との関係に焦点を当てて分析したもの。移住の時期を1850-1925年、1925-50年、1950-75年の3期に分け、各時期の移住の特徴を時代背景と関連させながら論じている。

第5章 農村部における職業構成

表5-6 カースト別時期別職業構成

カースト	ホワイト・カラー職			技師			伝統的職人職			非農業非熟練肉体労働			監督農業			農業労働			その他			計		
	I	II	III	I	II	III	I	II	III	I	II	III	I	II	III	I	II	III	I	II	III	I	II	III
アナーヴィル	60 (55)	34 (32)	50 (44)	7 (7)		7 (7)					1 (1)	6 (6)	71 (2)	21 (0)	17 (1)				2 (2)	11 (11)	20 (10)	140 (66)	67 (44)	100 (68)
ダルジー			1 (1)				24 (9)	7 (1)	18 (13)												2 (0)	24 (9)	7 (1)	21 (14)
スタール			2 (2)				14 (3)	6 (3)	23 (5)											1 (1)	3 (3)	14 (3)	7 (4)	28 (7)
コーリー	5 (3)	10 (9)	15 (12)	2 (1)		6 (5)	6 (0)	6 (6)		1 (1)	6 (6)	26 (17)				54 (0)	21 (0)	17 (0)	4 (4)	4 (4)	4 (2)	62 (5)	47 (55)	68 (36)
ドゥーブラー			1 (1)			3 (3)				3 (3)	3 (3)	13 (11)				51 (9)	26 (0)	71 (13)	9 (0)	2 (0)	10 (0)	60 (9)	31 (3)	95 (27)
デード										7 (7)	3 (1)	10 (9)				10 (1)		2 (0)	3 (0)		1 (0)	20 (8)	3 (1)	16 (12)
カールパー							9 (0)	3 (0)	7 (0)	1 (1)	3 (3)	2 (2)				6 (0)					1 (0)	16 (1)	6 (3)	10 (2)
計	65 (58)	44 (41)	69 (60)	9 (8)		16 (15)	47 (12)	22 (10)	48 (18)	9 (9)	16 (14)	57 (45)	71 (2)	21 (0)	17 (1)	121 (10)	47 (0)	90 (13)	14 (2)	18 (17)	41 (14)	336 (101)	168 (82)	338 (166)

注1：上段数値は就業者数（人）を示す。
2：時期区分のIは1900-20年、IIは1920-40年、IIIは1940-63年を示す。
3：下段（ ）内の数値は、上段に占める移住者数をあらわす。移住者数は移住地での定着移民、帰村した移民の双方を含む。

出所：Desai, I. P. *The Patterns of Migration and Occupation in a South Gujarat Village*, Poona, Deccan College, 1964, pp.70-71, 87-88, 95-96, 120-121, 138-139, 145-146, 152-153, 164-165より作成。

には移民総数に占めるコーリー、ドゥーブラー、デードなどの他のカーストの比率が増加した。移住先にも変化がみられた。1900-20年期の移民の半数強はグジャラート外、とくに南アフリカとボンベイ市に移住していたのが、1940-63年期にはグジャラート州外への移民は移民総数の30％に減少した（Desai, I. 1964: 164-165）。

部族民ドーディアーの1850-1925年期の移民はほぼ土地なし層により構成された。移住の原因調査の結果、この期の移民243人の68％が貧困、経済的困窮、1900年の大飢饉を主要な原因としていた。1925-50年期には土地なし層の移民数の比率は83％に減少し、小農層の割合が増加した。貧困と飢饉を移住の原因とする層は全体の60％を占めた。1950-75年期の移民の階層構成は大幅に変化した。土地なし層は43％に減少し、小農41％と富農16％が前者を上回った。移住の原因に占める貧困の割合は48％に減少し、代わって経済状態の改善が35％に上昇した。経済状態の改善を原因としてあげたのは、富農と小農に限定された。3時期ともに主要な移住先はスーラト市であった[35]。

ドーディアーの移民は村内における貧困あるいは飢饉の深刻な影響を反映したプッシュ型の移民であるが、デーサイーの出身村におけるプッシュ型の圧力は比較的小さかった。とくにアナヴィル・バラモンの場合は、初期の時点から経済基盤の多角化・強化の目的で移住が行われた。彼らの帰村率は時代が下るほど低くなった。とくに州内での雇用機会が著しく増加する独立後には、州内移住先での定着化傾向が顕著となった。これに対してドーディアー移民の帰村率は全期をとおして低い水準にあった。村内における雇用の展望が開けないために帰村できない状況にあった。富農・小農層の移民者数が独立後に急増するのは、彼らにとって有利な雇用機会の増大と対応していた。

このように移住のタイプは異なるのだが、両調査にみられる移住先での職種・所得と出身村での経済基盤との間には共通の傾向が認められる。デーサイーの出身村のアナヴィル・バラモンの移住先での職種は全期をとおしてホワイト・カラー職が支配的であった。同村での第2の土地所有カーストであ

---

[35] 当パラグラフの数値と記述は、Punalekar（1980: Chap.3）の要約である。

るコーリーの一部移民はホワイト・カラー職に就いていたが、土地なし層であるドゥーブラー、デードの低カーストの移住先での職種は非熟練労働にほぼ限定されていた。ドーディアーの場合は、全期をとおしての2016人の移民中、工場労働者が68％、季節労働者が19％、自営業6％それにホワイト・カラー職が6％を占めた（Punalekar 1980: 60）。そのうち、ホワイト・カラー職就業者は独立後にみられ、出身母体は富農および一部の小農に限られた。工場労働者のほとんどは独立前は絹工場、独立後は人絹工場に雇用されていた。これらは組織部門とはいえ、労働条件は劣悪で賃金も低位の水準にあった。季節労働者の主要な職種はメイド、石工、チャーイ屋などでの雇用労働であり、自営業の場合は、野菜販売、パーン（噛みタバコ）屋、チャーイ屋、雑貨屋、力夫などであった（Punalekar 1980: 65-73）。これらの職種のなかで後進性からの脱却を可能とする職種はホワイト・カラー職とかなりの資本を必要とする商業に限定されていた。ホワイト・カラー職および多額の資本を要する職業と出身村における経済基盤との相関は両調査から明らかである。農村における経済基盤は土地所有規模と対応しているので、中農・富農層が都市での就業機会をもっとも有効に活用できた。この点アナヴィル・バラモンとドーディアー富農の移住のパターンは一致していた。

(2) 教育と経済基盤

出身村における経済基盤と移住先での職種・所得とを媒介したのが教育、とりわけ高等教育であった。ホワイト・カラー職に就業するためには大学卒業資格、また所得水準、福利厚生施設が比較的充実している事務職に就業するためには高校卒業程度の学歴が必要とされた。高等教育は有利な就業機会を享受するための先行投資の側面をもち、これを賄えるのは出身村に強固な経済基盤をもつ階層のみであった。しかも経済基盤と高等教育との相関は、移住世代のみならず、都市定住後の第2、第3世代にも引き継がれていった。その端的な事例は、ドーディアーの移民の子孫にみられた。学歴を必要としない絹・人絹工場に就業した移民の子孫、また自営業層の子孫の大多数は高等教育とは無縁であり、同種の職業を引き継いだ。表5-7は農村での経済基盤と移住世代の都市での職種・所得、また移住世代の都市での経済基盤と第

表5-7　農村での社会的地位と都市での職種との関係

農村での社会的地位	都市での職種		
	ホワイト・カラー職	賃金労働	計
中農および富農	25 (60)	17 (40)	42 (100)
土地なし層および小農	71 (8)	818 (92)	889 (100)
計	96 (10)	835 (90)	931 (100)

注1：上段数値は世帯数を示す。
　2：下段（　）内数値は横列計に占める各職種の比率（％）を示す。
　3：ここでの世帯数は、1850-1975年の累積世帯数である。
出所：Punalekar, S. P., *Migration and Social Stratification: A Case Study of Dhodias of Surat City*, Surat, Centre for SocialStudies, 1980, p.106.

2、第3世代の職種・所得の間に強い相関の存在していることを示している。

(3) 村外雇用機会の影響

　村外での雇用機会の創出、とくにそれが通勤範囲の場合は村内における権力構造に与える影響は大きい。南グジャラートでのV. H. ジョーシーの1956-58年の実態調査（Joshi, V. 1966）は、農村部における工業化、都市化の村内権力構造への影響を検証している。ジョーシーの調査村（人口1466人）での支配的土地所有カースト、アナヴィル・バラモン（同529人）は村民所有地の90％を所有し、ドゥーブラー（同455人）、ナーヤク（同252人）、デード（同171人）らを低賃金労働者として維持する体制をとり続けてきた。とくに1930年代以降の商品作物マンゴーの本格的な導入（1936年には耕作面積の58％を占めた）は、マンゴーの栽培上の特性から、単位面積当たりの労働期間と投下労働日を短縮させた。これは従来一般的であったハーリー制度を弱体化させ、さらに農業労働賃金を低位な水準に釘づけた。1930年以降、移住が活発化するが、移民の主体はアナヴィル・バラモンであり、農業労働者層は年間4～6カ月間の季節的な移動労働でこの状況に対応した[36]。

　農業労働者層の村内における立場を強化したのは、1951年に隣村で操業を

---

36) 当パラグラフの数値と記述は、Joshi, V.（1966: Chap.6）による。

第5章 農村部における職業構成

表5-8 調査村の工場労働者数（1957年）

カースト	雇用数	年齢層				教育			
		18～20	21～30	31～40	41～50	なし	初等	中等	高等
1. デーサイー	2		2					2	
2. バーテーラース	16		10	4	2		3	11	2
アナヴィル計	18		12	4	2		3	13	2
3. コーリー	1		1						1
4. ドゥーブラー	21	3	11	4	3	11	10		
5. ナーイカー	10	3	3	2	2	6	4		
6. デード	6	3	1	1	1		4	2	
非アナヴィル計	38	9	16	7	6	17	18	2	1
計	56	9	28	11	8	17	21	15	15

カースト	職名				月給（ルピー）			
	薬剤師	事務員	操作員	補助員	1～50未満	50～75未満	75～100未満	100以上
1. デーサイー		2					2	
2. バーテーラース	2	9	5			11	4	1
アナヴィル計	2	11	5			11	6	1
3. コーリー			1			1		
4. ドゥーブラー			2	19	11	10		
5. ナーイカー				10	4	6		
6. デード		2		4	2	3	1	
非アナヴィル計		2	3	33	17	20	1	
計	2	13	8	33	17	31	7	1

注1：表内の数値は人数（人）を示す。
　2：デーサイー、バーテーラースはアナヴィル・バラモンのサブ・カーストである。
出所：Joshi, V. H., *Economic Development and Social Change in South Gujarat Village*, Baroda, M. S. University, 1966, p.99, Table21より。

開始した染業・製薬工場の出現であった。1957年時点での工場の就業者数750人のうち、調査村からは表5-8に示すように56人が雇用された。さらに35人は臨時雇いとして工場敷地内での建設作業に従事した。この新たな雇用機会は村内の支配的土地所有カーストと労働者層の経済・社会関係に変更をもたらした。すなわち、労働者層の職業選択の幅が拡大し、彼らの交渉力を強めた。農業労働賃金は12アンナ（インドの通貨単位：1ルピー＝16アンナ）から16アンナに上昇し、季節的移動労働への圧力は弱まった。工場での職能別就業者分布にはカースト差がみられるが、労働者のなかで初等教育を受けたグループの月給はアナヴィル・バラモン就業者の半数の月給水準50～75ルピーと重なっており、労働の報酬に対する平等意識を醸成した。さらに、工場

での諸種カースト間の協業と分業、またそれにともなう肉体の接触は、村内での接触、飲食に関わるカースト規制を緩めた。村内の経済、社会生活全般においてアナヴィル・バラモンの農業労働者層への支配力は弱まり、両者間の緊張が高まった[37]。

ジョーシーの調査村の事例は、近隣での村外雇用が少なからぬ規模で進行する時、雇い先での慣行・価値観が村内の経済・社会秩序に跳ね返ること、とくに農業労働者層の職業選択の幅の拡大は、支配的土地所有カーストの労働者層に対する支配力を弱体化することを示している。

4. 社会的教育的後進諸階級と認定基準

ここではグジャラート州の第1次、第2次 SEBCC 報告書の論理構造を、認定基準とのつながりに焦点を合わせて検討する。論理構造については、社会的教育的後進性の指標、それら指標相互間の関連、論理構造の背景にある歴史意識、が明らかにされる必要があろう。

(1) 第1次 SEBCC 報告書の論理

第1次 SEBCC 報告書は社会的教育的後進性の指標として、社会的後進性、教育的後進性、経済的後進性、カーストによる後進性、他の類似の要因による後進性の5つをあげている。同委員会は、社会的教育的後進諸階級には社会的進歩が遅れており、非識字あるいは貧弱な教育を受け、貧困、無知、教育の欠如、また他の社会的不能の理由で自己発展のための十分なる機会の欠如に苦しむ階級、集団、コミュニティが含まれるとの理解に立っている (Goverment of Gujarat 1976: Vol.1, 25)。各後進性の説明は他の後進性との兼ね合いでなされ、各種後進性相互の因果関係は一元的には説明されていないが、認定対象となる集団はこれらの後進性のなかで社会的後進性と教育的後進性を兼ね備えていることが要件とされている。ちなみに、同報告書が後進性をもたらす主要な要因としてあげている教育、貧困、職種、環境の相互関連は、

---

[37] 工場の村内社会経済構造への影響は Joshi, V.（1966: Chap.7）で詳しく論じられている。

子供の教育に否定的な心理および態度は不変の生活パターンと所得の低い伝統的職業とに固執させ社会的後進性を永続化する（Government of Gujarat 1976: Vol.1, 29-31）、貧困な子供労働を余儀なくさせ教育機会を奪うことにより後進性をもたらす、技術に変化のない伝統的職業への固執は所得を高めず社会的後進性を永続化する、というぐあいに説明されている。カーストについては、一定の歴史的社会的規定力をもつが、社会的教育的後進諸階級の認定基準のひとつに過ぎず、その重要性は過度に強調すべきでないと記されている（Government of Gujarat 1976: Vol.1, 35）。

次に報告書にみられる歴史意識、とくにカーストの果たす役割の認識についてみてみよう。カーストは後進性の単一の基準とはならず、せいぜい既存の社会序列に部分的に責任のある要因のひとつであり、憲法のその他後進諸階級の記述のなかにもカーストの用語が使用されていないことを確認する一方で、カースト序列は根強く社会のなかで自然現象化しており、カーストが培う独自のパーソナリティは非動態的、非進歩的な社会機構をもたらしていると指摘している（Government of Gujarat 1976: Vol.1, 35）。しかし報告書全体としては、カーストの社会的規定力は相対的なものに位置づけられている。

にもかかわらず、政治家、官僚、社会活動家また各種カースト、集団、コミュニティ代表者とのインタビュー、全州6449世帯の社会経済調査および委員の視察行の結果、社会的教育的後進諸階級の認定基準はカースト、集団、コミュニティと決定されたが、リスト内の82の集団のほとんどはカーストを基準としたものであった。カーストを認定基準に用いた積極的な理由についても、またその一定の弊害についても記載はない。そのために、各種後進性の分析部分と認定基準をつなげる論理が不明のままである。

(2) 第2次 SEBCC 報告書の論理
報告書本文

第2次 SEBCC 報告書にみられる後進性形成要因の説明は第1次報告書よりだいぶ、詳細であるが、ここでも後進性の再生産構造を一元的には説明していない。後進性形成要因として、職種、貧困のほかに結婚・離婚の習慣、迷信に基づく信仰、居住・衛生環境、教育への反感を生む社会環境など18項

目があげられている（Government of Gujarat1983: Vol.1, 35-36）[38]。第2次報告書の特徴は後進性形成要因のなかにカーストを含めていない点、より正確にはカーストを積極的に排除している点にある。

このため、第2次報告書の論理構造は第1次報告書と際立った対照をなし、カーストを認定基準とすることの弊害とカースト以外の認定基準を採用することの必要性が強調され、認定基準として職業があげられている（Government of Gujarat1983: Vol.1, 53, 61）[39]。しかし報告書本文での各種後進性の分析部分と認定基準としての職業基準をつなげる論理は明確とはいえず、社会的教育的後進性と職業の相関についての経験と知識および職業基準が社会的教育的に後進的なカーストを包含できることを認定の主要な根拠としている（Government of Gujarat1983: Vol.1, 60）。

第2次報告書には、委員間の意見の相違や妥協のありようを知るうえで有効な手掛かりとなる2つの付帯文書が付けられている。ひとつは、報告書の内容を基本的には支持しながらも、各種後進性と認定基準としての職業基準のつながりを独自の論理で示したI. P. デーサイーの文書であり、他はカーストの社会的規定力を重視するG. L. バガットの文書である。デーサイーは職業基準を強く主張した中心メンバーなので、まず彼の論理を紹介し、それから職業基準と後進性との関係を前節までの検討とつきあわせてみよう[40]。

I. P. デーサイーの論理

デーサイーの主張は、明確な歴史観に裏打ちされている。彼は現在をカースト制度から世俗的階層化制度への移行期と位置づけ、その根拠として主要な対抗関係がカーストを基礎とした形態から所得、教育、職業をめぐる世俗

---

[38] 本文に掲げた項目以外で重要な項目は以下のとおり。①社会的教育的後進性の度合いは、都市よりも農村が高い。②通学に不便な地域では教育的後進性が維持される。③伝統的職業の技術は、教育の必要なしに世代間で伝承できる。④社会序列の低位に位置づけられるものは、通常社会的に後進的である。

[39] 報告書にみられる認定基準としてのカーストの排斥と職業基準選定の詳細については、押川（1989: 22-23）が手際よくまとめている。

[40] デーサイーの付帯文書はGovernment of Gujarat（1983: 107-124）に掲載されている。これに加筆した論文がDesai, I.（1985a）に収録されており、本章ではこの加筆論文に基づき検討を進める。

的対立に移行していること、カースト・パンチャーヤトの役割が急速に弱体化していること、カーストと職業の相関は一群の職種（職人・サービス業）を除き解体していること、職業選択は世俗的動機からなされていること、また社会的地位（ステイタス）意識の根拠も世俗的になっていることをあげている（Desai, I. 1985a: 84-85）。

さらに公権力がカーストを基準とすることにより、カースト組織の政治化やカースト間対立の激化を招いた20世紀初頭の国勢調査、また第１次SEBCCの勧告後新たに200余りのカースト、集団、コミュニティが第２次SEBCCに対して認定申請を行った経緯を慎重に受けとめ、カーストを認定基準とすることに極度に否定的となっている（Desai, I. 1985a: 63-89）。

カーストに代わる認定基準の条件として、彼は世俗性と新社会への適合性をあげている。彼のいう新社会とは個人を単位とする市民社会で、クラスは経済活動を基準とする（Desai, I. 1985a: 87）。

各種後進性の指標相互間の関係については、社会的、教育的後進性を分離してみないこと、全体としての後進性であり個々の指標が対応しないケースもありうること、視察行および社会研究センターの行った１万5700世帯調査の部分的データから職種、技術、所得、教育水準の間に相関を認識したと述べている（Desai, I. 1985a: 88-89, 95-96）。

デーサイーの立論の特徴は、カーストの規定力と経済階層（あるいは階級）の規定力を対立する２項として捉えるところにある。そして現在を経済階層の規定する社会への移行期と捉えている。移行期であるから、対立する２項の規定力が各々個別にあらわれる諸事例は多数存在する。経済階層以外の規定力も働いていることは、社会的教育的後進諸階級の存在を確認すること自体のうちにすでに了解されている。さらに、職業基準が社会的教育的に後進的な諸カースト、コミュニティを排除しないことの強調も、社会的教育的後進性と一定の諸カーストとの相関を認めているからにほかならない。

彼の主張の第２の特徴は、行政府の諸種の社会集団を対象とする諸対策は社会構造を一定程度逆規定しうることを過去の諸政策から汲み出し、その逆規定力を積極的に活用しようとする点にある。彼が認定基準に求めた新社会への適合性とは、新社会の構成原理として存在しうる側面のほかに、目標と

する新社会の形成を積極的に促進する側面が想定されているようにおもわれる。

デーサイーの主張する職業基準の背景には、以上検討してきた歴史観が横たわっている。

彼の歴史観の是非については、ここでは判断のしようがない。たとえばカースト制度の位置づけについても、制度の枠組み自体に確かに変化は生じているものの、カーストの社会的規定力を認める見解にも十分なる根拠が存在する。またカーストを認定基準とすることにより起こりうる弊害を想定することはできても、それはカースト基準が社会的教育的経済的格差の是正に役立たないことの証明とはならない。それゆえにここでは、彼の歴史観そのものには立ち入らず、職業基準が後進性とどのように関わっているのかを、これまでの検討に基づき整理しておこう。

(3) 職業基準と後進性

まず、第2次SEBCC報告書が認定した社会的教育的後進諸階級の職業リストを表5-9に掲げ、リストの特徴を検討してみよう。リストには都市部に主にみられる職業と農村部にみられる職種が混在しているが、両者は明瞭に区別されうる。都市部の職種は、建設労働、交通・運輸、小商業などの非組織部門であり、これらは本章の対象外であるので検討は加えない。

農村部の職種はIRDP（Integrated Rural Development Programme：農村総合開発計画）の認定対象基準をほぼ踏襲している（Desai, I. 1985a: 98）。IRDPは指定部族、指定カースト、第1次SEBCC認定の社会的教育的後進諸階級、職人層、農業労働者層、零細農および小農を対象とする州政府の農村開発計画の一環をなし、グジャラート州第6次5カ月計画期（1980-85年）には65万家族に対して技術教育や生産手段の購入に際して50％の補助金と信用の供与を行っている（Government of Gujarat1986: Part1, 17, 106）。農村部における後進諸階級の大多数は、農業労働者層、零細農および小農層であることはこれまでの検討から明らかである。この諸集団はリスト中（A）の項目に一括されている。

さらに農村部における第2次、第3次部門の職種の多くが、リスト中の

表5-9　第２次 SEBCC 報告書の認定職業リスト

分類項目		職　種
(A)	農業と家畜飼育	①農業労働者　②零細農と小農　③刈分け小作人　④牛・山羊・羊飼育
(B)	肉体労働	⑤臨時、非組織、法的保護外の肉体労働者　⑥建設、土木の肉体労働者　⑦採鉱労働者　⑧日雇労働者　⑨交通・運輸（リキシャなど）労働者　⑩清掃　⑪クーリー　⑫ドラムたたき　⑬籠担ぎ　⑭水汲み人　⑮アクロバット　⑯歌手　⑰猿使い　⑱家政夫（婦）　⑲食堂等のウエイター　⑳圃場番人　㉑穀粒選別人　㉒香辛料加工人　㉓ビーディー（安タバコ）労働者　㉔グジャラート州非保護肉体労働就業者法の12、13項目で規定されている保護外の就業者　㉕墓掘り人　㉖料理人　㉗園芸人　㉘きこり　㉙蹄鉄工
(C)	小商業・ビジネスを含む肉体労働	㉚レンガ製造人　㉛陶工　㉜大工　㉝鍛冶、銅工　㉞石灰製造　㉟トウ、竹細工　㊱綱製造人　㊲とぎ石製造　㊳裁縫　㊴刺しゅう　㊵金糸刺しゅう労働者　㊶いかけ師　㊷床屋　㊸洗濯人　㊹製靴　㊺皮なめし工　㊻腱糸製造人　㊼漁師　㊽綿・毛梳人　㊾紡糸人　㊿織工　(51)染工　(52)搾油人　(53)穀物いり人　(54)渡し人　(55)屠殺人　(56)行商人　(57)ナイフとぎ人　(58)オモチャ製造人　(59)小物修理人　(60)くず屋
(D)	逆境の犠牲者	(61)孤児　(62)貧民　(63)乞食

注：同表に含まれていない職種であっても関連する職種は認定されることになっている。
出所：Government of Gujarat, *Report of the Socially and Educationally Backward Classes〔Second〕Commission*, Vol.1, 1986, pp.70-72より作成。

(B) と (C) に含まれている。そこではカーストの伝統的職業および雑役がそのまま職種として記載されている。職人・サービス業についての前節までの検討から、19世紀以降の歴史変化のなかで、財とサービスに対する需要の減退、市場での工場製品との価格競争、飢饉を契機とする貧困化による伝統的職業の放棄、嗜好や消費構造の変化、社会的上昇のための伝統的職業の積極的放棄などの理由で多くの伝統的職業が消滅したこと、また現在みられる職種についても消費、流通構造の再編のもとで、それに適合する形態で残存していることが示された。それら職業の後進性については、所得の検討はできなかったけれども、社会的モビリティを十分に活用できる立場にないことは明らかであり、これは間接的に伝統的職人・サービス業の多くが後進性にとらわれていることを示している。

カーストの伝統的職業がそのままの形でリストにあらわれていることの含意は、職業基準の名目でカーストを一定程度把握することであるが、これは現状を移行期と捉える論理と矛盾はきたさない。この点、職業基準は社会的

教育的に後進的な諸カーストを包含できるとの第 2 次 SEBCC 報告書の主張は示唆的である。この背景には、社会的教育的後進諸階級の形で把握しようとする実態としての集団自体についての第 1 次、第 2 次 SEBCC 報告書間の相違は小さいことが考えられる。その集団をカースト、コミュニティ名で表現すれば、バラモン、バニヤー、パーティーダールなどの上位カーストと指定カースト、指定部族よりなる下位集団にはさまれた部分となる。第 1 次、第 2 次 SEBCC 報告書にみられる歴史観を捨象すれば、両報告書における社会的教育的諸階級の認定基準の相違は、ほぼ同一の実態としての認定対象集団に対する把握方法の相違としてあらわれる。認定対象集団内部の所得格差は、カースト基準、職業基準いずれの場合も資産テストあるいは所得の上限規制の形で調整される。

ただし背景にある歴史観を捨象したとしても、認定基準自体が社会を一定程度規定する力をもちうるので、この点においてカースト基準と職業基準とでは規定力の作用方向が異なってこよう。カースト基準がカースト組織の政治化やカースト間対立の激化を招くおそれのあることはすでに触れた。これに対して職業基準で重要なのは、数的には少数であれ、ヒンドゥー教徒以外の宗教や上位カースト成員のなかで職業・所得基準を満たすものを認定対象となしうる点である。これは、カースト制度の枠組みをさらにつき崩す方向に影響を及ぼすであろうと考えられる。

5. SEBCC のその後の展開

グジャラート州では、第 1 次、第 2 次 SEBCC の後に、第 3 次 SEBCC（通称マンカド委員会：委員長は Mankad）が1985年の反留保暴動の翌年、第 1 次、第 2 次 SEBCC 報告書の見直しのために設立されたが、報告書を提出しなかった。その後、1990年に州政府は第 4 次 SEBCC（通称ゴークルクリシュナン委員会：委員長は P. R. Gokulakrishnan）[41] を設立した。2002年以降は第 5 次 SEBCC（通称バット委員会：委員長は Sugnyaben Bhatt）[42] が OBC[43] 認定の審

---

41) ゴークルクリシュナンはグジャラート高裁の主判事を退官後、1990年から第 4 次 SEBCC の委員長を務めた。Commission for Other Backward Classes（1996: 2）.

査を行っている。第3次 SEBCC 以降、報告書は提出されておらず、OBC 認定の基準は事実上、第1次 SEBCC の認定基準が踏襲されている。ただし、委員会の委員構成と実態調査の方法については、2002年の最高裁の勧告により、①専門委員（Subject Expert）として社会学者を必ず含むこと、②調査にあたっては、センサス（悉皆）調査を必ず実施すること、の2点が変更となった。専門委員として社会学者を含むのは、審査の精度を上げるため、センサス（悉皆）調査は当該コミュニティ全体としての評価ができるようにするためであった。ちなみに、2001年以前の SEBCC の調査はサンプル調査であった。

(1) OBC 枠の設定

1985年のソーランキー政権時の州議会選挙前に州政府は OBC 留保枠を10％と宣言した。その渦中に最高裁は ST、SC、OBC 枠を合わせたカースト留保枠は50％を超えてはいけないと決定した。当時のグジャラートの人口比はダリト7％、部族民14％、合計21％であったので、ソーランキー政権はカースト留保枠を50％以内に保ちつつ、かつ OBC 枠をできるだけ引き上げるために、OBC 枠を当初の10％にさらに18％を上乗せして28％にすると宣言した。マンダル委員会の勧告後、中央政府、地方政府の留保枠は最大50％以内に設定された。現在のグジャラート州の留保枠は、SC・ST 合わせて21％、OBC が27％の計48％となっている。1990年、中央政府のヴィシュワナート・プラターブ・シン（V. P. Singh: 1931-2008）政権が OBC 政策を推進し、その後のバジパイ（Atal Bihari Vajpayee: 1928-2018）政権の時に中央政府の OBC 枠を27％にすると宣言した。グジャラートでは1995年以降、中央政府の OBC 留保枠の27％が州政府の OBC 枠として実践されるようになった。

---

42) グジャラートの高裁で裁判官をしていたバットは、1985年の宗教紛争に関わる裁判でイスラム教徒に対して厳しい判決を下した。後に、州首相のモーディーはそのことを評価し、バットを第5次 SEBCC の委員長に任命した。バットは2002年以降現在まで同委員会の委員長を務めている。

43) グジャラート州では、SEBC（Socially and Educationally Backward Classes:「社会的教育的後進諸階級」）は OBC（Other Backward Classes:「その他後進諸階級」）と互換的に使用されているので、本節ではより汎用的な表現である OBC を使用する。

第Ⅱ部　グジャラートの宗教、カースト、職業

　これまでのグジャラート州のOBC委員会の関係者のなかから第5次委員会の委員のひとり（Dr. Gaurang Jani）から直接聞き取り調査を行うことができたので、第5次委員会の活動の詳細とOBC枠の現状について検討する。

(2) 申請、調査、審査、認定の手順

　OBCの認定手続きは、まず申請から始まる。申請者はコミュニティを代表して申請しなければならないので、地域や県レベルではなく、グジャラートレベルのカースト・パンチャーヤトやカースト団体が申請の主体となる。申請者はこれらの組織においてOBC申請を行うことの合意を得たうえで、申請書類をガーンディーナガルにあるOBC委員会に提出する。申請書類には、OBCとして認定されるべき根拠となる資料も含まれる。OBC委員会委員長が申請書類の概要をみて、社会的地位や伝統職、歴史的な状況などを確認し、案件をさらに進めるかどうか判断する。仮に案件を先に進める判断をしても、すぐに調査や審査が開始されるわけではない。第5次委員会委員への聞き取り調査によれば、同委員会が現在調査を行っているのは1980年代の前半に申請を行った案件であり、申請から調査・審査までに20年以上の時間を要している。

　調査は委員会予算で雇用された調査員により行われる。委員会は調査員に調査方法の訓練を行い、調査対象世帯数の多寡に応じて数カ月から1年間の期間で調査を実施する。調査には、特定の質問項目票が使われる。これは調査員が回答者に直接質問し書き込む様式のもので、相手に書いてもらう質問票とは異なる。聞き取り調査は世帯当たり30分ほどである。センサス調査なので当該コミュニティの全世帯を訪ねる。当該カースト・パンチャーヤトが提出する世帯情報のほか、県レベルの地域リーダーから得た世帯情報、カースト名簿（ディレクトリー）、選挙人名簿、カースト名や姓名で対象世帯を探し出す。都市に比べ、村落では居住区がカースト別になっているので対象世帯を探しやすい。

　たとえば、第5次委員会が最近調査したダルジー（Darji）の場合は、人口は35万人、7万世帯ほどであった。センサス調査には一時契約調査員のリクルート、トレーニング、調査実施、調査結果の入力を含めて1年を要した。

第 5 章　農村部における職業構成

異なるチームを県単位で編成し、分担して調査を進めた。大量のデータはSPSS で処理され、社会教育経済に関する重要な統計資料が作成された。

　質問票の内容は、教育、職業、社会習慣のほかに家屋の状況（家屋の材質、持ち家か賃借か、部屋数：経済状態が明確にあらわれる）が重要であり、所得も尋ねる。伝統職については貧困と結びついているかどうかを調べる。たとえば、農村でのダルジー縫製業であれば、顧客は少ないし、農村にも既製服が押し寄せているので、収入が少なく貧困であるという位置づけで理解される。基準は社会的教育的後進性にあり、所得はそれ単独で OBC の認定を左右する要因ではない[44]。また、女性の識字率、教育水準情報も重要な判断基準となる。これらの判断基準はバクシー委員会での基準を踏襲したもので、一切の変更はない。

　第 5 次委員会の審査委員は、委員長のバット（Sugnyaben Bhatt）と委員のジャーニー（Dr. Gaurang Jani）の 2 名で構成されている。この委員会では、すべての審査用報告書は委員長ひとりで作成されている。報告書ができあがると、専門家の委員に科学的な調査が行われたか、調査結果から OBC に認定できるかの判断が求められる。委員のジャーニーが2002年以降の審査では、この役割を担い、これまでに14の報告書を審査した。ダルジーを除く13の集団は小人口（1〜2 県の範囲）で非常に後進的であった。

　委員長と専門家の委員双方が承認した審査報告書は、OBC 委員会から州首相に提出される。州首相が承認すれば内閣に回され、そこで了承されれば、最終的に州議会で決議される。2002年以降、審査された14集団中13の集団のOBC 認定が行われた。残りの 1 集団は、カーチヤー（Kachiya：野菜販売カースト）で州議会に諮る前に、有力な当該カーストのメンバーで地方議員も務める企業家から、自らの企業の評価が下がるとのことで、取り下げられた経緯がある。

44）ただし、OBC 留保枠に申請する際に、「非クリーミー・レイヤー（非上澄み階層）証明書：Non-Creamy Layer Certificate」を提出する必要がある。これは、受給資格のあることを示す証明書で、その要件には世帯所得制限も含まれている。この証明書は、1993年に V. P. シン首相により導入された。

(3) グジャラート州における OBC の構成

2018年3月時点で、グジャラート州政府が認可した OBC は146コミュニティであった。その内訳は、ヒンドゥー教徒のカーストが117種類、ヒンドゥー教徒とイスラム教徒の双方を含むカーストが11種類[45]、イスラム教徒のセクトが17種類[46]キリスト教徒のカーストが1種類[47]であった。

2018年時点でのグジャラート州の OBC 人口比率は40％ほどである。その主体はヒンドゥー教徒の OBC 人口である。そのなかで、とくに OBC 人口が多いのは、コーリー（Koli）とターコール（Thakore）などの農耕カーストである。コーリーだけで州人口の20％ほどと推定されている。また、職人・サービスカーストの多くは、OBC に含まれている[48]。

イスラム教徒のセクトやサブセクトのなかで OBC に認定されたセクトには、イスラム社会の下層（Arzals）を構成するクレーシー（Qureshi: 屠畜人）、カサーイー（Kasai: 肉屋）など、中層（Ajlafs）を構成するマンスーリー（Mansuri）、ガーンチー（Ghanchi）などが含まれている。2018年時点でのグジャラート州のイスラム教徒人口に占める OBC 人口比率は33％ほどである[49]。

OBC 枠の146集団中、82集団はバクシー委員会の勧告に基づき、1978年4月に州政府により認定された。この82集団のなかには、人口規模の大きいコ

---

[45] その内訳は、Dafer, Ghanchi, Hingora, Kharva-Bhadela, Miyana, Sandhi, Hajam, Vanzara, Wagher, Kalal, Bhavaiya であった。
[46] その内訳は、以下のとおりである。セクト名の前の数字は、州政府の OBC リストに記された認可順の通し番号である。一部のセクトは複数のサブセクトで構成されている。4 Bafan, 21 Fakir, 22 Gadhai, 24 Galiara, 25 Ghanchi, 28 Hingora, 29 Julaya, Garana, Taria and Tari, 29. A Jilaya, 29-B Tariya, Tai, Tariya-Tai, 30 Jat, 34 Khatki or Kasai, Chamadia Khatki, Halari Khatki, 42 Mir, Dhadhi, Langha, Mirasi, 45 Majothi Kumbar, Majothi, Kumbar Darban or Darban Majothi, 46 Makrani, 47 Matwa or Matwa-Kureshi, 51 Miyana などであった。
[47] それは、38 Kristi Gujarati-Christian（Converts from SC only）である。このコミュニティは1899年の大飢饉（伝統的な暦法のサンヴァト歴2056年に起きたので56すなわちチョッパンの大飢饉と呼ばれた）の際に、ヒンドゥー教のワンカル（Vankar：グジャラートでもっとも人口の多い不可触民で伝統職は「織工」）からキリスト教に改宗した集団であり、OBC の認可は1978年であった
[48] 職人カーストには、Panchal, Mistri, Gujjar, Suthar, Luhar、サービスカーストには、Dhobi, Valand, Teli, Ganchi などが含まれている。また、牧畜カーストの Ahir, Bharwad, Rabari も OBC に含まれている。
[49] Dr. Rakesh Basant からの聞き取り（2017年8月）。

ーリーや主だった職人・サービスカースト、そしてイスラム教徒でOBCに認定されたセクト・サブセクトのほとんどが含まれていた。当時の調査はサンプル調査と申請集団の代表者からの聞き取り調査が主体であった。その後、第2次委員会と第3次委員会の任期中にはOBCの認定がまったく行われなかった。1990年に設立された第4次委員会の任期中に40集団（州政府OBCリストの通し番号の93番から132番まで）がOBCに認定された。これらはすべて人口規模の小さな集団であった。サンプル調査と視察行が主な調査方法であり、専門家の役割は「カースト福祉発展局」の局長が担った。第5次委員会（現行委員会）の期間に、14集団（通し番号の133番から146番まで）のOBC認定が行われた。また、2009年にグジャラートで初めて、OBCの認定取り消しが行われた。

　次に、中央政府のグジャラート州用のOBCリストを検討してみよう。2018年3月時点で、中央政府がグジャラート州のOBC中央政府リストとして認定したのは104集団である。最初の中央政府リストは1993年に作成され、70集団余りが認定された。バクシー委員会が認定した集団の多くは追認された。その後、2000年前後に20集団ほどが認定された。このように、州政府の認定と中央政府の認定には、時間差があるだけではなく、2000年前後の認定以降、中央政府の認定のペースが落ちている。そのため、たとえばアーンジャナー・パーティーダール（Anjana Patidar）のように政治経済的に強力な集団もいまだ中央政府リストに含められていない。また、チャーラー（Chhara）にみるように、OBCからSTへの変更を求める訴訟を行った例もあり、このような場合には中央政府のOBCリストに含まれていない。教育、公務職をめぐるOBC枠での競争は厳しいので、OBCからSTやSCへの変更を求める動きはグジャラート州でも20年ほど前から出ている[50]。

(4) OBC認定を求める政治運動

　グジャラート州の政治は現在、パーティーダールのOBC認定を求める政治運動を中心に回っているといっても過言ではない。グジャラート州のパー

---

50) 以上は、Dr. Gaurang Jani からの聞き取り（2018年3月）。

ティーダールは大きく3つの地域カースト集団に分かれている。中央グジャラートのレーウワー・パーティーダール（Leuva Patidar）、半島部のカドゥワー・パーティーダール（Kadva Patidar）、そして北グジャラートのアーンジャナー・パーティーダール（Anjana Patidar）である。いずれも有力な土地所有集団をなしているが、レーウワーとカドゥワーはとりわけ農業経営だけではなく製造業やサービス業の分野でも有力な経営者集団をなしている。アーンジャナー・パーティーダールは、1970年代にOBCへの申請を行っており、1994年に認定された。これに対して、レーウワーとカドゥワーは1980年代前半のソーランキー政権下での「反留保運動」の推進主体であり、対照的であった。

レーウワーとカドゥワーがOBC枠に注目し、政治運動のアジェンダに掲げたのは2015年8月のことで、2016年までにはレーウワーとカドゥワーの7つのサブカーストがOBC委員会に申請を行った。これを受け、OBC委員会は調査の準備に入った。専門委員のジャーニー氏によると、パーティーダールはグジャラート州人口6000万人の12％を占めるので約700万人（140万世帯：1世帯当たり5人と仮定）を対象としたセンサス調査を行う必要があるので多大な時間を要するほか、彼らの生活条件の現状から認定される可能性は非常に小さいかもしれない、と述べている（Gujarat OBC Commission Mulls Conducting Survey of Patel Community 2016）。

本章では第2次SEBC（OBC）委員会のOBC規定の論理構造を検討するために、その時点までのグジャラート農村部の社会経済変化の主だった状況を跡付けた。そのなかで、農村部では土地所有の規定力が大きく、それが資産、収入やモビリティを規定している状況を分析した。

この関連で、指定カースト、指定部族、社会的教育的後進諸階級に対する高等教育機関と公務員についての留保枠の設定は、これら諸集団に対する技術、補助金、信用供与の形態での経済基盤の強化を目的とする農村開発計画と連動していたものの、基本的には土地所有基盤の脆弱さを前提とする諸集団に対する発展戦略のひとつと位置づけることができた。とくに高等教育機関に対する留保枠と奨学金などの経済援助は、集団内部の経済的上層に利用されやすい傾向はあるものの、土地所有基盤の脆弱な階層のモビリティを高

等教育を媒介として高め、公務員職のみならず後進性を脱却するためのホワイト・カラー職に代表される職種への就業の道を拓くものであった。

1980年代前半には、パーティーダール(ただし、アーンジャナーを除く)、バニヤー、バラモンなどの上位のカーストは反留保制度の立場をとっていた。しかし、その後の社会経済変化のなかで、上位のカーストのなかからも留保対象の認定を求める申請が出されるようになった。

とくに重要な変化は、農村部における土地所有の規定力が弱まったことである。ちなみに、世帯当たりの土地所有、経営面積はグジャラート全体で1970年の4.11ヘクタールから2005年の2.20ヘクタールへと半減した。この間の、緑の革命や白い革命による単収の増加や追加所得の増加分だけでは、所有・経営面積の縮小を相殺し、経済的な自立を維持することが困難な状況になってきた。

このため、農村部で専業農家として経済的に自立できない世帯が増加し、都市部への男子世帯員の移住や通勤が進んだ。しかし、都市部においてもフォーマルセクターの雇用吸収力は小さく、インフォーマルセクターのなかでの製造業とサービス業がもっとも大きくかつ重要な雇用機会となった。彼らの雇用の確保と雇用・労働条件の動向は、グジャラートの政治経済を揺るがす大きな問題となった。この関連で、中小零細企業の雇用吸収力に期待されたが、1990年代初頭以降には徐々に労働節約的技術の普及が進み、雇用吸収の面で所期の成果を上げることはできなかった。その結果、農村部のみならず、都市部においても、失業と雇用・労働条件に対する不満が、土地所有カーストや上位カーストの間でも高まった。上位のカーストが留保対象の認定を求める政治運動を開始するようになった背景には、以上のような、社会経済的な変化があった。

おわりに

本章で扱うことのできなかった3つの課題に触れて、むすびにかえたい。

第1は、カースト、職業、後進性の関連の分析を農村部と都市部の相互関係を視野に入れて分析することである。本章では資料の関係から分析を農村

第Ⅱ部　グジャラートの宗教、カースト、職業

部に限定し、都市部の分析は行わなかった。グジャラートの都市人口比率は42.6％（2011年）と、インド諸州のなかでは高い水準にある。都市部での後進性の度合いは農村部より低いといわれているが、第2次 SEBCC 報告書の職業基準にみるように、第2次、第3次部門に従事する非組織、法的保護外の広範な就労者、労働者層が認定対象に含まれている。彼らのカースト、職業、後進性の連関は、農村部と明らかに異なる側面をもっている。この点が明らかにされる必要がある。しかし、より重要なのは農村部と都市部のつながりを視野に入れた後進性の分析であり、都市部だけの検討もこの意味では不十分なものとなろう。この点で、I. P. デーサーイやS. P. プーナレーカルの都市と農村のつながりを視野に入れた移民の研究はたいへん貴重なものであるが、どちらも南グジャラートのみを対象とし、かつ両調査対象のカースト、コミュニティ構成は大幅に異なっているために、一般性の抽出のみならず両調査の比較自体にも困難な側面がある。この種の調査が各地で活発に展開することが望まれる。移民調査に限らず、土地改革の作用などに関するミクロなレベルの実態調査の活躍の余地は、現状ではまだまだ大きいといえよう。

　第2点。後進諸階級のなかでも、後進地域に居住する人々の社会経済的地位はとくに低い。この点において、カースト、職業、後進性の相互関連の究明は、後進地域の研究と接合点をもつ。生産拠点の地方への分散化は進展しているとはいえ、現時点では、アーメダバード、ヴァドーダラー、スーラトを結ぶ幹線とアーメダバード、ラージコート、ジャームナガルを結ぶ2幹線の隣接地域が中心となっている。それ以外の諸地域では、製造業の基盤が脆弱であり、V. H. ジョーシーの調査村にみるような村外雇用の機会自体が不足している。これら諸地域では、ジャジマーニー関係を含む有力農耕カーストによる後進諸階級に対する諸規制は、より強力に残存しているものとおもわれる。後進地域における州政府の土地改革を含む産業政策や留保政策の効果と近年における後進諸階級の社会経済的動向を綿密に検討する必要があろう。

　第3は、職人・サービスカーストの存在形態の分析を、個別家族の家族史に注目してミクロなレベルで推し進めることである。ファミリー・サイクル

すなわち家族成員数の増加とその最終的な崩壊の諸局面のなかで、家族は経済的な上昇をめざし、自己のもつ生産的資源やモビリティを最大限に活用しようとする。家族の上昇戦略が伝統的職業の継承や放棄とどのように関わっていたのかを歴史的に跡付けることができれば、カースト、職業、後進性の関連の分析は、より一層深まるであろう。

第6章
平原部の部族民

はじめに

　インドの部族民は人口の8％（2011年）を占めている。彼らは居住地域に即して、中央部族民ベルト地帯と東北地帯の2つに分類されることが多い。グジャラートの部族民は前者に属す。インドの部族民社会におけるグジャラートの部族民の特徴は、非部族民との交流が市場経済を媒介として比較的早くから深く進行した点にある。この特徴は、植民地期以前においてもすでにみられた[1]。グジャラートの部族民のなかでもっとも早く、かつもっとも深く、非部族民の政治経済に組み込まれたのがスーラトなどの肥沃な平原部に多数居住していたドゥーブラー（Dubla）[2]であった。

　グジャラート州の部族民（29集団に分類されている）は南部と東部に集中している。地理的分布には、東部から南部にかけての州境（丘陵地帯）沿いの後背地に分布する部族民と、高カーストの開拓移民が多数居住する南部を中

---

1) 植民地期以前の部族民の歴史は、いまだ十分には解明されていない。しかし、Campbell, J.（1988）によると、北方、東方、南方からグジャラートに移住した部族民はかつて平原部にも居住していたが、その後北方より入ってきた有力カーストに丘陵地帯に押しやられたと捉えられている。
2) ドゥーブラーは「弱い、貧しい」を意味するグジャラーティー（Gujarati）語の形容詞 dublun から派生した民族名で、彼らの貧しい経済状態と厳しい生活に由来するものとされる（Singh, K. 1994: Vol.III）。植民地時代（グジャラートでは19世紀半ばから1947年まで）には彼らの多くは農場付労働者としてバラモンや有力農耕カーストのパーティーダール（Patidar）に仕えていた。M. K. ガーンディー（Mohandas Karamchand Gandhi: 1869-1948）は彼らをハルパティ（Halpati：「鋤を扱う者」転じて農場労働者）と呼んだ。ドゥーブラーの下部集団のなかで最大の人口を擁するタラーヴィア（Talavia）が全体の呼称として使われることもある。このように、ドゥーブラー、ハルパティ、タラーヴィアの3つの呼称が用いられている。

心に分布する部族民の2つのパターンがみられる。州内の部族民で最大の人口規模のビール（Bhil）は前者、人口第2位のドゥーブラーは後者に属する[3]。

　本章では、非部族民の政治経済にいちはやく組み込まれたドゥーブラーの社会経済が、植民地期以降、どのような展開をみせたのかを、他の主要な部族民と比較しながら検討する。とくに、経済の面では、平原部に居住する利点が教育の高度化や就業構造の多様化に役立っているのか、文化の面ではアイデンティティをめぐって、どのような運動が行われ、どのような困難に直面しているのかを検討する[4]。

1. 植民地期の部族民

(1) 政府による位置づけ

　植民地期には部族民は一般にカーリーパラジ（Kaliparaj：原意は「黒い人々」）と呼ばれた。1872年から開始された国勢調査では宗教を10区分し、ヒンドゥー化した部族民は「ヒンドゥー教徒」に、ヒンドゥー化していない部族民は「部族民」（tribes）に区分した。しかし、ヒンドゥー化の基準が明確でないことに加え、調査員の間では、回答者が他のよく知られた宗教を自己の宗教と主張しない限り、回答者をヒンドゥー教徒に括ろうとする傾向が強かった。ヒンドゥー教徒は社会経済的先進性・後進性を基準に「先進」（Advanced）、「中間」（Intermediary）、「原始的」（Primitive）、「後進」（Backward）、

---

[3] ドゥーブラーの一部は、隣のマハーラーシュトラ（Maharashtra）州や連邦直轄地のダマン・ディウ（Daman & Diu）、ダドラ・ナガルハヴェーリー（Dadra & Nagar Haveli）にも居住するが、圧倒的多数は南グジャラートのスーラト（Surat）、ヴァルサード（Valsad）、バルーチ（Bharuch）、ヴァドーダラー（Vadodara）の諸県に分布している。これら諸県はグジャラート州の穀倉地帯をなしている。

　2011年の国勢調査によると、グジャラート州の部族民人口は988万人で州人口6044万人の15％を占めた。そのうち、ビールの人口は421万人、ドゥーブラーの人口は64万人であった。部族民の都市居住率は10％と低いが、ドゥーブラーは部族民のなかでもっとも高い19％を示した。

[4] 筆者がドゥーブラーに強い関心をもった一番の理由は、清掃人カーストのバンギー、ヴァールミーキ（Bhangi, Valmiki）との類似性である。部族民に不可触制のスティグマはないが、社会のなかで孤立し現代化やグローバル化のなかでも社会の最底辺に押しとどめられている状況は酷似している。清掃人カーストについては、篠田（1995a）；Shinoda（2005）を参照のこと。

「被抑圧」(Depressed)集団の5集団に分類された。ヒンドゥー化した部族民は「原始的」集団に括られたが、原始的集団とヒンドゥー教徒下層グループの境界が流動的なために、分類は困難な作業であった。ちなみに、1931年のグジャラートにおける「原始的」集団人口は120万人、「部族民」人口は19万人で、両者を合わせた部族民人口はグジャラートの当時の人口1130万人の約12％を占めた。ビールは全体としてはヒンドゥー化に消極的であった。これに対して、ドゥーブラーはヒンドゥー化の度合いが高く、「原始的」集団人口の16％近くを占めていた[5]。

(2) ハーリー制度

ドゥーブラーあるいはハルパティの呼称は、ハーリー (Hali) あるいはハーリープラター (Halipratha：ハーリー制度の意味) とセットで理解されることが多い。ハーリーとは家族とともに農業労働および家事を含む雑役労働をパトロンである地主に提供する労働者を指す用語である。この関係は通常、世代を超えて継続する。ハーリー制度は植民地期以前にすでに存在していた。

---

5) ドゥーブラーは植民地期に部族民のコミュニティーのなかではヒンドゥー化が進んでいたとみられていたが、シヴァやヴィシュヌ（あるいはその化身）などのヒンドゥー主神を信仰していたわけではない。彼らが信仰したのは、アンバー・マーター (Amba Mata)、マハーラクシュミー (Maharakshmi)、カンサーリー・デーヴィー (Kansari Devi) などの女神、およびハヌマーン (Hanuman)、ヒールワー・デーヴ (Hilva Dev) などの男神であった。部族民はヒンドゥー寺院に入ることを許されておらず、かつ独自の寺院ももたなかったので、居住する村の近くに礼拝場 (Devsthan) を設け、そこにドーム型の壺や馬、牛を模した素焼きの神体を安置し、礼拝を行った (Campbell 1988)。信仰上、より重要だったのは、先祖崇拝と妖術であった。先祖を供養する際には、ヤギや家禽を生贄として捧げた。彼らはサンダルウッドで先祖の木像 (Khatrun) をつくり、ココナツ、花、赤色粉を供し、酒を木像に注いだ。

彼らはまた、雌牛、雄牛、虎、蛇などの動物、およびピーパル樹などの樹木も崇拝した (Enthoven 1975: Vol.3)。妖術師はバガト (Bhagat) と呼ばれ、病気治療や厄払いを行った。彼はコミュニティー内部で尊敬されただけではなく、カースト・ヒンドゥーの畏怖の対象となった。

ドゥーブラーは、グジャラートのヒンドゥー教徒の主要祭、すなわち、ダシャーラー (Dashahara：大晦日)、ディーワーリー (Diwali：灯火祭)、ホーリー (Holi：春祭)、ラクシャーバンダン (Rakshabandan：紐結び儀礼、姉妹が兄弟による保護を確認する)、ナーヴラトリー (Navratri：九夜祭、民族舞踊を楽しむ)、マカルシャンクランティー (Makar Sankranti：冬至、凧上げを楽しむ) などを祝っていた。キリスト教など他宗教への改宗者はきわめて少数であった。

植民地期初期にこの慣行を目の当たりにした行政官は、これを債務奴隷（Bonded Labor あるいは Serf）と表現した。ハーリー制度は、制度の背景にあった時代状況や労働者と地主の相互利益の側面をみず、あるいは軽視し、地主による労働者の搾取という観点からのみ捉えられることが多いので、その理解には注意を要する。

　インドの他所でもハーリー制度に類似する慣行はみられた。グジャラートでは、ハーリー制度は南グジャラートとりわけスーラトの平原部で展開した。他の部族民やコーリー（Kolis）のハーリーも若干いたが、ハーリーの圧倒的多数はドゥーブラーであった。ただし、ドゥーブラーのすべてがハーリーになったわけではない。特定の地主に緊縛されない労働者も存在した。ハーリー制度における地主にはパーティーダール、ラージプート、ボーホラー（Bohra）など在地の他の有力カーストもいたが、圧倒的に多数を占めたのは、アナヴィル・バラモン（Anavil Brahman）であった。アナヴィルは司祭職の許されないバラモン（Grahaste と呼ばれる）であり、南グジャラートの有力土地所有集団をなした。アナヴィルは農業にともなう穢れを忌避するために、直接農作業に従事できなかったので、土地所有規模にかかわらず、最低1人のハーリーを必要とした。スーラトは灌漑が展開し、サトウキビや米作など労働集約的な作物の栽培が可能であったことも、ハーリー制度を経済的に支える要因のひとつであった。以上の諸条件を前提として展開したハーリー制度とは基本的にドゥーブラーとアナヴィル間の農業・雑役労働を軸とするパトロン－クライアント関係のことである。

　ドゥーブラーがハーリーとなるケースの大半は、結婚費用の支払いを地主に頼むことから始まった。これをきっかけにハーリーになった労働者の負債は、年を追うごとに増加し、生涯をかけても支払いきれない額になった。ハーリーとして農業労働と雑役に従事するのは成人男子であるが、その妻もメイドとして朝の時間帯に地主の家で家事労働に従事するほか、農繁期には畑に出た。子供達も娘は家事労働を手伝い、息子は家畜番や軽い労働を手伝った。地主はハーリー家族に住居用の土地と建材を提供した。毎年、地主はハーリーに衣類、ターバン、履物を、その妻にはサリーと装飾品を与えた。ハーリーは地主の土地から自由に燃料を採集できた。労働日には穀物（米）が

家族分支給された。ハーリーは毎朝、地主の家で朝食をとった。1日の仕事が終わると、少量のタバコと、まれに酒が与えられた。給付のほとんどは現物であったが、祭りや祝いの際には、多少の現金も与えられた。地主はハーリーが病気になれば薬を、老齢で労働ができなくなっても毎日食糧を与えた。このように、ハーリー制度では、ハーリー家族全員が地主にサービスを提供し、地主はパトロンとして家族全員の面倒をみた。

　ハーリー制度の地主にとっての利点は、農繁期に必要な主要労働力を先取り確保できる点にあった。初雨後の数日間における労働力手配の成否が生産性を大きく左右した。また、農業労働のほかに雑役や家事労働を享受できるのも、大きな利点であった。ハーリーにとっての利点は、農閑期や飢饉年にも食いつないでいけることにあった。農業生産が不安定な時代には、この利点は大きかった。ハーリーの生活水準は、日雇い労働者よりも高く、ハーリーのなり手には事欠かなかった。

　しかし、1930年代に入り、小作人の保護や実際の耕作者への土地分配がインド国民会議派のアジェンダに組み込まれると、ハーリー制度は批判の俎上に乗せられた。ガーンディーがハルパティという呼称を使い始め、ハーリー制度の廃止運動を起こしたのはこの時期である。グジャラートではすでに1923年に、サルダール・パテール（Sardar Vallabhbhai Patel: 1875-1950）らの指導のもと、ハルパティ解放運動が開始されていた。運動は、1938年ハリプラー（Haripura）で開催されたインド国民会議派の年次大会で、ハーリーの解放が議題に採り上げられ、高まりをみせた。しかし、第二次大戦が始まると、農業が危機的状態になり、奴属的農業労働者への緊縛は一時的に強化された[6]。

　ハーリー制度は1930年代以降、緩やかに解体への道をたどった。ガーンディーの運動やインド国民会議派による継続的な土地改革キャンペーンは、パトロン、クライアント双方の意識にも多大な影響を与えた。解体をもたらした要因は複合的であり、制度改革のほか、市場経済の浸透、モビリティの高まりなどが影響を与えた。この時期に、作物構成の変化（労働集約的作物か

6）以上の詳細は、Singh, K.（1994）を参照のこと。

ら労働節約的作物、たとえば、マンゴーなどの果樹）による労働需要の減少、その結果としてのハーリー維持の高コスト化、ドゥーブラーの季節的出稼ぎ（乾季におけるムンバイでの製塩、煉瓦工場）が始まった[7]。ハーリー制度が実質的に解体するのは独立後になってからのことである。

2. 独立後の展開

インドは1947年に独立し、グジャラート州は1960年に誕生した。本節では州誕生直後の1961年国勢調査と最新の2011年国勢調査に依拠して、ドゥーブラーを含む主要な部族民の教育構造と就業構造の変化を、部族間の格差の動向に注意しながら、跡付ける。それに引き続き、全国標本調査（National Sample Survey: NSS）が1988-89年に行った「インドの指定部族の生活・経済調査」（Survey of Life and Economy of Scheduled Tribes in India）のデータに基づき、国勢調査データにはみられない部族民の生活と経済の状況を検討する。

(1) 国勢調査にみる変化
就学構造

表6-1に、「部族民別性別就学構造と識字率の分布（1961国勢調査）」を掲げる。表中には、1961年次の人口が上位10位までの部族民の教育情報を示した。このうち、上位4位から10位までは人口差が小さく、2011年までに順位が変わった。

1961年には部族民男子の1000人当たりの識字者数は191人（つまり、識字率は19.1％）とずいぶんと少なかった。識字者の多くは初等教育までで、それ以上の教育課程での識字者は1000人当たり1人のみであった。その1人は「マトリキュレーション」（大学入学許可）資格者であり、その上の課程には識字者はほぼいなかった。

このように、部族民全体としての識字率は低かったが、部族民内部に少なからぬ識字率の格差がみられた。識字率が比較的高かったのは、ドーディア

---

[7] ハーリー制度解体の原因については、以下をみよ。Breman (1979); Desai, I. (1964); 篠田 (1990b)。

第6章　平原部の部族民

表6-1　部族民別性別就学構造と識字率の分布（1961国勢調査）

性別	部族	識字率(‰)	教育課程			千分率計(‰)	人口(人)
			教育なしの識字者	初等教育	大学入学資格		
男子	ビール	166	72	93	0	1,000	570,874
	ドゥーブラー	191	60	131	0	1,000	162,702
	ドーディアー	370	83	284	3	1,000	137,924
	ガミット	183	51	131	1	1,000	81,091
	チャウドリー	266	48	216	2	1,000	71,208
	ラトワー	88	38	49	0	1,000	69,375
	タードヴィー	258	126	131	0	1,000	65,429
	コークナー	151	48	102	0	1,000	56,151
	ナーイクダー	170	53	117	1	1,000	54,745
	ワールリー	83	29	53	0	1,000	49,683
	全体平均	191	67	123	1	1,000	1,398,478
女子	ビール	28	12	16	0	1,000	552,617
	ドゥーブラー	40	12	28	0	1,000	160,942
	ドーディアー	108	23	86	0	1,000	137,863
	ガミット	52	13	39	0	1,000	77,612
	チャウドリー	83	16	68	0	1,000	69,258
	ラトワー	7	3	4	0	1,000	66,355
	タードヴィー	54	31	24	0	1,000	62,595
	コークナー	23	6	18	0	1,000	53,903
	ナーイクダー	36	9	26	0	1,000	53,279
	ワールリー	5	2	3	0	1,000	48,027
	全体平均	41	13	28	0	1,000	1,355,968

注1：6歳以上の教育課程別識字率（千分率）。
　2：部族民の都市居住率は非常に低いので、都市農村を合わせた識字率を作成した。
出所：Census of India 1961 Gujarat, ST Tables から筆者作成。

ー（Dhodia）、チャウドリー（Chaudhri）、タードヴィー（Tadvi）の3集団であったが、タードヴィーの場合は、「教育なしの識字者」数が多かった。識字率だけではなく、初等教育レベルの識字者の層の厚さ、当時実質的にもっとも上位の教育資格であった「マトリキュレーション」の識字者をほぼ占めていたのは、ドーディアーとチャウドリーの2集団であった。この2集団は、すでに植民地期から頭角をあらわしており、独立後もグジャラート州の部族民の先進集団となっている。

　これに対して、男子の識字率が非常に低かったのは、ラトワー（Rathva）とワールリー（Varli）の2集団である。この2集団はともに隣州と接する丘

陵山岳地帯に居住しており、グジャラートの部族民のなかでも、もっとも開発と縁遠い地域に居住していた。そのため、識字率のみならず、初等教育レベルの識字者の層も薄かった。ラトワーとワールリーは居住地の立地が発展の制約となり、部族民のなかの後進集団を形成している。

　ドゥーブラー（Dubla）の男子識字率は部族民全体の平均と同じであった。ドゥーブラーは開発の進んだ平原部に居住し、都市居住率も他の部族民を上回っていた。にもかかわらず、その利点が識字率や教育レベルに反映していなかった。ビール（Bhil）は識字率、教育レベルともに部族民全体の平均を下回り、中間集団のなかでも教育の遅れた集団をなしていた。

　女子の識字率は全体で4％ほどと、男子識字率を大きく下回っていた。どの部族民についても、女子の識字率と教育レベル別識字者数は男子を下回っていた。しかし、男女間の教育格差の態様には、先進集団と後進集団では大きな違いがみられた。先進集団ほど、男女間の教育格差は小さいのに対して、後進集団の男女間格差は非常に大きかった。ラトワーとワールリーの女子には識字者がほとんどいない状況であった。このため、女子の部族間の教育格差は男子間の格差よりも大きくあらわれ、たとえば、ドーディアー女子の識字率はワールリー女子の20倍ほどであった。

　ドゥーブラーの女子識字率も部族民全体の平均と同じであった。男子と同様に、平原部居住の利点が生かされておらず、先進集団の女子部族民との識字率格差は大きかった。ビールの女子識字率も部族民全体の平均を下回っていた。

　次に、2011年の識字率と教育レベルの分布を表6-2で検討してみよう。まず、人口上位10集団の順位が変動し、ラトワーが第3位に、ナーイクダー（Naikda）が第5位に、ワールリーが第8位に上がった。それに対し、ドーディアー、ガミット（Gamit）、チャウドリーの順位が下がった。1961年次に後進集団をなしていた部族民の人口の順位が上がり、先進あるいは中間集団をなしていた部族民の人口順位が下がった。

　2011年には部族民男子の1000人当たりの識字者数は602人（識字率60％）に上昇した。しかし、就学前教育や教育なしでの識字者数が208人と識字者数の3分の1を占めた。制度的教育を受けられなかった識字者層がこれほど大

第6章 平原部の部族民

表6-2 部族民別性別就学構造と識字率の分布（2011国勢調査）

性別	部族	識字率(‰)	教育課程							千分率計(‰)	人口(人)
			就学前教育	初等教育	前期中等教育	後期中等教育	高校教育	ディプロマ	大学以上		
男子	ビール	571	195	155	96	62	37	8	15	1,000	2,133,216
	ドゥーブラー	633	276	215	82	39	11	3	5	1,000	322,630
	ラトワー	536	176	148	85	64	40	8	12	1,000	325,550
	ドーディアー	812	225	170	137	124	75	30	48	1,000	318,087
	ナーイクダー	488	219	150	63	35	12	2	4	1,000	232,965
	ガミット	665	230	172	110	70	45	10	24	1,000	187,673
	コークナー	645	222	155	95	72	54	15	29	1,000	180,075
	ワールリー	500	227	148	59	35	16	3	3	1,000	164,258
	チャウドリー	724	213	162	122	88	63	23	49	1,000	150,446
	タードヴィー	655	223	187	123	70	32	5	11	1,000	144,948
	全体平均	602	208	161	97	66	38	10	18	1,000	4,501,389
女子	ビール	404	156	117	60	36	20	4	7	1,000	2,082,387
	ドゥーブラー	517	238	181	56	26	8	1	4	1,000	320,490
	ラトワー	350	131	109	51	33	16	3	4	1,000	316,798
	ドーディアー	699	188	133	124	114	71	22	44	1,000	317,608
	ナーイクダー	339	163	101	39	21	8	1	3	1,000	226,943
	ガミット	540	179	139	94	58	37	8	21	1,000	190,772
	コークナー	501	176	121	75	60	40	9	17	1,000	181,512
	ワールリー	364	176	116	38	19	7	1	1	1,000	163,936
	チャウドリー	601	170	122	108	76	57	20	44	1,000	152,512
	タードヴィー	475	188	150	77	37	14	2	5	1,000	136,001
	全体平均	449	168	125	67	43	25	6	12	1,000	4,415,785

注1：6歳以上の教育課程別識字率（千分率）。
 2：部族民の都市居住率は非常に低いので、都市農村を合わせた識字率を作成した。
出所：Census of India 2011 Gujarat, ST Tables から筆者作成。

きいのは、後進諸階級（OBC、SC、ST）のなかでも部族民だけである。部族民男子の教育構造のもうひとつの特徴は、高等教育を受けた識字者の層が薄いことである。小学校から高等学校（Higher Secondary）までの初等中等教育の層は比較的厚いのに対して、それ以上の高等教育課程の識字者層は1000人当たり技術ディプロマが10人、大卒以上が18人と合わせて28人に過ぎない。留保制度の公務職枠の活用についても高等教育課程の修了者が対象となることが多いため、高等教育の識字者層を拡大することが留保制度や、その他の開発案件を活用するためにも必須になっている。

　2011年に1000人当たりの識字者数のもっとも多いドーディアーともっとも少ないナーイクダーでは324人の差はあるが、1961年次よりも識字率の部族間格差は縮小した。これは、後進集団をなすナーイクダー、ワールリー、ラトワーが識字率で先進集団をなすドーディアー、チャウドリーを追い上げてきているからである。ただし、高等教育の識字者層については、先進集団と後進集団の間の格差はむしろ拡大しており、高等教育の合計数はドーディアーが1000人当たり78人、チャウドリーが72人なのに対して、ナーイクダーとワールリーは各6人、ラトワーは20人であった。

　ドゥーブラーは識字率については、部族民全体の平均を若干上回っているが、中等教育でも中学校、高等学校と教育課程が高まるほど識字者数は平均を大きく下回り、高等教育の合計数はわずか8人に過ぎない。ドゥーブラーの識字者は、就学前教育と初等教育の層が極度に厚い構成になっており、教育の高度化にまったく対応できていない。

　もうひとつ、中間集団のなかから、ガミット、コークナー（Kokna）は識字率だけではなく、高等教育の識字者数も増加させてきているのも2011年次の特徴である。

　女子の1000人当たり識字者数は449人であり、1961年からの識字者数の増加率では、男子をはるかに上回った。また、初等教育だけではなく、中等教育や高等教育の識字者数でも男子との差が縮小した。とくに、先進集団の女子の高等教育の識字者数は、ドーディアーやチャウドリーにみるように、男子の同識字者数と近似している。中間集団のなかでは、ガミットとコークナーの女子の高等教育の識字者数が伸びている。これに対して、後進集団の場

合は、ナーイクダー、ワールリー、ラトワーともに識字者数が300人台と少ないだけではなく、高等教育の識字者数も１桁に過ぎない。このように、女子の教育構造の部族間格差は、高等教育の識字者数に端的にあらわれている。この点、ドゥーブラーの女子は識字率では部族民平均を上回るものの、高等教育の識字者数は1000人中５人と低迷している。平原部に居住しているメリットが、1961年から50年経った後でも、生かされていない。

就業構造

表6-3に、「部族民別性別就業構造（1961国勢調査）」を掲げる。男子の就業者比率は部族民全体の平均で58％であり、部族間の相違はわずかであった。ドーディアーのみが55％と若干低かったが、この理由はわからない。男子全体の就業構造の特徴は、農民と農業労働者の比率がともに比較的高く、両者を合わせて1000人当たり910人になること、それ以外の産業での就業者比率が非常に低いことにあった。製造業については、家内工業と製造業を合わせても26人、商業では商業とその他サービスの合計が37人に過ぎなかった。このように、農業中心の産業構成であった。

どの部族民の産業構成も農業中心であったが、その内訳をなす農民と農業労働者の比率の組み合わせは大きく異なった。農民の比率が部族民平均を大きく上回るケースには２つのタイプがあった。ひとつは、ラトワーとビールにみるように、部族民ベルトのなかの後背地に分布し部族内部の階層分化がそれほど進んでいないために、農民の比率が高くあらわれているケースであった。もうひとつは、部族民社会のなかでも土地所有が優勢なチャウドリー、ガミット、ドーディアーのケースであった。

これに対して、農業労働者の比率が部族民平均を大きく上回ったのは、ドゥーブラーとナーイクダーであった。とくにドゥーブラーは、農業労働者の比率が1000人中733人と圧倒的に高い特異な就業構成を示した。農民は89人と非常に少なく、ハーリー制度がドゥーブラーの就業を大きく規制していたことが確認できる。就業構成のなかで農業労働者はもっとも収入の少ない業種をなしており、農業労働者に傾斜した就業構成を示すドゥーブラーは後進的な集団であった。ナーイクダーも農業労働者の比率が農民の比率を上回っ

第Ⅱ部　グジャラートの宗教、カースト、職業

表6-3　部族民別性別就業構造（1961国勢調査）

性別	部族	農民	農業労働者	採掘等	家内工業	製造業等	建設業	商業	輸送業等	その他サービス	千分率計 (‰)	人口 (人)	就業者比率 (%)
男子	ビール	707	241	10	7	4	3	2	5	21	1,000	225,745	59
	チャウドリー	713	221	14	11	6	2	3	5	25	1,000	29,121	58
	タードヴィー	536	393	5	7	4	2	4	4	46	1,000	25,939	59
	ドーディアー	681	169	22	11	31	9	7	16	54	1,000	57,414	55
	ドゥーブラー	89	733	27	13	46	9	6	11	67	1,000	60,292	58
	ガミット	689	263	9	7	3	2	5	4	19	1,000	31,817	60
	コークナー	731	199	25	9	6	3	4	2	24	1,000	22,520	58
	ナーイクダー	387	428	28	14	29	10	5	11	87	1,000	19,504	60
	ラトワー	899	84	6	3	0	0	1	0	7	1,000	28,251	59
	ワールリー	644	313	17	5	1	2	3	3	12	1,000	19,883	60
	全体平均	618	292	15	14	12	5	3	6	34	1,000	550,942	58
女子	ビール	700	273	6	7	1	1	1	0	11	1,000	264,258	51
	チャウドリー	677	303	5	5	1	1	0	0	8	1,000	34,957	49
	タードヴィー	408	557	2	1	1	0	1	0	29	1,000	36,083	40
	ドーディアー	728	218	15	9	8	1	1	0	21	1,000	60,638	52
	ドゥーブラー	68	845	5	2	14	2	1	0	62	1,000	69,916	51
	ガミット	644	339	2	3	1	1	3	0	1	1,000	36,138	52
	コークナー	744	224	12	4	2	1	1	0	13	1,000	23,772	54
	ナーイクダー	379	509	12	14	8	5	2	0	72	1,000	23,373	51
	ラトワー	877	113	4	4	0	0	0	0	3	1,000	36,230	45
	ワールリー	647	337	5	5	0	0	0	0	6	1,000	21,982	54
	全体平均	607	348	7	10	3	2	1	0	22	1,000	643,789	50

注：部族民の都市居住率は非常に低いので、都市農村を合わせた就業者数比率を作成した。
出所：Census of India 1961 Gujarat, ST Tables から筆者作成。

た。これらの部族民は部族民社会のなかで経済的な後進集団を形成していた。

　家内工業、製造業の比率が比較的高いのは、経済的な後進集団であるドゥーブラー、ナーイクダー、そして先進集団のドーディアーの3集団である。国勢調査には経営規模に関する情報は編纂されていないので、先進後進集団間の農外活動については、NSSの分析で補完する。

　女子の就業者比率は男子を下回るが、それでも50％と比較的高かった。ただし、タードヴィーだけは就業者比率が40％と低いが、その理由はわからない。女子は男子以上に、農業に集中しており、農民と農業労働者を合わせて1000人中955人が農業に従事していた。女子の場合は、農業労働者の比率が男子をかなり上回っていた。農業以外の産業の就業者数は少なく、そのなかでの主な産業は家内工業とその他サービスの2つであった。

　女子の就業構造にみられる部族間の相違は、基本的に男子の部族間の相違のパターンと類似している。たとえば、農民の比率が高いのは、女子の場合も、ラトワー、コークナー、ドーディアー、ビール、チャウドリーなどであった。また、農業労働者の比率が高いのも、ドゥーブラー、タードヴィー、ナーイクダーであり、各々男子の比率を100人前後も上回っていた。農業以外の産業の就業者数では、後進集団のドゥーブラーとナーイクダーの就業者数が、とくに採掘、家内工業、製造業で他の部族集団を若干上回った。しかし、部族民全体の農業以外の産業の就業者比率は非常に低く、生産と雇用における農外産業の役割は小さかった。

　その後、就業構造はどのように変化したのであろうか。最新の2011年国勢調査のデータで確認してみよう。表6-4にみるように、男子部族民全体の就業構造の変化は、①農業部門が縮小し、農外産業（「その他仕事」に集約されている）が拡大したこと、②にもかかわらず、製造業の基盤となる家内工業はほぼ展開していないこと、とまとめられる。農業部門を構成する農民と農業労働者の比率も大きく変化した。農民の比率が1961年に比べ、著しく減少した一因には、人口増加のなかでの均分相続により、土地所有面積が下方に大きくシフトしたため、離農者を生み出したことがあげられる。また、小面積での農業経営は農民の階層分化を促進し、農業労働者層が拡大した。この変化は部族民だけではなく、すべての社会集団に共通した変化である。

第Ⅱ部　グジャラートの宗教、カースト、職業

表6-4　部族民別性別就業構造（2011国勢調査）

性別	部族	就業構造 (‰)				千分率計 (‰)	主要就業者 (人)	非主要就業者 (人)	就業者計 (人)	主要就業者 (%)	非主要就業者 (%)	就業者計 (%)
		農民	農業労働者	家内工業	その他仕事							
男子	ビール	469	359	4	168	1,000	921,217	213,884	1,135,101	81	19	100
	チャウドリー	434	357	7	202	1,000	86,028	9,047	95,075	90	10	100
	ダードヴィー	241	598	3	157	1,000	75,416	14,785	90,201	84	16	100
	ドーディアー	343	263	10	384	1,000	174,289	21,362	195,651	89	11	100
	ドゥーブラー	16	709	4	271	1,000	192,310	16,850	209,160	92	8	100
	ガミット	380	414	8	197	1,000	100,406	18,806	119,212	84	16	100
	コークナー	591	207	8	194	1,000	85,501	16,696	102,197	84	16	100
	ナーイクダー	288	540	3	168	1,000	113,594	23,914	137,508	83	17	100
	ラトワー	681	204	3	112	1,000	152,308	28,714	181,022	84	16	100
	ワールリー	477	260	7	256	1,000	65,738	20,665	86,403	76	24	100
	全体平均	404	377	6	213	1,000	2,128,765	413,955	2,542,720	84	16	100
女子	ビール	207	635	4	154	1,000	359,758	523,192	882,950	41	59	100
	チャウドリー	225	586	13	176	1,000	49,062	23,562	72,624	68	32	100
	ダードヴィー	97	788	2	112	1,000	25,419	31,158	56,577	45	55	100
	ドーディアー	193	444	10	353	1,000	70,012	38,622	108,634	64	36	100
	ドゥーブラー	10	778	5	207	1,000	126,045	25,506	151,551	83	17	100
	ガミット	223	632	10	135	1,000	60,052	40,899	100,951	59	41	100
	コークナー	504	349	7	140	1,000	46,093	38,158	84,251	55	45	100
	ナーイクダー	101	729	4	166	1,000	44,433	53,240	97,673	45	55	100
	ラトワー	320	565	3	112	1,000	44,214	97,217	141,431	31	69	100
	ワールリー	376	428	7	189	1,000	30,786	36,057	66,843	46	54	100
	全体平均	199	610	8	182	1,000	919,147	970,577	1,889,724	49	51	100

注：部族民の都市居住率は非常に小さいので、都市農村を合わせた就業者数比率を作成した。
出所：Census of India 2011 Gujarat, ST Tables から筆者作成。

第6章　平原部の部族民

農業労働に専従するドゥブラー家族、裏庭には圃場から持ち帰ったサトウキビ根部が燃料用に山と積まれている。（スーラト県、2004年3月）

　そのなかでも、男子就業構造における部族間の相違をいくつか確認できる。
　第1は、ドゥブラーの農業労働者の比率が1000人当たり709人と突出しており1961年時点と変わらない点である。ハーリー制度は消滅したが、農業賃労働に依存する体質に変化がみられない。農民の比率は1961年次よりもさらに低下し、ほぼ存在していない状況である。タードヴィーとナーイクダーも農業労働者の比率が高く、農民の比率を上回っている。これら3つの集団は経済的な後進集団にとどまったままである。第2は、ラトワーとコークナーの農民の比率がまだ高い水準を示していることである。開発の波が彼らの居住地に押し寄せていない証とみることもできる。第3は、教育的な先進集団であるドーディアー、チャウドリー、ガミットの就業構造も大きく変化した。農民の比率が減少し、農業労働者の比率が増加した。もはや、就業構造をみるだけでは部族間の経済格差を確認できなくなっている。農民とその他の仕事の生産性が部族民の経済格差を生み出しているが、その実態について国勢調査データで確認することはできない。
　女子の就業構造は、1961年以降、男子以上に大きく変化した。2011年には

農民の比率は1000人当たり199人に減少、農業労働者の比率は610人に跳ね上がった。

　農民の階層分化と農業の機械化は、男子以上に女子の農業労働者の比率を押し上げた。教育的な先進集団についても、農業労働者の比率は大きく上昇した。また、後進集団ではドゥーブラーだけではなく、タードヴィーとナーイクダーの農業労働者数の比率も1000人当たり700人を超えた。女子の場合も、その他の仕事の比率が上昇しており、そこで生産的で発展性のある就業ができるかどうかが、個別部族の発展にとって重要な鍵となっている。

(2) NSS調査にみる現状

　全国標本調査の一環として44ラウンドの1988-89年に「インドの指定部族の生活・経済調査」が実施された。この調査では、国勢調査の項目に含まれていない生活と経済についての情報が収集され、州・直轄地ごとに、特定部族の部族単位の調査結果が編纂された。グジャラート州については、ビール、ドゥーブラー、ナーイクダー、ドーディアー、ガミットの5部族が選択された。その後、部族民についての詳細な調査は行われていないので、1961年と2011年国勢調査に基づく分析を補完するデータとして、活用する。この調査の調査年は、経済の自由化が開始された1990年代の直前の時期である。

経済データ

　国勢調査の結果からも明らかなように、ドゥーブラーと他の部族間の社会経済格差は拡大し、ドゥーブラーはグジャラート州の部族民のなかで後進的な集団をなしている。この点を、世帯資産額、生計手段、土地所有構造、企業活動、家畜所有の経済データと家屋の光源、通気・採光などの生活データで確認しておこう。

　表6-5にみるように、世帯資産額や教育水準の部族間格差は大きい。先進集団のドーディアーは、識字率、大卒以上の識字者数、平均資産額で他の部族民を大きく上回っている。とくに、大卒以上の女子の識字者数は男子と同水準であり、2011年国勢調査で確認できた現象が、この時点で生じていたとみることができる。同じく先進集団のガミットは識字率ではドーディアーに

表6-5　グジャラート州の主要な部族民の社会経済教育指標（1988/89年）

部族	人口 (1991年) (万人)	平均世帯員数	性比	平均世帯資産額 (ルピー)	性別人口（5歳以上）1,000人当たりの人数			
					識字者		大卒以上の識字者	
					男子	女子	男子	女子
ビール	264	5	968	2,069	333	110	0	1
ドゥーブラー	55	4	1,048	1,553	412	233	0	0
ドーディアー	52	5	950	7,690	738	468	13	14
ガミット	31	5	973	11,509	439	311	0	0
ナーイクダー	34	6	1,047	1,638	325	42	0	0
全グジャラート部族民	616	5	967	2,908	360	157	1	2
全インド部族民	6,676	5	962	2,752	311	119	2	0

注1：人口は1991年センサスのデータ、他の項目は1988/89年のデータ。
　2：性比は男子人口1,000人に対する女子人口。
　3：世帯資産には、土地、樹木、建物、家畜、農機具、非農業用施設・器機、交通手段、家具などの耐久財が含まれる。
出所：Government of India (1994), 'Survey of Life and Economy of Scheduled Tribes in India,' *Sarvekshana* 57(4).

離されているが、平均資産額はもっとも多い。

　ドゥーブラーの平均世帯資産額はグジャラートの部族民のなかでもっとも少ない。土地所有の零細性が平均世帯資産額を大きく押し下げている主要な要因になっている。ドゥーブラーの識字率は男女ともに全グジャラート部族民の比率を上回ってはいるが、開発の進んだ平原部に居住する利点が生かされていない。また、コミュニティーの政治経済発展に重要な役割を果たす大卒以上の資格保有者をほとんど輩出しておらず、留保制度を活用できていない状況が推測される。ただし、性比はグジャラートの部族民の平均を大きく上回っており、社会経済生活における男女間の格差の小さいことが推測できる[8]。同じく後進集団に属するナーイクダーは世帯平均資産額と性比の双方がドゥーブラーと近似しているが、識字率の男女間格差は非常に大きい。最大人口集団のビールは、識字率、世帯平均資産額ともに、全グジャラート部族民平均を下回っている。

8）ちなみに、グジャラート全体の性比とりわけ経済的に発展している地域での性比が近年急速に低下しており、性別判定による堕胎の進行、女子のさらなる地位低下が懸念されている。

表6-6 1000世帯当たり生計手段別世帯数の分布（1988/89年）

部族	農業自営				農業労働	非農業自営	非農業労働	その他	計
	狩猟・採集	焼き畑	酪農・養鶏	自耕作					
ビール	4	0	0	240	581	3	130	42	1,000
ドゥーブラー	0	0	0	13	715	20	107	145	1,000
ドーディアー	12	0	0	266	520	16	85	101	1,000
ガミット	0	0	0	366	540	0	34	60	1,000
ナーイクダー	0	0	4	58	719	0	163	56	1,000
全グジャラート部族民	4	0	0	314	617	7	102	56	1,000
全インド部族民	10	23	8	376	399	24	74	86	1,000

注1：数値は1,000世帯当たり世帯数を示す。
　2：世帯は世帯所得に占めるもっとも主要な生計手段別に分類されている。
出所：表6-5と同じ。

次に、表6-6に基づき、「1000世帯当たり生計手段別世帯数の分布」を検討してみよう。生計手段は、農業自営（さらに4つに分類）、農業労働、非農業自営など全部で8つに分類してある。調査対象世帯は、世帯所得に占めるもっとも主要な生計手段の項目に分類されている。ここでは世帯の主要な収入源の分布しか把握できないので、副次的収入源については後に別表で補足する。

全グジャラート部族民については、農業労働を主要な生計手段とする世帯数比率が1000世帯当たり617世帯ときわめて高く、それに自耕作（314世帯）、非農業労働（102世帯）の順で続いている。農業労働世帯数比率の高さと自耕作世帯数比率の低さは、グジャラートの部族民に共通する特徴である。狩猟・採集、焼畑はずいぶん以前から生業としては成立していない。酪農・養鶏は部族民の間では主要な世帯所得源とはなっていないが、副次的な収入源としては重要である。

先進集団のドーディアー、ガミットと後進集団のドゥーブラー、ナーイクダーの間の生計手段別分布の相違は明瞭にあらわれている。先進集団は後進集団に比べ、自耕作の比率が高いのに対して、農業労働と非農業労働の世帯数比率が相対的に低い。後進集団の自耕作の比率は極端に低く、土地を所有している場合であっても、その多くが農業経営だけでは食べてゆけないこと

第6章 平原部の部族民

表6-7 1000世帯当たり土地所有グループ別世帯数の分布（1988/89年）

部族	土地所有グループ（ha）						計
	土地なし	0.01〜0.21	0.21〜0.40	0.41〜1.00	1.01〜4.04	4.05以上	
ビール	525	38	8	217	201	11	1,000
ドゥーブラー	547	357	0	73	23	0	1,000
ドーディアー	185	113	138	308	239	17	1,000
ガミット	508	46	21	42	357	26	1,000
ナーイクダー	434	187	0	179	190	10	1,000
全グジャラート部族民	482	95	18	193	197	15	1,000
全インド部族民	207	172	44	206	315	56	1,000

注：数値は1,000世帯当たり世帯数を示す。
出所：表6-5と同じ。

を示している。とくに、ドゥーブラー世帯の場合は、農業労働を主要な生計手段とする世帯数比率がきわめて高く、自耕作世帯数比率はインドの比較的人口規模の大きい部族民のなかで、もっとも低い。ハーリー制度が解体してからも、ドゥーブラーの生計手段に大きな変化は生じていない。

　グジャラートの部族間の土地所有規模格差を表6-7で検討してみよう。グジャラートの部族民全体として土地なし（所有面積0ヘクタール）世帯数の比率が高く、全インド部族民の同比率を倍以上も上回っている。市場経済の浸透、その結果としての部族民社会内での階級分化の進展、および流入する非部族民との競合、ナルマダー計画[9]をはじめとする開発計画にともなう土地の喪失などが背景にある。土地所有規模は概して小さい。とくに、1.01ヘクタール以上の土地所有世帯数比率は、全インド部族民の同比率を大きく下回っている。

　グジャラート内での部族間の土地所有規模格差は小さくない。土地なし世帯数の比率では、ドーディアーを除き、部族間格差は比較的小さく、1000世帯当たり500世帯前後である。ドーディアーの土地なし世帯数の比率は185世帯と非常に低い。しかも、中規模（0.41ヘクタール以上）以上の世帯数比率が厚く、土地所有規模でも優位に立っている。ガミットは土地なし世帯数の

9）インド西部の大河川ナルマダー（Narmada）河の開発計画。水没地域に居住する部族民の再定住計画と環境破壊の是非が問われ、世界的な関心を集めた。

表6-8　1000世帯当たりの企業活動別世帯数の分布（1988-89年）

部族	農業関連						
	森林産品	ミルク、ミルク製品	養豚	養鶏	その他家畜製品	その他農業	農業関連計
ビール	0	57	1	26	17	3	90
ドゥーブラー	0	50	0	64	6	0	95
ドーディアー	0	48	0	0	0	0	48
ガミット	0	246	0	0	0	0	246
その他	2	75	0	29	10	0	97
全グジャラート部族民	0	67	1	25	12	2	93

部族	製造業			建設	商業	サービス業	世帯数総計(‰)	世帯当たり純収入額(ルピー)	調査世帯数
	竹製品	縫製業	製造業計						
ビール	1	4	6	1	3	5	99	122	54
ドゥーブラー	3	0	3	0	7	0	102	58	18
ドーディアー	0	16	16	0	0	0	64	10	4
ガミット	0	0	0	0	0	0	246	41	11
その他	0	9	10	0	9	2	109	21	20
全グジャラート部族民	1	5	6	1	4	3	102	71	107

注1：数値は1,000世帯当たり世帯数を示す。
　2：ただし、純収入額はルピーである。
　3：調査世帯数はサンプル世帯数を示す。
　4：ナーイクダーについては報告されていないので、表に含めていない。
出所：表6-6と同じ。

比率は508世帯であるが、土地所有規模では1.01ヘクタール以上の層が厚い。表6-6で示したガミットの自耕作比率の優位と符合する。

　これに対して、ドゥーブラーの場合は、半土地なし（0.01～0.21ヘクタール）世帯数の比率が非常に高い。たとえ灌漑地であっても、この零細な規模では、世帯の生計を賄うことはできない。後進集団をなすナーイクダーよりも、土地所有の面では、はるかに劣っている。

　それでは、表6-8に基づき企業活動別の世帯数の分布を検討してみよう。ここでは、所得に関わる縛りはないので、調査対象世帯が報告した企業活動をすべて記録し、1000世帯当たりの企業活動別世帯数として表示してある。それゆえ、世帯の副次的所得源である企業活動も多数含まれている。また、複数の企業活動を報告した世帯は各々の企業活動の項目でカウントされてい

る。

　グジャラートの部族民全体としては、1000世帯当たり102世帯が企業活動を行った。副次的所得源を含んでいるのにもかかわらず、非常に小さな比率である。企業活動は農業関連、製造業など5業種に分けられる。このうち、農業関連に93世帯が集中し、他の業種の比率はわずかであった。農業関連のなかでは、ミルク・ミルク製品が67世帯ともっとも多く、それに養鶏（25世帯）、その他家畜製品（12世帯）で続いている。農業関連とはいえ、実質的には家畜製品（養鶏を含む）が唯一の企業活動になっている。ただし、これらは世帯の主要収入源になっていないために、表6-6での報告数は少なかったが、部族民社会のなかでもっとも重要な副次的収入源をなしていた。家畜製品のなかでも、とくにミルク・ミルク製品が経済的に重要で、雌牛あるいは雌水牛の所有がこの企業活動の前提となった。牛・水牛そのものが大きな資産価値をもった。養鶏は庭先養鶏で規模は小さかった。その他家畜製品には、肉、皮、毛などが含まれた。

　企業活動をめぐる部族間の相違は、ガミットのミルク・ミルク製品の比率が高いこと、ドゥーブラーとビールはミルク・ミルク製品、養鶏、その他家畜製品で企業活動がみられること、ドーディアーの企業活動比率は低く、ミルク・ミルク製品と縫製業を合わせても64世帯に過ぎないこと、とまとめられる。

　企業活動を行うかどうかは別にして、家畜は役畜、用畜、糞畜として重要な経済動物なので、表6-9でその所有状況を確認しておこう。同表には、部族民にとってもっとも重要な家畜である牛、水牛、鶏のデータを掲げた。ここでの牛は雌雄をともに含むが、農民であれば役畜としての雄牛が中心となる。その場合は、一対2頭の雄牛が一般的であるが、資源の乏しい階層では1頭のみ所有し雄牛交換で耕作するケースもある。水牛の場合は、雄は役畜として使われないので淘汰され、雌水牛が搾乳用に飼養される。

　所有世帯数比率は、部族民内で家畜の所有がどの程度普及しているかを示す指標である。所有世帯当たり頭数は、家畜所有世帯の平均家畜頭数をあらわしている。この頭数が多い場合には、自家消費分を超えた部分を販売に回し所得源となすことができる。世帯当たり頭数とは部族ごとの調査世帯の所

表6-9　家畜別所有世帯数と所有頭数の分布 (1988-89年)

部族	所有世帯数比率 (%)			所有世帯当たり頭数 (頭/羽)			世帯当たり頭数 (頭/羽)			世帯数計 (‰)
	牛	水牛	養鶏	牛	水牛	養鶏	牛	水牛	養鶏	
ビール	52	33	35	2.3	1.5	6.2	1.2	0.5	2.1	712
ドゥーブラー	30	12	78	2.0	1.1	5.5	0.6	0.1	4.3	519
ドーディアー	75	46	51	2.8	1.8	6.1	2.1	0.9	3.1	861
ガミット	45	29	89	2.6	2.3	8.7	1.2	0.6	7.7	900
ナーイクダー	68	23	41	2.8	1.0	7.7	1.9	0.2	3.2	587
その他	58	32	54	2.6	1.6	6.0	1.5	0.5	3.2	865
全グジャラート部族民	54	32	47	2.4	1.6	6.4	1.3	0.5	3.0	734

注1：所有世帯数比率は (％) で表示。
　2：家畜頭数は (頭/羽) で表示。
　3：世帯数総計は (‰) で表示。
出所：表6-6と同じ。

有家畜総頭数を調査世帯数（家畜を所有しない世帯数を含む）で除して算出した頭数のことであり、部族ごとの家畜資源所有の実勢を示す指標である。

　部族ごとに検討してみよう。牛と水牛の家畜資源がもっともよく普及しているのはドーディアーである。牛は75％の世帯で、水牛も46％もの世帯で所有している。牛の所有世帯率が高いのは、土地所有が優勢で農民階層が比較的厚いことと関連している。雌水牛は雌牛よりも粗飼料や濃厚飼料が必要になるので、経済的な下層は飼育できない。

　ガミットは水牛と養鶏で優勢である。とくに、水牛の所有世帯当たり頭数は2.3頭と群を抜いており、ミルク販売の余力が大きい。表6-8で、ガミットがミルク・ミルク製品の項目の比率が非常に高いことと関連していると理解できる。ドーディアーとガミットの2つの先進集団が家畜飼養においても優位にあることは、水牛の世帯当たり頭数で他の部族民を大きく引き離していることに端的にあらわれている。

　これに対して、ドゥーブラーは、養鶏では非常に高い所有世帯率を示すが、牛の比率は30％と、もっとも低い。農民の比率が低く、就業者の多くが農業労働者であるためである。飼育の負担が大きい水牛の比率は12％ともっとも低い。所有世帯当たりの頭数についても、表内の5集団中もっとも少ない。ドゥーブラーが家畜資源ともっとも疎遠であることは、牛と水牛の世帯当た

第6章　平原部の部族民

ドゥブラー集落では養鶏が一般的で、簡素な雑貨屋の脇にも鶏がみられる。（スーラト県、2004年3月）

り頭数の少なさによくあらわれている。ナーイクダーは、ドゥーブラーほど、農民の比率は低くないので、牛の所有世帯数比率はドーディアーに次いでいる。しかし、水牛の世帯当たり頭数は、ドゥーブラー同様に、非常に少ない。

生活データ

　最後に、生活条件に関する調査結果も紹介しておこう。ひとつは、光源の種類に関する調査である。表6-10にみるように、1988-89年時点でもっとも重要な光源は灯油ランプであり、それにランタン、電気の順で続いていた。部族民ベルトは山岳丘陵地帯なので、電線の引かれていない地域が広範に存在した。灯油ランプは比較的明るく、ランタンは携帯が容易で便利であった。ただし、人里離れた地域では、より原始的な土製ランプや薪も光源として利用された。このように、立地や開発の度合いに応じて、多様な光源が使用されていた。

　部族民により、主なる光源の種類と副次的な光源の組み合わせ状況は異な

表6-10 1000世帯当たりの光源別世帯数の分布 (1988-89年)

部族	光源なし	光源の種類						計	調査世帯数
		薪	土製ランプ	灯油ランプ	ランタン	電気	その他		
ビール	12	0	51	475	379	63	1	1,000	421
ドゥーブラー	0	10	90	350	168	271	111	1,000	119
ドーディアー	16	0	164	145	316	337	0	1,000	60
ガミット	0	0	22	74	82	822	0	1,000	51
ナーイクダー	0	20	55	849	76	0	0	1,000	57
その他	6	0	254	258	288	189	5	1,000	176
全グジャラート部族民	9	2	97	400	319	160	11	1,000	884

注1：数値は1,000世帯当たり世帯数を示す。
　2：調査世帯数はサンプル世帯数を示す。
出所：表6-6と同じ。

っていた。たとえば、ガミットは開発の恩恵に浴しており、電気を使用する世帯数比率が8割を超え非常に高かった。しかし、同じく先進集団であったドーディアーは電気使用世帯数の比率は3割ほどで、ランタン、灯油ランプだけではなく土製ランプも使用していた。このように、先進集団内部にも光源に関わる生活条件には少なからぬ違いがみられた。

　ドゥーブラーは平原部に居住していたにもかかわらず、電気を使用する世帯数比率はドーディアーを下回っていた。居住村に電気はきているのに、それを利用できない境遇に置かれていた。開発の恩恵を享受するために必要な政治経済力に欠けていたからであった。このため、主要な光源は灯油ランプであった。ナーイクダーは開発そのものに疎遠であり、電気の利用はない状態で、灯油ランプが主たる光源であった。ビールも光源に関しては開発の恩恵から取り残されていた。

　もうひとつ、家屋構造と通気・採光についても検討してみよう。表6-11にみるように、家屋構造により、入り口の形態が異なっており、屈んだり、這い入るタイプの入り口も存在していた。屈まずに入れるタイプの入り口は、先進集団のドーディアーとガミットの家屋では一般的であったが、ドゥーブラーやビールの場合は屈んで入る家屋が3～4割を占めていた。

　家屋の居住環境の違いは、通気と採光にもあらわれている。一間のみで窓

表6-11　1000世帯当たりの入り口のタイプ別通気・採光問題別世帯数の分布（1988-89年）

部族	入口のタイプ			計	通気と採光				計	調査世帯数
	屈まずに入る	屈んで入る	這い入る		ともに適切	採光のみ適切	通気のみ適切	ともに不適切		
ビール	667	325	8	1,000	380	54	328	238	1,000	421
ドゥーブラー	613	387	0	1,000	339	179	384	97	1,000	119
ドーディアー	972	28	0	1,000	636	290	38	37	1,000	60
ガミット	905	95	0	1,000	909	21	0	70	1,000	51
ナーイクダー	810	190	0	1,000	392	75	261	272	1,000	57
その他	847	140	13	1,000	436	95	202	242	1,000	175
全グジャラート部族民	736	257	7	1,000	438	88	269	205	1,000	804

注1：数値は1,000世帯当たり世帯数を示す。
　2：調査世帯数はサンプル世帯数を示す。
出所：表6-6と同じ。

がなく、入り口も屈んで入るような家屋は、通気も採光も悪くなる。通気と採光が適切な家屋は、複数の部屋と窓を備えた家屋である。通気と採光からみた家屋環境は部族間で大きく異なっていた。通気と採光がともに適切と回答した世帯数比率はガミットでは9割、ドーディアーでも6割にのぼるのに対して、後進集団では3割台と低く、通気と採光というもっとも基本的な居住環境に大きな問題を抱えていることを示している。後進集団のなかでもナーイクダーは3割弱の世帯が、通気と採光がともに不適切と回答している。ビールもナーイクダーと類似の調査結果を示しており、開発の届きづらい後背地では、家屋環境も劣悪な状態に置かれやすいことを示している。それに対して、ドゥーブラーの事例は、開発地域にも、開発に取り残された集団が存在し、その後進性は数十年の年月が経過しても克服されづらいことを示している。

3. アイデンティティの課題

グジャラート州では部族民の人口（州人口の15%：2011年）がダリト（Dalit）[10]の人口（同7%）を上回っている。ダリトに対する不可触規制ほど厳しくはないものの、部族民もカースト・ヒンドゥーからは低くみられ、ま

た森林局をはじめとする政府機関から不断に抑圧を受けている。部族民社会は、独立後の急速な市場経済の浸透、諸種の開発プログラムの展開、部族民抑圧的な森林政策の施行などにより、大きく変化した。

(1) デーヴィー運動

19世紀末から20世紀前半にかけて、インド各地の部族民居住地で自生的な運動が起こった。グジャラートではデーヴィー（Devi：女神）運動の形をとった。この運動は1922年に始まった。新たな女神サーラーバーイー（Salabai）は強大な力をもつと信じられ、シャーマンをとおして伝えられるデーヴィーの託宣は、部族民に大きな影響を与えた。託宣は酒や肉食の忌避、清潔で簡素な生活の奨励など宗教や生活改善に関する内容のほかに、パールスィー教徒との関係断絶など在地の権力構造に関係する内容も含んでいた。当時、パールスィー教徒は金貸し、地主として、また酒屋をはじめとする商人として、部族民の経済を握っていた。外部者による支配に対する鬱積した不満と、高カーストの生活習慣を模した自己改革が結合した運動であった。この運動は部族の壁を越え、南グジャラートの部族民全般に広がった。ドゥーブラーは支配的カーストの隷属的農業労働者として在地の支配構造にがっしりと組み込まれていたが、彼らも運動に参加した。

グジャラートはガーンディーやサルダール・パテールの出身地・活動拠点であった。ガーンディーが指導した第1次不服従運動（1918-22年）は南グジャラートのアナヴィル・バラモンやパーティーダールなどの有力カーストにも支持された。ガーンディー主義者は部族民に対してキャンペーンを展開した。そのなかで、ガーンディーはサーラーバーイーと並ぶ強力な神格であることが強調され、従来のデーヴィー運動で強調された項目に、学校、役所、裁判所、外国製衣服のボイコットが付け加えられた。カースト・ヒンドゥーと部族民の間にはガーンディーの受け止め方に大きな違いがあり、部族民はガーンディーを彼らと超自然界を取りもつ強力な神格として尊敬と畏怖の念

---

10) 原意は「被抑圧者」。一般には「不可触民」を意味するアチュート（Achhut）、行政用語では指定カースト（Scheduled Castes）と呼ばれる。彼ら自身はダリトとの呼称を好む。

をもち受け入れた[11]。こうして、部族民も不服従運動の一翼を担うことになった。しかし、1920年代末になると部族民のなかで、旧来の文化に固執する保守勢力とガーンディーに従う改革勢力間の緊張が高まった。ガーンディー主義者による改革は主に酒規制に限定され、土地問題にまったく手が付けられなかったので、多くの部族民は失望した。1930年代以降、小作人保護に関心が移行する過程で、生活習慣の改善に対する関心が薄れ、デーヴィー運動は終息した。

(2) サンスクリット化の影響

グジャラートではサンスクリット化の一環として、低カーストや部族民の間でクシャトリヤやヴァイシャ起源の主張および生活習慣などの模倣が行われた。ドゥーブラーはクシャトリヤの系統であることを主張した。その起源は紀元8世紀のラトード (Rathod) と呼ばれるクシャトリヤによる南グジャラート支配にあるという (Campbell 1988)。ドゥーブラーには20の下部集団がある。このうち、もっとも人口が多いのはタラーヴィア（原意は「湖岸に住む者」）で、ヴィシュヌの化身のひとつであるパラシューム (Parashram) がクシャトリヤを殺戮した際に、難を逃れるために、湖岸に住む者と偽ったのが起源との伝承がある (Soni 2003)。植民地期に社会的地位がもっとも高かったのはタラーヴィアで、他の下部集団のサラーヴィア (Saravia) から嫁をもらうが、自分達の娘は相手に与えなかった。下部集団間での婚姻は一般に行われず、伴食もまれであった (Enthoven 1975)。

(3) 独立後の展開

独立後、グジャラート州の部族民の主要課題は、土地権利の回復、最低賃金の遵守、部族民の自治およびアイデンティティの確立の3つであった。多くの部族民は農業を行っていたが、彼らの土地に対する権利は政府によって適切に保護されなかった。政府の施策はむしろ、部族民の土地と森林副産物に対する権利を侵害した。これに対して、部族民は諸種NGOからの支援を

---

11) デーヴィー運動の詳細は、Hardiman (1987) を参照のこと。

受けて運動や闘争を展開したが、かつてのデーヴィー運動のような高まりはみせなかった。部族民下部集団間の発展格差の拡大や部族民社会内での階級格差の拡大は部族民の団結を阻害する大きな要因として働いた。

　宗教や生活習慣の面でのヒンドゥー化が進むにつれ、アイデンティティの確立はとりわけ重要な課題となった。アイデンティティの確立に向けての部族民の戦略は、その担い手に即して、開発主義者（あるいは近代主義者）、文化主義者、自治政治活動家の3種類に分類できる[12]。開発主義者は、都市中産階級やエリート層で構成され、発展の主流に乗ることによって、部族民の地位向上とアイデンティティの確立をめざす。そのために、選挙での集票活動や労働組合運動をとおして、政治便益や開発資金を最大限に引き出すとともに、カースト・ヒンドゥーと競争できる力を蓄える。開発主義は大多数の部族民が志向するもっとも一般的な戦略となっている。

　文化主義者は、固有の部族民としてのアイデンティティの保持を重視し、彼らを支配する国家体制や政治機構を正当なものと認めない。1950年代にケーサリー・シン（Kesari Singh）によって設立された組織（Sati-pati-panth）はその流れを汲み、土地権利獲得のために戦闘的な闘争を行った。部族民の領域からの「部外者」の追放を呼びかけたり、選挙のボイコット、地税の不払い運動などを展開した。現在は、宗教活動に重点を移しているが、部族民の自治を標榜するグループの拠り所になっている。さらに、1990年代に部族民の結束を標榜する部族民統一会議（Adivasi Ekta Parishad）がNGOや政治活動家により結成された。土地に対する集合的権利、森林のコントロール、部族民と自然界との調和的関係の実現が強調されている。

　自治政治活動家は部族民の自治を主張する。1995年にチョートゥバーイ・ワサワー（Chhotubhai Vasava）が設立したグジャラート部族民発展党（Gujarat Adijati Vikas Paksh）は同年の州議会選挙に候補者をたて、うち1人が当選した。政治基盤はバルーチ県に限られているが、隣州の部族民と結束して、西インド部族民自治評議会の設立に向け活動している。

　このように、独立後の部族民の運動には諸種の潮流があるが、いずれも部

---

12) 以上は、シャーによる分類である。詳細は、Shah, G.（2002）を参照のこと。

族民と非部族民の関係、生産と分配の社会経済関係、政治機関や開発のパラダイムをつなぐイデオロギーが欠落しているために、長期間にわたり大衆動員を継続するのは困難である（Shah, G. 2002)[13]。以上の運動とは別に、特定部族の社会経済的発展を志向する団体（カースト団体に対応）は多数形成された。ドゥーブラーについては、1961年に彼らの総合的な発展をめざすハルパティ奉仕団（Halpati Seva Sangh）が設立された。政府からの資金援助を受け、ガーンディー主義の路線に沿い、労働者子弟の教育改善に取り組んだ。若者を対象に職業訓練も行ったが、きわめて小規模であった。これとは別に、1962年にはソーマー・パテール（Somabhai C. Patel）がサナタン・ダルマ（Sanatan Dharma）と呼ばれる社会宗教運動を開始した。彼の信者は飲酒、肉食、動物供犠の放棄を行った[14]。しかし、これらの運動は既存の政治経済関係には手をつけず、職業訓練や飲酒禁止など狭い枠内での改善に終始したため、ドゥーブラーが組み込まれている政治経済システムそのものを変革する力とはならなかった。

おわりに

　ハーリー制度は1960年代までに解体した。しかし、ドゥーブラーの農村部における雇用機会は刈り分け小作、日雇い労働者、あるいは農業契約労働者に限定されている。政治的に孤立するドゥーブラーは、余剰地再分配などの土地改革の恩恵に浴する機会も少なかった。1970年代から1980年代にかけて、緑の革命が南グジャラートの平原部を席巻した。隣州および同州山岳部から大量の季節労働者が入り込み、ドゥーブラーの農村での雇用機会が脅かされるようになった。また、トラクターなど機械化の進展は、それに拍車をかけた。法の規定する最低賃金と実質賃金は大きく乖離し、ドゥーブラーの経済状態は改善されなかった。さらに、1990年代はじめに始まった経済自由化の動きは、労働の非正規化をさらに進め、ドゥーブラーの貧窮化をより深刻に

---

13) シャーには他にもグジャラートの部族民に関する優れた著作がある。とくに重要なのは、Shah, G.（1975b, 1984c）の２点である。
14) 詳細はSoni（2003）を参照のこと。

している。

　アイデンティティの確立を求める運動も、植民地期から独立後にかけて間歇的に生じたが、いずれもドゥーブラーの意識と社会を大きく変える契機とはなっていない。アイデンティティの面でも開発のなかでの孤立が続いている。

第Ⅲ部

グジャラートの経営者名簿分析

第7章
州政府製造業者名簿分析

はじめに

　インドおよび各州の経済発展は製造業の展開に大きく制約されている。製造業は経済発展の牽引力であり、その態様と歴史的変化が現在のインドならびに各州の発展度を規定しているといっても過言ではない。

　本研究はカースト研究の一環として開始されたものである。当初の問題関心は宗教、カースト間の発展格差が土地所有や就学・就業構造にどのようにあらわれているのかにあった[1]。その後、就業構造分析との関連で、宗教、カースト間格差がもっとも大きくあらわれやすい経営者の実態分析の必要性を痛感するようになった。とりわけ近代工業は19世紀後半の綿工業の設立以降、資本蓄積の重要な一翼をなしており、グジャラートにおいては近代工業への進出の規模と深度が宗教、カースト間の社会経済格差ひいては発展格差を規定する重要な要因になっている。経営者分析はまた、製造業の業種構成における宗教、カーストの特性をも映しだす。これは宗教、カーストの資本蓄積の経路とも関わっており、たとえば農業、商業、手工業から近代工業への資本移動にみるように、いくつかのパターンを識別することができる。

　本章は2節で構成されている。第1節では、グジャラート州が誕生して以降の製造業とりわけ近代工業の展開を、産業政策と業種別事業体数の推移の両面から跡付け、同州の製造業の特質を概観する。続く第2節で経営者の姓分析に基づき、同州の近代工業に占める諸宗教、カーストの比率を事業体数、業種構成、地理的分布の諸側面から確定する。この上に立ち、資本蓄積にお

---

[1] カーストの就学・就業構造およびモビリティに関する論考には篠田（1990a, 1990b）がある。

ける宗教、カーストの特性を検討する。

1. グジャラート州の製造業

(1) 州政府の産業政策

　グジャラート州は1960年にボンベイ州の分割により誕生した。同州の当時の産業構造は綿工業とその関連工業を中心とするものであり、約2000の小規模工業と約3000の工場よりなる工業生産力はインド諸州第8位に過ぎなかった。工業の中心地もアーメダバード、ヴァドーダラー、スーラト、ラージコート、バーヴナガルの諸都市を中心にしたものであった。しかし、州誕生直後の石油・天然ガスの発見とそれに引き続く精油所の建設は、工業の新たな展開に大きな弾みをつけた。州政府はさっそく石油化学、化学肥料プロジェクトに着手した。1962年に設立されたグジャラート工業開発公社（Gujarat Industrial Development Corporation）はその後の工業発展のなかで主導的な役割を果たした。綿工業の相対的な比率は工場数、雇用数、資本額、生産額のいずれにおいても低下し、金属製品製造業、化学工業、電気機器製造業などの比率が増大した。

　グジャラート州の産業政策も他州と同様に、1980年代まではライセンス規制と製造分野規制を柱とする産業ライセンス制度[2]が主体となっていた。製造業種は公共分野、公民混在分野、民間分野に3区分され、民間企業に対しては、工場設立、生産能力の大幅拡張、新製品の生産、立地変更に際してライセンスの取得を義務づけた。輸入規制、外資規制の強力な閉鎖型国民経済のなかで、産業ライセンス制度は企業と政財界の癒着を助長し、企業体質と国際競争力の脆弱化をもたらした。1980年代半ば以降とりわけ1990年代に入ると、国内における経済危機および国際通貨基金からの圧力のもと、ライセンス規制の緩和を中心とする「自由化」政策が開始され現在にいたっている。

　「自由化」政策とは別に、州政府の誕生とともに雇用の拡大、所得格差および地域的発展格差の縮小を目的として小規模工業（Small Scale Industries）

2）産業ライセンス制度については、伊藤編（1988）および下山・佐藤（1986）が詳しい。

の育成がはかられた。インドの小工業（伝統・家内工業）はガーンディー（M. K. Gandhi）のチャルカー運動[3]にみるように独立前から保護育成政策の対象とされてきたが、県工業センター（District Industrial Centres）に登録され、小規模工業開発機構（Small Scale Industries Development Organization）の監督下に置かれる小規模工業は近代的性格を有するものである。小規模工業の認定はプラントおよび機械類などの固定資本投資額を基準としている。この認定上限額は時代とともに大きく変動し、1992年には600万（ただし下請け関連工業の場合は750万）ルピー以下とされていた[4]。小規模工業は産業ライセンス制度の適用から除外されるほか、融資、税制、製品買い付けの面で優遇されている。さらに、品目留保制度により1000種類ほどの品目が小規模工業に留保されていた。

（2）製造業の諸範疇

製造業には資本規模、雇用数、技術水準、所有・経営形態の異なる諸種の経営体が含まれている。本章の課題は近代工業における経営者と宗教・カーストの相関にあるので、公企業や家内工業などの伝統的工業は対象外とする。また、財閥についても取り扱わない。使用する資料からの制約もあり、本章では財閥と競合・補完関係にある企業者群を分析対象とする。

分析対象と直接関わる工業データには以下の2種類がある[5]。

第1は、年次工業調査（Annual Survey of Industries）である。これは工場法（Factory Act, 1947）の適用を受ける工場セクター（Factory Sector）を調査対象としている。工場法により雇用労働者数が20人以上（動力なし）ある

3）ガーンディーはチャルカー（手紡ぎ車）をインド農村再興の中核に据え、カーディー（手紡ぎ手織り綿布）の生産と消費を奨励した。チャルカー運動はインド独立闘争の精神的支柱のひとつをなした。詳細は三上（1993：第8章）および篠田（1981）を参照のこと。

4）小規模工業の認定上限額は決して「小規模」とはいえない。もちろん、多数の零細な事業体も含まれているが、聞き取り調査のなかで、数名の小規模工業経営者が自らの事業体を小規模大工業（Small Scale Large Industry）と呼んでいたのが印象に残る。

5）その他の工業データには、10年おきの国勢調査時に実施される事業体調査や全国標本調査（National Sample Survey）の製造業調査などがある。しかし、前者はサンプル数と情報の種類に難点があるし、後者は不定期調査なので本章では利用しない。

いは10人以上（動力あり）の製造業事業体は工場コミッショナー（Commissioner of Factory）への登録が義務づけられている。工場法は労働者の労働条件のみならず雇用条件も規定しているために、工場法の適用される事業体と適用されない事業体では労働者の賃金および雇用形態に関して少なからぬ格差がみられる。年次工業調査は工場セクターをセンサス・セクター（Census Sector）とサンプル・セクター（Sample Sector）に二分している。雇用数が50人以上（動力あり）あるいは100人以上（動力なし）の事業体よりなるセンサス・セクターは全事業体の年次調査が義務づけられているのに対して、雇用数が10～49人（動力あり）あるいは20～99人（動力なし）の事業体よりなるサンプル・セクターでは年次調査はサンプル・ベースで行われる[6]。年次工業調査では両セクターをさらにグループ（雇用数基準）に分割し、グループごとに固定資本額、付加価値額、賃金などのデータを編纂している。これにより、稼働工場数を含む工場セクターの実態をかなり正確に把握することができる。

　第2は、小規模工業開発機構の編纂する小規模工業の業種・立地別事業体数のデータである。各年度の新規登録事業体数、年次別の累積登録事業体数のほかに調査年度の稼働事業体数も示され、小規模工業の事業体数を把握するための唯一の情報源となっている。ただし、小規模工業の登録は工場セクターと異なり経営者の自由意思に任されているので、比較的少数ではあれ、条件を備えていても登録しないケースもありうる。このような限界が小規模工業開発機構の編纂するデータにはみられるが、近代的小工業の実勢を捉えるうえでの支障とはならない[7]。

6）センサス・セクターとサンプル・セクターは雇用数のみならず、資本規模も通常異なるために、センサス・セクターを大規模ユニット（Large Scale Units）あるいは大・中規模ユニット（Large and Medium Scale Units）、サンプル・セクターを小規模ユニット（Small Scale Units）と便宜的に分類する研究者が多い。しかし、政府統計にはこのような分類は存在しない。

7）固定資本投資額を基準として、小規模工業の認定上限額を上回る事業体を大規模工業（Large Scale Industry）あるいは大・中規模工業（Large and Medium Scale Industry）と分類する研究者もみられる。もちろん、政府統計にはみられない分類方法である。大規模ユニットと大規模工業の混同、「中規模」基準の恣意性などにより、研究者の間には分類をめぐって大きな混乱が生じている。

次に、上記２種類のデータの相互関係について触れておこう。小規模工業と工場セクターの範疇により捉えられる事業体は一部重複している。工場法の適用される小規模工業が存在するためである。小規模工業の認可基準は固定資本額のみであり、雇用数に対する規制はない。そのため、一部の小規模工業における雇用数は工場法の適用される水準となっている。小規模工業と工場セクターの合計事業体数から工場法の適用される小規模工業を控除すると、本章の分析対象である近代工業の合計事業体数を得ることができる。

(3) 製造業の展開

グジャラート州における製造業の展開を、工場セクター、小規模工業に分けて概観しておこう。

工場セクター

表7-1に「業種別稼働工場数・労働者数の推移（1960、86、90年）」を掲げる[8]。1986年の数値を入れたのは、第２節で依拠する資料（1987年編纂）と対応させるためである。1960年から1990年までの30年間に稼働工場数は約４倍に増加しているが、労働者数（１日平均）の増加は2.3倍に過ぎず、稼働工場当たりの労働者数はこの間に大きく減少している。雇用規模の大きい綿工業の相対的な比率低下と一部小規模工業の工場セクターへの参入がこの変化の重要な要因となっている。繊維工業とともに稼働工場数・労働者数の比率を大きく低下させたのは食品加工業である。これに対して、ゴム・プラスティック製造業、化学工業、電気機器製造業は工場数・労働者数ともに大きく比率

---

8) 業種名は略記したものが多い。業種名の本章での表記と原文（英文）表記の対応を以下に示す。繊維工業（Textiles）、食品・タバコ製造業（Food Beverages Tobacco & Tobacco Products）、木材加工業（Wood & Wood Products Furniture & Fixtures）、製紙・印刷出版業（Paper & Paper Products and Printing Publishing and Allied Industries）、皮革加工業（Leather & Leather Products）、ゴム・プラスティック製造業（Rubber, Plastic Petroleum and Core Products）、化学工業（Chemical & Chemical Products）、窯業（Non-metallic Mineral Products）、基礎金属工業（Basic Metal Industries）、金属製品製造業（Metal Products）、機械工業（Machinery except Electrical Machinery）、電気機器製造業（Electrical Machinery Apparatus Appliances & Supplies）、輸送機械製造業（Transport Equipments and Parts）。

第Ⅲ部　グジャラートの経営者名簿分析

表7-1　業種別稼働工場数・労働者数の推移（1960、86、90年）

業種	稼働工場数			労働者数		
	1960	1986	1990	1960	1986	1990
繊維工業	845 (23.2)	2,268 (17.2)	2,291 (15.8)	197,704 (60.0)	260,670 (35.7)	241,984 (32.4)
食品加工業	1,225 (33.6)	1,297 (9.8)	1,376 (9.5)	58,520 (17.8)	85,352 (11.7)	72,325 (9.7)
木材加工業	96 (2.6)	805 (6.1)	820 (5.7)	3,892 (1.2)	9,121 (1.3)	7,659 (1.0)
製紙・印刷出版業	164 (4.5)	486 (3.7)	583 (4.0)	5,295 (1.6)	20,431 (2.8)	21v217 (2.8)
皮革加工業	23 (0.6)	41 (0.3)	32 (0.2)	385 (0.1)	798 (0.1)	811 (0.1)
ゴム・プラスティック製造業	30 (0.8)	610 (4.6)	867 (6.0)	1,566 (0.5)	30,080 (4.1)	43,355 (5.8)
化学工業	84 (2.3)	1,488 (11.3)	1,767 (12.2)	11,021 (3.3)	77,563 (10.6)	1008,59 (13.5)
窯業	240 (6.6)	1,500 (11.3)	1,528 (10.5)	16,643 (5.1)	57,050 (7.8)	54,848 (7.3)
基礎金属工業	106 (2.9)	862 (6.5)	1,022 (7.0)	2,352 (0.7)	33,364 (4.6)	33,659 (4.5)
金属製品製造業	133 (3.7)	1,097 (8.3)	1,159 (8.0)	2,469 (0.8)	34,260 (4.7)	32,866 (4.4)
機械工業	362 (9.9)	1,350 (10.2)	1,427 (9.8)	11,390 (3.5)	50,045 (6.9)	55,958 (7.5)
電気機器製造業	12 (0.3)	410 (3.1)	501 (3.5)	287 (0.1)	23,672 (3.3)	26,674 (3.6)
輸送機械製造業	137 (3.8)	125 (1.0)	187 (1.3)	12,072 (3.7)	11,110 (1.5)	15,138 (2.0)
その他	192 (5.3)	886 (6.7)	953 (6.6)	6,090 (1.9)	36,180 (5.0)	40,216 (5.4)
計	3,649 (100.0)	13,225 (100.0)	14,513 (100.0)	329,694 (100.0)	729,696 (100.0)	747,569 (100.0)

注1：労働者数とは稼働工場に雇用されている1日当たりの業種別平均労働者数を示す。
　2：下段（　）内数値は縦列計に占める各業種の比率（％）を示す。
出所：Govt. of Gujarat, Industrial Extension Bureau, *Industrial Development in Gujarat (Some Basic Statistics)*, Ahmedabad, 1988, pp.4-5および Govt. of Gujarat, *Industries Commissionerate, Industries in Gujarat (Some Statistics)*, Gandhinagar, 1992, p.23より作成。

を伸ばしている。窯業、基礎金属工業、金属製品製造業は工場数の比率を2倍前後に伸ばしている。1986年から1990年までの4年間に工場数は約1200、労働者数は約1万8000人増加している。この間の新規工場は雇用規模の小さな事業体を主体としていることが確認できる。業種構成は1960年の繊維工業、食品加工業中心型から1990年の金属工業、機械工業、化学工業中心型へと転

換しているが、繊維工業がいまだ工場数・労働者数で首位を占めているところにグジャラート州の特徴がある。登録工場数に占める稼働工場数の比率は各々93.3％（1960年）、88.5％（1986年）、86.3％（1990年）である[9]。

　ちなみに、工場セクター全体の純付加価値額339億ルピーに占める上位10業種の比率は、化学工業（41.6％）、ゴム・プラスティック製造業（8.8％）、綿工業（7.9％）、機械工業（6.5％）、毛・絹・化繊工業（5.5％）、電力（4.8％）、食品加工業（4.6％）、電気機器製造業（4.2％）、基礎金属工業（3.9％）、窯業（3.6％）となっている（1988/89年度）。化学工業は工場セクター全体の固定資本額824億ルピーの29.2％、粗生産額2012億ルピーの28.3％を占める最大業種である（同年度）[10]。

　工場セクターの県別地域別分布を表7-2でみておこう。1986年と1990年の数値は入手できなかったので、1984年と1989年の数値を掲げる。グジャラート19県は当地で一般的な地理区分に従い、カッチ（1県）、半島部（6県）、北グジャラート（3県）、中央グジャラート（5県）、南グジャラート（4県）の5地域に区分できる。このうち、カッチ、北グジャラートの全県、半島部の4県は経済的後進県（Backward District）に指定されている。中央グジャラートと南グジャラートの経済的後進県は各々1県のみである。中央グジャラートは稼働工場数と労働者数の双方で優勢であり、それに南グジャラートと半島部が続いている。稼働工場数と労働者数の比率の格差から、カッチ、北グジャラートおよび中央グジャラートの稼働工場当たりの労働者数は相対的に多いことが確認できる。南グジャラートは稼働工場数と労働者数の比率を急速に伸ばしており、工場セクターの発展を牽引している。これに対して、半島部は稼働工場数、労働者数の比率のみならず絶対数も減少している。後進県よりなるカッチと北グジャラートはいまだ低水準ながら稼働工場数、労働者数の比率を着実に伸ばしている。

小規模工業

　まず、グジャラート州における小規模工業の諸特徴を小規模工業開発機構

9）表7-1の原表より算出。
10）Government of Gujarat（1992: 27）より算出。

表7-2 県別地域別稼働工場数・労働者数の分布（1984、89年）

地域	県	工場数		労働者数	
		1984	1989	1984	1989
半島部	ジャームナガル	494	415	16,396	14,812
	ラージコート	1,278	1,096	41,492	28,455
	スレーンドラナガル (B)	380	395	18,210	16,699
	バーヴナガル (B)	501	470	17,633	24,086
	アムレーリー (B)	51	47	4,709	2,563
	ジュナーガド (B)	299	288	20,160	1,8424
	小計	3,003 (23.6)	2,711 (20.1)	118,600 (17.8)	105,039 (15.1)
カッチ	カッチ (B)	154	204	10,472	14,200
	小計	(1.2)	(1.5)	(1.6)	(2.0)
北グジャラート	バナースカーンター (B)	43	44	1,012	2,009
	サーバルカーンター (B)	112	130	9,139	12,929
	メーサーナー (B)	431	621	23,468	32,805
	小計	586 (4.6)	795 (5.9)	33619 (5.0)	47743 (6.9)
中央グジャラート	ガーンディーナガル	77	102	4,569	6,279
	アーメダバード	4,171	4,189	246,110	220,826
	ケーダー	666	687	41,456	42,953
	パンチマハール (B)	227	347	11,517	19,469
	ヴァドーダラー	1,228	1,366	82,170	86,735
	小計	6,369 (50.0)	6,691 (49.6)	385,822 (57.8)	376,262 (54.1)
南グジャラート	バルーチ (B)	392	640	18,447	33,063
	スーラト	1,152	1,055	58,032	64,578
	ヴァルサード	1,072	1,382	42,825	54,060
	ダーング	2	3	200	165
	小計	2,618 (20.6)	3,080 (22.8)	119,504 (17.9)	151,866 (21.8)
	計	12,734 (100.0)	13,481 (100.0)	668,017 (100.0)	695,110 (100.0)

注1：労働者数とは稼働工場に雇用されている1日当たりの平均労働者数を示す。
 2：県名欄の (B) は後進県であることを示す。
 3：下段（ ）内数値は縦列計に占める各地域の比率（％）を示す。
 4：時代とともに地域の県構成は変化し、この時点ではガーンディーナガルは中央グジャラートに、バルーチは南グジャラートに含まれていた。
出所：Govt. of Gujarat, Industrial Extension Bureau, *Industries in Gujarat* (Some Statistics), Ahmedabad, 1987, p.7 および Govt. of Gujarat, Industries Commissionerate, *Industries in Gujarat* (Some Statistics), Gandhinagar, 1992, p.24 より作成。

によるセンサス調査結果（1987/88年度）に基づき概観しておこう。このセンサスでは5万8328の登録事業体が調査対象とされたが、そのうち4898事業体は捕捉できなかった。捕捉できた5万3430事業体に占める稼働事業体数は3万4453（64.48％）、操業停止の事業体数は1万8977（35.52％）であった（Government of Gujarat 1992: 16）。捕捉できなかった事業体の多くも操業を停止していたと推測できる。このように、小規模工業における稼働事業体数の比率は工場セクターのそれを大幅に下回っている。小規模工業部門における業種変更や資本の撤退は工場セクターよりも容易であることに加え、経営能力や資金力の乏しい経営者も多数参入していることが、稼働事業体数の比率を引き下げているものとおもわれる。

　稼働事業体の立地別の雇用数、投資額、生産額の水準を表7-3により検討する。立地は(A)、(B)2系統に区分されている。(A)区分内のメトロポリタンは人口100万人以上の都市を指し、調査年にこれに該当したのはアーメダバード市のみであった。(B)区分内の後進地域とは地域間の発展格差を是正するために、中央政府あるいは州政府が後進県に指定した領域よりなる。(A)区分と(B)区分の事業体数は各々稼働事業体総数に等しく、括弧内に表示した比率は総数に対するものである。

　(A)区分における小規模工業の立地ではメトロポリタンを含む都市部が事業体数の約80％を占めているが、農村部での設立に対しては特別の優遇措置がとられているために、年度ごとの登録事業体数に占める農村部事業体数の比率は年々上昇している。ちなみに、1983/84年度の同比率は23.3％、1985/86年度では27.7％となっている[11]。(B)区分では後進地域における事業体数がすでに稼働事業体総数の3分の1を占めている点が印象的である。後進県に対する優遇措置がいかに大きな誘因となっているかを確認できる。調査年度における後進地域の稼働事業体数は中央政府と州政府指定の領域の事業体数に分割されていないので、単年度の後進地域における登録事業体数に占める中央政府指定地域の事業体数の比率を示すと、1983/84年度は25.6％、1985/86年度では27.4％となっている。州政府指定地域の同比率は

---

11) 以下、1983/84年度、1985/86年度の数値は、Government of Gujarat（1987b: 3）を出典とする。

表7-3 小規模工業の立地別雇用者数・投資額・生産額の水準 (1987/88年)

立地区分		稼働事業体数	雇用者数		固定資本額		流動資本額		生産額	
			総数	事業体当たり	総額	事業体当たり	総額	事業体当たり	総額	事業体当たり
(A)	農村部	7,248 (21.0)	57,290 (20.7)	8	13,734 (22.9)	1.89	12,445 (15.3)	1.72	65,647 (18.3)	9.0
	都市部	20,105 (58.4)	160,745 (58.0)	8	34,716 (57.9)	1.73	47,218 (57.9)	2.35	203,048 (56.6)	10.0
	メトロポリタン	7,100 (20.6)	58,920 (21.3)	8	11,468 (19.1)	1.62	21,854 (26.8)	3.08	89,929 (25.1)	12.6
(B)	後進地域	11,588 (33.6)	93,938 (33.9)	8	23,838 (39.8)	2.06	24,605 (30.2)	2.12	115,823 (32.3)	10.0
	非後進地域	22,865 (66.4)	183,017 (66.1)	8	36,080 (60.2)	1.58	56,913 (69.8)	2.49	242,801 (67.7)	10.6
	計	34,453 (100.0)	276,955 (100.0)	8	59,918 (100.0)	1.74	81,517 (100.0)	2.37	358,624 (100.0)	10.4

注1：ここでの固定資本額は施設・機械類への投資額に限定されている。
　　　(A)区分と(B)区分の数値は各々総計に等しく、括弧内に表示した比率は総計に対するものである。
　2：資本額と生産額の単位は10万ルピー。
出所：Govt. of Gujarat, Industries Commissionerate, *Industries in Gujarat* (Some Statistics), Gandhinagar, 1992, pp.16-18より作成。

各々74.4％、72.6％である。

　センサス調査による小規模工業の雇用総数は約28万人である。(A)、(B)両区分内の諸地域間における雇用数比率は、事業体数の分布比率と近似している。このため、事業体当たりの平均雇用者数も同水準を示し、いずれの地域も判で押したように8人となっている。動力を使用しない事業体は稼働事業体数の5.8％（農村部では12.3％、都市部では3.7％、メトロポリタンでは5.1％）に過ぎない。このように、ほとんどの事業体では動力を使用している。動力使用の場合、雇用数が10人を超すと工場法の適用対象となる。工場セクターへの登録を避けるには、雇用数を9人以内に抑えるか、あるいはそのように偽装する必要がある[12]。この結果、立地区分にかかわらず小規模工業の過半数は雇用数5〜9人の層に分布している。ちなみに、工場法の適用を受け

---

12) 工場セクターに登録されると諸種の労働・産業紛争立法（たとえば、Payment of Wages Act, Child Labour Act, Maternity Benifits Act, Industrial Dispute Act など）が適用される。工場セクターへの登録を避けるために、雇用数の過少報告や請負い労働者（Contract Labourers）の利用も広汎に行われている。

る小規模工業の事業体数は4451であり、稼働事業体数に占めるその比率は12.9%に過ぎない。

調査年における小規模工業の固定資本投資額（施設と機械類）の上限は300万（下請関連企業は350万）ルピーであった。また、小規模工業の一部をなす零細工業（Tiny Industry）の同上限は30万ルピーであった。調査年における零細工業の事業体数は与えられていないので、単年度の新規事業体数に占める零細工業の比率を示すと、1983/84年度は30.7%、1985/86年度は28.5%となっている。このように、小規模工業は多数の零細工業を含むことに加え、零細工業以外の事業体の上記固定資本投資額も比較的少数の例外を除き、投資額上限を大きく下回っているために、事業体当たりの平均投資額は17万ルピーとなっている。事業体当たりの平均投資額の(A)区分内部の格差は小さいのに対して、(B)区分内部の格差は比較的大きい。農村部の平均投資額は都市部を若干上回っており、また後進地域の平均投資額はその他地域を約5万ルピー上回っている。固定資本総投資額についても同様の傾向が観察できる。事業体当たりの平均固定資本投資額は業種と密接に相関しているので、業種構成の相違が上記格差の主要な要因だと推測できるが、データを入手していないためにここでは検討できない。

原材料費と労賃よりなる流動資本の事業体当たりの平均投資額は、固定資本額とは対照的に、都市部が農村部を、また非後進地域が後進地域のそれを上回っている。ここでもまた、業種構成の検討が不可欠ではあるが、(A)区分内部の格差の大きいところから、労賃の水準が格差の主因であることが推測できよう。生産額は総額で358億ルピーである。事業体当たりの平均生産額ではメトロポリタンが全体の平均額を多少上回っていることを除き、(A)、(B)両区分内部の格差は小さい。調査年の輸出額は生産額の2.9%にあたる10.6億ルピーであった。留保品目と政府買い上げ制度に関わった事業体数は与えられていないので、単年度の新規登録事業体数に占めるそれらの比率を以下に記す。留保品目制度に登録した新規事業体数の比率は1983/84年度の29.9%から1985/86年度の19.0%へ推移、また政府買い上げ制度に登録した新規事業体数の比率も1983/84年度の14.0%から1985/86年度の8.7%へと減少している。

調査年の稼働事業体数に占める経営形態別事業体数は個人企業（Proprietory）が52.1％、パートナーシップ（Partnership）が43.8％、株式会社（Limited Co.）が3.4％、協同組合（Co-operative）が0.2％、その他が0.5％となっており、前2者で全体の約96％を占めている。経営者の出自については、指定カーストあるいは指定部族のみで構成される事業体数が与えられている。それによると、指定カーストのみの稼働事業体数は494（全体の1.4％）、指定部族のみのものは200（同0.6％）である。他のコミュニティとの共同経営の規模は、仮にあったとしても僅少だとおもわれるので、上記の数値は小規模工業における彼らの実勢をあらわしているとみることができる。彼らの事業体数は州人口に占める彼らの人口比（指定カースト7.4％、指定部族14.9％：1991年）からすると過少である。

次に、「小規模工業の業種別登録事業体数の推移」を表7-4により跡付けておこう[13]。年次別の稼働事業体数は把握できないので、同表には登録事業体数のみを示す。また、1960-63年間の事業体数は業種別に分割されていないので、1964年以降の事業体数のみを表示する。

1964年時点で登録事業体数の優勢な業種は、鉄金属工業、非鉄金属工業、繊維工業、機械工業、化学工業などであるが、1960年代初頭の工場セクターにみるような突出した業種はみられない。注目したいのは、工場セクターでは事業体数比率の低かった化学工業と金属製品製造業が小規模工業分野では当初より優勢であった点にある。逆に、工場セクターで突出していた食品加工業の小規模工業分野での比率は僅少であった。小規模工業分野での繊維工業は当初より10％台の比率を占めていた。

1990年時点で登録事業体数の優勢な業種は、繊維工業、鉄金属工業、機械

13）小規模工業の業種名も一部略記した。業種名の本章での表記と原文（英文）表記の対応を以下に示す。食品加工業（Food Industry）、タバコ製造業（Tobacco Industry）、繊維工業（Textile Industry）、木材加工業（Wood Industry）、製紙業（Paper & Paper Board Industry）、皮革加工業（Leather Products）、ゴム製造業（Rubber and its Products）、化学工業（Chemical Industry）、窯業（Glass Clay & Cement Industries）、非鉄金属工業（Non-Ferrous Metal Industry）、鉄金属工業（Ferrous Metal Industry）、機械工業（Machinery except Electrical and Transport Equipment）、電気機器製造業（Electrical Machinery and Supply）、輸送機械製造業（Transport Machinery Equipment）。

表7-4 小規模工業の業種別登録事業体数の推移

業　種	年度末の事業体数					
	1964	1970	1975	1981/82	1985/86	1990
食品加工業	115 (2.2)	979 (6.2)	1,626 (5.8)	2,657 (5.2)	4,062 (5.5)	5,849 (5.1)
タバコ製造業	15 (0.3)	121 (0.8)	194 (0.7)	408 (0.8)	545 (0.7)	507 (0.4)
繊維工業	584 (11.4)	2,735 (17.3)	4,567 (16.2)	8,305 (16.3)	12,603 (16.9)	19,358 (16.8)
木材加工業	67 (1.3)	703 (4.4)	1,232 (4.4)	1,936 (3.8)	3,176 (4.3)	5,240 (4.5)
製紙業	127 (2.5)	472 (3.0)	895 (3.2)	1,637 (3.2)	2,551 (3.4)	4,182 (3.6)
皮革加工業	33 (0.6)	68 (0.4)	124 (0.4)	187 (0.4)	313 (0.4)	827 (0.7)
ゴム製造業	19 (0.4)	103 (0.6)	231 (0.8)	503 (1.0)	1,210 (1.6)	5,655 (4.9)
化学工業	476 (9.3)	1,237 (7.8)	2,580 (9.1)	5,529 (10.8)	7,437 (10.0)	10,384 (9.0)
窯業	152 (3.0)	739 (4.7)	2,118 (7.5)	3,800 (7.4)	5,108 (6.9)	5,764 (5.0)
非鉄金属工業	700 (13.7)	1,142 (7.2)	1,663 (5.9)	3,527 (6.9)	4,874 (6.6)	5,300 (4.6)
鉄金属工業	812 (15.8)	1,773 (11.2)	3,144 (11.1)	5,738 (11.2)	8,483 (11.4)	13,797 (12.0)
機械工業	526 (10.3)	2,471 (15.6)	4,479 (15.9)	6,834 (13.4)	8,439 (11.3)	11,738 (10.2)
電気機器製造業	97 (1.9)	377 (2.4)	952 (3.4)	1,465 (2.9)	2,029 (2.7)	3,353 (2.9)
輸送機械製造業	29 (0.6)	203 (1.3)	445 (1.6)	678 (1.3)	894 (1.2)	1,694 (1.5)
その他	1,375 (26.8)	2,726 (17.2)	4,002 (14.2)	7,924 (15.5)	12,669 (17.0)	21,736 (18.8)
計	5,127 (100.0)	15,849 (100.0)	28,248 (100.0)	51,028 (100.0)	74,393 (100.0)	115,384 (100.0)

注1：1990年の数値は年度末ではなく、12月31日時点の事業体数である。
　2：（　）内数値は総計に対する比率（％）。
出所：Govt. of Gujarat, Industrial Extension Bureau, *Industries in Gujarat* (Some Statistics), Ahmedabad, 1987, p.5 および Govt. of Gujarat, Industries Commissionerate, *Industries in Gujarat* (Some Statistics), Gandhinagar, 1992, pp.12-13より作成。

工業、化学工業などである。1964年以降、小規模工業の事業体数の業種別分布には工場セクターにみるようなドラスティックな変動はみられない。この間の主要業種の事業体数比率の動向は、繊維工業の漸増、鉄金属工業、機械

工業、化学工業の横這い、非鉄金属工業の減少、とまとめることができる。また、比率は低いものの、ゴム製造業は1980年代後半に急速に伸びている。

　1960年代初頭における工場セクターと小規模工業セクターの事業体数は拮抗していたが、1990年には小規模工業の登録事業体数と工場セクターの事業体数の開きは約8倍に拡大している。このため、いずれの業種でも小規模工業の登録事業体数は工場セクターの事業体数を上回っている。業種別の倍率は、食品加工・タバコ製造業（4.6倍）、繊維工業（8.4倍）、木材加工業（6.4倍）、製紙業（7.2倍）、皮革加工業（25.8倍）、ゴム製造業（6.5倍）、化学工業（5.9倍）、窯業（3.8倍）、非鉄金属工業（4.6倍）、鉄金属工業（13.5倍）、機械工業（8.2倍）、電気機器製造業（6.7倍）、輸送機械製造業（9.1倍）、その他製造業（22.8倍）となっている（1990年）[14]。

　表7-5に基づき「小規模工業の業種別・稼働事業体当たりの雇用数、生産額、固定資本額」を検討しておこう。データは1987/88年度の稼働事業体に関するものである。業種は生産額の高い順に配列されている。

　事業体当たりの固定資本額で上位を占めるのは、毛・絹・化繊工業、ゴム・プラスティック製造業、化学工業、綿工業、基礎金属工業、窯業などである。これらは小規模工業における資本集約的部門となっている。これに対して、下位を占めるのは修理サービス業、木材加工業、縫製業などの労働集約的な業種である。事業体当たりの生産額の大きいのは化学工業、基礎金属工業、電気機器製造業、ゴム・プラスティック製造業、毛・絹・化繊工業などの業種である。事業体当たりの雇用数の分布は一定の業種間格差をもちながらも、全体としては10人以内の水準におさまっている。小規模工業の事業体数の90％近くは動力を使用していることはすでに触れた。工場法が事業体当たりの雇用数を大きく規制していることを確認できよう。事業体当たりの平均雇用数が10人以上なのは、化学工業、基礎金属工業、電気機器製造業、窯業、綿工業、毛・絹・化繊工業、その他製造業であり、これらの事業体の一部は工場セクターにも登録されている。

　表7-6「小規模工業の業種別登録事業体数の地域別分布」を確認しておこう。

14）表7-1および表7-4の原表より算出。

第7章　州政府製造業者名簿分析

表7-5　小規模工業の業種別・稼働事業体当たりの雇用数、生産額、固定資本額(1987/88年度)

業　種	事業体数	雇用数 総数	雇用数 事業体当たり	生産額 総額	生産額 事業体当たり	固定資本額 総額	固定資本額 事業体当たり
化学工業	2,868 (8.3)	30,612 (11.1)	10.7	74,746 (20.8)	26.1	10,807 (18.0)	3.8
基礎金属工業	2,040 (5.9)	29,442 (10.6)	14.4	51,379 (14.3)	25.2	5,567 (9.3)	2.7
機械工業	5,478 (15.9)	40,624 (14.7)	7.4	51,141 (14.3)	9.3	7,945 (13.3)	1.5
食品加工業	2,414 (7.0)	1,5007 (5.4)	6.2	35,935 (10.0)	14.9	3,433 (5.7)	1.4
ゴム・プラスティック製造業	1,787 (5.2)	17,014 (6.1)	9.5	27,229 (7.6)	15.2	6,978 (11.7)	3.9
金属工業	3,805 (11.0)	26,011 (9.4)	6.8	23,361 (6.5)	6.1	5,025 (8.4)	1.3
電気機器製造業	1,168 (3.4)	12,583 (4.5)	10.8	19,855 (5.5)	17.0	2,427 (4.1)	2.1
製紙業	2,003 (5.8)	13,791 (5.0)	6.9	15,803 (4.4)	7.9	3,411 (5.7)	1.7
窯業	2,406 (7.0)	34,928 (12.6)	14.5	14,132 (3.9)	5.9	6,154 (10.3)	2.6
縫製業	1,603 (4.7)	12,658 (4.6)	7.9	11,940 (3.3)	7.4	1,356 (2.3)	0.8
木材加工業	2,320 (6.7)	12,431 (4.5)	5.4	11,086 (3.1)	4.8	1,343 (2.2)	0.6
雑貨製造業	887 (2.6)	9,425 (3.4)	10.6	7,015 (2.0)	7.9	1,198 (2.0)	1.4
輸送機械製造業	658 (1.9)	6,527 (2.4)	9.9	6,911 (1.9)	10.5	1,482 (2.5)	2.3
修理サービス	3,833 (11.1)	9,393 (3.4)	2.5	3,185 (0.9)	0.8	1,967 (1.8)	0.3
その他サービス	716 (2.1)	3,795 (1.4)	5.3	2,636 (0.7)	3.7	1,108 (1.9)	1.5
綿工業	50 (0.2)	777 (0.3)	15.5	624 (0.2)	12.5	180 (0.3)	3.6
毛・絹・化繊工業	35 (0.1)	363 (0.1)	10.4	533 (0.2)	15.2	212 (0.4)	6.1
その他	380 (1.1)	1,574 (0.6)	4.1	1,109 (0.3)	2.9	224 (0.4)	0.6
計	34,453 (100.0)	276,955 (100.0)	8.0	358,652 (100.0)	10.4	59,917 (100.0)	1.7

注1：固定資本投資額は設備・機械類に対する投資額。
　2：( )内数値は総計に対する比率(％)。
　3：生産額と固定資本額の単位は10万ルピー。
出所：Govt. of Gujarat, *Industries Commissionerate, Industries in Gujarat* (Some Statistics), Gandhinagar, 1992, pp.9-20より作成。

第Ⅲ部　グジャラートの経営者名簿分析

表7-6　小規模工業の業種別登録事業体数の地域別分布（1990年）

業　種	半島部	カッチ	北グジャラート	中央グジャラート	南グジャラート	計
食品加工業	1,822 (31.2)	101 (1.7)	705 (12.0)	2,460 (42.1)	761 (13.0)	5,849 (100.0)
タバコ製造業	192 (37.9)	2 (0.4)	130 (25.6)	180 (35.5)	3 (0.6)	507 (100.0)
繊維工業	2,094 (10.8)	192 (1.0)	1,273 (6.6)	3,012 (15.5)	12,787 (66.1)	19,358 (100.0)
木材加工業	989 (18.9)	163 (3.1)	539 (10.3)	2,597 (49.5)	952 (18.2)	5,240 (100.0)
製紙業	772 (18.5)	59 (1.4)	525 (12.5)	2,267 (54.2)	559 (13.4)	4,182 (100.0)
皮革加工業	264 (31.9)	3 (0.4)	51 (6.2)	398 (48.1)	111 (13.4)	827 (100.0)
ゴム製造業	1,875 (33.1)	32 (0.6)	384 (6.8)	2,442 (43.2)	922 (16.3)	5,655 (100.0)
化学工業	1,817 (17.5)	353 (3.4)	613 (5.9)	5,644 (54.4)	1,957 (18.8)	10,384 (100.0)
窯業	2,247 (39.0)	161 (2.8)	615 (10.7)	2,204 (38.2)	573 (9.3)	5,764 (100.0)
非鉄金属工業	2,465 (46.5)	37 (0.7)	326 (6.2)	1,866 (35.2)	606 (11.4)	5,300 (100.0)
鉄金属工業	4,843 (35.1)	228 (1.7)	956 (6.9)	6,097 (44.2)	1,673 (12.1)	13,797 (100.0)
機械工業	3,724 (31.7)	32 (0.3)	491 (4.2)	6,339 (54.0)	1,152 (9.8)	11,738 (100.0)
電気機器製造業	420 (12.5)	22 (0.6)	153 (4.6)	2,195 (65.5)	563 (16.8)	3,353 (100.0)
輸送機械製造業	462 (27.3)	17 (1.0)	212 (12.5)	789 (46.6)	214 (12.6)	1,694 (100.0)
その他	7,986 (36.7)	344 (1.6)	2,434 (11.2)	6,402 (29.5)	4,570 (21.0)	21,736 (100.0)
計	31,972 (27.7)	1,746 (1.5)	9,407 (8.2)	44,892 (38.9)	27,367 (23.7)	115,384 (100.0)

注：（　）内数値は業種別総計に対する比率（％）。
出所：Govt. of Gujarat, *Industries Commissionerate, Industries in Gujarat* (Some Statistics), Gandhinagar, 1992, pp.12-13より作成。

1990年の稼働事業体数は与えられていない。登録事業体数全体の地域別分布では中央グジャラート（38.9％）が優勢であり、それに半島部（27.7％）、南グジャラート（23.7％）が続いている。これら3地域で事業体総数の90.3％を占めている。県別分布ではアーメダバード（25.7％）、スーラト（14.5％）、

ラージコート (12.5%) の3県が突出しており、これら3県の事業体数は全体の52.7%に達している。カッチは広大な領域をもつが、後進県である。また、指定部族の集住する南グジャラートのダーング県には小規模工業を含む近代的工業はほぼみられない。

　表に掲げた15業種中10業種において中央グジャラートの事業体数比率は他地域に優っている。とくに優勢なのは、電気機器製造業、化学工業、製紙業、機械工業、木材加工業、皮革加工業などである。これらのうち化学工業、機械工業、電気機器製造業は近代的工業の花形的存在である。事業体数比率の低いのは繊維工業とタバコ製造業の2業種である。繊維工業には綿工業、毛織物業、絹織物業、化繊工業などが含まれている。工場セクターの繊維工業は綿工業を主体としており、この分野での中央グジャラートの事業体数比率は突出している。しかし、小規模工業セクターの繊維工業は南グジャラートに多数設立されているために、中央グジャラートの比率は低くなっている。

　半島部にも中央グジャラートと同様に、多業種の事業体が比較的まんべんなく分布している。それらのなかで半島部の事業体数比率が他地域に優っているのは、非鉄金属工業、窯業、タバコ製造業の3業種である。また、首位ではないが比較的優位な業種に、鉄金属工業、ゴム製造業、皮革加工業、機械工業、食品加工業などがある。在地の伝統的技術と関わる鉄・非鉄金属工業、窯業、機械工業の優勢に半島部の業種構成の特徴がある。

　南グジャラートの業種構成は上記2地域との比較において偏在型とみることができよう。繊維工業の事業体数比率では全体の66.1%もの圧倒的な比率を占めている。また、繊維工業は15業種中最大の事業体数を抱えているために、南グジャラートの繊維工業の事業体数は同地域の事業体総数の46.7%を占めている。ここでの繊維工業の主体は絹織物業と化繊工業であり、綿工業の比率は低い。繊維工業以外で比較的有力な業種は化学工業、木材加工業などである。

　北グジャラートの業種構成には隣接する中央グジャラートと半島部との類似性がみられ、事業体も多業種に比較的まんべんなく分布している。タバコ製造業、製紙業、輸送機械製造業、食品加工業、窯業、木材加工業などが有力な業種となっている。

経済的後進県カッチの事業体数はグジャラート19県中第16位である。みるべき業種としてあげられるのは、化学工業、木材加工業、窯業の 3 業種のみである。

2. 経営者と宗教・カースト

(1) 姓とカースト
姓のデータ

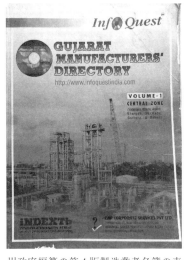

州政府編纂の第 4 版製造業者名簿の表紙（第 4 版からは CD 添付となっている）

本章の主資料はグジャラート州政府産業附置局（Industrial Extension Bureau : iNDEXTb）編纂の製造業者名簿である。この製造業者名簿は州政府が一覧の形で州内製造業者の詳細を把握できるように、また州内外の商工業経営者の便覧に供するために作成・刊行された。第 1 版はグジャラート州の誕生 9 年後の1969年に刊行された。第 2 版は1980年に刊行されたが、州政府に情報を提供した製造業者が比較的少なかったために、1983年に追加版が出された。第 3 版は1987年に、第 4 版は1993年に刊行された。第 3 版は約 3 万の事業体をカバーするのに対して、第 4 版は約 6 万5000の事業体を網羅している。本章の依拠するのは1987年刊行の第 3 版（Government of Gujarat 1987a）である。コンピュータへの入力・分析作業を行ったのは1992年度であり、その時点では第 3 版が最新版であったからである。

州政府は工業長官事務所、小規模工業長官事務所などをとおして各々の登録事業体を把握しており、製造業者名簿作成に先立ち、これらの事業体に協力要請兼質問状を送付する。製造業者名簿に含まれるのは回答のあった事業体のみであり、かつ各質問項目への回答もそのまま名簿に転載される。第 3

版作成のための情報収集年度は1986年度なので、9万事業体数の約30％が回答を寄せたことになる。第4版の場合は1992年度における15万事業体の約40％が回答を寄せているので、回答率は第3版のときよりも10ポイント近く上昇している。1990年の州政府による経済自由化宣言の影響や名簿掲載の利益が多くの事業体により認識されるようになったためだとおもわれる。

第3版の製造業者名簿は3桁の全国産業分類（National Industrial Classification）に従い、事業体の①事業体名、②代表者名、③経営組織形態、④住所を編纂している。経営者の系譜とりわけ宗教、カーストを推測するのにもっとも直接的な手掛かりを与えるのは代表者の姓名であるが、事業体名も宗教、ヴァルナ、出身地、セクトに関する間接的な情報源である。とくに、代表者の姓が記載されていない場合の宗教の推定に事業体名の役立つことが多い。住所は事業体の位置する特定都市／農村、郡、県の情報を与える。本章ではこれらのうち所属県の情報のみを分析に使用し、立地の都市部・農村部などの区分には触れない。所属県の情報は諸宗教あるいは諸カースト間で特定の姓が共有されている場合に、事業主の宗教・カースト別分布を推測するための有力な手掛かりとなっている。この具体例として、デーサイー（Desai）やチャウドリー（Chaudhri）の事例があり、これらについては後に触れる。経営組織形態は主に業種と関連しており、宗教、カーストとの直接的な相関はない。しかし、特定業種に特化するカーストにとってはその業種の経営組織形態が当該カーストに一般的な経営組織形態としてあらわれる。また、経営組織形態は資本規模とも一定程度対応しているので、特定業種内における経営組織形態の分布にカースト間の資本規模格差が反映する場合も想定できるが、本章ではこれらの詳細には立ち入らない。

姓の宗教、カースト別分類

グジャラート州政府編纂の製造業者名簿には全部で1万9454人の製造業者が登録されている。登録製造業者のうち、1万4810人の姓は記載されているが、4644人については姓の記載がない[15]。名簿にみられる姓は1600種類にも及ぶ。これらのうち、本章の分析対象となる頻度が50以上の姓は41種類であり、その使用者数1万770人は登録製造業者数の55.4％、姓の明らかな製

造業者数の72.7％を占めている。ちなみに、頻度が5以上49以下の姓は219種類、その使用者数は2546人である。残余の頻度が4以下の姓は1350種類、使用者数は1494人である。

　本章での分析は、時間・紙幅・技術上の制約を考慮し、頻度が50以上の姓に限定した。このグループはグジャラート州の製造業者のなかで経済的に強力な集団をなしている。この意味において、本章は同州の経済的先進集団の宗教、カースト別動向分析の性格をもつ。製造業者の全体像、とりわけ後進諸階級[16]の動向を捉えるためには頻度の低い姓の分析は不可欠である。後進諸階級経営者については、第12章と第13章で考察する。

　名簿にあらわれた主要な姓と宗教、カーストとの対応関係をいくつかの姓集団に分けて検討してみよう[17]。表7-7に「分析対象41姓の姓集団別頻度分布」を掲げる。姓集団は①バラモン、②クシャトリヤ、③バニヤー（ジャイナ教徒＋ヒンドゥー・バニヤー）、④上位諸カースト（ジャイナ教徒＋ヒンドゥー・バニヤー＋バラモン＋パーティーダール）、⑤パーティーダール、⑥職人カースト（サービスカーストを含む。以後、略す）、⑦イスラム教徒[18]、の7つに分類できる。パールスィー教徒はきわめてモビリティの高い集団であるが、人口規模が小さくかつ姓が多様なために、同教徒のみが使用する頻度50以上の姓はみられない。いわゆるバニヤー姓を使用する人々も多いが、腑分けはできない[19]。

　まず、単一の宗教、カーストと対応するとみることのできる姓から始めよ

---

15) 姓を記載しない製造業者は登録製造業者数の23.9％を占めている。この集団が姓を記載しなかった理由は実態調査なしには把握できないが、姓の使用あるいは不使用はカーストや地域性のみならず、世帯レベルのモビリティとも関わっているものとおもわれる。

16) インド憲法には指定カースト、指定部族のほかに、その他後進諸階級（Other Backward Classes）が留保政策などの優遇措置の対象として位置づけられている。その他後進諸階級の認定と優遇措置の内容は州政府の裁量とされている。グジャラート州政府はこの集団を社会的教育的後進諸階級と括っている。この詳細は、本書第5章を参照のこと。

17) 1981年時点におけるグジャラートの州人口（3409万人）に占める宗教別構成はヒンドゥー教徒89.53％、イスラム教徒8.53％、ジャイナ教徒1.37％、キリスト教徒0.39％、パールスィー教徒0.05％であった。

18) イスラム教徒の諸セクトについては、Engineer（1989, 1993）の研究がある。

19) パールスィーについては、Campbell（ed.）（1990）がある。

第7章　州政府製造業者名簿分析

表7-7　分析対象41姓の姓集団別頻度分布

頻度	①バラモン	②クシャトリヤ	③バニヤー	④上位諸カースト	⑤パーティーダール	⑥職人カースト	⑦イスラム教徒
2,000以上	—	—	—	—	Patel	—	—
1,000〜1,999	—	—	Shah	—	—	Panchal	—
300〜999	—	—	—	—	—	Mistri	—
100〜299	—	Parmer	Gandhi Jarivala Modi Parikh Sheth Thakkar	Mehta Desai	—	Gajjar Luhar Suthar Parajapati	Momin
50〜99	Bhatt Dave Joshi Pandya Sharma Trivedi Vyas	Chauhan Chaudhri Makvana Rathod Solanki Dodiya	Agraval Doshi Jain Kapadiya	Vora	—	Soni	Mansuri Shekh Basmiya Panara

出所：Govt. of Gujarat, Industrial Extension Bureau, *The Gujarat Directory of Manufacturers*, Ahmedabad, 1989より筆者作成。

う。ヒンドゥー教徒のバラモンに対応する姓として、バット（Bhatt）、ダヴェー（Dave）、ジョーシー（Joshi）、パーンデャー（Pandya）、シャルマー（Sharma）、トリヴェーディー（Trivedi）、ヴャース（Vyas）を挙げることができよう[20]。バットは詩人、系譜作り、ジョーシーは占星術、ダヴェー、トリヴェーディーはヴェーダ（教典）の知識と関わる姓である。この姓集団に属するのは471人であり、分析対象経営者総数の4.4％、名簿総数の2.4％を占めている。いずれの姓も頻度は100以下であり、突出した姓はみられない。

クシャトリヤ系統の姓は、パルマール（Parmar）、チャウハン（Chauhan）、チャウドリー（Chaudhri）、マクワーナー（Makvana）、ラトード（Rathod）、ソーランキー（Solanki）、ドーディアー（Dodiya）[21]などである。大規模な改

---

[20]　バラモンについては、Enthoven（1975: Vol.1, 213-254）; Campbell（1988: Vol.1, 1-54）; Rajgor（1987）を参照のこと。

[21]　クシャトリヤについては、Enthoven（1975: Vol.2, 243-260（Koli）, Vol.3, 269-297（Rajput））; Campbell（1988: Vol.1, 123-151（Rajputs）, 237-251（Kolis））を見よ。

姓運動により、後進諸階級の多くがこれらの姓を名乗り始めたために、姓の使用人口に占めるラージプートの比率は僅少になっている。しかし、これら経営者はラージプートやその他後進諸階級の勢力の強い半島部に厚く分布していることから、彼らがクシャトリヤ系統の姓をもつ経営者の主体になっているものと推測できる。この姓集団の551人は分析対象経営者総数の5.1％、名簿総数の2.8％を占めている。バラモンの経営者数を上回っているものの、グジャラートにおける彼らの人口比および政治力を考慮すると過少といわざるをえない。

　ジャイナ教徒とヒンドゥー・バニヤーの姓はほぼ重なっている。両者間の通婚はかなり自由に行われており、異なる社会的集団として両者を厳密に区別することは難しい[22]。姓により両者間の比率は異なっているのだが、その腑分けはできないので、この姓集団を構成する姓を一括して以下に示す。バニヤーのなかでもっとも頻度の高い姓であるシャー（Shah）は1519人を数える。100人以上の姓には、ガーンディー（Gandhi）、ジャーリーワーラー（Jarivala）、モーディー（Modi）、パーリック（Parikh）、シェート（Sheth）、タッカル（Thakkar）の6つ、100人未満の姓には、アーグラワール（Agraval）、ドーシー（Doshi）、ジェイン（Jain）、カパーディヤー（Kapadiya）の4つが属す。この姓集団には商売名などの社会的機能を表示する姓が多くみられる。ちなみに、ガーンディーは雑貨商、ジャーリーワーラーは金刺繍織物商、モーディーは穀物雑貨商、パーリックは宝石商、シェートは親方、カパーディヤーは織物商を表示している。これらの商売に参入したイスラム教徒やパールスィー教徒の一部もこれらの姓を使用しているが、比較的少数であるために、この姓集団をバニヤーの集団として括る。グジャラート出自のジャイナ教徒はジャインの姓を使用しないといわれている。ここでのジャインの出自はマールワーリーだと考えられる。また、タッカル（Thakkar）は半島部の有力商業集団ローハーナー（Lohana）にも姓として使用されている。シャーの1姓だけで分析対象経営者総数の14.1％、名簿総数の7.8％を占めている。この姓集団全体の経営者数2419人は前者の22.5％、後者の12.4％を占めてい

22）ジャイナ教徒とバニヤーは、Enthoven（1975: Vol.2, 82-98（Jains）, Vol.3, 412-442（Vanias））; Campbell（1988: Vol.1, 69-122（Traders））に詳しい。

る。この姓集団の頻度は後に検討するパーティーダールに次いでいる。

　ジャイナ教徒、バニヤー、バラモンの共有する姓にメーヘター（Mehta）とヴォーラー（Vora）がある。メーヘターはバラモンの諸セクトが使用しているのに対して、ヴォーラーはナーガル・バラモンに限定される。これら2姓にデーサイー（Desai、後述）を加えても、上位諸カースト姓集団の比率は分析対象経営者総数の4.4％、477人を占めるに過ぎない。

　頻度が50以上の姓に関してはパーティーダール（Patidar）が最大の姓集団をなしている[23]。地券（patti）の保有者（dar）、転じて土地所有者を意味するパーティーダールはグジャラートでもっとも強力な農耕カーストであり、レーウワー（Leuva）、カドゥワー（Kadva）、アーンジャナー（Anjana）などの諸セクトに分かれている。レーウワーはケーダー県を中心とするグジャラート本土、カドゥワーは北グジャラートから半島部、アーンジャナーは北グジャラートのメーサーナー県に分布が集中している。パーティーダールの呼称が普及したのは1930年代以降のことであり、それ以前はカンビー（Kanbi）と呼ばれていた。パーティーダールの呼称とともに村長職を示すパテール（Patel）が姓として普及した。ただし、パテール姓がもっとも受容されたのはレーウワー・パーティーダールであり、ラージプートが強力な半島部およびその周辺部に居住するカドゥワーとアーンジャナーの間ではパテールの他にチャウドリー、ソーランキー、ロー（Loh）などのいわゆるラージプート姓も使用されている。さらにグジャラート本土では郷主職を示すデーサイー（Desai）や郷書記職のアミーン（Amin）もパーティーダールの有力な姓となっている。アミーンはパーティーダールとその他の上位カーストに、デーサイーは南グジャラートのアナヴィル（Anavil）・バラモンやグジャラート本土に分布する牛飼いカーストのラバーリー（Rabari）に共有されている。

　パテール姓は後進諸階級や指定部族にも使用されている。また、少数ではあるが村長職と関わりのあった一部のイスラム教徒やパールスィー教徒も使用している。ただし、姓一般ではなく経営者としてのパテール姓に限定した

---

[23] パーティーダールに関しては、Pocock（1972）; Hardiman（1981）; Breman（1985）およびEnthoven（1975: Vol.2, 134-156（Kanbis））; Campbell（1988: Vol.1, 152-176（Husbandman））を参照のこと。

場合、パーティーダール以外の同姓の使用者は僅少であるとみなすことができる。パテール姓の頻度は4331人と突出しており、分析対象経営者総数の40.2％、名簿総数の22.3％を占めている。ちなみに、デーサイーは169人、アミーンは45人（頻度が50未満なので本章での分析対象とはならない）である。パーティーダールは土地所有のみならず製造業の分野でも圧倒的な優位を保っていることが確認できる。

　職人カーストは製造業の分野でパーティーダールとバニヤーに次ぐ勢力をなしている[24]。なかでも、5つの材料（金、鉄、真鍮、木、石）を語源とするとされるパーンチャル（Panchal）は1034人であり、分析対象経営者総数の9.6％を占めている。その頻度はパテール、シャーに次ぎ第3位となっている。パーンチャルは他の職人カーストよりは社会的序列が高い。すでに独立前の国勢調査においてパーンチャルはソーニー（Soni）やミストゥリー（Mistri）とともに、先進集団（Advanced Group）に位置づけられていた。頻度が100未満なのはソーニーだけで、他のミストゥリー、ガッジャル（Gajjar）、ローハール（Luhar）、プラジャーパティ（Prajapati）、スタール（Suthar）の頻度は100以上である。ミストゥリーの「伝統的」職業は大工・石工、ガッジャルは大工、ローハールは鍛冶工、プラジャーパティは陶工である。陶工カーストは改姓運動により旧来の呼称クンバール（Kumbhar）を捨て、人類創世主を意味するプラジャーパティを姓として使用している。この姓集団の経営者数1932人は分析対象経営者総数の17.9％、名簿総数の9.9％を占めている。職人カーストは一部の例外を除き改姓を行っていないし、また改姓の目標ともされなかったので、経営者数の確定は容易である。

　分析対象の41姓のなかでイスラム教徒が主に使用しているのは、モーミン（Momin）、マンスーリー（Mansuri）、シャイフ（Shekh）、バースミヤー（Basmiya）、パナーラー（Panara）の5姓である。グジャラートのイスラム教徒人口の85％はスンニー派、15％はシーア派に属している[25]。モーミン

---

24) 職人カーストについては、Enthoven（1975: Vol.2, 275-284（Kumbhars）, 384-392（Lohars）, Vol.3, 156-159（Panchals）, 344-348（Sonis）, 355-359（Sutars: Suthars））; Campbell（1988: Vol.1, 177-206（Craftsmen））を見よ。
25) 1931年国勢調査の分析結果。

は半島部を拠点とする商業集団、マンスーリーは染色を「伝統的」職業とする職人集団であり、ともにスンニー派に属する。シャイフはシーア派のなかでも格の高い集団であり、土地所有および商業活動に秀でている。高位ヒンドゥー教徒の一部もシャイフを姓として使用している。この姓集団の経営者数520人は分析対象経営者総数の4.8％を占めている。

(2) 登録工場の業種、地理的分布

　第3版の登録製造業者名簿は製造業を32の業種に分類（2桁）している。各業種はさらに製造品目に応じて複数の項目に分類（4桁）されている。本章が分析対象としたのは、18業種[26]の1万9454の事業体である。登録事業体数の僅少な業種は分析の対象から除外した。除外した14業種の業種名と事業体数（括弧内数値）を以下に示す。プランテーション（36）、農業サービス（11）、森林産出物（1）、石炭採鉱（1）、金属採鉱（1）、その他採鉱（49）、飲料・タバコ製造（92）、ジュート加工（19）、建設関連事業（1）、倉庫業（7）、不動産業（6）、教育・研究サービス（2）、個人サービス（6）、その他サービス（2）。このように、除外した業種の事業体数はいずれも100を割っているが、皮革加工業だけは事業体数が26にもかかわらず指定カーストとの関連をみるために分析対象に含めた。さらに、分析対象の18業種のうち、事業体数の僅少な項目は割愛したので、これら業種のすべての事業体が入力されたわけではない。入力数と事業体数の比率は業種により異なるが、18業種全体

---

[26] 業種名の本章での表記と原文（英文）表記の対応を以下に示す。食品加工業（Ⅰ）（Food Products: Ⅰ）、食品加工業（Ⅱ）（Food Products: Ⅱ）、綿業（Cotton Textiles）、毛・絹・化繊工業（Wool, Silk & Synthetic Fibre Textiles）、縫製業（Hosiery & Garments）、木材加工業（Wood Products）、製紙・印刷業（Paper Products and Printing）、皮革加工業（Leather Products）、ゴム・プラスチック製造業（Rubber & Plastic Products）、化学工業（Chemical & Chemical Products）、窯業（Non-metallic Mineral Products）、基礎金属工業（Basic Metal Industries）、金属製品製造業（Metal Products）、機械工業（Machinery & Parts except Electrical）、電気機器製造業（Electrical Machinery & Apparatus）、輸送機械製造業（Transport Equipment and Parts）、その他製造業（Miscellaneous Manufacturing Industries）、修理サービス業（Repair Services）。なお、食品加工業（Ⅰ）はミルク加工品、野菜・果樹加工品、ジュース、精米、製糖、製塩などを、食品加工業（Ⅱ）はその他食用油、茶・コーヒー、アイスキャンディ、家畜飼料などの製造を内容としている。

としては事業体数の約67％が入力されている。割愛した業種を含めた名簿全体の事業体数は約3万なので、本章ではその65％の事業体が分析対象となっている。

　まず、「分析対象事業体の業種別地域別分布」を表7-8で確認しておこう。事業体の分布は業種を単位とする。項目を単位とする分類は業種内での伝統的部門、近代的部門と経営者との相関のほかに資本、技術、組織形態に関するきめの細かな分析に対する有力な手掛かりを提供するが、本章ではこの点に踏み込む余裕はない。また、地域別分布についても県単位の分類が可能であるが、煩瑣となるために5地域区分で表示する。グジャラート諸県のなかで登録製造業者数が1000を超える製造業の先進県は半島部のジャームナガル（事業体数：1163）、ラージコート（2313）、バーヴナガル（1040）、中央グジャラートのアーメダバード（6023）、ヴァドーダラー（1167）、南グジャラートのスーラト（2050）、ワルサード（1071）である。とくに、アーメダバード、ラージコート、スーラトの3県は突出しており、アーメダバード市を起点とするラージコート市、およびスーラト市（さらにボンベイ市）にいたる2幹線は成長回廊となっている。

　州政府産業附置局のアンケートに対する回答率は、同一業種であれば地域差は小さかったものとおもわれる。それゆえ、同一業種内部での経営者数の地域格差は比較的精度の高い情報と考えられるので、同表には地域ごとの比率を示した。以下、地域集中型、分散型の区分に沿い、各業種の立地上の特徴を概観しておこう。

　食品加工業は（Ⅰ）、（Ⅱ）ともに入力した経営者数が小さく、地理的分布について確たることはいえない。綿工業は「インドのマンチェスター」と呼ばれたアーメダバード市を抱える中央グジャラートが事業体数で優勢であるが、近年半島部の比率が高まっている。アーメダバード市の綿工業は資本額、雇用数、産出高においていまだに同市製造業部門の首位の座を保ってはいるが、その比率は近年急速に低下している。1980年代前半以降、多数の綿工場が閉鎖に追い込まれ、労働者の失業問題が深刻化している[27]。毛・絹・化繊工業は南グジャラートに集中している。これはスーラト市が金刺繡絹織物（ジャーリー）業および化繊工業の中心地になっているためである。長い伝統

第7章　州政府製造業者名簿分析

表7-8　分析対象事業体の業種別地域別分布

業種	カッチ	半島部	北グジャラート	中央グジャラート	南グジャラート	計
食品加工業（Ⅰ）	—	17 (4.3)	49 (12.3)	321 (80.4)	12 (3.0)	399 (100.0)
食品加工業（Ⅱ）	14 (10.1)	75 (53.9)	24 (17.3)	25 (18.0)	1 (0.7)	139 (100.0)
綿工業	99 (4.4)	969 (42.6)	45 (2.0)	1,095 (48.2)	64 (2.8)	2,272 (100.0)
毛・絹・化繊工業	2 (0.1)	15 (0.7)	54 (2.5)	116 (5.4)	1,965 (91.3)	2,152 (100.0)
縫製業	32 (12.9)	30 (12.0)	13 (5.2)	146 (58.6)	28 (11.3)	249 (100.0)
木材加工業	6 (0.6)	140 (13.4)	236 (22.6)	576 (55.2)	85 (8.2)	1,043 (100.0)
製紙・印刷業	14 (1.8)	127 (16.6)	120 (15.7)	380 (49.8)	123 (16.1)	764 (100.0)
皮革加工業	—	6 (23.1)	3 (11.5)	13 (50.0)	4 (15.4)	26 (100.0)
ゴム・プラスチック製造業	35 (3.0)	302 (25.8)	85 (7.3)	538 (46.0)	209 (17.9)	1,169 (100.0)
化学工業	45 (2.4)	324 (17.1)	197 (10.4)	923 (48.8)	404 (21.3)	1,893 (100.0)
窯業	7 (1.1)	269 (40.8)	193 (29.3)	183 (27.8)	7 (1.0)	659 (100.0)
基礎金属工業	2 (0.2)	384 (31.5)	157 (12.9)	593 (48.6)	83 (6.8)	1,219 (100.0)
金属製品製造業	33 (1.6)	880 (41.6)	330 (15.6)	710 (33.6)	162 (7.6)	2,115 (100.0)
機械工業	5 (0.1)	1,110 (31.7)	114 (3.3)	1,971 (56.2)	307 (8.7)	3,507 (100.0)
電気機器製造業	4 (0.5)	393 (44.5)	19 (2.1)	405 (45.8)	63 (7.1)	884 (100.0)
輸送機械製造業	4 (0.7)	227 (37.1)	50 (8.2)	270 (44.2)	60 (9.8)	611 (100.0)
その他製造業	4 (1.8)	77 (34.5)	72 (32.3)	54 (24.2)	16 (7.2)	223 (100.0)
修理サービス業	—	51 (39.5)	18 (14.0)	47 (36.4)	13 (10.1)	129 (100.0)
計	306 (1.6)	5,396 (27.7)	1,779 (9.2)	8,366 (43.0)	3,606 (18.5)	19,453 (100.0)

注：（　）内数値は業種別総計に対する比率（％）。
出所：表7-7と同じ。

をもつ金刺繍絹織物は加工ダイヤとともに、グジャラートの主要な輸出品目となっている[28]。毛・絹・化繊工業は南グジャラートの事業体数の54.5%を占めている。縫製業は中央グジャラートの比率が高いものの全地域にくまなく分布している。木材加工業は中央グジャラートと北グジャラートに集中している。製紙・印刷業は地域分散型である。皮革加工業はやはり事業体数が小さすぎ、何ら一般化はできない。ゴム・プラスティック製造業と化学工業はともに多数の経営者を引き付けるとともに、グジャラート全土に分布している。窯業の中心地域は半島部である。この業種は諸種の石、セメント、タイル加工を主要な内容としている。基礎金属工業は中央グジャラートから半島部にかけて濃密に分布している。金属製品製造業では半島部の事業体数は中央グジャラートのそれを上回っている。半島部ではジャームナガル県とバーヴナガル県、中央グジャラートではアーメダバード県とヴァドーダラー県の事業体数が突出している。産業構造のなかで戦略的重要性をもつ機械工業はアーメダバード県とラージコート県がグジャラートにおける２大センターとなっている。電気機器製造業ではジャームナガル県、アーメダバード県、ヴァドーダラー県が中心地域になっている。輸送機械製造業およびその他製造業（医療器具、時計等）も半島部から中央グジャラートにいたる地域が生産の中心地となっている。修理サービス業は電気機器を対象としたものであるが、これも回答を寄せた事業体数が小さすぎる。

(3) 業種と宗教、カースト

　本節では業種と宗教、カーストの相関をまず業種別に検討する。宗教、カースト集中型の業種と分散型の業種を識別し、集中型についてはその理由を考察する。その際、個別カーストとの関わりのみならず、第１節に示した宗教、カーストグループとの関わりも検討する。その次に、宗教、カースト別に業種との関わりをみる。ここでも、特定業種への参入傾向を分析し、集中

---

27) 一部綿工場の閉鎖、操業短縮にともない、1977-92年間にアーメダバード市だけで４万4000人、グジャラート全体では５万9000人の労働者が解雇された。彼らに関する社会経済調査結果は、Patel, B. (1988) にまとめられている。
28) ジャーリー製造業の歴史と現状については、ジャーリー製造業者協会の記念特集号、加工ダイヤ産業については Kashyap and Tiwari (1986) に詳しい。

型なのかあるいは分散型なのかを識別する。

業種別宗教、カースト構成

　表7-9に「業種別上位5姓集団の経営者数比率の分布」を掲げる。母数は頻度50以上の経営者総数ではなく、入力された業種別の経営者総数とした。個別姓集団の実際の勢力を確認しておくためである。また、本章の分析対象とした頻度50以上の経営者総数の比率も業種別に表示した。集中型、分散型を識別する目安とするためである。頻度50以上の経営者総数の比率は全体で55.4％なので、この比率を大きく上回る業種は集中型、大きく下回る業種は分散型と分類できよう。

　集中型、分散型の基準を仮に上記平均値の±10ポイント以上の範囲に置くと、食品加工業（Ⅰ）（81.7％）、木材加工業（77.2％）、窯業（65.7％）の3業種を集中型、皮革加工業（34.6％）、毛・絹・化繊工業（34.7％）、縫製業（36.1％）、修理サービス業（42.6％）の4業種を分散型に分類できる。また、この範囲外にあるが、電気機器製造業（46.0％）は分散型とみなすことができよう。その他の業種は頻度50以上の経営者数の比率が平均値に近似しているという意味において、集中も分散もしていないと位置づけられる。

　次に、上位5姓集団に即して集中型、分散型の特徴を概観しておこう。全般的な特徴としては、パテールが縫製業を除くすべての業種で1位を占めていること、シャーも皮革加工業、修理サービス業を除く大多数の業種で2～3位を占めていること、パーンチャルは8業種の上位にエントリーしており、とくに基礎金属工業、金属製品製造業、機械工業、輸送機械製造業、修理サービス業ではパテールに次ぎ第2位を占めていること、その他の姓集団で有力なのはバニヤー、ジャイナ教徒と職人カーストのグループであり、これらが第3～5位を占めていること、が挙げられる。パテールはすべての業種に分布しており、しかも多数の業種においてその優位は圧倒的である。シャーも広範な業種に進出している。パーンチャルをはじめとする職人カーストは「伝統的」業種で優位を保っており、その他の業種ではシャーを含むバニヤー、ジャイナ教徒が有力である。綿工業は多数の宗教、カーストの経営者により支えられており、モーミンや他のイスラム教徒が上位に進出している。いず

第Ⅲ部　グジャラートの経営者名簿分析

表7-9　業種別上位5姓集団の経営者数比率の分布

業種	1位	2位	3位	4位	5位	経営者総数 [頻度50以上の経営者数の比率]
食品加工業（Ⅰ）	Patel (53.6)	Shah (13.5)	Thakkar (3.0)	Modi (2.0)	Sheth (1.8)	399 [81.7]
食品加工業（Ⅱ）	Patel (33.8)	Shah (6.5)	Thakkar (2.9)	Modi (2.9)	—	139 [54.0]
綿工業	Patel (20.7)	Momin (10.4)	Shah (5.0)	Panara (3.0)	Basmiya (2.3)	2,272 [50.0]
毛・絹・化繊工業	Patel (15.3)	Jarivala (4.6)	Shah (4.2)	Kapadiya (1.5)	—	2,152 [34.7]
縫製業	Shah (13.7)	Patel (8.8)	Mehta (1.6)	Jain (1.6)	Sheth (1.2)	249 [36.1]
木材加工業	Patel (45.4)	Mistri (13.8)	Suthar (5.5)	Panchal (2.9)	Shah (2.1)	1,043 [77.2]
製紙・印刷業	Patel (20.4)	Shah (16.0)	Mehta (2.7)	Sheth (2.1)	—	764 [58.8]
皮革加工業	Patel (7.7)	Parmar (7.7)	—	—	—	26 [34.6]
ゴム・プラスティック製造業	Patel (19.2)	Shah (13.9)	Mehta (1.9)	Desai (1.6)	Panchal (1.3)	1,169 [54.7]
化学工業	Patel (26.5)	Shah (12.6)	Desai (1.9)	Modi (1.6)	Mehta (1.5)	1,893 [58.1]
窯業	Patel (34.1)	Shah (10.8)	Paraja-pati (3.3)	Doshi (1.4)	—	659 [65.7]
基礎金属工業	Patel (23.8)	Panchal (13.5)	Shah (7.9)	Mistri (2.4)	Luhar (1.6)	1,219 [61.9]
金属製品製造業	Patel (12.9)	Panchal (12.2)	Shah (7.4)	Luhar (5.1)	Mehta (1.5)	2,115 [56.1]
機械工業	Patel (20.3)	Panchal (13.4)	Shah (6.0)	Mistri (2.7)	Gajjar (1.5)	3,507 [59.1]
電気機器製造業	Patel (18.0)	Shah (9.2)	Panchal (2.4)	Mehta (2.3)	Desai (1.2)	884 [46.0]
輸送機械製造業	Patel (22.9)	Panchal (7.5)	Shah (6.2)	Mistri (2.6)	Sharma (1.5)	611 [57.9]
その他製造業	Patel (30.5)	Shah (7.2)	Paraja-pati (4.0)	Mistri (3.6)	—	223 [59.6]
修理サービス業	Patel (16.3)	Panchal (6.2)	Mistri (3.9)	Shekh (2.3)	—	129 [42.6]
計	Patel (22.3)	Shah (7.8)	Panchal (5.3)	Mistri (1.9)	Momin (1.4)	19,453 (55.4)

注1：（　）内の数値は各姓集団の業種別経営者総数に占める比率（％）。
　　［　］内の数値は頻度50以上の姓集団の業種別経営者総数に占める比率（％）。
　2：計には全体として経営者数の優等な上位5姓集団の姓と経営者総数に占める比率（％）を表示した。
　3：同位の姓集団が複数存在し、5枠におさまり切らない場合には、あえてそれらを表示していない。
出所：表7-7と同じ。

れの業種においてもバラモンやクシャトリヤのなかから上位に食い込むカーストは出ていない。

　パテールの経営者数は総経営者数の22.3％を占めている。集中型の３業種でのパテールの経営者数比率は食品加工業（Ⅰ）53.6％、木材加工業45.4％、窯業34.1％といずれも平均値を大きく上回っている。食品加工業（Ⅱ）の同比率も33.8％と高い。グジャラートの支配的農耕カーストであるパーティーダールは土地所有のみならず、農産物の加工および流通においても優位を確保している。農業と直接リンクするこの分野の制覇は彼らの資本形成の初期的過程においてとくに重要な意義をもったものとおもわれる。木材加工業と窯業はともに建設業と密接に連関している。グジャラート都市部の建設業を支配しているといわれているパーティーダールは関連産業の木材加工業と窯業をも自己の掌中にしている。

　分散型と位置づけた５業種のうち、皮革加工業と修理サービス業については前記した理由により言及しない。残余の３業種のうち、毛・絹・化繊工業と縫製業は長い伝統をもつ衣料関係の業種であり、綿工業と同様に多数の宗教、カーストグループを引きつけた部門となっている。また、伝統技術と近代技術の共存できる分野でもあるので分散状態が継続している。これに対して、電気機器製造業は近代部門であり、ゴム・プラスティック製造業や化学工業とともにカーストグループの伝統や技術蓄積に拘束されない分野となっている。

　さらに、業種別に頻度が50以上の経営者総数に占める宗教、カーストグループごとの比率を比較検討しておこう。表7-10に「業種別宗教・カーストグループ別経営者数比率の分布」、を示す。全体としてパーティーダールは40％、バニヤーは23％、職人カーストは18％、バラモンは４％、クシャトリヤは５％、イスラム教徒も５％ほどとなろう。パーティーダールの比率が50％を超えるのは、すでに検討した食品加工業、木材加工業、窯業の諸業種とその他製造業である。バニヤーは毛・絹・化繊工業、縫製業、製紙・印刷業、ゴム・プラスティック製造業、化学工業の分野で優勢である。職人カーストの場合は業種間の比率が著しく異なり、伝統部門に集中していることが確認できる。同様にイスラム教徒も綿工業に分布が集中している。バラモン

第Ⅲ部　グジャラートの経営者名簿分析

表7-10　業種別宗教・カーストグループ別経営者数比率の分布

業　種	① バラモン	② クシャトリヤ	③ バニヤー	④ 上位諸カースト	⑤ パーティーダール	⑥ 職人カースト	⑦ イスラム教徒	計
食品加工業（Ⅰ）	4 (1.2)	—	88 (27.0)	10 (3.1)	214 (65.6)	8 (2.5)	2 (0.6)	326 (100.0)
食品加工業（Ⅱ）	2 (2.7)	2 (2.7)	21 (28.0)	1 (1.3)	47 (62.7)	2 (2.7)	—	75 (100.0)
綿工業	21 (1.9)	30 (2.6)	158 (13.9)	17 (1.5)	470 (41.4)	10 (0.9)	429 (37.8)	1,135 (100.0)
毛・絹・化繊工業	21 (2.8)	17 (2.3)	325 (43.5)	41 (5.5)	330 (44.2)	12 (1.6)	1 (0.1)	747 (100.0)
縫製業	6 (6.7)	2 (2.2)	53 (58.9)	7 (7.8)	22 (24.4)	—	—	90 (100.0)
木材加工業	13 (1.6)	14 (1.7)	37 (4.6)	9 (1.1)	474 (58.9)	252 (31.3)	6 (0.7)	805 (100.0)
製紙・印刷業	39 (8.7)	20 (4.5)	179 (39.9)	34 (7.6)	156 (34.7)	18 (4.0)	3 (0.7)	449 (100.0)
皮革加工業	1 (11.1)	3 (33.3)	2 (22.2)	—	2 (22.2)	—	1 (11.1)	9 (100.0)
ゴム・プラスティック製造業	47 (7.3)	30 (4.7)	249 (38.9)	48 (7.5)	225 (35.2)	35 (5.5)	6 (0.9)	640 (100.0)
化学工業	53 (4.8)	38 (3.5)	390 (35.5)	73 (6.6)	502 (45.6)	36 (3.3)	8 (0.7)	1,100 (100.0)
窯業	25 (5.8)	29 (6.7)	105 (24.2)	11 (2.5)	225 (52.0)	38 (8.8)	—	433 (100.0)
基礎金属工業	42 (5.6)	25 (3.3)	131 (17.4)	20 (2.7)	290 (38.5)	233 (30.9)	13 (1.7)	754 (100.0)
金属製品製造業	44 (3.7)	115 (9.7)	232 (19.5)	59 (5.0)	273 (23.0)	451 (38.0)	13 (1.1)	1,187 (100.0)
機械工業	90 (4.3)	150 (7.2)	321 (15.5)	84 (4.1)	713 (34.4)	688 (33.2)	25 (1.2)	2,071 (100.0)
電気機器製造業	22 (5.4)	39 (9.6)	106 (26.0)	38 (9.3)	159 (39.1)	39 (9.6)	4 (1.0)	407 (100.0)
輸送機械製造業	32 (9.0)	24 (6.8)	64 (18.1)	16 (4.5)	140 (39.5)	75 (21.2)	3 (0.8)	354 (100.0)
その他製造業	5 (3.8)	7 (5.3)	23 (17.3)	8 (6.0)	68 (51.1)	21 (15.8)	1 (0.8)	133 (100.0)
修理サービス業	4 (7.3)	6 (10.9)	4 (7.3)	1 (1.8)	21 (38.2)	14 (25.5)	5 (9.1)	55 (100.0)
計	471 (4.4)	551 (5.1)	2,488 (23.1)	477 (4.4)	4,331 (40.2)	1,932 (17.9)	520 (4.8)	10,770 (100.0)

注1：「上位諸カースト」のグループはジャイナ教徒、ヒンドゥー・バニヤー、バラモン、パーティーダールが共有する姓の集団よりなる。
　2：（　）内の数値は各グループ経営者の業種別経営者総数に占める比率（％）。
出所：表7-7と同じ。

とクシャトリヤはともにまんべんなく分布しているが、分布のパターンは微妙に異なっている。バラモンの場合は相対的に優位な業種がバニヤーとかなり重なり合うのに対して、クシャトリヤの場合は金属製品製造業、機械工業などの業種が比較的強い。この原因についてはカースト・グループの地理的分布と工業立地の関連があり、その詳細は後述する。

頻度が50未満の経営者を含め分析対象を拡大した場合、全体的にパーティーダールの比率は低下するのに対して、バニヤーの比率は大きく上昇し、パーティーダールとの格差は僅少となろう。また、バラモンとクシャトリヤの比率はともに上昇する。パールスィー教徒のみならず、パンジャービー、マールワーリー、マラーティーなどの外来者[29]も僅少ながら識別可能となる。職人カーストの比率は低下しよう。

宗教・カースト別業種構成

各宗教・カーストグループの経営者と業種との関連をみるために、表7-11に「宗教・カーストグループ別経営者数比率の業種別分布」、を掲げる。全体として比率の高い業種は、機械工業（19.2％）、金属製品製造業（11.0％）、綿工業（10.5％）、化学工業（10.2％）などである。個別の宗教、カーストグループの検討に際しては、全体の業種別平均値との乖離に注目し、分布上の特徴を概観する。

パーティーダールはあらゆる業種に進出しており、その業種別比率はほとんどの業種において全体の平均値に近似している。換言すると、突出した集団をなすパーティーダールが全体の平均値を形成する核になっているといえる。バニヤーについては、表7-10による検討事項がそのまま確認できる。職人カーストの優勢な伝統的業種は、機械工業（35.6％）、金属製品製造業（23.3％）、基礎金属工業（12.1％）、木材加工業（13.0％）であり、これら業種の経営者数比率は平均値を大きく上回っている。イスラム教徒の綿工業

---

[29] ここでの外来者とは、グジャラート以外の地域に特有な姓の使用者を指す。ただし、外来者の多くはグジャラートに定着している。また、グジャラートの宗教、カーストグループが他地域のそれらと共有する姓は、使用者の腑分けができないために、一括してグジャラートの宗教、カーストグループとして扱った。

第Ⅲ部　グジャラートの経営者名簿分析

表7-11　宗教・カーストグループ別経営者数比率の業種別分布

業　種	① バラモン	② クシャトリヤ	③ バニヤー	④ 上位諸カースト	⑤ パーティーダール	⑥ 職人カースト	⑦ イスラム教徒	計
食品加工業（Ⅰ）	4 (0.8)	—	88 (3.5)	10 (2.1)	214 (4.9)	8 (0.4)	2 (0.4)	326 (3.0)
食品加工業（Ⅱ）	2 (0.4)	2 (0.4)	21 (0.8)	1 (0.2)	47 (1.1)	2 (0.1)	—	75 (0.7)
綿工業	21 (4.5)	30 (5.4)	158 (6.4)	17 (3.6)	470 (10.9)	10 (0.5)	429 (82.5)	1,135 (10.5)
毛・絹・化繊工業	21 (4.5)	17 (3.1)	325 (13.1)	41 (8.6)	330 (7.6)	12 (0.6)	1 (0.2)	747 (6.9)
縫製業	6 (1.3)	2 (0.4)	53 (2.1)	7 (1.5)	22 (0.5)	—	—	90 (0.8)
木材加工業	13 (2.8)	14 (2.5)	37 (1.5)	9 (1.9)	474 (10.9)	252 (13.0)	6 (1.2)	805 (7.5)
製紙・印刷業	39 (8.3)	20 (3.6)	179 (7.2)	34 (7.1)	156 (3.3)	18 (0.9)	3 (0.6)	449 (4.2)
皮革加工業	1 (0.2)	3 (0.5)	2 (0.1)	—	2 (0.0)	—	1 (0.2)	9 (0.1)
ゴム・プラスティック製造業	47 (10.0)	30 (5.4)	249 (10.0)	48 (10.1)	225 (5.2)	35 (1.8)	6 (1.2)	640 (5.9)
化学工業	53 (11.3)	38 (6.9)	390 (15.7)	73 (15.3)	502 (11.6)	36 (1.9)	8 (1.5)	1,100 (10.2)
窯業	25 (5.3)	29 (5.3)	105 (4.2)	11 (2.3)	225 (5.2)	38 (2.0)	—	433 (4.0)
基礎金属工業	42 (8.9)	25 (4.5)	131 (5.3)	20 (4.2)	290 (6.7)	233 (12.1)	13 (2.5)	754 (7.0)
金属製品製造業	44 (9.3)	115 (20.9)	232 (9.3)	59 (12.4)	273 (6.3)	451 (23.3)	13 (2.5)	1,187 (11.0)
機械工業	90 (19.1)	150 (27.2)	321 (12.9)	84 (17.6)	713 (16.5)	688 (35.6)	25 (4.8)	2,071 (19.2)
電気機器製造業	22 (4.7)	39 (7.1)	106 (4.3)	38 (8.0)	159 (3.7)	39 (2.0)	4 (0.8)	407 (3.8)
輸送機械製造業	32 (6.8)	24 (4.4)	64 (2.6)	16 (3.4)	140 (3.2)	75 (3.9)	3 (0.6)	354 (3.3)
その他製造業	5 (1.1)	7 (1.3)	23 (0.9)	8 (1.7)	68 (1.6)	21 (1.1)	1 (0.2)	133 (1.2)
修理サービス業	4 (0.8)	6 (1.1)	4 (0.2)	1 (0.2)	21 (0.5)	14 (0.7)	5 (1.0)	55 (0.5)
計	471 (100.0)	551 (100.0)	2,488 (100.0)	477 (100.0)	4,331 (100.0)	1,932 (100.0)	520 (100.0)	10,770 (100.0)

注1：「上位諸カースト」のグループはジャイナ教徒、ヒンドゥー・バニヤー、バラモン、パーティーダールが共有する姓の集団より成り立っている。
　2：（　）内の数値はグループ別経営者総数に占める業種別経営者数の比率（％）。
出所：表7-7と同じ。

（82.5％）への集中度はきわめて高い。独立以降に展開する綿工業以外の諸種の近代工業に対するイスラム教徒の参入は僅少であり、これは長期的には彼らの資本蓄積にとって不利に作用するものとおもわれる。ここでも、バラモンとバニヤー間の業種別比率の類似性とクシャトリヤの機械工業（27.2％）、金属製品製造業（20.9％）の相対的優位を確認できる。

次に、宗教・カーストグループを構成する個々の姓集団を単位として、経営者数比率の業種別分布を検討しておこう。宗教・カーストグループの業種別経営者数比率はこれを構成する複数の姓集団の平均値に過ぎない。このため、姓集団間の分布上の格差は抹消されていたが、特定の業種に偏向する姓集団は大部分の宗教・カーストグループにみられる。本章の範囲ではパテールがパーティーダールを構成する単一の姓集団なので、ここでパテールに言及する必要はない。

バニヤーを構成する姓集団の多くは広範な業種に分布しており、経営者数比率の業種別分布もバニヤー全体のものと近似している。例外は毛・絹・化繊工業に集中するジャーリーワーラーとカパーディヤーであり、同業種の経営者数比率は前者が91.7％、後者が60.0％の高率を示している。広範な業種に分布はしているが、ガーンディーも毛・絹・化繊工業の比率が30.8％となっている。その他の姓集団については、経営者数比率のもっとも高い業種とその比率を以下に示す。アーグラワールは毛・絹・化繊工業（18.4％）、ドーシーは金属製品製造業（20.7％）、モーディーは化学工業（21.9％）、パーリックは機械工業（21.3％）、シャーは化学工業（15.7％）、シェートは化学工業（19.1％）、タッカルは化学工業（20.6％）である。

職人カーストについては「伝統的」職業と経営との関わりを詳細に検討できるよう、表7-12に「職人カースト別経営者数比率の業種別分布」、を掲げる。職人カーストの最大経営者集団であるパーンチャルは金属、機械部門における経営者数比率が著しく高い。機械工業（45.4％）、基礎金属工業（16.0％）、金属製品製造業（25.0％）を合わせると、86.4％の比率となる。独立前において先進集団をなしていたにもかかわらず綿工業に参入していないし、独立後も化学工業と関わっていない。同じく先進集団をなしていたソーニーは、綿工業、化学工業と関わり、その経営者数比率の業種別分布はバニヤーのも

第Ⅲ部　グジャラートの経営者名簿分析

表7-12　職人カースト別経営者数比率の業種別分布

業　種	ガッジャル	ルハール	ミストゥリー	パーンチャル	プラジャーパティ	ソーニー	スタール	計
食品加工業（Ⅰ）	1 (0.8)	—	1 (0.3)	4 (0.4)	1 (1.0)	1 (1.7)	—	8 (0.4)
食品加工業（Ⅱ）	1 (0.8)	—	—	1 (0.1)	—	—	—	2 (0.1)
綿工業	1 (0.8)	—	—	1 (0.1)	4 (4.0)	4 (6.9)	—	10 (0.5)
毛・絹・化繊工業	6 (5.1)	—	1 (0.3)	3 (0.3)	1 (1.0)	1 (1.7)	—	12 (0.6)
縫製業	—	—	—	—	—	—	—	—
木材加工業	16 (13.6)	4 (2.7)	144 (38.7)	30 (2.9)	1 (1.0)	—	57 (57.0)	252 (13.0)
製紙・印刷業	—	—	3 (0.8)	2 (0.2)	2 (2.0)	9 (15.5)	2 (2.0)	18 (0.9)
皮革加工業	—	—	—	—	—	—	—	—
ゴム・プラスティック製造業	2 (1.7)	—	10 (2.7)	15 (1.5)	1 (1.0)	4 (6.9)	3 (3.0)	35 (1.8)
化学工業	5 (4.2)	1 (0.7)	4 (1.1)	2 (0.2)	17 (17.0)	6 (10.3)	1 (1.0)	36 (1.9)
窯業	1 (0.8)	—	7 (1.9)	6 (0.6)	22 (22.0)	1 (1.7)	1 (1.0)	38 (2.0)
基礎金属工業	8 (6.8)	19 (12.7)	29 (7.8)	165 (16.0)	7 (7.0)	3 (5.2)	2 (2.0)	233 (12.1)
金属製品製造業	15 (12.7)	107 (71.3)	46 (12.4)	259 (25.0)	10 (10.0)	9 (15.5)	5 (5.0)	451 (23.3)
機械工業	53 (44.9)	13 (8.7)	93 (25.0)	469 (45.4)	20 (20.0)	13 (22.4)	27 (27.0)	688 (35.6)
電気機器製造業	9 (7.6)	—	5 (1.3)	21 (2.0)	2 (2.0)	2 (3.4)	—	39 (2.0)
輸送機械製造業	—	5 (3.3)	16 (4.3)	46 (4.4)	2 (2.0)	4 (6.9)	2 (2.0)	75 (3.9)
その他製造業	—	1 (0.7)	8 (2.2)	2 (0.2)	9 (9.0)	1 (1.7)	—	21 (1.1)
修理サービス業	—	—	5 (1.3)	8 (0.8)	1 (1.0)	—	—	14 (0.7)
計	118 (100.0)	150 (100.0)	372 (100.0)	1,034 (100.0)	100 (100.0)	58 (100.0)	100 (100.0)	1,932 (100.0)

注：（ ）内の数値はカースト別経営者総数に占める業種別経営者数の比率（％）。
出所：表7-7と同じ。

のと類似している。金加工を「伝統的」職業とするソーニーは、生産よりも流通過程での蓄財のチャンスが大きく、この意味において、当初よりバニヤーと経営様式が類似していたものとおもわれる。スタール、ミストゥリーはともに大工を「伝統的」職業としながらも、スタールの木材加工業の比率（57.0％）はミストゥリー（38.7％）を18ポイントほど上回っている。ミストゥリーの業種幅はスタールよりも広いが、両者ともに機械工業や金属製品製造業が木材加工業と対をなす業種になっている。ガッジャルにも木材加工業と金属製品製造業、機械工業の組み合わせが認められる。鍛冶を「伝統的」職業とするローハールの場合は木材加工業への進出はみられず、伝統的技術の蓄積のある基礎金属工業（12.7％）、金属製品製造業（71.3％）、機械工業（8.7％）の3部門に集中している。陶工を「伝統的」職業とするプラジャーパティは窯業（22.0％）とのつながりを保つと同時に、化学工業（17.0％）にも進出している。

バラモンの姓集団の場合もバニヤーと同様に広範な業種に比較的まんべんなく分布しており、特定業種への集中もみられない。各姓集団について経営者数比率のもっとも高い業種とその比率を以下に示す。経営者数比率のもっとも高い業種が機械工業なのは、バット（22.0％）、ダヴェー（20.7％）、シャルマー（20.0％）、トリヴェーディー（32.8％）の4集団である。ジョーシーは金属製品製造業（17.3％）、パーンデャーはゴム・プラスチック製造業（22.6％）、ヴァースは化学工業（20.4％）である。

クシャトリヤの姓集団の場合はいずれも金属製品製造業、機械工業の比率が比較的高い。ちなみに両者を合わせた比率は、チャウハン（33.3％）、マクワーナー（55.1％）、パルマール（47.7％）、ラトード（59.3％）、ソーランキー（47.1％）、ドーディアー（70.0％）である。例外はチャウドリーのみであり、化学工業（23.3％）がもっとも比率の高い業種となっている。

イスラム教徒の姓集団はいずれも綿工業の比率が高く、モーミン（90.1％）、マンスーリー（83.6％）、シャイフ（33.8％）、バースミヤー（96.3％）、パナーラー（95.8％）となっている。シャイフの場合は、金属製品製造業、機械工業の比率も高い。

その他の姓集団をなすデーサイー、メーヘター、ヴォーラーは突出した業

種をもたない分散型の分布を示している。

(4) 立地と宗教、カースト

　宗教、カーストの業種別分布は「伝統的」職業とのつながりや、コミュニティとしての進取の気性、相互扶助、教育水準、資本蓄積の水準などに体現される社会的モビリティのありように制約されている。さらに、宗教、カーストの地理的分布も業種の選択幅を制約する重要な要因となっている。モビリティの高い宗教、カーストであれば資本や人材（経営者）の移動は比較的容易であるが、モビリティに欠ける集団の場合、資本と経営者の移動には大きなリスクがともなう。このため、宗教、カーストの分布する在地における産業構成が業種の選択に大きな影響を与えることになる。この点を確認するために、宗教、カーストの地域別分布を検討してみよう。

　表7-13に「宗教・カーストグループ別経営者の地域別分布」、を掲げる。ここでもグジャラートを5地域に分割する。ここでの地域別分布は登録工場経営者のものであり、宗教、カースト人口でないことを再確認しておく。

　個々の宗教、カーストの説明に入る前に、入力された経営者数に占める頻度50以上の姓集団の比率を地域別にみておこう。北グジャラートの同比率はもっとも高く84.2％、それに次ぐ中央グジャラートは65.3％を示している。北グジャラートにおける頻度50未満の姓集団の比率は低い。これに対して、半島部と南グジャラートの場合は頻度50以上の姓集団の比率は各々42.2％、41.0％に過ぎず、多数の小規模な姓集団が工場経営に参画している。姓集団の分化がもっとも激しいのはカッチであり、同比率は16.0％に過ぎない。

　7つの宗教、カーストグループのなかで、パーティーダール、バラモン、バニヤーの姓集団の地域別分布のパターンは類似している。いずれも中央グジャラートに約半数が分布するほか、半島部や南グジャラートにおける比率も低くない。いわゆる各地域にまんべんなく分布するパターンを示している。これら3集団はグジャラートのなかでもっとも社会的モビリティの高い経営者集団をなしており、すでに検討したように広範な業種に進出している。職人カーストの姓集団の地域別分布は中央グジャラート（56.1％）と北グジャラート（26.2％）に集中するパターンを示している。これに対して、クシャ

表7-13 宗教・カーストグループ別経営者の地域別分布

宗教・カーストグループ	カッチ	半島部	北グジャラート	中央グジャラート	南グジャラート	計
①バラモン	1 (0.2) [2.0]	107 (22.7) [4.7]	46 (9.8) [3.1]	245 (52.0) [4.5]	72 (15.3) [4.9]	471 (100.0) [4.4]
②クシャトリヤ	3 (0.5) [6.1]	336 (61.0) [14.8]	74 (13.4) [4.9]	105 (19.1) [1.9]	33 (6.0) [2.2]	551 (100.0) [5.1]
③バニヤー	19 (0.8) [38.8]	419 (16.8) [18.4]	214 (8.6) [14.3]	1,264 (50.8) [23.1]	572 (23.0) [38.7]	2,488 (100.0) [23.1]
④上位諸カースト	11 (2.3) [22.4]	137 (28.7) [6.0]	11 (2.3) [0.7]	182 (38.2) [3.3]	136 (28.5) [9.2]	477 (100.0) [4.4]
⑤パーティーダール	11 (0.3) [22.4]	1,019 (23.5) [44.8]	632 (14.6) [42.2]	2,158 (49.8) [39.5]	511 (11.8) [34.6]	4,331 (100.0) [40.2]
⑥職人カースト	4 (0.2) [8.2]	191 (9.9) [8.4]	507 (26.2) [33.8]	1,083 (56.1) [19.8]	147 (7.6) [9.9]	1,932 (100.0) [17.9]
⑦イスラム教徒	— — —	68 (13.1) [3.0]	14 (2.7) [0.9]	429 (82.5) [7.8]	9 (1.7) [0.6]	520 (100.0) [4.8]
計	49 (0.5) [100.0]	2,277 (21.1) [100.0]	1,498 (13.9) [100.0]	5,466 (50.8) [100.0]	1,479 (13.7) [100.0]	10,770 (100.0) [100.0]

注1:「上位諸カースト」のグループはジャイナ教徒、ヒンドゥー・バニヤー、バラモン、パーティーダールが共有する姓の集団よりなる。
  2:( )内の数値は、各宗教、カーストグループ経営者総数に占める地域別経営者数の比率(%)。
   [ ]内の数値は、各地域の経営者総数に占める宗教・カーストグループ別経営者数比率(%)。
出所:表7-7と同じ。

トリヤの姓集団は半島部(61.0%)が分布の中心地であり、北グジャラート(13.4%)と中央グジャラート(19.1%)がそれに続いている。ただし、中央グジャラートの同比率は7グループのなかでもっとも低い。職人カーストとクシャトリヤの姓集団の地域別分布のパターンは上記3集団との対比において局地的と表現できよう。金属製品製造業と機械工業への集中度が高いのも、両者の共通点である。

次に、各地域の経営者総数に占める宗教、カーストグループの姓集団の比率を比較してみよう。カッチについては経営者数が小さ過ぎ、確たることはいえないが、パーティーダールの比率の低いことだけは確認できよう。頻度

が50未満の同地域の姓集団には多数のイスラム教徒とバニヤーが含まれている。半島部の場合も頻度が50未満の姓集団の比率が高い。同表ではパーティーダールの比率がバニヤーとクシャトリヤを大きく引き離しているが、頻度の低い姓集団を含めた場合、後2者とパーティーダールの比率格差は少なからず縮小するものとおもわれる。北グジャラートではパーティーダールと職人カーストが支配的な経営者集団となっている。中央グジャラートにはいずれの宗教・カーストグループもクシャトリヤを除きしっかりとした足場を築いているが、経営者数で優勢なのはパーティーダール、職人カーストおよびバニヤーの3集団である。南グジャラートは中央グジャラート以上に諸宗教・カーストグループの混在する地域である。パーティーダールの支配力は他地域よりも弱く、同表からも確認できるように、頻度50以上の姓集団に限定してもバニヤーの比率はパーティーダールのそれを上回っている。頻度の低い姓集団を含めた場合、バラモンの比率は上昇し、イスラム教徒およびパールスィー教徒も確たる比率として識別できよう。また、この地域の経営風土はグジャラートのなかでもっとも開放的であり、州外から多額の資本と経営者を引きつけている。

　以上を踏まえ、宗教、カーストグループを構成する姓集団の地域別分布の検討に移ろう。表7-14に「姓集団の地域別分布」、を示す。ここですべての姓集団について説明を加える余裕はないので、母体である宗教・カーストグループと異なる地域別分布を示す姓集団についてのみ言及する。バラモンを構成する姓集団の地域別分布のパターンはほぼ共通している。中央グジャラートの比率を上回る地域のみられるのは半島部のジョーシーのみである。また、半島部の比率は概して南グジャラートの比率を上回っている。例外はシャルマーのみである。クシャトリヤの姓集団はチャウドリーを除き半島部の比率が突出している。さらに、中央グジャラートが第2位の比率をもっている。南グジャラートにも比較的分布しているのはチャウハンとパルマールの2姓集団である。バニヤーのなかでジャーリーワーラーとカパーディヤーは特異な分布を示している。両者ともに南グジャラートに集中し、毛・絹・化繊工業に専従している。

　ドーシーは半島部を拠点としている。ガーンディーとジェインは中央グジ

ャラートから南グジャラートにかけて濃密に分布している。他の姓集団は分散型の分布を示している。職人カーストのなかで突出した姓集団であるパーンチャルは中央グジャラートと北グジャラートに偏在しているが、ミストゥリー、プラジャーパティ、ソーニーなどは分散型といえよう。分散型だと想定されているローハールやスタールの経営者が南グジャラートにみられないのは意外である。イスラム教徒の場合、頻度50以上の姓集団はバースミヤーを除き中央グジャラートに集中し、かつ綿工業にほぼ専従している。しかし、頻度の低い姓集団を含めた場合、中央グジャラートの比率は確実に低下するものとおもわれる。

おわりに

　姓についての統計および実証的な研究が欠如するなか、本章では姓分析を主体として経営者の出自の割り出しを試みた。商工会議所の職員や政治・カースト研究を専門とする現地研究者からの協力を仰いだが、サンプル調査は組織できなかったので、本章は試論としての大きなリスクと限界をもっている。それでも、特定の宗教、カースト成員の使用する姓には一定の傾向が認められるので、蓋然性によりながらも、経営者と宗教、カーストの関わりを大まかには捉えることができたものとおもう。

　州誕生から1990年までの約30年間にグジャラートの工業は躍進し、その結果、同州はインド有数の先進州となった。工場セクターの業種構造は綿工業、食品加工業型から化学工業、金属・機械工業型へと推移した。また、この間に小規模工業も加速度的に増加し、民間工業部門における成長の核をなすにいたった。小規模工業は後進地域や農村部でも着実に増大しており、不良企業や低賃金などの問題を抱えながらも、地域間の発展格差の縮小にも貢献している。

　本章での分析は州政府の編纂した登録製造業者名簿にみられる頻度50以上の姓集団に限定されている。しかし、これら姓集団は入力された経営者数の過半数を占めており、資本形成と宗教、カーストの関わりを分析するうえでの有効なデータとなっている。

表7-14 姓集団の地域別分布

姓集団	カッチ	半島部	北グジャラート	中央グジャラート	南グジャラート	計
①バラモン						
バット	—	17	5	43	17	82
ダヴェー	—	15	3	30	10	58
ジョーシー	—	31	7	25	12	75
パーンデャー	—	10	6	31	6	53
シャルマー	—	5	15	54	11	85
トリヴェーディー	1	17	7	31	8	64
ヴァース	—	12	3	31	8	54
小計	1 (0.2)	107 (22.7)	46 (9.8)	245 (52.0)	72 (15.3)	471 (100.0)
②クシャトリヤ						
チャウハン	1	52	6	19	9	87
チャウドリー	1	3	36	11	—	51
ドーディヤー	—	39	2	6	3	50
マクワーナー	—	74	4	19	1	98
パルマール	1	61	16	17	14	109
ラトード	—	56	7	19	4	86
ソーランキー	—	51	3	14	2	70
小計	3 (0.5)	336 (61.0)	74 (13.4)	105 (19.1)	33 (6.0)	551 (100.0)
③バニヤー						
アーグラワール	—	6	12	35	23	76
ドーシー	—	45	7	18	12	82
ガーンディー	—	18	15	40	44	117
ジェイン	3	6	4	28	28	69
ジャーリーワーラー	—	—	—	2	106	108
カパーディヤー	1	5	—	6	43	55
モーディー	1	19	27	48	42	137
パーリック	—	18	7	75	8	108
シャー	12	257	123	896	231	1,519
シェート	1	26	3	56	24	110
タッカル	1	19	16	60	11	107
小計	19 (0.8)	419 (16.8)	214 (8.6)	1,264 (50.8)	572 (23.0)	2,488 (100.0)
④上位諸カースト						
デーサイ	1	12	2	74	80	169
メーヘター	8	88	8	94	51	249
ヴォーラー	2	37	1	14	5	59
小計	11 (2.3)	137 (28.7)	11 (2.3)	182 (38.2)	136 (28.5)	477 (100.0)

⑤パーティーダール パテール	11	1,019	632	2,158	511	4,331
小計	(0.3)	(23.5)	(14.6)	(49.8)	(11.8)	(100.0)
⑥職人カースト						
ガッジャル	—	32	6	74	6	118
ルハール	—	50	76	24	—	150
ミストゥリー	2	58	78	171	63	372
パーンチャル	—	10	272	693	59	1,034
プラジャーパティ	1	17	27	43	12	100
ソーニー	1	5	10	35	7	58
スタール	—	19	38	43	—	100
小計	4 (0.2)	191 (9.9)	507 (26.2)	1,083 (56.1)	147 (7.6)	1,932 (100.0)
⑦イスラム教徒						
マンスーリー	—	1	2	50	2	55
モーミン	—	3	11	245	4	263
シャイフ	—	9	1	64	3	77
バースミヤー	—	52	—	2	—	54
パナーラー	—	3	—	68	—	71
小計	—	68 (13.1)	14 (2.7)	429 (82.5)	9 (1.7)	520 (100.0)
計	49 (0.5)	2,277 (21.1)	1,498 (13.9)	5,466 (50.8)	1,479 (13.7)	10,770 (100.0)

注1：「上位諸カースト」のグループはジャイナ教徒、ヒンドゥー・バニヤー、バラモン、パーティーダールが共有する姓の集団よりなる。
　2：（　）内の数値は各宗教・カーストグループ経営者総数に占める地域別経営者数の比率（％）。姓集団別の同比率は紙幅の関係で表示していない。
出所：表7-7と同じ。

　グジャラートの経営者のなかでもっとも有力なのは、パーティーダールとバニヤーの2集団である。頻度50以上の経営者については、前者の経営者数比率が後者を凌駕しているが、頻度の低い経営者をも含めた場合、両者の比率は拮抗しよう。両者ともに、すべての業種に比較的まんべんなく分布しているが、大多数の業種において最大経営者数を誇るパーティーダールはとくに農産物加工、建設業関連の業種で突出しているのに対して、バニヤーは綿以外の繊維工業、製紙・印刷業、ゴム・プラスティック製造業、化学工業の業種が比較的強い。これら2集団と対照的に、第3位の経営者数をもつ職人カーストは「伝統的」職業と関わる機械工業、金属製品製造業、木材加工業に集中しており、それら以外の業種にはほとんど進出していない。グジャラ

ートにおけるその他の経営者集団は、クシャトリヤ、バラモン、イスラム教徒よりなる。クシャトリヤの経営者はほとんどの業種にみられるけれども、金属製品製造業、機械工業、電気機器製造業の比率が相対的に高い。バラモンはどの業種にもまんべんなく分布しており、かつ比較的優位な業種はバニヤーのものと類似している。イスラム教徒は綿工業に集中する分布を示している。

　宗教、カースト別経営者の業種間分布を分散型、集中型に二分すると、パーティーダール、バニヤー、バラモンは分散型、職人カースト、クシャトリヤ、イスラム教徒は集中型と分類できる。分散型は社会的経済的モビリティの高い集団よりなっている。「伝統的」職業の制約からは自由であり、かつ投資額およびリスクの大きい近代工業の先端部門にも進出している。多様な業種に参入できる集団は、教育や資本蓄積の水準が相対的に高いばかりではなく、集団内部の相互扶助も発達しており、かつ政財界とのつながりも緊密である。これに対して、集中型の集団には社会的経済的モビリティを構成する上記諸要因のいくつかが欠けている。職人カーストが技術やノウハウの面で優位な「伝統的」業種から逸脱できないのは、新たな業種への参入にともなう諸種のリスクに対処できないためである。経営者の地理的分布が局地的なのも、業種構成の偏向とともに、モビリティの相対的欠如に帰すことができよう。この関連で、クシャトリヤの場合も、分散型の諸集団に比べモビリティに欠けているといえよう。イスラム教徒は職人カーストやクシャトリヤ以上に特定業種に偏向している。頻度50未満のイスラム教徒の姓集団にも同様の傾向がみられる。すでに現時点においてイスラム教徒は少なからぬ内部格差をもちながらも全般的には経済的後進集団となっている。業種構成の多様化、とりわけ化学工業などの先端部門への参入ができなければ、先進集団との経済格差はますます拡大しよう。

　指定カーストの姓は大規模な改姓運動によりクシャトリヤ姓と重なっている。このため、指定カースト経営者の析出ができず、本章では一律にクシャトリヤとして分析を行った。小規模工業の登録事業体数に占める指定カーストのみの事業体数比率は1.43％（1987/88年）である。工場セクターにはほとんど進出していないとおもわれるので、両者を合わせた事業体数に占める指

定カーストの事業体数比率は１％前後となろう[30]。指定カーストの人口比からすると低い比率ではあるが、先進集団の層の厚いグジャラートの経営風土や後進集団が経営に参入する場合の困難の大きさを考慮すると、決して低い比率とはいえない。近代工業は諸集団間の発展格差がもっとも大きくあらわれやすい分野である。指定カースト経営者の業種構成は偏向しているであろうこと、事業体当たりの投資額は他の集団に比べ零細であろうこと、また指定カースト内部の発展格差により経営者のほとんどはワンカル（Vankar）やチャマール（Chamar）に属すであろうとおもわれるが[31]、データの欠如によりこれらは確証できない[32]。

最後に、残された課題を記し、しめくくりとする。

本章では州政府編纂の製造業者名簿の第3版のみを使用したために、経営者分析が横断面分析に限定されてしまった。旧版とりわけ1969年刊行の第1版が活用できれば、州誕生から1989年までの経営者の動向を出自、業種、立地の諸側面から跡付けることができる。このような時系列分析は州誕生後のグジャラートにおける経営史ひいては資本蓄積過程を解明するための有効な切り口となろう。これとは別に、グジャラート最大の商工会議所であるグジャラート商工会議所の会員名簿からも経営者の横断面および時系列分析が可能であり、筆者は現在この作業を進めている。

他の経済・経営史資料との組み合わせにより近代における資本蓄積の諸形態を宗教、カースト別に検証し、いくつかの類型にまとめることも可能となろう。たとえば、パーティーダールの場合は農業部門から商工業への資本移

---

[30] すでに入手している諸種の商工会議所会員名簿には、指定カーストの経営者は記載されていない。商工会議所および若干の指定カースト経営者の双方からこのことを確認できた。通常の商工会議所から事実上排除されている指定カースト経営者に便宜を供するために、1992年に指定カースト商工会議所（Chamber of Commerce for Scheduled Castes）が初めてアーメダバード市に設立されたが、有力な指定カースト間の確執が原因となり、実質的に活動を開始することができなかった。

[31] 1991年にはグジャラートの指定カーストは州人口の7.4%を占めていた。指定カースト内部の先進集団（ジャーティ）をなすワンカルとチャマールは各々指定カースト人口の43%と27%を占めていた（1981年）。

[32] 指定カーストは経済的後進集団をなすこともあり、指定カーストの経営者分析はほぼ手つかずの状態である。まとまった著作としては、コーラープル市を分析対象としたDahiwale（1989）をあげることができる。

動、バニヤーの場合は商業・金融業から製造業への参入、職人カーストの場合は技術・ノウハウ蓄積を活用した「伝統的」部門での展開、一部のバラモンやパールスィー教徒の場合は官界から実業界への移動、などが顕著な特徴として認められる。植民地統治機構は資本蓄積の形態をどのように規定したか、19世紀後半から活発化する移民活動は在地の資本蓄積にどのような影響を与えたか[33]、独立後の産業政策と資本蓄積の関連などもいずれ具体的に検証されねばならない。

[33) グジャラートはインドのなかでもとりわけ海外移民活動が活発である。在地の資本蓄積に果たした海外移民活動の役割は大きいが、資料の入手が困難なために未開拓の研究分野となっている。古賀正則チームによるインド海外移民調査（文部省科研費プロジェクト）の成果の一部は古賀・内藤・浜口（編）(2000)にまとめられている。

第8章
グジャラート商工会議所1991年度版名簿分析

はじめに

　企業家・経営者が経済発展の担い手として重要な役割を果たしてきたことは広く認識されてはいるが、彼らに関する研究はまだまだ手薄な状態である。企業家・経営者の範疇には財閥から小商人・自営職人にわたる、大小さまざまな経営主体が含まれている。これらのなかで、財閥に関する研究は比較的進んでいる[1]が、中小規模の経営主体に関する研究は非常に後れている。もちろん、マールワーリー（Marwari）[2]などの同郷集団や全インド規模の商工会議所の研究なども存在するが、これらからは在地社会における中小規模の経営主体の姿がまったくみえてこない。また、最近は工場セクターや小規模工業に関する研究も増加しているが、これらの多くは経営主体の社会的属性に踏み込んでいない。

　本章では、グジャラート商工会議所（Gujarat Chamber of Commerce & Industry：以下、GCCI と略記）の編纂した1991年度版の会員名簿（Gujarat Chamber of Commerce & Industry 1991a）を主資料として、グジャラート州における諸種の社会集団の企業・経営活動への参入の実態とそれにともなう商工業の再編過程の実態を分析する。会員名簿には、個別会員の①通し番号、②登録番号、③事業体名、④住所、⑤電話番号、⑥事業の分類、⑦代表者名

---

[1] 邦文の著書に限定しても、以下のような業績がある。三上（1993）；米川・小池編（1986）；伊藤編（1983）；石井（1982）；米川編（1981）；田部（1966）；加藤（1962）。
[2] マールワーリーについては、Timberg（1978）；Taknet（1987）など。商工会議所の研究には、Sabade and Namjoshi（1977）；Sulivan（1937）；Daruwala（1986）などがある。また、主だった商工会議所では創設25周年、50周年、100周年などの節目を記念して、記念特集号を刊行している。

が記載されている。通し番号は原則として、グジャラーティー語で表記された事業体名の頭文字の語順に従い付されている。「原則として」と記したのは、配列がそれほど厳密ではないからである。編集は短時間にかつ手作業で行われているために、完璧な配列を求めることには無理がある。それでも、事業体名がわかっていれば、比較的短時間に検索は可能である。登録番号とは入会時に与えられる番号で、商工会議所設立時からの登録順になっている。会員はすべて別個の登録番号をもち、たとえ脱会してもその番号は他者に与えられることはない。各年度の入会数さえ把握できれば、登録番号から個別会員の入会年を割り出すことができる。住所から会員の事業体が位置する場所の詳細、すなわち州名、県名、郡名、都市・農村名を知ることができる。事業の分類は会員の自己申請に基づき記載されているために、体系的でないうえに、非常に大まかでかつ一般的な記述も目立つ。そのため、会員の間における事業の分布を正確に把握するのは、きわめて困難である。会員にはいくつかの種類があり、専門職や公務員などの個人会員の場合は代表者名は1名、商会や会社組織の事業体の場合は通常2名の代表者名が記載されている。本章では事業体につき1名の代表者名のみを分析の対象とした。2名記載されている場合は最初に記載された代表者名をとった。

　コンピュータには、通し番号と登録番号、そして住所（県名と自治体名）、事業の分類、代表者名を各々コード化し入力した。情報の種類は限られているが、諸種の横断面分析と時系列分析が可能である。第1節でグジャラート商工会議所の沿革を概観してから、第2節で地域別会員数の分布や業種別会員数の分布などを検討する。そして第3節で会員とカーストとの相関、および登録時期とカーストとの相関を分析する。

　資料の収集にあたっては、グジャラート商工会議所書記のN.カーニヤー（N. Kaniya）氏、同図書館のA. ガーンディー（A. Gandhi）氏、データのコード化とコンピュータへの入力・分析については、いつものことながらグジャラート開発研究所（Gujarat Institute of Development Research）のアニル・グンバル（Anil Gumber）氏の協力を得た。

第 8 章　グジャラート商工会議所1991年度版名簿分析

1. グジャラート商工会議所の沿革

(1) 設立の経緯

　グジャラートは優秀な企業家を多数輩出していたにもかかわらず、1949年まで彼らを統合する機関をもたなかった。グジャラートの企業家は全インドおよび海外で隆盛を誇っていたのに本拠のグジャラートには中央機関が存在しなかった。このため、中央および州政府に対して企業家の利益を代弁あるいは保護することが困難であった。

　不成功に終わったが、独立前の1915年に統合機関を設立しようとする最初の動きがみられた（GCCI 1974: 33）。1915年は第一次世界大戦勃発の翌年であり、その5年後の1920年にはM. K.ガーンディー（M. K. Gandhi）を最高指導者とする非協力運動（Non-Cooperation Movement）が開始された。イギリス統治に対する抵抗が1918年のケーダー・サッティアーグラハ（Kheda Satyagraha）のように形をなし始める時期で、抵抗・変革のエネルギーが蓄積されていく時代状況のなかでの商工会議所設立の試みであった[3]。さらに、ガーンディーの指導による市民的不服従運動（Civil Disobedience Movement）が全国規模で展開された1930年にも商工会議所を設立するために、48もの商業団体の代表者がマンガルダース・ギルダールダース（Mangaldas Girdhardas）を議長とする会合に参加したが、この試みも結局挫折した（GCCI 1974: 33）。

　第二次大戦後も商工業に対する規制は多数存在し、企業家の積極的な活動を抑制していた。独立後も状況はすぐには改善されず、このため有効な圧力団体としての統合機関の設立が切望された。このような状況のなかで、1949年に再び、グジャラート商工会議所の設立が試みられた。有力な企業家達の呼び掛けにより、2月7日、プレーマーバーイ・ホールにおいて集会がもたれた。議長はカストゥルバーイ・ラールバーイ（Kasturbhai Lalbhai）[4]であった。開会演説のなかで彼はグジャラートの公生活に対する企業家の貢献を賞

3）ケーダー・サッティアーグラハについては、Hardiman（1981）を参照のこと。

賛し、統合機関が設立された場合の責任の重さに言及した。また、日々の取り引きにおいて倫理を維持するように勧告した。アムリットラール・ハルゴーヴァンダース（Amritlal Hargovandas）は企業家の圧力・代弁機関設立の必要性を強調した。そして、グジャラート商工会議所設立の決議が採択され、ハルゴーヴァンダースを委員長とする特別委員会（adhoc committee）が任命された。同委員会の任務は憲章の作成と会員の募集に置かれた[5]。

　1949年4月6日に総会がもたれ、憲章が承認された。当日までの会員数は480人であった。憲章の規定に従い、23人の実行委員が公募された。これに対して、59人の応募があった。うち4人は申請を取り下げ、残余の55人がアーメダバード綿工業経営者協会（Ahmedabad Millowners' Association）[6]の事務所で開催された会議に出席した。実行委員は諸種の産業から募られるべきとの合意があったために、応募者は全員辞表を提出し、ラールバーイとハルゴーヴァンダースの両名に選考を委ねる決議が満場一致で採択された。この決議に従い、1949年5月25日に23人の実行委員が発表され、商工会議所を運営する体制が整った（GCCI 1974: 34）。

(2) 商工会議所の機能

　商工会議所の基本的機能は以下のように説明されている。「商工会議所は商工業の正当なる利害を保護し、工業、卸売業、小売業などの同業者間の結束を促すことにある。このために、商工会議所は中央および州政府に対して、事業の円滑な運営を阻害する諸規制、輸送問題、電力、灌漑、道路、工業発展、港湾発展、売上税、直接税、入市税、原材料・石炭の不足問題、法規などの重要問題に関して覚書を提出する。また、中央および州政府の閣僚や官僚、同州選出の国会議員、有力な州議員との接触を密にする。問題を明確に

4）綿工業と化学工業の分野で成功を収めグジャラート屈指の企業家としてグジャラートの産業界を指導したカストゥルバーイは教育や文化活動にも熱心であった。インド学研究所（L. D. Institute of Indology）やインド経営研究所（Indian Institute of Management）の設立に果たした彼の役割は大きい。カストゥルバーイの事業と文化活動の詳細は、Tripathi（1981）に詳しい。
5）以上の経緯は、GCCI（1974: 33）．
6）アーメダバード綿工業経営者協会は綿工業経営者の協議団体として1891年に設立された。同協会の形成と展開については、Patel, S.（1987）を参照のこと。

するために、商工会議所は会議、セミナー、シンポジウム、展示会などを組織する」(GCCI 1974: 34)。

さらに、商工会議所には貿易手続きのなかで重要な位置を占める原産地証明書（Certificate of Origin）を発行する権限があり、1957年から1973年の間に7485通の原産地証明書を発行した（GCCI 1974: 34）。主要な対象国はアメリカ、イギリス、アラブ諸国、アフリカ諸国、スリランカ（セイロン）、オーストラリア、タイ、ミャンマー（ビルマ）などであった。中央・州政府の通告、法律、政策およびその他の有用な情報を会員に伝えるために、月刊の機関誌が刊行された（ただし、1984年に廃刊）。また、経営者集団の指導的機関としてグジャラート商工会議所は1956-73年にかけて2544通のプレス・ノートを発表した（GCCI 1974: 34）。

中央・州政府の諸種の調査委員会への証言も商工会議所の重要な機能のひとつである。グジャラート商工会議所は1973年までに中央・州政府、国会歳出入委員会（Parliament Estimates Committee）、請願委員会（Petition Committee）に任命された34の委員会に対して証言を行った。それらのなかで重要なのは、会計委員会（Fiscal Commission, 1950）、課税調査委員会（Taxation Enquiry Commission, 1953）、鉄道汚職調査委員会（Railway Corruption Enquiry Committee, 1954）、行政改革委員会（Administrative Reform Commission, 1966）、第5次財政委員会（Fifth Finance Commission, 1961, 65, 69）、銀行業委員会（Banking Commission, 1970）、直接税調査委員会（Direct Taxes Enquiry Committee, 1971）、ボーナス再検討委員会（Bonus Review Committee, 1973）、労働法再検討委員会（Labour Review Committee, 1973）などであった（GCCI 1974: 34-35）。

以上のいわゆる「通常」の業務のほかに、グジャラート商工会議所は州の再編成問題にもグジャラートの経営者を代弁する機関として深く関与した。

1949年6月18日、商工会議所執行部はダーング県の小学校の教育言語をマラーティー語にするとのボンベイ政府の宣言に深い遺憾の意を表する決議を採択した。カストゥルバーイは同政府首相B. G. ケール（B. G. Kher）に対して決議とともに手紙を送り、宣言を再考するように強く訴えた。さらに、カストゥルバーイ、ハルゴーヴァンダース、プルショッタム・ターコールダー

GCCIは1952年の販売税引き上げに対抗して同盟罷業（ハルタル）を組織した。写真中央はアーメダバード市で街頭に出る会長のハルゴーヴァンダース、その後ろがカストゥルバーイ（写真はGCCI提供）

ス（Purushottam Thakordas）、ハリシッドバーイ・ディヴェーティア（Harisidhbhai Divetia）などのグジャラートの有力者は1950年9月22日に選挙コミッショナーに対してダーング県をナーシク県とリンクさせる選挙区確定委員会（Delimitation Committee）の決定を撤回するように共同覚書を提出した。1950年10月14日、アーメダバードを訪ねた大統領のラージェンドラ・プラサードに対してハルゴーヴァンダースはこの件に関して直訴を行った（GCCI 1974: 37）。

　州再編成委員会（States Reorganisation Committee）の報告書が中央政府に提出された後、ボンベイ州のボンベイ市、マハーラーシュトラ州、グジャラート州への3分割案が法案として議会に提出された。中央政府は当初、3分割案を支持していたが、1959年の決議直前に態度を変更し、結局ボンベイ州はボンベイ市を含むマハーラーシュトラ州とグジャラート州の2州に分割されることになり、1960年にマハーラーシュトラ州とグジャラート州が誕生した。グジャラート商工会議所はボンベイ市の帰属が最大の焦点となった州再編成問題のなかで、グジャラート最大の圧力団体として機能したが、3分割

第8章　グジャラート商工会議所1991年度版名簿分析

案を実現することはできなかった。

　新生グジャラート州の誕生した1960年、グジャラート商工会議所史を画するグジャラート経営者会議（Gujarat Businessmen's Convention）が開催された。グジャラート各地から代表団が参加し、地域の発展について審議を行った。議長を務めたハルゴーヴァンダースは独立闘争における商業集団の貢献に言及し、商工業経営者に対して新生グジャラートの諸問題についてより大きな関心をもつように訴えた。グジャラートの総合的開発に関するシンポジウムでは、電力供給の重要性とナルマダー開発公社（Narmada Valley Corporation）設立の必要性が強調された。本会議では第3次5カ年計画（1961-65年）、精油施設、道路港湾開発、電力灌漑計画、経済研究所などに関する決議が採択された。グジャラート経営者会議の役割は工業化の促進および商工会議所や商業組織の機能強化に関する意識の高揚、次世代へのリーダーシップの移譲、政府と商業集団間の有効な懸橋になることに置かれた（GCCI 1974: 36-37）。

　その後、グジャラート商工会議所にとっての緊急課題は時代とともに変化し、1990年代初頭には、①ナルマダー計画の迅速なる実施、②貿易政策の緩和、③金融政策の改善、④エネルギー問題が課題とされている（GCCI 1991b: 1-2）。1950年代には州再編成問題、1990年代にはナルマダー問題が最重要の政治的課題となった。

　ナルマダー計画については、マディア・プラデーシュ州政府がナルマダー裁定（Narmada Tribunal Award）の精神・内容に反して、ダムの高さを455フィートから388フィートに低下させることと補助水路の高さを上げるように主張しているとして、遺憾の意を表した（GCCI 1991b: 4/1）。すでに150億ルピーが支出され、1991年時点で100億ルピーに相当する工事が進行中の同プロジェクトの大幅な見直しは、関連州の州益のみならず国益にも反すると主張した（GCCI 1991b: 4/1-4/2）。さらに、いわゆる「環境保護論者」や「社会活動家」の圧力により、住友に発注された6基の200メガワット発電機の建設に遅れが生じているとして、日印両国間の円借款の合意に基づき、残余の借款を直ちに実現するように要望した（GCCI 1991b: 4/4）。

第Ⅲ部　グジャラートの経営者名簿分析

GCCIが1991年に開催した会合でナルマダー計画はグジャラートの生命線だと強調する州首相チーマンバーイ・パテール。写真中央が州首相（写真はGCCI提供）

(3) 代表者の変遷

　商工会議所を代表する三役（会長、副会長、書記）の変遷を概観しておこう。表8-1にみるように、商工会議所の設立された1949年から1951年までの3年間は、カストゥルバーイを会長、ハルゴーヴァンダースを副会長とする体制をとった。両者ともに人望が厚く、かつグジャラートを代表する企業家であり、商工会議所の運営が軌道に乗るまでの間、磐石の体制をとったということである。カストゥルバーイが会長職を辞した後、ハルゴーヴァンダースが1953年までの2年間、会長を務めた。以降、1959年まで会長および副会長の任期は2年間であった。その後は会長、副会長ともに任期は1年間となった。また、会長は必ず副会長から繰り上がる体制をとっており、1952年から1959年までは副会長職2年間の後、引き続き会長を2年間務めた。1960年以降は、副会長職1年間の後、会長を1年間務めた。書記の任期も基本的に会長や副会長と同様であったが、必ずしも副会長に繰り上がるとは限らなかった。繰り上がる場合であっても、書記の任期終了後、数年間の待機を要するのが通常であった。このような三役人事は業務の学習と方針の継続性を重視したものである。また、商工会議所職員からの情報によると、会長と副会長は必ず

表8-1 三役の変選 (1949-91年)

年度	会長 (Pramukh)	副会長 (Up-Pramukh)	書記 (Mand-Mantri)
1949	Kasturbhai Lalbhai	Amritial Hargovandas	Anandbhai S. Thakor
50	Kasturbhai Lalbhai	Amritial Hargovandas	Anandbhai S. Thakor
51	Kasturbhai Lalbhai	Amritlal Hargovandas	Sarabhai C. Kashiparekh
52	Amritlal Hargovandas	Navnitlal S. Shodhan	Sarabhai C. Kashiparekh
53	Amritlal Hargovandas	Navnitlal S. Shodhan	Chanduial Premchand
54	Navnitlal S. Shodhan	Chandulal B. Satiya	Chandulal Premchand
55	Navnitlal S. Shodhan	Chandulal B. Satiya	Chandulal Premchand
56	Chandulal B. Satiya	Ratilal Nathalal	Girdharlal Damodardas
57	Chandulal B. Satiya	Ratilal Nathalal	Girdharlal Damodardas
58	Ratilal Nathalal	Chandulal Premchand	C. M. Jagabhaivala
59	Ratilal Nathalal	Chandulal Premchand	C. M. Jagabhaivaia
60	Chandulai Premchand	J. Harivallabhdas	Premchand Gokaldas
61	J. Harivallabhdas	Sarabhai C. Kashiparekh	Hiralal H. Bhagvati
62	Sarabhai C. Kashiparekh	C. M. Jagabhaivala	Hiralal H. Bhagvati
63	C. M. Jagabhaivala	Fremchand Gokaldas	Viththalbhai P. Amin
64	Premchand Gokaldas	Rohitbhai C. Mehta	Anubhai Chimarilal
65	Rohitbhai C. Mehta	Hiralal H. Bhagvati	Kalyanbhai T. Shah
66	Hiraial H. Bhagvati	Charandas Haridas	Biharilal Kanaiyalal
67	Charandas Haridas	Viththalbhai P. Auxin	Manubhai L. Parikh
68	Viththalbhai P. Amin	Arvind N. Lalbhai	Kalyanbhai P. Fadiya
69	Arvind N. Lalbhai	Madhubhai M. Patel	Indravadan P. Shah
70	Madhubhai M. Patel	B. Harivallabhdas	Rasiklal V. Vasa
71	B. Harivallabhdas	lndulal D. Shah	B. M. Jagabhaivala
72	Indulai D. Shah	Biharilal Kanaiyalal	Popatlal C. Dani
73	Biharilal Kanaiyalal	Rasiklal V. Vasa	Babubhai M. Gandhi
75	Indravadan P. Shah	Popatlal C. Dani	Jahangir R.J. Cama
80	Bhikhubhai N. Shah	Manubhai P. Shah	Dipak Navnitlal
91	Ramesh N. Parikh	Manubhai H. Patel	Ratanprakash A. Gupta

注：グジャラート商工会議所の年報から1983年までの三役は把握できるが、75年以降の三役の記載は大幅に省略した。

出所：Gujarat Chamber of Commerce & Industry *Rajat-Jayanti Mahotsav ane Gujarat Vepar-Udhyog Sanmelan 1974* (in Gujarati), Ahmedabad, 1974, pp. 58-78.; do., *Sabhya-Namavali* 1991 (in Gujarati), Ahmedabad, 1991, p. ii.; do., *Gujarat Vepari Mahamandalno Varshik Heval* (in Gujarati), Ahmedabad の1975、1980年度版から作成。

商業と製造業の代表者により組み合わせられていたとのことである。それゆえ、会長には商業と製造業の代表者が輪番で就任してきた。歴代の三役の大多数はバニヤー（ジャイナ教徒とヴァイシュナヴァ派ヒンドゥー教徒）に属している。

2. 会員数の分布

(1) 経営組織形態別

　商工会議所の会員はパトロン会員と一般会員の2種類に分かれる。パトロン会員は多額の入会金を支払うことにより、永久会員としての資格を享受できる。年々の会費が免除されるほか、商工会議所刊行物の配布や催し物の連絡など利点が大きい。通常は、役員などとして商工会議所の運営と深く関わったことのある事業体がパトロン会員となる。パトロン会員と異なり、一般会員の入会金は少額である。ただし、入会金のほかに年会費を納入しなければその年度のサービスが受けられない。ちなみに、毎年編纂されている会員名簿に記載されるのは、一般会員については、当該年度の6月30日までに年会費を納入した会員のみである。

　グジャラート商工会議所には多彩な職種の人々および経営組織体が会員として参画している。個人（Vyakti; Individual）会員は弁護士、公認会計士、建築家などの専門職や公務員など商工業以外の職種の人々により構成されている。商会（Pedhi; Business House）、有限会社（Private Limited Company）[7]、経営代理会社（Managing Agency Company）、株式会社（Public Joint Stock Company）の諸組織である。以上の経営組織体のほかに、グジャラート内外の各種商工会議所もグジャラート商工会議所の会員となっている。

　表8-2にみるように、パトロン会員の約3分の2は株式会社によって占められている。さらに、パトロン会員数68のうち、63は地元すなわちアーメダバード市内に集中しており、それ以外のパトロン会員数は5に過ぎない。グジャラート商工会議所の運営がアーメダバード市内の事業主により掌握され

---

7) 有限会社（非公開会社とも表記される）は中小規模の経営組織を育成するために法制化された事業形態であり、その起源は1913年のインド会社法（Indian Company Act of 1913）にある。株式会社と異なり、株式譲渡と社員数（50人以下：ただし被雇用者は除く）は規制され、株式の公開は禁止されたが、同時に貸借対照表の提出免除などの特典が与えられた。この結果、有限会社は事業数および払込資本額の双方において急速に成長した。ただし、1956年の会社法で貸借対照表の提出免除の特典は廃止された。

表8-2 経営組織形態別会員数の分布 (1991年)

会員の種類	地域	経営組織形態						計
		個人	商会	有限会社	経営代理会社	株式会社	商工会議所	
パトロン	地元	— —	7 (11.1)	2 (3.2)	6 (9.5)	43 (68.3)	5 (7.9)	63 (100.0)
	地元以外	— —	2 (40.0)	2 (40.0)	1 (20.0)	— —	— —	5 (100.0)
一般	地元	162 (6.8)	1,708 (71.4)	260 (10.9)	—	121 (5.0)	142 (5.9)	2,393 (100.0)
	地元以外	646 (29.5)	1,172 (53.5)	137 (6.3)	—	73 (3.3)	161 (7.4)	2,189 (100.0)
計		808 (17.4)	2,889 (62.1)	401 (8.6)	7 (0.2)	237 (5.1)	308 (6.6)	4,650 (100.0)

注:( )内数値は上段数値の横列計に占める比率(%)。
出所:Gujarat Chamber of Commerce and Industry, *Sabhya-Namavali 1991* (in Gujarati), Ahme-dabad, 1991, p. i.より作成。

ていることのあらわれでもある。経営代理会社7社はすべてパトロン会員となっている。

　会員名簿にみられる登録番号の最大値(24104)から、一般会員数は2万4000を超えていることがわかる。このうち、1991年度の名簿に記載された一般会員数は、これまでに登録をした一般会員数の約19%にあたる4582に過ぎない。6月30日以降に年会費を納入する場合は、名簿に記載されないばかりか追徴金も課されるので、このようなケースはまれなものとおもわれる。年会費の滞納者のなかには少なからぬ廃業・転業者が含まれているものとおもわれる。地域別の一般会員数では、地元と地元以外の会員数が拮抗しており、グジャラート州を代表する商工会議所としての性格がよくあらわれている。同州の他の有力な商工会議所の一般会員は、いずれも各々の地元に集中している。

(2) 地域別

　グジャラート商工会議所の設立された1949年の登録会員数は480人に過ぎなかったが、1991年度には2万4000人を超えている。年度ごとの登録会員数の記録は会員名簿や年報に残されていないので、その推移を跡付けることは

表8-3 地域別会員数の推移 (1951-91年)

番号	地域分類	1951	1955	1960	1965	1970	1975	1980	1983	1991
1	アーメダバード市	513	592	969	1,528	2,030	2,448	2,847	2,973	2,456
2	ボンベイ市	17	44	106	164	267	261	377	283	179
3	州外	1	2	14	23	40	50	96	58	117
4	アーメダバード県	10	13	28	65	133	173	90	90	462
5	ガーンディーナガル県	—	—	—	—	7	7	4	5	142
6	ケーダー県	1	15	57	200	250	195	218	221	335
7	メーサーナー県	31	44	60	86	190	162	292	450	366
8	パンチマハール県	1	—	2	31	25	21	17	22	18
9	サーバルカーンター県	4	7	14	39	50	69	68	66	70
10	スーラト県	6	4	14	66	59	49	47	39	40
11	ヴァルサード県	—	—	—	15	20	33	43	48	56
12	ヴァドーダラー県	5	7	21	45	45	37	58	81	68
13	バナースカーンター県	1	2	2	9	7	12	14	25	25
14	バルーチ県	2	1	3	5	4	5	12	11	20
15	アムレーリー県	—	—	—	10	4	5	2	3	3
16	ジャームナガル県	—	—	2	16	24	30	27	30	39
17	ジュナーガド県	—	1	7	15	24	26	26	37	45
18	バーヴナガル県	1	2	7	30	32	40	48	42	35
19	ラージコート県	2	2	10	25	46	47	87	89	75
20	スレーンドラナガル県	—	1	8	35	40	59	47	42	70
21	カッチ県	—	—	2	15	12	14	14	19	29
	計	605	737	1,326	2,448	3,309	3,743	4,434	4,634	4,650

出所: Gujarat Chamber of Commerce & Industry, *RaJat-jayanti Mahotsav ane Gujarat Vepar-Udhyog Sanmelan 1974* (in Gujarati), Ahmedabad, 1974, p.97.; do., *Sabhya-Namavali 1991* (in Gujarati), Ahmedabad, 1991, p.4., do., *Gujarat Vepari Mahamandalno Varshik Heval* (in Gujarati), Ahmedabadの1975、1980、1983年度版から作成。

できない。それゆえ、ここではパトロン会員と期日までに年会費を納入した一般会員の合計数の推移とその地域別分布を検討しておこう。表8-3にみるように、名簿に記載された会員数は1951年から1991年の間に605人から4650人へと約7.7倍に増加しているが、各年代の増加率には著しい相違がある。1950年代前半の増加率は僅少であったが、1950年代後半には名簿記載の会員数は倍近く増加している。この時期はグジャラート全体が州の再編成に揺れた時期であり、グジャラート商工会議所はマハー・グジャラート運動の推進母体のひとつとして機能した。これが会員数急増の原因のひとつをなしているものとおもわれる。結局、ボンベイ州 (Bombay State) は1960年に主要言語別に二分され、グジャラート州とマハーラーシュトラ州が誕生した。焦点

第8章　グジャラート商工会議所1991年度版名簿分析

となっていたボンベイ市はマハーラーシュトラ州に帰属することとなった。グジャラート州の誕生とともにグジャラート商工会議所は文字どおり新生グジャラートを代表する商工会議所となり、1960年代に会員数の急激な増加をみた。さらに、1970年代にも会員数は増加するが増加率は鈍化し、同年代末に名簿記載の会員数は天井を打った。その後、1980年から1991年にかけて会員数は横ばいの状態が続いている。これまでアーメダバード市の経済を主導してきた綿工業の不振とボンベイ市の会員の離脱が1980年代以降の伸び悩みの直接的な原因となっている。

　グジャラート州の代表的な商工会議所とはいえ、会員の地理的分布には大きな地域格差がみられる。アーメダバード市の商工業経営者が中心となりグジャラート商工会議所を設立したために、地域別会員数に占めるアーメダバード市の比率は当初きわめて高かったが、他地域からの会員登録が進むにつれ同比率は低下し、1965年以降は60％前半の水準を推移した。しかし、1980年代に顕在化したアーメダバード市の経済不振の結果、1991年の同市の比率は大きく減少したばかりか、会員の絶対数も減少に転じた。この時期にオクトロイ（物品搬入税）をはじめとする税金対策のために同市周縁部への商工業拠点の移動・新設が大規模に進行したために、アーメダバード県（ただしアーメダバード市を除く）の比率は1991年には大きく伸びている。

　会員はダーング（Dang）県を除く全県に分布しているが、アーメダバード県に隣接する中央グジャラートの諸県（アーメダバード、ガーンディーナガル、ヴァドーダラー、パンチマハール、ケーダー）の比率がきわめて高く、1951年には名簿記載会員数の87.6％、1991年には74.9％を占めている。ちなみに、1991年における北グジャラート（メーサーナー、サーバルカーンター、バナースカーンター）の比率は9.9％、南グジャラート（バルーチ、スーラト、ヴァルサード、ダーング）は2.5％、半島部（スレーンドラナガル、バーヴナガル、ラージコート、アムレーリー、ジュナーガド、ジャームナガル）は5.7％、カッチは0.6％に過ぎない。

　州外ではグジャラート商人・企業家が多数進出しているボンベイ市との結びつきが当初より強かったが、1991年には名簿記載会員数が大きく落ち込んでいる。州外ではボンベイ市以外にカルカッタ、マドラス、コーラープルお

表8-4 会員数の県別分布 (1991年)

県	会員数	比率 (%)	州内比率 (%)
ジャームナガル	13	0.3	0.3
ラージコート	179	3.8	4.1
スレーンドラナガル	162	3.4	3.7
バーヴナガル	80	1.7	1.8
アムレーリー	7	0.1	0.2
ジュナーガド	20	0.4	0.5
カッチ	10	0.2	0.2
バナースカーンター	3	0.1	0.1
サーバルカーンター	62	1.3	1.4
メーサーナー	362	7.7	8.2
ガーンディーナガル	142	3.0	3.2
アーメダバード	2,951	62.7	66.8
ケーダー	324	6.9	7.3
パンチマハール	5	0.1	0.1
ヴァドーダラー	64	1.4	1.4
バルーチ	8	0.2	0.2
スーラト	15	0.3	0.3
ヴァルサード	9	0.2	0.2
州外	290	6.2	—
計	4,706	100.0	100.0

出所：Gujarat Chamber of Commerce & Industry, *Sabhya-Namavali 1991* (in Gujarati), Ahmedabad, 1991より作成。

よびマハーラーシュトラ州諸都市に会員が分布している。

　以上、グジャラート商工会議所の編纂した表に基づき、名簿記載会員の地域的分布を検討してみた。1991年度の会員名簿をコンピュータで処理した結果、表8-3の1991年度の数値と若干異なる数値を得たので、その結果を表8-4に掲げる。同表の名簿記載会員数は4706人と表8-3の数値を56人上回っているほか、各県の頻度も若干異なっている。グジャラート商工会議所の編纂ミスなのか、当方の入力ミスなのか判然としないが、両表の数値は近似しているので分析に支障はない。これ以降の会員と職種・カーストとの相関の分析は、当方で行った会員名簿分析を主体とする。

(3) 業種別

　グジャラート商工会議所は名簿に記載された会員について職業別会員数も編纂している。1951年から1991年までの「職業別会員数の推移」を表8-5に、

第8章　グジャラート商工会議所1991年度版名簿分析

表8-5　職業別会員数の推移（1951-91年）

番号	職業分類	1951	1955	1960	1965	1970	1975	1980	1983	1991
1	衣料製造業	64	80	94	80	86	74	78	93	103
2	衣料販売業	179	189	240	336	404	421	423	772	234
3	経営代理業	—	—	—	24	21	15	11	11	9
4	工場内売店	41	66	120	141	160	146	143	163	79
5	化学染料	14	24	62	103	173	252	315	282	317
6	原綿加工	30	36	40	66	96	23	44	41	100
7	原綿・綿屑	12	12	18	19	35	130	139	124	24
8	株仲介業	18	25	21	19	13	11	6	14	30
9	銀行・両替業	23	14	22	49	58	59	58	83	59
10	食用油・油原料	10	17	22	41	60	35	29	39	49
11	薬	8	8	14	44	50	35	51	51	76
12	電気製品	5	9	20	49	79	87	103	143	138
13	自動車・部品	—	13	15	50	67	77	76	83	80
14	保険	12	15	15	20	20	6	6	4	5
15	公認会計士・医師	12	20	26	39	48	61	71	83	118
16	石炭・木炭	6	9	9	11	22	26	53	55	49
17	輸送業	—	5	11	33	50	52	78	84	43
18	鋳鉄・鋼鉄供給業	9	26	61	129	189	151	305	259	154
19	セメントその他	—	—	—	24	40	29	34	31	26
20	輸出入業	12	16	54	70	57	47	66	84	99
21	機械・部品	—	15	54	167	242	147	154	14▲	109
22	穀物・小売業	49	50	70	128	202	214	186	21▲	221
23	紙・文具・印刷	11	21	40	83	108	148	151	1▲▲	180
24	工学産業	16	2	20	28	38	106	115	1▲▲	104
25	繊維機械・部品	—	—	—	27	35	137	138	1▲▲	86
26	皮革産業	—	—	—	9	9	9	9	▲	4
27	ゴム製品	—	—	—	4	13	24	18	1▲	8
28	製塩	1	—	—	46	29	41	31	3▲	26
29	石鹸その他	—	—	—	20	18	19	16	1▲	11
30	タバコ・ビーディー	—	—	—	89	76	53	46	4▲	38
31	プラスチック製品	—	—	—	12	16	32	45	4▲	70
32	容器製品	—	—	—	56	53	50	43	4▲	24
33	木材	2	—	—	21	41	39	33	3▲	39
34	捺染	—	—	—	19	31	21	30	23	5
35	パワールーム	—	—	—	18	39	30	62	50	30
36	建設業	N.A.	N.A.	N.A.	N.A.	N.A.	49	81	91	89
37	金・銀装飾品	N.A.	N.A.	N.A.	N.A.	N.A.	41	44	72	88
38	製粉業	N.A.	N.A.	N.A.	N.A.	N.A.	25	24	3▲	32
39	分類不能な業種	71	65	174	215	465	605	863	946	1,386
40	マハージャン・協会	—	—	104	156	166	216	256	26▲	308
	計	605	737	1,326	2,448	3,309	3,743	4,434	4,634	4,650

注1：数値は会員数。
　2：原資料から読み取ることのできなかった数字には▲印を付した。
　3：1975年以前には建設業、金・銀装飾品、製粉業の項目はたてられていなかった。
出所：Gujarat Chamber of Commerce & Industry, *Rajat-Jayanti Mahotsav ane Gujarat Vepar-Udhyog Sanmelan 1974* (in Gujarati), Ahmedabad, 1974, pp.95-96.; do., *Sabhya-Namavali 1991* (in Gujarati), Ahmedabad, 1991, p.vi., do., *Gujarat Vepari Mahamandalno Varshik Heval* (in Gujarati), Ahmedabad の1975、1980、1983年度版から作成。

「職業別会員数比率の推移」を表8-6に掲げる。1951年から1970年までは職業は37項目に分類されていたが、1975年以降は新たに建設業、金・銀装飾品、製粉業が加えられ、都合40項目に分類された。この職業分類の大きな特徴のひとつは、製品名のみを記述した項目が多いことからも明らかなように、商業と工業が明確に分離されていないことにある。会員の分類にあたって、商業と工業の区分に無関心なのは、いずれの商工会議所にも共通する傾向である。ただし、商工会議所の運営にあたっては、すでに触れたように、商業と工業の代表者を交互に会長に選任するなどの配慮がなされた。もうひとつの特徴は、商業であれ、工業であれ、製品の種類に着目した体系的な分類がなされていない点にある。当初、比率の高かった綿工業・製品関連産業から配列しているのはわかるのだが、その後の配列にはなんの基準も設けられていない。また、マハージャン・協会については別項目に分離されているが、商業と明確に区別すべき銀行業、保険業などのサービス業や公認会計士などの専門職との区分も不明瞭である。

　1951年から1991年までの間に名簿に記載された会員の職業別比率には大きな変化が生じている。1950年代のグジャラートの主要産業は綿工業と食品加工業であった。衣料製造業、衣料販売業、工場内売店、原綿加工、原綿・綿屑は綿工業の関連産業であり、会員数に占めるこの部門の比率は1951年には54％もの高率を示していた。しかし、同比率は1960年代に大きく減少し、1970年には23.6％に下落した。その後も逓減し、1991年の同比率はわずか11.6％に過ぎない。さらに、食用油・油原料、穀物・小売業などの食品加工業も同様の趨勢をたどり、その比率は1951年の9.8％から1991年の5.9％へと推移した。また、株仲介業、銀行・両替業などの株や金融サービス業の会員比率も減少した。この間に会員の職種の多様化が進み、その結果、分類不能な業種に区分される会員数の比率が増大し、1991年には29.8％に達した。このような状況のなかで、化学染料、電気製品、プラスチック製品などの新たな部門の会員数比率は着実に増加した。

　今度は、1991年度の会員名簿に依拠して、同年度会員の職業別分布を検討してみよう。会員名簿には個々の会員の職業が会員の申告どおりに記載されている。記載された職業は325種類にも及んでいる。それらのなかから会員

第8章 グジャラート商工会議所1991年度版名簿分析

表8-6 職業別会員数比率の推移（1951-91年）

番号	職業分類	1951	1955	1960	1965	1970	1975	1980	1983	1991
1	衣料製造業	10.6	10.9	7.1	3.3	2.6	2.0	1.8	2.0	2.2
2	衣料販売業	29.6	25.6	18.1	13.7	12.2	11.2	9.5	16.7	5.0
3	経営代理業	—	—	—	1.0	0.6	0.4	0.2	0.2	0.2
4	工場内売店	6.8	9.0	9.0	5.8	4.8	3.9	3.2	3.5	1.7
5	化学染料	2.3	3.3	4.7	4.2	5.2	6.7	7.1	6.1	6.8
6	原綿加工	5.0	4.9	3.0	2.7	2.9	0.6	1.0	0.9	2.2
7	原綿・綿屑	2.0	1.6	1.4	0.8	1.1	3.5	3.1	2.7	0.5
8	株仲介業	3.0	3.4	1.6	0.8	0.4	0.3	0.1	0.3	0.6
9	銀行・両替業	3.8	1.9	1.7	2.0	1.8	1.6	1.3	1.8	1.3
10	食用油・油原料	1.7	2.3	1.7	1.7	1.8	0.9	0.7	0.8	1.1
11	薬	1.3	1.1	1.1	1.8	1.5	0.9	1.2	1.1	1.6
12	電気製品	0.8	1.2	1.5	2.0	2.4	2.3	2.3	3.1	3.0
13	自動車・部品	—	1.8	1.1	2.0	2.0	2.1	1.7	1.8	1.7
14	保険	2.0	2.0	1.1	0.8	0.6	0.2	0.1	0.1	0.1
15	公認会計士・医師	2.0	2.7	2.0	1.6	1.5	1.6	1.6	1.8	2.5
16	石炭・木炭	1.0	1.2	0.7	0.4	0.7	0.7	1.2	1.2	1.1
17	輸送業	—	0.7	0.8	1.3	1.5	1.4	1.8	1.8	1.0
18	鋳鉄・鋼鉄供給業	1.5	3.5	4.6	5.3	5.7	4.0	6.9	5.6	3.3
19	セメントその他	—	—	—	1.0	1.2	0.8	0.8	0.7	0.6
20	輸出入業	2.0	2.2	4.1	2.9	1.7	1.3	1.5	1.8	2.1
21	機械・部品	—	2.0	4.1	6.8	7.3	3.9	3.5	N.A.	2.3
22	穀物・小売業	8.1	6.8	5.3	5.2	6.1	5.7	4.2	N.A.	4.8
23	紙・文具・印刷	1.8	2.8	3.0	3.4	3.3	4.0	3.4	N.A.	3.9
24	工学産業	2.6	0.3	1.5	1.1	1.1	2.8	2.6	N.A.	2.2
25	繊維機械・部品				1.1	1.1	3.7	3.1	N.A.	1.8
26	皮革産業	—	—	—	0.4	0.3	0.2	0.2	N.A.	0.1
27	ゴム製品				0.2	0.4	0.6	0.4	N.A.	0.2
28	製塩	0.2	—	—	1.9	0.9	1.1	0.7	N.A.	0.6
29	石鹸その他	—	—	—	0.8	0.5	0.5	0.4	N.A.	0.2
30	タバコ・ビーディー	—	—	—	3.6	2.3	1.4	1.0	N.A.	0.8
31	プラスティック製品	—	—	—	0.5	0.5	0.9	1.0	N.A.	1.5
32	容器製品	—	—	—	2.3	1.6	1.3	1.0	N.A.	0.5
33	木材	0.3	—	—	0.9	1.2	1.0	0.7	N.A.	0.8
34	捺染	—	—	—	0.8	0.9	0.6	0.7	0.5	0.1
35	パワールーム				0.7	1.2	0.8	1.4	1.1	0.6
36	建設業	N.A.	N.A.	N.A.	N.A.	N.A.	1.3	1.8	2.0	1.9
37	金・銀装飾品	N.A.	N.A.	N.A.	N.A.	N.A.	1.1	1.0	1.6	1.9
38	製粉業	N.A.	N.A.	N.A.	N.A.	N.A.	0.7	0.5	N.A.	0.7
39	分類不能な業種	11.7	8.8	13.1	8.8	14.1	16.2	19.5	20.4	29.8
40	マハージャン・協会	—	—	7.8	6.4	5.0	5.8	5.8	N.A.	6.6
	計	100.0 (605)	100.0 (737)	100.0 (1,326)	100.0 (2,448)	100.0 (3,309)	100.0 (3,743)	100.0 (4,434)	100.0 (4,634)	100.0 (4,650)

注1：数値は会員数比率（％）。
 2：計における括弧内数値は会員数。
出所：表8-5より筆者作成。

表8-7 頻度10以上の職種の会員の産業区分（1991年）

産業区分	会員数	比率 小計に占める比率（％）	比率 計に占める比率（％）
製造業・商業	3,236	77.1	68.8
専門職・サービス業	649	15.5	13.8
マハージャン・協会	311	7.4	6.6
小計	4,196	100	89.2
その他	510	―	10.8
計	4,706	―	100.0

出所：表8-4と同じ。

数（マハージャン・協会の場合は協会数）の頻度が10以上の職業のみを選択し、筆者の分類方法に従い再構成をしてみた。

　まず、おおまかな産業区分による会員数の分布を表8-7に示す。ここでは、グジャラート商工会議所による職業分類を下敷きとして、会員の産業部門を製造業・商業、専門職・サービス業、マハージャン・協会の3つに区分した。本来なら製造業と商業を区分すべきであるが、会員の申告にみられる職業記載には製造業と商業の区分に関して曖昧なものが多いので、ここでは両者を一括して項目をたてた。また、マハージャン・協会の項目は産業部門にはあたらないけれども、その他の会員と区別すべき存在なので、独立の項目として掲げた。1991年度の会員数4706人に占める頻度10以上の職種の会員数は4030人で、その会員数比率は全体の85.6％を占めている。ちなみに、頻度が10未満の職業は228種類、会員数は676人である。頻度10以上の職種に関しては、会員数の80.3％が製造業・商業、16.1％が専門職・サービス業に従事している。頻度10未満の職種の会員を加えたとしても、両者の比率に大きな変化は生じないものとおもわれる。

　次に、会員数の約80％を占める製造業・商業部門の業種別内訳を表8-8に基づき検討してみよう。会員の申告による職業記載には、製造業あるいは商業と明確に分類できるものとできないものがある。たとえば、取り扱っている品名のみを記載しているような場合、製造業なのか商業なのか不明である。これとは別に、製造業と商業を兼ねている事業体もある。このように、製造業・商業部門でありながら、製造業あるいは商業に明確に分類できない会員

表8-8 製造業・商業部門で10人以上の会員を有する業種の内訳

分類番号	業種分類	製造業 頻度	%	商業 頻度	%	製造業・商業 頻度	%	計 頻度	%	%[1]
05	森林・被覆材	—	—	46	2.5	—	—	46	1.4	1.9
20	食品加工（Ⅰ）	38	7.1	143	7.6	—	—	181	5.6	7.7
21	食品加工（Ⅱ）	25	4.7	87	4.7	36	4.2	148	4.6	6.3
22	飲料・タバコ	—	—	89	4.8	—	—	89	2.8	3.8
23	綿工業	107	20.1	324	17.6	—	—	431	13.3	18.2
24	毛・絹・化繊	13	2.4	—	—	16	1.9	29	0.9	1.2
26	縫製業	—	—	26	1.4	—	—	26	0.8	1.1
27	木材製品	—	—	10	0.5	28	3.3	38	1.2	1.6
28	製紙・印刷	102	19.2	—	—	64	7.5	166	5.1	7.0
30	ゴム・プラスティック	—	—	27	1.5	63	7.3	90	2.8	3.8
31	化学製品	16	3.0	76	4.1	239	27.8	331	10.2	14.0
32	窯業	15	2.8	79	4.3	44	5.1	138	4.3	5.8
33	基礎金属	10	1.9	—	—	85	9.9	95	2.9	4.0
34	金属製品	50	9.4	—	—	35	4.1	85	2.6	3.6
35	機械・部品	56	10.5	112	6.1	66	7.7	234	7.2	9.9
36	電気機器	—	—	—	—	82	9.5	82	2.5	3.5
37	輸送機械	—	—	43	2.3	—	—	43	1.3	1.8
38	その他製造業	10	1.9	—	—	101	11.8	111	3.4	4.7
	小計	442	83.1	1,062	57.6	859	100.0	2,363	73.0	100.0
	分類不能	90	16.9	783	42.4	—	—	873	27.0	
	計	532	100.0	1,845	100.0	859	100.0	3,236	100.0	—

注：％[1]は小計に占める比率（％）。
出所：表8-4と同じ。

は一律「製造業・商業」の項目に括った。また、業種分類については製造業の公的分類基準として確立している全国産業分類（National Industrial Classification：略称NIC）を援用し、商業の場合は取り扱い商品を生産する製造業部門に対応させ業種分類を行った。業種分類として全国産業分類を援用した理由は、少なくとも製造業についてはきちんと分類できること、商業についてはこのような体系的な分類基準が存在しないこと、製造業・商業の区分はともかくとして特定の製品に関わる商工業者会員の実勢を把握できることにある。以下に、同表の主要な特徴を整理しておこう。

第1に、製造業や商業部門のなかで分類不能な記載業種がかなりの比率を占めていることを指摘しておかなければならない。製造業・商業部門に属する頻度10以上の業種の会員数3236人のうち、27.0％にあたる873会員が分類

不能の項目に括られている。「製造業」「工業家」「商業」「貿易業」などのように業種を特定しない記載をしているためである。とくに、商業におけるこの比率は高く、42.4％もの高率を示している。

　第2に、製造業と商業を合わせた業種別の会員数比率で有力なのは、綿工業（18.2％）、化学製品（14.0％）、機械・部品（9.9％）、食品加工（Ⅰ）（7.7％）、製紙・印刷（7.0％）、食品加工（Ⅱ）（6.3％）などの業種である。1960年代にグジャラートの主要な商工業部門であった綿工業と食品加工（Ⅰ）・（Ⅱ）の比率は確実に低下しているとはいえ、現在でも両者合わせて商工業部門の会員数の約32％を占めている。とくに、綿工業の比率が相対的に高いのは、かつて「インドのマンチェスター」と呼ばれたアーメダバード市を拠点とする会員数が名簿に記載された会員総数の約半分（1991年度）を占めているためである。これに対して、化学製品、機械・部品は州誕生後に展開した比較的新しい業種である。

　第3に、製造業の部門では綿工業（20.1％）のほかに、製紙・印刷（19.2％）、機械・部品（10.5％）、金属製品（9.4％）などが優勢である。化学製品（3.0％）の比率は低いが、製造業か商業か区別できない会員数が多いためで、実際の比率はもっと高くなるものとおもわれる。

　最後に、商業部門については分類不能の比率が高過ぎ、綿工業（17.6％）の相対的な優位を除き、業種間の比較が困難である。

(4) 傘下商工会議所

　グジャラート商工会議所がグジャラート州を代表する商工会議所であるといわれるのは、傘下に州内各地に散在する多数の商工会議所やマハージャンと呼ばれる類似の組織を包括しているためである。各地の商工会議所・マハージャンはその地域における商工業の最有力の圧力団体であるため、グジャラート商工会議所はこれら圧力団体の連合体（Federation）としての側面をもっている。もっとも、グジャラート商工会議所への加盟は任意に基づくものであり、州内のすべての組織を包括しているわけではない。州内に存在する商工会議所・マハージャンの実数は把握できないが、小規模なものについては、アーメダバード市内に存在する組織を例外として、ほとんど加盟して

いないとみることができよう。また、各地を代表する大規模な商工会議所のなかには、グジャラート商工会議所との確執により、加盟の遅れるものがでている。ちなみに、1941年にグジャラート初の商工会議所としてスーラト市に設立された南グジャラート商工会議所（South Gujarat Chamber of Commerce & Industry）がグジャラート商工会議所に加盟したのは1980年代に入ってからである[8]。また、ヴァドーダラー市を拠点とする中央グジャラート商工会議所（Central Gujarat Chamber of Commerce & Industry）は1991年度の会員名簿編纂後に加盟している。

表8-9に、「傘下協会の登録時期別地域分布」を掲げる。この表は1991年度会員名簿から作成したものであり、傘下商工会議所・マハージャンの合計数はグジャラート商工会議所の編纂した数値（表8-5参照）を3上回る311となっている。傘下商工会議所・マハージャンの登録番号の最小値は1、最大値は2万910であった。地域別の傘下商工会議所・マハージャン数の推移をみるために、登録番号に従い、登録時期を5つに区分した。その際、時期間の比較がしやすいように、各時期の登録数ができるだけ平準化するように時期区分を行った。地域区分については、アーメダバード市とボンベイ市を例外として、県単位となっている。ただし、アーメダバード県についてはアーメダバード市以外の登録数のみを編纂している。また、加盟のまったくないガーンディーナガル県とダーング県は表より除外してある。

地域別の総計では中央グジャラートが59.8％と群を抜いている。とくに、アーメダバード市の比率が高く、登録数の約半分を占めている。個人会員、商会会員のみならず、商工会議所・マハージャンの登録数についてもアーメダバード市が優位に立っている。これに次ぐのがケーダー県であり、設立当初より積極的に加盟している。これに対して、グジャラート州の商工業センターのひとつをなしながら、ヴァドーダラー県からの加盟は低調である。北グジャラートではアーメダバード県に隣接するメーサーナー県の比率が高い。とくに、比較的新しい時期における加盟が活発である。南グジャラートはアーメダバードからボンベイにいたる成長回廊の中核に位置し、伝統的商工業

8）筆者は南グジャラート商工会議所の会員名簿の分析も行った。詳細は、篠田（1996b）、また本書第10章を参照のこと。

第Ⅲ部　グジャラートの経営者名簿分析

表8-9　傘下協会の登録時期別地域別分布

地域区分		第1期	第2期	第3期	第4期	第5期	計
中央グジャラート	アーメダバード市	57 (95.0)	13 (22.4)	33 (49.3)	30 (38.0)	16 (34.0)	149 (47.9)
	アーメダバード県	— —	— —	2 (3.0)	3 (3.8)	2 (4.3)	7 (2.3)
	ケーダー県	2 (3.3)	7 (12.1)	8 (11.9)	4 (5.1)	4 (8.5)	25 (8.0)
	ヴァドーダラー県	— —	3 (5.2)	— —	— —	— —	3 (1.4)
	パンチマハール県	— —	— —	1 (1.5)	1 (1.3)	— —	2 (0.6)
	小計	59 (98.3)	23 (39.7)	44 (65.7)	38 (48.1)	22 (46.8)	186 (59.8)
北グジャラート	メーサーナー県	— —	3 (5.2)	5 (7.5)	9 (11.4)	6 (8.5)	23 (7.4)
	サーバルカーンター県	— —	6 (10.3)	2 (3.0)	5 (6.3)	2 (4.3)	15 (4.8)
	バナースカーンター県	— —	2 (3.4)	2 (3.0)	3 (3.8)	1 (2.1)	8 (2.6)
	小計	— —	11 (19.0)	9 (13.4)	17 (21.5)	9 (19.1)	46 (14.8)
南グジャラート	スーラト県	— —	2 (3.4)	1 (1.5)	— —	3 (6.4)	6 (1.9)
	ヴァルサード県	— —	— —	— —	3 (3.8)	1 (2.1)	4 (1.3)
	バルーチ県	— —	— —	— —	3 (3.8)	— —	3 (1.0)
	小計	— —	2 (3.4)	1 (1.5)	6 (7.6)	4 (8.5)	13 (4.2)
半島部	アムレーリー県	— —	— —	— —	1 (1.3)	— —	1 (0.3)
	ジャームナガル県	— —	2 (3.4)	1 (1.5)	1 (1.3)	5 (10.6)	9 (2.9)
	ジュナーガド県	— —	3 (5.2)	1 (1.5)	4 (5.1)	1 (2.1)	9 (2.9)
	バーヴナガル県	1 (1.7)	3 (5.2)	1 (1.5)	2 (2.5)	— —	7 (2.3)
	ラージコート県	— —	5 (8.6)	7 (10.4)	2 (2.5)	2 (4.3)	16 (5.1)
	スレーンドラナガル県	— —	1 (1.7)	1 (1.5)	1 (1.3)	1 (2.1)	4 (1.3)

		小計	1 (1.7)	14 (24.1)	11 (16.4)	11 (13.9)	9 (19.1)	46 (14.8)
カッチ	カッチ県							
		小計	—	6 (10.3)	—	5 (6.3)	2 (4.3)	13 (4.2)
州外	ボンベイ市							
		小計	—	2 (3.4)	2 (3.0)	2 (2.5)	1 (2.1)	7 (2.3)
		計	60 (100.0) [19.3]	58 (100.0) [18.6]	67 (100.0) [21.5]	79 (100.0) [25.4]	47 (100.0) [15.1]	311 (100.0) [100.0]

注1：上段数値は協会数。
 2：（ ）内数値は登録時期別の計に占める上段数値の比率（％）。
 3：［ ］内数値は協会総数に占める登録時期別協会数の比率（％）。
出所：表8-4と同じ。

のみならず、近代的大工業の躍進の著しい地域にもかかわらず、グジャラート商工会議所への加盟には無関心である。南グジャラートはグジャラートのなかでもっとも開放的な経営風土をもつ地域であり、州外からも多額の資本と経営者を引きつけている。商工会議所のタイトルに「グジャラート」を冠しているものの、執行部がアーメダバード人（Amdavadi）によって牛耳られているグジャラート商工会議所に対して、もっとも強い懐疑心をもっているのが南グジャラートの経営者である。半島部は6県で構成されているのにもかかわらず、その比率は北グジャラートと同じである。半島部の工業センターをなすラージコート県とアーメダバード県を結ぶ幹線も成長回廊となっており、半島部諸県のなかではラージコート県の比率が若干高くなっている。カッチ県の商工業経営者は近代における西部インドの経済発展のなかで、アーメダバード市およびボンベイ市と密接な関係を築いており、グジャラート商工会議所に加盟する商工会議所・マハージャンの比率も半島部の諸県よりは高い。

　時期別登録数の推移の検討に移ろう。すでに触れたように、登録会員数に関する手掛かりは少ない。わかっているのは、1949年、1961年、そして1972年の登録会員数のみである。それらは各々583、1679、3846となっている。1972年のみについては登録協会数もわかっている。地元103、地元外76、合わせて179の協会が登録していた。1972年までに登録した協会のうち、1991

年度の会員名簿に記載されているのは、地元58、地元外42の協会なので、1972-91年間の歩留まり率は地元56.3%、地元外55.2%となる。もうひとつ確かなのは、1972年は5つの時期区分のなかの第2期の半ばにあたることで、これ以外に確たることは何もわからない。それゆえ、ここでの課題は時間の経過とともに登録協会数に占める各地域の比率がどのように変化したのかを大まかに跡付けることに置かれる。

ここでも、すでに検討した個人・商会会員の場合と同様の傾向が観察される。すなわち、時期が下るとともに各時期に登録した協会数に占めるアーメダバード市の比率が逓減し、地元外の比率が逓増している。第1期には95.0%を占めていたアーメダバード市の比率は、第4期には34.0%に下落している。地元外ではアーメダバード市以外の中央グジャラート、カッチ、半島部諸県の反応が早く、第2期にまとまった数の協会が加盟している。北グジャラートと南グジャラート諸県も第2期から加盟を開始しているが、加盟数のピークは第4期にみられる。北グジャラートについては比較的近年における経済発展、南グジャラートについてはグジャラート商工会議所との確執がこの原因になっている。ボンベイ市の会員は個人・商会会員が主体であり、協会の加盟数は少ない。加盟時期は第2～4期に分散している。

次に、グジャラート商工会議所に加盟している協会の業種構成の時期別推移を検討してみよう。作表上の都合から、分析対象の協会を地元と地元外に分け、表8-10に「アーメダバード市における傘下協会の登録時期別業種別分布」、表8-11に「アーメダバード市以外の地域における傘下協会の登録時期別分布」を掲げる。

協会の業種はまず製造業、商業、専門職・サービス業、商工会議所に大きく分類した。さらに、製造業と商業については、全国産業分類に基づき業種を細分化した。ただし、スペースの制約があり、食品加工業（Ⅰ）・（Ⅱ）、飲料・タバコ加工業は「食品・タバコ加工業」、綿工業、毛・絹・化繊工業、縫製業は「繊維工業」、基礎金属工業、金属製品製造業は「金属工業」、機械工業、電気機器製造業は「機械・電気工業」に統括した。製造業一般には、業種の細目が特定されていない製造業協会を分類した。商業に対しても全国産業分類を援用する理由は表8-8の解説で触れたとおりである。ただし、少

表8-10　アーメダバード市における傘下協会の登録時期別業種別分布

業種分類		登録時期別協会数					計	
		第1期	第2期	第3期	第4期	第5期	協会数	％
製造業	食品・タバコ加工業	―	―	2	―	1	3	2.0
	繊維工業	3	2	―	3	2	10	6.7
	木材加工業	―	―	―	1	―	1	0.7
	製紙・印刷業	1	―	1	―	―	2	1.3
	化学工業	―	1	2	―	―	3	2.0
	窯業	2	―	2	―	1	5	3.4
	金属工業	1	―	2	1	―	4	2.7
	機械・電気工業	1	―	1	―	―	2	1.3
	その他製造業	―	1	―	1	―	2	1.3
	製造業一般	1	2	1	3	3	10	6.7
	小計	9 (15.8)	6 (46.2)	11 (33.3)	9 (30.0)	7 (43.8)	42 (28.2)	28.2
商業	食品・タバコ加工業	9	1	3	3	3	19	12.8
	原綿・繊維工業	11	―	3	1	―	15	10.1
	木材加工業	1	―	1	―	―	2	1.3
	化学工業	4	―	1	4	2	11	7.4
	窯業	2	2	―	―	―	4	2.7
	金属工業	2	1	―	2	―	5	3.4
	機械・電気工業	4	―	―	2	―	6	4.0
	その他商業	5	1	2	4	―	12	8.1
	商業一般	1	2	4	3	―	10	6.7
	小計	39 (68.4)	7 (58.3)	14 (42.4)	19 (63.3)	5 (31.2)	84 (56.4)	56.4
専門職サービス業	専門職	1	―	4	―	―	5	3.4
	サービス業	2	―	2	2	2	8	5.3
	小計	3 (5.3)	―	6 (18.2)	2 (6.7)	2 (12.5)	13 (8.7)	8.7
商工会議所		1 (1.8)	―	―	―	―	1 (0.7)	0.7
その他		5 (8.8)	―	2 (6.1)	―	2 (12.5)	9 (6.9)	6.0
計		57 (100.0)	13 (100.0)	33 (100.0)	30 (100.0)	16 (100.0)	149 (100.0)	100.0

注：（ ）内数値は登録時期別の計に占める小計の比率（％）。
出所：表8-4と同じ。

なからぬ数の綿花商団体を組み込むために、製造業の細目分類を若干修正し「繊維工業」を「原綿・繊維工業」と表記した。商業一般には、業種の細目が特定されていない商人協会（Merchant Association）のほかに、Chamber of

表8-11 アーメダバード市以外の地域における傘下協会の登録時期別業種別分布

業種分類		登録時期別協会数					計	
		第1期	第2期	第3期	第4期	第5期	協会数	%
製造業	食品・タバコ加工業	1	2	2	5	1	11	6.8
	繊維工業	—	2	—	1	1	4	2.5
	化学工業	—	—	—	—	1	1	0.6
	窯業	—	2	—	1	2	5	3.1
	金属工業	—	—	1	—	—	1	0.6
	機械・電気工業	—	—	1	1	1	3	1.9
	製造業一般	—	3	—	14	4	22	13.6
	小計	1 (33.3)	9 (20.0)	5 (14.7)	22 (44.9)	10 (32.3)	47 (29.0)	29.0
商業	食品・タバコ加工業	1	10	15	4	8	38	23.5
	原綿・繊維工業	—	6	2	3	1	12	7.4
	木材加工業	—	—	2	1	1	4	2.5
	化学工業	—	—	1	3	4	8	4.9
	機械・電気工業	—	—	1	—	—	1	0.6
	その他商業	—	1	1	1	—	3	1.9
	商業一般	—	11	3	8	3	25	15.4
	小計	1 (33.3)	28 (62.2)	25 (73.5)	20 (40.8)	17 (54.8)	91 (56.2)	56.2
サービス業		—	—	2 (5.9)	1 (2.0)	—	3 (1.9)	1.9
商工会議所		1 (33.4)	8 (17.8)	2 (5.9)	3 (6.1)	3 (9.7)	17 (10.5)	10.5
その他		—	—	—	3 (6.1)	1 (3.2)	4 (2.5)	2.5
計		3 (100.0)	45 (100.0)	34 (100.0)	49 (100.0)	31 (100.0)	162 (100.0)	100.0

注：( ) 内数値は登録時期別の計に占める小計の比率 (%)。
出所：表8-4と同じ。

Commerce と記載されている団体も含めた。このように記載された団体のなかには、製造業をも含む商工会議所が紛れているものとおもわれるが、腑分けができないので、一律「商業一般」に分類した。ここでの商工会議所には、会員名簿に Chamber of Commerce & Industry と記載されているもののみを分類した。商工会議所は通常、製造業、商業、専門職・サービス業の会員を擁している。専門職には、公認会計士、弁護士、医師、建築家などの団体を分類した。サービス業には銀行・証券、両替商、諸種のコンサルタントなどを分類した。以上の分類に含まれない消費者協同組合や労働組合などは

「その他」にまとめた。

　アーメダバード市（地元）と同市以外の地域（地元外）における協会の現在の業種構成はかなり近似している。とくに、製造業と商業についてはほぼ同比率を示している。製造業の比率は28～29％、商業はともに56％前半である。個人・商会会員ほどには製造業と商業間の会員数格差は大きくないが、それでも製造業関連の協会数は商業関連の協会数の半分に過ぎない。このように、製造業と商業の各々の比率に関する地元・地元外間の格差は小さいけれども、それらの細目構成には少なからぬ相違がみられる。

　地元の製造業内部における業種構成の特徴は、繊維工業の比率が比較的高いことと、協会の分布が比較的多様な業種にわたっている点にある。これに対して、地元外の場合は製造業一般の比率が高く、それに食品・タバコ加工業が続いていることと、業種の種類が少ないことにある。製造業一般の中核をなすのは工業団地（製造業一般）である。

　商業内部における業種構成では、地元・地元外ともに食品・タバコ加工業がもっとも高い比率を占めている。とくに、地元外の場合は23.5％もの高率を占めている。食品・タバコ加工業を構成するのは、穀物商、雑貨商、食用油商、砂糖商、茶商、タバコ商などの協会で、とりわけ穀物商と雑貨商の比率は高い。地元では製造業の場合と同様に、商業内部における業種構成も比較的多様であり、原綿・繊維工業や化学工業の製品を取り扱う協会の比率も比較的優勢である。これに対して、地元外では商業一般の比率が15.4％と高い。業種を特定しない商業協会の大多数は、中小規模の都市を代表する商業組織よりなり、通常は複数の商業関連業種を包摂しているものとおもわれる。

　専門職・サービス業関連の協会の比率は、地元が8.7％、地元外が1.9％と少なからぬ格差を示している。アーメダバード市が巨大都市であるため、この部門の組織が比較的発達していることと、地元外の場合はこの部門の組織がグジャラート商工会議所に加盟する利点の小さいことが、このような格差をもたらしているものとおもわれる。

　商工会議所の加盟数は地元では全インド・スィンディー商工会議所（All India Sindhi Chamber of Commerce & Industry）のひとつだけである。グジャラート商工会議所はアーメダバード市を拠点にしているため、同市には他の

商工会議所は形成されていない。地元外からは17の商工会議所が加盟しており、これがグジャラート商工会議所に全州を代表する性格を付与している。

　傘下協会数の時期別推移の検討に移ろう。時期区分は表8-9と同一である。グジャラート商工会議所の設立当初すなわち第1期には地元外の協会はほとんど加盟していない。この時期の加盟は地元の協会、とりわけ商業関連の協会を中心としたものであった。製造業関連の協会の比率は低かった。とはいえ、アーメダバード市を拠点とし、当時のグジャラート経済を牽引していた代表的な綿工場（株式会社組織）は個別にパトロン会員として加盟しており、すでに検討したように、彼らがグジャラート商工会議所の設立と運営に果たした役割は非常に大きかった。地元外の協会は第2期から本格的に加盟を開始し、その後、どの時期についても地元外からの協会の加盟数は地元からの加盟数を上回っている。また、名簿に記載された地元外の商工会議所の約半数が第2期に加盟を行っている。

　製造業と商業の比率の推移については、地元・地元外ともに、短期的な上下変動はみられるものの、長期的には商業関連の協会数比率の逓減、製造業関連の協会数比率の逓増傾向を認めることができる。また、地元では製造業内部の業種間の比率はこの間ほとんど変化していないが、地元外では食品・タバコ加工業、繊維工業の比率が確実に低下している。とくに、第4期における工業団地（製造業一般）の比率の増大は印象的である。地元における製造業の閉塞、地元外における製造業の展開がここに反映しているとみなすこともできよう。商業内部の業種間の比率については、地元・地元外ともに、食品・タバコ加工業、繊維工業の製品を取り扱う業種の比率が逓減していることを確認できる。商業の分野でもグジャラート全体の製造業の展開に対応した変化が生じているものと理解できよう。

3. 会員とカースト

(1) 姓とカースト

　ここでは1991年度の会員名簿に記載された会員とカーストとの関連を検討する。1991年度の会員名簿には637種類4354人の姓が記載されている。姓に

第8章 グジャラート商工会議所1991年度版名簿分析

表8-12 会員名簿にみられる頻度5以上の姓リスト (1991年)

頻度	①バラモン	②クシャトリヤ	③バニヤー	④上位諸カースト	⑤パーティタール	⑥職人カースト	⑦イスラム教徒	⑧その他・不明	計
1000以上				Patel					1
500〜999			Shah						1
100〜499			Parikh	Mehta					2
50〜99			Choksi Gandhi Sheth Thakkar	Desai					5
30〜49	Bhatt Joshi	Parmar	Agraval Dani Modi Zaveri	Goyal		Panchal			9
10〜29	Dave Jani Pandya Purohit Trivedi Vyas	Chaudhri	Dalal Doshi Gupta Jain Kothari Kotecha Kapadiya Parekh Sanghvi Nanavati	Amin Maniyar Thakor Vora		Mistri Prajapati Soni	Basmiya	Padiya Tikmani	27
5〜9	Acharya Goswami Macchar Rav Raval Sharma Shukla Varma Nirmal	Rana	Bhagvati Bhandari Devdivala Goenka Kamdar Munsha Patva Sutariya Shroff	Ashar Oza Bhavsar Dastan Khambhata Cama		Gajjar Kansara		Chhantbar Guru Jogi Kanoriya Mer Rungta Rochvani Talati	35
計	17	3	29	13	1	6	1	10	80

注:計には縦列および横列における姓集団数を記入。
出所:表8-4と同じ。

関する実証的な研究が欠如しているなかで、これらの姓をすべて分類するのは、われわれの能力を超えた課題である。とりわけ、頻度の低い姓、すなわち現地の人々にとっても馴染みの薄い姓については出自の確定・推定が困難である。このため、ここでの分析はわれわれにも馴染みのある比較的頻度の高い姓に限定する。ちなみに、頻度100以上の姓の記載者は2098人(姓を記載した会員数の48.2%)、頻度50以上の姓は2415人(55.5%)、頻度10以上の姓は3268人(75.1%)、頻度5以上の姓は3476人(79.8%)を占めている。頻度10以上の姓に限定してもよかったのだが、姓が比較的多様化している集団の比率をより正確に把握するために、本章では頻度5以上の姓の分析を行う。

表8-12に、「会員名簿にみられる頻度5以上の姓リスト（1991年）」を掲げる。姓集団は7つのグループに分類し、これらに該当しなかったり出自の不明な姓は「その他・不明」の項目に括った。この分類方法についても拙稿で言及しているので、詳細は参照されたい（篠田 1995d: 379-383）。若干の注意点のみを記す。ジャイナ教徒とヴァイシュナヴァ派ヒンドゥー教徒の姓は重なっているために、両者を一括して「バニヤー」に括った。「上位諸カースト」には複数のカースト集団が共有している姓をまとめた。人口規模は小さいが非常にモビリティの高い集団であるパールスィー教徒は、いわゆるバニヤー姓のほかにカンバーター（Khambhata）やカーマー（Cama）などの姓も使用している。「パーティーダール」のなかには、「上位諸カースト」に分類されているデーサイー（Desai）やアミーン（Amin）、「クシャトリヤ」に分類されているチャウドリー（Chaudhri）などの姓の使用者もいるが、腑分けができないので、このグループにはパテール（Patel）のみを分類する。これまでラージプートを同化の目標としてきた後進諸階級の間で、パテール姓の使用者が増加してきていることは知られている。さらに、最近のパーティーダールの躍進を背景として、旧来の上中位カーストのなかからも、パーティーダールを同化の目標とする動きのみられることが報告されている[9]。このようなパテール姓の使用者がどの程度会員名簿に含まれているのかは定かではないが、名簿にみられるパテール姓使用者の大多数は現時点においてはパーティーダールに属するものとおもわれる。「職人カースト」の「伝統的」職業は、パーンチャル（Panchal）は金属加工、ミストゥリー（Mistri）、ガッジャル（Gajjar）は大工、プラジャーパティ（Prajapati）は陶工、ソーニー（Soni）は金工、カンサーラー（Kansara）は銅工である。「イスラム教徒」に特有な

9）上中位カーストのパテール姓への改姓運動に言及した論考はいまだみられないが、筆者が1992年度に客員研究員として滞在したグジャラート開発研究所で諸種の世帯調査に従事していた調査員から、非パーティーダールの上中位カーストでパテール姓に改姓している世帯が少なからず存在するという報告を受けている。パーティーダールは政治経済的には1960-70年代にかけてバニヤーに比肩する地位を築いたが、社会的な序列ではバラモン、バニヤーよりも下位に位置づけられていた。しかし、1980年代に入ると、パーティーダールとバラモン、バニヤー間の通婚が社会的に許容されるようになり（もちろん、結婚のほとんどは同カースト内で行われているが）、パーティーダールは名実ともに上位カーストと認知されるようになった。

姓は、頻度5以上の姓に関する限り、バースミヤー（Basmiya）ひとつだけである。「その他・不明」に分類した姓のうち、ローチュワーニー（Rochvani）はスィンディー（Sindhi：スィンド人）に特有な姓である。残余の姓については所属するカーストが不明である。

会員名簿にみられる頻度5以上の姓は80種類に及ぶ。グループ別では「バニヤー」の姓が29種類と群を抜いており、それに「バラモン」が17種類、「上位諸カースト」が13種類と続いている。「バニヤー」は製造業でも確たる地盤を築いているが、「伝統的」な活動分野である商業での優位は圧倒的である。グジャラート商工会議所の場合、商業関連の会員数はその他部門の会員数を凌駕しており、そのため、「バニヤー」の比率はグジャラート州の小規模工業経営者を対象とした拙稿での分析結果に比べて、はるかに高くなっている[10]。

姓の頻度は、5〜9、10〜29、30〜49、50〜99、100〜499、500〜999、1000以上に7区分した。群を抜いて頻度の高いのは、頻度1013のパテールと頻度862のシャーの2姓であり、これらは姓が記載された会員数の各々23.3%と19.8%を占めている。両者を合わせると、43.1%もの高率を示している。これらに続く頻度100〜499の2姓、頻度50〜99の5姓はいずれも「バニヤー」か「上位諸カースト」に属している。「バラモン」は表に掲げられた姓の種類は多いけれども、頻度の突出した姓をもたない。「職人カースト」はグジャラート州の製造業のなかでは一大勢力をなしているが、商業関連の会員数の優勢なグジャラート商工会議所にあっては、小集団をなすに過ぎない。

(2) 登録時期とカースト

会員名簿には登録番号も記載されているので、名簿に記載された会員総数に占めるカースト別姓集団の比率の検討のほかに、登録時期別のカースト構成の推移をも跡付けることができる。登録時期は表8-13にみるように、各時期の登録会員数が同数になるように5つに区分した。時期間の比較を比率のみならず会員数でも行えるようにするためであり、第4期を除き各時期の母

---

[10] 篠田（1995d: 390）、および本書第7章を参照のこと。

表8-13 登録時期別会員数の分布

会員の区分	登録時期別会員数					計
	第1期	第2期	第3期	第4期	第5期	
頻度5以上の姓集団の会員数	646 (78.1) [68.7]	686 (78.2) [72.9]	699 (79.3) [74.3]	726 (84.2) [77.1]	719 (79.4) [76.4]	3,476 (79.8) [73.9]
頻度4以下の姓集団の会員数	181 (21.9) [19.2]	191 (21.8) [20.3]	183 (20.7) [19.4]	136 (15.8) [14.4]	187 (20.6) [19.9]	878 (20.2) [18.7]
小計	827 (100.0) [87.9]	877 (100.0) [93.2]	882 (100.0) [93.7]	862 (100.0) [91.5]	906 (100.0) [96.3]	4,354 (100.0) [92.5]
姓を記載していない会員数	114 [12.1]	64 [6.8]	59 [6.3]	80 [8.5]	35 [3.7]	352 [7.5]
計	941 [100.0]	941 [100.0]	941 [100.0]	942 [100.0]	941 [100.0]	4,706 [100.0]

注：( ) 内数値は登録時期別の小計に占める上段数値の比率（％）。
　　[ ] 内数値は登録時期別の計に占める上段数値の比率（％）。
出所：表8-4と同じ。

数を941人とした。

　名簿に掲載された会員総数の7.5％にあたる352人は姓を記載していない。姓を記載した4354人のうち、頻度4以下の姓集団の会員数は878人なので、姓分析の対象となる頻度5以上の姓集団の会員数は会員総数の73.9％、姓を記載した会員数の79.8％を占める。姓を記載していない集団が特定のカーストに大きく偏向しているとは考えづらい。また、頻度4以下の姓集団も複数のカースト・グループに分散しており、頻度5以上の姓集団の分析結果に大きな変更をもたらす可能性は小さい。それゆえ、頻度5以上の姓集団の分析により、登録時期別のカースト構成の推移をかなり正確に把握することができる。

　各時期の会員数に占める姓を記載していない会員数の比率の変動は比較的大きい。第1期には12.1％を占めていた同比率は、第5期には3.7％に落ち込んでいる。第4期に同比率は一時的に高まるが、長期的には低下の趨勢にある。姓使用の大衆化が上位カーストにもあらわれているとみることができよう。さらに、第1期に登録した会員のなかで姓を記載しない人々には、アーメダバード市あるいはグジャラートの経済界で指導的な立場にあった経営

第 8 章　グジャラート商工会議所1991年度版名簿分析

企業家・ヴィジョナリーとしてアーメダバードのガバナンス、社会経済、教育の発展に尽力したビッグ・スリーが一堂に会する貴重な写真。写真中央にカストゥルバーイ、右にハルゴーヴァンダース、左にヴィクラム・サーラーバーイ
(写真は GCCI 提供、撮影年不詳)

者やその子孫が多く含まれているものとおもわれる。カストゥルバーイ・ラールバーイやアムリットラール・ハルゴーヴァンダースのような大実業家のなかには、カーストの標章としての姓を放棄することにより、所属するカーストとの差別化を行い、自らをより高次に位置づけようとする動きがみられたからである。また、アンバーラール・サーラーバーイ（Ambalal Sarabhai）のように、父親名のサーラーバーイを自らの姓とすることにより、差別化を行った事例もある[11]。このように、姓を記載していない会員数の比率には変動がみられたが、姓を記載した会員数に占める頻度 5 以上の姓集団の会員数比率は第 4 期に若干高まったものの、他の時期には非常に安定しており、78〜79％台を推移した。

　それでは、登録時期別のカースト構成の検討に移ろう。表8-14に「グルー

---

11) 詳細は、Vyas（1988: 206）を見よ。

第Ⅲ部　グジャラートの経営者名簿分析

表8-14　グループ別登録時期別会員数の分布

グループ	登録時期別会員数					計
	第1期	第2期	第3期	第4期	第5期	
①バラモン	21 (9.9) [3.3]	22 (10.4) [3.2]	35 (16.5) [5.0]	84 (39.6) [11.6]	50 (23.6) [7.0]	212 (100.0) [6.1]
②クシャトリヤ	4 (6.6) [0.6]	8 (13.1) [1.2]	8 (13.1) [1.1]	24 (39.3) [3.3]	17 (27.9) [2.4]	61 (100.0) [1.8]
③バニヤー	398 (24.3) [61.6]	374 (22.9) [54.5]	348 (21.3) [49.8]	277 (16.9) [38.2]	239 (14.6) [33.2]	1,636 (100.0) [47.1]
④上位諸カースト	54 (17.1) [8.4]	68 (21.6) [9.9]	45 (14.3) [6.4]	78 (24.8) [10.7]	70 (22.2) [9.7]	315 (100.0) [9.1]
⑤パーティーダール	133 (13.1) [20.6]	181 (17.9) [26.4]	227 (22.4) [32.5]	175 (17.3) [24.1]	297 (29.3) [41.3]	1,013 (100.0) [29.1]
⑥職人カースト	28 (21.9) [4.3]	23 (18.0) [3.4]	24 (18.8) [3.4]	26 (20.3) [3.6]	27 (21.1) [3.8]	128 (100.0) [3.7]
⑦イスラム教徒	0 — —	1 (4.2) [0.1]	0 — —	23 (95.8) [3.2]	0 — —	24 (100.0) [0.7]
⑧その他	8 (9.2) [1.2]	9 (10.3) [1.3]	12 (13.8) [1.7]	39 (44.8) [5.4]	19 (21.8) [2.6]	87 (100.0) [2.5]
計	646 (18.6) [100.0]	686 (19.7) [100.0]	699 (20.1) [100.0]	726 (20.9) [100.0]	719 (20.7) [100.0]	3,476 (100.0) [100.0]

注：（　）内数値はグループの計に占める上段数値の比率（％）。
　　［　］内数値は時期別の計に占める上段数値の比率（％）。
出所：表8-4と同じ。

プ別登録時期別会員数の分布」を示す。ここでの母数は各時期における頻度5以上の姓集団の会員総数である。まず、名簿に姓を記載した会員総数に占めるグループごとの比率をみておこう。群を抜いているのは「バニヤー」で、会員数は1636人、姓を記載した会員総数に占める比率は47.1％もの高率を示している。「バニヤー」に属する会員をジャイナ教徒とヴァイシュナヴァ派ヒンドゥー教徒に分割することは不可能であるが、両者ともに有力な企業者集団であることが知られている。「バニヤー」に次ぐグループである「パー

ティーダール」は会員数1013人であり、姓を記載した会員総数の29.1％を占めている。19世紀前半には中位農耕カーストに過ぎなかった「パーティーダール」は19世紀後半以降、経営の多角化、活発なる海外移住、植民地下における政治闘争への積極的参加、商工業への大規模な参入をとおして、政治経済力を著しく増強し、現在ではグジャラートのなかでもっとも強力なカースト集団となっている。州誕生後の1960年代と1970年代前半、「バニヤー」と「パーティーダール」は熾烈な覇権闘争を展開したが、1975年の後進諸階級を軸とする州政権の誕生以降は、上位カースト連合を形成し現在にいたっている。グジャラート商工会議所の運営を掌握しているのもこの2グループで、両者の会員数の合計は姓を記載した会員総数の76.2％を占めている。「上位諸カースト」のなかにも「バニヤー」と「パーティーダール」は確実に含まれているので、これをも考慮すると、グジャラート商工会議所における両グループの支配力は圧倒的である。

　他のグループのなかで、会員数比率が5％を超えるのは「バラモン」のみで、製造業に比較的進出している「職人カースト」「クシャトリヤ」「イスラム教徒」の会員数比率は低い。ちなみに、グジャラート州の製造業者名簿にみられるこれらグループの経営者数比率は「職人カースト」が約18％、「クシャトリヤ」と「イスラム教徒」は約5％である。グジャラート商工会議所では商業関連会員が数的優位を保持していること、会員の地理的分布では中央グジャラートが中心になっていることが、これらグループの比率を低める方向に作用しているものとおもわれる。

　登録時期別の各グループの会員数比率の推移には、以下の非常に興味深い傾向が観察される。

　第1に、第1期には61.6％の高率を占めていた「バニヤー」の登録会員数比率は順次低下し、第3期に50％を割り、さらに第5期には33.2％に落ち込んでいる。登録会員数比率の逓減傾向は紛れのないものであり、会員数にみる「バニヤー」の優位は確実に低下してきている。グジャラート人口に占める「バニヤー」の人口比率は4～5％（1931年国勢調査結果ではジャイナ教徒2.7％、ヒンドゥー・バニヤー1.7％）ほどである。この人口規模の小ささと、従来商工業と無縁であったカースト・グループの商工業への新たな参入が

「バニヤー」の相対的な地盤沈下をもたらしている原因である。

　第2に、「バニヤー」とは対照的に、「パーティーダール」の登録会員数比率は第1期には20.6％であったが第5期には41.3％と「バニヤー」の同比率を上回っている。第4期に同比率は一時的に低下するが、この間の趨勢としては確実に上昇傾向にある。会員数ではいまだ「バニヤー」が優位にあるものの、これまでの趨勢に変化がなければ、いずれ「パーティーダール」の会員数は「バニヤー」のそれを凌駕することになろう。グジャラートにおける「パーティーダール」の人口規模は13％（1931年国勢調査結果では13.1％）ほどであり、「バニヤー」よりも企業家予備軍の層は厚い。

　第3に、「バラモン」の動向について。グジャラートの「バラモン」は社会的には上位に位置づけられてきたものの、人口規模は4〜5％（1931年国勢調査結果では4.5％）と小さく、北インドのバラモンにみるような強力な支配力はもたなかった。ランチョードラール・チョーターラール（Ranchodlal Chotalal）のように、近代的綿工業の分野で先駆的な役割を果たした人物もいたが[12]、「バラモン」の商工業への進出が一般化したのは独立以降のことである。「バラモン」の登録会員数比率は第1〜2期は3％台であったが、第3期を境に上昇しており、参入に拍車のかかっていることが確認できる。

　その他のグループについて。「職人カースト」（1931年の人口規模は6.1％）の登録会員数比率は全期をとおして安定しているのに対して、「クシャトリヤ」（同5.0％：ただしラージプートについて）と「イスラム教徒」（同10.3％）の登録会員数比率は第4期にピークをなしている。いずれにせよ、これらのグループの登録会員数は小さ過ぎ、確たることは何もいえない。

　最後に、姓集団別登録時期別の頻度分布を表8-15に掲げ、若干の重要な姓集団について検討しておこう。「バラモン」の姓集団のなかで、第3期以降

---

[12] ナーガル（Nagar）・バラモン出自のランチョードラールは公務職（税関吏）を8年間勤めた後、1852年にスーラト市で綿工場を設立しようとしたが失敗した。その後、1861年にアーメダバード市に「アーメダバード綿紡織工場」（Ahmedabad Cotton Spinning and Weaving Mills）を設立し、産業界や行政の分野で指導的な立場にたった。1884年にはアーメダバード市自治体の運営委員会の議長に選出され、上下水道の整備など同市の発展に寄与した。また、1891年にアーメダバード綿工業経営者協会の初代会長に選出され、逝去した1898年までその要職を務めた。この詳細は、Vyas（1988: 205）．

第8章　グジャラート商工会議所1991年度版名簿分析

表8-15　姓集団別登録時期別会員数の分布

姓集団	登録時期別会員数					計	
	第1期	第2期	第3期	第4期	第5期	頻度	%
①バラモン							
Bhatt	2	1	9	6	12	30	[0.7]
Joshi	3	3	3	16	5	30	[0.7]
Dave	2	5	4	5	7	23	[0.5]
Pandya	2	0	3	14	3	22	[0.5]
Trivedi	6	2	2	5	5	20	[0.5]
Vyas	1	1	2	5	5	14	[0.3]
Jani	4	1	1	3	2	11	[0.3]
Purohit	1	0	0	9	1	11	[0.3]
Raval	0	1	2	3	2	8	[0.2]
Nirmal	0	0	0	6	0	6	[0.1]
Rav	0	3	1	0	2	6	[0.1]
Sharma	0	3	0	2	1	6	[0.1]
Acharya	0	1	1	2	1	5	[0.1]
Goswami	0	0	3	1	1	5	[0.1]
Macchar	0	0	1	3	1	5	[0.1]
Shukla	0	0	2	2	1	5	[0.1]
Varma	0	1	1	2	1	5	[0.1]
小計	21 (9.9)	22 (10.4)	35 (16.5)	84 (39.6)	50 (23.6)	212 (100.0)	[6.1]
②クシャトリヤ							
Parmar	3	2	0	19	9	33	[0.8]
Chaudhri	1	3	7	4	7	22	[0.5]
Rana	0	3	1	1	1	6	[0.1]
小計	4 (6.6)	8 (13.1)	8 (13.1)	24 (39.3)	17 (27.9)	61 (100.0)	[1.8]
③バニヤー							
Shah	222	213	181	132	114	862	[19.8]
Parikh	30	28	20	20	17	115	[2.6]
Sheth	24	17	14	10	8	73	[1.7]
Choksi	16	14	12	20	7	69	[1.6]
Thakkar	12	10	15	11	12	60	[1.4]
Gandhi	15	16	14	2	4	51	[1.2]
Agraval	4	6	14	8	17	49	[1.1]
Modi	9	6	14	8	4	41	[0.9]
Dani	2	4	15	16	3	40	[0.9]
Zaveri	8	6	8	4	7	33	[0.8]
Doshi	3	5	5	14	2	29	[0.7]
Dalal	10	7	6	2	3	28	[0.6]
Kothari	5	3	3	7	9	27	[0.6]
Gupta	2	4	6	3	6	21	[0.5]
Parekh	2	5	5	4	4	20	[0.5]

第Ⅲ部　グジャラートの経営者名簿分析

Sanghvi	6	5	0	3	3	17	[0.4]
Jain	2	5	1	4	4	16	[0.4]
Kotecha	2	0	2	1	7	12	[0.3]
Nanavati	3	3	1	2	2	11	[0.3]
Kapadiya	2	3	1	2	2	10	[0.2]
Kamdar	5	4	0	0	0	9	[0.2]
Shroff	2	2	2	1	1	8	[0.2]
Bhagvati	2	2	1	0	0	5	[0.1]
Bhandari	0	2	0	2	1	5	[0.1]
Devdivala	1	0	3	0	1	5	[0.1]
Goenka	1	2	2	0	0	5	[0.1]
Munsha	3	1	0	1	0	5	[0.1]
Patva	2	0	3	0	0	5	[0.1]
Sutariya	3	1	0	0	1	5	[0.1]
小計	398 (24.3)	374 (22.9)	348 (21.3)	277 (16.9)	239 (14.6)	1,636 (100.0)	[47.1]
④上位諸カースト							
Mehta	22	30	10	30	16	108	[2.5]
Desai	10	10	15	17	12	64	[1.5]
Goyal	1	0	0	0	32	33	[0.8]
Vora	3	9	6	4	3	25	[0.6]
Thakor	3	5	2	6	2	18	[0.4]
Amin	5	3	3	4	2	17	[0.4]
Maniyar	3	4	1	8	1	17	[0.4]
Ashar	0	0	1	5	1	7	[0.2]
Khambhata	2	3	1	0	0	6	[0.1]
Bhavsar	3	1	0	1	0	5	[0.1]
Cama	1	1	3	0	0	5	[0.1]
Dastan	0	1	1	2	1	5	[0.1]
Oza	1	1	2	1	0	5	[0.1]
小計	54 (17.1)	68 (21.6)	45 (14.3)	78 (24.8)	70 (22.2)	315 (100.0)	[9.1]
⑤パーティーダール							
Patel	133	181	227	175	297	1,013	[23.3]
小計	(13.1)	(17.9)	(22.4)	(17.3)	(29.3)	(100.0)	[23.3]
⑥職人カースト							
Panchal	16	10	3	11	9	49	[1.1]
Soni	2	5	9	6	6	28	[0.6]
Mistri	6	3	5	5	4	23	[0.5]
Prajapati	0	1	3	4	6	14	[0.3]
Gajjar	2	3	1	0	2	8	[0.2]
Kansara	2	1	3	0	0	6	[0.1]
小計	28 (21.9)	23 (18.0)	24 (18.8)	26 (20.3)	27 (21.1)	128 (100.0)	[3.7]
⑦イスラム教徒							

Basmiya	0	1	0	23	0	24	[0.6]
小計	—	(4.2)	—	(95.8)	—	(100.0)	[0.6]
⑧その他・不明							
Tikmani	0	0	0	12	9	21	[0.5]
Padiya	0	0	3	9	2	14	[0.3]
Guru	3	0	4	0	0	7	[0.2]
Jogi	0	2	0	4	1	7	[0.2]
Kanoriya	0	1	0	0	6	7	[0.2]
Mer	0	2	0	5	0	7	[0.2]
Talati	2	2	2	1	0	7	[0.2]
Chhantbar	0	0	0	7	0	7	[0.2]
Rungta	2	0	3	0	0	5	[0.1]
Rochvani	1	2	0	1	1	5	[0.1]
小計	8 (9.2)	9 (10.3)	12 (13.8)	39 (44.8)	19 (21.8)	87 (100.0)	[2.5]
計	646 (18.6)	686 (19.7)	699 (20.1)	726 (20.9)	719 (20.7)	3,476 (100.0)	[100.0]

注1：( ) 内数値は計に占める横列の比率（%）。
　2：[ ] 内数値は計に占める縦列の比率（%）。
出所：表8-4と同じ。

　に登録会員数をとくに大きく伸ばしているのは、バット（Bhatt）、ジョーシー（Joshi）、パーンデャー（Pandya）などである。これらはグジャラート州の製造業者名簿のなかでも頻度の高い姓集団をなしている。「クシャトリヤ」の登録会員数比率が第4期にピークをなしているのは、パルマール（Parmar）一集団の動きによるものである。「バニヤー」の最大姓集団であるシャー（Shah）の登録会員数は第1期の222人から第5期の114人へと約半分に減少している。シャーとパテール（Patel）の2姓集団の動向から、「バニヤー」と「パーティーダール」の力関係の変化を端的に読み取ることができる。他の「バニヤー」姓集団の登録会員数も、若干の例外はあるが、時期が下るにつれ減少する傾向にある。「上位諸カースト」のなかでも頻度の高いメーヘター（Mehta）やデーサイー（Desai）の時期別の登録会員数は比較的コンスタントである。「上位諸カースト」を構成する「バニヤー」や「パーティーダール」「バラモン」の異なる動きが相殺された結果だとみることもできよう。「職人カースト」の大部分は設立当初からコンスタントに参入しており、時期別の変動は比較的小さい。パテールとバースミヤーは各々「パーティーダ

ール」と「イスラム教徒」の唯一の姓集団であり、しかもグループについてはすでに触れているので、ここでの説明は省略する。

おわりに

　グジャラート州政府編纂の製造業者名簿（Directorate of Manufacturers in Gujarat: 1987年版）にはグジャラート全域に分布する約3万の小規模工業の事業体の詳細が記載されていた。この製造業者名簿は小規模工業の事業体に限定されており、業種分類は体系的、かつ事業体を網羅的に補足しており、全グジャラートの小規模工業経営者分析にとってきわめて有効な資料となった。もちろん、登録番号や事業創設年に関する情報は編纂されておらず、分析は横断面分析に限定された。同製造業者名簿の初版は1969年に出版されていたので、知人・友人の助けまで借りて、関係省庁、商工会議所そして主だった図書館にあたってみた。初版を入手できれば、1969年と1987年の2時点間における小規模工業経営者のカースト構成の変化を跡付けることができるからであった。この時系列分析は、グジャラート州が誕生して以降、小規模工業の担い手がどのように変化したのかを全州レベルで実証するために、きわめて重要なものであった。しかし、時間は無為に過ぎていった。頼みの綱である商工会議所では、このような名簿類は数年間だけ保存し、「古く」なったら廃棄するとのことであった。名簿類はかさばるし、「古い」名簿に興味を示す利用者など通常考えられないので、当然の措置といえよう。結局、どこにも見いだすことができず、初版の探索を打ち切ろうとした矢先、別の用事で訪れていた国勢調査事業部の資料室で偶然にも名簿を発見することになった。工業省から寄贈された名簿をきちんと保存していたためである。しかし、ツキもここまでであった。初版の名簿に編纂されていたのは、①通し番号、②事業体名、③住所、④業種の分類のみで、代表者名は記載されていなかった。

　グジャラート州の製造業者名簿での時系列分析が不可能となった現在、グジャラート商工会議所の名簿が時系列分析のための唯一の資料となっている。当初、商工会議所の名簿についてもできるだけ古い版を探してみたが、1980

第8章　グジャラート商工会議所1991年度版名簿分析

年代以前にさかのぼることはできなかった。そのため、1991年度版のみに依拠し、登録番号による時系列分析を行った。

　登録時期別のカースト構成の推移には、バニヤーの相対的な比率の低下とパーティーダールの躍進が明瞭にあらわれている。また、従来商工業と馴染みの薄かったバラモンも近年は積極的に企業・経営に参画しており、これも独立後における重要な変化のひとつといえよう。グジャラート商工会議所の会員分析という限定された枠組みのなかであれ、商工業経営者の再編過程の一端を実証的に提示できたことは、筆者にとっても興味深いことであった。19世紀後半以降のグジャラートの歴史のなかで、パーティーダールはいわば台風の目として政治のみならず社会経済構造の再編に大きく関わってきた。このパーティーダールの軌跡の一端は若干の研究者により明らかにされているが、その全体像を再構成する作業はこれからの研究者に課された重要な課題だといえよう。

第9章
グジャラート商工会議所2014年度版名簿分析

はじめに

　前章でのグジャラート商工会議所の1991年版会員名簿の分析[1]に続き、本章では同商工会議所の2014年度版に基づき、会員分析を行う。2014年版の名簿には個別会員の①登録番号、②会員タイプ分類、③事業体名、④住所、⑤電話番号（固定電話・携帯電話）、⑥メールアドレス、⑦ホームページ、⑧事業の分類、⑨代表者名、が記載されている。代表者名は１名の場合も２名の場合もある。今回も登録番号が記載されているので時系列分析を行うほかに、前回の1991年版名簿分析では行わなかった代表者組み合わせ分析（代表者2名が記載された会員サンプルに依拠）を行う。また、1991年時点と2014年時点における会員構成の変化の実態を分析する。

1. 近年の動向

(1) グジャラート商工会議所の機能と役割
　グジャラート商工会議所はグジャラート州を代表する州レベルの商工会議所で、傘下にグジャラート州各地の主だった地域商工会議所を会員として抱えている。同時に、グジャラート商工会議所は全国レベルの商工会議所[2]の構成会員として連携を保っている。

---

1) 1991年版会員名簿には、個別会員の①通し番号、②登録番号、③事業体名、④住所、⑤電話番号、⑥事業の分類、⑦代表者名、が記載されていた。商工会議所創設時からの登録順に与えられる登録番号は個別会員のIDであり、脱会してもその番号が他者に与えられることはない。登録番号に基づき、諸種の時系列分析が可能となるので、この登録番号の掲載は、会員名簿の資料的価値を非常に高めている。

第Ⅲ部　グジャラートの経営者名簿分析

アーシュラーム・ロードにある GCCI ビルの全景（アーメダバード市、2018年8月）

2018年6月に GCCI ビル内に開設された「ジャパン・デスク」室で来客に対応する専属職員（アーメダバード市、2018年8月）

グジャラート商工会議所の基本的機能と「通常」の業務、たとえば、会員に対する関連情報の提供、会員の結束の促進、貿易手続きで重要な原産地証明書（Certificate of Origin）の発行、中央・州政府の諸種の調査委員会への証言等は、前回分析を行った1990年代初頭と変わりない。

　ただし、1950年代の州の再編問題や1990年代のナルマダー問題のようなグジャラート商工会議所の総力を結集して取り組んできた時代ごとの単一イシューはオクトロイ（物品搬入税）の撤廃以降なくなり、現在は工業政策と環境政策が最大の関心事になっている。

　さらに、2003年（実質的には2000年）以降は「躍動するグジャラート」（Vibrant Gujarat）の推進が商工会議所の重要な課題に組み込まれた。Vibrant Gujaratはグジャラート州を活性化するために、当時の州首相ナーレンドラ・モーディー（Narendra Modi：現在はインドの首相）が提唱推進したプロジェクトである。このプロジェクトはインフラ整備、環境改善など諸種の目的をもつが、それらのなかで中心的な事業として位置づけられているのが、グジャラート州のビジネスの発展である。Make in Indiaの標語のもと、世界に開かれたビジネスモデルが追求され、2年おきに「躍動するグジャラート・グローバル投資家サミット」（Vibrant Gujarat Global Investor's Summit）が開催されている。グジャラート商工会議所は、グジャラート州の代表的な商工会議所として、州政府と連携してロジスティックな支援を行っている。

(2) 全国組織商工会議所との関係

　1990年代以降、グジャラート州における商工会議所の状況が大きく変化している。グジャラート州がインド有数の工業州に成長するなかで、全国組織の商工会議所が続々とグジャラート州に支部（Gujarat Chapter）を開設した。

　1992年にインド工業連合（Confederation of Indian Industry: CII）のグジャラート支部が開設された。同支部からの聞き取り調査によると、2014年現在アーメダバード事務所には職員45名が配置されている。このほか、ヴァドーダ

2）たとえば、インド商工会議所連盟（Federation of Indian Chamber of Commerce and Industry: FICCI）やインド商工会議所協会（Associated Chambers of Commerce and Industry of India: ASSOCHAM）などである。

ラー（Vadodara）、ラージコート（Rajkot）、バーヴナガル（Bhavnagar）、スーラト（Surat）に合わせて職員10名が滞在している。CII は全国組織の商工会議所で、国内に65事務所、海外7カ国に支部を持っている（1995年から2008年まで大阪に CII 支部が設置されていたが、現在は閉鎖）。現在の主要政策課題は技術教育、ナノテクノロジーの推進、知的財産権の保護である。2014年度のグジャラート支部での会員数は450事業体であった。うち50事業体は経営不振や吸収合併で撤退している。グジャラート州の地元の商工会議所は地元の経営者の日々の業務のため重要であり、直接競合することはない[3]。

CII グジャラート支部長によると、全国商工会は得意分野をもち、仕事の質で勝負をしている。CII の会員は製造業者が中心でサービス（IT など）関係者は少ない。これがバンガロールやハイデラバードと異なる点である。この点について、一幹部は、IT は需給の波が大きいのに対して製造業は変動が小いのでよいと評価したうえで、IT はサービス業としては展開していないがグジャラートは e-ガバナンスが展開している州であり、IT 利用の需要は大きいと回答した。今後のシナリオでは、①世代を超えた持続可能性、②製造業の強化、③技術開発、の3つが重要な課題となっていると指摘している[4]。

その後、2003年に FICCI のグジャラート支部が創設された。FICCI が州支部を設け始めたのが1988年からで、グジャラート支部の創設は諸州のなかで早いほうであった。FICCI は全国組織のアペックス組織で傘下に全商工会議所を会員にもつ。州単位の個別登録はない。2015年現在、インド国内の14州、海外8カ国（日本を含む）に支部をもつ。海外の250の商工会議所と連携している。農業から航空産業まで72セクターすべてで活動している。州事務所では州に関わる事項を扱い、全国組織、中央政府、州政府と連携できる利点がある。

FICCI グジャラート支部は「躍動するグジャラート」に呼応して創設された。「躍動するグジャラート」のなかで、ビジネス立ち上げ促進、撤退判断含めての訓練が重視されている。また、産学協同の立ち上げと推進（イン

---

[3] CII グジャラート支部長の Saikat Chowdhory 氏からの聞き取り（2015年8月12日）。
[4] 同上。

第9章　グジャラート商工会議所2014年度版名簿分析

GCCI の姉妹機関であるアーメダバード経営協会（Ahmedabad Management Association）では毎年「ジャパン・フェスティバル」を開催している。（アーメダバード市、2017年1月）

ドは遅れている）も重要な課題である。グジャラートでは製造業は強いが、サービス業（ITなど）が弱く、その強化が課題となっている。

　会員の資格は年商1億ルピー（中規模）以上と規定されており、2015年現在の州支部の会員数は約300企業（うち、20は商工会議所）である。会員数は増加しているとの回答を得た[5]。州支部設立の目的にグジャラート以外の資本の便益確保や海外からの投資に対応する必要性があった。会員は必要に応じて他の商工会議所にも入会しており、ちなみに FICCI のグジャラート支部会員の75％ほどは、グジャラート商工会議所の会員でもある。大企業ほど複数会員になっているとのことであった。グジャラート商工会議所の会員は地元中心で、原産地証明書発給の利点がある。このような地域商工会議所の業務には FICCI は介入していない。ただし、CII など全国組織の商工会議所とは競合している。昨今の政策については、知的財産権と経営能力開発（訓練と研究）が重要課題となっている[6]。

　これらのほか、ASSOCHAM の西部地区事務所（Western Regional Office）

5）FICCI グジャラート支部長の Param Shah 氏からの聞き取り（2015年8月10日）。
6）同上。

311

も2012年にアーメダバード市に創設され、全国組織の3大商工会議所がすべてグジャラート州に進出した。現時点で、ASSOCHAM 西部地区事務所の規模と影響力は比較的小さいが、これ以降、全国規模の3大商工会議所の間でのサービスの質量と顧客獲得の競争が格段に激化することは間違いない。

　さらに、インド社会の底辺層からも商工会議所設立の動きがみられる。その代表例が現在、インドの7州に設立されている「ダリト・インド商工会議所」（Dalit Indian Chamber of Commerce and Industry: DICCI）である。本部は、マハーラーシュトラ州プネー市にある。これは経済分野でとくに後れをとっていたダリトの商工業活動を支援するために、ミリンド・カーンブレー（Milind Kamble）が2005年に設立した商工会議所である。グジャラート州支部は2014年に設立されたばかりである。これはダリトによるダリトのための商工会議所であり、情報、技術、融資へのアクセスやダリト企業家のネットワーク化を目的として活動をしている[7]。これまでのところ、全国組織の3大商工会議所やグジャラート商工会議所との直接的な連携や競合はないけれども、底辺層の企業家発展の観点から、その動向が注目される。

(3) 代表者の変遷

　1991年名簿を分析した際に、グジャラート商工会議所の創設から1991年までの三役（会長、副会長、書記）の変遷を概観した。いずれの職位も「バニヤー」が圧倒的多数を占めており、「パーティーダール」を含むその他の宗教・カースト集団はほんの一握りに過ぎなかった。しかし、1990年代以降は、表9-1にみるように、パテール姓の「パーティーダール」出自の会長が増加し、同表の17名中、4名を占めるまでになった。このように、代表者の構成にも、グジャラート商工会議所における宗教・カースト別会員間の力関係の変遷があらわれている。

---

7) DICCI 会員の Dinesh Rajvanshi 氏からの聞き取り（2015年8月15日）。

第 9 章　グジャラート商工会議所2014年度版名簿分析

表9-1　1990年代以降の歴代会長

会長名	期間
SHRI Girish P. Dani	[1994-95, 1995-96]
SHRI Samveg A. Lalbhai	[1997-98]
SHRI Utkarsh B. Shah	[1998-99]
SHRI Mukesh M. Patel	[1999-2000]
SHRI Kalyan J. Shah	[2001-2002]
SHRI Mahendra A. Shah	[2002-2003]
SHRI Shreyas V. Pandya	[2003-2004]
SHRI Rajendra V. Shah	[2005-2006]
SHRI Pankaj R. Patel	[2006-2007]
SHRI Rupesh C. Shah	[2008/09-2009/10]
SHRI Chintan N. Parikh	[2010-2011]
SHRI Chinubhai R. Shah	[2004-2005]
MRS. Paru M. Jaykrishna	[2007-2008]
SHRI Mahendra N. Patel	[2011-2012]
SHRI Prakash K. Bhagwati	[2012-2013]
SHRI Shankerbhai R. Patel	[2013-2014]
SHRI Rakesh R. Shah	[2014-2015]

出所：GUJARAT CHAMBER OF COMMERCE & INDUSTRY (2015), *Make in India, Changing Scenario of India, Special Bulletin February 2015*, pp.6-8より筆者作成。

2．会員数の分布

(1) 経営組織形態別会員分布

　商工会議所の会員は、11種類に分類されている。このうち、本章での分析に関わるのは、大企業（Corporate）会員、地域商工会（Regional Chamber）会員、経営協会（マハージャン：Business Association: Mahajan）会員、パトロン（Patron）会員、永久（Lifetime）会員、女性経営者（Business Women）会員、一般（Ordinary）会員の6種類である。大企業とは1956年の会社法（the Company Act, 1956）およびその後の関連改正法に規定された企業のことであり、2名の代表者を送ることができるが、商工会議所の選挙権と被選挙権は1名に限定される。地域商工会議所会員は、グジャラート商工会議所が地域の有力な商工会議所と認め、そのうえで地域商工会議所の分類で登録した会員である。マハージャン会員もグジャラート商工会議所に経営協会と認めら

れたうえで登録できる。パトロン会員は多額の入会金（2014年現在は税込みで、5万6253ルピー）を一括納入し永久会員の資格を得た会員のことである。永久会員は規定額（税込みで3万4193ルピー）を一括納入した会員で、パトロン会員と同様に、会議所刊行物の配布やイベントの情報提供を受けるが、この枠は個人会員に限定される。女性経営者会員は1985年に設けられた新しい会員枠で、女性経営者の育成を目的にしている。一般会員は経営に関わる人であれば誰でもなれるが、入会金のほかに、毎年年会費を納めなければならない。以上の会員はいずれも商工会議所の選挙権と被選挙権を有する。

グジャラート商工会議所には、さまざまな経営組織が会員として参加している。個人（Individual）会員、商会（Firm）、有限会社（Private Limited Company）、有限トラスト（Private Trust）、株式会社（Public Limited Company）の諸組織である。ちなみに、1991年名簿には、有限トラストは含まれていなかったが、今回の名簿にはない経営代理会社（Managing Agency Company）が含まれていた。

さらに、会員の分類と配置にも変更が生じている。1991年名簿ではパトロン会員と一般会員の大分類のもとに、各種経営形態の会員が位置づけられていたが、今回の名簿では、パトロン会員や永久会員に分類された会員が、どのような経営形態をとっているのかが表示されていない。このため、両者を並列的に表記せざるをえなかった。

表9-2に、「形態別会員数の分布」を掲げる。1991年名簿の形態別会員数も比較のために載せてある。会員数はこの間に全体で1500人減少した。とくに減少幅が大きかったのは商会で1600人ほどの大減少であった。それに次ぎ、減少数が大きかったのは個人会員で550人ほど減少した。減少比率でみると、個人会員がもっとも大幅に減少した。これに対して、有限会社の会員数はほぼ倍増した。株式会社の会員数は微減であったが、会員総数に占める比率は増加した。また、有力な企業や商工会議所の運営で実績のある企業により構成されるパトロン会員は倍増した。このように、会員総数が大きく減少するなかで、組織形態別の会員構成が再編された。個人会員や商会会員のように小規模で商業や専門職、サービス業を主体とする会員が大幅に減少し、有限会社、株式会社、大企業の組織部門の会員数が全体的に増加した。また、パ

表9-2 形態別会員数の分布（2014年）

形　態	2014 会員数	2014 比率（%）	1991 会員数	1991 比率（%）
協会・商工会議所	186	6.0	303	6.5
大企業	53	1.7	0	0.0
商会	1,287	41.5	2,880	61.9
商会女性ウイング	63	2.0	0	0.0
個人	238	7.7	808	17.4
個人女性ウイング	20	0.6	0	0.0
永久会員女性ウイング	5	0.2	0	0.0
永久会員	153	4.9	0	0.0
有限パートナーシップ	4	0.1	0	0.0
パトロン会員女性ウイング	1	0.0	0	0.0
パトロン会員	153	4.9	68	1.5
株式会社	163	5.3	194	4.2
有限会社	758	24.5	397	8.5
有限会社女性ウイング	2	0.1	0	0.0
有限トラスト	4	0.1	0	0.0
地域商工会	9	0.3	0	0.0
計	3,099	100.0	4,650	100.0

出所：グジャラート商工会議所1991年度版および2014年度版会員名簿より筆者作成。

トロン会員数の倍増も比較的大規模な経営組織がグジャラート商工会議所の活用に積極的に関与し始めた証と捉えることができる。この地殻変動のなかで、個人や商会など必ずしも経営を専門としない業態や零細経営者の商工会議所からの離脱が進んだ。

(2) 地域別会員分布

　表9-3に基づき、「地域・県別会員数の分布」を検討しよう。ここにも比較のために、1991年の会員数も示しておく。同表では、地域をグジャラート州内の5地域と州外に分けて表示してある。

　カッチ（ただし、会員数僅少）を除きいずれの地域もこの間に会員数が減少した。しかし減少数（率）は地域により大きく異なっていた。減少率がもっとも低かったのは中央グジャラートであった。そのなかでも、アーメダバード県の会員数の減少はわずかであったが、隣県のガーンディーナガル

表9-3 地域・県別会員数の分布（1991、2014年）

地域	県	2014		1991	
		会員数	比率（%）	会員数	比率（%）
中央グジャラート	アーメダバード	2,533	81.7	2,918	62.8
	アーナンド	56			
	ダーホード	3			
	ガーンディーナガル	99		142	
	ケーダー	28		335	
	マヒーサーガル	2			
	パンチマハール	3		18	
	ヴァドーダラー	22		68	
	小計	2,746	88.6	3,481	74.9
北グジャラート	アルワリー	2			
	バナースカーンター	14		25	
	メーサーナー	73		366	
	サーバルカーンター	15		70	
	小計	114	3.7	461	9.9
南グジャラート	バルーチ	11		20	
	ナルマダー	3			
	ナーヴサーリー	4			
	スーラト	14		40	
	ヴァルサード	10		56	
	小計	42	1.4	116	2.5
半島部	アムレーリー	1		3	
	バーヴナガル	56		35	
	ジャームナガル	15		39	
	ジュナーガド	7		45	
	モールビー	7			
	ポールバンダル	7			
	ラージコート	45		75	
	スレーンドラナガル	9		70	
	小計	147	4.7	267	5.7
カッチ	カッチ	33		29	
	小計	33	1.1	29	0.6
州外	アッサム	1			
	デリー	2			
	西ベンガル	1			
	マハーラーシュトラ	13		179	
	州外			117	
	小計	17	0.5	296	6.4
計		3,099	100.0	4,650	100.0

注：1991年時点での地域区分に対応させ、「バルーチ」と「ナルマダー」（新県）は南グジャラートに含めている。
出所：表9-2と同じ。

(Gandhinagar）県やケーダー（Kheda）県の会員数は大きく減少した。県別ではカッチ県とバーヴナガル県の2県のみで会員数がわずかに増加した。地域別会員数の動向には、グジャラート商工会議所の再編の一端があらわれている。ひとつは、グジャラート州を代表する商工会議所としての役割と評価に変化が生じていることである。これまでグジャラート商工会議所が果たしてきた役割に対する評価から、州内諸地域の多数の個人や商会を会員として擁してきたが、これらの層の商工会議所離れが進んだ。さらに、商工会議所に求められる日常的な業務については、地域の商工会議所で充足するようになったこと、この意味での地域の商工会議所への回帰が起こったことが指摘できる。さらに、グジャラート商工会議所は全国レベルの商工会議所であるCII、FICCI、ASSOCHAMとも連携あるいは競合する立場に置かれている。全国組織の商工会議所のグジャラート支部の会員数はいずれも500人に満たない状況であるが、州内の経営者にとって新たな選択肢となっている。グジャラート商工会議所の中大規模企業は同商工会議所に会員としてとどまり、かつ全国商工会議所にも加入している状況である。州外の会員数の激減も重要な変化のひとつである。1991年名簿では、ムンバイ市だけで179人の会員がいた。ムンバイには多数のグジャラート商人が在住し、グジャラートとの結びつきはきわめて強かったが、1980年代以降は会員の離脱が進んでいた。2014年には、州外の会員は人数でも影響力でもまったく取るに足らないものとなった。ムンバイ市の会員は現地における地域商工会議所や全国組織の商工会議所の会員に移行した。

(3) 業種別会員分布

　グジャラート商工会議所の会員名簿では当初より会員の職業についての情報も編纂されてきた。しかし、職業の情報は会員の自己申告に任せられてきたため、体系的な職業記載は行われず、記載の精度も会員によりまちまちであった。この自己申告に基づき、歴代の会員名簿の職業情報が編纂された。当初、1951年から1970年までは37項目に分類されていたが、それ以降3項目が追加され、1991年名簿では40項目になっていた。これらの項目のなかには、「衣料製造業」や「衣料販売業」のように、製造業と商業に区別された記載

表9-4 業種別会員数の分布 (1991、2014年)

業　種	2014		1991	
	会員数	比率 (％)	会員数	比率 (％)
農業製品・食品加工	193	6.2	302	6.5
協会	203	6.6	308	6.6
窯業・ガラス	22	0.7		
化学・染料及び中間物	357	11.5	333	7.2
建設・不動産	140	4.5	115	2.5
電子機器・電気製品	76	2.5	138	3.0
エネルギー・電力	32	1.0	49	1.1
宝石・貴金属	38	1.2	88	1.9
情報技術・装置	24	0.8		
金属	123	4.0	349	7.5
その他	673	21.7	429	9.2
製薬	115	3.7	76	1.6
専門職・サービス	480	15.5	221	4.8
繊維	195	6.3	570	12.3
工学技術・自動車	266	8.6	184	4.0
梱包・塗装	83	2.7	24	0.5
ゴム・プラスティック	79	2.5	78	1.7
分類不能な業種			1,386	29.8
計	3,099	100.0	4,650	100.0

出所：表9-2と同じ。

　もみられたが、その他の多くの項目は、「機械・部品」あるいは「ゴム製品」のように、製品名のみが表示されているため、商業か製造業かの区別がつかない項目であった。また、個人会員の多くが従事していたとおもわれるサービス業や専門職は項目に含められていなかった。このため、会員数の約30％が「分類不能な業種」に括られることになった。

　表9-4に基づき、「業種別会員数の分布」を検討しよう。同表には、比較のために、1991年度版名簿の職業情報を2014年度版名簿での職業分類に組み替えた会員数で表示してある。2014年度版名簿では、職業を17項目に分類している。名簿の目次には14種類の職業項目がアルファベット順に並べられ、項目ごとに企業名一覧（アルファベット順）が表示されている。そのため、職業項目のひとつである「その他」（Others）は職業項目リストの最後ではなく、なかほどに置かれている。また、個別会員の情報欄に記載されている職業名をすべて点検したところ、目次に記載されていない職業項目が新たに3種類

(「工学技術・自動車」(Engineering and Automobiles)、「梱包・塗装」(Packing and Painting)、「ゴム・プラスチック」(Plastic and Rubber))あったので、これらを含めて17種類に分類表記した。1991年度版名簿における職業項目数を大きく下回るほか、製造業と商業の区別がさらに曖昧になっている。また、1991年度名簿には、「窯業・ガラス」と「情報技術・装置」に関連する職業項目が設定されていなかったので、1991年の当該欄は空欄にしてある。2014年度版名簿でも会員の22％が「その他」に、16％が「専門職・サービス」に分類されており、合わせて37％もの多数の会員の職業は正確には把握できない。ただし、1991年度版名簿でも「分類不能な業種」が会員数の30％を占めていたので、比較可能な職業項目に限定して、この間の動向を検討してみよう。

　明確に読み取れることは、すでに1980年代以降減少していた「繊維」の比率がさらに低下し、会員数の6％ほどになったことである。「繊維」はかつてアーメダバード市を代表する産業であったが、現在では産出、雇用の両面で新たな産業に追い抜かれており、それが会員数の減少に反映されている。また、地方で展開していた「宝石貴金属」や「金属」も地方会員の離脱の影響で会員数およびその比率を低下させた。それに対して、1980年代以降伸びていた「化学・染料及び中間物」「工学技術・自動車」は地元でさらに展開した。また、「製薬」は新たな戦略的業種として伸びをみせた。「建設・不動産」はグジャラートのインフラ整備、住宅建設のブームを背景に会員数およびその比率を伸ばした。このように、地方会員の脱会が進み、会員構成が地元中心に移行したこと、また、新旧業種の入れ替わりのみられたことが確認できる。

(4) 登録時期別会員分布

　次に、登録時期別に分類した会員数の変動を検討する。1991年名簿にみられた登録番号の最大値は2万4000であったので、それ以下の登録番号の会員は第1期 (1949-91年) に、それ以上の会員番号は第2期 (1992-2014年) に登録した会員に分類した。第1期の会員構成は現存会員の登録時期に従い再構成されたものであり、表8-7で検討した1991年時点の実際の会員構成と異なっている点に留意する必要がある。ちなみに、現会員のなかで第1期に登録

した会員は795人、残余の2304人は第 2 期の登録である。1991年の会員登録数は4706人であったので、そのうちの17％の会員が2014年までメンバーシップを維持したことになる。残りの83％の会員は、さまざまな原因や理由により、会員資格を失うか自ら会員であることを辞めた。

業種別会員タイプ別会員分布

　表9-5に「登録時期別業種別タイプ別会員数の分布」を掲げる。まず、会員タイプ別の会員構成を登録時期別に比較してみよう。第 1 期と第 2 期に登録した会員数は大きく異なっているので、会員タイプ別比率の違いに注目して登録時期別に比較すると、いくつかの相違点を指摘できる。

　第 1 期には「その他」と「専門職・サービス」で合計33％もの比率を占めているため、「協会」のほかに、第 1 期における職業別会員の比率が第 2 期の同比率を上回っているのは、「繊維」「工学技術・自動車」「梱包・塗装」などわずかな職業のみであった。反対に、第 2 期における職業別会員の比率が第 1 期の同比率を大きく上回ったのは、「化学・染料及び中間物」や「情報技術・装置」そして「製薬」などの新たに興隆した業種であった。

　会員数に占める協会・商工会議所の比率は、第 1 期の12％から第 2 期の 4 ％に減少した。グジャラート商工会議所はグジャラート州の地域商工会議所や専門業種の協会を統括する商工会議所として認識されており、当初より多数の協会・商工会議所の登録があった。またいったん加入した協会・商工会議所の離脱率は他の会員タイプに比べて非常に低かったために、2014年の会員に占める第 1 期に登録した会員の比率が高くなっている。

　株式会社や大企業会員の比率も第 1 期のほうが高くなっている。これも協会・商工会議所に類似した側面があり、歴史のある株式会社や大企業は当初から加入し、かつ離脱率も僅少であったと想定できる。

　有限会社については、第 2 期における会員数比率が第 1 期の同比率をかなり上回っている。また、2014年の会員のなかでの第 2 期の登録数が第 1 期の登録数を 4 倍ほど上回っており、第 2 期にとりわけ会員数の増加した会員タイプになっている。

　永久会員は、第 1 期にはほぼ存在していなかったが、第 2 期に入り会員数

第9章　グジャラート商工会議所2014年度版名簿分析

表9-5　登録時期別業種別タイプ別会員数の分布

登録時期		個人	商会	有限	株式	大企業	協会・商工会	パトロン会員	永久会員	計	比率(%)
第1期 1949 ｜ 1991	農業製品・食品加工	3	28	5	5	6	0	1	0	48	[6.0]
	協会	0	0	3	0	0	93	0	0	96	[12.1]
	窯業・ガラス	0	3	1	0	0	0	0	0	4	[0.5]
	化学・染料及び中間物	0	31	22	8	6	0	4	0	71	[8.9]
	建設・不動産	8	18	3	2	3	0	0	0	34	[4.3]
	電子機器・電気製品	0	12	5	2	0	0	2	1	22	[2.8]
	エネルギー・電力	0	5	0	1	0	0	0	0	6	[0.8]
	宝石・貴金属	2	3	1	0	0	0	1	0	7	[0.9]
	情報技術・装置	0	0	1	1	0	0	0	0	2	[0.3]
	金属	2	15	7	6	0	0	1	0	31	[3.9]
	その他	10	85	26	15	2	0	5	0	143	[18.0]
	製薬	0	9	7	3	1	0	0	0	20	[2.5]
	専門職・サービス	31	54	18	2	3	0	10	1	119	[15.0]
	繊維	1	35	11	5	1	0	13	1	67	[8.4]
	工学技術・自動車	3	44	27	6	1	0	0	0	81	[10.2]
	梱包・塗装	1	14	8	2	0	0	0	0	25	[3.1]
	ゴム・プラスティック	0	7	9	1	0	0	2	0	19	[2.4]
	計	61	363	154	59	23	93	39	3	795	[100.0]
	(%)	(7.7)	(45.7)	(19.4)	(7.4)	(2.9)	(11.7)	(4.9)	(0.4)	(100.0)	
第2期 1992 ｜ 2014	農業製品・食品加工	11	61	47	4	1	0	9	12	145	[6.3]
	協会	0	0	4	0	0	101	2	0	107	[4.6]
	窯業・ガラス	0	4	8	2	0	0	3	1	18	[0.8]
	化学・染料及び中間物	2	140	75	27	3	1	24	14	286	[12.4]
	建設・不動産	14	46	21	0	3	0	6	16	106	[4.6]
	電子機器・電気製品	6	20	20	1	1	0	3	3	54	[2.3]
	エネルギー・電力	1	10	5	2	5	0	2	1	26	[1.1]
	宝石・貴金属	6	15	3	1	0	0	4	2	31	[1.3]
	情報技術・装置	1	6	10	2	1	0	2	0	22	[1.0]
	金属	4	42	29	9	0	0	5	3	92	[4.0]
	その他	43	263	122	30	5	0	19	48	530	[23.0]
	製薬	4	29	39	6	6	0	5	6	95	[4.1]
	専門職・サービス	90	140	69	10	0	0	17	35	361	[15.7]
	繊維	7	54	53	1	3	0	4	6	128	[5.6]
	工学技術・自動車	4	96	65	6	1	0	7	6	185	[8.0]
	梱包・塗装	4	31	19	0	1	0	0	3	58	[2.5]
	ゴム・プラスティック	0	30	21	3	0	0	3	3	60	[2.6]
	計	197	987	610	104	30	102	115	159	2,304	[100.0]
	(%)	(8.6)	(42.8)	(26.5)	(4.5)	(1.3)	(4.4)	(5.0)	(6.9)	(100.0)	

注1：（　）内数値は横列の計に占める比率（%）。
　2：［　］内数値は縦列の計に占める比率（%）。
出所：グジャラート商工会議所2014年度版会員名簿より筆者作成。

とその比率を大きく伸ばしている。永久会員の制度が本格的に使用されたのは第2期に入ってからであった。

　また、業種と会員タイプとの関わりを、業種別会員数に占める「個人」と「商会」を合わせた比率が、高い業種と低い業種に区分することができる。この比率が高いのは、会員数に占める専門職・サービス、零細企業の比率が高い業種であり、逆に低いのは有限社、株式会社、大企業などの組織部門の会員の比率の高い業種である。前者に分類できるのは、「宝石・貴金属」や「専門職・サービス」、後者に分類できるのは「化学・染料及び中間物」「情報技術・装置」「製薬」などである。前者には商業や資本規模の小さい商会・企業が多く含まれるのに対して、後者には資本規模の大きい製造業が多く含まれている。この区分に基づく業界と会員タイプとの関わりは、第1期と第2期に共通する傾向として観察できる。

会員タイプ別女性会員分布

　女性経営者の育成は、中央政府や州政府の経営者育成計画のなかでも、重要な柱のひとつをなしている。グジャラート商工会議所でも、女性経営者の育成と活躍を促進するために、1985年に「女性経営者部門」(Business Women Wing: BWW) を設置した。申請者がこの枠で会員申請し、かつ商工会議所が適当であると認めた場合に、「女性経営者部門」に登録されることになった。

　表9-6に、「登録時期別会員タイプ別女性経営者会員数の分布」を掲げる。前表とは異なり、1992-2014年の登録時期を、さらに3つのフェイズ（各フェイズの登録者数は768人と同数）に区分した。1992年から2014年までの23年間における登録会員数の趨勢を確認するためである。フェイズは登録者数を基準に設定したので、各フェイズの年数は一定ではないが、趨勢を示す区分として有効である。同表には、登録時期別の会員数の分布を「女性経営者部門」会員とそれ以外の会員の2グループに分けて表示してある。前者の会員数は非常に少ないので、後者は会員数のほぼ全体の動向を示している。

　現在の女性経営者のなかで、第1期に登録した人はいない。第1期に登録がなかったのか、あるいは登録者はいたが、その後会員を辞めたのかは定か

第 9 章　グジャラート商工会議所2014年度版名簿分析

表9-6　登録時期別会員タイプ別女性経営者会員数の分布

女性／その他	会員タイプ	第1期 1949-91	第2期 1992-2014 第1フェイズ	第2フェイズ	第3フェイズ	計	比率（％）
女性経営者部門	個人		1	1	18	20	22.0
	商会		1	35	27	63	69.2
	有限		0	0	2	2	2.2
	パトロン会員		1	0	0	1	1.1
	永久会員		0	3	2	5	5.5
	計		3	39	49	91	100.0
その他	個人	61	49	65	63	238	7.9
	商会	363	244	339	341	1,287	42.8
	有限	154	247	174	187	762	25.3
	株式	59	61	20	23	163	5.4
	大企業	23	22	4	4	53	1.8
	協会・商工会	93	42	22	38	195	6.5
	パトロン会員	39	37	42	35	153	5.1
	永久会員	3	63	63	28	157	5.2
	計	795	765	729	719	3,008	100.0

出所：表9-5と同じ。

ではないが、いたとしてもきわめて少数であったとおもわれる。このことは、第 2 期におけるフェイズ間の登録会員数の趨勢からも明らかである。第 1 フェイズの登録会員はわずか 3 人に過ぎないが、第 3 フェイズには49人に増加した。2014年の女性経営者会員数は91人であったが、2015年の女性経営者会員数は162人となっており、急速に増加中である。会員タイプ別の分布では、「商会」が70％ほどを占め、それに「個人」が22％で続いている。このように、女性経営者の会員タイプ別の分布はその他の会員よりも、「商会」と「個人」の比率が高く、逆に「有限会社」や「株式会社」などの組織部門の比率がきわめて低い点に特徴がある。組織部門で女性が代表を務める企業が非常に少数であること、いたとしても女性経営者として登録していないことが、その理由として想定できる。また、永久会員は 6 ％ほどいるが、商工会議所の運営に参画した人たちがなることの多いパトロン会員は 1 人（1 ％）しかいない点にも女性経営者の現状の一端があらわれている。

　その他（「非女性経営者」）の第 2 期におけるフェイズ間の動向もみておこう。2 点、指摘できる。第 1 は、組織部門の登録会員数が第 1 フェイズから第

2・第3フェイズにかけて減少傾向を示している点である。とりわけ、減少しているのは、「株式会社」「大企業」の大規模な経営体の会員数である。「有限会社」の会員数も減少しているが、減少率は比較的緩やかである。第1フェイズは、経済自由化政策が開始された1990年代初頭からの時期にあたり、この時期にグジャラート商工会議所にまだ加盟していなかったか、グジャラート州に新たに設立された、「株式会社」「大企業」がこぞってグジャラート商工会議所に会員登録をしたと推測できる。第2点は、「個人」「商会」の非組織部門の会員数と会員数比率が第1フェイズから第2・第3フェイズにかけて逓増していることである。

業種別女性会員分布

　次に、表9-7に基づき、「登録時期別業種別女性経営者会員数の分布」を検討しよう。この表にも、比較のために、「その他経営者部門」会員のデータも掲げる。女性経営者会員の業種別分布の第1の特徴は、「その他」の比率が47%と非常に高いことにある。同じく、内容が把握しにくい「専門職・サービス」と合わせると64%を占める。これらの会員の多くは「個人」や「商会」などの非組織部門に属すると推測できる。第2の特徴として、「宝石・貴金属」の比率が、「その他経営者部門」会員に比べて非常に高いことが指摘できる。この業種も、「個人」や「商会」が主体となっている。その他の相違点として、「情報技術・装置」の比率が「その他経営者部門」会員に比べて比較的高いことがある。女性経営者が進出しやすい業種をなしている可能性もあるので、今後検討したい。この関わりで、「農業製品・食品加工」が第3フェイズに会員数を大きく伸ばしている点も気にかかる。

　会員全員の第1期と第2期の登録時期の比較はすでに行ったので、ここでは「その他経営者部門」会員の第2期の3フェイズ間の動向に絞り検討を行う。ただし、第2フェイズには「その他」と「専門職・サービス」に分類される会員数が多く、そのためにそれ以外の業種の登録会員数が少なくなっているので、第1フェイズと第3フェイズの登録会員数の比較を中心とする。第1フェイズから第3フェイズにかけて登録会員数が大きく増加したのは、「建設・不動産」「化学・染料及び中間物」「電子・機器・電気製品」「情報技術・

表9-7　登録時期別業種別女性経営者会員数の分布

女性／その他	業　種	第1期 1949-91	第2期 1992-2014 第1フェイズ	第2フェイズ	第3フェイズ	計	比率（％）
女性経営者部門	農業製品・食品加工	0	0	2	7	9	9.9
	化学・染料及び中間物	0	0	1	2	3	3.3
	建設・不動産	0	0	0	1	1	1.1
	電子機器・電気製品	0	0	1	0	1	1.1
	エネルギー・電力	0	0	0	1	1	1.1
	宝石・貴金属	0	0	5	3	8	8.8
	情報技術・装置	0	0	1	2	3	3.3
	金属	0	0	0	1	1	1.1
	その他	0	2	20	21	43	47.3
	製薬	0	0	1	1	2	2.2
	専門職・サービス	0	0	7	8	15	16.5
	繊維	0	1	0	2	3	3.3
	工学技術・自動車	0	0	1	0	1	1.1
	計	0	3	39	49	91	100.0
その他経営者部門	農業製品・食品加工	48	42	50	44	184	6.1
	協会	96	44	22	41	203	6.7
	窯業・ガラス	4	8	5	5	22	0.7
	化学・染料及び中間物	71	90	89	104	354	11.8
	建設・不動産	34	27	20	58	139	4.6
	電子機器・電気製品	22	18	7	28	75	2.5
	エネルギー・電力	6	11	8	6	31	1.0
	宝石・貴金属	7	9	3	11	30	1.0
	情報技術・装置	2	2	8	9	21	0.7
	金属	31	35	32	24	122	4.1
	その他	143	178	196	113	630	20.9
	製薬	20	37	18	38	113	3.8
	専門職・サービス	119	107	128	111	465	15.5
	繊維	67	43	38	44	192	6.4
	工学技術・自動車	81	74	64	46	265	8.8
	梱包・塗装	25	21	21	16	83	2.8
	ゴム・プラスティック	19	19	20	21	79	2.6
	計	795	765	729	719	3,008	100.0

出所：表9-5と同じ。

装置」などである。このうち、「建設・不動産」は比較的近年の建設・不動産業のブームが登録会員数を押し上げたことは間違いない。「情報技術・装置」も第2期のなかでも近年登録会員数が増加した業種である。ただし、IT産業が展開しているカルナータカ州やマハーラーシュトラ州に比較すると、グジャラート州では「情報技術・装置」の企業数はきわめて少ない。他

方、登録会員数が減少している業種は、「エネルギー・電力」「工学技術・自動車」「梱包・塗装」などである。このうち、「エネルギー・電力」は第2期に入ってから組織部門の会員数が増加した業種である。「工学技術・自動車」「梱包・塗装」は第1期から第2期にかけて登録会員数が減少しており、その趨勢はフェイズ間でもあらわれている。

3. 会員とカースト

(1) 姓とカースト

　ここでは2014年度の会員名簿に記載された会員とカーストの関連を検討する。1991年名簿分析と同様に、今回も頻度5以上の姓集団を分析の対象とする。頻度5以上の姓集団は2240人で会員総数の72.3％を占めている。これだけの比率の姓集団が把握できれば、姓と宗教、カーストとの関連の全体的傾向は把握できる。

　表9-8にみるように、宗教・カーストの姓集団は9つのグループに分類した。このなかで、州外で一般的な姓集団は「外部州」、他の集団に該当しない場合や出自の不明な姓は「その他・不明」の項目に括った。

　会員名簿にみられる頻度5以上の姓集団は65である。宗教・カースト別では「バニヤー」の姓が21種類で、それに「バラモン」が13種類、「上位諸カースト」が8種類、「職人カースト」が6種類と続いている。ちなみに、1991年名簿における頻度5以上の姓集団80のうち、「バニヤー」の姓は29種類、「バラモン」は17種類、「上位諸カースト」は13種類、「職人カースト」は6種類であり、姓集団数は今回と同様の順位であった（表8-12参照）。1991年名簿の会員数は4700人ほどであったので、頻度5以上の姓の種類自体が多かった。

　表9-8では姓の頻度は、5〜9、10〜29、30〜49、50〜99、100以上に5区分した。突出して頻度の高いのは、パテールとシャーの2姓である。これに続く頻度50〜99の4姓は「バニヤー」か「上位諸カースト」、頻度30〜49の5姓は「バニヤー」か「職人カースト」に属している。前回の名簿と同様に、「バラモン」は頻度5以上の姓の種類は比較的多いものの、頻度の大きな姓

第9章　グジャラート商工会議所2014年度版名簿分析

表9-8　会員名簿にみられる頻度5以上の姓リスト（2014年）

頻度	①バラモン	②クシャトリヤ	③バニヤー	④上位諸カースト	⑤パーティーダール	⑥職人カースト	⑦イスラム教徒	⑧外部州	⑨その他・不明	計
500+			Shah		Patel					2
50〜99			Agrawal Parikh	Desai Mehta						4
30〜49			Gandhi Shekh Thakar			Panchal Prajapati				5
10〜29	Bhatt Dave Joshi Pandya Sharma Trivedi Vyas	Chaudhary	Chokshi Doshi Gupta Jain Kothari Modi Parekh Sanghvi	Amin Vora		Gajjar Mistri Soni	Mansuri			22
5〜9	Acharya Brahmbhat Jani Raval Shukla Vasa	Parmar Vaghela	Bhansali Dalal Kapadia Lakhani Merchant Nanavati Zaveri	Khambhatt Maniar Oza Thakore		Suthar	Teli	Bajaj Chopra Kabra Kapoor Khanna Mevada	Chhajer Lalbhai Sekhani Talsania Tibrewal	32
計	13	3	21	8	1	6	2	6	5	65

出所：表9-5と同じ。

はみられない。

　表9-8の姓リストのなかで、1991年名簿の頻度5以上の姓に含まれていないのは、バラモンの場合は、ワーサー（Vasa）、ブランバット（Brahmbhat）の2姓、クシャトリヤでは、ワーゲーラー（Vaghela）の1姓、バニヤーでは、バーンサーリー（Bhansali）、ラカーニー（Lakhani）、マーチャント（Merchant）の3姓、イスラム教徒ではテーリー（Teli）の1姓であった。パーティーダールは前回も今回もパテール（Patel）姓のみ、今回の「上位諸カースト」の姓はすべて前回の頻度5以上の姓リストに含まれていた。外部州の6姓は前回の頻度5以上の姓リストには含まれていなかった。1990年代以降、グジャラート州に経営者として入ってきた人々が多く含まれていると理解することができる。

(2) カーストとの相関

以上の姓集団と宗教・カーストとの対応関係を前提として、宗教・カーストと会員タイプ、業種がどのように関連しているのか、また「伝統的」職業が製造業である職人カースト会員の業種分布が現在どのようになっているのかを検討しよう。

カーストと経営タイプ

表9-9に、「会員タイプ別カースト別会員数の分布」を掲げる。ここでは頻度5以上の姓集団のみを取り上げるので、分析対象の会員数は2240人である。ここでの最大の宗教・カーストの姓集団は「バニヤー」であり、46％もの会員数比率を占めている。それに次ぐ「パーティーダール」も会員の30％を占めている。両者を合わせると76％もの高率となる。グジャラート州では1980年代以降の政治運動のなかで、「バラモン」「バニヤー」「パーティーダール」が中心となり「上位カースト連合」が形成された。姓集団としての「上位諸カースト」もこれに含めると、「上位カースト連合」の会員数比率は90％となる。グジャラート商工会議所は、「上位カースト連合」による、「上位カースト連合」のための商工会議所と表現してもよいほど、会員構成に占める彼らのプレゼンスは絶大である。「職人カースト」のなかでは、パーンチャル（Panchal）やソーニー（Soni）は社会的評価が高いが、他は中位のカーストに位置づけられている。グジャラート州には改姓により「クシャトリヤ」姓を名乗り出した下層のグループが存在するが、ここでの「クシャトリヤ」は、かつての領主層の末裔を含む比較的富裕な集団で構成されているとおもわれる。グジャラート商工会議所に関しては、会員数比率が１％と非常に少ない。「イスラム教徒」の会員数比率は0.7％とさらに低い。「イスラム教徒」の経営者は彼ら独自の協会に所属することが多い。グジャラート商工会議所の会員になっているのは、彼らのなかのほんの一部に過ぎない。

会員タイプ別会員数の宗教・カースト分布の特徴のひとつは、「バニヤー」がほとんどの会員タイプにおいて、会員数の40％台の高い比率を維持していることである。このように、「バニヤー」は、製造業とサービス業に関わる「組織部門」「非組織部門」双方の経営に深く関わっている。会員数比率が

表9-9 会員タイプ別カースト別会員数の分布（2014年）

会員タイプ	宗教・カースト									計
	バラモン	クシャトリヤ	バニヤー	上位諸カースト	パーティーダール	職人カースト	イスラム教徒	外部州	その他	
個人	20	2	89	16	50	7	0	0	4	188
比率（%）	(10.6)	(1.1)	(47.3)	(8.5)	(26.6)	(3.7)	(0.0)	(0.0)	(2.1)	(100.0)
商会	55	8	479	81	302	67	12	15	5	1,024
比率（%）	(5.4)	(0.8)	(46.8)	(7.9)	(29.5)	(6.5)	(1.2)	(1.5)	(0.5)	(100.0)
有限	34	3	245	43	155	21	3	10	13	527
比率（%）	(6.5)	(0.6)	(46.5)	(8.2)	(29.4)	(4.0)	(0.6)	(1.9)	(2.5)	(100.0)
株式	5	6	43	6	33	5	0	5	0	103
比率（%）	(4.9)	(5.8)	(41.7)	(5.8)	(32.0)	(4.9)	(0.0)	(4.9)	(0.0)	(100.0)
大企業	5	2	15	3	8	0	0	1	1	35
比率（%）	(14.3)	(5.7)	(42.9)	(8.6)	(22.9)	(0.0)	(0.0)	(2.9)	(2.9)	(100.0)
協会・商工会	11	1	51	17	52	7	0	0	1	140
比率（%）	(7.9)	(0.7)	(36.4)	(12.1)	(37.1)	(5.0)	(0.0)	(0.0)	(0.7)	(100.0)
パトロン会員	4	2	50	4	36	4	0	1	4	105
比率（%）	(3.8)	(1.9)	(47.6)	(3.8)	(34.3)	(3.8)	(0.0)	(1.0)	(3.8)	(100.0)
永久会員	7	0	51	10	46	1	0	0	3	118
比率（%）	(5.9)	(0.0)	(43.2)	(8.5)	(39.0)	(0.8)	(0.0)	(0.0)	(2.5)	(100.0)
計	141	24	1,023	180	682	112	15	32	31	2,240
比率（%）	(6.3)	(1.1)	(45.7)	(8.0)	(30.4)	(5.0)	(0.7)	(1.4)	(1.4)	(100.0)

出所：表9-5と同じ。

40％に満たないのは、「協会・商工会議所」のみで、これについては後述する。「パーティーダール」も、ほとんどの会員タイプで20％台後半から30％台後半までの比率であり、「バニヤー」に次ぐ経営者勢力であることを示している。「組織部門」では、「有限会社」と「株式会社」は30％前後の会員数比率であるが、「大企業」は23％と低く、これが「パーティーダール」の課題のひとつをなしている。「上位諸カースト」と「バラモン」の会員数は各々100人台とそれほど多くはないが、すべての会員タイプに安定的な比率（すなわち、全会員数比率に近い比率）で分布している。そのなかで、「上位諸カースト」の場合は、「協会・商工会議所」が12％、「バラモン」の場合は「大企業」が14％と高く、ともに「組織部門」に深く浸透していることを示している。「クシャトリヤ」の会員数は非常に少ないのに、ほぼすべての会員タイプに分布している。とくに、「株式会社」と「大企業」の会員数比率は6％弱と相対的に高い。このように、ここでの「クシャトリヤ」の会員数の3分の1は、

上層の経営者に属すとみなすことができる。「職人カースト」の場合は、大企業の会員がいないこと、「イスラム教徒」の場合は、「商会」と「有限会社」の２つに会員分布が限定されていることが特徴となっている。「外部州」の場合は、「個人」会員がいないこと、「株式会社」と「大企業」における会員数比率が相対的に高くなっている点に特徴がある。

最後に、「協会・商工会議所」における宗教・カースト分布は他の会員タイプと異なった面があるので、その特徴に触れておこう。通常、多くの協会・商工会議所には複数の宗教・カーストの会員が所属している。その運営を円滑に進めるために、ほとんどの協会・商工会議所のなかで会員数がとりわけ優勢な「バニヤー」と「パーティーダール」が中心となり共同で事務運営を行うことが多い。また、代表者についても、ローテーションのなかに他の上位のカーストが入ることもあるが、基本的に「バニヤー」と「パーティーダール」を交互に選出することが多い。このため、他の会員タイプでは「バニヤー」が「パーティーダール」の会員数をかなり上回っているが、「協会・商工会議所」においては、両者の会員数は拮抗している。

カーストと業種

表9-10に基づき、「業種別カースト別会員数の分布」を検討しよう。その際、宗教・カースト別の全体の会員数比率を大きく上回っている業種と下回っている業種を特定して、宗教・カーストと業種の関わりの特徴をまとめる。

「バニヤー」が会員数の50％以上を占める業種は５種類である。そのうち、「繊維」は会員数の62％もの高率を占める「バニヤー」経営者の牙城である。製造業、商業双方で他の宗教・カーストをいまだに圧倒している。「窯業・ガラス」と「金属」も「バニヤー」が60％もの会員数比率を示す業種である。

もうひとつ、「バニヤー」が会員数比率で優位な業種がある。「情報技術・装置」と「専門職・サービス」である。どちらも、高等な専門教育との結びつきの強い業種である。「バニヤー」の高等教育修了者の層の厚さがこの背景にある。「バニヤー」にも会員数比率が相対的に低い業種はあるが、最低でも「建設・不動産」の27％であり、特別不得手な業種は存在しない。どの業種にもまんべんなく参入し、経営能力を発揮する底力を有している。

第 9 章　グジャラート商工会議所2014年度版名簿分析

表9-10　業種別カースト別会員数の分布（2014年）

業種	宗　教　・　カ　ー　ス　ト									計
	バラモン	クシャトリヤ	バニヤー	上位諸カースト	パーティーダール	職人カースト	イスラム教徒	外部州	その他・不明	
農業製品・食品加工	5	2	40	12	50	4	0	7	1	121
比率（％）	(4.1)	(1.7)	(33.1)	(9.9)	(41.3)	(3.3)	(0.0)	(5.8)	(0.8)	(100.0)
協会	11	1	55	17	54	7	0	0	1	146
比率（％）	(7.5)	(0.7)	(37.7)	(11.6)	(37.0)	(4.8)	(0.0)	(0.0)	(0.7)	(100.0)
窯業・ガラス	1	1	9	0	3	0	0	0	1	15
比率（％）	(6.7)	(6.7)	(60.0)	(0.0)	(20.0)	(0.0)	(0.0)	(0.0)	(6.7)	(100.0)
化学・染料及び中間物	10	3	136	19	95	4	0	5	2	274
比率（％）	(3.6)	(1.1)	(49.6)	(6.9)	(34.7)	(1.5)	(0.0)	(1.8)	(0.7)	(100.0)
建設・不動産	4	2	31	3	51	23	0	0	0	114
比率（％）	(3.5)	(1.8)	(27.2)	(2.6)	(44.7)	(20.2)	(0.0)	(0.0)	(0.0)	(100.0)
電子機器・電気製品	5	0	27	5	18	2	0	0	0	57
比率（％）	(8.8)	(0.0)	(47.4)	(8.8)	(31.6)	(3.5)	(0.0)	(0.0)	(0.0)	(100.0)
エネルギー・電力	4	0	7	4	6	1	0	0	0	22
比率（％）	(18.2)	(0.0)	(31.8)	(18.2)	(27.3)	(4.5)	(0.0)	(0.0)	(0.0)	(100.0)
宝石・貴金属	1	0	16	3	7	6	0	0	0	33
比率（％）	(3.0)	(0.0)	(48.5)	(9.1)	(21.2)	(18.2)	(0.0)	(0.0)	(0.0)	(100.0)
情報技術・装置	3	0	6	1	2	0	0	0	0	12
比率（％）	(25.0)	(0.0)	(50.0)	(8.3)	(16.7)	(0.0)	(0.0)	(0.0)	(0.0)	(100.0)
金属	2	3	55	8	18	3	0	3	1	93
比率（％）	(2.2)	(3.2)	(59.1)	(8.6)	(19.4)	(3.2)	(0.0)	(3.2)	(1.1)	(100.0)
その他	26	6	221	36	164	29	2	7	3	494
比率（％）	(5.3)	(1.2)	(44.7)	(7.3)	(33.2)	(5.9)	(0.4)	(1.4)	(0.6)	(100.0)
製薬	5	0	37	10	25	4	0	1	0	82
比率（％）	(6.1)	(0.0)	(45.1)	(12.2)	(30.5)	(4.9)	(0.0)	(1.2)	(0.0)	(100.0)
専門職・サービス	36	2	178	28	58	13	6	3	7	331
比率（％）	(10.9)	(0.6)	(53.8)	(8.5)	(17.5)	(3.9)	(1.8)	(0.9)	(2.1)	(100.0)
繊維	2	1	77	5	18	4	0	3	14	124
比率（％）	(1.6)	(0.8)	(62.1)	(4.0)	(14.5)	(3.2)	(0.0)	(2.4)	(11.3)	(100.0)
工学技術・自動車	15	2	75	18	63	18	2	2	1	196
比率（％）	(7.7)	(1.0)	(38.3)	(9.2)	(32.1)	(9.2)	(1.0)	(1.0)	(0.5)	(100.0)
梱包・塗装	2	1	26	11	21	2	0	1	0	64
比率（％）	(3.1)	(1.6)	(40.6)	(17.2)	(32.8)	(3.1)	(0.0)	(1.6)	(0.0)	(100.0)
ゴム・プラスティック	2	0	27	0	29	4	0	0	0	62
比率（％）	(3.2)	(0.0)	(43.5)	(0.0)	(46.8)	(6.5)	(0.0)	(0.0)	(0.0)	(100.0)
計	134	24	1,023	180	682	124	10	32	31	2,240
比率（％）	(6.0)	(1.1)	(45.7)	(8.0)	(30.4)	(5.5)	(0.4)	(1.4)	(1.4)	(100.0)

出所：表9-5と同じ。

　「パーティーダール」もまた、どの業種にもまんべんなく参入してはいるが、現時点では「バニヤー」のようなオールラウンドのプレーヤーではない。「パーティーダール」の会員数比率が40％台と高いのは、「農業製品・食品加工」と「建設・不動産」である。この２業種は、農耕カースト「パーティーダー

ル」の伝統的職業である農業や土地経営と密接に関連しており、彼らが比較優位を持つ業種である。この2業種は、以前から、「パーティーダール」の強い業種といわれてきた。近代的な業種である「ゴム・プラスティック」は「パーティーダール」と「バニヤー」の2強で会員数の90%を占めている。「パーティーダール」の会員数比率が15%前後と低い業種には、「情報技術・装置」と「専門職・サービス」が含まれている。高等な専門教育修了者の層が比較的薄いことがその理由と推測できる。

「上位諸カースト」における会員数の業種間の分布には、比較的大きな偏りがあり、「窯業・ガラス」「ゴム・プラスティック」には会員はいない。他の業種のなかで会員数比率が高いのは、「エネルギー・電力」「製薬」「梱包・塗装」の3業種である。

「バラモン」は会員数が「上位諸カースト」を下回るのに、同表のすべての業種に会員が分布している。この現象自体、後に詳述するように、近年における「バラモン」の製造業、商業への積極的進出のあらわれと捉えることができる。なかでも、会員数比率が高いのは、「エネルギー・電力」と、「情報技術・装置」と「専門職・サービス」である。後者は高等な専門教育と関わり、「バラモン」が優位に立ちやすい分野である。

「職人カースト」会員の業種別の分布には、特徴がある。「職人カースト」のなかには、特定の伝統的職業を継続発展させている姓集団がある。このような業種では、「職人カースト」の会員数比率が高くなっている。たとえば、大工は「建設・不動産」と、金工は「宝石・貴金属」と密接に関わっている。

「クシャトリヤ」は「窯業・ガラス」や「金属」の会員数比率が若干高くなっているが、会員数自体が小さ過ぎ、確たることはいえない。「イスラム教徒」は2業種のみに分布している。このうち、「専門職・サービス」6人中4人は旅行代理業（主な顧客はイスラム教徒）であることが確認できている。「イスラム教徒」経営者のなかで、実際には多数を占めている繊維、機械・部品関連の経営者は会員とはなっていない。このように、「イスラム教徒」はグジャラート商工会議所とほぼ関わっていない。

第9章　グジャラート商工会議所2014年度版名簿分析

表9-11　登録時期別カースト別会員数の分布

宗教・カースト	2014年度名簿			1991年度名簿
	1949-91	1992-2014	計	1949-91
バラモン	19	115	134	212
比率（％）	(3.3)	(6.9)	(6.0)	(6.1)
クシャトリヤ	6	18	24	61
比率（％）	(1.0)	(1.1)	(1.1)	(1.8)
バニヤー	290	733	1,023	1,636
比率（％）	(50.3)	(44.1)	(45.7)	(47.1)
上位諸カースト	57	123	180	315
比率（％）	(9.9)	(7.4)	(8.0)	(9.1)
パーティーダール	165	517	682	1,013
比率（％）	(28.6)	(31.1)	(30.4)	(29.1)
職人カースト	22	102	124	128
比率（％）	(3.8)	(6.1)	(5.5)	(3.7)
イスラム教徒	0	10	10	24
比率（％）	(0.0)	(0.6)	(0.4)	(0.7)
外部州	13	19	32	
比率（％）	(2.3)	(1.1)	(1.4)	
その他・不明	5	26	31	87
比率（％）	(0.9)	(1.6)	(1.4)	(2.5)
計	577	1,663	2,240	3,476
比率（％）	(100.0)	(100.0)	(100.0)	(100.0)

出所：表9-2と同じ。

（3）カーストと登録時期

　宗教・カースト別会員数比率が登録時期別にどのように異なっているのかを、表9-11に基づき、検討しよう。同表には、比較のために、1991年度版名簿における宗教・カースト別会員数とその比率も示してある。

　2014年度名簿にみられる会員数は1991年度版名簿の会員数を1200人ほど下回っているので、宗教・カースト別会員数比率に基づき比較をすると、両年度間で会員数比率が増加したのは、「パーティーダール」と「職人カースト」の2つであり、他の「バラモン」「クシャトリヤ」「バニヤー」「上位諸カースト」「イスラム教徒」の会員数比率は減少している。この変動のなかで、とくに重要なのは、会員数比率における「パーティーダール」の増加と「バニヤー」の減少である。ちなみに、「パーティーダール」の会員数比率は第1期の28.6％から第2期の31.1％に増加しているのに対して、「バニヤー」

は50.3%から44.1%へと6ポイントも減少している。先ほどの1991年度版名簿と2014年度版名簿の宗教・カースト別会員数比率の検討を補強する結果となっている。

「職人カースト」と「バラモン」も会員数比率を第2期に伸ばしている。とくに、「バラモン」は第1期の3.3%から第2期の6.9%へと、倍以上比率を伸ばしている。しかも、先ほど検討したように、多様な業種に進出しており、製造業と商業が彼らの社会的経済的上昇にとって重要な分野になっている。

(4) 代表者組み合わせ

ここでは、代表者の組み合わせパターンの特徴について検討する。1991年度版名簿の分析の際には、代表者1名（2名以上の場合は、先に記載された1名）の姓名のみを入力した。代表者の組み合わせパターンの分析の重要性をそれほど深刻に考えていなかったためである。今回の2014年度版名簿分析では、前回の分析で果たせなかった課題を果たすために、代表者2名の姓名を入力した。

会員タイプ別姓組み合わせ

まず、代表者の姓の組み合わせが会員タイプ別にどのように分布しているのかを検討する。表9-12に、「会員タイプ別カースト別代表者姓の組み合わせの分布」を掲げる。表中の同姓とは代表者2名の姓が同じ組み合わせを指す。同姓以外はすべて異姓となるので、異姓の比率は表にはあえて含めていない。ここでの分析対象会員数は、頻度5以上の姓集団の会員数2240人のうち、2名の代表者名が記載されていた1500組である。残りの740人の会員については代表者1名のみの記載であった。

最初に、会員タイプ別の同姓の比率を比較しよう。「パトロン会員」と「永久会員」を除外し、「商会」から「協会・商工会議所」までの同姓の比率をみると、「商会」における同姓の比率が85.1%ともっとも高く、それに、「有限会社」が75.4%、「株式会社」が65.6%、「大企業」が59.4%、そして「協会・商工会議所」が27.2%で続いている。会員タイプは、家族や親族で構成

第9章　グジャラート商工会議所2014年度版名簿分析

表9-12　会員タイプ別カースト別代表者姓の組み合わせの分布

会員タイプ			宗教・カースト								計
			バラモン	クシャトリヤ	バニヤー	上位諸カースト	パーティダール	職人カースト	イスラム教徒	外部州	その他・不明	
商会	同姓	(%)	(81.0)	(75.0)	(84.3)	(83.6)	(89.3)	(78.6)	(100.0)	(75.0)	(75.0)	(85.1)
	小計		21	4	325	55	205	42	3	12	4	671
有限	同姓	(%)	(60.0)	(100.0)	(77.9)	(66.7)	(78.2)	(66.7)	(66.7)	(77.8)	(76.9)	(75.4)
	小計		30	2	213	39	142	21	3	9	13	472
株式	同姓	(%)	(20.0)	(100.0)	(62.5)	(33.3)	(74.2)	(66.7)		(100.0)		(65.6)
	小計		5	4	40	6	31	3		4		93
大企業	同姓	(%)	(20.0)	(0.0)	(78.6)	(100.0)	(62.5)			(0.0)		(59.4)
	小計		5	2	14	2	8			1		32
協会・商工会	同姓	(%)	(0.0)	(0.0)	(29.4)	(6.3)	(38.0)	(28.6)			(0.0)	(27.2)
	小計		10	1	51	16	50	7			1	136
パトロン会員	同姓	(%)	(50.0)	(50.0)	(62.8)	(66.7)	(88.2)	(75.0)		(0.0)	(0.0)	(68.8)
	小計		2	2	43	3	34	4		1	4	93
永久会員	同姓	(%)	(100.0)		(100.0)		(100.0)					(100.0)
	小計		1		1		1					3
計	同姓	(%)	(52.7)	(66.7)	(75.5)	(65.3)	(79.0)	(70.1)	(83.3)	(74.1)	(59.1)	(74.1)
	計		74	15	687	121	471	77	6	27	22	1,500

出所：表9-5と同じ。

されることの多い「非組織部門」の「商会」から、「組織部門」であるが規模の小さな「有限会社」、株式を有する「株式会社」、さらに規模の大きい「大企業」の順で配置されている。代表者が同姓の比率は、この会員タイプの特性に従い、順次低くなっている。それでも、「大企業」の場合であっても、代表者の同姓比率が50％を超えているところに、インドにおける経営者集団の特徴のひとつがある。同姓の比率がもっとも低いのは、代表者が複数の宗教・カーストから選出され、そのため異なった姓集団で構成される「協会・商工会議所」である。

次に、宗教・カースト別の同姓の比率を検討しよう。宗教・カースト別の会員数（すべての会員タイプを含む）に占める同姓の組み合わせの比率にも、比較的大きな開きがある。同姓の組み合わせの比率がもっとも高いのは「イスラム教徒」の83.3％、もっとも低いのは「バラモン」の52.7％である。ここでの宗教・カースト別の同姓比率の分布にも明確な傾向がある。それは、「イスラム教徒」を例外として、会員数が十分に大きく、すべての会員タイ

プにおいて多数を占めている「バニヤー」と「パーティーダール」の同姓の組み合わせの比率が70％台後半を示しているのに対して、会員数が比較的少ないなかで「組織部門」や「協会・商工会議所」にも会員を有する「バラモン」「クシャトリヤ」「上位諸カースト」「職人カースト」の同姓の比率は50〜70％台前半を示していることである。とくに、「バラモン」は異姓比率の高い「協会・商工会議所」に10人の会員を有しており、これが同姓の比率を引き下げる大きな要因になっている。「イスラム教徒」を例外にしたのは、会員数は少人数であるうえ、会員タイプの広がりがみられず、「商会」と「有限会社」のみに会員が分布しているからである。

　宗教・カースト別に「商会」の同姓比率をみると、「バラモン」を含むいずれの宗教・カーストの同姓比率も75％以上の高率を示している。「バニヤー」と「パーティーダール」の２大勢力の同姓比率がとりわけ高率である。商工業の経営層が厚いために、家族、親族あるいは同カースト間で組み合う相手をみつけやすいことが背景にある。同時に、同じカーストとの組み合わせのほうが、異カーストとの組み合わせよりも、共同経営におけるリスクが小さいとの認識があるためだと推測できる。「イスラム教徒」の商会における同姓比率が100％であるのは、彼らは孤立しており、同じ宗教の経営者以外と共同経営を行うことが困難な状況にあるからである。

　「有限会社」から「株式会社」「大企業」へと規模が拡大するにつれて、同姓比率は逓減する。それでも、「バニヤー」と「パーティーダール」の同姓比率は、「大企業」の場合でも、60％以上を示している。これに対し、「バラモン」「クシャトリヤ」「上位諸カースト」の場合は、若干の例外はあるが、「株式会社」や「大企業」における同姓比率は、「バニヤー」と「パーティーダール」のそれを大きく下回っている。

　そして、「協会・商工会議所」になると、「バニヤー」と「パーティーダール」の同姓比率も、各々29.4％、38.0％へと低下する。これに対して、「バラモン」と「クシャトリヤ」の「協会・商工会議所」での同姓比率は０％であり、同じ姓集団の経営層の薄さが同姓比率に反映している。「職人カースト」の同姓比率が28.6％と「バニヤー」の比率に近いのは、「職人カースト」のなかのサブ・カースト（姓集団を構成）が各々専門とする製造業の協会で、

いまだに強い影響力を有しているためだと理解できる。

会員タイプ別カースト組み合わせ

　さらに、会員タイプ別カーストの組み合わせを検討しよう。表9-13に、「会員タイプ別カースト別代表者カーストの組み合わせの分布」を掲げる。代表者2名の姓が異なっていても、表9-8に示したカーストと姓集団の関係に基づき、同一のカーストに属すると判断できる場合がある。その調整を行い、代表者2名のカーストの異同を、同カースト、異カースト、不明（すなわち、代表者のうちの1名の姓が頻度5未満であるために、カーストは判断できないケース）に分類した。不明には同カーストの姓が含まれている可能性があり、その場合には同カースト組み合わせの比率は、より高くなる。宗教・カーストのなかで、不明に同カーストの姓集団が含まれている可能性が高いのは、多様な姓集団を有する「バニヤー」と、宗教の結合が非常に強い「イスラム教徒」であり、逆に可能性が低いのは姓集団がパテールやアミーン（Amin）などに限定されている「パーティーダール」である。いずれにせよ、不明を同カーストではないとみなしているので、ここでの同カーストの比率は低めに見積もられた比率であることに留意する必要がある。比較のために、宗教・カースト別の同姓比率を表に含めてある。

　表9-12と表9-13の比較から明らかなように、4つのカーストにおいて、代表者2名が同カーストである比率が同姓である比率を上回っている。とくに、「バニヤー」では両者の比率に6ポイントもの開きがある。「バニヤー」は商工業で主導的な役割を担っており、姓集団もきわめて多様である。「職人カースト」も同カーストの比率が同姓の比率を6ポイント上回っている。「職人カースト」のなかで、建築、機械、金属などに共通する技術経営基盤をもつ姓集団がいくつもあるために、経営面でも連携しやすい事情があるものと推測できる。「バラモン」と「上位諸カースト」も、比較的多様な姓集団を有しているために、同カーストの比率が同姓の比率を若干上回っている。これに対して、「クシャトリヤ」「パーティーダール」「イスラム教徒」の3つの宗教・カーストでは、両者の比率が同一である。このうち、「パーティーダール」は使用姓の種類自体が非常に少ないためである。「イスラム教徒」

表9-13 会員タイプ別カースト別代表者カーストの組み合わせの分布

<table>
<tr><th rowspan="2">会員タイプ</th><th rowspan="2">同カースト比率</th><th colspan="9">宗 教 ・ カ ー ス ト</th><th rowspan="2">計</th></tr>
<tr><th>バラモン</th><th>クシャトリヤ</th><th>バニヤー</th><th>上位諸カースト</th><th>パーティダール</th><th>職人カースト</th><th>イスラム教徒</th><th>外部州</th><th>その他・不明</th></tr>
<tr><td rowspan="2">商会</td><td>同カースト（％）</td><td>(85.7)</td><td>(75.0)</td><td>(88.3)</td><td>(83.6)</td><td>(89.3)</td><td>(84.6)</td><td>(83.3)</td><td>(75.0)</td><td>(75.0)</td><td>(87.5)</td></tr>
<tr><td>小計</td><td>21</td><td>4</td><td>325</td><td>55</td><td>205</td><td>39</td><td>6</td><td>12</td><td>4</td><td>671</td></tr>
<tr><td rowspan="2">有限</td><td>同カースト（％）</td><td>(59.4)</td><td>(100.0)</td><td>(82.6)</td><td>(69.2)</td><td>(78.2)</td><td>(73.7)</td><td>(66.7)</td><td>(77.8)</td><td>(76.9)</td><td>(78.0)</td></tr>
<tr><td>小計</td><td>32</td><td>2</td><td>213</td><td>39</td><td>142</td><td>19</td><td>3</td><td>9</td><td>13</td><td>472</td></tr>
<tr><td rowspan="2">株式</td><td>同カースト（％）</td><td>(20.0)</td><td>(100.0)</td><td>(67.5)</td><td>(33.3)</td><td>(74.2)</td><td>(66.7)</td><td></td><td>(100.0)</td><td></td><td>(67.7)</td></tr>
<tr><td>小計</td><td>5</td><td>4</td><td>40</td><td>6</td><td>31</td><td>3</td><td></td><td>4</td><td></td><td>93</td></tr>
<tr><td rowspan="2">大企業</td><td>同カースト（％）</td><td>(20.0)</td><td>(0.0)</td><td>(78.6)</td><td>(100.0)</td><td>(62.5)</td><td></td><td></td><td>(0.0)</td><td></td><td>(59.4)</td></tr>
<tr><td>小計</td><td>5</td><td>2</td><td>14</td><td>2</td><td>8</td><td></td><td></td><td>1</td><td></td><td>32</td></tr>
<tr><td rowspan="2">協会・商工会</td><td>同カースト（％）</td><td>(0.0)</td><td>(0.0)</td><td>(58.8)</td><td>(12.5)</td><td>(38.0)</td><td>(28.6)</td><td></td><td></td><td>(0.0)</td><td>(39.0)</td></tr>
<tr><td>小計</td><td>10</td><td>1</td><td>51</td><td>16</td><td>50</td><td>7</td><td></td><td></td><td>1</td><td>136</td></tr>
<tr><td rowspan="2">パトロン会員</td><td>同カースト（％）</td><td>(33.3)</td><td>(50.0)</td><td>(69.8)</td><td>(66.7)</td><td>(88.2)</td><td>(100.0)</td><td></td><td>(0.0)</td><td>(0.0)</td><td>(72.0)</td></tr>
<tr><td>小計</td><td>3</td><td>2</td><td>43</td><td>3</td><td>34</td><td>3</td><td></td><td>1</td><td>4</td><td>93</td></tr>
<tr><td rowspan="2">永久会員</td><td>同カースト（％）</td><td>(100.0)</td><td></td><td>(100.0)</td><td></td><td>(100.0)</td><td></td><td></td><td></td><td></td><td>(100.0)</td></tr>
<tr><td>小計</td><td>1</td><td></td><td>1</td><td></td><td>1</td><td></td><td></td><td></td><td></td><td>3</td></tr>
<tr><td rowspan="2">計</td><td>同カースト（％）</td><td>(53.2)</td><td>(66.7)</td><td>(81.8)</td><td>(66.9)</td><td>(79.0)</td><td>(76.1)</td><td>(77.8)</td><td>(74.1)</td><td>(59.1)</td><td>(77.3)</td></tr>
<tr><td>計</td><td>77</td><td>15</td><td>687</td><td>121</td><td>471</td><td>71</td><td>9</td><td>27</td><td>22</td><td>1,500</td></tr>
</table>

出所：表9-5と同じ。

の場合、「商会」と「有限会社」の会員数のうち各1組が不明に分類されているために、ここでの同カースト比率は同姓比率と同一になっている。しかし、その2組（YasinとReval）のどちらも「イスラム教徒」の姓集団の組み合わせであることが会員名簿から確認できているので、実質的には同宗教・カースト比率は100%である。

　次に、代表者2名が同カーストである比率が同姓である比率を上回っている宗教・カーストについて、どの会員タイプで両比率にどの程度の開きがあるのか検討してみよう。「商会」では、「バラモン」「バニヤー」「職人カースト」で両比率に4～6ポイント、「有限会社」では、「バニヤー」「上位諸カースト」「職人カースト」で両比率に3～7ポイントの開きがみられる。このように、「非組織部門」や投資額の比較的小さい経営体である「商会」や「有限会社」では代表者の同姓、同カーストの組み合わせ比率がきわめて高い。もうひとつ、「協会・商工会議所」でも「バニヤー」と「上位諸カースト」で代表者の同カースト比率が同姓比率を上回っている。とりわけ、注目すべきは「バニヤー」の事例で、同カースト比率が同姓比率を29.4ポイントも上回っている。この結果、「バニヤー」の「協会・商工会議所」での代表者の同カースト比率は58.8%となり、「パーティーダール」の同比率38.0%を大きく上回っている。「協会・商工会議所」の代表者は異なるカーストで組み合わされることが多いなか、「バニヤー」の同比率の抜きんでた高さには、商工会議所における彼らの影響力、支配力の大きさが如実にあらわれている。

代表者カースト組み合わせ

　これまでは代表者の同姓、同宗教・カーストの組み合わせに注目して検討を行ってきたが、ここでは代表者が宗教・カースト間でどのように組み合わされているのかを、表9-14「代表者カースト組み合わせの分布」に基づき検討する。同表には、宗教・カーストごとの他の宗教・カーストとの代表者組み合わせ数とその比率を示してある。ここでは、頻度5以上の姓集団間での代表者組み合わせ数に限定しているので、分析対象組み合わせ数は1346である。宗教・カースト間の代表者組み合わせ比率の分布には、代表者組み合わせの範囲と深さがあらわれている。これは、商工業経営における宗教・カー

表9-14 代表者カースト組み合わせの分布

代表者1の 宗教・カースト	代表者2の宗教・カースト									計
	バラモン	クシャトリヤ	バニヤー	上位諸カースト	パーティーダール	職人カースト	イスラム教徒	外部州	その他・不明	
バラモン	40	0	9	4	7	0	0	0	0	60
比率(%)	(67.2)	(0.0)	(14.8)	(6.6)	(11.5)	(0.0)	(0.0)	(0.0)	(0.0)	(100.0)
クシャトリヤ	0	10	2	0	0	0	0	0	0	12
比率(%)	(0.0)	(83.3)	(16.7)	(0.0)	(0.0)	(0.0)	(0.0)	(0.0)	(0.0)	(100.0)
バニヤー	9	1	561	12	30	6	0	1	2	622
比率(%)	(1.4)	(0.2)	(90.2)	(1.9)	(4.8)	(1.0)	(0.0)	(0.2)	(0.3)	(100.0)
上位諸カースト	3	0	16	81	10	0	0	0	0	110
比率(%)	(2.7)	(0.0)	(14.5)	(73.6)	(9.1)	(0.0)	(0.0)	(0.0)	(0.0)	(100.0)
パーティーダール	5	1	36	7	372	2	0	1	0	424
比率(%)	(1.2)	(0.2)	(8.5)	(1.7)	(87.7)	(0.5)	(0.0)	(0.2)	(0.0)	(100.0)
職人カースト	3	0	1	0	9	57	0	1	0	68
比率(%)	(4.4)	(0.0)	(1.5)	(0.0)	(13.2)	(83.8)	(0.0)	(1.5)	(0.0)	(100.0)
イスラム教徒	0	0	0	0	0	0	7	0	0	7
比率(%)	(0.0)	(0.0)	(0.0)	(0.0)	(0.0)	(0.0)	(100.0)	(0.0)	(0.0)	(100.0)
外部州	0	0	3	0	0	0	0	20	0	23
比率(%)	(0.0)	(0.0)	(13.0)	(0.0)	(0.0)	(0.0)	(0.0)	(87.0)	(0.0)	(100.0)
その他・不明	2	0	4	0	0	0	0	0	13	19
比率(%)	(10.5)	(0.0)	(21.1)	(0.0)	(0.0)	(0.0)	(0.0)	(0.0)	(68.4)	(100.0)
計	63	12	632	104	428	62	7	23	15	1,346
比率(%)	(4.7)	(0.9)	(47.0)	(7.7)	(31.8)	(4.6)	(0.5)	(1.7)	(1.1)	(100.0)

注1:上段数値は組み合わせ数を示す。
 2:( )内数値は横列の計に占める比率(%)。
出所:表9-5と同じ。

スト間の親和性と排他性をあらわす指標として理解することもできる。

「バニヤー」はここでの会員数の47%を占める最大集団である。その代表者カースト組み合わせ比率で特筆すべきは、自カースト間での組み合わせが90.2%もの高率を占めていることである。次に比率の高い組み合わせは「パーティーダール」との4.8%であるが、その大半は「協会・商工会議所」での組み合わせであり、事業の共同経営者としての組み合わせは僅少である。「バニヤー」は「イスラム教徒」を除くすべての宗教・カーストと組み合っているが、そのなかで組み合わせ比率が1%を超え比較的親和性が高そうなのは、「上位諸カースト」(このなかには「バニヤー」の会員が含まれている可能性も大きい)、「バラモン」「職人カースト」の3カーストである。

会員数で「バニヤー」に次ぐ「パーティーダール」も、自カースト間での

組み合わせ比率が87.7%と高い。次に比率の高いのは「バニヤー」との8.5%であり、そのほとんどは「協会・商工会議所」での組み合わせである。さらに、組み合わせ比率が1%を超えるのは、「上位諸カースト」(このなかにも「パーティーダール」の会員が含まれている)と「バラモン」のみである。

「バラモン」の代表者カースト組み合わせの特徴は2つある。第1は、自カースト間での組み合わせ比率がすべての宗教・カーストのなかでもっとも低いことである。第2は、他カーストとの代表者組み合わせの範囲が狭く、「バニヤー」「パーティーダール」そして「上位諸カースト」の3つのみである。「上位諸カースト」は「バニヤー」「パーティーダール」「バラモン」が使用する姓集団より構成されているので、結局、「バラモン」にとって「バニヤー」と「パーティーダール」が親和的なカーストであり、その他のカーストとは疎遠である。

「職人カースト」は他の4カーストと代表者の組み合わせがみられる。自カーストの代表者組み合わせ比率は83.8%で、「バニヤー」「パーティーダール」に続いている。他のカーストとの組み合わせで興味深いのは、「パーティーダール」との比率(13.2%)が「バニヤー」との比率(1.5%)を大きく上回っていることである。「職人カースト」は代表者の組み合わせに関して、「パーティーダール」と親和的であるとみなすことができよう。

「クシャトリヤ」と「イスラム教徒」はともにサンプル数が非常に少ない。そのため、「クシャトリヤ」の場合には、代表者が組み合う他のカースト数が過少にあらわれている可能性はある。これに対して、「イスラム教徒」の場合は、代表者が他の宗教・カーストと組み合うことは、これまでの検討からも明らかなように、基本的にないとみることができる。

会員タイプ別代表者カースト組み合わせ

最後に、会員タイプ別に宗教・カースト間の代表者組み合わせがどのように分布しているのかを検討しておきたい。表9-15に「会員タイプ別宗教・カースト別代表者組み合わせの総括表」を掲げる。なお、同表からは分析に関わらない「外部州」と「その他・不明」のデータは削除してあるが、会員数の総計にはこれらの会員数も含めてある。

表9-15 会員タイプ別宗教・カースト別代表者組み合わせの総括表

会員タイプ	代表者1の宗教・カースト	代表者2の宗教・カースト (%)							計(%)	組み合わせ数
		バラモン	クシャトリヤ	バニヤー	上位諸カースト	パーティーダール	職人カースト	イスラム教徒		
商会	バラモン	90.0	0.0	10.0	0.0	0.0	0.0	0.0	100.0	20
	クシャトリヤ	0.0	100.0	0.0	0.0	0.0	0.0	0.0	100.0	3
	バニヤー	0.6	0.0	92.3	1.9	4.5	0.6	0.0	100.0	311
	上位諸カースト	0.0	0.0	9.6	88.5	1.9	0.0	0.0	100.0	52
	パーティーダール	0.0	0.0	3.6	0.0	94.8	1.0	0.0	100.0	193
	職人カースト	2.6	0.0	0.0	0.0	7.9	86.8	0.0	100.0	38
	イスラム教徒	0.0	0.0	0.0	0.0	0.0	0.0	100.0	100.0	5
	計	21	3	302	52	201	37	5		635
有限会社	バラモン	76.0	0.0	12.0	8.0	4.0	0.0	0.0	100.0	25
	クシャトリヤ	0.0	100.0	0.0	0.0	0.0	0.0	0.0	100.0	2
	バニヤー	2.1	0.0	91.2	1.0	4.7	0.5	0.0	100.0	193
	上位諸カースト	2.8	0.0	16.7	75.0	5.6	0.0	0.0	100.0	36
	パーティーダール	1.5	0.0	12.0	3.0	83.5	0.0	0.0	100.0	133
	職人カースト	5.3	0.0	5.3	0.0	15.8	73.7	0.0	100.0	19
	イスラム教徒	0.0	0.0	0.0	0.0	0.0	0.0	100.0	100.0	2
	計	27	2	204	35	126	15	2		429
株式会社	バラモン	25.0	0.0	25.0	25.0	25.0	0.0		100.0	4
	クシャトリヤ	0.0	100.0	0.0	0.0	0.0	0.0		100.0	4
	バニヤー	0.0	0.0	87.1	3.2	6.5	3.2		100.0	31
	上位諸カースト	0.0	0.0	25.0	50.0	25.0	0.0		100.0	4
	パーティーダール	0.0	0.0	11.5	0.0	88.5	0.0		100.0	26
	職人カースト	33.3	0.0	0.0	0.0	0.0	66.7		100.0	3
	計	2	4	32	4	25	3			76
大企業	バラモン	33.3		0	0	66.7			100.0	3
	バニヤー	15.4		84.6	0.0	0.0			100.0	13
	上位諸カースト	0.0		0.0	100.0	0.0			100.0	2
	パーティーダール	0.0		0.0	0.0	100.0			100.0	5
	計	3		11	2	7				23
協会・商工会議所	バラモン	0.0	0.0	42.9	14.3	42.9	0.0		100.0	7
	クシャトリヤ	0.0	0.0	100.0	0.0	0.0	0.0		100.0	1
	バニヤー	2.4	0.0	70.7	7.3	14.6	4.9		100.0	41
	上位諸カースト	15.4	0.0	30.8	15.4	38.5	0.0		100.0	13
	パーティーダール	8.8	2.9	26.5	5.9	55.9	0.0		100.0	34
	職人カースト	0.0	0.0	0.0	0.0	60.0	40.0		100.0	5
	計	6	1	47	8	36	4			102

注:数値は組み合わせ数に占める横列の比率(%)を示す。
出所:表9-5と同じ。

「商会」の代表者組み合わせの特徴として、自宗教・自カーストの代表者組み合わせがきわめて高い比率を示していることが指摘できる。「イスラム教徒」や会員数の少ない「クシャトリヤ」の自宗教・自カーストの代表者組

み合わせ比率は100％である。会員数における2大勢力である「バニヤー」と「パーティーダール」の同比率も90％台前半を示している。さらには、他のカーストと代表者を組み合うことの多い「バラモン」も、「商会」に関しては、自カーストでの組み合わせ比率が90％の高率を示している。このように、宗教・カーストにかかわらず、家族、親族、同カーストで「商会」の代表者は構成されている。カースト間組み合わせの特徴としては、「職人カースト」と「パーティーダール」のつながりと、「上位諸カースト」と「バニヤー」のつながりの強いことが指摘できる。

「有限会社」の自宗教・自カーストでの代表者組み合わせの比率は、「商会」よりは若干下がるものの、かなり高い比率を示している。ここでも、「イスラム教徒」や「クシャトリヤ」の自宗教・自カーストの代表者組み合わせ比率は100％である。「バニヤー」はその「商会」の比率とほぼ変わらない90％強の比率を示している。「パーティーダール」は80％台、他は70％台である。ここでのカースト間組み合わせでも、「職人カースト」と「パーティーダール」のつながり、「上位諸カースト」と「バニヤー」のつながり、さらには「パーティーダール」の代表者の12％が「バニヤー」と組んでいることを確認できる。

「株式会社」になると、会員数が小規模なカーストの代表者が自カーストで構成される比率が大きく低下する。「バラモン」は25％、「上位諸カースト」は50％、「職人カースト」は67％となっている。これに対して、2大勢力の自カースト比率は高水準で、「バニヤー」と「パーティーダール」はともに80％台後半を示している。カースト間の代表者組み合わせの範囲を比較すると、もっとも狭いのは「クシャトリヤ」で、その次が「パーティーダール」と「職人カースト」である。

「大企業」の自カーストでの代表者組み合わせの比率は、「バラモン」を除き、高い比率を示している。「バラモン」は「パーティーダール」との代表者組み合わせの比率が高くなっている。ただし、ここでの会員数は全体で23人と非常に少ない。この点に留意したうえで、ここでのカースト間の代表者組み合わせの分布を理解する必要がある。

「協会・商工会議所」での代表者組み合わせの特徴は、「バニヤー」と「パ

ーティーダール」を中心に代表者の組み合わせがみられる点にある。ただし、両者を比較すると、「バニヤー」のほうが代表者数と自カーストでの代表者組み合わせの比率の双方で「パーティーダール」を上回っており、「バニヤー」がもっともパワフルな経営者集団をなしているとみることができる。両カーストの「協会・商工会議所」での連携は深く、双方の代表者にとってお互いがもっとも一般的な組み合わせ相手となっている。同時に、会員数が比較的少ないカーストの代表者の組み合わせ相手も「バニヤー」や「パーティーダール」であることが多い。とりわけ、「バニヤー」「パーティーダール」「バラモン」「上位諸カースト」の間には、上位カースト連合と呼べるまとまりが存在している。これは、「協会・商工会議所」に限ったことではなく、会員タイプ別の代表者のさまざまな連携のなかの主要な組み合わせとして、グジャラート商工会議所の特色のひとつとなっている。

おわりに

　前章での1991年度版名簿分析と本章の2014年度版名簿分析により、20世紀半ばから現在までのグジャラート商工会議所の会員構成の変化を跡付けることができた。前章では、グジャラート商工会議所の会員数に占めるバニヤーの相対的な比率の低下とパーティーダールの躍進が確認できた。また、バラモンが商工業に積極的に関わるようになったことについても実証することができた。

　本章の2014年度版名簿の分析により、パーティーダールのさらなる躍進が確認できた。とくに、「協会・商工会議所」の代表者の組み合わせにおいて、パーティーダールの比率が増大していることと、バニヤーと組み合わせられる事例が多いことはパーティーダールがグジャラートの商工業においてバニヤーの対抗勢力として業界団体のなかでも認知されていることを示している。それと同時に、今回の名簿分析により、バニヤーがアーメダバード県の商工業経営者を中心に構成されるグジャラート商工会議所のなかではいまだに非常に大きな影響力をもっていることが確認できた。

　さらに今回は、代表者カーストの組み合わせの検討から、会員の主体をな

す中小規模の経営体において共同経営者の組み合わせはどの範囲の宗教・カーストに限定されるのかを検討した。その結果、宗教・カーストを問わず、商会や有限会社などの小規模な経営体においては、自カースト間での組み合わせが圧倒的な比率を占めていること、さらに株式会社や大企業においても、「バラモン」を除き、自カースト間の組み合わせが比較的高いことが確認できた。家族、親族、同カースト間での共同経営者の比率が、非組織部門と組織部門ともに現在でもこれほど高いのには、いくつかの要因がある。家族、親族、カーストの結合原理は、経営上の結合力を高め、パートナーシップにともなうさまざまなリスクを一定程度軽減するものと推測できる。また、同カーストであれば、伝統的職業や技能の共有、同カーストがすでに開拓している商工業上の生産、流通のネットワークへのアクセスも比較的容易に行える利点がある。

　もちろん、宗教・カースト間での共同経営もみられるが、その場合であっても、商工業経営における宗教・カースト間の親和性と排他性がみられ、グジャラート商工会議所の会員の間では、上位カースト連合と呼べるまとまりが存在している。

　最後に、これからの課題を記しておきたい。この名簿には、アーメダバード県以外の会員数が少ないほか、小規模、零細規模の経営者、また下層の社会集団である「指定カースト」「指定部族」「その他後進諸階級」の経営者はほとんど含まれていない。グジャラート州における経営発展の全体像を捉えるために、これらの課題に順次取り組んでゆきたい。

第10章

南グジャラート商工会議所名簿分析

はじめに

　1992年度に長期海外研究の一環としてグジャラート州に1年間滞在する機会を得た。その際に、商工会議所関連の資料収集を行った。グジャラート州最大の商工会議所であるグジャラート商工会議所（The Gujarat Chamber of Commerce & Industry）には州内の主だった商工会議所やマハージャン（Mahajan）と呼ばれる商業団体が300団体余り加盟していた[1]。同商工会議所から加盟団体のリストを入手し、比較的規模の大きい加盟団体に対して会員名簿や機関誌などの資料の提供を要請した。書面での依頼にもかかわらず、30余りの商工会議所やマハージャンが資料を送付してくれた。このなかには、州内の重要工業都市であるスーラト市、ヴァドーダラー市、ラージコート市をそれぞれ拠点とする南グジャラート商工会議所（The Southern Gujarat Chamber of Commerce & Industry）、中央グジャラート商工会議所（The Central Gujarat Chamber of Commerce & Industry）、ラージコート商工会議所（Rajkot Chamber of Commerce & Industry）も含まれていた。

　筆者は企業家・経営者とカーストとの関わりに強い関心をもっているので、会員名簿は貴重な資料をなしている。ほとんどの商工会議所やマハージャンは会員名簿を維持しているが、事業体名のみで会員名を記載していない名簿も少なくない。幸いなことに、主要な商工会議所の会員名簿には会員名も記載されているので、現在これらの会員名簿の分析を進めている。すでにグジ

1）グジャラート商工会議所は1949年にアーメダバード市に設立された。全州を代表する商工会議所として設立されたが、会員の大多数は中央グジャラートと北グジャラートに分布している。登録会員数は1990年時点で2万4000人を超えている。

ャラート商工会議所の名簿分析は終了しており[2]、本章では州内でグジャラート商工会議所に次ぐ重要性をもっている南グジャラート商工会議所の会員名簿分析を行う。

　南グジャラート商工会議所の会員名簿には①会員の種類、②通し番号、③事業体名、④代表者名、⑤住所、⑥電話番号、⑦業種の情報が編纂されている。この名簿にはグジャラート商工会議所の名簿にみられるような登録番号（創設時からの登録順に与えられる通し番号）が記載されておらず、また古い時代の名簿も入手できなかったので、本章の分析は名簿の編纂された1991年時点における横断面分析に限定される。

1. 商工会議所の沿革

　グジャラートの主要な商工会議所のなかでもっとも早く設立されたのが南グジャラート商工会議所である。同商工会議所は1940年10月21日、スーラト市に発足した。ちなみに、現在グジャラート州最大の商工会議所となっているグジャラート商工会議所がアーメダバード市に設立されたのは独立（1947年）後の1949年のことである。1941年のスーラト市の人口は約17万人、アーメダバード市の人口は約59万人であった。1960年のグジャラート州の誕生以降、ボンベイ市－アーメダバード市を結ぶ成長回廊に位置するスーラト市は工業都市として急速に発展し現在にいたっている。

　南グジャラート商工会議所が創立50周年を記念して編纂した「商工会議所瞥見」によると、業種を異にする16人の企業家がスーラト市の商工業を保護・育成するために同商工会議所を設立したとされている（The Southern Gujarat Chamber of Commerce & Industry（以下、SGCCIと略記）1990: 3）。当初の名称は「スーラト商工会議所」（Surat Chamber of Commerce）であった。最初の会議は1941年1月17日、R. B. B. J. シャーストリー（Rao Bahadur Bhupatrai J. Shastri）を議長として開催された。この会議でシャーストリーが初代会長に選出された。また、12人の新たな会員申請も認可され、会員数は

---

2) その成果は、篠田（1996a, 1997a, 2016a）、および本書第8章と第9章を参照のこと。

40人となった（SGCCI 1990: 3）。その後、同商工会議所の活動内容は多様化し、活動範囲も南グジャラート全域に及ぶようになった。対外的にもその活動は評価されるようになり、民間機関や政府諸委員会への参加要請を受けるようになった。さらに、南グジャラートの工業発展とともに同領域を統括する商工会議所が必要とされ、その結果、1965年10月4日の年次総会で「南グジャラート商工会議所」への名称変更が決議された（SGCCI 1990: 4）。目的・規約を明記した定款も準備された。

　会員は商工業および専門職に関わる個人あるいは団体により構成され、会員の種類にはパトロン会員（Patron Member）、生涯会員（Life Member）、普通会員（Ordinary Member）の3種類がある。会員の種類により入会金は異なり、パトロン会員と生涯会員には機関誌やその他の情報が無料で提供される。また、両会員は年会費の納入が免除されている。これに対して、普通会員は年会費を納入する期間だけ商工会議所のサービスを受けることができる。創立以降の年次別の会員数の推移についてはデータを入手していないが、創立50周年すなわち1990年には会員数は2000人に達するであろうと「商工会議所瞥見」には記されている（SGCCI 1990: 5）。ちなみに、筆者が入手した1991年度の会員名簿（SGCCI: 1991）には2489人の会員についてのデータが編纂されている。同年度における会員数の内訳はパトロン会員248人、生涯会員2152人、普通会員89人である。このうち、傘下商工会議所・マハージャンや専門職団体の会員数は42である。

　南グジャラート商工会議所の運営は会長、副会長、書記の三役と事務職員によりなされている。三役は政策決定にあたり、運営委員会から指導を受ける。商工会議所の機能を統括する運営委員会は選出委員、元会長、古参委員、新委員、外部委員により構成され、毎月会合をもつ。この他、諸種の専門委員会が毎年設置され、重要事項に関して運営委員会に対して提言を行う。専門委員会の委員長には当該事項に詳しい運営委員あるいは専門家が任命されている[3]。

　南グジャラート商工会議所はインド政府により原産地証明書（Certificate

3）運営機構については、SGCCI（1990: 15）を参照のこと。

of Origin) の発行主体として認知されている (SGCCI 1990: 8)。1923年の「税関手続きの簡素化に関する国際協定」(International Convention relating to the Simplification of Customs Formalities, 1923) に規定されている原産地証明書は輸出業務に不可欠の手続きとなっている。同商工会議所は州政府や準政府機関にも認知されており、鉄道、郵政、関税、消費税、所得税などに関する政府諸委員会に代表を送り込んでいる。この他、同商工会議所は南グジャラートの製造品を宣伝する目的で、大規模な展示会を1991年までに6回開催している。1957年の第1回展示会にはジャワーハルラール・ネルー (Jawaharlal Nehru: 1889-1964) 首相も招待された。その後、1960年、65年、77年、84年にも展示会が開催された。創立50周年を記念する1990年の展示会はとりわけ大規模であり、豊富な繊維製品を素材に前衛的なファッションショーも組織された (SGCCI 1990: 9-10)。グジャラート商工会議所の機関誌は1983年以降廃刊となっているが、南グジャラート商工会議所は月刊誌『繁栄』(Samruddhi) の刊行を継続し、会員に対して政府通告や時事問題に関する情報を提供している。南グジャラート商工会議所は1991年現在、インド商工会議所連盟 (The Federation of Indian Chambers of Commerce & Industry: FICCI, New Delhi)、インド商工会議所協会 (The Associated Chambers of Commerce & Industry of India: ASSOCHAM, New Delhi)、インド商工会議所 (The Indian Merchants' Chamber: IMC, Bombay) およびグジャラート商工会議所に加入している (SGCCI 1990: 8-9)。

2. 会員の地域・業種・カースト分布

(1) 会員の地域分布

　南グジャラート商工会議所は当初より南グジャラートの社会経済発展を指向してきた組織であり、会員の圧倒的多数は南グジャラートに分布している。ちなみに、会員総数2489人の96.8%にあたる2409人は南グジャラートに分布している。他地域の会員数比率は中央グジャラートが1.2%（30人）、半島部が0.4%（11人）、カッチは0.0%（1人）、その他・不明は1.5%（38人）に過ぎない。南グジャラートのなかでもスーラト県の比率は格段に高く、会員総

数の95.9%（2386人）を占めている。前章で検討したように、グジャラート商工会議所は全州を代表する商工会議所とされながらも、南グジャラートからの加盟は僅少であった。南グジャラート商工会議所が南グジャラートの経営者・企業家から圧倒的に支持されてきたこと、換言すると同商工会議所が南グジャラートにおける商工業の振興に十分に貢献してきたことがその理由だと考えられる。

(2) 会員の業種別分布

1991年の会員名簿には331種類の職業が記載されている。職業の記載は会員の自己申告に基づくために、「商業」や「製造業」などのように具体的な業種が明記されないことも多い。また、製品名のみを記載するケースも多く、この場合、製造業なのか商業なのか不明である。

表10-1に、会員の業種別姓頻度別分布を掲げる。ここでは業種分布のなかで頻度の高い業種12種類のみを掲げた。また、会員の姓分析に基づき、会員数の多寡に応じ姓集団を50人以上、5～49人、4人以下の3グループに区分した。会員総数に占める各グループの比率はいずれも30％台である。次節でのカースト分析は頻度すなわち会員数が5人以上の姓集団に限定されるが、ここでは頻度が4以下の姓集団の業種構成についても検討しておく。業種不明すなわち業種の記載のない会員数比率は分析対象会員数の11.3％である。頻度50以上の姓集団と4以下の姓集団では「業種不明」の会員数比率に約2ポイントの開きがあり、頻度の小さな姓集団のほうが業種の記載に無関心な会員数比率が高い。「その他」には12業種以外の会員数・比率が記されている。「その他」の会員数比率は全体では42.7％であるが、頻度4以下の姓集団の場合は46.2％と半数に近い比率となっている。表に掲げた12業種は頻度5以上の姓集団がより集中する業種といえよう。

12業種のなかで繊維関連業種は絹糸商、織布業、綿布商、綿糸商、金刺繍業、染色・捺染業、化学染料、繊維機械製造業の8業種にわたっており、これら繊維関連業種の会員数比率は全体で37.5％を占めている。とりわけ、頻度5～49人のグループの同比率は41.4％と高い。繊維関連業種とともに南グジャラートの基軸産業となっているダイヤ加工業で優勢なのは頻度50以上の

第Ⅲ部　グジャラートの経営者名簿分析

表10-1　業種別姓頻度別会員数の分布

業　種	頻　度			計
	50以上	5～49	4以下	
織布業	140 (17.2)	147 (19.0)	151 (16.7)	438 (17.6)
綿布商	30 (3.7)	61 (7.9)	63 (7.0)	154 (6.2)
綿糸商	17 (2.1)	25 (3.2)	19 (2.1)	61 (2.5)
絹糸商	15 (1.8)	20 (2.6)	20 (2.2)	55 (2.2)
金刺繍業	39 (4.8)	10 (1.3)	17 (1.9)	66 (2.7)
染色・捺染業	8 (1.0)	33 (4.3)	17 (1.9)	58 (2.3)
化学染料	23 (2.8)	10 (1.3)	15 (1.7)	48 (1.9)
繊維機械製造業	14 (1.7)	14 (1.8)	25 (2.8)	53 (2.1)
ダイヤ加工業	53 (6.5)	12 (1.6)	13 (1.4)	78 (3.1)
商業	24 (2.9)	12 (1.6)	17 (1.9)	53 (2.1)
税理士	12 (1.5)	17 (2.2)	8 (0.9)	37 (1.5)
協会	21 (2.6)	11 (1.4)	10 (1.1)	42 (1.7)
その他	337 (41.4)	310 (40.2)	417 (46.2)	1,064 (42.7)
不明	81 (10.5)	90 (11.7)	111 (12.3)	282 (11.3)
計	814 (100.0)	772 (100.0)	903 (100.0)	2,489 (100.0)

注：（　）内数値は上段数値の縦列の計に占める比率（％）。
出所：The Southern Chamber of Commerce & Industry, *Member List*, Surat, 1991 より作成。

グループである。

　地域別の業種構成は確かに異なってはいるが、南グジャラート以外の諸地域の会員数が僅少なため、有意な比較はできない。大まかに指摘できるのは、中央グジャラートでは繊維関連業種の比率が比較的高いことと、南グジャラート以外にはダイヤ加工業と金刺繍業の会員が存在しないことの2点である。

（3）会員とカースト

　南グジャラート商工会議所の名簿で姓の記載されていない会員数は167人で、これは会員総数の6.7％を占めている。ちなみに、グジャラート商工会議所の場合は姓の記載のない会員数比率は7.5％であった（篠田 1996a: 表13）。名簿にみられる姓集団は544種類で、その会員数は2322人である。このうち、頻度が5以上の姓集団は76種類であり、その会員数1586人は会員総数の63.72％、姓を記載した会員数の68.30％を占めている。頻度が4以下の姓集団は468種類、会員数は736人である。

　本章では頻度5以上の姓集団を分析の対象とする。宗教・カーストなどの社会的属性と企業家・経営者との関連を分析するために、これら姓集団を以下の8グループに分類し、各グループの特性について検討を行う。グループ内における姓集団の大小を明確にするために、[　]内に各姓集団の会員数を表示しておく。

① パーティーダール（Patidar：1姓）：パテール（Patel: 217）
② バニヤー（Vaniya：28姓）：アーグラーワール（Agraval: 31）、バティヤー（Bhatiya: 9）、チョークシー（Choksi: 38）、ダラール（Dalal: 17）、ドーシー（Doshi: 8）、ガーンディー（Gandhi: 58）、ジェイン（Jain: 29）、ジャーリーワーラー（Jarivala: 127）、コーターリー（Kothari: 8）、カパーディヤー（Kapadiya: 84）、マルファティア（Marfatiya: 31）、モーディー（Modi: 32）、パーリック（Parikh: 18）、シャー（Shah: 191）、シュロフ（Shroff: 12）、シェート（Sheth: 18）、サングヴィー（Sanghvi: 11）、タッカル（Thakkar: 7）、トーピーワーラー（Topivala: 6）、ヴァカニア（Vakhania: 10）、ワキール（Vakil: 8）、ザベーリー（Zaveri: 16）、バガット（Bhagat: 6）、チョーカーワーラー（Chokhavala: 5）、ナーナーワティ（Nanavati: 11）、ソーマニー（Somani: 6）、サレヤ（Sareya: 5）、パッチガル（Pachchigar: 10）
③ バラモン（Brahman：6姓）：バット（Bhatt: 9）、グプター（Gupta: 13）、ジョーシー（Joshi: 6）、トリヴェーディー（Trivedi: 11）、ワーシー（Vasi: 5）、ナーヤク（Nayak: 15）
④ クシャトリヤ（Kshatriya：3姓）：チャウドリー（Chaudhari: 6）、パルマール（Parmar: 9）、ソーランキー（Solanki: 7）

⑤ 上位諸カースト（Upper Castes：6姓）：バンサーリー（Bansal: 6）、デーサイー（Desai: 83）、ゴーヤル（Goyal: 6）、カンバーター（Khambhata: 5）、メーヘター（Mehta: 54）、ヴォーラー（Vora: 7）

⑥ 職人カースト（Artisan Castes：2姓）：ガッジャル（Gajjar: 20）、ミストリィ（Mistri: 16）

⑦ イスラム教徒（Muslims：2姓）：シェーク（Shekh: 8）、ワヘードカラム（Vahedkalam: 5）

⑧ 不明なカースト（Unclassificable Castes：28姓）：ガージーワーラー（Gajivala: 18）、チャナティヤ（Chanatiya: 7）、コントラクター（Contractor: 5）、ハルワワーラー（Halvavala: 7）、マハーデーヴィヤ（Mahadeviya: 6）、マンダリィヤ（Mandaliya: 6）、シャーハニー（Shahani: 6）、ソーパリーワーラー（Soparivala: 8）、ワンカーワーラー（Vankavala: 5）、ボーディワーラー（Bodivala: 15）、ヴィサーナー（Visana: 7）、ワーグバクリーワーラー（Vaghbakrivala: 12）、ギーワーラー（Ghivala: 8）、ハーティワーラー（Hathivala: 7）、レーシャムワーラー（Reshamvala: 18）、タマークワーラー（Tamakuvala: 11）、ダーマンワーラー（Dhamanvala: 11）、チェーヴリー（Chevli: 32）、マスター（Mastar: 7）、カージーワーラー（Kajivala: 6）、モーティワーラー（Motivala: 7）、マハートマー（Mahatma: 6）、ソーンタリヤ（Sonthaliya: 5）、ワーディワーラー（Vadivala: 5）、スワーミー（Swami: 5）、シンガプーリー（Shingapuri: 9）、シャルダー（Sharda: 5）、バチュカニーワーラー（Bachkanivala: 23）

本章ではパテール姓をパーティーダールの姓集団とみなす。他のカーストでパテール姓を使用する場合もあるが僅少である。逆に、たとえばデーサイーなどの姓を使用するパーティーダールも存在するが、これも僅少である。バニヤーはジャイナ教徒とヒンドゥー・バニヤーよりなり、両者の使用する姓はほぼ共通している。他のカースト集団、たとえばパールスィー教徒やイスラム教徒もバニヤー姓を使用することがある。とくに、金刺繍織物の製造・販売を「伝統的」職業とするジャーリーワーラーの姓はヒンドゥー教徒以外の宗教にも使用されていることが知られているが、ここではジャーリーワーラーをバニヤー姓とみなした。バラモンの姓は種類が少ないことに加え、

第10章　南グジャラート商工会議所名簿分析

グジャラートでは下位カーストのバラモン姓への改姓も大規模には行われなかったので、実勢の把握は比較的容易である。上位諸カーストはパーティーダール、バニヤー、バラモン、パールスィー教徒やイスラム教徒の上層に共用されている姓集団よりなっている。職人カーストとイスラム教徒の姓も比較的把握しやすい。南グジャラートとりわけスーラトには出自の推定が困難な姓集団が多数存在している。頻度5以上の姓76種類のうち28種類が不明な姓集団となっている。ちなみに、前章で分析したグジャラート商工会議所の場合は頻度5以上の姓集団80種類のうち、不明なのは10種類のみであった。グジャラート商工会議所の会員は中央グジャラートに厚く分布するのに対して、南グジャラート商工会議所はカースト間の流動性の大きいスーラトを拠点としている。この流動性の大きさは、職業や出身地を表示する接尾辞ワーラー（-vala）をともなう姓が多用されている点に端的にあらわれている。宗教・カーストなどの出自に関わりなく、いったん商工業に参入すると、その業種を表示するワーラー姓を使用することが南グジャラートでは一般的に行われた。彼らの業種および彼らの形成する同業団体の経済力が、地域社会における彼らの序列に大きな影響を与えた。バラモン的観念による枠組みや序列よりも経済諸力が社会評価の基準として重視されたためである。このなかで、ワーラー姓の使用は旧来の出自からの脱却と新たなアイデンティティの獲得のための有効な方法であった。不明な28姓のうち、15姓がワーラー姓である。頻度5未満の姓集団のなかにもワーラー姓の使用は多数みられる。また、ワーラー姓のみならず、バニヤー姓の多くも商業の特定業種を表示しており、グジャラートではこのような姓集団が厚く分布している。

　それでは、会員数に占めるカースト・グループ別の比率を検討してみよう。表10-2にみるように、会員総数の36.3％は姓を記載していないかあるいは頻度が5未満の姓集団よりなっている。頻度5以上の姓集団は会員総数の63.7％を占めるに過ぎず、この比率はグジャラート商工会議所の同比率を約10ポイント下回っている。南グジャラートでは企業家の姓が中央グジャラートよりも多様化しているためである。頻度が5以上の姓集団の会員数に占めるカースト・グループ別の比率ではバニヤーが突出しており、51.2％もの高率を示している。また、分析対象となる76の姓集団のうち、バニヤーの姓集

表10-2 頻度5以上の姓集団に占めるカースト・グループ別会員数の分布

カースト・グループ	会員数	小計に対する比率(％)	計に対する比率(％)
①パーティーダール	217	13.7	8.7
②バニヤー	812	51.2	32.6
③バラモン	59	3.7	2.4
④ラージプート	22	1.4	0.9
⑤上位諸カースト	161	10.2	6.5
⑥職人カースト	36	2.3	1.4
⑦イスラム教徒	13	0.8	0.5
⑧分類不能グループ	266	16.8	10.7
小計	1,586	100.0	63.7
姓不明／頻度4以下の姓集団	903	—	36.3
計	2,489	—	100.0

出所：表10-1と同じ。

団は28を占めている。このうち、ジャーリーワーラー（金刺繍織物商）、トーピーワーラー（被り物商）、チョーカーワーラー（米穀商）の3姓はワーラー姓である。頻度が50以上の大規模な姓集団は全部で7つあり、このうち、シャー、ジャーリーワーラー、カパーディヤー、ガーンディーの4姓はバニヤーに属する。バニヤーに次ぐ姓集団はパーティーダールであり、分析対象会員数の13.7％を占めている。分析対象の姓集団のなかでパーティーダールを構成するのはパテール姓のみである。パテールは単独の姓集団としては、最大の会員数をもつ。上位諸カーストは6姓よりなり、分析対象の会員数の10.2％を占めている。このうち、デーサイーとメーヘターの2集団は頻度が50以上の姓集団である。郷主職を表示するデーサイー姓は、パーティーダール、バラモン、バニヤー、イスラム教徒、パールスィー教徒や牛飼いカーストのラバーリー（Rabari）などに使用されている。南グジャラートでデーサイー姓の主体をなすのは、強力な土地所有集団であるアナヴィル・バラモン（Anavil Brahman）やパーティーダールであると考えられる。メーヘター姓はバラモン、バニヤー、パールスィー教徒により使用されている。バラモンの会員数比率は3.7％と小さいが、アナヴィル・バラモンのように上位諸カーストのグループに括られている会員もいる点に留意する必要がある。職人カーストは半島部や中央・北グジャラートでは有力な企業家集団をなしている

が、南グジャラートでの商工業への参入は小規模である。ただし、南グジャラートに厚く分布する職人カーストのガーンチー（Ghanchi：「伝統的」職業は搾油業）は多様な商工業に参入しているといわれている。ガーンチーはワーラー姓との結びつきが強いことでも知られており、彼らの実勢は把握できない。イスラム教徒の比率は0.8％と小さいが、上位諸カーストのデーサイー、カンバーター、ヴォーラーなどの姓を使用する会員も存在しているものとおもわれる。なお、以上検討した76姓のうち、アーグラーワール、グプター、ゴーヤル、シャーハニー、バーンサルの5姓は州外のカーストに特有な姓だと考えられる。グジャラートには優秀な企業家層が厚く分布している。これら企業家層の祖先には、中世あるいは近世の時代に北西インドから入り込んできた移民が多くみられる。現在では、経営風土がグジャラートのなかでももっとも開放的な南グジャラートが州外からの企業家層を数多く引きつけている。頻度4以下の会員のなかには州外に特有な姓集団が多数含まれている。

　グジャラート州の小規模工業経営者については、業種と宗教・カーストの姓集団間に一定の相関がみられた[4]。南グジャラート商工会議所の場合、業種と宗教・カーストがどのように関わり合っているのかを次に検討してみよう。表10-3に「宗教・カースト別業種別会員数の分布」を掲げる。パーティーダール、職人カースト、イスラム教徒には頻度5以上のすべての姓集団が含まれているが、バニヤー、バラモン、上位諸カースト、クシャトリヤには集計上の遅延から一部の姓集団が会員名簿に含まれていない。とはいえ、バニヤーについては812人中733人、バラモンは59人中46人、上位諸カーストは161人中137人、クシャトリヤは22人中9人の情報が編纂されており、クシャトリヤを除き各宗教・カーストの分析対象会員数は母数に近似しているので、分析に支障は生じない。「その他」のグループには分類不能な姓集団とバニヤー、バラモン、上位諸カースト、クシャトリヤの一部姓集団が含まれている。このグループの会員数395人のうち、分類不能な姓集団の会員数は266人である。

　表10-1との比較のために、ここでも全会員の業種分布のなかで頻度の高い

4）篠田（1995d）、および本書第7章を参照のこと。

表10-3 宗教・カースト別業種別会員数の分布

業　種	宗　教　・　カ　ー　ス　ト								計
	パーティーダール	バニヤー	バラモン	上位諸カースト	クシャトリヤ	職人カースト	イスラム教徒	その他	
織布業	28 (12.9)	126 (17.2)	1 (2.2)	7 (5.1)	1 (11.1)	4 (11.1)	3 (23.1)	117 (29.6)	287 (18.1)
綿布商	7 (3.2)	39 (5.3)	1 (2.2)	2 (1.5)	―	3 (8.3)	―	39 (9.9)	91 (5.7)
綿糸商	4 (1.8)	21 (2.9)	―	1 (0.7)	―	―	1 (7.7)	15 (3.8)	49 (3.1)
絹糸商	2 (0.9)	25 (3.4)	1 (2.2)	―	―	―	―	7 (1.8)	35 (2.2)
金刺繡業	―	39 (5.3)	―	―	―	―	―	10 (2.5)	49 (3.1)
染色・捺染業	1 (0.5)	19 (2.6)	―	―	1 (11.1)	1 (2.8)	―	19 (4.8)	41 (2.6)
化学染料	5 (2.3)	11 (1.5)	3 (6.5)	9 (6.6)	1 (11.1)	1 (2.8)	―	3 (0.8)	33 (2.1)
繊維機械製造業	7 (3.2)	10 (1.4)	1 (2.2)	2 (1.5)	―	2 (5.6)	―	6 (1.5)	28 (1.8)
ダイヤ加工業	15 (6.9)	31 (4.2)	1 (2.2)	15 (10.9)	―	―	―	3 (0.8)	65 (4.1)
商業	14 (6.5)	12 (1.6)	2 (4.3)	3 (2.2)	―	1 (2.8)	1 (7.7)	3 (0.8)	36 (2.3)
税理士	3 (1.4)	17 (2.3)	1 (2.2)	4 (2.9)	―	―	―	4 (1.0)	29 (1.8)
協会	―	15 (2.0)	1 (2.2)	10 (7.3)	―	1 (2.8)	―	5 (1.3)	32 (2.0)
その他	111 (51.2)	280 (38.2)	32 (69.6)	70 (51.1)	6 (66.7)	20 (55.6)	7 (53.8)	121 (30.6)	647 (40.8)
不明	20 (9.2)	88 (12.0)	2 (4.3)	14 (10.2)	―	3 (8.3)	1 (7.7)	43 (10.9)	171 (10.8)
計	217 (100.0)	733 (100.0)	46 (100.0)	137 (100.0)	9 (100.0)	36 (100.0)	13 (100.0)	395 (100.0)	1,586 (100.0)

出所：表10-1と同じ。

業種12種類のみを掲げた。業種不明すなわち業種の記載のない会員数比率は宗教・カーストの姓集団間に若干の相違はあるが、全体としては分析対象会員数の約11％である。「その他」の会員数比率は全体で約41％となっているが、宗教・カースト別で50％を下回っているのはバニヤーだけであり、他の宗教・カーストはいずれも50％を上回っている。バニヤーの会員数が優勢なために、バニヤーの集中する業種が会員全体にとっても頻度の高い業種にな

っているためである。

　8業種により構成される繊維関連業種の会員数比率は全体で38.7％もの高率を示している。宗教・カースト別にみると、バニヤーと「その他」グループの繊維関連業種への傾斜が著しい。不明な姓集団を核とする「その他」グループのなかには、バニヤーの会員が多数含まれているものとおもわれる。繊維関連業種のなかで、織布業、綿布商、綿糸商には多様な宗教・カーストが参入しているが、絹糸商や金刺繡業の分野ではバニヤーの比率が圧倒的に高い。バニヤーのなかでも金刺繡業を「伝統的」職業とするジャーリーワーラーは、バニヤーの金刺繡業会員数39人中37人を占めている。バニヤーはさらに、税理士などの専門職の分野でも優位に立っている。また、金刺繡業とともにグジャラート州の代表的な輸出産業をなすダイヤ加工業にも進出しており、同業種の会員数ではパーティーダールや上位諸カーストを上回っている。

　パーティーダールは繊維関連業種にも一定程度進出しているが、その他の業種ではダイヤ加工業の会員数比率が比較的高い。また、表には示されていないが、製糖業、建設業、木材商の業種では他の宗教・カーストに対して会員の絶対数でも優位を示している。バラモンは特定の業種に集中しない分散型の分布を示している。繊維関連業種にはほとんど進出していない。会員数比率のもっとも高いのは化学染料と表に掲げられてはいない弁護士の2業種で、それらの会員数比率はともに6.5％である。上位諸カーストも繊維関連業種にはほぼ進出していない。会員数比率の比較的高いのはダイヤ加工業、協会代表および化学染料の3業種である。協会とは諸種の商工業団体のことである。クシャトリヤの会員数は小さ過ぎ、業種分布の傾向をみることはできない。職人カーストとイスラム教徒の姓集団については、ともに会員数の約30％が繊維関連業種に分布している。このように、業種構成はカースト間で若干異なっている。しかし、会員数の圧倒的多数は南グジャラートに分布しているために、いずれのカーストの業種構成も南グジャラート地域の産業構造そのものに大きく影響されており、業種構成において特色ある姓集団が若干は存在するものの、カースト間の業種構成の相違は僅少であるとみなすことができる。

おわりに

　商工会議所の会員名簿に編纂されている個別会員の業種名には曖昧なものが多い。とくに、商業と製造業の区別が明瞭でなく、これが名簿を分析するうえでの障害のひとつをなしている。以前、グジャラート州政府の編纂した「製造業者名簿」を分析したことがある（本書第7章参照のこと）。これは州内の小規模工業経営者の情報を編纂した名簿であり、商工会議所の名簿よりもはるかに体系的かつ網羅的であった。それを分析した結果、イスラム教徒、クシャトリヤ、職人カーストなどの特定の宗教・カーストと業種の間には強い相関関係のあることが明らかとなった。商工会議所の名簿のみに依拠したのでは、このような精度の高い分析はできない。有力な同業団体の名簿なども併用し、在地社会における企業家・経営者の社会経済的特性を跡付ける必要があろう。

　商工会議所の運営委員会や会員の構成には、在地社会における権力構造の変動が一定程度反映している。企業家・経営者は大規模な土地所有集団や政治家・官僚とともに有力な階級のひとつをなしているためである。名簿分析にこだわる理由のひとつは、とりわけ独立以降に顕在化する階級構造の再編のなかで階級と宗教・カーストがどのように関わっているのかを、企業家・経営者を事例として実証的に明らかにするためである。これとは別に、商工会議所が在地社会の社会経済発展に果たした役割を明らかにすることも、商工会議所分析の重要な柱のひとつをなしている。本章では触れなかったが、歴史の古い商工会議所のなかには独立運動や独立後の州再編問題に深く関与したものが少なくない。南グジャラート商工会議所がこれらの課題・問題にどのように対処してきたのかも、いずれ明らかにしたい。

第11章
大規模工業の展開と経営者

はじめに

　本章では、グジャラート州政府の工業コミッショナー（Industrial Commissioner）が編纂したグジャラートの大規模工業（定義その他の詳細は後述）の個票データ（ユニット・データ）に基づき、大規模工業の展開の特徴を分析し、かつ経営者の社会的属性との関わりを考察する。今回の個票には、大規模工業の設立を申請し認可された企業の①申請・認可時期、②申請方式、③企業名、④本社所在市、⑤本社所在州、⑥連絡担当者（経営者）名、⑦職位、⑧工場所在郡、⑨工場所在県、⑩投資額、⑪雇用数、⑫産業分類コード、⑬製品種類、⑭生産量、⑮生産単位、⑯認可状況、⑰操業開始年月日、などの情報が編纂されている。これらの情報から、経営者の姓集団と姓グループ、グジャラート州内の大地域分類や時期区分を作成し、大規模工業の地域分布と時期別展開を跡付ける。また、経営者の出自が本社所在州、産業種類、投資額や雇用数などの企業の属性とどのように関わっているのかを分析する。

1. グジャラートの経済と工業

(1) 経済政策と工業発展

　グジャラート州は1960年にガーンディーナガルを州都として誕生した。それ以前から、アーメダバード市、スーラト市、バローダ市、ラージコート市では綿業や機械工業の展開がみられていたが、局地的であり、しかも軽工業を中心とした産業構成であった。州誕生後の鉱物資源、石油、ガスの発見と採掘加工精製施設建設の結果、グジャラート州の工業に石油化学工業や燃料

工業などの重化学工業の基礎産業が形成され、グジャラート州の産業構成の高度化と規模拡大に大きく貢献した。また、州政府は継続的に道路、港湾を整備し、安定した電力供給を確保するとともに、免税・減税を含む各種誘因政策を実施し、州内外そして海外からの投資を引きつけてきた。工業化を推し進めるために、州政府はグジャラート工業開発公社（Gujarat Industrial Development Corporation: GIDC）を1962年に設立し、工業団地（Industrial Estate）の造成とサポートを進めてきた。また、州政府は1978年から県工業センター（District Industries Centers: DICs）を州内全県に設置し、各種工業ユニットの設立を促進するための支援策を実施してきた。州誕生後の歴代の工業政策のなかで、工業発展の州内地域間格差の縮小は重要な課題と位置づけられてきた。

　グジャラート州政府は1980年代前半に、地域格差を是正し後進地域（Backward Region）の工業投資を促進するために、工業団地を設置する計画を立てた。それまでの発展から取り残されてきたカッチや半島部を対象に、工業団地での土地提供の他に、免税、融資の助成が行われた。さらに、経済自由化後の1995年に州政府は「グジャラートの将来：AD2000年を超えて」（'Gujarat 2000 AD and Beyond'）を作成し、縫製業、宝石加工業、食品加工業、その他加工業（Ancillary Engineering）、輸出志向ユニットの促進をとおして工業セクターの多様化を図った。また、2003年の工業政策により、工業の国際競争力を増進させるために、旧来の県工業センターを県工業発展センター（District Industries Development Centres: DIDCs）に改編し、工業と投資家の結節機関（Nodal Centres）として、他の省庁との連携を深める役割が与えられた。また、2006年にはより広範な起業家層を育成するために、中小零細企業（Micro, Small and Medium Enterprises: MSME）法が法制化され、従来の小規模工業（Small Scale Industries: SSIs）はこれに含まれることになった。さらに、2009年の工業政策では、雇用を増し製品の品質を改善するために、中小企業（Small and Medium Enterprises: SMEs）特別投資地域（Special Investment Regions: SIRs）が設立されたほかに、自動車部品、セミコンダクター、ナノ技術、航空機メンテナンスなどのメガ工業プロジェクトが策定された[1]。また、海外直接投資を呼び込むために、2003年から2年おきに投資家サミット

（Vibrant Gujarat Investors' Summit）がグジャラートで開催され、日本を含む多くの海外からの投資家を引きつけた。政府の工業政策により、州内の地域間の発展格差の縮小や、海外からの直接投資の誘致が図られてきた。このように、州政府はマイクロ規模の企業から大規模工業にいたるまでさまざまなレベルの企業の発展と地域間格差の是正をめざしてきた。もちろん、政策以外にも工業立地に影響を与える要因は多数あるが、政策による誘因の設定が大きな影響を与えた。

(2) 大規模工業の動向

大規模工業（Large Industries）とは施設と機械への投資額が1億ルピー（2016年7月現在、1ルピーは1.9円）を超える工業ユニットを指す。大規模工業の設立にはインド政府からの工業ライセンスの形態での認可が必要である。1951年の「産業（開発・規制）法」（Industries Development and Regulation Act, 1951）の施行後、1980年代までは工場の設立は厳しい許認可制度のもとに置かれており、工業ライセンスの「予備的合意書」（Letter of Intent: LOI）を政府から入手する必要があったが、1990年代の経済自由化以降、許認可制度は緩和され、現在では公企業の一部と戦略的に重要な4部門に限定されている。その他の工場設立希望者は「工業経営者覚書」（Industrial Entrepreneur's Memorandum: IEM）を商工業省（Ministry of Commerce & Industry）に提出し認可を受けることになっている。輸出志向ユニット（Export Oriented Unit: EOU）や特別経済圏（Special Economic Zone: SEZ）でプロジェクトを設立する場合は、当該特別経済圏の開発コミッショナーから「許可証」（Letter of Permission: LoP）を取得する必要がある。このように、大規模工業を設立する場合には、「予備的合意書」「工業経営者覚書」、あるいは「許可証」のいずれかを取得しなければならない。

大規模工業は1983年より登録され、2014年3月時点までに、累計で1万4264件の申請があった。ただし、認可された申請件数は累計で同期間に6092件である。2014年度版の工業統計によると、「工業経営者覚書」が申請件数

1）Policy Paper of General Administration Department, URL: www.gujaratindia.com, 2016年7月10日アクセス。

の90％、投資額の90％、雇用数の89％と圧倒的な比率を占めている。それに次ぐのは工業ライセンスの「予備的合意書」で、申請件数、投資額、雇用数の各々8％前後を占めている。「許可証」の資本額は非常に小さく、全体の1％ほどに過ぎない。

　グジャラート州におけるこれらの申請件数は、1991年から2014年までの間、インド全体の「工業経営者覚書」数の12％を占め、マハーラーシュトラ州に次ぎ、インド第2位である。投資額でも約12％を占め、第2位である。

　グジャラート州政府は、産業グループ別のプロジェクト数、投資額、雇用数の情報も公開しているので、産業別の全体像を把握しておこう。表11-1にみるように、累積認可件数は6094件であり、筆者が使用する大規模工業個票データと同期間、同数である。まず、認可されたプロジェクト数では、化学工業と繊維工業が他を大きく引き離しており、両者を合わせると全体の半数を占める。繊維工業は植民地期からの長い歴史があり、1970年代まではグジャラートでもっとも重要な工業であった。ただし、1960年代から工場制繊維工業は凋落し始め、1980年代には操業停止工場が相次ぎ、多数の繊維工場労働者が失職し、大きな社会経済問題となった。他方、化学工業は1980年代よりグジャラート州の基軸工業として、州の経済を牽引した。この2グループに次ぐのが、プロジェクト数の5〜7％を占める中堅グループで、これには、その他エンジニア、製薬業、ガラス・陶業、金属加工業が含まれる。これらは資本集約的工業と労働集約的工業に分かれている。投資額と雇用数の比率の違いに両者の特徴は明瞭にあらわれている。ちなみに、資本集約的工業の代表的グループは、化学工業、金属加工業、インフラ・プロジェクトである。それに対し、労働集約的工業の代表的グループは繊維工業であり、雇用数比率は22％を占めている。電気機器、食品加工業、製薬業も労働集約的工業に含まれる。

2. 個票にみる大規模工業の展開

　本節では大規模工業個票データに基づき、大規模工業のプロジェクト数、投資額、雇用数の時期別展開や地域的展開の特徴を検討し、グジャラート経

表11-1 産業大分類別大規模工業の累積プロジェクト数、投資額、雇用数の分布（1983-2014年）

	産業大分類	プロジェクト		投資額		雇用数	
		数	比率(%)	額（千万ルピー）	比率(%)	人数	比率(%)
1	金属加工業	362	5.9	27,882	10.8	56,350	5.4
2	工業機械	134	2.2	1,872	0.7	20,046	1.9
3	輸送機器	29	0.5	2,773	1.1	15,162	1.5
4	その他加工業	427	7.0	16,327	6.3	81,250	7.8
5	電気機器	372	6.1	8,755	3.4	86,005	8.2
6	食品加工業	347	5.7	6,173	2.4	63,785	6.1
7	繊維工業	1,267	20.8	24,606	9.5	230,329	22.0
8	化学工業	1,787	29.3	87,142	33.8	270,717	25.8
9	製薬業	400	6.6	4,418	1.7	49,755	4.8
10	ガラス・陶業	389	6.4	16,423	6.4	72,889	7.0
11	インフラ・プロジェクト	96	1.6	22,029	8.5	8,209	0.8
12	その他	484	7.9	39,670	15.4	93,118	8.9
	計	6,094	100.0	258,070	100.0	1,047,615	100.0

注：累積数は1983年1月1日〜2014年3月31日間にコミッションされたLOI + LOP + IEMの合計数。
出所：Government of Gujarat（2014）Industries in Gujarat［Statistical Information］, Gandhinagar: Industries Commissionerate, p.18, Table 16.

済にとっての大規模工業の位置づけを試みる。なお、筆者が使用する個票データにおける産業分類は44区分となっており、表11-1で検討した大分類よりきめの細かい分析ができる。

(1) 時期別展開

　個票データには1983年1月から2014年3月までのデータが含まれている。年単位での経年変化の検討は煩瑣になるため、グジャラート経済（あるいはインド経済）の重要な節目などに即して、①1983-1990年（8年間）、②1991-98年（8年間）、③1999-2006年（8年間）、④2007-14年（8年間）の4時期に区分する。

　1983年は大規模工業が工業の範疇として設立され、それに合わせて登録が開始された年である。1991年から経済自由化が本格的に開始されたので、1983-1990年は経済自由化以前の時期として位置づけられる。経済自由化前後の経済変動を対象とする多くの研究論文（たとえば、Awasthi, 2000；Bagchi et al., 2005；Dholakia, 2000）が、1990年以前と1991年以降を区分してデー

タの加工集計を行っているので、他論文との比較のうえでも有用である。1991年以降2014年までの期間は、24年間なので、8年ごとに3つに分けた。これにも一定の意義があり、1991-98年は経済自由化の効果があまり顕在化しなかった時期、1999-2006年は経済自由化がグローバル化とともにグジャラート経済の成長に拍車をかけた時期、2007-14年は2007年のサブプライム問題に端を発した世界金融危機の影響でグジャラート経済がいったん減速をする時期であり、この間に大規模ユニットの資本構成が以前よりも高度化した。このように、上記の4時期設定はグジャラート経済変動の節目を一定程度捉えていると考える。

産業別投資額

　表11-2に「時期別産業別の投資額の動向」を掲げる。ここでは、投資額を名目値で表示してあるが、第1期の投資総額は非常に小さく、その後も時期により投資総額にかなりの相違があるので、投資総額の動向を大まかに把握するうえで大きな障害とはならない。4期区分のなかで投資がもっとも活発であったのは第3期であり、全期間の投資額の48%が集中している。経済自由化の成果が企業投資にあらわれた時期である。これに対して、経済自由化以前の第1期には申請件数も投資総額も4期のなかでもっとも少なかった。多くの研究が指摘するように、経済自由化直後の第2期には資本集約的工業の参入がそれほど活発ではなく、投資額の実績は伸び悩んだ。申請件数自体は4期のなかでもっとも多かったが、大規模ユニット当たりの投資額は第1期を下回る状態であった。2000年代前半の第3期には申請件数は第2期を若干下回るものの、資本集約的工業の参入が活発となり、投資総額は大きく伸びた。大規模ユニット当たりの投資額は第2期の3倍弱となった。第4期の経済困難期には申請件数は1000件を割り込み、投資総額も第3期を大きく下回った。しかし、この間にも大規模ユニット当たりの投資額は増加しており、資本集約化はさらに進んだ。このように、グジャラート州の大規模工業を第3期以降に牽引してきたのは、資本集約的工業であった。

　個別産業のなかで、全期をとおしての投資総額が大きいのは、石油化学工業（全期投資総額の15%）、化学工業（同12%）、燃料（同11%）、金属加工業（同

第11章 大規模工業の展開と経営者

表11-2 時期別産業別の累積投資額の動向 (1983-2014年)

時期区分	項目	金属加工	燃料	電気機器	その他機械	化学	製薬	繊維	食品加工	陶業	セメント	その他工業	エレクトロニクス	石油化学	プラスティック	インフラ・プロジェクト	計
第1期 (1983-90)	平均投資額	3,390	300	421	271	1,663	138	1,249	1,194	1,057	1,646		373	34,978	6,440		2,848
	ユニット数	14	1	12	14	75	46	28	8	1	1		46	15	12		341
	総投資額	47,461	300	5,049	3,798	123,963	6,359	34,970	9,555	1,057	1,646		17,143	524,677	77,283		971,103
	比率(横列)	(4.9)	(0.0)	(0.5)	(0.4)	(12.8)	(0.7)	(3.6)	(1.0)	(0.1)	(0.2)		(1.8)	(54.0)	(8.0)	(0.0)	(100.0)
	比率(縦列)	[1.7]	[0.0]	[0.9]	[0.5]	[4.0]	[1.4]	[1.4]	[2.6]	[0.2]	[0.2]	[0.0]	[6.1]	[13.1]	[9.1]	[0.0]	[3.7]
第2期 (1991-98)	平均投資額	4,274	511	453	587	1,542	750	1,258	975	505	11,364	219	2,319	26,292	2,261	22,848	2,086
	ユニット数	174	15	49	69	372	203	734	89	68	22	44	66	48	145	12	2,641
	総投資額	743,596	7,665	22,221	40,481	573,595	152,217	923,328	86,739	34,366	250,017	9,621	153,043	1,262,002	327,840	274,178	5,509,865
	比率(横列)	(13.5)	(0.1)	(0.4)	(0.7)	(10.4)	(2.8)	(16.8)	(1.6)	(0.6)	(4.5)	(0.2)	(2.8)	(22.9)	(6.0)	(5.0)	(100.0)
	比率(縦列)	[26.2]	[0.3]	[4.0]	[5.9]	[18.3]	[33.7]	[37.0]	[23.2]	[7.7]	[30.0]	[1.4]	[54.6]	[31.6]	[38.5]	[13.4]	[21.1]
第3期 (1999-2006)	平均投資額	14,898	113,469	4,342	3,695	3,439	1,553	2,094	834	1,106	7,692	3,541	1,795	61,451	2,389	36,477	5,687
	ユニット数	100	18	65	148	453	128	369	67	116	29	155	55	32	105	23	2,216
	総投資額	1,489,819	2,042,433	282,201	546,864	1,557,718	198,748	772,518	55,854	128,199	223,062	548,866	98,721	1,966,447	250,889	838,968	12,601,904
	比率(横列)	(11.8)	(16.2)	(2.2)	(4.3)	(12.4)	(1.6)	(6.1)	(0.4)	(1.0)	(1.8)	(4.4)	(0.8)	(15.6)	(2.0)	(6.7)	(100.0)
	比率(縦列)	[52.5]	[71.5]	[50.2]	[79.0]	[49.8]	[44.0]	[30.9]	[15.0]	[28.8]	[26.8]	[79.2]	[35.2]	[15.6]※	[29.4]	[41.1]	[48.2]
第4期 (2007-14)	平均投資額	7,315	50,427	4,853	5,300	6,772	3,915	5,364	6,138	3,563	23,905	10,329	2,898	13,377	4,084	17,476	7,905
	ユニット数	76	16	52	19	129	24	143	36	79	15	13	4	18	48	53	894
	総投資額	555,905	806,837	252,376	100,703	873,621	93,949	767,018	220,952	281,516	358,573	134,272	11,593	240,787	196,052	926,238	7,066,791
	比率(横列)	(7.9)	(11.4)	(3.6)	(1.4)	(12.4)	(1.3)	(10.9)	(3.1)	(4.0)	(5.1)	(1.9)	(0.2)	(3.4)	(2.8)	(13.1)	(100.0)
	比率(縦列)	[19.6]	[28.2]	[44.9]	[14.6]	[27.9]	[20.8]	[30.7]	[59.2]	[63.2]	[43.0]	[19.4]	[4.1]	[6.0]	[23.0]	[45.4]	[27.0]
計	平均投資額	7,793	57,145	3,156	2,767	3,041	1,125	1,961	1,866	1,686	12,437	3,268	1,640	35,344	2,749	23,175	4,292
	ユニット数	364	50	178	250	1,029	401	1,274	200	264	67	212	171	113	310	88	6,092
	総投資額	2,836,781	2,857,235	561,847	691,846	3,128,897	451,273	2,497,834	373,100	445,138	833,298	692,759	280,500	3,993,913	852,064	2,039,384	26,149,663
	比率(横列)	(10.8)	(10.9)	(2.1)	(2.6)	(12.0)	(1.7)	(9.6)	(1.4)	(1.7)	(3.2)	(2.6)	(1.1)	(15.3)	(3.3)	(7.8)	(100.0)
	比率(縦列)	[100.0]	[100.0]	[100.0]	[100.0]	[100.0]	[100.0]	[100.0]	[100.0]	[100.0]	[100.0]	[100.0]	[100.0]	[100.0]	[100.0]	[100.0]	[100.0]

注1：投資額の単位は10万ルピー。
2：( ) 内数値は横列の比率 (％)。
3：[ ] 内数値は縦列の比率 (％)。
出所：グジャラート州の大規模工業圏票データに基づく筆者作成。

11％）などである。とくに、石油化学工業と化学工業はともに産業の大分類では化学工業に括られており、グジャラートの大規模工業でもっとも重要な産業をなす。両者ともに、第１期から重要産業であり続けてきているが、とくに第３期の投資額が全期投資額の50％弱（縦列比率）を占めている。時期別の投資総額に占める比率（横列比率）をみると、石油化学工業は第１期に54％もの高率を占めていたが、その比率は漸次減少してきたのに対して、化学工業は全時期をとおしてコンスタントに10～12％を維持している。その他の資本集約的工業で注目すべき動きをみせているのは、燃料とインフラ・プロジェクトの２つである。ともに、第２期から参入し始め、本格的な参入時期は遅かったが、第４期には投資総額の10％以上の４産業のうちの２つを占め、存在感を示している。全期をとおした大規模ユニット当たりの投資額では、燃料（57億ルピー）、石油化学工業（35億ルピー）、インフラ・プロジェクト（23億ルピー）、セメント製品（12億ルピー）が群を抜いて大きい。

　資本集約度が低い産業は、繊維工業（全期投資総額の10％）、製薬（同２％）、陶業（同２％）、食品加工業（同１％）などであり、大規模ユニット当たりの投資額は２億ルピーを下回っている。これら産業の全期間をとおした投資額のピークが第３期になるのは、製薬のみで、繊維工業は第２期が、陶業と食品加工業は第４期がピークとなっている。このように、これらの産業は資本集約度の高い産業と全期間のなかでの投資額ピークの時期が大きく異なっている。また、資本集約度が低い産業においても、大規模ユニット当たりの投資額は第３期から第４期にかけて大きく増加している点にも留意する必要がある。

産業別雇用数

　次に、表11-3に基づき、「時期別産業別の雇用数の動向」を検討しよう。４期区分のなかで雇用数がもっとも多かったのは第２期であり、全期間の雇用数の44％が集中している。第３期には大規模工業全体の投資額はピークとなったが、雇用数は全期間の35％と第２期の同比率を下回った。申請件数自体の減少、大規模ユニット当たりの雇用数の減少が相まった結果であった。この背景には、先ほど検討したように、資本集約的工業の展開がある。もう

第11章　大規模工業の展開と経営者

表11-3　時期別産業別の累積雇用数の動向（1983-2014年）

時期区分	項目	金属加工	燃料	電気機器	その他機械	化学	製薬	繊維	食品加工	陶業	セメント	その他工業	エレクトロニクス	石油化学	プラスティック	インフラ・プロジェクト	計
第1期 (1983-1990)	平均雇用者数	197	307	99	222	76	46	145	110	150	375		194	239	190		151
	ユニット数	14	1	12	14	75	46	28	8	1	1		46	15	12		341
	総雇用数	2,764	307	1,187	3,104	5,692	2,114	4,068	882	150	375	(0.0)	8,901	3,583	2,278	(0.0)	51,322
	比率（横列）	(5.4)	(0.6)	(2.3)	(6.0)	(11.1)	(4.1)	(7.9)	(1.7)	(0.3)	(0.7)	[0.0]	(17.3)	(7.0)	(4.4)	[0.0]	(100.0)
	比率（縦列）	[4.8]	[4.5]	[3.1]	[7.0]	[4.3]	[4.2]	[1.8]	[2.4]	[0.4]	[3.4]		[22.1]	[21.4]	[6.1]		[4.9]
第2期 (1991-98)	平均雇用者数	136	75	122	132	169	136	213	211	110	218	104	197	139	74	62	175
	ユニット数	174	15	49	69	372	203	734	89	68	22	44	66	48	145	12	2,641
	総雇用数	23,722	1,131	5,958	9,089	63,038	27,528	156,114	18,753	7,472	4,802	4,569	12,989	6,685	10,707	744	460,935
	比率（横列）	(5.1)	(0.2)	(1.3)	(2.0)	(13.7)	(6.0)	(33.9)	(4.1)	(1.6)	(1.0)	(1.0)	(2.8)	(1.5)	(2.3)	(0.2)	(100.0)
	比率（縦列）	[41.3]	[16.6]	[15.8]	[20.6]	[47.8]	[55.3]	[67.6]	[50.5]	[18.5]	[42.9]	[7.8]	[32.3]	[40.0]	[28.7]	[9.4]	[44.0]
第3期 (1999-2006)	平均雇用者数	138	112	327	189	109	118	127	116	134	118	314	322	129	165	114	166
	ユニット数	100	18	65	148	453	128	369	67	116	29	155	55	32	105	23	2,216
	総雇用数	13,793	2,008	21,280	28,002	49,225	15,075	46,909	7,761	15,540	3,433	48,650	17,726	4,135	17,282	2,632	366,787
	比率（横列）	(3.8)	(0.5)	(5.8)	(7.6)	(13.4)	(4.1)	(12.8)	(2.1)	(4.2)	(0.9)	(13.3)	(4.8)	(1.1)	(4.7)	(0.7)	(100.0)
	比率（縦列）	[24.0]	[29.4]	[56.3]	[63.5]	[37.3]	[30.3]	[20.3]	[20.9]	[38.5]	[30.7]	[82.6]	[44.1]	[24.7]	[46.3]	[33.4]	[35.0]
第4期 (2007-14)	平均雇用者数	226	211	180	207	109	210	167	271	218	172	437	153	129	147	85	190
	ユニット数	76	16	52	19	129	24	143	36	79	15	13	4	18	48	53	894
	総雇用数	17,206	3,373	9,385	3,925	13,997	5,038	23,929	9,763	17,192	2,578	5,687	613	2,324	7,035	4,515	169,517
	比率（横列）	(10.2)	(2.0)	(5.5)	(2.3)	(8.3)	(3.0)	(14.1)	(5.8)	(10.1)	(1.5)	(3.4)	(0.4)	(1.4)	(4.2)	(2.7)	(100.0)
	比率（縦列）	[29.9]	[49.5]	[24.8]	[8.9]	[10.6]	[10.1]	[10.4]	[26.3]	[42.6]	[23.0]	[9.7]	[1.5]	[13.9]	[18.9]	[57.2]	[16.2]
計	平均雇用者数	158	136	212	176	128	124	181	186	153	167	278	235	148	120	90	172
	ユニット数	364	50	178	250	1,029	401	1,274	200	264	67	212	171	113	310	88	6,092
	総雇用数	57,485	6,819	37,810	44,120	131,952	49,755	231,020	37,159	40,354	11,188	58,906	40,229	16,727	37,302	7,891	1,048,561
	比率（横列）	(5.5)	(0.7)	(3.6)	(4.2)	(12.6)	(4.7)	(22.0)	(3.5)	(3.8)	(1.1)	(5.6)	(3.8)	(1.6)	(3.6)	(0.8)	(100.0)
	比率（縦列）	[100.0]	[100.0]	[100.0]	[100.0]	[100.0]	[100.0]	[100.0]	[100.0]	[100.0]	[100.0]	[100.0]	[100.0]	[100.0]	[100.0]	[100.0]	[100.0]

注1：雇用数の単位は人数（人）。
2：（ ）内数値は横列の比率（％）。
　　［ ］内数値は縦列の比率（％）。
出所：表11-2と同じ。

ひとつ重要なのは、第4期の雇用数の比率も16％と大きく落ち込んでいることである。労働集約的とみなされてきた産業でも大規模工業については資本集約度が上昇しているためである。大規模ユニット当たりの雇用数は第1期の151人から第4期の190人へと若干増加しているが、投資総額の伸びに比べるときわめて小さい。

個別産業のなかで、全期をとおしての雇用数は、繊維工業（全期雇用総数の22％）と化学工業（同13％）が突出して多く、それにその他工業（同6％）、金属加工業（同6％）、製薬業（同5％）の順に続いている。このうち、繊維工業はグジャラート州におけるもっとも重要な労働集約的産業として、第2期には認可された大規模工業の34％もの雇用数比率（横列比率）を誇ったが、その後は申請認可件数も雇用数比率も減少している。とはいえ、第4期にも14％の雇用数比率を維持している。化学工業と金属加工業は投資額のみならず、雇用数の面でも、全期間をとおしてコンスタントな比率を維持した。

(2) 地域別展開

地域間の発展格差の是正は、グジャラート州においても経済発展の重要な課題をなした。大規模工業の展開は、工業発展の地域格差を縮小できたのか、以下で検討してみよう。

時期別地域別の投資額の動向

表11-4に基づき、「時期別地域別の投資額の動向」を検討しよう。ここでの地域はグジャラート州を3区分する地域区分であり、中央・南部には11県、北部には5県、半島部（サウラーシュトラ）には7県の情報がまとめられている[2]。グジャラート州が誕生した1960年にはほとんどの工業センターは中央・南部にあり、唯一ラージコート市が半島部に位置する状況であった。この地域格差はその後もなかなか是正されず、第1期にも登録ユニット数の77％、投資総額では95％もの圧倒的比率が中央・南部に占められていた。また、大規模ユニット当たりの投資額も他地域を凌駕していた。他の2地域中、

2）近年、グジャラート州では新たな県が誕生しており、2017時点での大地域別の県数は各々15県、6県、12県の計33県となっている。

第11章 大規模工業の展開と経営者

表11-4 時期別地域別の累積投資額の動向（1983-2014年）

時期区分	項目	地域区分			計
		中央・南グジャラート	北グジャラート	半島部	
第1期 (1983-90)	平均投資額	3,507	626	628	2,848
	ユニット数	263	45	33	341
	比率（横列）	(77.1)	(13.2)	(9.7)	(100.0)
	比率（縦列）	[6.0]	[6.1]	[3.4]	[5.6]
	総投資額	922,218	28,171	20,714	971,103
	比率（横列）	(95.0)	(2.9)	(2.1)	(100.0)
	比率（縦列）	[5.4]	[1.9]	[0.3]	[3.7]
第2期 (1991-98)	平均投資額	1,974	1,191	4,003	2,086
	ユニット数	1,996	360	285	2,641
	比率（横列）	(75.6)	(13.6)	(10.8)	(100.0)
	比率（縦列）	[45.7]	[48.6]	[29.0]	[43.4]
	総投資額	3,940,133	428,846	1,140,886	5,509,865
	比率（横列）	(71.5)	(7.8)	(20.7)	(100.0)
	比率（縦列）	[23.0]	[28.7]	[15.2]	[21.1]
第3期 (1999-2006)	平均投資額	4,944	1,111	9,763	5,687
	ユニット数	1,458	232	526	2,216
	比率（横列）	(65.8)	(10.5)	(23.7)	(100.0)
	比率（縦列）	[33.4]	[31.4]	[53.5]	[36.4]
	総投資額	7,208,498	257,818	5,135,588	12,601,904
	比率（横列）	(57.2)	(2.0)	(40.8)	(100.0)
	比率（縦列）	[42.0]	[17.2]	[68.5]	[48.2]
第4期 (2007-14)	平均投資額	7,803	7,572	8,630	7,905
	ユニット数	652	103	139	894
	比率（横列）	(72.9)	(11.5)	(15.5)	(100.0)
	比率（縦列）	[14.9]	[13.9]	[14.1]	[14.7]
	総投資額	5,087,411	779,873	1,199,507	7,066,791
	比率（横列）	(72.0)	(11.0)	(17.0)	(100.0)
	比率（縦列）	[29.6]	[52.2]	[16.0]	[27.0]
計	平均投資額	3,927	2,020	7,626	4,292
	ユニット数	4,369	740	983	6,092
	比率（横列）	(71.7)	(12.1)	(16.1)	(100.0)
	比率（縦列）	[100.0]	[100.0]	[100.0]	[100.0]
	総投資額	17,158,260	1,494,708	7,496,695	26,149,663
	比率（横列）	(65.6)	(5.7)	(28.7)	(100.0)
	比率（縦列）	[100.0]	[100.0]	[100.0]	[100.0]

注1：投資額の単位は10万ルピー。
 2：（ ）内数値は横列の比率（％）。
 3：[ ] 内数値は縦列の比率（％）。
出所：表11-2と同じ。

領域ではもっとも広大な半島部の工業化がとくに後れていた。第2期以降も登録ユニット数では中央・南部の優位は継続するが、ユニット当たりの投資額と投資総額の比率に大きな変化があらわれる。ちなみに、第2期には半島部のユニット当たりの投資額は他地域の倍以上に伸び、投資総額の比率も21％まで跳ね上がった。半島部の躍進は第3期も継続し、ユニット数比率では24％、投資総額の比率は41％まで占めるようになった。この間の半島部の躍進を支えたのは、巨大な資本集約的大規模工業であった。北部のユニット数比率は第2期までは半島部を若干上回っていたが、ユニット当たりの投資額が低いために、投資総額はとくに第3期においては、きわめて低かった。このような地域差がもっとも縮小したのは第4期であり、ユニット当たりの投資額が平準化するとともに、投資総額に占める北部の比率も11％と全期中でもっとも高くなった。半島部に第3期にみられた勢いは失せ、中央・南部が投資総額の72％まで回復した。

時期別地域別の雇用数の動向

次に、表11-5に基づき、「時期別地域別の雇用数の動向」をおさえておこう。ここでのユニット数（比率）のデータは表11-3と同一なので、平均雇用数と合計雇用数比率のみを検討する。雇用数についても、中央・南部が合計雇用数比率において全期をとおして優勢である。それに、半島部が全期をとおして21％、北部が12％と続いている。以上を踏まえ、雇用数データの特徴をまとめると、第1に地域や時期にかかわらず、ユニット当たりの雇用数にそれほど大きな相違はないことが指摘できる。この点、投資額とはまったく異なっている。第2に、雇用総数比率の地域間格差も資本総額の格差よりは小さいことが指摘できる。資本集約的工業のみならず、労働集約的な工業においても、投資額の増加率に応じて雇用数比率も増加するわけではないためである。さらに、第4期のユニット当たりの雇用数についても、同投資額と同様に、地域差は非常に小さくなっていることが指摘できる。しかも、大規模ユニット当たりの投資額の第3期から第4期にかけての増加の比率に比べて、同期間の雇用数の増加率は低い。第4期にはそれ以前に比較して、大規模ユニット当たりの投資額と雇用数の双方が地域を超えて平準化する傾向が顕著

表11-5 時期別地域別の累積雇用数の動向（1983-2014年）

時期区分	項目	地域区分			計
		中央・南グジャラート	北グジャラート	半島部	
第1期 (1983-90)	平均雇用数	153	183	88	151
	ユニット数	263	45	33	341
	比率（横列）	(77.1)	(13.2)	(9.7)	(100.0)
	比率（縦列）	[6.0]	[6.1]	[3.4]	[5.6]
	総雇用数	40,167	8,253	2,902	51,322
	比率（横列）	(78.3)	(16.1)	(5.7)	(100.0)
	比率（縦列）	[5.7]	[6.9]	[1.3]	[4.9]
第2期 (1991-98)	平均雇用数	164	200	214	175
	ユニット数	1,996	360	285	2,641
	比率（横列）	(75.6)	(13.6)	(10.8)	(100.0)
	比率（縦列）	[45.7]	[48.6]	[29.0]	[43.4]
	総雇用数	327,712	72,098	61,125	460,935
	比率（横列）	(71.1)	(15.6)	(13.3)	(100.0)
	比率（縦列）	[46.2]	[60.0]	[27.9]	[44.0]
第3期 (1999-2006)	平均雇用数	147	103	245	166
	ユニット数	1,458	232	526	2,216
	比率（横列）	(65.8)	(10.5)	(23.7)	(100.0)
	比率（縦列）	[33.4]	[31.4]	[53.5]	[36.4]
	総雇用数	213,889	23,891	129,007	366,787
	比率（横列）	(58.3)	(6.5)	(35.2)	(100.0)
	比率（縦列）	[30.2]	[19.9]	[58.9]	[35.0]
第4期 (2007-14)	平均雇用数	195	155	188	190
	ユニット数	652	103	139	894
	比率（横列）	(72.9)	(11.5)	(15.5)	(100.0)
	比率（縦列）	[14.9]	[13.9]	[14.1]	[14.7]
	総雇用数	127,459	15,938	26,120	169,517
	比率（横列）	(75.2)	(9.4)	(15.4)	(100.0)
	比率（縦列）	[18.0]	[13.3]	[11.9]	[16.2]
計	平均雇用数	162	162	223	172
	ユニット数	4,369	740	983	6,092
	比率（横列）	(71.7)	(12.1)	(16.1)	(100.0)
	比率（縦列）	[100.0]	[100.0]	[100.0]	[100.0]
	総雇用数	709,227	120,180	219,154	1,048,561
	比率（横列）	(67.6)	(11.5)	(20.9)	(100.0)
	比率（縦列）	[100.0]	[100.0]	[100.0]	[100.0]

注1：雇用数の単位は人数（人）。
　2：（　）内数値は横列の比率（％）。
　3：[　]内数値は縦列の比率（％）。
出所：表11-2と同じ。

にあらわれている。

産業別地域別の投資額と雇用数

　このような大規模工業における投資額と雇用数の地域間格差は地域における産業別構成と密接に関わっている。表11-6に基づき、「主要産業別のユニット数、投資額と雇用数の地域分布」を検討してみよう。3地域のなかで、中央・南部はユニット数比率が72％、投資額比率が66％、雇用数比率が68％といずれの指標も過半数を占めている。中央・南部にはアーメダバード、スーラト、ヴァドーダラーなど藩王国の首都あるいは貿易都市として栄えてきた拠点都市が含まれていること、またこれら拠点都市間のネットワークも形成され投資のしやすい経営風土を備えていたことなどがこの地域の優位性を形成してきた。さらに近年のデリーとムンバイを結ぶ成長回廊の一部をなすなど地理的にも恵まれた位置にある。この結果、多くの産業が中央・南部を主たる地域として活動をしてきた。ちなみに、3地域間における中央・南部の投資額と雇用数の比率がともに50％を超える産業は、表中の15産業中8産業を占める。このうち、繊維工業と製薬の2産業は、ユニット数比率、投資額比率、雇用数比率のいずれも90％前後であり、中央・南部への集中度がきわめて高い。繊維工業はすでに検討したように、投資額比率、雇用数比率の高い重要な産業である。製薬も表中の産業のうち、5番目に雇用数の大きい産業である。ともに、大規模工業のなかでは労働集約的特徴をもつ産業である。これらに続くのがその他工業で中央・南部が投資額比率、雇用数比率の70〜80％台を占めている。その他工業の雇用数は全産業中第3位である。燃料と金属加工業は資本集約的産業であるが、他の電気機器、化学工業、プラスティック製品は労働集約的産業である。

　中央・南部以外の地域が、投資額比率と雇用数比率双方の過半数を占めるのはセメント業の1産業しかない。半島部が投資額比率の93％、雇用数比率の84％を占めている。

　半島部の第2期から第3期にかけての投資総額の増大にもっとも貢献したのは石油化学工業である。全産業中、投資総額がもっとも大きいだけではなく、ユニット当たりの投資額が群を抜いて大きい。とくに、半島部ではユニ

第11章 大規模工業の展開と経営者

表11-6 主要産業別の累積ユニット数、投資額と雇用数の地域分布（1983-2014年）

産業分類	項目	投資額				雇用数			
		中央・南グジャラート	北グジャラート	半島部	計	中央・南グジャラート	北グジャラート	半島部	計
金属加工	ユニット平均	13,112	1,482	2,042	7,793	180	108	145	158
	ユニット数	192	57	115	364	192	57	115	364
	比率（横列）	(52.7)	(15.7)	(31.6)	(100.0)	(52.7)	(15.7)	(31.6)	(100.0)
	小計	2,517,463	84,457	234,861	2,836,781	34,646	6,174	16,665	57,485
	比率（横列）	(88.7)	(3.0)	(8.3)	(100.0)	(60.3)	(10.7)	(29.0)	(100.0)
燃料	ユニット平均	61,493	270	57,536	57,145	175	30	107	136
	ユニット数	24	2	24	50	24	2	24	50
	比率（横列）	(48.0)	(4.0)	(48.0)	(100.0)	(48.0)	(4.0)	(48.0)	(100.0)
	小計	1,475,833	540	1,380,862	2,857,235	4,188	59	2,572	6,819
	比率（横列）	(51.7)	(0.0)	(48.3)	(100.0)	(61.4)	(0.9)	(37.7)	(100.0)
電気機器	ユニット平均	3,916	1,054	1,254	3,156	155	181	541	212
	ユニット数	129	24	25	178	129	24	25	178
	比率（横列）	(72.5)	(13.5)	(14.0)	(100.0)	(72.5)	(13.5)	(14.0)	(100.0)
	小計	505,195	25,293	31,359	561,847	19,956	4,339	13,515	37,810
	比率（横列）	(89.9)	(4.5)	(5.6)	(100.0)	(52.8)	(11.5)	(35.7)	(100.0)
その他機械	ユニット平均	2,480	1,057	3,650	2,767	165	107	212	176
	ユニット数	131	26	93	250	131	26	93	250
	比率（横列）	(52.4)	(10.4)	(37.2)	(100.0)	(52.4)	(10.4)	(37.2)	(100.0)
	小計	324,941	27,471	339,434	691,846	21,666	2,774	19,680	44,120
	比率（横列）	(47.0)	(4.0)	(49.1)	(100.0)	(49.1)	(6.3)	(44.6)	(100.0)
化学	ユニット平均	3,103	512	3,471	3,041	101	380	245	128
	ユニット数	873	41	115	1029	873	41	115	1029
	比率（横列）	(84.8)	(4.0)	(11.2)	(100.0)	(84.8)	(4.0)	(11.2)	(100.0)
	小計	2,708,716	20,990	399,191	3,128,897	88,224	15,570	28,158	131,952
	比率（横列）	(86.6)	(0.7)	(12.8)	(100.0)	(66.9)	(11.8)	(21.3)	(100.0)
製薬	ユニット平均	1,107	1,223	1,432	1,125	131	66	52	124
	ユニット数	364	23	14	401	364	23	14	401
	比率（横列）	(90.8)	(5.7)	(3.5)	(100.0)	(90.8)	(5.7)	(3.5)	(100.0)
	小計	403,083	28,136	20,054	451,273	47,502	1,525	728	49,755
	比率（横列）	(89.3)	(6.2)	(4.4)	(100.0)	(95.5)	(3.1)	(1.5)	(100.0)
繊維	ユニット平均	1,887	2,590	2,812	1,961	177	217	219	181
	ユニット数	1,152	85	37	1,274	1,152	85	37	1,274
	比率（横列）	(90.4)	(6.7)	(2.9)	(100.0)	(90.4)	(6.7)	(2.9)	(100.0)
	小計	2,173,632	220,169	104,033	2,497,834	204,458	18,470	8,092	231,020
	比率（横列）	(87.0)	(8.8)	(4.2)	(100.0)	(88.5)	(8.0)	(3.5)	(100.0)
食品加工	ユニット平均	2,507	1,939	879	1,866	160	245	173	186
	ユニット数	88	51	61	200	88	51	61	200
	比率（横列）	(44.0)	(25.5)	(30.5)	(100.0)	(44.0)	(25.5)	(30.5)	(100.0)
	小計	220,574	98,892	53,634	373,100	14,109	12,483	10,567	37,159
	比率（横列）	(59.1)	(26.5)	(14.4)	(100.0)	(38.0)	(33.6)	(28.4)	(100.0)
陶業	ユニット平均	2,393	1,508	1,462	1,686	149	109	178	153
	ユニット数	60	71	133	264	60	71	133	264
	比率（横列）	(22.7)	(26.9)	(50.4)	(100.0)	(22.7)	(26.9)	(50.4)	(100.0)
	小計	143,605	107,079	194,454	445,138	8,950	7,759	23,645	40,354
	比率（横列）	(32.3)	(24.1)	(43.7)	(100.0)	(22.2)	(19.2)	(58.6)	(100.0)

第Ⅲ部　グジャラートの経営者名簿分析

セメント	ユニット平均	2,675	1,485	18,802	12,437	57	119	228	167
	ユニット数	20	6	41	67	20	6	41	67
	比率（横列）	(29.9)	(9.0)	(61.2)	(100.0)	(29.9)	(9.0)	(61.2)	(100.0)
	小計	53,500	8,909	770,889	833,298	1,134	714	9,340	11,188
	比率（横列）	(6.4)	(1.1)	(92.5)	(100.0)	(10.1)	(6.4)	(83.5)	(100.0)
その他工業	ユニット平均	3,103	4,108	3,692	3,268	299	103	256	278
	ユニット数	164	16	32	212	164	16	32	212
	比率（横列）	(77.4)	(7.5)	(15.1)	(100.0)	(77.4)	(7.5)	(15.1)	(100.0)
	小計	508,892	65,721	118,146	692,759	49,086	1,642	8,178	58,906
	比率（横列）	(73.5)	(9.5)	(17.1)	(100.0)	(83.3)	(2.8)	(13.9)	(100.0)
エレクトロニクス	ユニット平均	2,494	1,222	736	1,640	144	123	616	235
	ユニット数	70	65	36	171	70	65	36	171
	比率（横列）	(40.9)	(38.0)	(21.1)	(100.0)	(40.9)	(38.0)	(21.1)	(100.0)
	小計	174,583	79,430	26,487	280,500	10,060	7,984	22,185	40,229
	比率（横列）	(62.2)	(28.3)	(9.4)	(100.0)	(25.0)	(19.8)	(55.1)	(100.0)
石油化学	ユニット平均	20,887	309	208,952	35,344	147	28	297	148
	ユニット数	91	12	10	113	91	12	10	113
	比率（横列）	(80.5)	(10.6)	(8.8)	(100.0)	(80.5)	(10.6)	(8.8)	(100.0)
	小計	1,900,683	3,708	2,089,522	3,993,913	13,418	338	2,971	16,727
	比率（横列）	(47.6)	(0.1)	(52.3)	(100.0)	(80.2)	(2.0)	(17.8)	(100.0)
プラスティック	ユニット平均	2,749	1,078	5,043	2,749	113	65	228	120
	ユニット数	196	66	48	310	196	66	48	310
	比率（横列）	(63.2)	(21.3)	(15.5)	(100.0)	(63.2)	(21.3)	(15.5)	(100.0)
	小計	538,884	71,139	242,041	852,064	22,077	4,304	10,921	37,302
	比率（横列）	(63.2)	(8.3)	(28.4)	(100.0)	(59.2)	(11.5)	(29.3)	(100.0)
インフラ・プロジェクト	ユニット平均	34,998	14,709	17,798	23,175	116	32	109	90
	ユニット数	32	25	31	88	32	25	31	88
	比率（横列）	(36.4)	(28.4)	(35.2)	(100.0)	(36.4)	(28.4)	(35.2)	(100.0)
	小計	1,119,928	367,726	551,730	2,039,384	3,718	793	3,380	7,891
	比率（横列）	(54.9)	(18.0)	(27.1)	(100.0)	(47.1)	(10.0)	(42.8)	(100.0)
計（全産業）	ユニット平均	3,927	2,020	7,626	4,292	162	162	223	172
	ユニット数	4,369	740	983	6,092	4,369	740	983	6,092
	比率（横列）	(71.7)	(12.1)	(16.1)	(100.0)	(71.7)	(12.1)	(16.1)	(100.0)
	計	17,158,260	1,494,708	7,496,695	26,149,663	709,227	120,180	219,154	1,048,561
	比率（横列）	(65.6)	(5.7)	(28.7)	(100.0)	(67.6)	(11.5)	(20.9)	(100.0)

注1：投資額の単位は10万ルピー。
　2：雇用数の単位は人数（人）。
　3：（　）内数値は横列の比率（％）。
　4：計（全産業）には主要産業を含むすべての産業のデータを示してある。
出所：表11-2と同じ。

ット当たり208億ルピーである。ちなみに、石油化学工業の中央・南部のユニット当たり投資額は21億ルピー、北部では3100万ルピーに過ぎず、ユニット当たり投資額の地域間格差は非常に大きい。半島部の石油化学工業のユニット数比率は全体の9％の10ユニットに過ぎないけれども、この巨大ユニットが石油化学工業の投資総額の52％を占めている。ただし、雇用数比率は全

体の18％である。

　さらに、半島部で雇用数比率の優勢な産業には、陶業とエレクトロニクスの２産業がある。陶業はセメント業と同様に、半島部の豊かな資源（陶土）を活かした産業であり、雇用数比率は59％を占めている。半島部のエレクトロニクスは石油化学工業と対照的に、投資額比率は９％に過ぎないのに、雇用数では55％を占めている。ユニット当たりで他地域の５倍ほどの雇用数がある。ラージコートを中心とした工業地域で早期に比較的規模の小さい労働集約的ユニットが展開していたためである。

　この他に、燃料とその他機械は投資額比率と雇用数比率の双方ともに50％には届かないけれども、中央・南部と拮抗して競合しており、半島部における有力な大規模工業をなしている。燃料は、投資総額で全産業中第３位を占める重要産業である。半島部はその投資総額の48％を、その雇用数の38％を占めている。燃料は石油化学工業とともに、グジャラート州の戦略的重要性をもつ産業を構成している。その他機械は半島部の投資額が一番多く、その比率は49％である。雇用数比率も45％と比較的高い。

　北部にはプロジェクト数、投資額、雇用数で他地域に勝る産業は、今のところ存在しない。歴史的に工業の後進地域であったこと、天然資源に恵まれていないこと、地理的には近年のデリームンバイ成長回廊の一角を占めるものの、その恩恵にまだ与かっていないこと、がその理由である。工業は振るわないものの、北部は2000年に入ってから、遺伝子組み換え綿花を中心とした農業や酪農の中心地のひとつとして、第１次産業で大きな発展を遂げている。

　全産業の投資総額に占める北部の比率は６％である。北部でこの比率を大きく上回る産業は、食品加工業、陶業、エレクトロニクス、インフラ・プロジェクトの４産業である。このうち、インフラ・プロジェクト以外の３産業は、比較的労働集約的な産業である。食品加工業は北部における農業と酪農の展開と密接に関わり発展してきた産業で、雇用数比率でも34％を占めている。陶業は北部の伝統的な産業のひとつであり、投資比率、雇用数比率の双方で20％前後の比率を占めている。エレクトロニクスは北部の投資比率が28％と、全産業中でもっとも比率の高い産業であり、雇用数比率も20％と比

表11-7 地域別の累積投資総額、雇用総数に占める産業別比率の分布 (1983-2014年)

産業分類	投資額比率				雇用数比率			
	中央・南グジャラート	北グジャラート	半島部	計	中央・南グジャラート	北グジャラート	半島部	計
金属加工	14.7	5.7	3.1	10.8	4.9	5.1	7.6	5.5
燃料	8.6	0.0	18.4	10.9	0.6	0.0	1.2	0.7
電気機器	2.9	1.7	0.4	2.1	2.8	3.6	6.2	3.6
その他機械	1.9	1.8	4.5	2.6	3.1	2.3	9.0	4.2
化学	15.8	1.4	5.3	12.0	12.4	13.0	12.8	12.6
製薬	2.3	1.9	0.3	1.7	6.7	1.3	0.3	4.7
繊維	12.7	14.7	1.4	9.6	28.8	15.4	3.7	22.0
食品加工	1.3	6.6	0.7	1.4	2.0	10.4	4.8	3.5
陶業	0.7	7.2	2.6	1.7	1.3	6.5	10.8	3.8
セメント	0.3	0.6	10.3	3.2	0.2	0.6	4.3	1.1
その他工業	3.0	4.4	1.6	2.6	6.9	1.4	3.7	5.6
エレクトロニクス	1.0	5.3	0.4	1.1	1.4	6.6	10.1	3.8
石油化学	11.1	0.2	27.9	15.3	1.9	0.3	1.4	1.6
プラスティック	3.1	4.8	3.2	3.3	3.1	3.6	5.0	3.6
インフラ・プロジェクト	6.5	24.6	7.4	7.8	0.5	0.7	1.5	0.8
計	100.0	100.0	100.0	100.0	100.0	100.0	100.0	100.0

注:数値は縦列の比率(%)を示す。
出所:表11-2と同じ。

較的高い。インフラ・プロジェクトはユニット当たりの投資額が格段に大きな資本集約的産業であり、その進出が、とくに第4期における北部の投資総額を大きく増加させる最大の要因になっている。全産業の雇用総数に占める北部の比率は、上記した産業のほかに、金属加工業、電気機器、化学工業、プラスティックで10%を上回っている。

次に、地域別に産業と投資額、雇用数の関連を表11-7で検討してみよう。同表には「地域別の投資総額、雇用総数に占める産業別比率の分布」のみを表示してある。

中央・南部は3地域のなかで大規模工業がもっとも幅広く、かつ深く普及した地域である。そのなかでも、投資額が地域の投資総額の10%を上回るのは、化学工業(16%)、金属加工業(15%)、繊維工業(13%)、石油化学工業(11%)の4産業である。このうち、繊維工業は植民地期からの歴史をもち、金属加工業、化学工業もグジャラート州誕生時には地域の重要な産業として

成立していた。石油化学工業の展開がもっとも新しく、経済自由化以降の第2期と第3期に設立された。これらのうち、繊維工業と化学工業では地域の雇用数比率が10％を超えており、雇用面でも重要な役割を果たしている。とりわけ、繊維工業の雇用数比率は29％と圧倒的な高率を示している。

半島部では、地元の天然資源を活用した産業が、地域の投資額の上位を占めている。そのなかで、石油化学工業と燃料の2産業は突出しており、地元の投資総額に占める比率は、前者が28％、後者が18％となっている。石油化学工業と燃料は強い産業連関をもつ。石油化学工業は第2期と第3期、燃料は第3期と第4期に展開した産業であり、この2産業が半島部の第2期から第4期にいたる投資額の増大に貢献した。また、その結果として、地域間の投資額比率における半島部の比率を、第2期から第4期にかけて押し上げることになった。もうひとつ、地域の投資額の上位を占めたのがセメント製品（10％）であった。これら3産業はいずれも高度に資本集約的な産業である。

半島部において雇用面で重要な産業群は投資面で重要な産業群と異なっており、ここに半島部における大規模工業構成の大きな特徴がある。ちなみに、雇用数が地域の雇用総数の10％を上回るのは、化学工業（13％）、陶業（11％）、エレクトロニクス（10％）の3産業である。雇用面で重要な産業はラージコートを中心に州政府誕生時には形成されていた。資本集約的な3産業は設立が比較的新しく、地域内の工業立地も従来の産業とは異なっている。

北部において、地元の投資総額に占める比率が10％を超える産業は、インフラ・プロジェクト（25％）と繊維工業（15％）の2産業のみである。北部では高度に資本集約的なインフラ・プロジェクトが半島部における石油化学工業や燃料と同様に、北部の第4期の投資額の増大に貢献した。それに次ぐ繊維工業は地元の大規模工業のなかでユニット数（85）がもっとも大きな産業であり、投資額だけではなく、雇用面でも地域の発展に大きく貢献した。投資額比率が10％以下の産業のなかでは、陶業（7％）と食品加工業（7％）など地元の資源を活用した産業が有力であった。

北部において、地元の大規模工業における雇用総数に占める比率が比較的高いのは、繊維工業（15％）、化学工業（13％）、食品加工業（10％）、エレクトロニクス（7％）、陶業（7％）などの労働集約的産業のみであり、インフ

ラ・プロジェクトの雇用数比率は0.7％のみであった。このように、歴史的に工業発展の基盤の弱かった北部での大規模工業の現状は、同一産業におけるユニット数およびユニット当たりの投資額が他地域に比べて格段に小さいなか、繊維工業、食品加工業、陶業などの地域資源に依拠した産業が一定の雇用数を生み出しており、そこに近年、資本集約的なインフラ・プロジェクトが入り込み地域への投資額が増加している状態とまとめることができる。

県別時期別の投資額と雇用数

　グジャラート州を3区分した地域はいずれも広大なため、地域間の投資額比率や雇用数比率の変動があっても、それが地域内の工業立地の多様化に寄与したかどうかはわからない。この動向を検討するために、表11-8に「県別時期別の投資額比率と雇用数比率の分布」を掲げる。同表には地域別の総額に対する県別の比率のみを表示し、参考のために合計欄に地域別時期別の投資総額と雇用総数のみを入れてある。

　まず、中央・南部から検討する。地域の投資総額に占める比率は、スーラト県（37％）とバルーチ県（29％）が突出している。それに続くヴァドーダラー県（16％）を加えると、この3県だけで投資総額の82％を占めている。このうち、スーラト県とバルーチ県には資本集約的産業の展開していることが、雇用数比率との関わりから推測できる。アーメダバード県の投資額比率は7％であり、資本集約的な大規模工業は展開していない。中央・南部を構成する山岳部の諸県には大規模ユニットはほとんど設立されていない。地域の雇用数に占める県別比率は、投資額の分布よりは平準化しており、スーラト県、バルーチ県、ヴァドーダラー県、アーメダバード県、ヴァルサード県に分散している。

　時期別の展開については、スーラト県、バルーチ県、ヴァドーダラー県が時期により比率の変動はあるものの、全期をとおして比較的高い投資額比率と雇用数比率を維持していることが確認できる。また、山岳諸県のダホード県やナルマダー県では全期をとおして進展がみられない。最新の第4期には第3期までの動向と若干異なる変化もあらわれている。たとえば、スーラト県やヴァルサード県の比率の減少に対して、ヴァドーダラー県やアーメダバ

表11-8 県別時期別の累積投資額比率と雇用数比率の分布 (1983-2014年)

地域区分	県	第1期 (1983-90) 投資額	第1期 雇用数	第2期 (1991-98) 投資額	第2期 雇用数	第3期 (1999-2006) 投資額	第3期 雇用数	第4期 (2007-14) 投資額	第4期 雇用数	計 投資額	計 雇用数
中央・南グジャラート	アーメダバード	0.5	6.8	8.4	21.7	5.3	11.4	10.5	21.5	7.3	17.7
	アーナンド	0.8	3.1	0.6	1.5	0.4	0.8	1.1	3.9	0.7	1.8
	バルーチ	50.7	35.4	21.2	11.2	31.4	19.3	28.3	24.4	29.2	17.4
	ダホード	0.2	0.3	0.0	0.0	0.0	0.0	0.0	0.0	0.0	0.0
	ゴードラー	0.9	10.1	3.4	2.9	0.0	1.5	4.3	6.4	2.5	3.5
	ケーダー	0.6	0.7	1.1	0.9	0.9	0.4	3.3	1.6	1.3	0.9
	ナルマダー	0.4	1.6	0.0	0.0	0.1	0.0	0.0	0.0	0.0	0.1
	パンチマハル	0.3	1.1	0.0	0.0	0.0	3.3	0.1	0.5	0.0	2.1
	スーラト	24.5	14.7	42.5	32.1	49.0	32.3	18.9	13.0	37.3	27.7
	ヴァドーダラー	20.6	22.5	14.3	15.4	7.0	15.6	28.5	19.0	15.8	16.5
	ヴァルサード	0.5	3.7	7.9	12.2	5.5	15.5	5.0	9.8	5.6	12.3
	計(比率)	100.0	100.0	100.0	100.0	100.0	100.0	100.0	100.0	100.0	100.0
	計(額/人数)	922,218	40,167	3,940,133	327,712	7,208,498	213,889	5,087,411	127,459	17,158,260	709,227
北グジャラート	バナースカーンター	6.2	6.2	1.7	0.6	5.1	6.4	12.4	2.4	7.9	2.4
	ガーンディーナガル	50.1	49.6	67.4	36.6	42.1	37.7	17.7	31.7	36.8	37.1
	メーサーナー	35.2	36.1	23.3	55.4	41.7	46.7	19.0	37.1	24.5	49.9
	パータン	1.1	1.5	0.5	0.3	0.3	0.8	38.2	3.4	20.1	0.9
	サーバルカーンター	7.4	6.7	7.0	7.1	10.9	8.3	12.7	25.4	10.7	9.7
	計(比率)	100.0	100.0	100.0	100.0	100.0	100.0	100.0	100.0	100.0	100.0
	計(額/人数)	28,171	8,253	428,846	72,098	257,818	23,891	779,873	15,938	1,494,708	120,180
半島部	アムレーリー	4.6	4.7	2.1	3.5	3.8	1.6	3.6	4.8	3.5	2.6
	バーヴナガル	0.2	3.3	11.1	15.9	0.8	4.8	5.6	3.8	3.1	7.8
	ジャームナガル	1.4	10.6	52.4	25.6	61.8	4.1	3.5	0.4	50.9	9.8
	ジュナーガド	86.1	20.5	5.3	24.7	2.1	0.2	1.8	0.7	2.8	7.3
	カッチ	7.6	60.7	20.3	7.9	29.5	69.5	54.9	21.3	32.1	46.4
	ポールバンダル	0.0	0.3	5.2	2.9	0.7	1.8	5.1	0.3	2.1	1.9
	ラージコート	0.1	0.3	3.6	19.5	1.4	18.0	25.6	68.8	5.6	24.2
	計(比率)	100.0	100.0	100.0	100.0	100.0	100.0	100.0	100.0	100.0	100.0
	計(額/人数)	20,714	2,902	1,140,886	61,125	5,135,588	129,007	1,199,507	26,120	7,496,695	219,154

注1:投資額比率と雇用数比率の数値は縦列の比率(%)。
2:計(額)の単位は10万ルピー。
3:計(人数)の単位は人数(人)。
出所:表11-2と同じ。

ード県では比率を伸ばしている。ゴードラー県やケーダー県でも若干比率の上昇がみられる。ただし、これらは言及した県で大規模工業が展開した結果というよりは、スーラト県での新規の設置申請が大きく減少した結果、他の地域の比率が見かけ上、上昇した影響も考慮する必要がある。

　北部を構成する5県のうち、ガーンディーナガル県は、グジャラートの州都として誕生した行政都市ガーンディーナガルの位置する県であるが、現在では工業発展が顕著である。ガーンディーナガル県とメーサーナー県は隣接する中央グジャラートのアーメダバード県と強い産業連関を有している。この両県だけで、地域の投資総額の61％、雇用総数の87％を占めている。とくに、メーサーナー県では労働集約的産業が展開し、地域の雇用総数の50％を占めている。メーサーナー県は州内の有力な酪農センターのひとつを形成している。バナースカーンター県とサーバルカーンター県は工業の後進県であり、農業と酪農に依存した経済となっている。

　時期別の展開については、大規模工業における投資額比率と雇用数比率の県別格差が縮小する傾向がみられる。たとえば、ガーンディーナガル県の投資額比率と雇用数比率は逓減している。メーサーナー県では第1期から第3期まで投資額比率と雇用数比率はともに上昇したが、第4期にはともに大きく減少している。これに対して、第3期まで実績のなかったパータン県では第4期に入り地域の投資総額の38％を占める巨大投資が行われた。バナースカーンター県とサーバルカーンター県でも低水準ではあるが、投資額比率と雇用数比率はともに逓増している。このように、北部では大規模工業の投資額比率と雇用数比率における県別格差は縮小傾向にあるとみることができる。しかし、北部の投資額と雇用数の規模は他地域に比べると格段に小さいので、県別格差縮小の実質的な規模とその恩恵も、現在のところきわめて小さい。

　半島部を構成する7県のうち、カッチ県は最北端に位置し、地勢や生業の面で他の諸県との違いが大きいので、カッチ県を他の6県と区別して、1地域に区分する慣行もみられた。北はカッチ大湿原、南はカッチ湾で半島部と隔てられたカッチ県は、同県が震源地となった2001年のインド西部地震の後、積極的な企業誘致を進め、半島部の工業化の起爆剤となった。州政府が誕生した時点での半島部の工業拠点はラージコート県であったが、その後の工業

発展のなかでジャームナガル県とカッチ県の両県が主導的な役割を果たすようになった。ちなみに、地域の投資総額に占める比率は、ジャームナガル県（51％）とカッチ県（32％）を合わせると83％もの高率になっている。ジャームナガル県では高度に資本集約的産業が、カッチ県では比較的労働集約的産業が展開した。この結果、カッチ県だけで地域の雇用総数の46％を占めた。従来の工業センターであったラージコート県は、大規模工業の工業センターとはならなかった。それでも、労働集約的産業が第2期以降に展開し、雇用総数比率はカッチ県に続き24％となっている。その他の4県では、大規模工業はほとんど展開しなかった。

半島部では県別投資額比率と雇用数比率の時期別の変動が、他の地域よりも大きい。これは巨大なプロジェクトが特定の時期に特定の県に集中して入るパターンが繰り返されたためだとおもわれる。たとえば、ジャームナガル県では第2期と第3期における投資額が地域の投資総額の各々52％と62％を占めたが、第4期の投資額比率は4％に大きく落ち込んでいる。ジャームナガル県の第3期のプロジェクトはとりわけ巨大で資本集約的であった。これに対して、カッチ県では第1期と第3期には労働集約的産業が、第2期と第4期には資本集約的産業が中心となり、各時期の投資額比率や雇用数比率を高めている。とくに第4期には比較的資本集約的産業の進出がカッチ県に集中した。第4期には、ラージコート県の雇用数比率が69％に跳ね上がるなど、第3期までと異なる新たな動きもみられた。このように、ラージコート県が中心となっていた半島部における大規模工業の工業センターは、大規模工業についてはジャームナガル県とカッチ県にシフトした。石油・天然資源の採掘が工業センターがシフトする大きな要因になった。従来のラージコート県への一極集中は緩和されたが、資源を持たない県では大規模工業は展開しておらず、工業的に後進的状態に置かれている。それら後進県への工業普及が工業政策の重要な課題となっている。

州別の投資額と雇用数

次に、グジャラート州の大規模工業に対する州別投資額と雇用数の分布を確認しておこう。表11-9にみるように、ユニット数の74％はグジャラートに

本社のある会社であり、州外の比率は26％である。州外では、マハーラーシュトラ州とデリー州の2州が突出している。マハーラーシュトラ州の会社の多くは、ムンバイに本社を置いている。グジャラートとムンバイの間には植民地期から商工業のネットワークが形成されており、グジャラート商人も多くムンバイを拠点に活動している。このマハーラーシュトラ州とグジャラート州のネットワークに近年食い込んできているのがデリー州で、平均投資額は1831億ルピーとグジャラート企業の6倍も大きい。また、ユニット数は多くないものの、ウッタル・プラデーシュ州、パンジャーブ州の平均投資額も非常に大きい。他州の平均投資額も概してグジャラート州の企業を上回っている。この結果、グジャラート州は雇用総数に占める比率は75％であるのに、投資総額に占める比率では50％に届いていない。マハーラーシュトラ州、デリー州の企業は、ともにユニット当たりの投資額が大きく、かつより資本集約的である。

　これは投資対象の産業構成が異なっているためである。この詳細を確認するために、表11-10に基づき、「主要州からの投資額と雇用数の分布」を検討してみよう。同表内の資本集約的産業のほとんどで、グジャラート州に本社をもつ企業の投資額比率は50％を下回っている。ちなみに、高度に資本集約的な石油化学工業ではグジャラート州の投資額比率は25％、燃料でも27％に過ぎない。マハーラーシュトラ州はこの2産業を主導しており、その投資額比率は石油化学工業で69％、燃料で47％である。マハーラーシュトラ州からの投資は、その他にも、プラスティック、繊維工業、化学工業、その他機械の産業で30％以上の投資額比率を占めている。デリー州からの投資で重要なのは、燃料、金属加工業、その他工業で各産業の投資総額の20％以上の投資を行っている。また、投資額比率は5〜6％であるが石油化学工業とインフラ・プロジェクトでも、巨額の投資を行っている。グジャラート州からの投資額比率は、労働集約的な産業で概して大きい。たとえば、繊維工業、食品工業、電気機器、製薬、陶業、エレクトロニクスの投資総額に占めるグジャラート州からの比率は50％を上回っている。グジャラート州からの資本集約的産業への投資で注目されるのは、近年のインフラ・プロジェクトへの投資である。グジャラート州が投資額の60％を占めている。

表11-9　州別の累積投資額、雇用数の分布（1983-2014年）

州	ユニット数	平均値		計		計（比率）	
		投資額	雇用数	投資額	雇用数	投資額(%)	雇用数(%)
グジャラート	4,485	2,893	176	12,975,091	788,879	49.6	75.2
マハーラーシュトラ	1,251	7,249	155	9,068,481	193,486	34.7	18.5
デリー	135	18,318	215	2,472,870	28,976	9.5	2.8
西ベンガル	46	3,722	128	171,231	5,868	0.7	0.5
ラージャスターン	28	3,340	191	93,506	5,344	0.4	0.5
ハリヤーナー	24	7,906	157	189,739	3,760	0.7	0.4
タミルナドゥ	18	1,376	89	24,764	1,603	0.1	0.2
ウッタル・プラデーシュ	15	38,967	266	584,500	3,990	2.2	0.4
カルナータカ	14	9,283	141	129,967	1,979	0.5	0.2
マディヤ・プラデーシュ	10	4,943	162	49,432	1,620	0.2	0.2
アーンドラ・プラデーシュ	9	9,194	349	82,750	3,145	0.3	0.3
ダマン・ディウ	5	14,800	174	49,900	610	0.2	0.1
ヒマチャル・プラデーシュ	4	10,375	539	41,500	2,155	0.2	0.2
ビハール	3	520	83	1,561	250	0.0	0.0
ダドラ・ナガルハヴェリ	3	3,862	282	11,586	845	0.0	0.1
ゴア	3	7,367	176	22,100	527	0.1	0.1
チャッティスガル	2	4,350	365	8,700	730	0.0	0.1
ケーララ	2	2,250	60	4,500	120	0.0	0.0
パンジャーブ	2	38,609	490	77,217	980	0.3	0.1
ウッタラカンド	1	1,000	26	1,000	26	0.0	0.0
不明	32	2,790	115	89,268	3,668	0.3	0.3
計	6,092	4,292	172	26,149,663	1,048,561	100.0	100.0

注：投資額の単位は10万ルピー、雇用数の単位は人数。
出所：表11-2と同じ。

　次に、主要州別の投資総額に占める産業別比率を検討してみよう。どの産業に重点的に投資を行ってきたのかが確認できる。表11-11には投資額の上位10産業だけをまとめてある。グジャラート州で上位1〜2位を占める化学工業、繊維工業は労働集約的な産業である。資本集約的産業は第4〜7位に、インフラ・プロジェクト、石油化学工業、燃料、セメント工業が入っているが、それらの投資比率の合計は27％ほどに過ぎない。地域資源に依拠した陶業も第10位に入っている。全体的に投資額比率が突出した産業は見当たらず、第1位の化学工業の比率も14％に過ぎない。他の主要州では、産業別投資額比率の構成はグジャラート州と大きく異なっている。マハーラーシュトラ州では、上位1〜2位に高度に資本集約的産業である石油化学工業、燃料が入

第Ⅲ部　グジャラートの経営者名簿分析

表11-10　主要州からの累積投資額と雇用数の分布（1983-2014年）

産業分類

主要州	項目		金属加工		燃料		電気機器		その他機械		化学		製薬		繊維		食品加工	
			投資額	雇用数	投資額	雇用数	投資額	雇用数	投資額	雇用数	投資額	雇用数	投資額	雇用数	投資額	雇用数	投資額	雇用数
グジャラート	ユニット平均		4,802	111	31,237	111	4,035	260	2,055	164	2,639	148	1,228	150	1,339	179	1,352	173
	ユニット数		284	284	25	25	103	103	166	166	690	690	280	280	1,037	1,037	161	161
	比率（縦列）		1,363,674	42,183	780,913	2,780	415,615	26,783	341,205	27,296	1,820,724	101,939	343,705	42,048	1,388,412	185,940	217,614	27,780
			(48.1%)	(73.4%)	(27.3%)	(40.8%)	(74.0%)	(70.8%)	(49.3%)	(61.9%)	(58.2%)	(77.3%)	(76.2%)	(84.5%)	(55.6%)	(80.5%)	(58.3%)	(74.8%)
マハーラーシュトラ	平均値		12,332	144	90,076	82	1,825	151	4,002	194	3,919	89	775	65	4,528	172	3,484	136
	度数		50	50	15	15	68	68	67	67	264	264	112	112	193	193	18	18
	計		616,610	7,222	1,351,137	1,234	124,132	10,245	268,157	12,985	1,034,642	23,611	86,809	7,234	873,881	33,273	62,713	2,456
	比率（縦列）		(21.7%)	(12.6%)	(47.3%)	(18.1%)	(22.1%)	(27.1%)	(38.8%)	(29.4%)	(33.1%)	(17.9%)	(19.2%)	(14.5%)	(35.0%)	(14.4%)	(16.8%)	(6.6%)
デリー	平均値		40,790	273	230,593	797	3,200	62	9,153	308	4,070	100	1,250	36	5,913	440	3,499	184
	度数		14	14	3	3	3	3	4	4	31	31	2	2	9	9	10	10
	計		571,058	3,827	691,778	2,392	9,600	186	36,611	1,230	126,166	3,088	2,500	72	53,221	3,959	34,994	1,839
	比率（縦列）		(20.1%)	(6.7%)	(24.2%)	(35.1%)	(1.7%)	(0.5%)	(5.3%)	(2.8%)	(4.0%)	(2.3%)	(0.6%)	(0.1%)	(2.1%)	(1.7%)	(9.4%)	(4.9%)
計	平均値		7,793	158	57,145	136	3,156	212	2,767	176	3,041	128	1,125	124	1,961	181	1,866	186
	度数		364	364	50	50	178	178	250	250	1,029	1,029	401	401	1,274	1,274	200	200
	計		2,836,781	57,485	2,857,235	6,819	561,847	37,810	691,846	44,120	3,128,897	131,952	451,273	49,755	2,497,834	231,020	373,100	37,159
	比率（縦列）		(100.0%)	(100.0%)	(100.0%)	(100.0%)	(100.0%)	(100.0%)	(100.0%)	(100.0%)	(100.0%)	(100.0%)	(100.0%)	(100.0%)	(100.0%)	(100.0%)	(100.0%)	(100.0%)

主要州	項目		陶業		セメント		その他工業		エレクトロニクス		石油化学		プラスチック		インフラ・プロジェクト		計	
			投資額	雇用数	投資額	雇用数	投資額	雇用数	投資額	雇用数	投資額	雇用数	投資額	雇用数	投資額	雇用数	投資額	雇用数
グジャラート	平均値		1,667	150	12,129	166	2,605	162	1,457	243	14,252	135	1,575	115	22,660	114	2,893	176
	度数		246	246	39	39	115	115	139	139	70	70	236	236	54	54	4,485	4,485
	計		410,030	36,942	473,012	6,488	299,559	18,656	202,587	33,739	997,657	9,419	371,587	27,193	1,223,653	6,146	12,975,091	788,879
	比率（縦列）		(92.1%)	(91.5%)	(56.8%)	(58.0%)	(43.2%)	(31.7%)	(72.2%)	(83.9%)	(25.0%)	(56.3%)	(43.6%)	(72.9%)	(77.9%)	(6.146%)	(49.6%)	(75.2%)
マハーラーシュトラ	平均値		2,548	205	11,397	152	672	450	832	141	81,112	202	7,338	124	46,122	65	7,249	155
	度数		11	11	18	18	87	87	25	25	34	34	56	56	11	11	1,251	1,251
	計		28,033	2,253	205,142	2,741	58,423	39,181	20,810	3,518	2,757,824	6,858	410,927	6,947	507,337	718	9,068,481	193,486
	比率（縦列）		(6.3%)	(5.6%)	(24.6%)	(24.5%)	(8.4%)	(66.5%)	(7.4%)	(8.7%)	(69.1%)	(41.0%)	(48.2%)	(18.6%)	(24.9%)	(9.1%)	(34.7%)	(18.5%)
デリー	平均値		1,802	470	2,299	120	82,803	172	2,602	301	29,773	52	4,620	262	11,506	19	18,318	215
	度数		1	1	3	3	4	4	3	3	8	8	9	9	9	9	135	135
	計		1,802	470	6,897	359	331,213	687	7,806	902	238,180	415	41,578	2,362	103,550	175	2,472,870	28,976
	比率（縦列）		(0.4%)	(1.2%)	(0.8%)	(3.2%)	(47.4%)	(1.2%)	(2.8%)	(2.2%)	(6.0%)	(2.5%)	(4.9%)	(6.3%)	(5.1%)	(2.2%)	(9.5%)	(2.8%)
計	平均値		1,686	153	12,437	167	3,268	278	1,640	235	35,344	148	2,749	120	23,175	90	4,292	172
	度数		264	264	67	67	212	212	171	171	113	113	310	310	88	88	6,092	6,092
	計		445,138	40,354	833,298	11,188	692,759	58,906	280,500	40,229	3,993,913	16,727	852,064	37,302	2,039,384	7,891	26,149,663	1,048,561
	比率（縦列）		(100.0%)	(100.0%)	(100.0%)	(100.0%)	(100.0%)	(100.0%)	(100.0%)	(100.0%)	(100.0%)	(100.0%)	(100.0%)	(100.0%)	(100.0%)	(100.0%)	(100.0%)	(100.0%)

注：投資額の単位は10万ルピー、雇用数の単位は人数。（　）内数値は縦列の比率。出所：表11-2と同じ。

第11章　大規模工業の展開と経営者

表11-11　主要州の累積投資額上位10産業の分布（1983-2014年）

順位	産業分類	グジャラート州			
		投資額	雇用数	投資比率	雇用比率
1	化学	1,820,724	101,939	(14.0)	(12.9)
2	繊維	1,388,412	185,940	(10.7)	(23.6)
3	金属加工	1,363,674	42,183	(10.5)	(5.3)
4	インフラ・プロジェクト	1,223,653	6,146	(9.4)	(0.8)
5	石油化学	997,657	9,419	(7.7)	(1.2)
6	燃料	780,913	2,780	(6.0)	(0.4)
7	その他機械	507,292	12,123	(3.9)	(1.5)
8	セメント	473,012	6,488	(3.6)	(0.8)
9	電気機器	415,615	26,783	(3.2)	(3.4)
10	陶業	410,030	36,942	(3.2)	(4.7)
	計	12,975,091	788,879	(100.0)	(100.0)

順位	産業分類	マハーラーシュトラ州			
		投資額	雇用数	投資比率	雇用比率
1	石油化学	2,757,824	6,858	(30.4)	(3.5)
2	燃料	1,351,137	1,234	(14.9)	(0.6)
3	化学	1,034,642	23,611	(11.4)	(12.2)
4	繊維	873,881	33,273	(9.6)	(17.2)
5	金属加工	616,610	7,222	(6.8)	(3.7)
6	インフラ・プロジェクト	507,337	718	(5.6)	(0.4)
7	プラスティック	410,927	6,947	(4.5)	(3.6)
8	その他機械	268,157	12,985	(3.0)	(6.7)
9	セメント	205,142	2,741	(2.3)	(1.4)
10	電気機器	124,132	10,245	(1.4)	(5.3)
	計	9,068,481	193,486	(100.0)	(100.0)

順位	産業分類	デリー州			
		投資額	雇用数	投資比率	雇用比率
1	燃料	691,778	2,392	(28.0)	(8.3)
2	金属加工	571,058	3,827	(23.1)	(13.2)
3	その他工業	331,213	687	(13.4)	(2.4)
4	石油化学	238,180	415	(9.6)	(1.4)
5	化学	126,166	3,088	(5.1)	(10.7)
6	輸送機器	106,243	3,001	(4.3)	(10.4)
7	インフラ・プロジェクト	103,550	175	(4.2)	(0.6)
8	繊維	53,221	3,959	(2.2)	(13.7)
9	プラスティック	41,578	2,362	(1.7)	(8.2)
10	その他機械	36,611	1,230	(1.5)	(4.2)
	計	2,472,870	28,976	(100.0)	(100.0)

注１：投資額の単位は10万ルピー。
　２：雇用数の単位は人数（人）。
　３：（　）内数値は縦列の比率（％）。
出所：表11-2と同じ。

っている。さらに、第6位のインフラ・プロジェクトと第9位のセメント工業を合わせると、資本集約的産業の投資額比率は53％の高率となっている。しかも、石油化学工業だけで投資額比率は30％と突出しており、グジャラート州との投資パターンの相違が際立っている。デリー州の投資パターンもマハーラーシュトラ州と類似している。投資額第1位は燃料で28％の高率である。さらに、第4位の石油化学工業、第7位のインフラ・プロジェクトを合わせると、資本集約的産業の比率は42％になる。化学工業、繊維工業、プラスティックなどの労働集約的産業の投資額の順位は低く、グジャラート州と対照的である。

3. 大規模工業経営者の出自分析

　本節では、大規模工業個票データに含まれる経営者（代表者や経営スタッフのことであるが、本章では経営者と表現する）のデータと他のデータとの関連を検討する。経営者のデータには、姓名、役職、会社名が含まれている。姓名から出自について一定程度推測できる。とくに本章では、グジャラート州の出身者なのか他州の出身者なのかを推測するために姓を、男女を識別するために名のデータを活用する。

　なお、筆者はこれまでに、グジャラート商工会議所名簿やグジャラート州製造業者名簿に依拠して、姓に基づく出自分析を何度か行ってきた。グジャラート州における人々の姓は多様ではあるが、経営者や企業家の名簿に掲載される人々は限られた宗教（たとえば、ジャイナ教）やカースト（商人カースト、有力農耕カースト、職人カースト、バラモン等）に属することが多い。それら集団の姓には一定の傾向があるので、姓から出自集団を推測することが一定程度可能である。姓と出自の関連に詳しい専門家の助力を得て、グジャラート州の経営者と姓との関わりの傾向は把握している。本章で使用する姓データには、多数の州外出自のカーストも含まれている。そこで本章では、姓データに基づき、①グジャラート特有の姓、②グジャラートおよび他州でも使われている姓、③他州でのみ使われている姓、に経営者を分類し、この分類と他の変数との関連を考察する。

(1) 姓集団の設定と州別投資額、雇用数の分布

まず、分析対象の姓と出自分類について検討しておこう。使用する個票データには経営者①②③と3人分のスペースが与えられている。6094の個票データ中、経営者①の記載は5604人分、経営者②は388人分、経営者③は165人分であった。このように、経営者②と③のデータ数は非常に少ないので、本章では経営者①を中心に、さらに、個票中のすべての姓を扱うことはできないので、頻度が10以上の姓に限定して分析を行う。

頻度が10以上の姓集団は87種類でそれらの使用者は延べ3033人であった。延べと表現したのは、同一人物（当然、同一姓）が複数の個票に経営者として記載されるケースが非常に多くあるためである。複数の会社の経営者の場合もあれば、同一会社が拡張や他所に支社を開設する場合も、本社の同一経営者の名前で認可を申請することになる。このため、姓集団の頻度は実質的な会社数をあらわすものでないことに留意する必要がある。

表11-12に、参考までに、頻度が20以上の姓集団のリストを掲げる。分析対象の姓集団は、①「グジャラート」（グジャラート州の姓集団）、②「共通」（他州と共通の姓集団）、③「州外」（州外の姓集団）、④「不明」（出自が不明な姓集団）、に分類した。グジャラート州における大規模工業の個票を扱っているので、②「共通」はほぼグジャラート出自と理解できる。④「不明」はグジャラートにおける一般的な経営者の姓になかったものなので、州外で一般的な姓である可能性が大きい。

分析対象の姓集団はグジャラートで大規模工業を設置するために申請を行う会社（本社）の経営者である。本社がグジャラート州内の場合もあれば、州外の場合もある。州外の場合には、経営者が州外の出自のケースも増える。

(2) 経営者出自の時期別展開と産業別経営者出自の分布

「時期別姓グループ別の投資額と雇用数の動向」を検討しよう。表11-13にみるように、全期合計におけるユニット当たりの投資額には姓グループ別の相違が明瞭にあらわれている。「州外」はユニット当たり14.1億ルピーであり、「グジャラート」の同2.3億ルピー、「共通」の3.6億ルピーを凌駕している。ユニット当たりの雇用数については「州外」「グジャラート」「共通」の

第Ⅲ部　グジャラートの経営者名簿分析

表11-12　大規模工業経営者の姓と出自分類のクロス表

(人数)

順位	姓	出自分類				計
		グジャラート	共通	州外	不明	
1	Patel	632	0	0	0	632
2	Shah	412	0	0	0	412
3	Agrawal	0	111	0	0	111
4	Jain	0	100	0	0	100
5	Desai	86	0	0	0	86
6	Sharma	0	74	0	0	74
7	Gandhi	72	0	0	0	72
8	Mehta	72	0	0	0	72
9	Agarwal	0	66	0	0	66
10	Gupta	0	64	0	0	64
11	Parikh	56	0	0	0	56
12	Thakar	54	0	0	0	54
13	Singh	0	0	48	0	48
14	Bhatt	37	0	0	0	37
15	Joshi	0	36	0	0	36
16	Bajaj	0	0	35	0	35
17	Trivedi	0	35	0	0	35
18	Jariwala	34	0	0	0	34
19	Parekh	34	0	0	0	34
20	Goyal	0	0	31	0	31
21	Goel	0	0	28	0	28
22	Vyas	28	0	0	0	28
23	Pandya	0	27	0	0	27
24	Sanghvi	26	0	0	0	26
25	Naik	0	24	0	0	24
26	Sheth	24	0	0	0	24
27	Dave	0	23	0	0	23
28	Shukla	21	0	0	0	21
	小計1	1,588	560	142	0	2,290
	小計2	125	116	282	220	743
	計	1,713	676	424	220	3,033

注1：頻度20以上の姓を頻度の大きい順に表示した（1983年から2014年の累積数）。その合計値は、「小計1」に示した。
　2：頻度10以上の他の59姓の合計値は、「小計2」に示した。
　3：出自分類は、「グジャラート」「共通」「州外」「不明」に区分した。
出所：表11-2と同じ。

第11章　大規模工業の展開と経営者

表11-13　時期別姓グループ別の累積投資額と雇用数の動向（1983-2014年）

出自分類	項目	第1期(1983-90) 投資額	雇用数	第2期(1991-98) 投資額	雇用数	第3期(1999-2006) 投資額	雇用数	第4期(2007-14) 投資額	雇用数	計 投資額	雇用数
グジャラート	ユニット平均	4,434	151	1,101	155	2,704	204	4,853	178	2,253	175
	ユニット数	95	95	800	800	657	657	161	161	1,713	1,713
	小計	421,240	14,386	880,718	123,663	1,776,698	133,738	781,410	28,622	3,860,066	300,409
	比率(縦列)	(43.4)	(28.0)	(16.0)	(26.8)	(14.1)	(36.5)	(11.1)	(16.9)	(14.8)	(28.6)
共通	ユニット平均	1,087	257	2,057	164	4,266	121	6,843	210	3,563	159
	ユニット数	36	36	280	280	260	260	100	100	676	676
	小計	39,123	9,257	575,906	46,032	1,109,074	31,533	684,267	20,959	2,408,370	107,781
	比率(縦列)	(4.0)	(18.0)	(10.5)	(10.0)	(8.8)	(8.6)	(9.7)	(12.4)	(9.2)	(10.3)
州外	ユニット平均	4,617	110	6,831	172	29,875	240	4,209	192	14,135	194
	ユニット数	31	31	181	181	145	145	67	67	424	424
	小計	143,124	3,403	1,236,410	31,127	4,331,893	34,813	282,001	12,872	5,993,428	82,215
	比率(縦列)	(14.7)	(6.6)	(22.4)	(6.8)	(34.4)	(9.5)	(4.0)	(7.6)	(22.9)	(7.8)
不明	ユニット平均	666	76	863	140	737	117	6,310	174	1,251	129
	ユニット数	19	19	111	111	72	72	18	18	220	220
	小計	12,654	1,450	95,844	15,499	53,049	8,402	113,571	3,126	275,118	28,477
	比率(縦列)	(1.3)	(2.8)	(1.7)	(3.4)	(0.4)	(2.3)	(1.6)	(1.8)	(1.1)	(2.7)
頻度10未満の姓集団	ユニット平均	2,219	143	2,144	193	4,927	146	9,499	190	4,450	173
	ユニット数	160	160	1,269	1,269	1,082	1,082	548	548	3,059	3,059
	小計	354,962	22,826	2,720,987	244,614	5,331,190	158,301	5,205,542	103,938	13,612,681	529,679
	比率(縦列)	(36.6)	(44.5)	(49.4)	(53.1)	(42.3)	(43.2)	(73.7)	(61.3)	(52.1)	(50.5)
計	ユニット平均	2,848	151	2,086	175	5,687	166	7,905	190	4,292	172
	ユニット数	341	341	2,641	2,641	2,216	2,216	894	894	6,092	6,092
	計	971,103	51,322	5,509,865	460,935	12,601,904	366,787	7,066,791	169,517	26,149,663	1,048,561
	比率(縦列)	(100.0)	(100.0)	(100.0)	(100.0)	(100.0)	(100.0)	(100.0)	(100.0)	(100.0)	(100.0)

注：投資額の単位は10万ルピー、雇用数の単位は人数。（　）内数値は縦列の比率（％）。
出所：表11-2と同じ。

間に大きな違いはないので、ユニット数の多い「グジャラート」の比率が相対的に大きくなっている。不明のユニット当たりの投資額は「グジャラート」の半分ほどともっとも小さい。

　時期により投資額に占める姓グループ別の比率が大きく変動している。第１期にはユニット数が全期をとおしてもっとも少ないだけではなく、「州外」からの投資も比較的少なかったために、「グジャラート」の比率が43％と高くなっている。「グジャラート」の経営に馴染んだ宗教・カースト集団が経営層を占めた結果である。このため、第１期には頻度10未満の姓グループの投資額比率も37％と全期をとおしてもっとも低かった。第２期から「州外」の投資額比率は大きく増え、第３期には34％に達した。投資総額は第２期から第３期にかけて２倍以上増えている。とくに第３期は「州外」からの投資ラッシュと呼べる状況であった。すでに第２期から「州外」のユニット当たり投資額は、「グジャラート」と「共通」の３〜６倍であったが、第３期には７〜10倍まで拡大した。「州外」経営者による資本集約的な巨大プロジェクトが多数設立された。これに対して、「グジャラート」の投資額比率は、第２期には16％、第３期には14％と減少した。「グジャラート」と「共通」を合わせても、27％から23％への減少であった。第４期は、第３期までの推移とまったく異なる状況となった。「州外」の投資が大きく減速し、投資額比率はわずか４％に減少した。ユニット当たりの投資額も4.2億ルピーとなり、「共通」と「グジャラート」のユニット当たりの投資額を下回る状態になった。「グジャラート」の投資額比率も11％と第３期を若干下回った。この間に投資額比率を少し増加させた「共通」と合わせても、第４期における投資額比率は減少した。興味深いことに、第４期に投資額比率を大幅に増やしたのは、頻度10未満の姓集団であった。全期をとおしてもっとも高い74％もの投資額比率であった。第４期における投資の減速のなかで、それまで低率だった姓集団が投資額比率を増大させた背景については、別途の検討が必要になる。

(3) 主要州における姓グループ別投資額と雇用数の分布

　「州外」「グジャラート」「共通」の関連をより具体的に検討するために、

表11-14 主要州における姓グループ別の累積投資額と雇用数の分布（1983-2014年）

出自分類	項目	本社所在地						計	
		グジャラート州		マハーラーシュトラ州		デリー州			
		投資額	雇用数	投資額	雇用数	投資額	雇用数	投資額	雇用数
グジャラート	ユニット平均	1,998	184	1,239	122	64,091	355	2,253	175
	ユニット数	1,422	1,422	261	261	9	9	1,713	1,713
	比率（縦列）	(60.3)	(60.3)	(47.2)	(47.2)	(13.8)	(13.8)	(56.5)	(56.5)
	小計	2,841,836	261,592	323,308	31,804	576,815	3,197	3,860,066	300,409
	比率（縦列）	(49.0)	(62.2)	(6.4)	(44.6)	(49.1)	(23.5)	(30.8)	(57.9)
共通	ユニット平均	2,850	160	2,381	117	18,351	203	3,563	159
	ユニット数	516	516	112	112	26	26	676	676
	比率（縦列）	(21.9)	(21.9)	(20.3)	(20.3)	(40.0)	(40.0)	(22.3)	(22.3)
	小計	1,470,573	82,811	266,669	13,157	477,131	5,271	2,408,370	107,781
	比率（縦列）	(25.3)	(19.7)	(5.3)	(18.4)	(40.6)	(38.7)	(19.2)	(20.8)
州外	ユニット平均	5,310	221	30,361	153	3,554	161	14,135	194
	ユニット数	246	246	145	145	21	21	424	424
	比率（縦列）	(10.4)	(10.4)	(26.2)	(26.2)	(32.3)	(32.3)	(14.0)	(14.0)
	小計	1,306,176	54,392	4,402,286	22,164	74,642	3,380	5,993,428	82,215
	比率（縦列）	(22.5)	(12.9)	(87.4)	(31.0)	(6.4)	(24.8)	(47.8)	(15.8)
不明	ユニット平均	1,066	127	1,197	122	5,102	196	1,251	129
	ユニット数	173	173	35	35	9	9	220	220
	比率（縦列）	(7.3)	(7.3)	(6.3)	(6.3)	(13.8)	(13.8)	(7.3)	(7.3)
	小計	184,391	22,016	41,891	4,264	45,914	1,767	275,118	28,477
	比率（縦列）	(3.2)	(5.2)	(0.8)	(6.0)	(3.9)	(13.0)	(2.2)	(5.5)
計	ユニット平均	2,893	176	7,249	155	18,318	215	4,292	172
	ユニット数	2,357	2,357	553	553	65	65	3,033	3,033
	比率（縦列）	(100.0)	(100.0)	(100.0)	(100.0)	(100.0)	(100.0)	(100.0)	(100.0)
	計	5,802,976	420,811	5,034,154	71,389	1,174,502	13,615	12,536,982	518,882
	比率（縦列）	(100.0)	(100.0)	(100.0)	(100.0)	(100.0)	(100.0)	(100.0)	(100.0)

注：投資額の単位は10万ルピー、雇用数の単位は人数。（ ）内数値は縦列の比率（％）。
出所：表11-2と同じ。

表11-14に基づき「主要州における姓グループ別投資額と雇用数の分布」をみておこう。同表では頻度10以上の姓集団の分析に限定しているので、頻度10未満の姓集団の情報は含めていない。全集団（6094認可数）の度数、投資額、雇用数に占める頻度10以上の姓集団の比率は、主要3州ともに50％前後で、それほど大きな相違はない。このように、分析対象は全集団の約半数であることに留意しておく必要がある。ただし、頻度が10未満の姓集団についても、投資額と雇用数に占める「州外」「グジャラート」「共通」間の比率が大きく異なるとは考えづらいので、頻度10以上の姓集団に限定した分析も全集団の動向をみるうえで有効である。

以上を踏まえ、まず本社所在地がグジャラート州の場合の姓集団の構成をみると、ユニット数の比率では「グジャラート」が60％、「共通」が22％、両者の合計は82％になる。「グジャラート」が地元に強力な商工業集団を抱える地域であることを改めて確認できる。ただし、これまでに検討したように、「グジャラート」のユニット当たり投資額は「州外」よりもかなり小さいために、「グジャラート」の投資額比率は49％に過ぎない。これに対して、「州外」のユニット数比率は7％であるが、投資額比率は23％である。ただし、「共通」もほぼ「グジャラート」の出自と考えられるので、「グジャラート」と「共通」を合わせた投資額比率は74％、雇用数比率は82％と高い比率を示している。

　本社所在地がマハーラーシュトラ州の場合も、ユニット数の比率では「グジャラート」と「共通」を合わせると68％を占めるが、投資額比率は両者合わせて12％に過ぎない。マハーラーシュトラ州とりわけムンバイを拠点に活動するグジャラート商人や経営者が、グジャラートで投資するのは、繊維工業、食品工業、電気機器などこれまでに馴染んできた労働集約的産業に集中している。そのため、雇用数比率は「グジャラート」と「共通」を合わせると63％に達する。対照的に、「州外」はユニット数の比率では26％であるが、投資額比率は87％と突出している。

　本社所在地がデリー州の場合、「グジャラート」のユニット数の比率は14％と低いが、「共通」と合わせると、54％と過半数を超えている。また、両者で投資額比率の90％をも占めている。マハーラーシュトラ州における「グジャラート」と「共通」の投資・雇用パターンと対照的にみえるが、注意すべきはデリー州におけるユニット数が65と非常に小さいことである。ちなみに、「グジャラート」のユニット数は9で、これが投資額比率の49％を占めている。ユニット当たりの投資額が64億ルピーと破格に大きい。「州外」のユニット数は32％と主要3州のなかではもっとも高い比率であるが、そのユニット当たりの投資額は3.6億ルピーとデリー州のなかでは非常に小さい。

　以上の主要3州における検討から、「グジャラート」と「共通」は　本社所在地がグジャラート州の場合だけではなく、マハーラーシュトラ州やデリー州の場合にも、ユニット数の比率が50％を超えており、グジャラート州に

おける大規模企業投資の経営面での有力な人財供給源となっていることが確認できた。グジャラート出自の経営者や企業家は、マハーラーシュトラ州だけではなく、広くその他の州や海外にも展開している。彼らはグジャラート州の大規模工業の展開にも貢献している。他方、「州外」の経営者でグジャラート州の大規模工業に投資する場合には、ユニット当たりの資本額が大きい資本集約的産業に集中する傾向にあることも確認できた。

(4) 姓グループ間、姓集団間のクロス分析

　大規模工業個票データには経営者名の記載欄は3人分設定されている。そのうち、2人目、3人目の記載数は非常に少ないが、第1記載枠の経営者の姓と、第2、第3記載枠の姓がどのように対応しているのか、検討してみよう。本書第9章でグジャラート商工会議所の会員名簿を資料として、複数の代表者間の組み合わせの傾向を分析した際、規模の小さい企業ほど家族や同カーストの組み合わせが多いこと、会社の規模が大きくなるほど他の宗教やカーストとの組み合わせが増えるが、一定の傾向が業種やカーストごとにみられることを確認している。今回は、同一会社の複数の経営者が「グジャラート」「共通」「州外」について、どのように関わっているのか確認する。

　大規模工業は大きな組織をもつので、マネージャー、経理責任者など雇われ経営者が多数存在し、さまざまな地域的出自やカーストで構成されることも多い。名簿に記載された経営者名はこれらの職位の人のなかで、政府や他機関との連絡や調整を担う人材が記載されることが多い。表11-15にみるように、姓1グループ（第1記載枠）と姓2グループ（第2記載枠）のクロス表では、実質110件のクロス対応があった。横列の比率は姓1の各グループが姓2の各グループと組み合う比率を表示してある。ちなみに、姓1の「グジャラート」のグループが姓2の「グジャラート」と組み合う比率は76％、「共通」とは15％で、合わせると92％の高率となっている。

　姓1グループの「共通」も姓2グループの「グジャラート」と「共通」と組み合う比率は100％となっている。ここからも、「共通」姓の多くが実質的に「グジャラート」姓であることが確認できる。姓1グループの「州外」は姓2グループの「州外」と組み合う比率がもっとも高く54％を占めている。

表11-15 姓グループ間のクロス表

(1) 姓1グループ×姓2グループ

姓1グループ	姓2グループ				計
	グジャラート	共通	州外	不明	
グジャラート	55	11	4	2	72
比率（横列）	(76.4)	(15.3)	(5.6)	(2.8)	(100.0)
共通	10	6	0	0	16
比率（横列）	(62.5)	(37.5)	(0.0)	(0.0)	(100.0)
州外	5	1	7	0	13
比率（横列）	(38.5)	(7.7)	(53.8)	(0.0)	(100.0)
不明	9	0	0	0	9
比率（横列）	(100.0)	(0.0)	(0.0)	(0.0)	(100.0)
計	79	18	11	2	110
比率（横列）	(71.8)	(16.4)	(10.0)	(1.8)	(100.0)

(2) 姓1グループ×姓3グループ

姓1グループ	姓3グループ				計
	グジャラート	共通	州外	不明	
グジャラート	16	1	1	0	18
比率（横列）	(88.9)	(5.6)	(5.6)	(0.0)	(100.0)
共通	3	1	0	0	4
比率（横列）	(75.0)	(25.0)	(0.0)	(0.0)	(100.0)
州外	1	0	1	0	2
比率（横列）	(50.0)	(0.0)	(50.0)	(0.0)	(100.0)
不明	1	2	0	0	3
比率（横列）	(33.3)	(66.7)	(0.0)	(0.0)	(100.0)
計	21	4	2	0	27
比率（横列）	(77.8)	(14.8)	(7.4)	(0.0)	(100.0)

注：数値はクロスした姓の頻度を示す（1983年から2014年の累積数）。（ ）内数値は横列の比率（％）。
出所：表11-2と同じ。

姓1グループと姓3グループのクロス表では、実質27件のみのクロス対応である。ここでも、姓1グループと姓2グループの前表と同様の傾向が観察される。以上から、大規模工業には多様な出自（それに対応した多様な姓使用）の経営者が混在しているようにおもわれるが、実際には出自をともにする姓集団の経営者と組み合うことの多いことが確認できる。

(5) 投資額上位100社、雇用数上位100社の経営者の姓の分布

　グジャラートの経営者の姓と出自についての関連を姓集団のレベルで検討

してみよう。姓グループの構成は、本社所在地が州内か州外か、資本集約的産業・企業か労働集約的産業・企業かによって、実質的に異なっている。そこで、本節では資本集約度がきわめて高い投資額上位100社（正確には「ユニット」であるが、ここでは便宜的に「社」と表現する）と雇用数上位100社の双方の経営者の姓集団の詳細を検討する。

投資額上位100社

大規模工業の投資額上位には、リライアンス（Reliance Industries Ltd.）[3]、エッサール・オイル（Essar Oil Ltd.）[4]、インド石油コーポレーション（Indian Oil Corporation Ltd.）[5]、トレント（Torrent Power Generation Ltd.）[6]などが含まれている。上位10社中、石油化学工業は3社、燃料3社、金属加工業3社、化学工業1社となっている。とくに上位2社のリライアンスとエッサール・オイルの投資額は各々1300億ルピーを超え、ずば抜けている。上位10社の操業開始時期の分布は、第1期が1社、第2期が2社、第3期が6社、第4期が1社と第3期に集中している。上位100社の産業構成は、石油化学工業が16社、繊維工業13社、化学工業10社、インフラ・プロジェクト9社の順になっている。また、上位100社のなかだけで、リライアンス関連会社が20社、インド石油コーポレーション関連会社が5社含まれている。上位100社中、本部がグジャラート州にあるのは50社、マハーラーシュトラ州が34社、デリー州が7社と州外の会社が半数を占めている。グジャラート州内の地域分布は、中央・南部が74社と圧倒的に多く、半島部が23社、北部3社で続いている。県別ではスーラト県34社、バルーチ県20社、カッチ県13社の順となり、

---

[3] リライアンスは石油化学を中心に、石油・ガス開発、小売、インフラ、バイオテクノロジーなどの事業を手掛けるインド最大のコングロマリットであり、マハーラーシュトラ州ムンバイに本社を置く。グジャラート州では石油採掘精製を手掛け、州の工業発展に大きく貢献した。
[4] エッサール・オイルは、石油や天然ガスの探索、採掘を行うインドの石油会社で、グジャラート州のヴァディナル（Vadinar）の石油精製所は民間第2位の規模を誇る。
[5] インド石油コーポレーションは、1959年に設立されたインド最大の規模と雇用数をもつ石油公社である。本社はニューデリーにあり、燃料石油化学製品を製造している。
[6] トレントは、電力発電、送電、電力販売を行うインド企業で、グジャラート州、マハーラーシュトラ州、ウッタル・プラデーシュ州の3州で稼働している。

第Ⅲ部　グジャラートの経営者名簿分析

表11-16　累積投資額上位100社の経営者の姓の分布（1983-2014年）

出自分類	姓	度数	比率1（縦列）	カースト	比率2（縦列）
グジャラート	Bhatt	1	(2.5)	バラモン	(7.7)
	Desai	2	(5.0)	上位諸カースト	(15.4)
	Shah	2	(5.0)	バニヤー	(15.4)
	Shukla	1	(2.5)	バラモン	(7.7)
	小計	6	(15.0)		(46.2)
共通	Jain	2	(5.0)	バニヤー	(15.4)
	Joshi	2	(5.0)	バラモン	(15.4)
	Mishra	1	(2.5)	バラモン	(7.7)
	Pandey	1	(2.5)	バラモン	(7.7)
	Sharma	1	(2.5)	バラモン	(7.7)
	小計	7	(17.5)		(53.8)
州外	Balasubramanian	3	(7.5)		
	Iyer	1	(2.5)		
	Kulkarni	1	(2.5)		
	Mathur	2	(5.0)		
	Mittal	1	(2.5)		
	Rao	1	(2.5)		
	Sethuraman	5	(12.5)		
	Sheshadri	8	(20.0)		
	Singh	5	(12.5)		
	小計	27	(67.5)		
	計	40	(100.0)		

注1：比率1は全体の計に占める縦列の比率（％）。
　2：比率2は「グジャラート」と「共通」の合計に占める縦列の比率（％）。
出所：表11-2と同じ。

特定県への集中度がきわめて高い。

　以上を踏まえて、表11-16に基づき、「投資額上位100社の経営者の姓の分布」を検討しよう。なお、100社中11社は経営者の情報を記載していない。また、49社の経営者は、頻度10未満の姓集団であるため、分析対象の経営者は40人となる。この40人の姓グループ別の比率をみると、「州外」が68％と圧倒的な比率を示している。それに、「共通」が18％、「グジャラート」が15％で続いている。「共通」は今回の個票については、実質的に「グジャラート」の出自であるとみなすことができる。そこで、「グジャラート」と「共通」の合計数13人の姓の出自を、筆者が本書第9章で分析したように分類すると、①上位諸カースト（バラモンやバニヤーに共用される姓のケース）が15.4％、

②バラモンが53.8％、③バニヤー（商人カーストのことで、ジャイナ教、ヒンドゥー教の双方を含む）が30.8％となる。このように、ここでの姓分布の特徴は、バラモンの比率が高いことにある。上位諸カーストのなかにもバラモンが含まれている可能性があるので、バラモンの優位は揺るぎない。大規模工業の資本集約的産業の経営者としては、他州と同様に、教育や専門知識に秀でたバラモンが重用されていることが確認できる。

雇用数上位100社

　次に、大規模工業の雇用数上位100社を検討しよう。最上位には、シヴラーム・プロセサーズ（Shivram Processors）[7]、シータル製造会社（Sheetal Manufacturing Company）[8]、リライアンス、アンバーラール・サーラーバーイ・エンタープライズ会社（Ambalal Sarabhai Enterprise Ltd.）[9]、ニルマー（Nirma Ltd.）[10]などが入っている。上位10社は、繊維工業3社、石鹸・化粧品工業2社、肥料工業2社、その他工業1社、製薬1社、工業機器1社で構成されている。第1位のシヴラーム・プロセサーズは5万人、第2位のシータル製造会社は2万人の雇用数で、第3位以下を大きく引き離している。上位10社の操業開始時期の分布は、第2期が6社、第3期が4社であり、投資額上位10社と異なり、第2期がもっとも多い。上位100社の産業構成は、繊維工業が19社、化学工業が15社で、あとは幅広い産業に分散している。リライアンスのように投資額が巨大な会社も、それに応じて雇用数もあるため、雇用数上位会社に含まれている。また、上位100社のなかだけで、アジャンタ製造関連会社（Ajanta Manufacturing Ltd.）[11]が13社、ニルマー関連会社が6社、

---

7) シヴラーム・プロセサーズについては、会社概要が確認できない。
8) シータル製造会社はダイヤモンド研磨業をリードするグジャラートの代表的な会社のひとつで、40年の歴史をもつ。近年の年商は6億ドルほどである。
9) サーラーバーイグループのひとつで、1977年にヴァドーダラーに設立された製薬会社で、ヴァドーダラーとアーメダバードにプラントがある。
10) ニルマーはグジャラートを代表する企業のひとつで、化粧品、石鹸、洗剤等を製造している。本社はアーメダバードにあり、1万5000人を雇用する大企業である。
11) アジャンタ製造関連会社（AJANTA MANUFACTURING LIMITED）は1971年に設立された時計メーカーで本社はモールビーに置かれている。現在は、多種類の生活家電も生産し、雇用数が上位の大規模工業である。

エッサール・鉄鋼関連会社が5社含まれている。上位100社中、本部がグジャラートにあるのは80社、マハーラーシュトラ州が13社、デリー州が4社とグジャラートの比率が圧倒的に高い。州内の地域分布は、中央・南部が65社と多く、半島部が23社、北部12社で続いている。県別ではスーラト県16社、カッチ県15社、ヴァドーダラー県14社、アーメダバード県13社、バルーチ県13社、の順となり、特定県への集中度は低い。

　それでは、表11-17に基づき、「雇用数上位100社の経営者の姓の分布」を検討しよう。なお、100社中8社は経営者の情報を記載していない。また、35社の経営者は、頻度10未満の姓集団であるため、分析対象の経営者は57人となる。雇用数上位100社の経営者の姓の分布は投資額上位100社と大きく異なり、「グジャラート」が70％と圧倒的な比率を示している。「共通」も合わせると、83％もの高率になる。「州外」は18％のみである。本社がグジャラートにある会社の比率が高いこと、労働集約的産業の経営者なので、特殊専門知識のハードルが低く、地元の人材を活用しやすいこと、がその背景にあると考えられる。

　「グジャラート」と「共通」を合わせた47人の出自の分布は、①上位諸カーストが6％、②バラモンが28％、③バニヤーが23％、④パーティーダールが43％となっている。この結果は、筆者がこれまでに分析してきたグジャラートの商工会議所の名簿に記載される経営者の姓分布とある程度近似している。グジャラート州では現在、バニヤーとパーティーダールが組織部門の企業家の主体をなし、それに上位諸カースト、バラモン、職人カースト（金工、織工、大工、鍛冶等）、クシャトリヤ（かつての、領主層や土地有層を含む）、イスラム教徒（職人商人層）の企業家が続いている。相違点は、今回の結果では①バニヤーの比率が低いこと、②バラモンの比率が高いこと、③その他の企業家集団である職人カースト、クシャトリヤ、イスラム教徒は頻度10以上の姓集団がなかったために分析の対象から外れていること、の3点である。

　投資額と雇用数の上位100社を比較すると、経営者の出自に大きな違いがあること、パーティーダールが投資額上位100社の経営者のなかに入っていなかったこと、バラモンが投資額および雇用数の上位100社でともに経営者として重用されていることが今回の調査で確認できた新たな知見である。

第11章　大規模工業の展開と経営者

表11-17　累積雇用数上位100社の経営者の姓の分布（1983-2014年）

出自分類	姓	度数	比率1（縦列）	カースト	比率2（縦列）
グジャラート	Amin	1	(1.8)	上位諸カースト	(2.1)
	Bhatt	2	(3.5)	バラモン	(4.3)
	Desai	1	(1.8)	上位諸カースト	(2.1)
	Gandhi	1	(1.8)	バニヤー	(2.1)
	Mehta	1	(1.8)	上位諸カースト	(2.1)
	Parekh	1	(1.8)	バニヤー	(2.1)
	Patel	20	(35.1)	パーティーダール	(42.6)
	Sanghavi	1	(1.8)	バニヤー	(2.1)
	Shah	6	(10.5)	バニヤー	(12.8)
	Sheth	1	(1.8)	バニヤー	(2.1)
	Shukla	4	(7.0)	バラモン	(8.5)
	Vyas	1	(1.8)	バラモン	(2.1)
	小計	40	(70.2)		(85.1)
共通	Joshi	1	(1.8)	バラモン	(2.1)
	Pandya	1	(1.8)	バラモン	(2.1)
	Sharma	3	(5.3)	バラモン	(6.4)
	Shroff	1	(1.8)	バニヤー	(2.1)
	Trivedi	1	(1.8)	バラモン	(2.1)
	小計	7	(12.3)		(14.9)
州外	Arora	1	(1.8)		
	Balasubramanian	2	(3.5)		
	Iyer	1	(1.8)		
	Rao	2	(3.5)		
	Singh	3	(5.3)		
	Somani	1	(1.8)		
	小計	10	(17.5)		
	計	57	(100.0)		

注1：比率1は全体の計に占める縦列の比率（％）。
　2：比率2は「グジャラート」と「共通」の合計に占める縦列の比率（％）。
出所：表11-2と同じ。

おわりに

　本章では、大規模工業の個票データを使用することにより、大規模工業の産業別地域別展開と投資額や雇用数との関わりだけではなく、経営者の出自との相関についても検討を行った。また、投資額や雇用数に関するトップ100社の分析も行った。これらは、個票データを使用したので可能になった

横断面分析である。

　以上の横断面分析に加えて、本章では大規模工業展開の時期区分を行い、産業別地域別の投資額や雇用数の時系列変化も考察した。その際に、経済自由化の開始前と開始後を時期区分に組み込んだ。このため、本章で設定した第1期と第2期の工業実績に関するデータは、他の先行研究とそのまま比較可能である。さらに、本章では、世界の金融と経済危機を生んだサブプライム問題発生の前後での時期区分も行った。その結果、もともと意図したものではなかったが、大規模工業の個票データが存在する1983年から2014年までの32年間を等間隔で4時期に区分することができた。これも、時期別の投資額と雇用数の比較を容易にした要因のひとつになっている。

　時系列分析により本章で明らかにできたことは、①第2期に雇用数が大きく伸び、②第3期に投資額が大きく伸びたことの2点である。雇用数の増加も経済自由化の恩恵のひとつではあるが、州外や海外からの投資を含む経済自由化の効果がグジャラート州の工業を大きく押し上げたのは第3期である。この意味で、一定のタイムラグ（あるいは準備期間）の後に、第3期に経済自由化の効果が集約的にあらわれたと理解することができよう。もうひとつ、時期区分で課題になるのが第4期の位置づけである。第3期に比較すると、第4期の全体的な実績は投資額においても雇用数においても低下している。この状況を位置づけるためには、個票データ以外の補足情報が必要となるので、今後の課題としておきたい。

　また、投資が集中するカッチ県などの事例研究や、リライアンス、アダーニー[12]、ニルマーなどのグジャラート州の経済発展を牽引してきた個別企業のミクロな事例研究にも、いずれ挑戦してみたい。

---

12) アダーニーグループ（Adani Group）は1988年に設立されたインドのコングロマリットであり、本社はアーメダバードにある。エネルギー、資源開発、物流、アグリビジネスを専門とする。インド最大のムーンドラ（Mundra）港の港湾開発も手掛けた。アダーニーもグジャラート発祥の成功企業のひとつに数えられている。

第12章

中小零細企業の展開と経営者

はじめに

　本章では、グジャラート州政府の工業コミッショナー（Industrial Commissioner）[1]の監督下に置かれているグジャラート州の中小零細企業（Micro, Small & Medium Enterprises: MSME）の個票データ（ユニット・データ）[2]に基づき、中小零細企業の展開の特徴を分析し、かつ経営者の社会的属性との関わりを考察する。今回の個票には、中小零細企業の設立を申請し

---

1) 工業長官は工業局（the Industries Commissionerate）の長である。工業局の主要な任務は、工業発展に必要な法制を整備し工業改革を進めることにある。また、工業発展を妨げる要因を取り除く活動も行っている。とくに、中小零細企業の発展のために、諸種の助成計画も推進している。
2) 2006年中小零細企業開発法により、工場および機械への投資額が大規模工業（Large Industry）よりも小規模な企業が、その工場および機械への投資額と業態（製造業かサービス業か）を基準に、零細企業、小企業、中企業の3種類に分類された。
　　MSMEの個票データを入手した2015年8月時点では、データはデータ量に応じて有料で販売されていた。最終的に、同オフィスから、Application Id（申請番号）、Full Name 1（社名か個人名）、District Name（住所の県名）、Village Name（住所の市町村名）、Investment（Rs. In Lakh：プラント、機械への初期投資額（単位：10万ルピー））、Employment（雇用数（単位：人））、Nature Activity（産業分類の記載）、NIC Code 2008（2008年版の産業分類番号）、Activity Description（経済活動の記載）、Issue Date（認可年月日）、Category Name（MSMEのカテゴリー区分で、零細企業、小企業、中企業からなる）、Constitution_Unit（経営組織で、パートナーシップ、ヒンドゥー家族事業、有限会社、等からなる）、Full Name 2（氏名：Full Name 1が会社名の場合は、ここに氏名が入り、Full Name 1が氏名の場合は、同一の氏名がここに入る）、Gender（男女の別）、Caste（ここでは社会集団区分として使用されている）の15項目の個別申請データを受け取った。それは、2006年10月2日から2015年8月13日までの申請データであり、35万785件の認可事業が含まれていた。これらのうち、グジャラート州の経営展開と関わりの深い宗教・カーストの経営者を本章での分析対象とした。

認可された企業の①申請者の氏名、②会社名、③住所、④事業体の投資額、⑤雇用数、⑥事業体の分類情報（産業分類、カテゴリー、経営組織）、⑦申請者の姓、⑧宗教、⑨カースト、等のデータが含まれている。

これらの情報から、グジャラート州内の大地域分類や時期区分を作成し、中小零細企業の地域分布と時期別展開を跡付ける。また、企業家の出自（宗教・カースト）が企業の産業構成カテゴリー、経営組織、業態、投資額や雇用数などの企業の属性とどのように関わっているのかを分析する。

さらに、経営者の社会集団（Social Groups）間の格差の実態と動向を考察する。ここでの社会集団は、指定カースト（Scheduled Castes）、指定部族（Scheduled Tribes）、その他後進諸階級（Other Backward Classes）、その他（Others）の4集団により構成されている。このうち、指定カースト、指定部族、その他後進諸階級の3集団は後進諸階級として留保制度（Reservation System）の受益集団に位置づけられている。これらの3集団の動向は中央政府、州政府のみならず、開発、発展、格差に関心のある機関や人々の大きな関心事になっている。

1. 中小零細企業の展開

本節では、グジャラート州政府から入手した経営者覚書の個票データに基づき、2006年から2015年までの間に認可された中小零細企業の基本的な特徴を検討する。個票データの利点は、諸種の変数（地域分布、産業構成、経営組織、業態、投資額、雇用数、宗教・カースト構成、社会集団）間のクロス分析、平均分析、相関分析などができる点にある。本節では、時期別展開を軸に、それと①産業構成、②カテゴリー構成、③経営組織、④投資額・雇用数等の他の変数との関連を分析する[3]。

(1) 産業構成

まず、産業構成の時期別展開から検討しよう。表12-1にはセクションAからUまで21種類の産業別の認可企業数の時期区分別の実数と時期別企業総数に占める産業別企業数の比率の双方が表示されている。全時期の認可企

業総数がとくに大きいのは、「製造業」「卸売業・小売業；自動車・オートバイの修理」「管理およびサポートサービス活動」で各々認可企業総数の63.5%、19.7%、5.2%を占めている。これらの3産業だけで、認可企業総数の88.4%を占めている。それらに「建設」「採掘と採石」「情報とコミュニケーション」「専門的、科学的、技術的活動」が続いている。

時期別の比率の変動の特徴は、①「製造業」の比率は第1期から第4期にかけて大きく減少していること、②「卸売業・小売業；自動車・オートバイの修理」の比率は第1期から第2期にかけて大きく上昇し、そのまま第4期まで続いていること、③「管理およびサポートサービス活動」の比率は、「製造業」と対照的に第1期から第4期にかけて増加していること、とまとめられる。とくに「製造業」は第1期には85%もの高率であった。それが第4期までに32ポイントも減少した。これに対して、「管理およびサポートサービス活動」や比率自体は小さいが、「採掘と採石」「建設」「宿泊施設と奉仕活動」「専門的、科学的、技術的活動」「不動産活動」などグジャラート州の経済発展に対応し需要や市場が拡大している産業では認可企業数比率が伸びている。

(2) カテゴリー構成

表12-2にみるように、3種類に区分されているカテゴリーのうち、全期間をとおして認可企業数がもっとも多いのは零細企業で90.2%を占めている。それに小企業が9.4%、中企業が0.5%で続いている。前節で検討したように、

---

3) 個票データの変数のひとつに、認可年があるので、2006年から2015年までの10年間のデータを年次別に編集できる。しかし、これだと10年間の認可事業数、投資総額、雇用総数の大まかな動向をみるのには適しているが、年次別に登録認可数が変動しているので、また10区分と区分数が多いために、諸変数の時期別展開の動向を的確に捉えることは難しい。そのため、本章では認可総数を認可年月日順に4等分に区分し、時期別展開の動向分析を行う。こうすると、各区分における申請認可件数が同数になるので、各区分における諸種変数の比率の変動がそのまま動向を示す指標となる。なお、時期別展開4区分の第1区分は、2006年10月6日から2011年5月16日まで、第2区分は、2011年5月16日から2012年11月5日まで、第3区分は2012年11月5日から2014年5月14日まで、第4区分は2014年5月14日から2015年8月31日までである。申請認可件数は2006年からしばらくの間、比較的少数であったので、第1区分は2006年から2011年まで6年間にわたっているが、その後は申請認可件数が急増したので、第2区分と第3区分は各々1年半ほど、第4区分は1年3カ月ほどの期間となっている。

第Ⅲ部　グジャラートの経営者名簿分析

表12-1　産業構成（セクション）別認可企業数の時期別分布

セクション番号	産業構成	企業数					企業数比率				
		第1期	第2期	第3期	第4期	計（企業数）	第1期	第2期	第3期	第4期	計（％）
A	農林水産業	762	556	688	682	2,688	0.9	0.6	0.8	0.8	0.8
B	採掘と探石	1,218	1,005	1,324	2,461	6,008	1.4	1.1	1.5	2.8	1.7
C	製造業	74,468	54,460	47,479	46,356	222,763	84.9	62.1	54.1	52.9	63.5
D	電気，ガス，蒸気，空調用電源	124	89	166	153	532	0.1	0.1	0.2	0.2	0.2
E	給水：下水道，廃棄物管理および修復活動	141	157	240	329	867	0.2	0.2	0.3	0.4	0.2
F	建設	518	1,230	2,018	2,467	6,233	0.6	1.4	2.3	2.8	1.8
G	卸売業および小売業：自動車およびオートバイの修理	4,538	22,088	22,654	19,739	69,019	5.2	25.2	25.8	22.5	19.7
H	輸送と保管	641	1,242	1,265	1,352	4,500	0.7	1.4	1.4	1.5	1.3
I	宿泊施設と奉仕活動	119	273	471	378	1,241	0.1	0.3	0.5	0.4	0.4
J	情報とコミュニケーション	1,276	1,191	1,236	1,504	5,207	1.5	1.4	1.4	1.7	1.5
K	財務活動と保険活動	93	510	453	396	1,452	0.1	0.6	0.5	0.5	0.4
L	不動産活動	7	101	293	223	624	0.0	0.1	0.3	0.3	0.2
M	専門的，科学的，技術的活動	870	1,029	1,473	1,778	5,150	1.0	1.2	1.7	2.0	1.5
N	管理およびサポートサービス活動	1,698	2,685	6,501	7,280	18,164	1.9	3.1	7.4	8.3	5.2
O	行政と防衛：義務的社会保障	13	52	107	161	333	0.0	0.1	0.1	0.2	0.1
P	教育	96	192	156	77	521	0.1	0.2	0.2	0.1	0.1
Q	人間の健康と社会的活動	436	121	108	86	751	0.5	0.1	0.1	0.1	0.2
R	芸術，エンターテイメント，レクリエーション	57	50	58	50	215	0.1	0.1	0.1	0.1	0.1
S	その他のサービス活動	597	645	995	2,216	4,453	0.7	0.7	1.1	2.5	1.3
T	雇用者としての世帯の活動	20	19	7	4	50	0.0	0.0	0.0	0.0	0.0
U	外部行政機関および団体の活動	3	2	4	6	15	0.0	0.0	0.0	0.0	0.0
	計	87,695	87,697	87,696	87,698	350,786	100.0	100.0	100.0	100.0	100.0

出所：グジャラート州政府編纂の中小零細企業概況データ（2006-15年）から筆者作成。

表12-2 カテゴリー別業態別認可企業数の時期別分布

カテゴリー	業態	企業数				計(企業数)	企業数比率				計(%)
		第1期	第2期	第3期	第4期		第1期	第2期	第3期	第4期	
中企業	製造業	676	281	239	259	1,455	0.8	0.3	0.3	0.3	0.4
	サービス業	48	21	53	60	182	0.1	0.0	0.1	0.1	0.1
	小計	724	302	292	319	1,637	0.8	0.3	0.3	0.4	0.5
零細企業	製造業	58,671	44,089	38,349	34,235	175,344	66.9	50.3	43.7	39.0	50.0
	サービス業	13,459	37,138	43,274	47,081	140,952	15.3	42.3	49.3	53.7	40.2
	小計	72,130	81,227	81,623	81,316	316,296	82.3	92.6	93.1	92.7	90.2
小企業	製造業	13,952	5,690	5,104	5,065	29,811	15.9	6.5	5.8	5.8	8.5
	サービス業	889	478	677	998	3,042	1.0	0.5	0.8	1.1	0.9
	小計	14,841	6,168	5,781	6,063	32,853	16.9	7.0	6.6	6.9	9.4
計	製造業	73,299	50,060	43,692	39,559	206,610	83.6	57.1	49.8	45.1	58.9
	サービス業	14,396	37,637	44,004	48,139	144,176	16.4	42.9	50.2	54.9	41.1
	計	87,695	87,697	87,696	87,698	350,786	100.0	100.0	100.0	100.0	100.0

出所：表12-1と同じ。

グジャラート州では中小零細企業数に占める零細企業数比率が圧倒的に高い。資金力や技術力に乏しい人々も多数企業活動に参入しているためである。経営者の裾野が広がりをみせている反面、経営基盤の脆弱な層が厚い。全期間をとおした中小零細企業全体に占める製造業の比率は59％、サービス業は41％となっている。

　時期別の企業数比率の変動の特徴は、カテゴリー別では、①小企業と中企業は第1期における企業数比率が全期間をとおしてもっとも高く、第2期以降はそれが半分以下に減少したこと、②これに対し、零細企業の企業数比率は第1期に82％であったのが、第2期以降、92～93％台に増加したことにある。このように、グジャラート州における第1期の特徴は資本投資額と雇用数の大きい中小企業の企業数比率が比較的優勢な点にあった。ところが、第2期に入ると零細企業数比率が大きく増加した。それ以降、第4期までのカテゴリー別の企業数比率の変動はきわめて小さかった。業態別では、①中小零細企業全体の「製造業」の企業数比率は第1期には84％ときわめて高かったが、第2期以降逓減し、第4期には45％まで減少したこと、②これに対し、中小零細企業全体の「サービス業」の企業数比率は第1期には16％に過ぎなかったのが、第4期には55％まで増加したこと、③すべてのカテゴリーにつ

いて、「製造業」の企業数比率は第1期から第4期にかけて減少していること、が指摘できる。

(3) 経営組織

表12-3には、6種類の経営組織を表示してある。原票には、この他に、「自助グループ」(Self Help Group)、「信託」(Trust)、「記載なし」の企業が含まれているが、それらの企業数は合計しても500に過ぎないので、一括して「その他」に表示した。企業数がもっとも多い「個人企業」(Proprietor)は、製造業とサービス業の双方にみられる。それに次ぐ「パートナーシップ」(Partnership)と「有限会社」(Private Limited Company)では、ともに製造業が主要な業態となっている。この3種類の経営組織で全企業数の99.2%を占めている。株式会社(Public Limited Company)は比較的少数であり、登録企業数の0.3%ほどに過ぎない。ヒンドゥー家族会社(Hindu Undivided Family)はヒンドゥー教徒の合同家族を単位とする会社である。また、グジャラート州では協同組合(Co-operative)が比較的展開しており、登録企業数の0.2%ほどを占めている。

時期別の経営組織別業態別企業数比率の変動の特徴は、①業態別企業数比率が大きく変動し、第1期には製造業が80%以上の比率を占めていたのが、第2期以降は急減し、第3期と第4期にはサービス業の比率を下回る40%台に落ち込んだこと、②経営組織別企業数比率では、第1期に76%であった個人企業が第2期以降は90%前後に比率を上げたこと、③これに対して、第1期の企業数比率が個人企業に次ぐパートナーシップと有限会社は、第2期以降に企業数比率が大きく減少したこと、④しかも、パートナーシップと有限会社の企業数比率の減少は、製造業での企業数の大幅な減少が主因となっていること、⑤株式会社の企業数比率は、第2期以降大きく減少したこと、⑥協同組合の企業数比率も、第2期以降大きく減少したこと、⑦ヒンドゥー家族会社の企業数比率の変動の幅は、他の経営組織よりも小さいが、主要な業態は製造業からサービス業に切り替わっていること、が確認できる。

第12章 中小零細企業の展開と経営者

表12-3 経営組織別業態別企業数の時期別分布

経営組織	業態	企業数				計	企業数比率				計
		第1期	第2期	第3期	第4期	(企業数)	第1期	第2期	第3期	第4期	(%)
協同組合	製造業	581	42	12	4	639	0.7	0.0	0.0	0.0	0.2
	サービス業	25	6	9	8	48	0.0	0.0	0.0	0.0	0.0
	小計	606	48	21	12	687	0.7	0.1	0.0	0.0	0.2
ヒンドゥー家族会社	製造業	217	89	180	168	654	0.2	0.1	0.2	0.2	0.2
	サービス業	35	21	255	200	511	0.0	0.0	0.3	0.2	0.1
	小計	252	110	435	368	1,165	0.3	0.1	0.5	0.4	0.3
パートナーシップ	製造業	12,137	4,310	5,060	4,964	26,471	13.8	4.9	5.8	5.7	7.5
	サービス業	714	578	1,424	1,970	4,686	0.8	0.7	1.6	2.2	1.3
	小計	12,851	4,888	6,484	6,934	31,157	14.7	5.6	7.4	7.9	8.9
有限会社	製造業	6,055	1,710	1,689	1,394	10,848	6.9	1.9	1.9	1.6	3.1
	サービス業	531	295	551	496	1,873	0.6	0.3	0.6	0.6	0.5
	小計	6,586	2,005	2,240	1,890	12,721	7.5	2.3	2.6	2.2	3.6
個人企業	製造業	53,566	43,757	36,586	32,925	166,834	61.1	49.9	41.7	37.5	47.6
	サービス業	13,009	36,692	41,629	45,403	136,733	14.8	41.8	47.5	51.8	39.0
	小計	66,575	80,449	78,215	78,328	303,567	75.9	91.7	89.2	89.3	86.5
株式会社	製造業	572	116	119	68	875	0.7	0.1	0.1	0.1	0.2
	サービス業	48	20	27	19	114	0.1	0.0	0.0	0.0	0.0
	小計	620	136	146	87	989	0.7	0.2	0.2	0.1	0.3
その他	製造業	171	36	46	36	289	0.2	0.0	0.1	0.0	0.1
	サービス業	34	25	109	43	211	0.0	0.0	0.1	0.0	0.1
	小計	205	61	155	79	500	0.2	0.1	0.2	0.1	0.1
計	製造業	73,299	50,060	43,692	39,559	206,610	83.6	57.1	49.8	45.1	58.9
	サービス業	14,396	37,637	44,004	48,139	144,176	16.4	42.9	50.2	54.9	41.1
	計	87,695	87,697	87,696	87,698	350,786	100.0	100.0	100.0	100.0	100.0

出所：表12-1と同じ。

(4) 投資額と雇用数

　表12-4で「カテゴリー別企業の投資額と雇用数の時期別分布」を検討してみよう。同表の投資額の単位は、個票データに記載されていたLakh Rupee（10万ルピー）とした。また、ここでの平均値とは企業当たりの数値のことである。比率は、総合計（全期の合計）に対する各時期各カテゴリーの投資総額や雇用総数の比率を表示した。各期の企業数は同数なので、比率は期間の変動をみるのに適している。

　投資額と雇用数はもっとも重要な経済指標であり、その動向には、これまで検討してきた産業構成、カテゴリー構成、経営組織の変動のほかに、技術

表12-4　カテゴリー別企業の投資額と雇用数の時期別分布

カテゴリー	項目	投資額（10万ルピー）				計	雇用数（人）				計
		第1期	第2期	第3期	第4期		第1期	第2期	第3期	第4期	
中企業	平均値	851.2	847.6	909.8	958.2	881.8	97.9	58.7	74.5	39.2	75.1
	総合計の%	(6.8)	(2.8)	(2.9)	(3.4)	(15.8)	(2.6)	(0.7)	(0.8)	(0.5)	(4.5)
小企業	平均値	131.1	126.5	136.7	131.3	131.3	27.7	17.6	16.9	15.3	21.6
	総合計の%	(21.4)	(8.6)	(8.7)	(8.7)	(47.3)	(15.2)	(4.0)	(3.6)	(3.4)	(26.2)
零細企業	平均値	14.3	9.8	9.4	9.4	10.6	8.2	5.3	5.2	5.4	5.9
	総合計の%	(11.3)	(8.7)	(8.4)	(8.7)	(36.8)	(21.8)	(15.8)	(15.5)	(16.1)	(69.2)
計	平均値	41.0	20.9	20.8	21.2	26.0	12.2	6.3	6.2	6.2	7.7
	総合計の%	(39.5)	(20.1)	(20.0)	(20.4)	(100.0)	(39.6)	(20.5)	(19.9)	(20.0)	(100.0)

注1：投資額の単位は10万ルピー、雇用数は人数（人）。
　2：（　）内数値は総合計に占める比率（％）。
出所：表12-1と同じ。

革新などの多様な要因が影響を与えている。時期別の投資額の変動の特徴は、①企業当たりの投資額が、中企業では第1期から第4期にかけて増加しているのに対して、小企業では横ばい、零細企業ではとくに第1期から第2期にかけて大きく減少したこと、②投資総額に占めるカテゴリー別投資額比率は、すべてのカテゴリーで第1期から第2期にかけて大きく減少したが、中企業ではその後漸増していること、小企業では横ばい、零細企業では第2期からさらに若干比率が漸減したこと、③しかし、第1期と第4期の投資総額に占めるカテゴリー別投資額比率を比較すると、小企業と中企業では比率は大きく落ち込んでいるのに対して、零細企業の同比率の減少は比較的少ないこと、が確認できる。また、全期をとおしたカテゴリー別投資額比率では、小企業が47％と投資額合計の半分弱を占め、それに零細企業が37％で続いている。中企業の投資総額は、16％と3つのカテゴリーのなかでもっとも低い。

　時期別の雇用数の変動については、①企業当たりの雇用数は、いずれのカテゴリーにおいても、第1期から第2期にかけて大きく減少し、その後も中企業と小企業では漸減傾向にあるが、零細企業では横ばいで推移していること、②雇用総数に占めるカテゴリー別雇用数比率でも、すべてのカテゴリーで第1期から第2期にかけて大きく減少し、その後は企業当たりの雇用数と類似の動向を示していること、③ただし、第1期と第4期の雇用総数に占めるカテゴリー別投資額比率を比較すると、零細企業の同比率の減少は比較的

少ないことが確認できる。全期を通したカテゴリー別投資額比率では、零細企業が69％の比率を示しグジャラート州の雇用創出に貢献していること、その役割は近年大きくなっていることを確認できる。

(5) 地域分布

　グジャラート州は大きく４つの地域に区分されている。個票には県名が記載されており、それに基づき４地域区分を行った。中央グジャラートにはアーメダバード市、北グジャラートにはガーンディーナガル市、半島部にはラージコート市、南グジャラートにはスーラト市などが含まれる。これらのうち、アーメダバード市、ラージコート市、スーラト市は植民地期から商工業が展開していたが、独立以降、新興工業都市が形成されるとともに、工業団地もグジャラート各地に形成された。

　表12-5にみるように、時期別の地域別カテゴリー別企業数とその比率の変動の特徴は、①地域別の全期をとおした中小零細企業数比率では、南グジャラートが全体の49％、すなわち約半数の高い比率を示し、それに中央グジャラートが34％で続いていること、②地域別企業数に占めるカテゴリー別企業数比率を比較すると、北グジャラートでは中企業と小企業の相対的な比率が比較的高い（換言すると、零細企業がそれほど展開していない）のに対して、南グジャラートと中央グジャラートでは零細企業の相対的比率が圧倒的に高いこと、③企業数および企業数比率の時期別展開では、４地域のなかで唯一南グジャラートのみが全期をとおして企業数および企業数比率をコンスタントに増加させているのに対して、他の３地域では、第１期から第２期にかけて企業数および企業数比率が減少した後、横ばいあるいは逓減の状態が続いていることが指摘できる。前章で検討した大規模工業の立地と異なり、グジャラート州では南グジャラートが中小零細企業の中心的な成長センターを形成しており、その勢いに衰えはみられない。

2．宗教・カースト集団と中小零細企業

　ここでは、個票データの姓・タイトル情報に基づき、宗教・カースト集団

表12-5 地域別カテゴリー別企業数の時期別分布

地域	カテゴリー	企業数 第1期	第2期	第3期	第4期	計(企業数)	企業数比率 第1期	第2期	第3期	第4期	計(%)
中央グジャラート	中企業	233	76	94	78	481	0.3	0.1	0.1	0.1	0.1
	小企業	5,044	1,780	1,920	1,748	10,492	5.8	2.0	2.2	2.0	3.0
	零細企業	28,647	26,774	28,210	23,909	107,540	32.7	30.5	32.2	27.3	30.7
	小計	33,924	28,630	30,224	25,735	118,513	38.7	32.6	34.5	29.3	33.8
北グジャラート	中企業	83	31	35	34	183	0.1	0.0	0.0	0.0	0.1
	小企業	1,431	442	521	432	2,826	1.6	0.5	0.6	0.5	0.8
	零細企業	3,629	1,392	1,290	927	7,238	4.1	1.6	1.5	1.1	2.1
	小計	5,143	1,865	1,846	1,393	10,247	5.9	2.1	2.1	1.6	2.9
半島部	中企業	155	83	79	128	445	0.2	0.1	0.1	0.1	0.1
	小企業	2,764	1,493	1,415	1,335	7,007	3.2	1.7	1.6	1.5	2.0
	零細企業	11,569	10,135	8,837	10,780	41,321	13.2	11.6	10.1	12.3	11.8
	小計	14,488	11,711	10,331	12,243	48,773	16.5	13.4	11.8	14.0	13.9
南グジャラート	中企業	253	112	84	79	528	0.3	0.1	0.1	0.1	0.2
	小企業	5,602	2,453	1,925	2,548	12,528	6.4	2.8	2.2	2.9	3.6
	零細企業	28,285	42,926	43,286	45,700	160,197	32.3	48.9	49.4	52.1	45.7
	小計	34,140	45,491	45,295	48,327	173,253	38.9	51.9	51.7	55.1	49.4
計	中企業	724	302	292	319	1,637	0.8	0.3	0.3	0.4	0.5
	小企業	14,841	6,168	5,781	6,063	32,853	16.9	7.0	6.6	6.9	9.4
	零細企業	72,130	81,227	81,623	81,316	316,296	82.3	92.6	93.1	92.7	90.2
	小計	87,695	87,697	87,696	87,698	350,786	100.0	100.0	100.0	100.0	100.0

出所：表12-1と同じ。

を再構成し、その地域分布、産業構成、経営組織、業態、投資額、雇用数の特徴を検討する。宗教・カースト集団は表12-6にみるように、「バラモン」から「不明」までの12種類に区分してある。この区分を作成した手順は、以下のとおりである。まず、個票の代表者名の情報から姓・タイトル情報を摘出し、そのなかから度数が200人以上の姓・タイトル情報を選択した。姓・タイトル分析に基づき、それらを以下の12種類に区分した。この区分は、筆者が他の論文（グジャラート州政府製造業者名簿やグジャラート商工会議所名簿の分析）で試みたのと同じ姓分析の方法論に従い行った。ただし、中小零細企業の分析には、これまでの関連論考と異なる区分も必要になったために、新たに「部族民」「その他後進諸階級」「パンジャービー」の区分を加えた。「パンジャービー」とはインド北部に位置するパンジャーブ州出身の人々のことである。近年、グジャラート州で経営展開しており、彼らを捕捉するた

表12-6　宗教・カースト集団別の中小零細企業代表者数と比率の分布

宗教・カースト集団	代表者数（人）	総数に占める比率（%）	度数が200人以上の姓数に占める比率（%）
バラモン	15,376	4.4	7.9
クシャトリヤ	19,201	5.5	9.8
バニヤー	50,316	14.3	25.7
上位諸カースト	8,221	2.3	4.2
パーティーダール	55,072	15.7	28.2
職人カースト	16,112	4.6	8.2
イスラム教徒	7,305	2.1	3.7
部族民	2,413	0.7	1.2
その他後進諸階級	3,651	1.0	1.9
パンジャービー	3,397	1.0	1.7
非グジャラーティー	1,595	0.5	0.8
不明	12,959	3.7	6.6
その他の姓（度数200未満）	155,168	44.2	
計	350,786	100.0	100.0

出所：表12-1と同じ。

めに設定した区分である。グジャラート人と異なる地域の姓・タイトルは「非グジャラーティー」、姓・タイトルの帰属が推測できないものは「不明」に入れた。度数が200未満の姓・タイトル情報は今回の姓分析の対象外なので、「その他の姓（度数200未満）」に含めた。ただし、度数の大きな姓が乏しい「部族民」「その他後進諸階級」「パンジャービー」については、分析対象のサンプルを増やすために、200未満の姓・タイトルを一定数組み入れたが、追加分の情報数は非常に小さいので、分析に支障は生じない。

表12-6にみるように、「その他の姓（度数200未満）」は代表者総数の44％を、度数200以上の姓は全体の56％の19万5618件を占めている。後者を母数とした比率では、パーティーダールが28％、バニヤーが26％と、両集団で分析対象の代表者数の54％を占めている。この結果は、州政府編纂の製造業者名簿やグジャラート商工会議所名簿の分析結果とも整合的であり、2006年から2015年までの比較的近年においても、両集団が突出した経営者集団であることが確認できる。この2集団に、「クシャトリヤ」「職人カースト」「バラモン」が各々8〜10％ほどの比率で続いている。「クシャトリヤ」「職人カースト」のなかには、クシャトリヤ姓や職人カースト姓を使う指定カーストやそ

表12-7 宗教・カースト集団別の代表的姓・タイトルの度数分布

姓度数の順位	バラモン 姓	人数	クシャトリヤ 姓	人数	バニヤー 姓	人数	上位諸カースト 姓	人数	パーティーダール 姓	人数
1	Sharma	3,061	Parmar	2,879	Shah	10,509	Mehta	2,383	Patel	46,503
2	Joshi	1,311	Chauhan	2,184	Jain	5,970	Desai	2,291	Vaghasiya	1,325
3	Purohit	804	Rathod	2,021	Agarwal	3,952	Vora	783	Gajera	1,075
4	Pandey	753	Chaudhary	1,949	Gupta	1,584	Goyal	600	Dobariya	1,045
5	Raval	747	Solanki	1,524	Jariwala	1,387	Dholakiya	466	Mangukiya	908
6	Bhatt	705	Rajput	1,336	Gandhi	1,219	Bhavsar	462	Radadiya	726
7	Vyas	669	Makwana	1,231	Modi	1,213	Amin	287	Sojitra	689
8	Trivedi	657	Gohil	950	Kakadiya	1,127	Bhagat	275	Vasoya	651
9	Rana	603	Vaghela	753	Vekariya	979	Dholakiya	246	Sangani	641
10	Mishra	597	Chavda	635	Kapadiya	846	Oza	226	Moradiya	507
計		15,376		19,201		50,316		8,221		55,072
%		64.4		80.5		57.2		97.5		98.2

姓度数の順位	職人カースト 姓	人数	イスラム教徒 姓	人数	部族民 姓	人数	その他後進諸階級 姓	人数	パンジャービー 姓	人数
1	Panchal	5,333	Shaikh	1,864	Vasava	2,019	Yadav	974	Singh	1,775
2	Prajapati	3,677	Pathan	1,213	Halpati	172	Khunt	700	Arora	353
3	Soni	1,379	Ansari	750	Gamit	131	Thakor	415	Bhatia	315
4	Bhavsar	836	Saiyed	338	Tadvi	91	Barot	351	Chopra	308
5	Mistry	773	Mansuri	315			Ahir	292	Ahuja	273
6	Suthar	756	Bohra	278			Bharwad	228	Jat	160
7	Gajjar	624	Memon	277			Rabari	221	Pal	120
8	Khatri	506	Akbari	265			Mali	180	Lal	88
9	Luhar	431	Qureshi	242			Diyora	167		
10	Hirpara	418	Shekh	225			Gosai	123		
計		16,112		7,305		2,413		3,651		3,397
%		91.4		78.9		100.0		100.0		100.0

出所:表12-1と同じ。

の他後進諸階級も多数含まれている。イスラム教徒は4%弱の7000人ほどであり、分析には十分なサンプル数である。グジャラート州における指定部族の人口比率は15%(2011年)であるが、企業家として経営に参入するケースは少なく、部族民の比率は1%ほどと低い。

次に、表12-7で宗教・カースト集団別の代表的な姓・タイトルを確認しておこう。度数が大きい順に第10位まで表示してあるが、「部族民」「パンジャービー」の分析対象姓数は10に満たない。表中の度数の大きな姓は、グジャラート州の他の経営者名簿にも頻繁にみられる。ちなみに、表中の上位20姓中17姓が州政府製造業者名簿でも高頻度の姓として分析対象になっていた。

とりわけ、パテール（Patel）とシャー（Shah）の２姓は、グジャラート州内の多くの経営者名簿で突出した姓をなしている。ただし、上位20姓以下の順位の姓については、これまで分析してきた1990年代までの古い時代の名簿と相違もみられる。主要な相違点は、パンジャービーを含む非グジャラーティーの姓が増えたこと、部族民姓のワサワー（Vasava）のように、これまで経営に比較的無縁であった宗教・カースト集団が経営に参入することにより一部の姓の頻度が高まっていることの２点である。

　主要な姓の語源やその他の特徴については、本書の序章で触れている。ここでは、宗教・カースト集団別の代表者数に占める上位10姓の人数比率を検討しておこう。この比率は、宗教・カースト集団内部で経営に参入する人々の姓の分散あるいは集中の度合いを示している。分析対象の姓の種類が10種類以内であるために人数比率が100％になっている「部族民」「その他後進諸階級」「パンジャービー」を除くと、「パーティーダール」の同比率が98％と圧倒的に高い。パテール（Patel）の頻度が突出しているほかに、「パーティーダール」の使用姓の種類が比較的少ないためである。同様に、「上位諸カースト」の場合も分析対象の使用姓の種類が少ないために、同比率が高くなっている。職人カーストもパーンチャル（Panchal）やプラジャーパティ（Prajapati）などの高頻度の姓が同比率を高めている。これに対して、バラモンとバニヤーは経営に参入する姓集団が多様であるため、換言すると裾野が広いために、同比率は比較的低くなっている。クシャトリヤも多様な姓が分析対象となっているために、同比率はそれほど高くはない。

　以上の検討を踏まえ、宗教・カースト集団の経済的特性を検討してみよう。

(1) 産業構成

　まず、宗教・カースト集団別の産業構成の特徴を検討する。表12-8から明らかなように、宗教・カースト集団別の産業構成をいくつかの類型にまとめることができる。

　第１は、製造業中心型でパーティーダールと職人カーストの２集団がこれに含まれる。彼らの製造業の比率は70％を上回っている。職人カーストは「伝統的」職業を中心とした製造業の長い歴史をもっている。パーティーダ

第Ⅲ部　グジャラートの経営者名簿分析

表12-8　宗教・カースト集団別産業構成（セクション）別代表者数比率の分布

(%)

セクション番号	産業構成	バラモン	クシャトリヤ	バニヤー	上位諸カースト	パーティーダール	職人カースト	イスラム教徒	部族民	その他後進諸階級	バンジャービー	計
A	農林水産業	0.8	0.8	0.5	0.7	1.0	0.5	0.7	0.3	1.0	0.5	0.8
B	採掘と採石	1.4	1.9	1.8	1.5	1.7	1.1	1.2	0.4	2.4	0.9	1.7
C	製造業	49.0	58.1	62.1	62.4	76.2	71.7	60.0	52.7	56.5	45.3	63.5
D	電気、ガス、蒸気、空調用電源	0.1	0.2	0.1	0.3	0.2	0.2	0.1	0.0	0.2	0.1	0.2
E	給水、下水道、廃棄物管理および修復活動	0.4	0.3	0.2	0.2	0.2	0.2	0.6	0.0	0.5	0.3	0.2
F	建設	2.0	3.2	1.2	1.9	1.6	1.5	1.6	0.7	3.6	2.7	1.8
G	卸売業・小売業：自動車・オートバイの修理	22.3	15.9	24.0	17.2	8.8	11.6	15.1	15.6	14.2	33.2	19.7
H	輸送と保管	3.0	2.0	0.9	1.4	0.9	0.9	3.5	0.3	3.4	3.6	1.3
I	宿泊施設と奉仕活動	0.6	0.6	0.2	0.4	0.2	0.3	0.5	0.2	0.8	0.5	0.4
J	情報とコミュニケーション	2.8	2.4	1.2	2.2	1.8	1.4	1.3	4.5	2.0	1.0	1.5
K	財務活動と保険活動	0.7	0.4	0.5	0.6	0.2	0.3	0.1	0.0	0.6	0.7	0.4
L	不動産活動	0.3	0.1	0.2	0.3	0.2	0.1	0.2	0.0	0.3	0.3	0.2
M	専門的、科学的、技術的活動	3.1	2.0	1.4	2.4	1.1	1.5	1.3	0.2	2.4	1.7	1.5
N	管理およびサポートサービス活動	10.5	8.4	4.6	6.6	4.5	7.0	10.5	1.2	9.6	7.4	5.2
O	行政と防衛：義務的社会保障	0.2	0.1	0.1	0.1	0.1	0.2	0.1	0.0	0.1	0.2	0.1
P	教育	0.3	0.2	0.1	0.2	0.1	0.1	0.3	0.0	0.3	0.3	0.1
Q	人間の健康と社会的活動	0.3	0.1	0.2	0.3	0.4	0.4	0.1	0.0	0.3	0.2	0.2
R	芸術、エンターテイメント、レクリエーション	0.2	0.1	0.0	0.0	0.0	0.0	0.1	0.0	0.0	0.1	0.1
S	その他のサービス活動	1.7	3.0	0.6	1.2	0.8	1.0	2.5	23.7	1.7	1.0	1.3
T	雇用者としての世帯の活動	0.0	0.0	0.0	0.0	0.0	0.0	0.0	0.0	0.1	0.0	0.0
U	外部行政機関および団体の活動	0.0	0.0	0.0	0.0	0.0	0.0	0.0	0.0	0.0	0.0	0.0
	計	100.0	100.0	100.0	100.0	100.0	100.0	100.0	100.0	100.0	100.0	100.0

注：数値は縦列の比率（％）。
出所：表12-1と同じ。

ールも植民地期から綿工業や食品加工業の経営に参入しており、製造業には確たる基盤を築いている。この2集団は、産業構成における各セクションの比率のバランスでも類似点が多い。とくに、卸売業・小売業の比率がともに低く、製造業に傾斜した産業構成が特徴的である。

　第2は、製造業・サービス業バランス型で、バニヤーと上位諸カーストが含まれる。彼らは、製造業に基盤をもつと同時に、卸売業・小売業の比率も比較的高い。とくに、バニヤーは卸売業・小売業を「伝統的」職業としてきており、グジャラート州でもっとも強力な商人集団をなしている。

　第3は、サービス業中心型でバラモンとパンジャービーの2集団が含まれる。バラモンの場合は、卸売業・小売業の他に、管理・サポートサービス、教育、情報・コミュニケーション、芸術等、知的階級としてのバラモンの特性を生かした多様な分野に企業家として参入している。パンジャービーの場合は、卸売業・小売業や自動車およびオートバイの修理の比率が諸集団中もっとも高いほか、建設、輸送と保管にも進出している。総じて、外来の経営集団として比較優位のあるオートモバイルや建設などの分野を中心に経営活動を展開している。これら2集団は製造業にも参入しているが、その比率は諸集団中もっとも低く、50％を下回っている。

　第4は、資源開発に関わるセクションの比率が比較的高い集団で、クシャトリヤとその他後進諸階級の2つが含まれる。ここでの資源開発とは、農林水産業、採掘・採石、建設などの資源開発と資源利用を指す。この2集団には、指定カーストやその他後進諸階級の経営者が多数含まれている。

　これらの他、イスラム教徒と部族民も独特の産業構成を示している。イスラム教徒の場合、製造業の比率が60％と比較的高い。繊維産業を中心とする自営業をどのように経済的に自立できる方向に発展させるのかが、大きな課題となっている。「給水・廃棄物管理」「その他のサービス活動」など公衆衛生に関わるセクションの比率も比較的高い。部族民の産業構成は、経営に進出しているセクションの種類が他の集団よりも格段に少ないこと、進出している産業のなかで「その他のサービス活動」の比率が際立って高いこと、「管理・サポートサービス」「専門的、科学的、技術的活動」の比率が非常に低いことに特徴がある。彼らが集住している山岳・丘陵地帯の地理的経済的制

約が大きい。また、彼らの集住地にある資源も他の集団にコントロールされているために、農林水産業、採掘・採石の比率も低い。

(2) カテゴリー構成

　宗教・カースト集団の経営基盤の強弱は、カテゴリー別の代表者数（企業数と同数）とその比率構成に端的にあらわれる。また、業態別の比率分布は、製造業中心型、製造業・サービス業バランス型、サービス業中心型などの類型を把握するための手掛かりとなる。これらを検討するために、表12-9に「宗教・カースト集団別カテゴリー別業態別代表者数と代表者数比率の分布」を掲げる。上半分は代表者数の実数であり、集団別の経営者の規模の大小が比較できる。下半分は宗教・カースト集団別代表者総数に占めるカテゴリー別業態別代表者数の比率であり、中企業、小企業、零細企業間の比率構成が把握できる。

　まず、上半分の代表者数の実数から検討する。すべてのカテゴリーにおいて、パーティーダールとバニヤーの代表者数は突出している。ユニット当たりの投資額規模がもっとも大きい中企業の代表者数はバニヤー、パーティーダールの順になっており、中企業の代表者総数に占める両者の合計数の比率は38％である。小企業と零細企業ではパーティーダール、バニヤーの順で両者の合計数の比率は、各々39％と29％である。このように、パーティーダールとバニヤーのシェアは投資額規模の大きい中企業と小企業でより顕著である。

　次に、下半分の代表者数の比率を検討する。パーティーダール、バニヤー、上位諸カーストの3集団は、宗教・カースト集団別代表者数に占める中企業と小企業の比率が他の集団を大きく上回っており、投資額の大きいカテゴリーでの比率が高い。上位諸カーストの姓集団は、パーティーダール、バニヤー、バラモンなどが「共通」に使用している姓で構成されているため、パーティーダールとバニヤーも多数含まれている。このため、この3集団のカテゴリー別代表者数比率の構成は近似している。3集団ともに、代表者数に占める零細企業の比率は80％台であり、他の集団の同比率を大きく下回っている。

　カテゴリー別代表者数比率の構成で、これら3集団の対極に位置するのが、

第12章　中小零細企業の展開と経営者

表12-9　宗教・カースト集団カテゴリー別業態別代表者数と代表者数比率の分布

カテゴリー	業態	バラモン	クシャトリヤ	バニヤー	宗教・カースト・カースト集団 上位諸カースト	バーティーダール	職人カースト	イスラム教徒	部族民	その他後進諸階級	パンジャービー	計
中企業	製造業 (人)	27	32	307	36	257	24	4		7	11	1,455
	サービス業 (人)	12	12	34	7	25	4	0		5	2	182
	小計 (人)	39	44	341	43	282	28	4		12	13	1,637
小企業	製造業 (人)	814	915	5,305	912	6,488	923	275	3	203	214	29,811
	サービス業 (人)	199	235	459	114	513	98	53	12	49	50	3,042
	小計 (人)	1,013	1,150	5,764	1,026	7,001	1,021	328	15	252	264	32,853
零細企業	製造業 (人)	5,994	8,757	24,022	3,913	34,193	9,815	3,488	401	1,640	1,053	175,344
	サービス業 (人)	8,330	9,250	20,189	3,239	13,596	5,248	3,485	1,997	1,747	2,067	140,952
	小計 (人)	14,324	18,007	44,211	7,152	47,789	15,063	6,973	2,398	3,387	3,120	316,296
計	製造業 (人)	6,835	9,704	29,634	4,861	40,938	10,762	3,767	404	1,850	1,278	206,610
	サービス業 (人)	8,541	9,497	20,682	3,360	14,134	5,350	3,538	2,009	1,801	2,119	144,176
	計 (人)	15,376	19,201	50,316	8,221	55,072	16,112	7,305	2,413	3,651	3,397	350,786
中企業	製造業 (%)	0.2	0.2	0.6	0.4	0.5	0.1	0.1	0.0	0.2	0.3	0.4
	サービス業 (%)	0.1	0.1	0.1	0.1	0.0	0.0	0.0	0.0	0.1	0.1	0.1
	小計 (%)	0.3	0.2	0.7	0.5	0.5	0.2	0.1	0.0	0.3	0.4	0.5
小企業	製造業 (%)	5.3	4.8	10.5	11.1	11.8	5.7	3.8	0.1	5.6	6.3	8.5
	サービス業 (%)	1.3	1.2	0.9	1.4	0.9	0.6	0.7	0.5	1.3	1.5	0.9
	小計 (%)	6.6	6.0	11.5	12.5	12.7	6.3	4.5	0.6	6.9	7.8	9.4
零細企業	製造業 (%)	39.0	45.6	47.7	47.6	62.1	60.9	47.7	16.6	44.9	31.0	50.0
	サービス業 (%)	54.2	48.2	40.1	39.4	24.7	32.6	47.7	82.8	47.8	60.8	40.2
	小計 (%)	93.2	93.8	87.9	87.0	86.8	93.5	95.5	99.4	92.8	91.8	90.2
計	製造業 (%)	44.5	50.5	58.9	59.1	74.3	66.8	51.6	16.7	50.7	37.6	58.9
	サービス業 (%)	55.5	49.5	41.1	40.9	25.7	33.2	48.4	83.3	49.3	62.4	41.1
	小計 (%)	100.0	100.0	100.0	100.0	100.0	100.0	100.0	100.0	100.0	100.0	100.0

出所：表12-1と同じ。

部族民とイスラム教徒の2集団である。両集団ともに、代表者数に占める零細企業の比率は95％以上である。とくに、部族民の場合は、小企業の設立はわずかであり、中企業は存在しない。このため、代表者の99.4％は零細企業に集中している。

　他の集団（バラモン、クシャトリヤ、職人カースト、その他後進諸階級、パンジャービー）のカテゴリー別代表者数比率の構成は、上で検討した2種類のタイプの中間に位置する。この集団のなかでも、パンジャービー、その他後進諸階級、バラモンの3集団は、中企業や小企業の比率がクシャトリヤや職人カーストを若干上回っている。

　業態別の比率の分布から、ここでもパーティーダールと職人カーストの2集団は製造業中心型であること、バラモンとパンジャービーの2集団はサービス業中心型であること、バニヤーと上位諸カーストの2集団は製造業・サービス業バランス型（全集団の製造業・サービス業比率に近似）であることが確認できる。クシャトリヤ、その他後進諸階級、イスラム教徒の3集団では、代表者の業態別分布は製造業とサービス業にほぼ二分されている。部族民の業態は零細企業のサービス業に集中しており、他の集団とまったく異なるカテゴリー別業態別の代表者比率の分布を示している。

(3) 経営組織

　宗教・カースト集団別の経営組織の構成を表12-10に掲げる。上半分には宗教・カースト集団別の代表者数の実数を、下半分には宗教・カースト集団別の経営組織別代表者数の比率を示す。

　宗教・カースト集団間の経営組織別の代表者数比率の違いに注目して、集団の特徴を検討してみよう。いずれの宗教・カースト集団でも個人企業がもっとも高い比率を占めているが、集団間に最大19ポイントもの差がみられる。個人企業の比率がもっとも高いのは、部族民とイスラム教徒の2集団である。とくに、部族民は個人企業の比率が99.7％もの高率となっている。個人企業はもっとも容易に商工業に参入できる経営組織であり、零細企業のサービス業はほぼ個人企業の形態をとっている。これに対して、パーティーダール、バニヤー、上位諸カーストの3集団の個人企業の比率は諸集団のなかでは低

表12-10 宗教・カースト集団別経営組織別代表者数と代表者数比率の分布

経営組織	バラモン	クシャトリヤ	バニヤー	上位諸カースト	パーティーダール	職人カースト	イスラム教徒	部族民	その他後進諸階級	パンジャービー	計
協同組合 (人)	30	24	125	12	172	28	6	1	5	5	687
ヒンドゥー家族会社 (人)	49	30	256	41	174	42	5	0	2	8	1,165
パートナーシップ (人)	1,053	1,156	4,544	938	7,407	1,188	305	6	260	156	31,157
有限会社 (人)	662	365	2,847	546	2,198	373	94	0	62	116	12,721
個人企業 (人)	13,510	17,570	42,232	6,634	44,877	14,431	6,875	2,405	3,309	3,090	303,567
株式会社 (人)	50	17	245	37	167	23	10	0	10	13	989
その他 (人)	22	39	67	13	77	27	10	1	3	9	500
計 (人)	15,376	19,201	50,316	8,221	55,072	16,112	7,305	2,413	3,651	3,397	350,786
協同組合 (%)	0.2	0.1	0.2	0.1	0.3	0.2	0.1	0.0	0.1	0.1	0.2
ヒンドゥー家族会社 (%)	0.3	0.2	0.5	0.5	0.3	0.3	0.1	0.0	0.1	0.2	0.3
パートナーシップ (%)	6.8	6.0	9.0	11.4	13.4	7.4	4.2	0.2	7.1	4.6	8.9
有限会社 (%)	4.3	1.9	5.7	6.6	4.0	2.3	1.3	0.0	1.7	3.4	3.6
個人企業 (%)	87.9	91.5	83.9	80.7	81.5	89.6	94.1	99.7	90.6	91.0	86.5
株式会社 (%)	0.3	0.1	0.5	0.5	0.3	0.1	0.1	0.0	0.3	0.4	0.3
その他 (%)	0.1	0.2	0.1	0.2	0.1	0.2	0.1	0.1	0.1	0.3	0.1
計 (%)	100.0	100.0	100.0	100.0	100.0	100.0	100.0	100.0	100.0	100.0	100.0

出所：表12-1と同じ。

く、80％台前半である。彼らの経営組織の構成は多様化しており、投資額や雇用数など経営規模の大きな事業は個人企業以外の経営組織をとっている。個人企業では資金調達、融資、技術ノウハウの面で大きな制約があるためである。

　これら3集団はパートナーシップの比率が高い点でも共通している。パートナーシップはパートナーの間で、資金、労働、技術、経験、ノウハウを共有し合える利点がある一方、経営や利益分配をめぐる確執があらわれやすい経営形態である。実際、パートナーの組み合わせは、親族や同族（同カースト）にほぼ限定されている（本書第9章）。換言すると、宗教・カースト集団が集団としての経営基盤を有していなければ、パートナーシップでの経営展開は難しいといえる。3集団のなかでも、パーティーダールのパートナーシップの比率はとりわけ高く、ここに彼らのビジネスにおける同カースト内部の結束力の強さの一端があらわれている。バニヤーと上位諸カーストの2集団は、その他の経営組織の比率も非常に近似しており、株式会社、有限会社とヒンドゥー家族会社の比率も諸集団中もっとも高い。

　バラモンとパンジャービーも経営組織が多様化しており、株式会社や有限会社の比率もバニヤーと上位諸カーストに次いでいる。クシャトリヤ、職人カースト、イスラム教徒の株式会社の比率は0.1％に過ぎず、資本規模の大きい事業へのモビリティに欠けている。

(4) 投資額と雇用数

　宗教・カースト集団別の投資額と雇用数の推移を表12-11で検討しよう。表には、時期別のユニット当たりの投資額（単位は10万ルピー）と雇用数（人）のほかに、全期をとおしての平均投資額と平均雇用数、全期をとおしての投資総額と雇用総数およびそれらの比率を表示してある。

　全期をとおしての投資総額には、2006年から2015年までに中小零細企業を設立した宗教・カースト集団の経済的な実力が端的にあらわれている。パーティーダールとバニヤーがこの期間の投資総額の各々20％弱を占め、両者の合計は37.3％となる。確かに大きな比率ではあるが、近年はその他の宗教・カースト集団が経営に参入してきているので、パーティーダールとバニヤー

第12章　中小零細企業の展開と経営者

表12-11　宗教・カースト集団別時期別平均投資額と平均雇用数の推移

項目	時期	バラモン	クシャトリヤ	バニヤー	上位諸カースト	パーティーダール	職人カースト	イスラム教徒	部族民	その他後進諸階級	パンジャービー	計
平均投資額（10万ルピー）	第1期	34.9	29.4	53.5	50.2	40.8	26.0	23.0	3.1	27.1	45.7	41.0
	第2期	16.4	15.3	23.3	27.1	26.0	18.8	16.7	2.6	15.0	12.9	20.9
	第3期	17.9	15.6	24.8	23.5	30.5	17.9	13.5	2.3	19.4	16.1	20.8
	第4期	18.4	14.5	23.8	23.3	29.4	16.8	12.5	3.2	18.6	14.9	21.2
	全期平均	21.1	18.1	31.9	31.9	32.6	20.4	16.0	2.7	19.7	20.1	26.0
	全期投資総額	324,758	346,803	1,606,693	262,197	1,793,983	329,234	117,186	6,607	71,750	68,447	9,112,964
	投資総額比率（％）	(3.6)	(3.8)	(17.6)	(2.9)	(19.7)	(3.6)	(1.3)	(0.1)	(0.8)	(0.8)	(100.0)
平均雇用数（人）	第1期	12.3	9.6	15.0	14.8	11.3	9.2	9.6	4.5	12.0	12.6	12.2
	第2期	6.8	6.1	7.1	7.6	6.2	5.5	6.8	4.9	5.5	6.2	6.3
	第3期	6.6	5.6	6.9	6.8	6.8	5.6	5.6	2.9	6.7	6.5	6.1
	第4期	6.1	5.6	6.7	5.8	6.4	6.3	5.4	2.7	6.1	5.9	6.2
	全期平均	7.6	6.5	9.1	9.0	8.1	6.9	6.7	3.6	7.3	7.3	7.7
	全期雇用総数	117,512	125,724	457,448	74,043	444,520	110,543	48,816	8,735	26,565	24,927	2,705,706
	雇用総数比率（％）	(4.3)	(4.6)	(16.9)	(2.7)	(16.4)	(4.1)	(1.8)	(0.3)	(1.0)	(0.9)	(100.0)

出所：表12-1と同じ。

の投資総額に占める比率は、2006年以前よりも減少しているとみることができる。この2集団に続くのは、職人カースト、クシャトリヤ、バラモンの3集団であり、各々3％台後半の比率である。職人カーストは製造業での長い歴史をもつ。クシャトリヤのなかには、その他後進諸階級や指定カーストに属する比較的近年に経営に参入した人々も含まれる。バラモンは独立後に経営への参入を加速させ、資本規模のより大きな事業への投資を進めているために、時期別の平均投資額が第2期以降に上昇している。上位諸カーストの全期をとおしての投資総額の比率は3％ほどとそれほど高くはないが、その経営パターンはパーティーダールやバニヤーに類似している。パンジャービーの投資パターンはバラモンに類似しているが、全期をとおしての投資総額の比率は1％に満たない。これはグジャラート州における彼らの経営の歴史が比較的新しいためである。イスラム教徒と部族民の投資総額の比率は、彼らの州内での人口比を大きく下回っている。

　全期平均投資額には、カテゴリー構成、業態構成が大きく反映している。カテゴリー構成がより高度化し、製造業にもしっかりとした基盤を持つパーティーダール、バニヤー、上位諸カーストの3集団の全期平均投資額は300万ルピー前半であり、他の集団の平均投資額を大きく引き離している。この間の全期平均投資額が200万ルピーを若干上回るのは、バラモン、パンジャービー、職人カーストの3集団のみで、他の集団は200万ルピー未満である。部族民は27万ルピーときわめて零細である。

　次に、雇用を検討してみよう。全期雇用総数でも、パーティーダールとバニヤーが突出しているが、両者を合わせた比率は33.3％と全期投資総額比率を若干下回っている。彼らの事業では資本構成が他の集団よりも高いためである。この2集団に、クシャトリヤ、バラモン、職人カーストが4％台で続いている。これらの集団は、資本構成が若干低いために、全期雇用総数比率が全期投資総額比率を少し上回っている。

　また、全期平均の雇用数の宗教・カースト集団格差は投資額の格差よりもはるかに小さい。ここでも、バニヤーと上位諸カーストが9人台で、それに他の集団が6～8人で続いている。部族民の全期平均雇用数は4人弱ともっとも少ない。

(5) 地域分布

　宗教・カースト集団の経営パターンは立地にも多くの影響を受けるので、表12-12に基づき、地域分布の特徴を把握しておこう。商工業都市や工業団地がグジャラート州内で偏在しているために、中小零細企業の立地は南グジャラートと中央グジャラートに集中している。宗教・カースト集団の地域分布のパターンは、①南グジャラート集中型、②中央グジャラート集中型、③南・中央グジャラート分散型、④その他のパターンに分類できる。

　南グジャラート集中型には、パンジャービーとバニヤーが含まれる。とくに、パンジャービーのような外来経営集団はグジャラート州のなかでもっとも開放的国際的なスーラト市を中心とする南グジャラートを拠点とすることが多い。バニヤーのなかには、ラージャスターン州や他の隣接州から渡来した経営者も多く含まれているため、南グジャラートとの結びつきは強い。中央グジャラート集中型には、部族民、職人カースト、イスラム教徒が含まれる。部族民は中央グジャラートから南グジャラートにかけての丘陵地帯に集住しているが、南グジャラートでは他の集団との競合が激しいために、彼らの経営はもっぱら中央グジャラートで展開している。イスラム教徒や職人カーストの経営者は南グジャラートにも存在するが、アーメダバード市を中心とする中央グジャラートが彼らのビジネスの中心地となっている。南・中央グジャラート分散型はグジャラート州の宗教・カースト集団にとってもっとも一般的な地域分布パターンであり、これにはパーティーダール、バラモン、上位諸カースト、その他後進諸階級が含まれる。このうち、パーティーダールはもともと農耕カーストであり、グジャラート各地に広範に分布しているが、ビジネスに関しては中央グジャラートのみならず、南グジャラートのダイヤモンド研磨業などのビジネスチャンスをうまく捉え発展している。その他のパターンには、クシャトリヤが含まれる。彼らは、南・中央グジャラートのほかに半島部にもビジネスの強い地盤をもつ。

(6) 経営者数の動向

　宗教・カースト集団別の経営者数の動向を、表12-13で確認しておこう。同表の上半分には、時期別（4期）の宗教・カースト集団別の代表者数（人）

第Ⅲ部　グジャラートの経営者名簿分析

表12-12　宗教・カースト集団別地域別の代表者数および代表者数比率の分布

地　域	バラモン	クシャトリヤ	バニヤー	宗教・カースト集団 上位諸カースト	パーティーダール	職人カースト	イスラム教徒	部族民	その他後進諸階級	パンジャービー	計
中央グジャラート (人)	7,344	8,602	14,829	3,194	23,886	10,636	4,557	2,084	1,587	1,107	118,513
北グジャラート (人)	463	724	831	288	3,706	1,230	185	1	97	36	10,247
半島部 (人)	1,659	4,586	5,146	972	3,912	606	414	2	452	120	48,773
南グジャラート (人)	5,910	5,289	29,510	3,767	23,568	3,640	2,149	326	1,515	2,134	173,253
計 (人)	15,376	19,201	50,316	8,221	55,072	16,112	7,305	2,413	3,651	3,397	350,786
中央グジャラート (%)	47.8	44.8	29.5	38.9	43.4	66.0	62.4	86.4	43.5	32.6	33.8
北グジャラート (%)	3.0	3.8	1.7	3.5	6.7	7.6	2.5	0.0	2.7	1.1	2.9
半島部 (%)	10.8	23.9	10.2	11.8	7.1	3.8	5.7	0.1	12.4	3.5	13.9
南グジャラート (%)	38.4	27.5	58.6	45.8	42.8	22.6	29.4	13.5	41.5	62.8	49.4
計 (%)	100.0	100.0	100.0	100.0	100.0	100.0	100.0	100.0	100.0	100.0	100.0

出所：表12-1と同じ。

第12章　中小零細企業の展開と経営者

表12-13　宗教・カースト集団別時期別の代表者数および代表者数比率の分布

| 時　期 | バラモン | クシャトリヤ | バニヤー | 宗　教　・　カ　ー　ス　ト　集　団 ||||||| 計 |
				上位諸カースト	パーティーダール	職人カースト	イスラム教徒	部族民	その他後進諸階級	パンジャビー	
第1期（人）	3,126	3,957	13,526	2,348	18,149	5,033	1,530	425	708	601	87,695
第2期（人）	3,752	4,633	12,323	1,877	13,419	4,121	1,828	605	820	945	87,697
第3期（人）	4,215	5,130	12,256	1,967	11,546	3,659	1,981	737	995	947	87,696
第4期（人）	4,283	5,481	12,211	2,029	11,958	3,299	1,966	646	1,128	904	87,698
全期（人）	15,376	19,201	50,316	8,221	55,072	16,112	7,305	2,413	3,651	3,397	350,786
第1期（%）	3.6	4.5	15.4	2.7	20.7	5.7	1.7	0.5	0.8	0.7	100.0
第2期（%）	4.3	5.3	14.1	2.1	15.3	4.7	2.1	0.7	0.9	1.1	100.0
第3期（%）	4.8	5.8	14.0	2.2	13.2	4.2	2.3	0.8	1.1	1.1	100.0
第4期（%）	4.9	6.3	13.9	2.3	13.6	3.8	2.2	0.7	1.3	1.0	100.0
全期（%）	4.4	5.5	14.3	2.3	15.7	4.6	2.1	0.7	1.0	1.0	100.0

出所：表12-1と同じ。

を、下半分には時期別の代表者数比率（横列の％）を示している。上半分の代表者数は人数の変動を実数で追える利点がある。しかし、時期別の宗教・カースト集団間の代表者数の変動をより正確に捉えるためには、下半分の代表者数比率のデータが適している。

下半分のデータにみるように、第1期から第4期にかけて、代表者数比率が増加している集団には、バラモン、クシャトリヤ、その他後進諸階級、パンジャービー、イスラム教徒と部族民が含まれる。彼らの経営形態は、零細企業の比率とサービス業の比率が比較的高い点で共通している。どちらも、経営への参入を容易にする要因である。

これらの集団のなかで、バラモンは独立後の比較的早い時期に経営参入を開始し、現在は知的階級としての利点を活用し、教育、芸術、情報産業など多様な分野で経営を展開している。この集団のなかでも成長頭と位置づけることができる。パンジャービーは第2期以降に存在感を高めた新規参入集団であり、その経営形態はバラモンと共通する面が多い。

クシャトリヤとその他後進諸階級は、カテゴリー構成と業態の構成が類似している。これらの姓集団は、「その他後進諸階級」（OBCs）と「指定カースト」（SCs）を多く含んでいる点でも共通している。「その他後進諸階級」と「指定カースト」は零細企業のサービス業に集中している。

イスラム教徒には、メーモーン（Memon）やボーホラー（Bohra）など富裕な経営層も含まれるが少数であり、大部分は小規模で伝統的な繊維業やオート修理などのサービス業の経営者である。製造業やサービス業での長い歴史をもつが、経営形態や技術面での革新性に欠け、時代の流れに取り残されている。ただし、繊維業、飲食業、オート修理業など確立された分野をもつとともに、イスラム教徒による一定の需要に対応する経営も展開している。

部族民の経営者数は人口比に比べると極端に少ないが、その数は増加している。ただし、投資額の規模は非常に小さく、産業構成も多様化していない。グジャラート州における宗教・カースト集団のなかで、彼らの経営基盤はもっとも小さく、弱く、後進的である。

以上の諸集団と対照的に、第1期から第4期にかけて、代表者数比率が減少している集団には、パーティーダール、バニヤー、職人カースト、上位諸

第12章　中小零細企業の展開と経営者

旧市内のムスリム街に集中するオート修理店。溶接・組み立てなどの作業、アクセサリーごとに分業が行われている。(アーメダバード市、2018年8月)

カーストが含まれる。このグループは、独立後の経営展開を牽引してきた経営先進集団で構成されている。代表者数比率の減少の背景には、彼らに内在する要因と、新興経営集団の台頭など外在的な要因の2つがある。

　とくに、代表者数比率の減少の幅が大きいのはパーティーダールであり、第1期の21％から第4期の14％へと7ポイントも減少している。ただし、パーティーダールは全期の投資総額だけではなく、平均投資額でもグジャラート州第1位の集団であり、近年においてもその優位は揺るいでいない。

　「伝統的」職業をベースとして製造業を担ってきた職人カーストも、この間に代表者数比率を2ポイントほど落としている。新たな産業構造と技術革新のなかで、「伝統的」職業で培った技術やネットワークに依存する経営戦略では十分に対応できない状況が生じている。バニヤーや上位諸カーストも、第1期から第4期にかけて、わずかではあるが代表者数比率を下げている。新興経営集団が中小零細企業の登録数を伸ばしていること、そのなかには大量の零細企業が含まれていることが、姓集団別の代表者比率の動向から確認できる。

429

以上、検討したように、中小零細企業には多様な産業構成、経営組織、業態が含まれている。宗教・カースト集団別に、それらの相互関連を検討した結果、集団間に非常に大きな経営格差が存在していることを確認できた。パーティーダール、バニヤー、上位諸カーストは経営形態やカテゴリー構成がより高度化しているのに対して、イスラム教徒や部族民の経営形態やカテゴリー構成はその対極にある。さらに、指定カーストやその他後進諸階級を多く含んでいるクシャトリヤやその他後進諸階級の経営形態やカテゴリー構成も先進経営集団とは大きな隔たりがある。指定カースト、指定部族、その他後進諸階級とイスラム教徒は社会関係資本の面でも、後進的な集団を形成している（本書第2章）。これらの集団は、経営面での新興勢力として零細企業に進出しているが、彼らが経営分野に足場を築けるかどうか、さらに彼らの経営形態やカテゴリー構成を高めていけるかどうかが、彼らの社会経済的発展の帰趨を左右する重要な課題となっている。

3. 姓集団と社会集団の関わり

　カースト集団と社会集団がどのように関わっているのかを検討しておこう。ここでの社会集団のうち、指定カースト、指定部族、その他後進諸階級の3集団（これ以降、「3社会集団」と表記する）は、県工業センター（District Industries Center）に中小零細企業として申請を行った際に、これらのいずれかに属すると申告した経営者のことを指す。3社会集団に対しては、一定の優遇策が適用されるので、その便益に関心のある経営者は申告を行う。ただし、社会集団の申告は義務ではないので、3社会集団に属していても、社会集団の申告を行わないことも多い。3社会集団のいずれかに属すると申告する場合は、それを証明する公的な証明書の提出が義務づけられている。特別の申告を行わない場合は、この項目については自動的に「その他」に分類されることになる。

　約35万人の経営者中、指定カーストは7000人弱、指定部族は5000人、その他後進諸階級は2万2000人であり、経営者総数に占める比率は、各々1.9％、1.4％、6.3％であった。このように、2006-15年間に認可された企業件数に

占める社会集団別経営者のデータは、データ数は比較的小さいものの、以下の2点においてグジャラート州の経営者分析にとって有用である。第1は、社会集団と本書の分析方法の特徴のひとつであるカースト集団とが、どのように関わっているのかが具体的に検討できることにある。第2は、社会集団間における企業実態の相違を産業構成、カテゴリー構成、経営組織、投資額・雇用数、地域分布などの面から比較検討できることである。

　まず、姓集団と社会集団の関わりを表12-14のクロス表で検討しよう。同表の上段には社会集団別経営者数、中段には姓集団内での社会集団別比率の分布、下段には社会集団内での姓集団別比率の分布を示している。ひとつ留意しておくべきことがある。同表のなかでの「その他」には、指定カースト、指定部族、その他後進諸階級の申請をしなかった経営者すべてが含まれている。当然、公的な証明書を持っていてもあえて申請しなかった経営者も含まれているので、社会集団を構成する4集団のなかの「その他」と異なっている。このことを踏まえ、姓集団内での社会集団別比率の分布の特徴をまとめると、①いわゆる上位のカーストの姓集団は「その他」の比率が高いのに対して、指定カースト、指定部族、その他後進諸階級を合わせた3社会集団の比率が相対的に低い、②逆に、下位のカースト集団とイスラム教の姓集団では、「その他」の比率が上位諸カースト集団よりも低いのに対して、3社会集団の比率は比較的高い、③非グジャラート、パンジャービー、不明（頻度200以上の姓集団のなかで）に分類される姓集団でも、「その他」の比率は高く、3社会集団の比率が相対的に低いことが指摘できる。

　ちなみに、「その他」の比率を90％以上と90％未満に区分すると、前者には、「バラモン」「バニヤー」「上位諸カースト」「パーティーダール」の姓集団が、後者には「クシャトリヤ」「職人カースト」「その他後進諸階級」と「イスラム教徒」の姓集団が含まれる。非グジャラート、パンジャービー、不明（頻度200以上の姓集団のなかで）に分類される姓集団も前者に含まれる。

　上位諸カーストのなかでも、「その他」の比率がとくに高いのは、「バニヤー」と「パーティーダール」の2つの姓集団であり、それに「バラモン」と「上位諸カースト」の姓集団が続いている。3社会集団の比率の組み合わせは、わずかではあるが、上位諸カーストの姓集団間で異なっている。たとえ

表12-14 姓集団と社会集団のクロス表

姓 集 団	社会集団（企業数）				計（企業数）
	OBC	Other	SC	ST	
バラモン	763	14,391	163	59	15,376
クシャトリヤ	2,646	14,481	1,492	582	19,201
バニヤー	1,691	48,092	433	100	50,316
上位諸カースト	437	7,661	90	33	8,221
パーティーダール	1,417	52,467	341	847	55,072
職人カースト	3,609	12,122	294	87	16,112
イスラム教徒	554	6,561	123	67	7,305
部族民	28	152	410	1,823	2,413
その他後進諸階級	384	3,165	78	24	3,651
非グジャラーティー	61	1,511	19	4	1,595
不明	411	12,382	106	60	12,959
パンジャービー	130	3,212	46	9	3,397
計	12,131	176,197	3,595	3,695	195,618

姓 集 団	社会集団（横列％）				計（横列％）
	OBC	Other	SC	ST	
バラモン	5.0	93.6	1.1	0.4	100
クシャトリヤ	13.8	75.4	7.8	3.0	100
バニヤー	3.4	95.6	0.9	0.2	100
上位諸カースト	5.3	93.2	1.1	0.4	100
パーティーダール	2.6	95.3	0.6	1.5	100
職人カースト	22.4	75.2	1.8	0.5	100
イスラム教徒	7.6	89.8	1.7	0.9	100
部族民	1.2	6.3	17.0	75.5	100
その他後進諸階級	10.5	86.7	2.1	0.7	100
非グジャラーティー	3.8	94.7	1.2	0.3	100
不明	3.2	95.5	0.8	0.5	100
パンジャービー	3.8	94.6	1.4	0.3	100
計	6.2	90.1	1.8	1.9	100

姓 集 団	社会集団（縦列％）				計（縦列％）
	OBC	Other	SC	ST	
バラモン	6.3	8.2	4.5	1.6	7.9
クシャトリヤ	21.8	8.2	41.5	15.8	9.8
バニヤー	13.9	27.3	12.0	2.7	25.7
上位諸カースト	3.6	4.3	2.5	0.9	4.2
パーティーダール	11.7	29.8	9.5	22.9	28.2
職人カースト	29.8	6.9	8.2	2.4	8.2
イスラム教徒	4.6	3.7	3.4	1.8	3.7
部族民	0.2	0.1	11.4	49.3	1.2
その他後進諸階級	3.2	1.8	2.2	0.6	1.9
非グジャラーティー	0.5	0.9	0.5	0.1	0.8
不明	3.4	7.0	2.9	1.6	6.6
パンジャービー	1.1	1.8	1.3	0.2	1.7
計	100	100	100	100	100

出所：表12-1と同じ。

ば、「パーティーダール」では、指定部族の比率は1.5％と上位諸カーストのなかでもっとも高く、かつ指定カーストの比率を上回っている。これに対して、指定部族の比率がもっとも低い上位諸カーストは「バニヤー」の姓集団である。「バラモン」と「上位諸カースト」の３社会集団の比率構成は近似しており、ともにその他後進諸階級が５％ほどの比率となっている。

　次に、「その他」の比率が90％未満の姓集団について検討してみよう。これらのなかで、「その他」の比率がもっとも低いのは「部族民」の姓集団であり、６％に過ぎない。これに対して、指定部族は75％もの高率を示している。指定カーストも17％と比較的高率である。「部族民」姓は部族名より構成されており、種類が比較的少数である。また、経営者に関してはワサワーなど特定の部族名の使用者に集中している。また、「部族民」姓は、その他後進諸階級にほとんど使用されていない点も重要な特徴である。

　「クシャトリヤ」姓における３社会集団の比率の分布から、この姓集団が後進諸階級[4]の間に広く普及していることが確認できる。ちなみに、比率の分布は、その他後進諸階級が14％、指定カーストが８％、指定部族が３％であり、分析対象の経営者全体のなかでの３社会集団の比率を大きく上回っている。グジャラートにおける改姓運動のなかで、後進諸階級の間でクシャトリヤへの同化や「クシャトリヤ」姓の使用が広範に行われた結果である。

　「職人カースト」姓も「クシャトリヤ」姓と同様に、３社会集団の合計比率が25％ほどを占めているが、「クシャトリヤ」姓と異なり、その他後進諸階級の比率がきわめて高く、指定部族の比率は低い。「職人カースト」姓の多くは職業そのものを表示している。その他後進諸階級のなかには、大工、鍛冶などを伝統的職業とする職人カーストが多数含まれているのに対して、指定部族では製造業に関わる職業分化は比較的未展開である。

　イスラム教徒のなかには「イスラム教徒」姓のほかに、ヒンドゥー教徒が一般に使用する姓を使う人々がいる。本章では「イスラム教徒」姓の使用者のみをイスラム教徒と分類しているため、実際のイスラム教徒の一部しか把握できていない。しかし、「イスラム教徒」姓を使用する他宗教の経営者は

---

[4] 本章では、指定カースト、指定部族、その他後進諸階級の３集団の総称として後進諸階級との表現を用いる。

きわめて少ないため、本章での「イスラム教徒」姓の使用者のほとんどはイスラム教徒に属するとみなすことができる。グジャラートではイスラム教徒にも留保政策が適応されているが、受益枠のほとんどはOBC枠であり、指定カースト、指定部族の受益対象者は少数である。

「パンジャービー」と「非グジャラーティー」における3社会集団の比率は、グジャラートの上位の姓集団と同様に、比較的低い。州を越えての事業展開には自州での事業展開よりも大きなリスクがあるため、社会経済的モビリティの大きな集団が中心になっているものと推測できる。

次に、下段の表を参考に、社会集団別の姓集団分布の特徴を検討してみよう。ここでの母数は、姓集団の分析の対象とした頻度200以上の姓集団（ただし、「部族民」姓と「パンジャービー」姓については頻度200未満の若干数の姓も含めてある）である。

まず、「その他」であるが、「パーティーダール」と「バニヤー」の姓集団の比率が突出して高く、両者の合計比率は57％を示している。それに、「バラモン」「クシャトリヤ」が8％台で、「職人カースト」が7％ほどで続いている。この5つの姓集団は、州政府の製造業者名簿やグジャラート商工会議所名簿のなかでも主要な姓集団を構成していた。

その他後進諸階級の中核をなす姓集団は「職人カースト」と「クシャトリヤ」の2つであり、合わせると51％を占める。その他後進諸階級はまた、3社会集団のなかで「クシャトリヤ」姓の使用者数がもっとも多い社会集団をなしている。それに「バニヤー」姓と「パーティーダール」姓が続いている。その他後進諸階級には農耕民が多数含まれているので、同じく農耕民出自である「パーティーダール」姓は名のりやすい姓である。「バニヤー」姓の比率が「パーティーダール」姓を上回っている点はたいへん興味深い。「パーティーダール」姓のみならず、「バニヤー」姓も新たな改姓のうねりのなかで目標にされている可能性がある。

指定カーストのなかでは、「クシャトリヤ」姓の比率が非常に高い。「クシャトリヤ」姓使用者の人口規模はその他後進諸階級がもっとも大きいが、個別社会集団における「クシャトリヤ」姓使用者の比率では、指定カーストが群を抜いて高い。19世紀以降の後進諸階級の改姓運動のなかで、3社会集団

中指定カーストがクシャトリヤへの同化にもっとも深くコミットした結果であるとみることができる。また、「部族民」姓を共有する指定カーストが11％ほどを占めているのは、同じコミュニティが居住地域や若干の社会文化指標を基準に、指定カーストや指定部族に別々に分類されるケースがあるためである。指定カーストについても、その他後進諸階級と同様に、「バニヤー」姓と「パーティーダール」姓が10％前後で比較的高くなっている。指定カーストについても、これらの2つの姓集団が新たな改姓の目標にされているものとおもわれる。

　指定部族の姓分布のパターンは、他の後進諸階級と大きく異なっている。指定部族の場合、使用姓の種類が比較的少なく、本章で取り上げた姓集団（頻度200以上の姓集団）の経営者数だけで、指定部族と申告した経営者数の73％もの高率を示している。ちなみに、指定カーストとその他後進諸階級の場合は、この比率は一律55％前後である。さらに、指定部族の姓使用について、特定の姓の使用に集中する傾向にあることが指摘できる。とくに、「部族民」姓の比率は49％と突出している。本章で分析対象としている「部族民」姓は5種類のみである。「部族民」姓に次ぐのが「パーティーダール」姓とりわけPatel姓であり、これも23％もの高い比率を示している。部族民のなかには独立以前よりPatelを名乗る部族があった。部族民のなかで経済的上層をなすDodhiya Patelで、有力な土地所有集団であった。彼らは経営にも積極的に参入しており、彼らが指定部族のなかでの「パーティーダール」姓使用者の大きな割合を占めているものとおもわれる。「クシャトリヤ」姓の比率も16％と高い。部族民の間で19世紀以降に、クシャトリヤへの同化を求める運動が展開され、影響はこの姓使用にもあらわれていると理解できる。これら3つの姓集団以外の姓の比率は、その他後進諸階級、指定部族に比べて、非常に低い。とくに、「バラモン」「バニヤー」「上位諸カースト」などの上位集団や「職人カースト」のような職能に関わる姓集団の比率は非常に低い。

4. 社会集団別の中小零細企業の展開

(1) 産業構成

中小零細企業の展開を社会集団別の比較を中心に検討してみよう。まず、セクション単位の産業分類[5]に基づく産業構成を表12-15で検討する。宗教・カースト集団別の産業構成を検討する際に、産業構成を、①製造業中心型（パーティーダール、職人カースト）、②バランス型（バニヤー、上位諸カースト）、③サービス業中心型（バラモン、パンジャービー）、④資源開発型（クシャトリヤ、後進諸階級）、⑤別枠（イスラム教徒、部族民）の5つに区分した。製造業とサービス業の比率には少なからぬ違いがあり、その他後進諸階級と「その他」の製造業比率は63％ほど、卸売業および小売業は19％前後と近似している。それに対して、指定カーストと指定部族の製造業比率は50％台と低めである。指定カーストは卸売業および小売業と「その他のサービス活動」の比率が高い。指定部族は「情報とコミュニケーション」と「その他のサービス活動」の比率が高い。

(2) カテゴリー構成

カテゴリー構成の分布状況は、諸種の経営指標のなかで社会集団の経営基盤の強弱をもっとも明確にあらわす指標である。表12-16にみるように、社会集団の間には、中企業数のみならず、小企業数でも大きな開きがある。この格差の実態は社会集団別のカテゴリー・業態の比率分布に明瞭にあらわれている。

全体の零細企業の比率は90％であるが、社会集団間での比率の違いは大き

---

5) 産業分類は、セクション（1桁：A〜U、21項目）、ディビジョン（2桁：88項目）、グループ（3桁：238項目）の順で層化され、個票にもこの分類のデータが記載されていた。全国産業分類2008年版に基づき分類されているので、さらなる詳細はクラス（4桁：403項目）、サブクラス（5桁：1304項目）までたどることができる。本章での産業構成は、産業分類のセクション分類を中心に行い、必要に応じてグループ分類で補足する。産業分類は、以下を使用。*National Industrial Classification [All Economic Activities] 2008*, Central Statistical Organisation, Ministry of Statistics and Programme Implementation, Government of India New Delhi, India, p.10.

第12章　中小零細企業の展開と経営者

表12-15　社会集団別セクション別産業構成

セクション	セクション項目	社会集団（縦列%）					社会集団（横列%）				
		OBC	Other	SC	ST	計	OBC	Other	SC	ST	計
A	農林水産業	0.9	0.8	0.6	0.5	0.8	7.1	90.6	1.5	0.9	100.0
B	採掘と採石	2.7	1.7	1.3	1.0	1.7	9.9	87.8	1.5	0.8	100.0
C	製造	63.1	63.9	50.8	58.3	63.5	6.3	90.9	1.5	1.3	100.0
D	電気、ガス、蒸気、空調用電源	0.2	0.2	0.2	0.1	0.2	6.8	90.2	2.1	0.9	100.0
E	給水；下水道、廃棄物管理および修復活動	0.3	0.2	0.2	0.2	0.2	8.5	89.0	1.4	1.0	100.0
F	建設	2.1	1.7	2.7	1.8	1.8	7.3	88.3	2.9	1.5	100.0
G	卸売業および小売業；自動車およびオートバイの修理	18.8	19.7	25.9	11.5	19.7	6.0	90.6	2.5	0.8	100.0
H	輸送と保管	1.3	1.3	1.4	0.5	1.3	6.3	91.0	2.1	0.6	100.0
I	宿泊施設と奉仕活動	0.4	0.4	0.2	0.1	0.4	7.4	90.9	1.2	0.5	100.0
J	情報とコミュニケーション	2.3	1.3	2.3	10.7	1.5	9.6	77.0	3.0	10.4	100.0
K	財務活動と保険活動	0.4	0.4	0.4	0.2	0.4	5.5	91.9	1.9	0.7	100.0
L	不動産活動	0.2	0.2	0.2	0.0	0.2	7.4	90.5	1.9	0.2	100.0
M	専門的、科学的、技術的活動	1.8	1.5	1.4	0.7	1.5	7.6	89.9	1.9	0.7	100.0
N	管理およびサポートサービス活動	2.7	5.4	2.6	2.6	5.2	3.3	95.0	1.0	0.7	100.0
O	行政と防衛；義務的社会保障	0.1	0.1	0.1	0.0	0.1	6.9	91.3	1.5	0.3	100.0
P	教育	0.1	0.2	0.3	0.0	0.1	4.8	91.6	3.3	0.4	100.0
Q	人間の健康と社会的活動	0.3	0.2	0.1	0.2	0.2	10.0	87.6	1.3	1.1	100.0
R	芸術、エンターテイメント、レクリエーション	0.2	0.1	0.2	0.1	0.1	17.7	75.3	5.1	1.9	100.0
S	その他のサービス活動	2.2	0.9	9.1	11.5	1.3	10.8	62.5	13.8	13.0	100.0
T	雇用者としての世帯の活動	0.0	0.0	0.0	0.1	0.0	4.0	86.0	2.0	8.0	100.0
U	外部行政機関および団体の活動	0.0	0.0	0.0	0.0	0.0	13.3	80.0	6.7	0.0	100.0
	計（%）	100.0	100.0	100.0	100.0	100.0	6.3	90.4	1.9	1.4	100.0
	計（企業数）	22,061	316,948	6,729	5,048	350,786	22,061	316,948	6,729	5,048	350,786

出所：表12-1と同じ。

第Ⅲ部 グジャラートの経営者名簿分析

表12-16 社会集団別カテゴリー別業態別企業数の分布

カテゴリー形態	業務	社会集団 (企業数)					計(企業数)	社会集団 (縦列%)					計(縦列%)
		OBC	Other	SC	ST			OBC	Other	SC	ST		
中企業	製造業	48	1,392	13	2		1,455	0.2	0.4	0.2	0.0		0.4
	サービス業	10	170	0	2		182	0.0	0.1	0.0	0.0		0.1
	小計	58	1,562	13	4		1,637	0.3	0.5	0.2	0.1		0.5
小企業	製造業	1,317	28,215	208	71		29,811	6.0	8.9	3.1	1.4		8.5
	サービス業	245	2,729	47	21		3,042	1.1	0.9	0.7	0.4		0.9
	小計	1,562	30,944	255	92		32,853	7.1	9.8	3.8	1.8		9.4
零細企業	製造業	10,852	160,591	2,518	1,383		175,344	49.2	50.7	37.4	27.4		50.0
	サービス業	9,589	123,851	3,943	3,569		140,952	43.5	39.1	58.6	70.7		40.2
	小計	20,441	284,442	6,461	4,952		316,296	92.7	89.7	96.0	98.1		90.2
合計	製造業	12,217	190,198	2,739	1,456		206,610	55.4	60.0	40.7	28.8		58.9
	サービス業	9,844	126,750	3,990	3,592		144,176	44.6	40.0	59.3	71.2		41.1
	計	22,061	316,948	6,729	5,048		350,786	100.0	100.0	100.0	100.0		100.0

出所：表12-1と同じ。

表12-17 社会集団別経営組織別企業数の分布

経営組織	社会集団 (企業数)				計	社会集団 (縦列%)				計
	OBC	Other	SC	ST		OBC	Other	SC	ST	
協同組合	57	609	8	13	687	0.3	0.2	0.1	0.3	0.2
ヒンドゥー家族会社	95	1,056	10	4	1,165	0.4	0.3	0.1	0.1	0.3
パートナーシップ	1,784	29,101	196	76	31,157	8.1	9.2	2.9	1.5	8.9
有限会社	456	12,188	57	20	12,721	2.1	3.8	0.8	0.4	3.6
個人企業	19,595	272,619	6,426	4,927	303,567	88.8	86.0	95.5	97.6	86.5
株式会社	23	953	11	2	989	0.1	0.3	0.2	0.0	0.3
その他	51	422	21	6	500	0.2	0.1	0.3	0.1	0.1
計	22,061	316,948	6,729	5,048	350,786	100.0	100.0	100.0	100.0	100.0

出所：表12-1と同じ。

い。零細企業比率のもっとも低いのは「その他」で、それにその他後進諸階級、指定カースト、指定部族の順で続いている。「その他」と零細企業比率のもっとも高い指定部族では10ポイントほどの大きな開きがある。もうひとつ、零細企業比率の分布状況から、「その他」とその他後進諸階級の比率は近似しており社会集団のなかでの上層をなすこと、指定カーストと指定部族の比率も近似しており、ともに下層をなすことが確認できる。

　社会集団間にみられるカテゴリー別の企業比率の順位と上層、下層の区分は、小企業比率と中企業比率にともにみられる。「その他」と指定部族では、小企業比率に8ポイント、中企業比率に0.4ポイントの開きがある。

　また、業態にも社会集団間の経営基盤の強弱の違いがあらわれている。中企業と小企業はいずれの社会集団でも製造業の比率がサービス業を上回っているが、零細企業については社会集団間における製造業とサービス業の比率の差が非常に大きい。ちなみに、「その他」とその他後進諸階級では、製造業の比率がサービス業を上回っているのに対して、指定カーストと指定部族ではサービス業の比率が製造業を大きく上回っている。指定カーストでは21ポイント、指定部族では43ポイントもの開きがある。指定カーストと指定部族の零細企業におけるサービス業は、前表で確認したように、「その他のサービス活動」「情報とコミュニケーション」などの雑業が中心となっており、その経営基盤は製造業よりも劣っているものと推測できる。

(3) 経営組織

　社会集団別の経営組織の状況を表12-17で検討しよう。いずれの社会集団でも個人企業の比率がもっとも高いが、「その他」と指定部族の間には12ポイントもの差がある。ここでも、他の経営指標と同様に、上層と下層のグループ間格差がみられる。下層の指定カーストの個人企業比率は96％、指定部族は98％であり、ほとんどの企業が個人企業に属する。個人企業はもっとも参入が容易な経営組織であり、零細企業のほとんどは個人企業となっている。

　個人企業に次ぐ比率の経営組織はパートナーシップである。パートナーシップは、パートナーの間で、資金、労働、技術、ノウハウを共有できる利点がある一方、経営や利益配分をめぐる争いが生じやすい経営組織である。パ

表12-18　社会集団別時期区分別平均投資額と平均雇用数の動向

項目	時期	社会集団				計
		OBC	Other	SC	ST	
平均投資額	第1期	29.6	43.0	20.3	8.4	41.0
(10万ルピー)	第2期	15.7	21.6	14.2	5.0	20.9
	第3期	15.9	21.6	8.2	6.4	20.8
	第4期	15.0	22.1	10.0	5.4	21.2
	全期平均	19.5	27.0	13.4	6.4	26.0
	全期投資総額	429,228	8,561,137	90,311	32,288	9,112,964
	投資総額比率 (%)	4.7	93.9	1.0	0.4	100.0
平均雇用数	第1期	10.9	12.6	7.0	4.9	12.2
(人)	第2期	5.9	6.4	6.5	4.4	6.3
	第3期	5.8	6.2	4.9	3.5	6.2
	第4期	7.1	6.2	5.0	3.2	6.2
	全期平均	7.6	7.8	6.0	4.1	7.7
	全期雇用総数	166,933	2,478,248	40,040	20,485	2,705,706
	雇用総数比率 (%)	6.2	91.6	1.5	0.8	100.0

出所：表12-1と同じ。

ートナーの組み合わせは親族や同族に限定され、経営基盤の強いカーストに形成される傾向にある。社会集団のなかでは、「その他」とその他後進諸階級が8～9％台の比率を示すのに対して、指定カーストと指定部族は1～2％台である。この個人企業とパートナーシップの比率の分布状況に、社会集団内部の上層と下層の格差が明瞭にあらわれている。

　他の経営組織のなかで、株式会社、有限会社などの資本規模が比較的大きい経営組織とヒンドゥー家族会社では、「その他」とその他後進諸階級の比率が、指定カーストと指定部族の比率を上回っている。

(4) 投資額と雇用数

　社会集団別の投資額と雇用数の推移を表12-18で検討しよう。まず、全期をとおしての投資総額比率をみると、「その他」が94％と他の社会集団を圧倒している。それにその他後進諸階級が5％ほどで続いている。指定カーストと指定部族は、各々1％、0.4％と僅少である。ただし、「その他」以外の社会集団については申告者のみをカウントしている点に留意する必要がある。

ここで、より重要な指標は、全期平均投資額である。これには、社会集団間の平均投資額における格差が明瞭にあらわれている。もっとも平均投資額の高いのは「その他」の270万ルピー、もっとも低いのは指定部族の64万ルピーで200万ルピーほどの差がある。これでも、指定部族の平均投資額が「部族民」の平均投資額の27万ルピーを大きく上回っているのは、指定部族と申告した経営者のなかに指定部族内部での比較的上層の経営者が多数含まれていたのかもしれない。いずれの社会集団についても平均投資額は第1期がもっとも高く、それが第2期に大きく減少し、その状態が第4期まで推移している。平均投資額が第2期以降上昇しないのは、新規登録者のなかで零細企業の比率がきわめて高いためである。

次に、雇用を検討しよう。全期をとおしての雇用総数比率は、「その他」では投資総額比率よりも2.3ポイント低いのに対して、3社会集団では雇用総数比率は投資総額比率を若干上回っている。「その他」の企業の資本構成が、3社会集団よりも高度なためである。平均雇用数の社会集団間格差は平均投資額よりは小さい。いずれの社会集団についても、平均雇用数も第1期にもっとも高く、第2期以降は横ばいの状態である。

(5) 地域分布

社会集団別経営者の地域分布を表12-19で検討しよう。同表には、地域分布のより詳細な比較ができるように、大地域分類のもとに県別のデータを掲載している。

南グジャラート集中型には「その他」が含まれる。「その他」の南グジャラート全体の比率51％中、スーラト県の比率は49％であり、ほぼスーラト県に集中している。「その他」は中央グジャラートにも34％の比率で分布している。中央グジャラートではアーメダバード県が主で、それにヴァドーダラー県が続いている。半島部の比率は低い。半島部では、地域の工業化を牽引してきたラージコート県が主となっている。

中央グジャラート集中型には指定部族が含まれる。指定部族の中央グジャラート全体の比率56％中、バルーチ県に33％、ナルマダー県に11％が分布している。これら両県はいわゆる部族民県（指定部族人口比率の高い県）である。

表12-19 社会集団別県別企業数の分布

地域	県	社会集団（企業数）				合計	社会集団（縦列 %）				計
		OBC	Other	SC	ST		OBC	Other	SC	ST	
中央グジャラート	アーメダバード	4,527	83,032	1,107	289	88,955	20.5	26.2	16.5	5.7	25.4
	アーナンド	214	2,654	92	29	2,989	1.0	0.8	1.4	0.6	0.9
	バルーチ	687	3,620	996	1,639	6,942	3.1	1.1	14.8	32.5	2.0
	チョーター・ウダイプル	1	7	0	0	8	0.0	0.0	0.0	0.0	0.0
	ダーホード	141	207	29	182	559	0.6	0.1	0.4	3.6	0.2
	ケーダー	124	1,108	9	4	1,245	0.6	0.3	0.1	0.1	0.4
	マヒーサーガル	0	2	0	0	2	0.0	0.0	0.0	0.0	0.0
	ナルマダー	105	263	32	549	949	0.5	0.1	0.5	10.9	0.3
	パンチマハール	250	1,175	29	27	1,481	1.1	0.4	0.4	0.5	0.4
	ヴァドーダラー	725	14,274	254	130	15,383	3.3	4.5	3.8	2.6	4.4
	小計	6,774	106,342	2,548	2,849	118,513	30.7	33.6	37.9	56.4	33.8
北グジャラート	アルヴァリー	3	13	0	0	16	0.0	0.0	0.0	0.0	0.0
	バナースカーンター	418	1,168	81	6	1,673	1.9	0.4	1.2	0.1	0.5
	ガーンディーナガル	472	2,803	44	15	3,334	2.1	0.9	0.7	0.3	1.0
	メーサーナー	213	2,133	14	8	2,368	1.0	0.7	0.2	0.2	0.7
	パータン	181	490	64	7	742	0.8	0.2	1.0	0.1	0.2
	サーバルカーンター	605	1,210	181	118	2,114	2.7	0.4	2.7	2.3	0.6
	小計	1,892	7,817	384	154	10,247	8.6	2.5	5.7	3.1	2.9

第12章　中小零細企業の展開と経営者

半島部	アムレーリー	510	555	70	13	1,148	2.3	0.2	1.0	0.3	0.3
	バーヴナガル	1,062	4,356	224	48	5,690	4.8	1.4	3.3	1.0	1.6
	ポーターバンド	5	10	0	0	15	0.0	0.0	0.0	0.0	0.0
	デーサヴァミ・ドゥワールカー	5	17	0	0	22	0.0	0.0	0.0	0.0	0.0
	ギール・ソームナート	4	5	0	0	9	0.0	0.0	0.0	0.0	0.0
	ジャームナガル	628	5,312	142	58	6,140	2.8	1.7	2.1	1.1	1.8
	ジュナーガド	426	1,052	73	29	1,580	1.9	0.3	1.1	0.6	0.5
	カッチ	273	1,600	138	8	2,019	1.2	0.5	2.1	0.2	0.6
	モールビー	2	128	0	0	130	0.0	0.0	0.0	0.0	0.0
	ポールバンダル	402	344	26	13	785	1.8	0.1	0.4	0.3	0.2
	ラージコート	1,397	26,946	313	58	28,714	6.3	8.5	4.7	1.1	8.2
	スレーンドラナガル	540	1,892	77	12	2,521	2.4	0.6	1.1	0.2	0.7
	小計	5,254	42,217	1,063	239	48,773	23.8	13.3	15.8	4.7	13.9
南グジャラート	ダーング	0	7	0	1	8	0.0	0.0	0.0	0.0	0.0
	ナーヴサーリー	394	1,451	93	870	2,808	1.8	0.5	1.4	17.2	0.8
	スーラト	7,261	154,330	2,586	404	164,581	32.9	48.7	38.4	8.0	46.9
	ターピー	82	262	14	200	558	0.4	0.1	0.2	4.0	0.2
	ヴァルサード	404	4,522	41	331	5,298	1.8	1.4	0.6	6.6	1.5
	小計	8,141	160,572	2,734	1,806	173,253	36.9	50.7	40.6	35.8	49.4
	グジャラート	22,061	316,948	6,729	5,048	350,786	100.0	100.0	100.0	100.0	100.0

出所：表12-1と同じ。

中央グジャラート集中型にもかかわらず、中央グジャラートにおける最大の商工業センターであるアーメダバード県にはわずか6％しか分布していない。南グジャラートにも36％の比率で分布しているが、主たる分布地はナーヴサーリー県であり、南グジャラート最大の商工業センターのスーラト県の比率は8％に過ぎない。指定部族は北グジャラートと半島部での分布の比率も低い。このように、指定部族の地理的分布の特徴は、中央グジャラートや南グジャラートを領域とするものの、アーメダバード県やスーラト県などの大工業県での分布の比率は低く、分布が部族民県に集中していることにある。

南・中央グジャラート分散型には指定カーストが含まれる。南グジャラートと中央グジャラートの比率は、各々41％、38％と拮抗している。南グジャラートではスーラト県に集中しているのに対して、中央グジャラートではアーメダバード県とバルーチ県に分散している。北グジャラートではサーバルカーンター県、半島部でもラージコート県やバーヴナガル県で経営展開がみられる。このように、指定カーストの地理的分布は全グジャラートにわたっており、指定部族と対照的である。

その他後進諸階級はその他のパターンに含めた。その他後進諸階級は4つの社会集団のなかで、もっともまんべんなくグジャラートの4地域に分布している。特定の地域に集中していないので、中央グジャラートや南グジャラートでの比率は他の社会集団の比率を下回るが、北グジャラートと半島部の比率は他の社会集団の比率を大きく上回っている。中央グジャラートではアーメダバード県、南グジャラートではスーラト県に分布が集中しているが、北グジャラートと半島部については、多くの県に分散して分布している。

5. 宗教・カースト集団の内部格差

ここでの問題関心は、指定部族、指定カースト、イスラム教徒の3つの集団を取り上げ、集団内部で、産業構成、カテゴリー構成、経営組織、投資額・雇用数、地域分布にどのような違いがみられるのかを検討することにある。指定部族、指定カースト、イスラム教徒の3つの集団は「インド人間開発調査」の結果にもみるように、インド社会のなかでの後進的な集団を形成して

いる（本書第2章）。しかも、各集団内部に比較的大きな内部格差がみられ、集団全体の底上げとともに、それらの社会経済格差の縮小も喫緊の課題とされている。指定部族の部族間格差、指定カーストのカースト間格差、イスラム教徒のセクト間格差が中小零細企業の諸種の属性とどのように関わっているのかを考察する。

（1）指定部族間の格差

表12-20に、指定部族の分析対象である8つの集団名とそれらの経営情報（産業構成以外）を掲げる。ここでの集団名は単なる姓集団名ではなく、部族名あるいはその下部グループ名であり、社会文化的な実態をともなった集団名である。グジャラート州の指定部族は29の部族から構成されている。このうち、ビール（Bhil）が最大人口集団で指定部族人口の40％を占めている（2011年）。ビールは、ワサワー（Vasava）とタードヴィー（Tadvi）など複数のサブグループからなる。グジャラート州の指定部族の上位集団は、チャウドリー（Chaudhri）、ドーディアー（Dhodiya）でそれにガミット（Gamit）が続いている。下位集団はハルパティ（Halpati: Dubla（ドゥーブラー）とも呼ばれる）、ラトワー（Rathva）である[6]。

平均投資額ではラトワーが他の集団を大きく引き離している。ラトワーは

---

[6] 部族間の格差や階層化については、以下を参照のこと。Shah, G.（1984c, 2002）および本書第6章。篠田は、農場付労働者として南グジャラートの農業発展に貢献したドゥーブラー（＝ハルパティ）が開発に取り残される有様を分析した。

最近の部族間格差について、グジャラート大学教員のAnand Vasava氏（彼自身、ワサワー出自）は以下のように述べている。

グジャラートの部族民の状況は、①居住地域（水源の有無、都市、幹線への距離）、②ガイクワード藩王国の領域（Gaikvadは植民地期の開明君主で後進諸階級に対して教育を含めた諸種の支援を行った）かどうか、③ガーンディー主義による教育が普及した地域かどうか、に影響されている。たとえば、先進集団であるDodhiya-Patel（ドーディアーのなかの有力土地所有集団）は都市近辺に居住し、農業・酪農の発展とともに教育の機会にも恵まれた。チャウドリーはガイクワード藩王国の領域に分布しているほかに、ガーンディー教育を受け、独立運動にも多数参加した。独立後の1950-60年代には技師を輩出するなどしていた。これに対し、ハルパティは平原部で農業を営んでいたが、外来者（パーティーダール、バラモン、パールスィー教徒、イスラム教徒など）の持ち込む政治経済システムにのみ込まれ、従属的な状態に置かれた。ハルパティは現在でも、部族民のなかで、もっとも後進的な集団をなしている（2017年8月8日聞き取り）。

表12-20 部族集団別経営状況

部族	企業当たり平均		産業カテゴリー（%）			経営組織（%）		
	投資額(10万ルピー)	雇用数（人）	中企業	小企業	零細企業	パートナーシップ	有限会社	個人企業
ワサワー	2.5	3.9	0	1	99	0	0	100
ハルパティ	1.3	1.2	0	0	100	0	0	100
ガミット	9.1	3.6	0	3	97	1	0	98
タードヴィー	1.0	3.1	0	0	100	0	0	100
ビール	0.7	2.2	0	0	100	0	0	100
チャウドリー	10.7	3.8	0	2	98	2	0	98
ドーディアー	0.9	2.4	0	0	100	0	0	100
ラトワー	24.5	2.6	4	0	96	4	4	91
計	3.6	3.6	0	1	99	0	0	100

部族	地域分布（%）		2期区分（%）		企業数
	中央グジャラート	南グジャラート	1期	2期	
ワサワー	98	2	42	58	2,019
ハルパティ	0	100	55	45	172
ガミット	7	93	25	75	131
タードヴィー	98	1	70	30	91
ビール	90	0	18	82	39
チャウドリー	31	67	45	55	123
ドーディアー	20	80	60	40	5
ラトワー	100	0	65	35	23
計	81	18	46	54	2,603

注1：産業カテゴリー（%）、2期区分（%）のコラムでは合計値（100%）の欄を省略した。
 2：経営組織（%）のコラムでは、頻度の小さい「協同組合」「ヒンドゥー家族会社」などの欄と合計値（100%）の欄を省略した。
 3：地域分布（%）のコラムでは、頻度の小さい「北グジャラート」と「半島部」の欄と合計値（100%）の欄を省略した。
出所：表12-1と同じ。

　サンプル数が少ないうえ、中企業を含んでいるために、平均投資額が大きくなっている点に留意する必要がある。チャウドリー、ガミットの2集団の平均投資額は全体の平均投資額の半分以下であるが、それでも部族民の間では比較的大きい。これに対して、ビール、タードヴィー、ハルパティの平均投資額は10万ルピー前後と非常に零細である。

　チャウドリー、ガミット、ラトワーのカテゴリー構成には、小企業（チャウドリー、ガミットの場合）や中企業（ラトワーの場合）が含まれている。そ

第12章　中小零細企業の展開と経営者

れに対応して、経営組織では、比率は低いものの、チャウドリー、ガミットではパートナーシップがみられる。ラトワーにはパートナーシップと有限会社の双方がみられ、個人企業は91％と部族民の間では例外的に低い比率を示している。対照的に、これら以外の部族民のカテゴリー構成は零細企業のみ、経営組織も個人企業のみである。

　地域分布については、中央グジャラート集中型と南グジャラート集中型の2パターンに分かれる。グジャラート州の部族民ベルトは本土の西ガーツ山脈の丘陵・山岳部に南北に展開しており、中央グジャラートと南グジャラート双方にかかっている。また、各部族の居住範囲は比較的限定されているために、中央グジャラートか南グジャラートに集中する分布になりやすい。この点を確認するために、県別の地域分布の情報を補足すると、ビールはナルマダー県（39人中35人）、チャウドリーはターピー県とバルーチ県（123人中、各66人と32人）、ラトワーはヴァドーダラー県（23人中18人）と1〜2県の狭い範囲での起業となっている。インフラの弱い地域での起業は、ノウハウの欠如や他の要因とともに、上位下位集団を問わず指定部族の経営展開の大きな制約となっている。

　表12-21に、指定部族の産業構成を示す。部族民の産業構成は他の社会集団と大きく異なるだけではなく、指定部族内部の部族間での相違も大きい。平均資本の大きなラトワーは「穀物加工工場」と「アパレル製造業」を主体にしている。チャウドリーとガミットは製造業の比率が30％台と低く、主要な業種は「PCプログラミング」「データプロセシング」などの情報産業になっている。下位集団の場合も、部族により産業構成が異なり、ハルパティは製造業に集中している。製造業の詳細は、「皮革加工業」の比率が59％と圧倒的に高く、それに「アパレル製造業」が20％で続いている。「データプロセシング」も15％を占めている。タードヴィーも製造業が主であり、その内訳は「アパレル製造業」が31％、「木材加工」が11％である。それに「バイクの販売修理」15％、「家財品の修理」14％が続く。ワサワーも産業構成がタードヴィーと類似し、「アパレル製造業」が33％、「家財品の修理」26％、「店舗以外での小売業」9％となっている。零細でかつ発展性に乏しい業種が主体となっている。

第Ⅲ部　グジャラートの経営者名簿分析

表12-21　部族集団別産業構成

部　族	産　業　構　成										企業数
	採掘	製造	建設	卸小売、修理	輸送	情報	専門的活動	管理	その他サービス	計	
ワサワー（横列%）	0.4	51.5	0.7	17.1	0.3	1.1	0.1	0.9	27.2	100.0	2019
（平均投資額：10万ルピー）	47.9	2.8	3.7	1.9	14.0	5.4	2.9	3.2	1.2	2.5	
ハルパティ（横列%）	0.0	81.4	0.0	0.6	0.0	14.5	0.6	1.7	1.2	100.0	172
（平均投資額：10万ルピー）		1.3		2.0		1.7	0.0	1.3	0.2	1.3	
ガミット（横列%）	0.8	31.3	2.3	8.4	0.8	44.3	2.3	3.1	5.3	100.0	131
（平均投資額：10万ルピー）	10.0	7.5	2.3	2.8	20.0	10.6	18.1	12.7	11.8	9.1	
タードヴィー（横列%）	0.0	56.0	0.0	20.9	0.0	3.3	0.0	4.4	15.4	100.0	91
（平均投資額：10万ルピー）		1.1		0.4		2.6		2.5	0.6	1.0	
ビール（横列%）	0.0	33.3	2.6	2.6	0.0	0.0	0.0	51.3	7.7	100.0	39
（平均投資額：10万ルピー）		1.2	0.3	0.3				0.6	0.2	0.7	
チャウドリー（横列%）	2.4	38.2	0.0	6.5	0.8	39.0	0.0	3.3	8.1	100.0	123
（平均投資額：10万ルピー）	27.3	6.2		31.3	34.0	9.8	45.0	5.7	10.9	10.7	
ドーディアー（横列%）	0.0	20.0	20.0	20.0	0.0	40.0	0.0	0.0	0.0	100.0	5
（平均投資額：10万ルピー）		0.1	2.0	2.0		0.3				0.9	
ラトワー（横列%）	0.0	73.9	0.0	4.3	0.0	0.0	8.7	4.3	8.7	100.0	23
（平均投資額：10万ルピー）		2.6		0.2			253.5	8.0	2.0	24.5	

注1：産業構成の21項目のセクションのなかで、比較的頻度の大きい9項目のみを表示した。
　2：表中、上段には企業数に占める各項目の横列の比率（%）を、下段にはその項目の企業の平均資本額（10万ルピー）を示した。
出所：表12-1と同じ。

このように、部族民の産業構成には彼らの直面する困難がよくあらわれている。にもかかわらず、企業数の2期区分にみるように、指定部族による中小零細企業の設立は、サンプル数の大きな部族民グループの2期の比率が50%を超えているように、比較的活発に行われている。

(2) 指定カースト間の格差

グジャラート州の指定カーストは、人口の多い順にワンカル（Vankar: Mahyavancyとも呼ばれる）、チャマール（Chamar）、ヴァールミーキ（Valmiki：以前はバンギー（Bhangi）とも呼ばれた）、メーグワル（Meghval）、セーンヴァ（Senva）など30種類に分類されている。中小零細企業の登録リストに、これらの指定カーストのカースト名があらわれる頻度が少ないために、頻度200以上の姓集団のなかに指定カーストのカースト名はまったく入らなかったので、頻度が200未満の姓を検索し、表12-22にある指定カーストのカーストデータを作成した。指定カーストの主要なカーストを揃えるために、頻度

第12章　中小零細企業の展開と経営者

表12-22　指定カースト別経営状況

カースト	企業当たり平均		産業カテゴリー (%)			経営形態 (%)				地域分布 (%)			2期区分 (%)		企業数
	投資額 (10万ルピー)	雇用数 (人)	中企業	小企業	零細企業	パートナーシップ	有限会社	個人会社		中央グジャラート	南グジャラート		1期	2期	
チャマール	5.8	2.1	0	0	100	0	0	100		33	7		93	7	15
ガローダー	1.9	5.0	0	0	100	0	0	100		50	50		50	50	2
メーグワル	5.2	4.4	0	0	100	0	0	100		44	56		25	75	16
セーンヴァ	4.1	2.8	0	0	100	0	0	100		60	40		40	60	5
ヴァールミーキ	2.1	2.0	0	0	100	0	0	100		36	0		36	64	11
ワンカル	11.1	5.4	0	3	97	1	1	98		43	11		50	50	103
計	8.9	4.6	0	2	98	1	1	98		42	16		53	47	152

注1：産業カテゴリー (%)，2期区分 (%) のコラムでは合計値 (100%) の欄を省略した．
2：経営形態 (%) のコラムでは，頻度の小さい「協同組合」「ヒンドゥー家族会社」などの欄と合計値 (100%) の欄を省略した．
3：地域分布 (%) のコラムでは，頻度の小さい「北グジャラート」と「半島部」の欄と合計値 (100%) の欄を省略した．
出所：表12-1と同じ．

が少なくてもデータを編纂した。

　平均投資額が比較的大きいのはワンカルの111万ルピーで、それにチャマールとメーグワルが50万ルピー台で続いている。平均投資額が小さいのはヴァールミーキとガローダー（Garoda）である。平均投資額の順位の背景にある指定カースト内部のカースト間格差について、筆者も以前分析し、ワンカル、チャマールの上位集団とヴァールミーキ、セーンヴァなどの下位集団の間に大きな教育経済格差が存在することを指摘した[7]。

　上位集団のなかでも、平均投資額が比較的大きいワンカルだけが、カテゴリー構成のなかに小企業、経営組織のなかにパートナーシップと有限会社がみられる。他の指定カーストのカーストはすべて、カテゴリー構成は零細企業のみ、経営組織は個人企業のみである。

　地域分布については、チャマールとヴァールミーキが中央・北グジャラート型、メーグワルとセーンヴァが中央・南グジャラート型、ワンカルは全グジャラート型と位置づけられる。ワンカル以外のサンプル数は少ないことに留意する必要はあるが、部族民に比べると、指定カースト経営者の地域分布はより広範である。

　表12-23にみるように、産業構成には上位集団と下位集団の違いが明確にあらわれている。そのひとつは、上位集団の製造業の比率が高いことにある。とくに、チャマールの製造業比率は93％の高率である。その内訳は、「アパレル製造業」（53％）、「その他繊維」（7％）の繊維製造業が中心となっている。それに、「木材加工」（7％）、「家具製造」（7％）が続いている。伝統職である「皮革加工業」（7％）の比率は低い。メーグワルの産業構成上の特徴は、製造業と卸小売業の2つが中心になっていることである。内訳をみると、製造業では、「アパレル製造業」と「その他繊維」を合わせて25％、それに「木材加工」「化学製品製造」を合わせて19％、卸小売業では、「契約卸売業」と「非特定卸売業」を合わせて25％ほどである。ワンカルの特徴は、製造業比率が62％と指定カースト内部では比較的高いこと、卸売業の比率が低く、業

7）詳細は、篠田（1995a）を参照のこと。独立以降、指定カーストの上層と下層の間の教育や就業構造における格差が拡大したことをセンサスの分析やヴァールミーキ清掃労働者の実態調査をとおして明らかにした。

第12章　中小零細企業の展開と経営者

表12-23　指定カースト別産業構成

カースト	採掘	製造	建設	卸小売、修理	輸送	情報	専門的活動	管理	その他サービス	計	企業数
チャマール（横列%）	7	93	0	0	0	0	0	0	0	100	15
（平均投資額：10万ルピー）	2.0	6.1								5.8	
ガローダー（横列%）	0	50	0	0	0	0	0	50	0	100	2
（平均投資額：10万ルピー）		2.0						1.8		1.9	
メーグワル（横列%）	0	56	0	31	0	0	0	13	0	100	16
（平均投資額：10万ルピー）		6.9		2.4				4.5		5.2	
センヴァ（横列%）	0	40	0	60	0	0	0	0	0	100	5
（平均投資額：10万ルピー）		7.5		1.9						4.1	
ヴァールミーキ（横列%）	0	45	0	0	9	18	9	18	0	100	11
（平均投資額：10万ルピー）		1.7			4.0	3.1	2.8	1.0		2.1	
ワンカル（横列%）	0	62	6	13	0	4	2	7	7	100	103
（平均投資額：10万ルピー）		10.3	18.8	16.6		2.2	16.5	12.6	3.1	11.1	

注1：産業構成の21項目のセクションのなかで、比較的頻度の大きい9項目のみを表示した。
　2：表中、上段には企業数に占める各項目の横列の比率（%）を、下段にはその項目の企業の平均資本額（10万ルピー）を示した。
出所：表12-1と同じ。

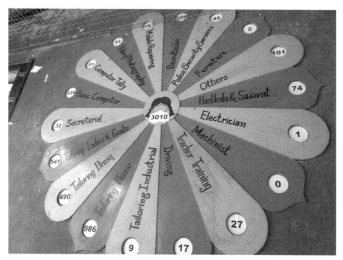

後進階級の子弟を対象に職業訓練を行う NGO が作製した女子訓練生の進路志望のチャートによれば、大半が「縫製」関係を志望したことがわかる。男子のチャートは、「縫製」と「オート関連」が半々であった。(アーメダバード市、2013年1月)

サラスプル・スラムに林立する縫製作業場は問屋制請負も展開していた。(アーメダバード市、2017年1月)

種構成が他の指定カーストよりも多様な点にある。製造業の内訳は、「アパレル製造業」（27％）、「その他繊維」（7％）、「紡績」（3％）で繊維製造業が合わせて37％の比率である。他の業種は分散しており、「ビジネスサポート」（5％）、「家財品修理」（4％）、「バイク販売修理」（4％）など収益の乏しい業種が多い。ワンカルの伝統職は職工であり、その関連で繊維製造業に一定程度参入していると捉えることもできるが、繊維製造業は他の社会集団にとってももっとも容易に参入でき、実際にグジャラート州でもっとも一般的な製造業である。

　下位集団のヴァールミーキの産業構成は、製造業の比率が上位集団よりも低いこと、他の業種は、輸送、専門的活動、管理に分散している点にある。製造業は「アパレル製造業」（45％）に集中している。その他の業種は、「ビジネスサポート」（18％）のほかに、「出版」（9％）、「コンピュータプログラミング」（9％）、「特定デザイン活動」（9％）など一定の教育水準を前提とした業種への参入もみられる。セーンヴァは繊維製造業が40％、「バイク販売修理」が40％、「その他卸業」が20％である。ただし、サンプル数が5人のみと少ない。

(3) イスラム教徒のセクト間の格差

　イスラム教徒のセクト間格差は大きい。表12-24にみるように、上層にはイスラム教徒を対象とした留保政策のなかで「一般枠」に分類されているシャイフ（Sheikh）、サイヤド（Shyed）、ムガル（Moghal）、パターン（Pathan）などのセクト、下層には「OBC枠」に位置づけられているアンサーリー（Ansari）、ジュラハー（Julaha）、クレーシー（Khureshi: Qureshi とも表記される）などが含まれる。中小零細企業の登録の際に、セクト名を報告する申請者が多い。また他の宗教の申請者でイスラム教徒のセクト名を申請者の名前の一部として申告することは考えにくいので、ここでのセクト名はイスラム教徒の当該セクトをあらわす精度の高い情報とみることができる。シャイフ、サイヤド、パターンそれにイスラム教徒の商工業集団であるメーモーン（Memon）、モーミン（Momin）、ボーホラー（Vohra）が上層、アンサーリー、クレーシーは経営者集団のなかでの下層をなす[8]。

第Ⅲ部　グジャラートの経営者名簿分析

表12-24　イスラム教セクトの姓集団別経営状況

セクトの姓集団	企業当たり平均		産業カテゴリー (%)				経営形態 (%)				地域分布 (%)			2期区分 (%)		企業数
	投資額(10万ルピー)	雇用数(人)	中企業	小企業	零細企業		パートナーシップ	有限会社	個人会社		中央グジャラート	南グジャラート		1期	2期	
シャイフ	13.3	5.6	0	3	97		3	1	96		70	27		44	56	1,864
パターン	13.4	7.5	0	2	98		2	1	97		82	13		45	55	1,213
アンサーリー	10.7	5.9	0	3	97		2	1	97		69	28		42	58	749
サイヤド	16.3	5.9	0	4	96		3	0	95		72	19		48	52	338
マンスーリー	12.5	5.5	0	4	96		3	2	94		75	16		50	50	315
クレーシー	11.4	5.1	0	2	98		3	1	96		59	26		41	59	242
メーモーン	25.2	7.3	1	7	92		9	3	88		65	27		44	56	237
モーミン	33.1	9.6	0	12	88		16	4	80		82	9		39	61	142
ボーホラー	23.6	6.1	0	8	92		12	3	86		71	27		46	54	138
計	18.1	7.1	0	5	94		6	2	92		57	32		46	54	5,238

注1：産業カテゴリー（%）、2期区分（%）のコラムでは合計値（100%）の欄を省略した。
　2：経営形態（%）のコラムでは、頻度の小さい「協同組合」「ヒンドゥー家族会社」などの欄と合計値（100%）の欄を省略した。
　3：地域分布（%）のコラムでは、頻度の小さい「北グジャラート」と「半島部」の欄と合計値（100%）の欄を省略した。
　4：「計」の欄には、イスラム教徒を含むすべての個票データの数値を示した。
出所：表12-1と同じ。

第12章　中小零細企業の展開と経営者

　上層のセクトの平均資本額は200〜300万ルピー（サイヤドは163万ルピーと少し小さい）、下層のセクトの平均資本額は100万ルピー前後である。モーミンをはじめ、メーモーン、ボーホラーなど伝統のある商工業セクトの平均投資額はとくに高い。

　上層のセクトのカテゴリー構成では、零細企業の比率は92％以下であり、メーモーンは中企業も含んでいる。とくに、モーミンは零細企業比率が88％ともっとも低く、小企業の比率が12％と高い。このカテゴリー構成に対応し、上層のセクトの経営組織では個人企業の比率は80％台と低く、パートナーシップと有限会社も展開している。イスラム教徒は、指定部族、指定カーストに比べるとパートナーシップがもともと展開しているものの、上層のセクトのモーミンは16％、ボーホラーは12％もの高率を示しているのは、歴史的に形成されたセクト内部での強固な信頼関係が背景にあるためである。これに対して、下層のセクトでは、カテゴリー構成では97％以上が零細企業、経営組織では96％以上が個人企業となっている。

8）グジャラート州におけるイスラム社会の階層化や内部格差についてイスラム教徒の事業家や研究者から2017年8月に聞き取り調査を行った。その際に、事業家の多くはセクト構成でイスラム社会を説明するのに対して、一部の研究者はカースト的身分社会の観点からイスラム社会を説明し、そのコントラストが興味深かった。セクト構成中心にみる場合、セクトはスンニー派とシーア派に分かれ、スンニー派には、シャイフ、パターン、マンスーリー、アンサーリー、クレーシー、サイヤド、ラージプート（Rajput）、そしてスンニー派のボーホラーが、シーア派にはダウディ・ボーホラー、ホージャ（Khoja）、チェリアー（Chelia）などが属する。この見方からは、ヒンドゥー教のカーストと異なりセクト間の序列や格差は明確でないとの見解が強調されることになる。しいて格差をみるとすれば、預言者との関係でサイヤドの優越性の例やビジネスでの成功の度合いでダウディ・ボーホラー、メーモーンの例があげられることになる。これに対して、カースト的身分社会の観点からは、イスラム社会にもヒンドゥー教の社会構造と類似のハイラルキーがみられると強調される。「アシュラーフ」（Ashrafs：高貴な身分のイスラム教徒）は上位カーストに相当し、外来者から構成される。サイヤド、パターン、シャイフ、ムガルでこれらは支配階級である。「アジュラーフ」（Ajlafs：低い身分のイスラム教徒）は土着の改宗者で構成され、中位カースト（シュードラ）に相当し、その他後進諸階級とも重なる。マンスーリー、モーミン、アンサーリー、ダルジー（Darji）などで構成される。「アルザル」（Arzals：生まれの卑しいイスラム教徒）は下層、ダリトに相当し、クレーシー（屠畜業）、カサイ（Kasai：屠畜業）、バンギー（Bhangi：清掃業）などで構成される。グジャラートのイスラム教徒はヒンドゥー教徒からの改宗者を多数含んでおり、改宗前の地位そして他のセクトとの経済格差が改宗後も継続しており、カースト的身分社会の観点から現実的な格差をみていく必要があると筆者は考えている。

表12-25 イスラム教セクトの姓集団別産業構成

セクトの姓集団	産業構成										企業数
	採掘	製造	建設	卸小売、修理	輸送	情報	専門的活動	管理	その他サービス	計	
シャイフ（横列％）	1.0	59.8	1.9	13.4	2.0	1.5	1.7	12.8	3.4	100.0	1,864
（平均投資額：10万ルピー）	9.3	17.2	15.0	5.3	8.4	5.4	8.8	8.6	5.3	13.3	
パターン（横列％）	1.2	54.4	2.0	8.1	12.0	1.2	1.2	14.3	2.6	100.0	1,213
（平均投資額：10万ルピー）	12.0	14.3	12.0	13.4	15.0	24.0	9.2	10.4	6.0	13.4	
アンサーリー（横列％）	0.1	72.2	1.5	12.3	0.8	0.7	0.4	9.2	0.9	100.0	749
（平均投資額：10万ルピー）	24.0	12.6	5.0	3.9	15.5	2.4	4.3	7.4	7.1	10.7	
サイヤド（横列％）	0.3	57.4	1.2	13.3	4.1	2.7	2.4	13.0	2.1	100.0	338
（平均投資額：10万ルピー）	10.0	21.7	39.3	2.8	7.7	2.6	14.4	8.6	9.1	16.3	
マンスーリー（横列％）	1.3	59.0	3.2	11.4	1.9	1.9	1.0	15.2	1.6	100.0	315
（平均投資額：10万ルピー）	7.8	15.8	2.3	8.0	10.8	4.4	8.3	8.1	9.8	12.5	
クレーシー（横列％）	1.7	43.0	2.9	24.4	2.9	1.7	0.8	15.7	2.1	100.0	242
（平均投資額：10万ルピー）	16.4	14.0	6.9	8.8	9.1	4.0	10.0	10.1	7.5	11.4	
メーモン（横列％）	2.5	54.0	0.4	16.0	3.4	1.3	1.3	13.9	2.1	100.0	237
（平均投資額：10万ルピー）	17.3	32.8	5.0	8.5	6.0	1.5	27.0	8.6	30.1	25.2	
モーミーン（横列％）	2.8	78.9	0.7	4.2	0.7	0.0	0.0	7.0	0.7	100.0	142
（平均投資額：10万ルピー）	54.0	35.3	79.4	5.4	100.0			18.7	15.0	33.1	
ボーホラー（横列％）	2.9	52.9	2.2	21.0	1.4	1.4	2.2	11.6	1.4	100.0	138
（平均投資額：10万ルピー）	42.8	29.3	13.3	6.9	31.0	2.5	21.8	9.1	10.2	23.6	

注1：産業構成の21項目のセクションのなかで、比較的頻度の大きい9項目のみを表示した。
 2：表中、上段には企業数に占める各項目の横列の比率（％）を、下段にはその項目の企業の平均資本額（10万ルピー）を示した。
出所：表12-1と同じ。

　地域分布では、イスラム教徒のセクトは中央グジャラートの比率がもっとも高い。ただし、1地域に集中する分布はみられず、3～4地域に分散している。中央グジャラートと南グジャラートの双方でほとんどの比率を占め、北グジャラートと半島部では小規模に展開するパターンが一般的である。

　表12-25にみるように、上層のセクトの産業構成は、2種類に分かれている。ひとつは、メーモーンとボーホラーに共通する構成で、製造業比率は50％ほど、卸小売業は20％前後で比較的低い。さらに、管理業に10％以上の比率があり、採掘にも参入している。製造業では繊維製造にも参入しているが、比率は10％前後と低い。その他の製造業の業種は、メーモーンは「石油精製製品」（4％）、「基礎化学品」（3％）、「その他化学製品」（2％）、「プラスティック製品」（4％）、また、「基礎鉄鋼品」（4％）、「その他金属」（4％）など石油、化学、金属関連の分野で起業している。ボーホラーもまた、「基礎化学品」

（4％）、「その他化学製品」（2％）、「非金属製品」（6％）、「その他金属」（6％）など、化学、非金属、金属に進出している。卸小売業は、「契約ベースの卸業」「家財品卸業」が主であるが、両者ともにそれらの比率は低い。それよりも、「ビジネスサポート活動」が12～14％で比率が高い。

　これに対して、もうひとつの上層のセクトであるモーミンは、製造業中心の産業構成であり、製造業の比率は79％と非常に高い。卸小売業は4％と表中のイスラム教徒セクトのなかでもっとも低い。製造業の内訳は、「紡績」（20％）、「その他繊維業」（26％）、「アパレル製造業」（9％）で繊維製造業の合計比率は55％に達している。他の製造業は、「非金属製品」（6％）が一番高く、他の「その他金属」「電気モーター製造業」などは1％台である。卸小売業がなぜ展開していないのかはよくわからない。「ビジネスサポート活動」は7％で、卸小売業の比率を上回っている。

　下層のセクトの産業構成も2種類に分かれる。ひとつは、アンサーリーにみられる製造業中心型である。製造業比率は72％である。その内訳は、「紡績」（14％）、「その他繊維業」（7％）、「アパレル製造業」（20％）で繊維製造業に集中している。同じく繊維製造業に集中しているモーミンとの違いは、製造業における平均投資額に大きな格差があることである。製造業内の項目構成では、「アパレル製造業」の比率が高く、繊維製造業のカテゴリー構成が異なっている。他の製造業は、「一般機械製造」「特別目的の機械製造」などで構成されている。

　下層のセクトのもうひとつの産業構成は、製造業比率が40～50％に対して、卸小売業比率が20～30％台と比較的高いパターンで、クレーシーに当てはまる。製造業における繊維製造業の比率は10～20％台で低い。他の製造業は、「その他食品製造業」「その他金属製品」「一般目的の機械製造業」の他に、「皮革加工業」も含まれる。製造業の平均資本額は、140万ルピーで上層よりはかなり低い。サービス業には「廃品回収業」も含まれている。卸小売業のなかで、クレーシーは「家財品の卸業」（9％）の比率がとくに高い。この他、クレーシーは「ビジネスサポート活動」の比率が14％と高い。

　上層にも下層にも含まれないシャイフ、パターン、サイヤド、マンスーリー（Mansuri）の産業構成は、製造業が50％台、卸小売業が10％台、それに

管理の10％台で構成される産業構成となっている。卸小売業と管理業の平均資本額は上層のセクトとそれほど差はないが、やはり製造業の平均資本額が小さいために、全体の平均資本額に大きな差ができている。

　企業数の2期区分にみるように、同表のイスラム教徒内部のセクトはすべて、第2期の比率が50％（マンスーリーの場合）かそれ以上を示している。イスラム教徒全体の第2期の比率は54％となっており（ちなみに、「部族民」は57％、その他後進諸階級は58％である）、他の後進諸階級同様、零細企業、個人企業の形態での経営参入が近年加速している。しかも、イスラム教徒内部では、上層のセクトよりも下層のセクトのほうがわずかではあるが高い伸び率を示しており、中小零細企業の形態での経営参入の裾野に広がりをみせている。

おわりに

　筆者は、州政府製造業者名簿とグジャラート商工会議所名簿に依拠して、グジャラート州政府が設立された1960年から1990年代までの経営展開をバニヤーに対してパーティーダールが対抗経営勢力として台頭する過程として描いた（本書第7章・第8章）。また、職人カーストは伝統的職業をベースとする産業分野で確立した経営勢力をなすこと、バラモンも新興経営勢力として成長していることを確認した（本書第9章）。この時代に確立した経営集団のいくつかは、後の時代に、先進経営集団と呼ばれるまでに成長した。

　以上の研究との対比で、本章で分析対象とした時代は、新興の後進経営階級台頭の時代と呼ぶことができる。もちろん、いわゆる先進経営集団が商工業の覇権を掌握していること、新興の後進経営階級が多大な困難に直面していることを承知したうえである。零細企業やサービス業に傾斜していても、新たな風であることに変わりはない。彼らの経営動向の把握は、現代インドの社会経済変動の核心を理解することにつながる。

　また、社会集団別の経営形態の比較から、その他後進諸階級はカテゴリー構成のみならず、平均資本額、経営組織の構成が「その他」の集団と近似しており、社会集団のなかでの上層をなすこと、それとは対照的に、指定カー

第12章　中小零細企業の展開と経営者

ストと指定部族のこれらの経営指標は近似しており、ともに下層をなすことが確認できた。指定部族には指定カーストのような不可触民制に起因する制約はないが、起業の立地が部族民ベルトに集中しており、インフラを含めた経営環境が脆弱であり、選択できる製造業やサービス業が非常に限定されている。さらに、指定部族は集団としての経営ノウハウや技術の蓄積に乏しく、起業の困難は大きい。

指定カーストの場合は、カースト名を登録時に記載することが少ないために、ワンカル以外の指定カーストについてはサンプル数が少ない。それでも、指定カーストの上層と下層の平均資本、産業構成の相違は確認できる。指定カースト下層の登録件数自体も上層に比べると格段に小さいものと推測できる。

イスラム教徒の場合は、メーモーンやボーホラーなど伝統のある商工業セクトが存在するため、平均資本額、カテゴリー構成、経営組織のセクト間格差が明瞭にあらわれている。上層のセクトはイスラム教徒のなかでもとくにパートナーシップが展開している。産業構成は上層下層とも各々2パターンに分かれているが、とくに製造業の場合は、上層の平均資本額が大きい。上層のカテゴリー構成は比較的高度であり、経営組織もそれに対応している。

本章では、社会集団の経営状況を跡付けただけではなく、指定部族、指定カーストそしてイスラム教徒の個別の姓集団、部族、カースト、セクト間の格差についても、平均資本額、カテゴリー構成、経営組織、産業構成の側面から検討した。平均資本額が他の側面と連動している点については実証できたが、格差の背景と動向については、さらに踏み込んで検討する必要があり、今後の課題としたい。

第13章
ダリト経営者の個別事例研究

はじめに

インドの独立（1947年）以降のダリトの状況を規定するもっとも重要な要因は、インド憲法（1950年発布）における不可触民差別の禁止と歴史的な被差別集団に対する留保制度を含む優遇措置が設定されたことである。同時に、1940年代から60年代にかけて、ダリトに課されていた諸種の慣行権の廃止立法も成立した。このように、憲法や各種立法による制度変革が先行するなか、留保政策の受益者が一定程度増加し、彼らがダリトの政治経済社会発展にどのように貢献できるのかが、ダリト・エリート論の一環として注目されている。さらに近年、「被雇用よりは雇用を」のスローガンのもと、ダリト経営者の育成発展を奨励する思想や戦略、それを実現するための商工会議所設置などの運動が展開している。本章では、ダリト経営者の現状と問題点を確認した後、ダリト商工会議所グジャラート支部会長家族の三代にわたる経営事例に基づき、ダリトの経営能力発展の契機と課題を検討する。

1. ダリトの事業展開

まず、「インド人間開発調査2011-12年版」（India Human Development Survey 2011-12）個票より作成した表13-1に基づき、ダリト世帯の主要収入源別産業の分布を確認しておこう。産業により、世帯差はあるにせよ、所得の分布が異なっていると理解できる。たとえば、被雇用の職種である「農業賃金労働」や「非農業賃金労働」は、農村や都市における底辺層の収入源であるのに対して、「俸給」や「年金・賃料」は組織部門での労働や資産活用と関

第Ⅲ部　グジャラートの経営者名簿分析

表13-1　カースト・宗教と主要収入源別世帯数のクロス表

産業分類	バラモン	先進カースト	その他後進諸階級	ダリト	アーディワーシー	イスラム教徒	キリスト教・スィク教・ジャイナ教	計(％)
耕作	21.7	29.9	29.6	13.6	36.4	13.5	23.9	24.4
農業関連	0.3	0.8	1.3	0.6	0.9	0.6	2.8	1.0
農業賃金労働	1.4	4.2	9.3	18.1	15.5	7.6	2.7	10.1
非農業賃金労働	7.4	10.1	21.7	33.8	22.9	30.8	15.2	22.5
職人・自営業	1.6	1.3	1.6	1.4	0.8	3.3	1.2	1.6
小商店	12.3	13.1	11.7	6.9	4.4	18.7	12.9	11.1
組織事業	2.1	2.4	1.2	0.4	0.4	1.9	3.2	1.4
俸給	35.3	27.0	15.9	18.4	14.7	15.4	23.4	19.3
専門職	2.5	0.8	0.5	0.4	0.2	0.3	1.1	0.6
年金・賃料	11.4	7.9	4.4	3.7	2.7	3.8	8.7	5.1
その他	4.0	2.5	2.8	2.7	1.1	4.1	4.9	2.9
計	100.0	100.0	100.0	100.0	100.0	100.0	100.0	100.0

注：数値は縦列の比率。
出所：『インド人間開発調査』2011-12年版「世帯」個票から筆者作成。

わるので、より条件のよい所得源であると理解できる。ちなみに、「ダリト」は「農業賃金労働」や「非農業賃金労働」の比率が調査対象の社会集団（同調査では社会経済格差の動向を把握するために、インドの社会集団を「指定カースト」（ダリト）、「指定部族」（アーディワーシー）、「その他後進諸階級」、「その他社会集団」の４つの集団に便宜的に区分し情報を収集している）のなかで、もっとも高い。また、「耕作」の比率は、集団のなかでも低く、土地所有・経営の面で後れをとり、賃金労働者の供給源として位置づけられている状況が端的にあらわれている。

「インド全国標本調査2004-05年版」（National Sample Survey 2004-05）の自営事業を分析したトーラト（Thorat, Sukhadeo）は、社会集団間に自営事業世帯数比率の大きな格差がみられ、指定カーストの34％、指定部族の46％に対して、その他社会集団世帯は61％であることを指摘している。さらに、指定カースト・指定部族は私的事業世帯数比率が低いだけではなく、家族労働力に依拠した自己勘定（Own Account）事業体比率が高いこと、すなわち、事業が低資本で伝統技術に基づき運営されているために、低所得で高い貧困率（農村部では指定カースト事業の43％、指定部族の27％、都市部では各々46％、

42％：その他社会集団は各々17％と25％）に結果していると分析している。彼はこの社会集団間の格差の原因を、低カーストの人々に対する長期間にわたる財産権の規制が私的事業所有を制約したこと、低カーストの人々は投入財やサービスへのアクセス、財とサービスの販路でも差別されてきたこと、に求めている（Thorat and Sadana 2009: 13-16）。

「インド人間開発調査2004-05年版」(India Human Development Survey 2004-05) 個票で事業収入を分析したデーシュパンデー（Deshpande, Ashwini）は、指定カースト・指定部族世帯と他集団世帯の事業間で、所与の要因差で説明できない事業収入格差が大きいことを解析し、これは差別に起因するものと推測できると分析している。また、アメリカの韓国系や日系世帯は自営から経済的上昇を果たせたが、インドの指定カースト・指定部族世帯事業はそうではないことを指摘し、インドの差別構造が事業発展を大きく制約していることを強調している（Deshpande and Sharma 2015）。

このように、先行研究から、差別がダリトの事業展開の大きな制約要因になっていること、単に事業を興すだけではなく、より社会的経済的な影響力の大きい事業をいかに立ち上げ発展させていくのかが、喫緊の課題になっていることが確認できる。

2. ダリト商工会議所の形成と展開

この課題に向けての試みのひとつが、2002年にマディア・プラデーシュ（インド中央部の州）の州政府がダリトの知識人を集めてダリトの発展戦略を検討した「ボーパール会議」（Bhopal Conference）であった。これが伏線となり、ジャーナリストでダリトの代表的なイデオローグであるプラサード（Chandrabhan Prasad: 1958-）と技師であり起業家のカーンブレー（Milind Kamble: 1967-）およびインド全国の代表的なダリト起業家が話し合って、2005年にプネー市（西インド・マハーラーシュトラ州の都市）にダリト・インド商工会議所（Dalit Indian Chamber of Commerce and Industry: 略称はDICCI）の本部が設立された。設立以降、カーンブレーが会長を続けている。2017年までに、国内に18州支部と海外に5支部が設立された。ちなみに、グジャラ

第Ⅲ部　グジャラートの経営者名簿分析

DICCI グジャラート州支部主催のスタート・アップ（起業）セミナーで壇上に立つ支部会長、副会長、書記たち（アーメダバード市、2018年8月）

ート州支部は2014年に設立された。グジャラート州支部は、グジャラートを拠点とするダリト起業家のラティーラール・マクワーナー（Ratilal Makwana: 1945-）が主導して設立し、彼が会長を務めている。

　DICCI 設立の目的は、①傘下にダリトの全起業家を結集する、②既存および潜在的な起業家のワンストップの資源センターとなる、③社会経済的問題の解決策としてダリトの起業家精神を促進する、ことに置かれている。この目的に向けて、カーンブレーは「アンベードカル[1])の真の信奉者であるためには、求職者ではなく雇用者であらねばならない」「資本家は闘争の対象ではなく、あなたがなるべき対象である」と述べている。また、イデオローグであるプラサードは、「資本主義はカーストと戦うもっとも確実な手段である。……ダリトの資本主義は差別体制に対する打開策である」と述べ、資本主義やグローバル化に経営者として積極的に参与することの意義を強調し

---

1) ビームラーオ・ラームジー・アンベードカル（Bhimrao Ramji Ambedkar: 1891-1956）は、インドのダリト出身の政治家で、インド憲法の起草や反カースト運動の指導をとおして、民主国家としての独立インドの形成に大きく貢献した。

ている[2]。カーンブレーやプラサードの言説は討論番組などをとおして頻繁にメディアで紹介され、全国的に多大な反響を呼び起こすことになった。彼らの言説の根拠や論理に対する研究者からの批判は多いが、ダリトとりわけ若者の間では、ダリトの自信を鼓舞する革新的なメッセージであるとの評価の声も多い。

3. グジャラートのダリト経営者家族の事例

　ここでは、DICCIグジャラート支部会長の家族を事例として、農業労働者から雇用労働力に基づく経営レベルにどのようにして到達できたのか、第一世代と後続の世代で経営方針や戦略にどのような違いがあるのかを検討する。会長のラティーラール・マクワーナーについてはすでに数冊の経営関連の書籍に事業展開の歴史が取り上げられている。その内容とラティーラールの二男ムケシュ（Mukesh Makwana: 1970-）へのインタビュー（2016年2月15日）に基づき、マクワーナー家の経営展開をいくつかの節目に沿い再構成してみよう。

(1) マクワーナー家の事業展開とその節目

　事業の第一世代はラティーラールの父ガーラーバーイ（Galabhai Makwana: 1913-79）であった。カーストはチャマール（Chamar：伝統的職業は皮革加工）で若い頃は農業労働者で時折皮革加工も行っていた。結婚後、綿繰工場のボイラーの職を得た。これは農業労働者から離脱し、他の事業機会とつながる重要な伏線であった。その後、1937年にバーヴナガル（グジャラート州半島部の地方都市）のゴム加工工場に転職、さらに飼料販売事業に携わった後、1944年にバーヴナガル藩王から土地を譲り受け、バーヴナガルに皮革工場を設立した。大戦中に皮革価格は急騰し、蓄財することができた。皮革工場はチャマールの伝統技術とネットワークに立脚したもので、この分野での成功は、その後の展開の礎石として重要な意義をもった。

---

[2] カーンブレーやプラサードの思想や言説については、以下を参照した。Gatade（2013）; Kapur *et al.*（2014: 137-150）; Khandekar（2013: 39-51）.

第2の節目は、すぐに訪れた。1944年、ヴィーラムガーム（中央グジャラートの地方都市）綿工場で働く親戚から、戦争で入荷しなくなった綿糸用ピッカーの製造を依頼された。製品を水に浸し慎重に分解し構造を理解した。それから皮部品を見よう見まねで製作した。32工程あり、皮の部品を組み立てるのに3日を要した。試行錯誤の末、1946年までに綿工場にピッカーを供給できるようになり、事業は繁栄した。1950年にバーヴナガル・ピッカーズ有限会社を設立した（基盤会社）。その後、会社を3人兄弟で分割した。ガーラーバーイは「グジャラート・ピッカーズ」を設立し、1963年に息子のラティーラールが参加した。グジャラートの皮革加工自体はその後衰退していくので、綿工業と関連するピッカーへの事業の切り替えは時代の流れに即した決断であった。

　第3の節目は、ピッカーの技術変化が直接の契機となった。1978年頃、プラスティック製の安価なピッカーが市場に出回るようになると皮製ピッカーは売れなくなった。この状況にラティーラールは、大胆な発想で対応し、皮製ピッカーを窮地に追い込んだプラスティックの生産に事業を切り替えるべく、州政府によるポリマーのディーラーの公募に応募し方向を転換した。1980年にディーラーに公認され、「グジャラート・ピッカーズ」は毎月100トンのポリマーを半島部に提供できるようになった。同年、ガーラーバーイが逝去した。ラティーラールは1992年に拠点をアーメダバードに移し、プラスティック製品（当初は、ミルクパック）の製造を開始した。

　しかし、1990年代の経済自由化のなかで、州政府のポリマー事業も民営化することになり、ラティーラールはディーラーの資格を失った。この損失を補填したのが、インドガス公社のディーラー資格の獲得であった。これは、彼および先代が築きあげてきた政治家、官僚や同業者とのネットワークが大きく働いた結果であり、第4の節目をなした。2010年にはインド石油公社のポリマーのディーラー資格も獲得し、マクワーナー家の年商は2011-12年には75億ルピー（当時は1ルピー＝2円）に跳ね上がった。このように、マクワーナー家の事業の規模は拡大し、起業家としてのラティーラールの評価は高まった。

　現在でも、ラティーラールがマクワーナー家の総帥として、グジャラー

ト・ピッカーズをみているが、彼の息子たち、すなわち、マクワーナー家の第三世代が新たな経営の地平を切り開いている。彼らの試行錯誤が、第5の節目を形作っている。この試行錯誤には海外での事業展開が含まれている。たとえば、ムケシュは2006年に友人に会いにウガンダに行ったとき、空港からジンジャ市までの間に多数のサトウキビ農園をみた。好奇心から現地のグジャラート人友人に製糖工場がいくつあるのか尋ねると、2つだけとの返事だった。この2つのインド人所有工場が製糖業を独占していた。しかも、サトウキビと砂糖の価格差（マージン）がインドよりもはるかに大きいことがわかった。すぐに、父親に電話し、ビジネスを多様化したい、マージンの大きい業種がみつかったので投資したいと告げたところ、父はなぜアフリカなのか、ネットワークのあるインドがいいのではないかと答えた。ムケシュは金のためではなく、仕事で満足感を得るため普通と異なったことをしたいとの気持ちが強かった。ムケシュがこの事業で大きく稼ぐことはなかったが、満足感は大きかった。

　また、アフリカでは自転車のタイヤ、チューブがインドから輸入され需要の大きいことがわかった。グーグルで検索し、製造機械は8万5000ドル（500万ルピー）であることを確認した。さらに、工場と流動資本で合計1000万ルピーを2008年に投資した。購入地は5エーカーで60万ルピーであったが、すぐに750万ルピーに高騰した。これを担保に現地銀行から融資を受け、加工工場を運営した、ウガンダでは競争企業がなかったので、品質にかかわらず、販売に問題はなかった。このように、ムケシュは次々と起業した。

(2) マクワーナー家経営者の世代差

　ムケシュにマクワーナー家の三世代にわたる経営者の世代差について尋ねた。

　第一世代の祖父ガーラーバーイは3年生まで学校で学び、その一方で農業労働者でもあった。たまたま綿繰工場のボイラー係になる機会があり、それが経営展開の契機になった。彼の人生にはアップダウンがあったが、企業家精神に富んだ人であった。祖父は収益の大半を機械と土地に投資してきた。人口は増加するが土地は増加することはないと口癖のように言っていた。彼

ラティーラールの事務所に展示されている家族写真パネル。中央の写真の左が若き日のラティーラール、右がガーラーバーイ（アーメダバード市、2016年1月）

はビジョナリーで実践的でもあった。祖父は65歳で引退を宣言し、すべての資産を父に託し、社会活動を行った。ムケシュによると、祖父は少額の資本しか持たなかったために、たくさんの試行錯誤をすることができなかった。

　第二世代の父ラティーラールは10学年まで学び、高校卒業後すぐに祖父の事業に参加した。祖父が引退した後にはマクワーナー家の主要な事業を引き継ぎ、幾多の浮沈のなかで、事業の規模を拡大し経営基盤を強固にしていった。父は祖父同様、技術志向が強く、ピッカー開発の手順は非常に科学的技術的であった。また、テレックス、ワイヤレス、ホットライン（アーメダバード−バーヴナガル間）などの新たな通信技術はすぐに導入し、事業展開に役立てた。祖父と違うのは、土地投資を軽視していたことで、父の投資はビジネスへの投資に集中していた。父は既存のビジネスのみに集中し、多様化すべきではないと考えてきた。試行錯誤を多く行わないのは、失敗を過剰に恐れているためである。その背景には、ダリトの起業家が失敗した際には誰も助けてくれないとの認識があるためである。父は情に厚く誰でも信用したために多くを失ったが、それはネットワークを広げるうえでは無駄ではなかった。

　第三世代のムケシュは、マクワーナー家の経営基盤の確立後、既存の信用

や人脈をフル活用し経営に参入したサラブレッド世代である。海外の事業展開に熱心なムケシュは、グーグルは最良の友と言い切る。新世代企業家の共通点はパソコンとグーグルを使いこなし情報を収集する能力の高いことにある。だから、他の起業家の成功例を盲目的に模倣するのではなく、自ら情報収集し革新的な道を選択する必要があるとムケシュは強調する。「試行と失敗」のプロセスが重要で、「試行することに失敗」（すなわち、試行しないこと）してはいけないという。革新的なビジネスをしたいというのが彼のビジネスの動機である。これまでに、60～70の新プロジェクトを検討し、毎年、2～3の新しいプロジェクトを手掛けてきた。どれだけ、自分が興味をもてるのかとは別に、常に新たな分野のビジネスに挑戦をしてきた。

　また、ムケシュは政府の政策にも注目している。近年、政府は製品購入額の4％を「指定カースト」「指定部族」企業家から購入する方針を立てている。この制度を活用するために、政府がどの製品を大量に購入するのかを検討する。たとえば、政府が毎年、4000万個のLPGシリンダーを購入するなら、「指定カースト」「指定部族」への割り当ては160万個になる。シリンダー製造は成長する業種である。同時に、全インドで高額投資の必要なこの分野でダリトの企業家が存在しないことも知っている。このような関心から、実際にシリンダー製造工場に見学にも行き準備を進めている。

　ムケシュは公務職就業者・退職者およびその子弟のいわゆるダリト・エリートの中核をなす人々に対しては、「ダリトはビジネスに参入できないとの固定観念が強い」とみている。たとえば、彼によると、公務職退職者が数人集まれば、1000万ルピー単位の資金を動員でき、利益をシェアできるのに、彼らは実際にはビジネスには参入しない。リスクのある投資をする考えがないためである。その息子も、技師その他の資格や高い学歴をもつ者も、公務職を狙う。もっとも安定した就業だと認識しているためである。しかし実際には、公務職の枠は小さい。公務職を逃した高学歴者は運転手などの収入の少ない仕事につくことも多い。リスクをとり、先ほど話した自転車などの起業をすれば、何倍もの収入を得ることができる。祖父がリスクをとらなかったら、わが家族も公務職の後を追っていたかもしれない、と彼は回顧する。

　彼はカーンブレーの説く「ダリト資本主義」に賛成し、われわれは資本家

であらねばならないと強調する。資本主義が進めば、カースト差別は徐々になくなる。資本力があれば、誰もあなたのカーストは何かと尋ねなくなる。カーストの区別は資本によってのみ抑制できる。このように、「ダリト資本主義」のフレーズはダリト起業家に自信と方向性を与えるので評価できるものである。重要なのは、起業の機会が与えられることで、優秀なダリトでも機会が与えられなければ、その能力を実証することはできない、とインタビューを締めくくった。

おわりに

　トーラトは、「指定カースト」「指定部族」に対する過去の財産否定への補償政策として、彼らの私的資本を強化するための特別の補償手段と、市場非市場での差別に対する積極的な防護策が必要であると主張している。その一環として、マレーシアにみるような、私的資本の再分配政策（マレー人優遇政策）も有効で、インドでは「全国指定カースト・指定部族金融発展局」がその役割を担当すべきとしている。現行および新規事業へのサポートには、事業用地の分配、電力供給、許可技術情報の提供が含まれ、政府、民間セクター双方からの市場サポートと買い取り支援も必須であると考えている（Thorat and Sadana 2009）。

　デーシュパンデーも、これまでの公務職留保は自営事業の直面する差別解消に無力であったと認め、2012年の「指定カースト」「指定部族」世帯事業の中小零細企業を対象とした政府購入分の4％買い取り政策は重要な動きであり、収入と富のギャップをビジネス参入により縮小できるかが将来の大きな課題であると主張している（Deshpande and Sharma 2015）。

　このように、既存の留保政策の限界を見据えたうえで、事業の分野にダリトの進出を促すための喫緊の課題として、政府購入分の一定割合の買い取り枠設定を含むさまざまな優遇政策（アファーマティヴ・アクション）が提唱されている。優遇政策が不可欠であると認識されるのは、ビジネスに関する情報、ネットワーク、投入財、販路すべての分野でバラモンや商業カーストなど上位のカースト・社会集団が優勢であり、下位集団とりわけダリトのビジ

ネス参入に対して、現在でも差別が根強く存在しているためである。

　もうひとつの重要課題は、ダリト内部の結束を固めることである。ダリト内部の有力カースト間での主導権争いは激烈であり、互いに足を引っ張り合っている。たとえば、グジャラートで全国に先駆け1980年代後半に立ち上げが模索された「指定カースト商工会議所」(Scheduled Caste Chamber of Commerce and Industry) もダリトの有力カーストであるワンカル (Vankar：ダリト人口第1位のカースト) とチャマール (ダリト人口第2位) の確執により頓挫した経緯がある。両カーストの確執は、DICCIのグジャラート支部でもみられ、登録会員数が伸び悩む原因のひとつとなっている。

　アンベードカルの思想と業績 (とりわけ憲法の起草や民主主義の枠組みづくりへの貢献) は、ダリトの指導者としての役割を超えて、より広範な社会集団に積極的に評価されるようになっている。ダリト内部においても、アンベードカルは解放運動の精神的支柱として信奉されており、DICCIも商工会設立の意義と目的をアンベードカルの思想と関連づけている。アンベードカルの思想と運動が、ダリト内部の結束を促す思想やビジョンたりうるのか、政府や民間からのさまざまな優遇政策を勝ちうる力となるのか、現在問われている。

終 章

1. インドの経営展開と社会集団格差

　企業家は賃金労働者とともに工業化に不可欠な人的資源をなす。発展途上国では一般に、資本、技術の欠乏とともに企業家不足が工業化の制約要因になっている。国家が自前の企業家集団をもたないために、外部から流入した集団が商工業を担うケースもまれではない。企業家は植民地支配や国家の一連の産業政策のもと、その態様を大きく変化させており、この意味できわめて歴史的な産物といえる。

　インドは発展途上国のなかでは例外的に豊富な企業家層を抱えており、その活動は国内のみならず、広く海外に及んでいる。印僑はアジア、アフリカのみならず、ヨーロッパやアメリカでも活躍している。このように、インドには比較的豊富な企業家層が存在するのだが、その出自はバニヤー（商業を伝統的職業とするカースト集団）などの特定のカースト集団に限定される傾向にあった。すでにイギリス統治期に形成されていた財閥の多くもこれら特定のカースト集団の出身であった。独立を境に産業政策は大きく変化した。新たな産業政策は、経済力の集中の抑制と小企業家層の保護育成を目標に掲げた。産業政策の影響もあり、企業家の構成は独立以降多様となった。さらに、1990年代に入ると、経済自由化路線がとられ、産業政策にも画期的な転換がみられた。

　開放経済体制への移行にともない、企業家・経営者の態様も大きく変化した。海外からの直接投資と技術導入が進展し、国内市場をめぐる競争が生産財消費財ともに激化した。同時に、輸出志向型の工業化にも進展がみられた。公共部門の民間企業への開放はさらに進み、民間企業に対する諸規制も大幅に緩和された。この新たなビジネス・チャンスの最大の受益者は既存の財閥

であったが、地域経済においても有力カースト・集団間の覇権闘争は、製造業を舞台にこれまで以上に熾烈に展開された。産業政策の自由化は、一時的には経済力の集中を促進するが、長期的には有能な企業家層の開拓・拡大に貢献した。新興勢力にとっては当面の間、保護育成政策のもとにある小規模工業部門で経営ノウハウの蓄積を進めることが、社会経済的上昇にとって重要である。

さらに、本書では「インド人間開発調査」に依拠して、世帯の社会経済状態だけではなく、社会関係資本（ネットワーク、意識、信頼度等）、さらには世帯が帰属する宗教やカーストのネットワークの広がりやモビリティの強さが、世帯の社会経済的発展を大きく規制していることを検討した。その結果、学歴や産業構成のみならず、社会関係資本や帰属集団のネットワークについても、カースト・宗教間に少なからぬ格差が存在していること、また、社会経済的な下層集団である「ダリト」「アーディワーシー」「その他後進諸階級」や「イスラム教徒」は共通の社会経済的課題を抱えると同時に、社会関係資本や帰属集団のネットワークについては異なる態様をもち、個別の課題を抱えている側面のあることも検討できた。とくに、「イスラム教徒」については、司法立法行政から疎外され、さらにはセキュリティの不安を抱えるなど、社会的に孤立する状況の一端が確認できた。ヒンドゥー教の内部では「ダリト」が現在でも不可触民差別を受けるとともに、彼らの内部的結束力は脆弱であり、社会的に孤立する状況にあることが確認できた。

社会経済発展の政策や計画は、個人や世帯のみを対象とするために、社会関係資本の脆弱性や帰属集団におけるネットワークの強化には結びつきづらい。この点をどのように克服するのかが、後進諸階級の商工業への参入と経営能力の改善にとって重要な鍵を握っている。

2. グジャラートの宗教、カースト、職業

グジャラートの領域は都市居住率の高さや商工業の展開にみるように、すでに1931年時点においてインド帝国のなかでの先進地域を構成していた。独立後、マハーラーシュトラ州とグジャラート州は商工業のさらなる展開によ

り、農業発展の著しいパンジャーブ州やハリヤーナー州とともにインド諸州の先進グループを構成している。ボンベイ管区とグジャラートの宗教・カースト構成上の相違はいろいろとあるが、インド帝国の他地域と比較した場合、むしろ共通性のほうが大きい。また、大グジャラート運動の経緯にもあらわれているように、グジャラートとボンベイ管区とりわけボンベイ市との結びつきは深く、独立前における両者の発展を切り離しては理解できない。

　ボンベイ管区との比較におけるグジャラートの就業構成の特徴は男女ともに商工業の比率が高く、かつ農業の比率の低い点にある。ボンベイ管区自体がインド帝国のなかで商工業の先進地帯をなしていたことを想起するならば、グジャラートの就業構成はすでに1931年の時点で他地域よりも高度化していたことが確認できる。

　また、主要産業におけるグジャラートの就業構成の特徴は、農業部門では土地所有者の比率が優勢なこと、土地所有者のなかでは自耕作者の層が厚いこと、農業労働者の比率が低いことであった。工業部門の就業構成は両地域とも繊維業・縫製業を主体としている点で類似していた。グジャラートの稼働人口比率で優位に立つのは、皮革加工業、金属工業、窯業などであった。商業は稼働人口比率および経済的重要性の両面においてグジャラートがとくに比較優位を保つ部門であった。

　国勢調査報告書に就業構成が編纂されている集団・カースト数は20余りに過ぎないが、それらの検討はカーストと就業構成とりわけ「伝統的」職業との結合・乖離の動向を把握するのに役立つ。「伝統的」職業の稼働人口比率は、伝統職に対する需要と報酬の大きさのみならず、その集団・カーストの人口規模にも左右されていた。選択カーストの中間集団および後進集団の「伝統的」職業の多くは村落内（間）分業体制に組み込まれていた。とりわけ、大工・床屋・陶工・鍛冶工・裁縫師・清掃業・皮革加工業などは村落内（間）分業体制の要をなす職業であり、1931年時点におけるスタール、ローハール、ハジャーム、ダルジー、クンバール、バンギー、チャマールの男子稼働人口に占める伝統職稼働人口比率はきわめて高い水準を示していた。これらに対して、「番人」「村抱えの雑役夫」「船頭」などの伝統職に対する労働需要の大きさは当該カーストの稼働人口を大きく下回っていた。先進集団のなかで

もパーンチャルやソーニーなどは「伝統的」職業である「金銀銅・真鍮製品製造業」「金工・宝石商」の稼働人口比率が高かった。

　就業構成には先進・後進集団間の格差があらわれていた。先進集団の男子就業構成は後進集団に比べて農業部門の稼働人口比率が低く、商工業とりわけ商業部門の稼働人口比率が高かった。また、教育および専門職や定収入生計などの比率も高かった。このように、先進集団の就業構成の特徴は、非農業部門における比率が高いばかりではなく、資金や教育を要件とする部門への進出の度合いが大きいところにあった。

　女子の就業構成は男子のものと大きく異なっていた。人口1000人当たりの就業人口は男子の水準を大幅に下回り、かつ就業人口に占める労働従属人口の比率は男子の場合よりもはるかに高かった。先進的な集団の人口1000人当たりの就業人口は非常に小さく、女子の就業に否定的な社会観が強く作用していた。イスラム教徒のミハルバハルの場合もやはり女子に対する社会的職業規制が機能していた。また、中間集団のなかで人口1000人当たりの就業人口が小さいのはイスラム教徒の含まれるハジャーム、経済的に安定しているスタールやローハールなどであった。女子の就業構成は男子以上に集団・カースト間の相違が大きかった。とりわけ、伝統職の稼働人口比率にみられる集団・カースト間の相違は大きく、同稼働人口比率の低いのは「大工」「鍛冶」「床屋」などのように女子の参入が仕事の性格上困難な伝統職であった。

　職人・サービスカーストの伝統的職業からの乖離を促す要因には、①財とサービスに対する需要の減退あるいは消失、②市場での外国製国内工場製品との価格競争、③飢饉や大不況を契機とする貧困化による伝統的職業の放棄、④嗜好や消費構造の変化、⑤社会的上昇のための伝統的職業の積極的放棄、などがあった。都市産業と農村の職人・サービス業では、これら諸要因のあらわれ方とあらわれる時期が異なっていた。都市産業の多くはイギリス統治下の19世紀半ばまでに、旧支配層（宮廷）の奢侈品需要の激減、外国製品との価格競争での敗退、都市上層民の外国製品への嗜好の変化などが原因で衰退した。さらに19世紀後半以降の綿工業をはじめとする国内工場生産の展開は、都市職人層の経営基盤をますます狭めた。

　しかし農村の職人・サービス業に対する19世紀半ばまでの上記諸要因の影

終章

響は、都市での需要品とは性質を異にする農村の需要に依存していたために僅少であった。農村の職人・サービスカーストの存在形態に本格的な影響をもたらしたのは、19世紀後半以降の諸変化であった。グジャラートの中央部と南部にまたがる5つの直轄統治県では、1860年代に中間者を排し政府が直接に耕作民を把握するライヤットワーリー制度が導入され、地税が30年間固定された。南北戦争を契機として商品作物である綿花の作付面積が増大し、農産物価格は全般的に上昇した。単位面積当たり実質地税負担は減少し、耕作面積が拡大した。そして耕作面積が天井をうち、農地への人口圧力が強まる1880年代までの好況期に、農業の繁栄と人口増加は農村の職人・サービス業への需要をも増加させた。農地への人口圧力の増加は土地を稀少化し、職人・サービス層へのイナーム地の供与は縮小した。

その後、20世紀の10年代後半にかけて5回の飢饉がグジャラートに発生した（1899/1900, 1900/01, 1900/02, 1911/12, 1918/19年度）。飢饉は農業の不況をもたらし、そのもっとも深刻な影響は農民との財とサービスの交換関係にある職人・サービス層と雇用関係にある農業労働者層がまっ先に被った。飢饉救済事業での労働、雇用機会を求めての移住、また伝統的職業の一時的あるいは永久的な放棄が行われた。

より持続的で決定的な変化は、交通・運輸の展開にともなう村民の嗜好の変化によりもたらされた。村民の嗜好の変化は、都市上層民の外国製国内製工場製品の受容よりも時期的には遅れるが、鉄道網、道路網の展開・整備による大規模・中規模都市市場への接近の容易化とともに、また交通網の展開を前提とする流通網の再編過程のなかで確実に顕在化した。これは消費財についての都市的嗜好の影響が農村に流入する過程でもあった。それゆえ、就学率の上昇および平均就学年数の増加とともに、嗜好の変化は加速された。早くも1920年代にはスーラト県の陶工は、伝統的（デーシー）瓦から改良式瓦、土製の穀物貯蔵器からブリキ製貯蔵器への需要の変化に直面した。20世紀前半にかけて緩慢ではあるが着実に進行した農村における工場製綿布の需要の増大は、旧式の技術と資金不足の不可触民「織工」（Dheds）の存立基盤を危くした。しかし本格的な変化は、農村の定期バス網の確立、教育の普及と就学率の向上、国内産業の著しい展開をみる独立後にあらわれた。

独立後の職人カーストの伝統的職業からの乖離を規定する要因のなかで、以上検討してきた価格競争、嗜好の変化の諸要因のほかに、州政府の指定カースト、指定部族および社会的教育的後進諸階級に対する留保政策の展開が重要であった。教育投資の効用も職業選択の幅を一般的に拡大することのほかに、留保枠を活用しての高等教育への進出と政府関連企業への採用あるいはホワイト・カラー職への就業による後進性からの脱却と結合しており、留保枠を享受できるのは認定された集団の上層に限定されやすい傾向はあるものの、集団全体の教育に対する期待と伝統的職業からの離脱の期待を増幅させた。
　このような背景のなかで、社会的上昇のために伝統的職業を積極的に廃棄しようとする動きもあらわれた。この動きは同じく社会的上昇を目標としながらも独立前にみられた儀礼、飲食習慣、再婚規制を中心とする上昇戦略とまったく異なった枠組みのなかで生起している。

3. グジャラートの経営者名簿分析

　姓についての統計および実証的な研究が欠如するなか、本書では姓分析を主体として経営者の出自の割り出しを試みた。特定の宗教、カースト成員の使用する姓には一定の傾向が認められるので、蓋然性によりながらも、経営者と宗教、カーストの関わりを大まかには捉えることができる。
　本書ではいくつかの種類の経営者名簿を分析した。そのひとつである州政府の編纂した登録製造業者名簿では、頻度50以上の姓集団のみを分析した。これらの姓集団は入力された経営者数の過半数を占めており、資本形成と宗教、カーストの関わりを分析するうえでの有効なデータとなった。グジャラートの経営者のなかでもっとも有力なのは、パーティーダールとバニヤーの２集団である。頻度50以上の経営者については、前者の経営者数比率が後者を凌駕しているが、頻度の小さな経営者をも含めた場合、両者の比率は拮抗しよう。両者ともに、すべての業種に比較的まんべんなく分布しているが、大多数の業種において最大経営者数を誇るパーティーダールはとくに農産物加工、建設業関連の業種で突出しているのに対して、バニヤーは綿以外の繊

終章

維工業、製紙・印刷業、ゴム・プラスティック製造業、化学工業の業種が比較的強い。これら2集団と対照的に、第3位の経営者数をもつ職人カーストは「伝統的」職業と関わる機械工業、金属製品製造業、木材加工業に集中しており、それ以外の業種にはほとんど進出していない。グジャラートにおけるその他の経営者集団は、クシャトリヤ、バラモン、イスラム教徒よりなる。クシャトリヤの経営者はほとんどの業種にみられ、金属製品製造業、機械工業、電気機器製造業の比率が相対的に高い。バラモンはどの業種にもまんべんなく分布しているが、比較的優位な業種はバニヤー・ジャイナ教徒のものと類似している。イスラム教徒は綿工業に集中する分布を示している。

宗教、カースト別経営者の業種間分布を分散型、集中型に二分すると、パーティーダール、バニヤー、バラモンは分散型、職人カースト、クシャトリヤ、イスラム教徒は集中型と分類できる。分散型は社会的経済的モビリティの高い集団より成り立っている。「伝統的」職業の制約からは自由であり、かつ投資額およびリスクの大きい近代工業の先端部門にも進出している。多様な業種に参入できる集団は、教育や資本蓄積の水準が相対的に高いばかりではなく、集団内部の相互扶助も発達しており、かつ政財界とのつながりも緊密である。これに対して、集中型の集団には社会的経済的モビリティを構成する上記諸要因のいくつかが欠けている。職人カーストが技術やノウハウの面で優位な「伝統的」業種から逸脱できないのは、新たな業種への参入にともなう諸種のリスクに対処できないためである。経営者の地理的分布が局地的なのも、業種構成の偏向とともに、モビリティの相対的欠如に帰すことができよう。この関連で、クシャトリヤの場合も、分散型の諸集団に比べモビリティに欠けているといえよう。イスラム教徒は職人カーストやクシャトリヤ以上に特定業種に偏向している。頻度50未満のイスラム教徒の姓集団にも同様の傾向がみられる。イスラム教徒は少なからぬ内部格差をもちながらも全般的には経済的後進集団となっている。業種構成の多様化、とりわけ化学工業などの先端部門への参入ができなければ、先進集団との経済格差はますます拡大しよう。

指定カーストの姓は大規模な改姓運動によりクシャトリヤ姓と重なっている。このため、指定カースト経営者の析出ができず、本書では一律にクシャ

トリヤとして分析を行った。小規模工業の登録事業体数に占める指定カーストのみの事業体数比率は1.43％（1987/88年）であった。工場セクターにはほとんど進出していないとおもわれるので、両者を合わせた事業体数に占める指定カーストの事業体数比率は１％前後となろう。指定カーストの人口比からすると低い比率ではあるが、先進集団の層の厚いグジャラートの経営風土や後進集団が経営に参入する場合の困難の大きさを考慮すると、決して低い比率とはいえない。

　他の経済・経営史資料との組み合わせにより近代における資本蓄積の諸形態を宗教、カースト別に検証し、いくつかの類型にまとめることも可能となる。たとえば、パーティーダールの場合は農業部門から商工業への資本移動、バニヤーの場合は商業・金融業から製造業への参入、職人カーストの場合は技術・ノウハウ蓄積を活用した「伝統的」部門での展開、一部のバラモンやパールスィー教徒の場合は官界から実業界への移動、などが顕著な特徴として認められる。

　商工会議所の経営者については、グジャラート商工会議所の名簿が時系列分析のための唯一の資料となっている。当初、商工会議所の名簿についてもできるだけ古い版を探してみたが、1980年代以前にさかのぼることはできなかった。そのため、まず1991年度版に依拠し、登録番号による時系列分析を行った。

　登録時期別のカースト構成の推移には、バニヤーの相対的な比率の低下とパーティーダールの躍進が明瞭にあらわれている。また、従来商工業と馴染みの薄かったバラモンも近年は積極的に企業・経営に参画しており、これも独立後における重要な変化のひとつといえよう。19世紀後半以降のグジャラートの歴史のなかで、パーティーダールはいわば台風の目として政治のみならず社会経済構造の再編に大きく関わってきた。

　さらに、グジャラート商工会議所の2014年度版名簿の分析により、パーティーダールのさらなる躍進が確認できた。とくに、「協会・商工会議所」の代表者の組み合わせにおいて、パーティーダールの比率が増大していること、バニヤーと組み合わされる事例が多いことはパーティーダールがグジャラートの商工業においてバニヤーの対抗勢力として業界団体のなかでも認知され

ていることを示している。それと同時に、2014年度版名簿分析により、バニヤーがアーメダバード県の商工業経営者を中心に構成されるグジャラート商工会議所のなかではいまだに非常に大きな影響力をもっていることが確認できた。

代表者カーストの組み合わせの検討から、会員の主体をなす中小規模の経営体において共同経営者の組み合わせはどの範囲の宗教・カーストに限定されるのかを検討した。その結果、宗教・カーストを問わず、商会や有限会社などの小規模な経営体においては、自カースト間での組み合わせが圧倒的な比率を占めていること、さらに株式会社や大企業においても、「バラモン」を除き、自カースト間の組み合わせが比較的多いことが確認できた。家族、親族、同カースト間での共同経営者の比率が、非組織部門と組織部門ともに現在でもこれほど高いのには、いくつかの要因がある。家族、親族、カーストの結合原理は、経営上の結合力を高め、パートナーシップにともなうさまざまなリスクを一定程度軽減するものと推測できる。また、同カーストであれば、伝統的職業や技能の共有、同カーストがすでに開拓している商工業上の生産、流通のネットワークへのアクセスも比較的容易に行える可能性がある。

もちろん、宗教・カースト間での共同経営もみられるが、その場合であっても、商工業経営における宗教・カースト間の親和性と排他性がみられ、グジャラート商工会議所の会員の間では、上位カースト連合と呼べるまとまりが存在している。

さらに、大規模工業の個票データを使用することにより、大規模工業の産業別地域別展開と投資額や雇用数との関わりだけではなく、経営者の出自との相関についても検討を行った。また、投資額や雇用数に関するトップ100社の分析も行った。これらは、個票データを使用したので可能になった横断面分析である。

以上の横断面分析に加えて、本書では大規模工業展開の時期区分を行い、産業別地域別の投資額や雇用数の時系列変化も考察した。その際に、経済自由化の開始前と開始後を時期区分に組み込んだ。このため、本書で設定した第1期（1983-90年）と第2期（1991-98年）の工業実績に関するデータは、他

の先行研究とそのまま比較可能である。さらに、本書では、世界の金融と経済危機を生んだサブプライム問題発生の前後での時期区分も行った。その結果、もともと意図したものではなかったが、大規模工業の個票データが存在する1983年から2014年までの32年間を等間隔で4期に区分することができた。これも、時期別の投資額と雇用数の比較を容易にした要因のひとつになっている。

時系列分析により本書で明らかにできたことは、①第2期（1991-98年）に雇用数が大きく伸び、②第3期（1999-2006年）に投資額が大きく伸びたことの2点である。雇用数の増加も経済自由化の恩恵のひとつではあるが、州外や海外からの投資を含む経済自由化の効果がグジャラート州の工業を大きく押し上げたのは第3期である。この意味で、大規模工業については、一定のタイムラグ（あるいは準備期間）の後に、第3期に経済自由化の効果が集約的にあらわれたと理解することができよう。もうひとつ、時期区分で課題になるのが第4期（2007-14年）の位置づけである。第3期に比較すると、第4期の全体的な実績は投資額においても雇用数においても低下している。

中小零細企業の分析では、2006年から2015年までに登録された35万件の個票データを扱った。登録時期を4区分し、第1期から第4期にかけての宗教・社会集団別の経営展開の特徴を検討した[1]。その結果、この期間に代表者数比率が増加しているのは、バラモン、クシャトリヤ、その他後進諸階級、パンジャービー、イスラム教徒と部族民の姓集団であり、同比率が減少している集団は、パーティーダール、バニヤー、職人カースト、上位諸カーストであることが把握できた。

代表者数比率が増加している集団のなかで、バラモンは独立後の比較的早い時期に経営参入を開始し、現在は知識階級としての利点を活用し、教育、芸術、情報産業など多様な分野で経営を展開している。この集団のなかでも成長頭と位置づけることができる。パンジャービーは第2期以降に存在感を

1）時期間の比較と動向把握がしやすいように、各時期に登録した経営者数を同数に設定し、第1期（2006年10月〜2011年5月）、第2期（2011年5月〜2012年11月）、第3期（2012年11月〜2014年5月）、第4期（2014年5月〜2015年8月）の4時期区分を行った。

高めた新規参入集団であり、その経営形態はバラモンと共通する面が多い。

　クシャトリヤとその他後進諸階級の姓集団は、カテゴリー構成と業態の構成が類似している。また、その他後進諸階級と指定カーストを多く含んでいる点でも共通している。その他後進諸階級と指定カーストは零細企業のサービス業に集中している。

　イスラム教徒には、メーモーン（Memon）やボーホラー（Bohra）など富裕な経営層も含まれるが少数であり、大部分は小規模で伝統的な繊維業やオート修理などのサービス業の経営者である。製造業やサービス業での長い歴史をもつが、経営形態や技術面での革新性に欠け、時代の流れに取り残されている。ただし、繊維業、飲食業、オート修理業など確立された分野をもつとともに、イスラム教徒による一定の需要に対応する経営も展開している。

　部族民の経営者数は人口比に比べると極端に少ないが、その数は増加している。ただし、投資額の規模は非常に小さく、産業構成も多様化していない。グジャラート州における宗教・カースト集団のなかで、彼らの経営基盤はもっとも小さく、弱く、後進的である。

　以上の諸集団と対照的に、第1期（2006-11年）から第4期（2014-15年）にかけて、代表者数比率が減少している集団には、パーティーダール、バニヤー、職人カースト、上位諸カーストが含まれる。このグループは、独立後の経営展開を牽引してきた経営先進集団で構成されている。代表者数比率の低下の背景には、彼らに内在する要因と、新興経営集団の台頭や登録企業数の増加など外在的な要因の2つがある。

　パーティーダールの代表者数比率は第1期の21%から第4期の14%へと7ポイント減少しているが、パーティーダールは全期の投資総額だけではなく、平均投資額でもグジャラート州第1位の集団であり、近年においてもその優位は揺らいでいない。零細企業を主体とする新興経営者集団が第2期以降に大量に登録されたことが、パーティーダールの代表者数比率を低くする主要な要因になったと理解できる。

　「伝統的」職業をベースとして製造業を担ってきた職人カーストも、この間に代表者数比率を2ポイントほど落としている。新たな産業構造と技術革新のなかで、「伝統的」職業で培った技術やネットワークに依存する経営戦

略では十分に対応できない状況が生じている。バニヤーや上位諸カーストも、第1期から第4期にかけて、わずかではあるが代表者数比率を下げている。この結果も、新興経営勢力の台頭によるところが大きい。

　中小零細企業には多様な産業構成、経営組織、業態が含まれている。宗教・カースト集団別に、それらの相互関連を検討した結果、集団間に非常に大きな経営格差が存在していることを確認できた。パーティーダール、バニヤー、上位諸カーストは経営組織やカテゴリー構成がより高度化しているのに対して、イスラム教徒や部族民の経営組織やカテゴリー構成はその対極にある。さらに、指定カーストやその他後進諸階級を多く含んでいるクシャトリヤの経営組織やカテゴリー構成も先進経営集団とは大きな隔たりがある。指定カースト、指定部族、その他後進諸階級とイスラム教徒は社会関係資本の面でも、後進的な集団を形成していることは第2章で検討済みである。これらの集団は、経営面での新興勢力として零細企業に進出しているが、彼らが経営分野に足場を築けるかどうか、さらに彼らの経営組織やカテゴリー構成を高めていけるかどうかが、彼らの社会経済的発展の帰趨を左右する重要な課題となっている。

4. 個別の宗教・カーストの経営と課題

(1) ダリト（指定カースト）

　ダリト経営者については第13章で扱ったマクワーナー家以外の経営者からも起業した経緯と起業を可能にした要因について聞き取り調査を行った。その多くは第一世代の経営者であるが、起業を可能にした要因について、多くの共通性が確認できた。たとえば、本人の両親の世代が差別をともなう負の連鎖から抜け出すために居住地を農村から都市に変え、子弟に高等教育の機会を与える決断をしたことである。都市に居住することにより、カースト・ヒンドゥーとの交流も始まり、子弟の世界観や価値観に大きな影響を与えた。第一世代として起業する前に世界観や価値観の転換がみられた点は重要である。

　また、1980-90年代まではダリトが伝統職以外のサービスを行うことは困

難であったが、2000年以降の経済自由化と都市化のなかで、コスモポリタンとなった大都市において、ダリトのサービスが一定程度許容されるようになり、職業の選択肢も広がった。ただし、ダリトは資産形成に欠けるので、それが融資を制約し、ダリトのなかから大きく成長する起業家がほとんどみられないとの認識もダリト経営者に共通していた。

　もうひとつ、不可触民差別のスティグマがダリトの経営者を大きく圧迫していることも確認できた。たとえば、中小零細企業の姓分析により、ワンカルやチャマールなどのカースト名の使用者が非常に少ないことが明らかになった。また、ラトードやパルマールなどの典型的なクシャトリヤ姓を避け、パーティーダール姓やバニヤー姓に改姓する動きも出てきている。原材料の仕入れや販路の確保も困難なことが多い。

　ただし、「ダリト・インド商工会議所」（DICCI）の全国展開にみるように、ダリト経営者の組織化も進んでいる。2016年、DICCIグジャラート支部が開催した「ベンチャーファンド」の説明会に参加する機会があった。この説明会は、ダリト起業家およびその予備軍を対象とした会合で、200人以上の参加者で会場は立ち見の出る盛況さであった。ベンチャーファンドの内容と応募条件、応募手順の説明後に、グジャラート州の経営者で実際にベンチャーファンドを得た3人の経営者の体験談が披露された。その後に活発な質疑応答が続き盛況な会合であった。ダリト経営者を取り巻く環境の潮目が変わりつつあることを実感できる会合であった。

(2) 部族民（指定部族：アーディワーシー）

　部族民の状況と展望について。第6章でドゥーブラーは現在でも社会経済的発展の契機がつかめず、後進的な状態に置かれていることを示した。1990年代はじめに始まった経済自由化の動きは、労働の非正規化をさらに進め、ドゥーブラーの貧窮化をより深刻にしている。アイデンティティの確立を求める運動も、植民地期から独立後にかけて間歇的に生じたが、いずれもドゥーブラーの意識と社会を大きく変える契機とはならず、アイデンティティの面でも開発のなかでの孤立が続いている。社会経済的な停滞は、ドゥーブラーのような後進集団に限ったことではない。部族民内部の先進集団について

も、第12章の中小零細企業の分析にみるように、投資額の規模は非常に小さく、経営基盤も脆弱である。

　部族民社会の最近の変化は以下のようにまとめられる。まず、農業だけで生計を立てるのは困難になっている。トライバルベルトでは一般的に灌漑が展開していないので中大規模の土地所有であっても、農業以外の収入源が必要になっている。この結果、家族単位での建設労働やサトウキビ刈り取り労働の出稼ぎが増えている。乏しい資産状況のなかで、居住地で起業するリスクは大きい。主要なビジネスはギャングリーダー（建設労働や刈り取り労働の差配者）と貯蓄組合（Corp Saving）の運営などに限られている。出稼ぎをせずに暮らすためには、留保枠での公務職や行政職がますます重要な雇用機会になっている。

　経済格差が拡大するとともに、集団の調和よりも個人主義が重視され、集団内部の格差は顧みられないようになった。また、カースト（ヴァルナ）意識の浸透とともに、部族民の間にも不可触民差別（不浄の観念）の意識が生じている。20世紀前半のガーンディーの運動とともにカースト意識も浸透した歴史があるが、それが2002年のゴードラ―事件後の政治展開のなかで強化された。

　改姓については、1980-90年代に Patel などへの改姓の動きがあったが、近年では逆に部族名を使うようになってきている。他のコミュニティーで指定部族枠の留保を求める動きが出ていることも、部族名への固執を強める要因のひとつになっている。部族民には不可触民制のようなスティグマがないために、改姓は少ない[2]。

　丘陵地帯の資源、採掘、ミネラル、森林資源は政府や民間団体によりコントロールされており、部族民の収入に役立っていないので、自治組織（パンチャーヤティーラージ）の権限を強化し、採掘のコントロールなど行うことも部族民の実質的な発展にとって必要となっている。

---

2) Dr. James C. Dabhi 氏（Research Director）, Human Development Research Centre からの聞き取り（2016年8月20日）。

(3) イスラム教徒

 イスラム教徒の政治経済社会的な孤立と後進性については「インド人間開発調査」の個票データで検討した。ほぼ同時期の2006年に「インドのイスラム・コミュニティの社会的経済的教育的状況についての委員会」(サーチャル委員会)が報告書を提出した[3]。この報告書では、イスラム・コミュニティの特徴として、貧困層が厚いこと、ムスリム内部の格差が大きいこと、中間層が薄いこと、自営業とくに職人層が厚くオート修理や繊維業の従事者が多いこと、社会経済状態は指定カーストと類似していること、排除され孤立していることなどが指摘されている。これらの指摘は、「インド人間開発調査」の個票データの分析とも符合している。

 教育については近年その重要性が認識され進学率(Enrollment Ratio)は高まっていること、伝統的宗教学校(Madrassa School)への進学率は4％ほどで、他はほぼ公立学校(Public School: 学費は安いが、教育の質は低い)に入学していることも報告されている。

 留保枠については、OBC(中央政府・州政府)に認定されているイスラム教徒セクトの人口比率は全イスラム教徒人口の41％(全インド。ただし、グジャラート州での同比率は33％)ときわめて高いが、彼らが留保などの便益を享受しているかどうかは確認できていない。委員のひとり、Dr. Rakesh Basant 氏は、イスラム教徒の OBC 留保枠の受益の規模は非常に小さいと推測している[4]。

 このようななか、膨大な自営業を抱えるイスラム教徒にとって、経営分野で発展することが不可避になってきている。しかし、資本規模が小さいことに加え、経営の分野でも排除され孤立する傾向にあるので、原材料の入手経路や販路の拡大を含む経営展開が困難な状況にある。

---

3) 同委員会(High Level Committee on Social, Economic and Educational Status of the Muslim Community of India)は2005年に首相のマンモーハン・シンによりイスラム教徒の社会的経済的教育的状況を調査する目的で任命され、2006年に報告書(Government of India、Social, Economic and Educational Status of the Muslim Community of India: A Repot, New Delhi, 2006)を提出した。同委員会は委員長(Rajindar Sachar)の名をとり「サーチャル委員会」と呼ばれた。

4) Dr. Rakesh Basant 氏からの聞き取り(2016年8月7日)。彼によると、同委員会が留保枠の活用実態を陸空軍に照会したところ回答を拒否されたとのことである。

(4) 上位のカーストと OBC 枠

　グジャラート州では上位のカーストであっても OBC の申請は可能である。実際、バーヴナガル県のラージコートバラモンが OBC 申請を行い認可されている。また、第5章で検討したように、パーティーダールも OBC 枠を求め政治運動を展開している。このように、上位のカーストによる留保枠の要求がグジャラート社会を揺るがす政治課題となっている。

　留保枠活用の実績データは15年ほど前から公開されていないので活用の現状は把握できない。しかし、留保枠の対象となる公務職自体が縮小していることは明らかである。たとえば、民営化の動きのなかで公務職の採用人数が減少傾向にある。また、10年ほど前から公務職の一部業務の外注（民間委託）も進んでいる。とくに、第1級（管理職）から第4級（単純肉体労働関連の職種）まで4区分されている公務職のなかの底辺をなす第4級職の採用枠が大幅に減少している。第4級職の主体である清掃労働者の採用も減少した。採用枠の減少は、退職者が出て公務職に空きができても政府がリクルートをしないことも原因となっている。

　また、留保枠採用の雇用条件にも変化がみられ、定期契約（当初は11カ月契約で、その後、適性を考慮して5年契約に延長される）での採用が一般的になりつつある。さらに、グジャラート州の約半数の大学には専属の校長（総長）は置かず、臨時の校長（総長）代行（Acting のステータス）でしのいでいる。2010年以降の採用枠の多くは退職金の支給対象者とされていない。経済自由化以降は与野党を問わず、留保の採用枠を縮小させ雇用条件も定期契約に切り替える方針を支持するようになった。

　このように、留保での受益枠は縮小している。にもかかわらず、パーティーダールが OBC 枠の獲得を求める背景には、農業および製造業における経営および雇用の持続性に対する不満があり、それを緩和するための方策として留保制度の活用が政治的アジェンダに組み込まれたものとみることができる。

　パーティーダールはグジャラート州のなかでもっとも有力な土地所有集団であるが、土地所有あるいは農業のみに依存して生計を立てることは困難になってきている。農村に居住するパーティーダールのアジテーションは、従

終章

来の土地所有を基軸とした資本形成や序列（ハイラルキー）が崩れてきていることの証とみなすことができる。

　製造業の分野でもパーティーダールは政府の政策に不満を抱えている。Dr. Keshab Das 氏はグジャラートの中小零細企業政策をお祭り（メーラー）と表現し、実質的な産業発展に役立っていないと批判的である[5]。グジャラート州では中小零細企業政策は政治的なプロジェクトである。州政府の支援が実質的にない状態のもと、中小零細企業の成長率や雇用数はこの15年間に減少している。工業団地の開発に対する政府のサポート（インフラ整備、水供給と排水管理、団地での経営促進策）も弱い。また、研究開発への投資が弱いために、競争力を失い、他州に追い上げられている。このような中小零細企業の閉塞的な状況が、OBC枠の留保を目標とする運動に火をつけた一因となっている。

　このように、パーティーダールのような上位のカーストでも、起業を成功させるためにはより多くの知識、ネットワークそして政府民間からのサポートが必要であり、これらをバランスよく整備することが、グジャラート州における経営展開の喫緊の課題となっている。

5）Dr. Keshab Das 氏からの聞き取り（2016年12月26日）。彼はカルナータカ州を政府のサポートが堅実な他、アソシエーション（同業組合）がよく組織された中小零細企業政策の成功例とみている。

参 考 文 献

日本語文献

粟屋利江・井坂理穂・井上貴子編（2015）『現代インド5 周縁からの声』東京大学出版会。
石井一郎（1982）『インド近代企業の生成——グワーリヤルの事例』アジア経済研究所。
石上悦朗・佐藤隆広（2011）『現代インド・南アジア経済論』ミネルヴァ書房。
石坂晋哉編（2015）『インドの社会運動と民主主義——変革を求める人びと』昭和堂。
石原享一・内田知行・篠田隆・田島俊雄編（1997）『途上国の経済発展と社会変動』緑蔭書房。
伊藤正二編（1983）『公開講座 発展途上国の財閥』アジア経済研究所。
伊藤正二編（1988）『インドの工業化——岐路に立つハイコスト経済』アジア経済研究所。
伊藤正二・絵所秀紀（1995）『立ち上がるインド経済——新たな経済パワーの台頭』日本経済評論社。
井上隆一郎編（1994）『アジアの財閥と企業』日本経済新聞社。
内川秀二（2006）『躍動するインド経済——光と陰』アジア経済研究所。
絵所秀紀（1987）『現代インド経済研究——金融革命と経済自由化をめぐる諸問題』法政大学出版局。
絵所秀紀（2008）『離陸したインド経済——開発の軌跡と展望』ミネルヴァ書房。
岡橋秀典・友澤和夫編（2015）『現代インド4 台頭する新経済空間』東京大学出版会。
押川文子（1981）「独立後インドの指定カースト・指定部族政策の展開」『アジア経済』第22巻第1号。
押川文子（1989）「インド社会像におけるカースト——二つの『後進諸階級委員会報告書』をてがかりに」『アジア経済』第30巻第3号。
押川文子（1990）「社会変化と留保制度——カルナータカ州とグジャラート州を事例に」押川文子編『インドの社会経済発展とカースト』アジア経済研究所。
押川文子・宇佐美好文編（2015）『激動のインド5 暮らしの変化と社会変動』日本経済評論社。
小田尚也編（2009）『インド経済——成長の条件』日本貿易振興機構アジア経済研究所。
カイサル, A. J.（1998）（多田博一・篠田隆・片岡弘次訳）『インドの伝統技術と西欧文明』平凡社。

加藤長雄（1962）『インドの財閥——ビルラ財閥を中心として』アジア経済研究所。
金田近二編（1960）『インドの経営代理制度』アジア経済研究所。
木曽順子（2003）『インド開発のなかの労働者——都市労働市場の構造と変容』日本評論社。
木曽順子（2012）『インドの経済発展と人・労働』日本評論社。
木村雅昭（1981）『インド史の社会構造——カースト制度をめぐる歴史社会学』創分社。
黒崎卓・栗田匡相（2016）『ストーリーで学ぶ開発経済学——途上国の暮らしを考える』有斐閣。
黒沢一晃（1983）『インド経済概説』中央経済社。
小池賢治（1979）『経営代理制度論』アジア経済研究所。
小池賢治編（1982）『アジアの公企業——官営ビッグ・ビジネスのパフォーマンス』アジア経済研究所。
小池賢治・星野妙子編（1993）『発展途上国のビジネスグループ』アジア経済研究所。
古賀正則・内藤雅雄・浜口恒夫編（2000）『移民から市民へ——世界のインド系コミュニティ』東京大学出版会。
小島眞（1993）『現代インド経済分析——大国型工業発展の軌跡と課題』勁草書房。
小谷汪之（1969）「17・18世紀グジャラートの政治経済」松井透・山崎利男編『インド史における土地制度と権力構造』東京大学出版会。
小谷汪之（1970）「インド村落共同体の再検討——18世紀デカン地方の村落共同体における分業関係」『歴史学研究』第364号、1-14頁。
小谷汪之（1989）『インドの中世社会——村・カースト・領主』岩波書店。
近藤則夫（2003）「インド小規模工業政策の展開——生産留保制度と経済自由化」『アジア経済』第44巻11号、2-41頁。
佐藤隆広編（2017）『インドの産業発展と日系企業』神戸大学経済経営研究所。
佐藤宏（1994）『インド経済の地域分析』古今書院。
澤宗則（2018）『インドのグローバル化と空間的再編成』古今書院。
篠田隆（1981）「ガンディーとチャルカー運動」冨岡倍雄・梶村秀樹編『発展途上経済の研究』世界書院。
篠田隆（1989）「インド西部の伝統的職業とジャジマーニー関係——調査村の事例を中心として」『大東文化大学紀要（社会科学）』第27号、198-199頁。
篠田隆（1990a）「グジャラート州指定カースト内部の発展格差——1961年、1981年センサスを中心に」『商経論叢』第26巻第1号、125-166頁。
篠田隆（1990b）「グジャラート農村部のカースト、職業、後進性」押川文子編『インドの社会経済発展とカースト』アジア経済研究所、53-100頁。
篠田隆（1991a）「姓名論雑考 インド」『ASIA21』現代アジア研究所、91-93頁。
篠田隆（1991b）「アムダーバード」坂田貞二・臼田雅之・内藤雅雄・高橋孝信編『都市

の顔・インドの旅』春秋社、96-103頁。

篠田隆（1994）「インド・グジャラートの宗派・カースト構成──1931年国勢調査の分析」『大東文化大学紀要（社会科学）』第32号、201-232頁。

篠田隆（1995a）『インドの清掃人カースト研究』春秋社。

篠田隆（1995b）「インド・グジャラート州の小規模工業と経営者」『東洋研究』第115号、大東文化大学東洋研究所、55-76頁。

篠田隆（1995c）「インド・グジャラートのカーストと職業構成──1931年国勢調査の分析」『大東文化大学紀要（社会科学）』第33号、81-105頁。

篠田隆（1995d）「グジャラートにおける製造業の展開とカースト」柳沢悠編『叢書カースト制度と被差別民第4巻 暮らしと経済』明石書店、359-410頁。

篠田隆（1996a）「インド・グジャラート州の経営者とカースト（Ⅰ）──グジャラート商工会議所名簿分析」『大東文化大学紀要（社会科学）』第34号、47-79頁。

篠田隆（1996b）「インド・グジャラート州の経営者とカースト（Ⅱ）──南グジャラート商工会議所名簿分析」『東洋研究』第118号、69-86頁。

篠田隆（1997）「インドの商工会議所と経営者──グジャラート商工会議所の事例」篠田隆編『21世紀の民族と国家5 発展途上国の経営変容』未來社、149-177頁。

篠田隆・藤井毅（1997）「書評論文再論」『南アジア研究』第9号、153-166頁。

篠田隆（2005）「州をゆく──理想主義と実利主義の微妙なバランス グジャラート州」島田卓編著『巨大市場インドのすべて』ダイヤモンド社、206-211頁。

篠田隆（2008）「ドゥーブラー──開発に取り残される平原部の部族民」金基淑編『講座 世界の先住民族 ファースト・ピープルズの現在 03南アジア』明石書店、126-142頁。

篠田隆（2015a）『インド農村の家畜経済長期変動分析──グジャラート州調査村の家畜飼養と農業経営』日本評論社。

篠田隆（2015b）「アンベードカルの『マハール・ワタン』廃止論──ボンベイ世襲的官吏法改定案にみる問題認識と戦略」『東洋研究』第196号、1-27頁。

篠田隆（2016a）「グジャラート商工会議所の会員構成と宗教・カースト──2014年会員名簿分析を中心として」『大東文化大学紀要（社会科学）』第54号、207-234頁。

篠田隆（2016b）「インドのダリト経営者と商工会議所」『月刊「部落解放」』第723号、40-51頁。

篠田隆（2016c）「インドにおけるカースト・宗教別の経営展開と社会関係資本──『インド人間開発調査』2011/12年版個票データの分析」『東洋研究』第200号、61-100頁。

篠田隆（2017）「インド・グジャラート州における大規模工業の展開と経営者──大規模工業の個票データに基づく分析」『大東文化大学紀要（社会科学）』第55号、181-202頁。

篠田隆（2018）「インド・グジャラート州における中小零細企業の展開と経営者」『大東文化大学紀要（社会科学）』第56号、133-154頁。

下山瑛二・佐藤宏（1986）『インドにおける産業統制と産業許可制度』アジア経済研究所。
末廣昭・南原真（1991）『タイの財閥――ファミリービジネスと経営改革』同文舘。
末廣昭（2006）『ファミリービジネス論――後発工業化の担い手』名古屋大学出版会。
須貝信一（2011）『インド財閥のすべて――躍進するインド経済の原動力』平凡社。
鈴木真弥（2015）『現代インドのカーストと不可触民――都市下層民のエスノグラフィー』慶應義塾大学出版会。
須田敏彦（2006）『インド農村金融論』日本評論社。
田部昇（1966）『インドの経営者』アジア経済研究所。
中川敬一郎（1981）『比較経営史序説』東京大学出版会。
長島弘（1982）「ムガル帝国下のバニヤ商人――スーラト市の場合」『東洋史研究』第40巻第4号。
長島弘（1984）「16・17世紀グジャラートにおける海上貿易と国家――M. N. ピアソン氏の所説をめぐって」『長崎県立国際経済大学論集』第18巻第1号。
長島弘（1994）「ムガル帝国スーラト港市のシャーバンダル」*Journal of East-West Maritime Relations*, Vol.3, The Middle Eastern Culture Centre in Japan.
二階堂有子（2006）「市場開放後の小規模工業」内川秀二編『躍動するインド経済――光と陰』アジア経済研究所、294-317頁。
西口章雄・浜口恒夫編（1986）『インド経済』世界思想社。
バラスブラマニヤム, V. N.（1988）（古賀正則監訳）『インド経済概論』東京大学出版会。
ピアソン, M. N.（1984）（生田滋訳）『ポルトガルとインド――中世グジャラートの商人と支配者』岩波現代選書。
平田桂一（1983）「グジャラート商業素描――主として16・17世紀」『松山商大論集』第34巻第1号。
深沢宏（1969）「19世紀英領グジャラートにおける大土地所有」松井透・山崎利男編『インド史における土地制度と権力構造』東京大学出版会。
深沢宏（1972）第9論文「18世紀デカンの村落における傭人について」『インド社会経済史研究』東洋経済新報社。
深沢宏（1987）『インド農村社会経済史の研究』東洋経済新報社。
福武直・大内力・中根千枝（1964）『インド村落の社会経済構造』アジア経済研究所。
藤井毅（1988）「インド国制史における集団」佐藤宏編『南アジア現代史と国民統合』アジア経済研究所。
藤井毅（1989）「カースト論への視角とカースト団体」『アジア経済』第30巻第3号、30-52号。
藤井毅（2003）『歴史のなかのカースト――近代インドの〈自画像〉』岩波書店。
藤森英男編（1987）『アジア諸国の現地化政策――展開と課題』アジア経済研究所。

舟橋健太（2014）『現代インドに生きる〈改宗仏教徒〉――新たなアイデンティティを求める「不可触民」』昭和堂。

真実一美（1986）「工業化の進展と小規模工業」西口章雄・浜口恒夫編『インド経済』世界思想社、141-145頁。

三上敦史（1993）『インド財閥経営史研究』同文舘。

安岡重明（1985）「財閥の比較史的研究の素描」同志社大学人文科学研究所編『財閥の比較史的研究』ミネルヴァ書房。

柳沢悠編（1995）『叢書カースト制度と被差別民 第4巻 暮らしと経済』明石書店。

柳沢悠（2014）『現代インド経済――発展の淵源・軌跡・展望』名古屋大学出版会。

山口博一（1984）「インド政府「後進諸階級委員会報告書」の研究」『アジア経済』第25巻第1号、2-19頁。

山口博一（1987）「カーストと地域社会の交錯」北川隆吉・蓮見音彦・山口博一編『現代世界の地域社会』有信堂。

米川伸一編（1981）『世界の財閥経営』日本経済新聞社。

米川伸一・小池賢治編（1986）『発展途上国の企業経営――担い手と戦略の変遷』アジア経済研究所。

脇村孝平（2002）『飢饉・疫病・植民地統治――開発の中の英領インド』名古屋大学出版会。

英語文献

Ahmad, Shamin and Khaliq Ahmad (1989) *Business and Environment in Indian Context*, Delhi: Eastern Media.

Agrawal, Vinod Kumar (1975) *Initiative, Enterprise and Economic Choices in India: A Study of the Patterns of Entrepreneurship*, New Delhi: Munishiram Manoharlal.

Altaf, Zafar (1983) *Pakistani Entrepreneurs: Their Development, Characteristics and Attitudes*, London: Croom Helm.

Altaf, Zafar (1988) *Entrepreneurship in the Third World: Risk and Uncertainty in Industry in Pakistan*, London: Croom Helm.

Anderson, Dennis (1982) *Small Industry in Developing Countries: Some Issues*, Washington: World Bank.

Awasthi, Dinesh N. (2000) "Recent Changes in Gujarat Industry: Issues and Evidence," *Economic and Political Weekly*, Vol.35, No.35/36, pp.3183-3192.

Bagchi, Amiya Kumar, Panchanan Das and Sadhan Kumar Chattopadhyay (2005) "Growth and Structural Change in the Economy of Gujarat, 1970-2000," *Economic and Political Weekly*, Vol.40, No.28, pp.3039-3047.

Baty, Gordon B. (1979) *Entrepreneurship: Playing to Win*, Bombay: Taraporevala.

Berger, Brigitte (ed.) (1991) *The Culture of Entrepreneurship*, New Delhi: Tata McGraw-Hill.

Berna, James J. (1960) *Industrial Entrepreneurship in Madras State*, New York: Asia Publishing House.

Bhanushali, S. G. (1987) *Entrepreneurship Development: An Inter-disciplinary Approach*, Bombay: Himalaya.

Bhatt, Anil (1975) *Caste, Class and Politics: An Empirical Profile of Social Stratification in Modern India*, Delhi: Manohar.

Bhatt, Anil (1986) "Caste and Political Mobilisation in a Gujarat District," Rajni Kothari (ed.) *Caste in Indian Politics*, New Delhi: Orient Longman (First published 1970), pp. 299-339.

Bhattacharyya, Asish K. (ed.) (2016) *Corporate Governance in India: Change and Continuity*, New Delhi: Oxford University Press.

Bhattacharya, Hrishikes (1984) *Entrepreneur, Banker and Small Scale Industry*, New Delhi: Deep & Deep Publications.

Bhattacharya, Sib Nath (1983) *Entrepreneurship Development in India and the South-East Asian Countries in Agricultural and Industrial Sectors*, New Delhi: Metropolitan Book Co.

Bhattacharya, V. R. (1983) *New Strategy of Development in Village India:Progress under Revised 20 Point Programme*, New Delhi: Metropolitan Book Co.

Borooah, Vani Kant et al. (2015) *Caste, Discrimination, and Exclusion in Modern India*, New Delhi: Sage Publications.

Bose, P. K. (1980) *Traditional Craft in a Changing Society: Potters and their Craft in Gujarat*, Surat: Centre for Social Studies.

Bose, P. K. (1985) "Social Mobility and Caste Violence: A Study of the Gujarat Riots," in I.P. Desai et al., *Caste, Caste Conflict and Reservation*, Delhi: Ajanta Publications.

Breman, Jan (1979) *Patronage and Exploitation: Changing Agrarian Relations in South Gujarat*, New Delhi: Manohar.

Breman, Jan (1985) *Of Peasants, Migrants and Paupers: Rural Labour Circulation and Capitalist Production in West India*, Delhi: Oxford University Press.

Breman, Jan (2013) *At Work in the Informal Economy of India: A Perspective from the Bottom Up*, New Delhi: Oxford University Press.

Business Standard (2016, April 27) "Gujarat OBC Commission Mulls Conducting Survey of Patel Community," Ahmedabad.

Campbell, J. M. (ed.) (1988) *Hindu Castes and Tribes of Gujarat*, 2 Vols., Gurgaon:

Vintage Books (First published 1901).
Campbell, J. M. (ed.) (1989) *History of Gujarat: Ancient, Medieval, Modern*, Gurgaon: Vintage Books (First published 1896).
Campbell, J. M. (ed.) (1990) *Muslim and Parsi Castes and Tribes of Gujarat*, Gurgaon: Vintage Books (First published 1899).
Chaudhary, Latika, et al. (eds.) (2016) *A New Economic History of Colonial India*, Routledge.
Chaudhury, Sushil (2017) *Companies, Commerce and Merchants: Bengal in the Pre-Colonial Era*, Routledge.
Chavan, Pallavi (2007) "Access to Bank Credit: Implications for Dalit Rural Households," *Economic and Political Weekly*, Vol. 42, No. 31, pp. 3219-3224.
Chavda, Vijaysingh (c1967) *Modern Gujarat: Reflections on Sources, Historiography, Society, Economy and Culture*, Ahmedabad: New Order Book Co.
Chavda, Vijaysingh (1972) *A Select Bibliography of Gujarat: Its History and Culture 1600-1857*, Ahmedabad: New Order Book Co.
Chavda, V. K. (1985) *Studies in Trade and Urbanisation in Western India*, Baroda: M.S. University.
Commander, S. (1983) "The Jajimani System in North India: An Examination of its Logic and Status across Two Centuries," *Modern Asian Studies*, Vol.17, No.2, pp.283-311.
Commissariat, M. S. (1938, 1957) *A History of Gujarat*, I-II, Bombay: Orient Longman.
Dahiwale, S. M. (1989) *Emerging Entrepreneurship among Scheduled Castes of Contemporary India: A Study of Kolhapur City*, New Delhi: Concept.
Damodaran, Harish (2008) *India's New Capitalists: Caste, Business, and Industry in a Modern Nation*, Basingstoke: Palgrave Macmillan.
Daruwala, Rusi J. (1986) *The Bombay Chamber Story: 150 Years 1836-1986*, Bombay: Bombay Chamber of Commerce & Industry.
Das, Keshab (ed.) (2011) *Micro and Small Enterprises in India: The Era of Reforms*, New Delhi: Routledge.
Das, Nabagopal (1962) *Industrial Enterprise in India*, Bombay: Orient Longmans (First published 1938).
Desai, Arvindrai N. (1989) *Environment and Entrepreneur*, New Delhi: Ashish Pub. House.
Desai, I. P. (1964) *The Patterns of Migration and Occupation in a South Gujarat Village*, Poona: Deccan College.
Desai, I. P. (1973) *Water Facilities for the Untouchables in Rural Gujarat*, New Delhi: ICSSR.

Desai, I. P. (1976) *Untouchability in Rural Gujarat*, Bombay: Popular Prakashan.
Desai, I. P. (1985a) "Should 'Caste' Be the Basis for Recognizing the Backwardness?" in I. P. Desai *et al.*, *Caste, Caste Conflict and Reservation*, Delhi: Ajanta Publications.
Desai, I. P. (1985b) "Anti-Reservation Agitation and Structure of Gujarat Society," in I. P. Desai *et al.*, *Caste, Caste Conflict and Reservation*, Delhi: Ajanta Publications.
Desai, I. P. *et al.* (1985) *Caste, Caste Conflict and Reservation*, Delhi: Ajanta Publications.
Desai, M. B. (1948) *The Rural Economy of Gujarat*, Bombay: Oxford University Press.
Desai, M. B. (1971) *Tenancy Abolition and the Emerging Pattern in Gujarat*, Baroda: M. S. University.
Deshpande, Ashwini and Smriti Sharma (2015) *Disadvantage and Discrimination in Self-Employment: Caste Gaps in Earnings in Indian Small Business*, Working Paper No.236, Delhi: Centre for Development Economics.
Deshpande, Manohar U. (1982) *Entrepreneurship of Small Scale Industries: Concept, Growth, Management*, New Delhi: Deep & Deep Pub.
Dholakia, Ravindra H. (2000) "Liberalisation in Gujarat: Review of Recent Experience," *Economic and Political Weekly*, Vol.35, No.35/36 (Aug.26-Sep. 8), pp.3121-3124.
Divekar, V. D. (1982) "Regional Economy: Western India," in Dharma Kumar (ed.), *The Cambridge Economic History of India*, Vol.2: c1757-c1970, Cambridge: Cambridge University Press.
Dosabhai, Edalji (1986) *A History of Gujarat: From the Earliest Period to the Present Time*, New Delhi: Asian Education Services (First published 1894).
Eapen, Mridul (2001) *Rural Industrialisation in Kerala: Its Dynamics and Local Linkages*, New Delhi: Manohar.
Engineer, Asghar Ali (1989) *The Muslim Communities of Gujarat: An Exploratory Study of Bohras, Khojas and Memons*, Delhi: Ajanta Publications.
Engineer, Asghar Ali (1993) *The Bohras*, New Delhi: Vikas Publishing House.
Enthoven, R. E. (1975) *The Tribes and Castes of Bombay*, 3 Vols., Delhi: Cosmo Publications (First published 1920,1922).
Entrepreneurship Development Institute of India (1987) *Developing New Entrepreneurs*, Ahmedabad.
Entrepreneurship Development Institute of India (1989) *Entrepreneurship Bibliography-II.Bhat*, Ahmedabad.
Entrepreneurship Development Institute of India (1993) A Pictorial Biography 1983-1993, Ahmedabad.
Fukazawa, Hiroshi (1982) "Agrarian Relations: Western India," in Dharma Kumar (ed.)

The Cambridge Economic History of India, Vol.2, c1757-c1970, Cambridge: Cambridge University Press.

Fukazawa, Hiroshi (1991) *The Medieval Deccan: Peasants, Social Systems and States: Sixteenth to Eighteenth Centuries*, New Delhi: Oxford University Press.

Gadgil, D. R. (1959) *The Industrial Evolution of India in Recent Times 1860-1939*, (4th ed.) Calcutta: Oxford University Publication.

Galanter, Marc (1984) *Competing Equalities: Law and the Backward Classes in India*, Delhi: Oxford University Press.

Gandhi, M. K. (1954) *The Removal of Untouchability*, Ahmedabad: Navajivan Publishing House.

Ganguli, Siddhartha et al. (1977) *A Management Guide for Small Entrepreneurs*, Calcutta: Kwality Book Company.

Gatade, Subhash (2013) *Defying Manu, Bowing to Mammon: On the Silent Emergence of Dalit Capitalism*, New Delhi: Institute for Social Democracy.

Gautam, Vinayahil (1979) *Enterprise and Society: A Study of Some Aspects of Entrepreneurship and Management in India*, Delhi: Concept.

Gokhale, B. G. (1978) *Surat in the Seventeenth Century*, Bombay: Popular Prakashan.

Gooptu, Nandini (ed.) (2013) *Enterprise Culture in Neoliberal India: Studies in Youth, Class, Work and Media*, London: Routledge.

Government of Bhavnagar (1932) *Bhavnagar State Census 1931, Part 1: Report and Part 2: Statistical Tables*, Bhavnagar.

Government of Bombay (1901) *Gazetteer of the Bombay Presidency, Vol. 9, Part 1, Gujarat Population: Hindus*, Bombay.

Government of Gujarat (1968-84) *District Gazetteer*, 19 Vols, Gandhinagar.

Government of Gujarat (1976) *Report of the Socially and Educationally Backward Classes Commission*, Vol.1, Gandhinagar.

Government of Gujarat (1979) *Report of the Gujarat State Land Commission*, Gandhinagar.

Government of Gujarat (1983) *Report of the Socially and Educationally Backward Classes [Second] Commission*, Vol.1, Gandhinagar.

Government of Gujarat (1984) *Gujarat State Gazetteers: Ahmedabad District*, Ahmedabad.

Government of Gujarat (1985) *Statistical Abstract of Gujarat State 1979-1982*, Gandhinagar.

Government of Gujarat (1986) *Seventh Five Year Plan 1985-90*, Gandhinagar.

Government of Gujarat (1987a) *The Gujarat Directory of Manufacturers*, Ahmedabad: Industrial Extension Bureau.

Government of Gujarat (1987b) *Industries in Gujarat (Some Statistics)*, Ahmedabad: Industrial Extension Bureau.

Government of Gujarat (1992) *Industries in Gujarat (Some Statistics)*, Gandhinagar: Industries Commissionerate.

Government of Gujarat (1996) *Commission for Other Backward Classes Third Annual Administration Report (Year:1995-96)*, Gandhinagar.

Government of India (2008) *National Industrial Classification [All Economic Activities] 2008*, New Delhi: Central Statistical Organisation.

Government of Gujarat (2014) *Industries in Gujarat [Statistical Information]*, Gandhinagar: Industries Commissionerate.

Government of India (1931) *Census of India 1931, Vol.19, Baroda, Part 1: Report, and Part 2: Statistical Tables*, Bombay.

Government of India (1933a) *Census of India 1931, Vol.8, Bombay Presidency, Part 1: General Report and Part 2: Statistical Tables*, Bombay.

Government of India (1933b) *Census of India 1931, Vol.8, Bombay Presidency, Part 4, Administrative Volume*, Bombay.

Government of India (1933) *Census of India 1931, Vol.9, The Cities of the Bombay Presidency, Part 1: Report, and Part 2: Statistical Tables*, Bombay.

Government of India (1933) *Census of India 1931, Vol.10, The Western India States Agency, Part 1: Report and Part 2: Statistical Tables*, Bombay.

Government of India (1968) *Report on Industrial Development Potentialities and Entrepreneurial Study of Bulsar District*, Ahmedabad: Small Industries Service Institute.

Government of India (1973) *Report of the Committee on Development of Small and Medium Entrepreneurs*, New Delhi: Ministry of Industrial Development.

Government of India (1981) *Report of the Backward Classes Commission (Mandal Commission), First Part*, New Delhi: Controller of Publications.

Government of India (2011) *Census of India 2011, Gujarat, Special Tables for Scheduled Tribes*, Gandhinagar.

Gujarat Chamber of Commerce & Industry (GCCI) (1974) *Rajat-Jayanti Mahotsav ane Gujarat Vepar-Udhyog Sammelan 1974* (in Gujarati), Ahmedabad.

Gujarat Chamber of Commerce & Industry (GCCI) (1991a) *Sabha Namavali 1991* (in Gujarati), Ahmedabad.

Gujarat Chamber of Commerce & Industry (GCCI) (1991b) *Short Notes on Some Important Problems of Gujarat*, Ahmedabad.

Gupta, L. C. (1987) *Shareholders Survey: Geographic Distribution*, Delhi: Manas Publications.

Gupta, M. C. (1987) *Entrepreneurship in Small Scale Industries*, New Delhi: Anmol Publishing House.

Hardiman, David (1981) *Peasant Nationalists of Gujarat: Kheda District 1917-1934*, Delhi: Oxford University Press.

Hardiman, David (1987) *The Coming of the Devi: Adivasi Assertion in Western India*, Delhi: Oxford, University Press.

Hadimani, R. N. (1985) *Dynamics of Industrial Entrepreneurship*, New Delhi: Ashish Publishing House.

Harper, Malcolm and Shailendra Vyakarnam (1988) *Rural Enterprise: Case Studies from Developing Countries*, London: Intermediate Technology Publication.

Hirashima, Shigemochi, Hisaya Oda and Yuko Tsujita (eds.) (2011) *Inclusiveness in India: A Strategy for Growth and Equality*, Basingstoke: Palgrave Macmillan.

Hirway, Indira, Amita Shah and Ghanshyam Shah (2014) *Growth or Development: Which Way is Gujarat Going?*, New Delhi: Oxford University Press.

Isaka, Riho (2015) "Stories of "Martyrs" in the Maha Gujarat Movement," *International Journal of South Asian Studies*, Vol. 7, pp.87-108.

Issacs, H. R. (1974) *India's Ex-untouchables*, Bombay: Asia Publishing House.

Jadhav, Aditya Mohan and V. Nagi Reddy (2017) "Indian Business Groups and Their Dominance in the Indian Economy," *Economic and Political Weekly*, Vol.52, No.29.

Jain, G. R. and M. A. Ansari (eds.) (1988) *Self-Made Impact Making Entrepreneurs, Gandhinagar*: Entrepreneurship Development Institute of India.

Jamnalal Bajaj Institute of Management Studies (1988) *Unknown Unsung Businessmen: Barefoot Entrepreneurs: A Research Study*, Bombay: University of Bombay.

Janaki, V. A. (1980) *The Commerce of Cambay from the Earliest Period to the Nineteenth Century*, Baroda: M. S. University.

Jodhka, Surinder S. (2008) "Caste & the Corporate Sector," *Indian Journal of Industrial Relations*, Vol.44, No.2, pp. 185-193.

Jogdand, P. G. (1997) "Dalits in Maharashtra: Challenges Ahead," *Economic and Political Weekly*, Vol.32, No.51, pp. 3249-3250.

Joshi, Arun and Lala Shri Ram (1975) *A Study in Entrepreneurship and Industrial Management*, New Delhi: Orient Longman.

Joshi, V. H. (1966) *Economic Development and Social Change in a South Gujarat Village*, Baroda: M. S. University.

Kapur, Devesh *et.al.* (2014) *Defying the Odds: The Rise of Dalit Entrepreneurs*, Mumbai: Vintage, pp.137-150.

Kashyap, S. P. and R. S. Tiwari (1986) *Shaping of Diamond in Surat*, New Delhi: Allied Publishers.

Kaushik, Kshama V. and Kaushik Dutta (2012) *India Means Business: How the Elephant Earned Its Stripes*, New Delhi: Oxford University Press.

Khandekar, Milind (2013) *Dalit Millionaires: 15 Inspiring Stories*, Gurgaon: Penguin Books India, pp.39-51.

Khanka, S. S. (1990) *Entrepreneurship in Small Scale Industries, Bombay*: Himalaya Publishing House.

Kothari, Rajni. (ed.) (1970) *Caste in Indian Politics*, New Delhi: Orient Longman Ltd.

Kothari, Rajni *et al.* (1969) *Context of Electoral Change in India: General Elections 1967*, Bombay: Academic Books.

Kothari, Rajni and Rushikesh Maru (1970) "Federating for Political Interests: The Kshatriyas of Gujarat," in Rajni Kothari (ed.) (1970) *Caste in Indian Politics*, New Delhi: Orient Longman Ltd., pp.70-101.

Kshama Kaushik and Kaushik Dutta (2012) *India Means Business: How the Elephant Earned its Stripes*, New Delhi: Oxford University Press.

Kudaisya, Medha M. (ed.) (2011) *The Oxford India Anthology of Business History*, New Delhi: Oxford University Press.

Kumar, Ashok S. (1990) Entrepreneurship in Small Industry, New Delhi: Discovery Publishing House.

Lobo, Lancy and Shashikant Kumar (2009) *Land Acquisition, Displacement and Resettlement in Gujarat: 1947-2004*, New Delhi: Sage Publications.

Mac, M. R. (1982) *Select Bibliography on Scheduled Tribes*, Surat: Centre for Social Studies.

Maha Gujarat Parishad (1954) *Formation of Maha Gujarat, Memorandum Submitted to the States Reorganisation Commission, Government of India*, Kaira: Vallabh Vidyanagar.

Majmudar, M. R. (1965) *Cultural History of Gujarat from Early Time to Pre-British Period*, Bombay: Popular Prakashan.

Malabari, B. M. (1983) *Gujarat and the Gujaratis*, Delhi: Mittal Publications (First published 1889).

Manimala, Mathew James (1988) *Managerial Heuristics of Pioneering Innovative Entrepreneurs: An Exploratory Study*, Ahmedabad: IIM.

Markovits, Basingstoke (2008) *Merchants, Traders, Entrepreneurs: Indian Business in the Colonial Era*, Basingstoke: Palgrave Macmillan.

McAlpin, M. B. (1983) *Subject to Famine: Food Crises and Economic Change in Western India 1860-1920*, Princeton: Princeton University Press.

Mehta, J. M. (1930) *A Study of Rural Economy of Gujarat: Containing Possibilities of Reconstruction*, Baroda: Baroda State Press.

Mehta, Makrand (1982) *The Ahmedabad Cotton Textile Industry: Genesis and Growth*, Ahmedabad: New Order Book Co.

Mehta, Makrand (1991) *Indian Merchants and Entrepreneurs in Historical Perspective: With Special Reference to Shroffs of Gujarat 17th to 19th Centuries*, Delhi: Academic Foundation.

Michael, S. M. (ed.) (2007) *Dalits in Modern India: Vision and Values*, New Delhi: Sage Publications.

Mishra, D. N. (1990) *Entrepreneur and Entrepreneurship Development and Planning in India*, Allahabad: Chugh.

Misra, P. N. (1987) *Development Banks and the New Entrepreneurship in India*, New Delhi: National Publishing House.

Misra, S. C. (1985) *Muslim Communities in Gujarat: Preliminary Studies in Their History and Social Organization*, New Delhi: Munshiram Manoharlal Publishers.

Moulik, T. K. *et al.* (1978) *Rural Entrepreneurship: Motivations and Constraints: A Study in Anand Taluka*, Gujarat, Ahmedabad: IIM.

Nafziger, E. Wayne (1978) *Class, Caste and Entrepreneurship: A Study of Indian Industrialists*, Honolulu: East-West Centre.

Nagayya, D. and S. Shahina Begum (2012) *Women Entrepreneurship and Small Enterprises in India*, New Delhi: New Century Publications.

Nanda, H. P. (1992) *The Days of My Years*, New Delhi: Viking.

Nandapurkar, G. G. (1982) *Small Farmers: A Study on Their Entrepreneurial Behaviour*, New Delhi: Metropolitan.

Nightingale, P. (1970) *Trade and Empire in Western India 1784-1806*, Cambridge: Cambridge University Press.

Okahashi, Hidenori (ed.) (2008) *Emerging New Industrial Spaces and Regional Developments in India*, New Delhi: Manohar.

Owens, Reymond Lee and Ashis Nandy (1977) *The New Vaisyas*, Bombay: Allied Publishers.

Panchal, M. R. and A. M. Naik (1993) *Somany Enterprise: The Saga of Sagacity (A Case Study of Marwari Entrepreneurship in India)*, Ahmedabad: Govindlal Kabra Charitable Trust.

Pandey, Gyanendra (2006) "The Time of the Dalit Conversion," *Economic and Political Weekly*, Vol.41, No.18, pp. 1779-1788.

Pandya, B. V. (1959) *Striving for Economic Equality*, Bombay: Popular Book Depot.

Patel, B. B. (1988) *Workers of Closed Textile Mills*, New Delhi: Oxford & IBH Publishing Co.

Patel, G. D. (1969) *The Land Revenue Settlements and the British Rule in India*, Ahmedabad: Gujarat University.

Patel, Sujata (1987) *The Making of Industrial Relations: The Ahmedabad Textile Industry 1918-1939*, Delhi: Oxford University Press.

Patel, V. G. (1987) *Entrepreneurship Development Programme in India and its Relevance to Developing Countries*, Ahmedabad: EDI.

Pathak, D. N., M. G. Parekh and K. D. Desai (1966) *Three General Elections in Gujarat*, Ahmedabad: Gujarat University.

Pathak, H. N. (1975) *Problems of Small Scale Entrepreneurs (Report on a Study based on Gujarat)*, Bombay: Industrial Development Bank of India.

Pathak, H. N. (1987) *Ready Reckoner for Product Selection (Selected Reserved Items for SSI)*, New Delhi: National Institute for Entrepreneurship and Small Business Development.

Pathy, Jaganath (1984) *Tribal Peasantry Dynamics of Development*, New Delhi: Inter-India Publications.

Pavlov, V. I. (1964) *The Indian Capitalist Class: A Historical Study*, Delhi: People's Publishing House.

Pearson, M. N. (1976) *Merchants and Rulers in Gujarat*, New Delhi: Munshiram Manoharlal Publishers.

Pocock, D. F. (1972) *Kanbi and Patidar: A Study of the Patidar Community of Gujarat*, Oxford: Oxford University Press.

Pradhan, Jaya Prakash and Keshab Das (2016) *Manufacturing Exports from Indian States: Determinants and Policy Imperatives*, Springer.

Prakash, Aseem (2015) *Dalit Capital: State, Markets and Civil Society in Urban India*, Delhi: Routledge.

Prasad, Anuradha (1988) *Entrepreneurship Development under TRYSEM*, New Delhi: Concept.

Punalekar, S. P. (1980) *Migration and Social Stratification: A Case Study of Dhodias of Surat City*, Surat: Centre for Social Studies.

Punalekar, S. P. and J. Ranadivi (1984) *Tribal Education: An Inter-State Study*, Surat: Centre for Social Studies.

Qaisar, Ahsan Jan (1982) *The Indian Response to European Technology and Culture (A.D. 1498-1707)*, Delhi: Oxford University Press.

Rahman, A. H. M. H. (1979) *Entrepreneurship and Small Enterprise Development in Bangladesh*, Dacca: University of Dacca.

Rajgor, S. (1987) *Gujaratna Brahman no Itihas* (in Gujarati), Ahmedabad: Pratisthan.

Rajagopal (1992) *Entrepreneurship and Rural Markets*, Jaipur: Rawat, 1992.

Raju, Rapaka Satya (1989) *Urban Unorganised Sector in India*, Delhi: Mittal.

Rajyagor, S. B. (1982) *History of Gujarat*, New Delhi: S.Chand & Co.

Ramakrishnan, P. (1975) *New Entrepreneurship in Small Scale Industry in Delhi*, New Delhi: Economic and Scientific Research Foundation.

Rangarajan, T. (1986) *A Study of the Management of Transition from Small Scale to Medium Scale Unit with Special Focus on the Behavioural Aspects of the Top Management*, Ahmedabad: IIM.

Rao, Gangadhara N. (1986) *Entrepreneurship and Growth of Enterprise in Industrial Estates*, New Delhi: Deep & Deep.

Rao, Lakshmana V. (1986) *Industrial Entrepreneurship in India*, Allahabad, Chugh.

Rao, T. V. and T. K. Moulik (eds.) (1979) *Identification and Selection of Small Scale Entrepreneurs*, Ahmedabad: IIM.

Raval, R. L. (1987) *Socio-Religious Reform Movements in Gujarat during the Nineteenth Century*, New Delhi: Ess Ess Publications.

Ray, R. K., (ed.) (1992) *Entrepreneurship and Industry in India 1800–1947*, Delhi: Oxford University Press,

Roy, Satyaki (2013) *Small and Medium Enterprises in India: Infirmities and Asymmetries in Industrial Clusters*, Routledge.

Rutten, M. A. F. (1995) *Farms and Factories; Social Profile of Large Farmers and Rural Industrialists in Central Gujarat, India*, New Delhi: Oxford University Press.

Sabade, B. R. and M. V. Namjoshi, (1977) *Chambers of Commerce and Trade Associations in India*, Poona: Shubhada-Saraswat.

Sadhak, H. (1989) *The Role of Entrepreneurs in Backward Areas*, Delhi: Daya Publishing House.

Sen, Sunil Kumar (1975) *The House of Tata 1839–1939*, Calcutta: Progressive Publishers.

Shah, Ghanshyam (1975a) *Caste Association and Political Process in Gujarat: A Study of Gujarat Kshatriya Sabha*, Bombay: Popular Prakashan.

Shah, Ghanshyam (1975b). *Politics of Scheduled Castes and Tribes: Adivasi and Harijan Leaders of Gujarat*, Bombay: Vora & Co. Publishers.

Shah, Ghanshyam (1983) "Socio-Economic Stratification and Politics in Rural Gujarat," in D. T. Lakdawala (ed.) *Gujarat Economy: Problems and Prospects*, Ahmedabad: SPIESR, pp.186-187.

Shah, Ghanshyam (1984a) *Caste Sentiments, Class Formation and Dominance in Gujarat*, Surat: Centre for Social Studies..

Shah, Ghanshyam (1984b) *Class Formation and Dominance in Gujarat*, Surat: Centre for Social Studies.

Shah, Ghanshyam (1984c) *Economic Differentiations and Tribal Identity: A Restudy of Chaudharis*, Delhi: Ajanta Publications.

Shah, Ghanshyam, et al. (1985) *Tribal Education in Gujarat*, Delhi: Ajanta Publications.

Shah, Ghanshyam (1987) "Middle Class Politics: Case of Anti-Reservation Agitation in Gujarat," *Economic and Political Weekly*, Vol.22, Nos.19-21.

Shah, Ghanshyam (2002) "Unrest Among the Adivasis and their Struggles," in Takashi Shinoda (ed.) *The Other Gujarat: Social Transformation among Weaker Sections*, Mumbai: Popular Prakashan.

Shah, Ghanshyam, et al. (1985) *Tribal Education in Gujarat*, Delhi: Ajanta Publications.

Shah, Vimal and C. H. Shah (1974) *Resurvey of Matar Taluka*, Bombay: Vora & Co. Publishers.

Shah, V. P. and Tara Patel (1977) *Who goes to Colleges? Scheduled Caste and Scheduled Tribe Post-Matric Scholarships in Gujarat*, Ahmedabad: Rachna Pratishthan.

Sharma, Krishan Lal (1975) *Entrepreneurial Performance in Role Perspective*, New Delhi: Abhinav Publications.

Sharma, R. A., (1980) *Entrepreneurial Change in Indian Industry*, New Delhi: Sterling Publishers,

Sharma, R. A. (1985) *Entrepreneurial Performance in Indian Industry*, New Delhi: Inter-India Publications.

Sharma, S. V. S. (1979) *Small Entrepreneurial Development in Some Asian Countries: A Comparative Study*, New Delhi: Light & Life Publications.

Sheth, Pravin (1976) *Patterns of Political Behaviour in Gujarat*, Ahmedabad: Sahitya Mudranalaya.

Sheth, Pravin (1983) "Caste, Class and Political Development," in D. T. Lakdawala (ed.) *Gujarat Economy: Problems and Prospects*, Ahmedabad: SPIESR.

Sheth, Pravin and Ramesh Menon (1986) *Caste and Communal Timebomb*, Ahmedabad: Golwala Publications.

Shinoda, Takashi (1996) "Morphology of India's Urbanization," *The Developing Econo-*

mies, Vol.34, No.4, pp.520-549.

Shinoda, Takashi (2000) "Institutional Change and Entrepreneurial Development: SSI Sector," *Economic and Political Weekly*, Vol.35, Nos.35 & 36, Aug.26-Sep.2, pp. 3205-3216.

Shinoda, Takashi (2002a) "Institutional Change and Entrepreneurial Development in the SSI Sector of Gujarat," in Indira Hirway, S. P. Kashyap and Amita Shah (eds.), *Dynamics of Development in Gujarat*, New Delhi: Concept, pp.197-237.

Shinoda, Takashi (ed.) (2002b) *The Other Gujarat: Social Transformation among Weaker Sections*, Mumbai: Popular Prakashan.

Shinoda, Takashi (2004) "Livestock Ownership Patterns among the Scheduled Tribes in Rural India: A Study based on National Sample Survey Data," *Journal of the Japanese Association for South Asian Studies*, Vol.16, pp.111-143.

Shinoda, Takashi (2005) *Marginalization in the Midst of Modernization: A Study of Sweepers in Western India*, New Delhi: Manohar.

Shinoda, Takashi (2013) "Cross-Cultural Management in Global Business- A Japanese Perspective," *AMBER*, Vol.4, No.2, pp.5-19.

Shinoda, Takashi, Takako Inoue and Toshihiko Suda (eds.) (2017) *Social Transformation and Cultural Change in South Asia: From the Perspectives of the Socio-Economic Periphery*, Tokyo: The Institute of Oriental Studies, Daito Bunka University.

Singh, K. S. (1994). *People of India, National Series Vol.III: The Scheduled Tribes*, Delhi: Oxford University Press.

Singh, M. K. (1990) *A. Bhattacharya, Management and Business Policy*, New Delhi, Discovery Publishing House.

Singh, M. K. and Anant Mahadevan (eds.) (1990) *Management and Society*, New Delhi: Discovery Publishing House.

Singh, Nagendra P. (1985) *Emerging Trends in Entrepreneurship Development: Theories and Practices*, New Delhi: Intercultural Foundation for Development Management.

Singh, Nagendra P. and Rita Sen Gupta (1985) *Potential Women Entrepreneurs: Their Profile, Vision and Motivation*, New Delhi: National Institute for Entrepreneurship and Small Business Development.

Singh, O. P. (1977) *Surat and its Trade in the Second Half of the 17th Century*, Delhi: University of Delhi.

Singh, P. N. (1986) *Developing Entrepreneurship for Economic Growth*, New Delhi: Vikas Publishing House.

Singh, Sheobahal (1985) *Entrepreneurship and Social Change*, Jaipur: Rawat Publications.

Singer, M. (ed.) (1973) *Entrepreneurship and Modernization of Occupational Cultures in South Asia*, Durham: Duke University Press.

Soni, L. N. (2003). "Dubla," in K. S. Singh (ed.) *People of India: Gujarat Part One*, Mumbai: Popular Prakashan.

Southern Gujarat Chamber of Commerce & Industry (1990) *Chamber at A Glance*, Surat, p. 3.

Southern Gujarat Chamber of Commerce & Industry (1991) *Member List*, Surat.

Stewart, Alex (1989) *Team Entrepreneurship*, New Delhi: Sage Publications.

Suehiro, Akira (1989) *Capital Accumulation in Thailand:1855-1985*, Tokyo: The Centre for East Asian Cultural Studies.

Sulivan, Raymond J. F. (1937) *One Hundred Years of Bombay: History of the Bombay Chamber of Commerce, 1836-1936*, Bombay: The Times of India Press.

Sundar, Pushpa (2013) *Business and Community: The Story of Corporate Social Responsibility in India*, New Delhi: SAGE Response.

Swain, Rabindra Kumar (2014) *Micro Finance, Micro Enterprises and Women Entrepreneurs*, New Delhi: New Century Publications.

Swamy, G. Anjaneya (1988) *Agricultural Entrepreneurship in India*, Allahabad: Chugh Publications.

Taknet, D. K. (1987) *Industrial Entrepreneurship of Shekhawati Marwaris*, Jaipur: Kumar Prakashan.

Tambs-Lyche, Harald (2011) *Business Brahmins: the Gauda Saraswat Brahmins of South Kanara*, New Delhi: Manohar.

Tandon, B. C. (1975) *Environment and Entrepreneur*, Allahabad: Chugh Publications.

Taub, Richard P. and Doris L. Taub (1989) *Entrepreneurship in India's Small-Scall Industries: An Exploration of Social Contexts*, New Delhi: Manohar.

Thakur, Anita (ed.) (1984) *Incentives to Entrepreneurs: An Interstate Comparison*, New Delhi: PHD Chamber of Commerce and Industry.

Thakur, Sanjay P. (1988) *Entrepreneurial Strategy and Labour: A Study in India's Textile Industry*, Delhi: Chanakya Publications.

Southern Gujarat Chamber of Commerce & Industry (1990) *Chamber at A Glance*, Surat, p.3.

Southern Gujarat Chamber of Commerce & Industry (1991) *Member List*, Surat.

Thimmaiah, G. (2005) "Implications of Reservations in Private Sector," *Economic and Political Weekly*, Vol.40, No.8, pp.745-750.

Thorat, Sukhadeo (2002) "Oppression and Denial: Dalit Discrimination in the 1990s,"

Economic and Political Weekly, Vol.37, No.6, pp.572-578.

Thorat, Sukhadeo, Aryama and Prashant Negi (eds.) (2007) *Reservation and Private Sector: Quest for Equal Opportunity and Growth*, Jaipur: Rawat Publications.

Thorat, Sukhadeo and Narender Kumar (2008) *B. R. Ambedkar: Perspectives on Social Exclusion and Inclusive Policies*, New Delhi: Oxford University Press.

Thorat, Sukhadeo and Nidhi Sadana (2009) "Caste and Ownership of Private Enterprises," *Economic and Political Weekly*, Vol.44, No.23, pp.13-16.

Thorat, Sukhadeo and Nidhi Sadana (eds.) (2014) *Bridging the Social Gap: Perspectives on Dalit Empowerment*, New Delhi: Sage Publications.

Timberg, Thomas A. (1978) *The Marwaris: from Traders to Industrialists*, New Delhi: Vikas Publishing House.

Tripathi, Dwijendra (1975) *Dating the Destiny: History of the Larsen and Toubro Ltd. 1838-1973*, Ahmedabad: IIM.

Tripathi, Dwijendra (1981) *The Dynamics of A Tradition: Kasturbhai Lalbhai and His Entrepreneurship*, New Delhi: Manohar.

Tripathi, Dwijendra (ed.) (1984) *Business Communities of India: A Historical Perspective*, New Delhi: Manohar.

Tripathi, Dwijendra (1985) *Towards A New Frontier: History of the Bank of Baroda 1908-1983*, New Delhi: Manohar.

Tripathi, Dwijendra (1986) *Historical Roots of Industrial Entrepreneurship in India and Japan: A Comparative Interpretation*, Tokyo: IDE.

Tripathi, Dwijendra (ed.) (1987) *State and Business in India: A Historical Perspective*, New Delhi: Manohar.

Tripathi, Dwijendra (ed.) (1991) *Business and Politics in India: A Historical Perspective*, New Delhi: Manohar.

Tripathi, Dwijendra and Jyoti Jumani (2013) *The Oxford History of Contemporary Indian Business*, New Delhi: Oxford University Press.

Tripathi, Dwijendra and Makrand Mehta (1990) *Business Houses in Western India: A Study in Entrepreneurial Response 1850-1956*, New Delhi: Manohar.

Trivedi, Madhusudan (1991) *Entrepreneurship among Tribals*, Jaipur: Printwell.

Tyabji, Nasir (1989) *The Small Industries Policy in India*, Calcutta: Oxford University Press.

Uchikawa, Shuji (ed.) (2014) *Industrial Clusters, Migrant Workers, and Labour Markets in India*, Basingstoke: Palgrave Macmillan.

Vyas, Rajnee (1988) *The Glory of Gujarat*, Ahmedabad: Gurjar- Anada Prakashan.

Watson, J. W. (1983) *History of Gujarat*, New Delhi: Cosmo Publications (First published 1876).

Wayne, Broehl G., Jr. (1978) *The Village Entrepreneur: Change Agents in India's Rural Development*, Cambridge: Harvard University Press.

Weisskopf, Thomas E. (2004) "Impact of Reservation on Admissions to Higher Education in India," *Economic and Political Weekly*, Vol.39, No.9, pp.4339-4349.

Wilberforce-Bell, H. (1980) *The History of Kathiawad: From the Earliest Times*, New Delhi: Ajay Book Service (First published 1916).

Yagnik, Achyut (1981) "Spectre of Caste War," *Economic and Political Weekly*, Vol.16, No. 13, pp.553-555.

参照 URLs

Packia Lakshmi, "The Performance of Small-Scale Industries in India," URL: http://lfymag.com/admin/issuepdf/09-12_Small%20Scale%20Industries_FFY%20Dec-13.pdf#search='PACKIA + LAKSHMI + Fact + for + You + dec +2013', 2017年7月5日アクセス。

India Human Development Survey Data (IHDSD) の2004/05調査の個票 (Unit Data) より (IHDSD のホームページ、2015年8月20日アクセス)。

India Human Development Survey Data (IHDSD) の2011/12調査の個票 (Unit Data) より (IHDSD のホームページ、2015年8月20日アクセス)。

Policy Paper of General Administration Department, URL: www.gujaratindia.com, 2016年7月10日アクセス。

Shah, Rajiv "The Dye is Caste in Gujarat," URL: https://timesofindia.indiatimes.com/blogs/true-lies/the-dye-is-caste-in-gujarat/, 2016年9月5日アクセス。

あ と が き

　インドとのお付き合いは今年でちょうど40年目になる。最初に訪印したのは1979年のことで、長期貧乏旅行とガーンディー主義機関訪問を兼ねた長旅（1年間）であった。資金は限られていたが時間の制約はなかったので、のんびりまわることもできたのだが、結構タイトに計画を立て、各地で訪問すべき機関や人物に面会するようにしていた。途中、B型肝炎や赤痢に罹患したが、広いインドの要所をまわりきるために、多少無理をしても先に進むようにした。今であれば著名人に会うような日程は組まないが、当時はミーハーだったので、パトナーでジャヤプラカーシュ・ナーラーヤン（Jayaprakash Narayan: 本書22頁、ガーンディーの社会改革運動の継承者で総体的革命を唱えJPの愛称で呼ばれた）、パウナールでヴィノーバ・バーヴェ（Vinoba Bhave: 1895-1982、ガーンディーの精神的継承者で土地寄進運動を進めた）にお会いした。JPは病院で人工透析を受け続ける末期の状態であったが、病室に訪問者を招き入れていた。何を話すでもなく、訪問者は病床のJPに手を合わせ通り過ぎるだけの面会であったが、訪問者を入れ続けるJPに感心した。その後すぐにパトナーからデリー方向に移動中にJPの訃報を新聞で知った。ヴィノーバはかくしゃくとされており、日本から来たと知ると、突如仏教の話を始めた。話の詳細は覚えていないが、好奇心旺盛な好々爺という印象をもった。彼は3年後の1982年に断食で命を絶った。

　この長旅でできた縁で、1982年にアーメダバードのグジャラート・ヴィディヤピート（Gujarat Vidyapith: GV）に留学した。GVはガーンディーが1920年に設立した大学で、独立運動を支える活動家が多数輩出した。GVでは寮に入り、他の院生と寝食をともにした。カーディー（手紡ぎ手織綿布）着用で、キャンパス内では茶も禁止されていた。その後、グジャラート大学傘下のサルダール・パテール経済社会研究所（Sardar Patel Institute of Economics and Social Research）に移動し博士課程の院生として家畜経済研究を行った。近

くに、インド経営研究所（Indian Institute of Management, Ahmedabad）があり、そこの図書館で毎夜閉館時間（23時）まで史資料の読み込みを行った。アーメダバードでの院生時代に培った教師・同僚とのつながりが、インド滞在の最大の財産となっている。

　このように、アーメダバードではさまざまな教育研究機関の恩恵を受けた。これら機関の創設者のほとんどは地元の有力な企業家・経営者である。たとえば、サルダール・パテール経済社会研究所の創設にはアムリットラール・ハルゴーヴァンダース（Amritlal Hargovandas: 本書269-270頁）、インド経営研究所の創設にはヴィクラム・サーラーバーイ（Vikram Sarabai 1919-71）が貢献した。また、インド学研究の中心機関であるLDインド学研究所（L. D. Institute of Indology）と1985年の反留保運動の発火点となったLD工学カレッジ（L. D. College of Engineering）は、初期の綿工業経営者のラールバーイ・ディルパトバーイ（Lalbhai Dalpatbhai）が創設した。19世紀から20世紀前半に活躍した大企業家（その多くはバニヤー）には博愛主義の伝統が生きており、教育にも多大な貢献を果たした。ガーンディーの設立したGVもその伝統の上にあると理解できる。ちなみに、ガーンディー（雑貨商を意味する）はバニヤーであり、彼を下から支えたサルダール・パテールはレーウワー・パーティーダール（しかも、チャロッタル地域出身でゴールは最上のチャガーム（6村連合））である。このふたりの立ち位置にも、当時のグジャラートにおけるバニヤーとパーティーダールの関係が反映していたとみるのは穿ち過ぎであろうか。

　この40年間の主要な研究テーマには、清掃人カースト研究（篠田 1995a；Shinoda 2005）、家畜経済研究（篠田 2015a）があり、今回の経営者研究は3番目の研究テーマとなる。清掃人、家畜、経営者とまったく異なったテーマのようにみえるけれども、分析対象（宗教・カースト）と社会との関わりや格差の動向に焦点を合わせ、「排除」（Exclusion）と「包摂」（Inclusion）の観点から研究する点で共通している。

　とりわけ今回は、社会集団（「指定カースト」「指定部族」「その他後進諸階級」「その他」）間の格差を、経営形態（カテゴリー、セクション構成、業態、経営組織、資本額、雇用数）だけではなく、社会関係資本についても分析し、社会

あとがき

集団間についても「排除」と「包摂」の状況がどのように異なっているのかを具体的に検討した。また、「イスラム教徒」も全体的に社会経済的後進集団をなすので、「指定カースト」や「指定部族」との比較を行った。さらに、社会集団よりも細かな社会区分を把握するために、姓集団を設定し、姓分析に基づき経営者の社会経済的属性の分析を行った。ここに本書第Ⅲ部の分析方法上の大きな特徴がある。

本書のほとんどの章は筆者の既発表の論考を元にしている。いずれの論考も大幅に加筆修正してある。以下に初出論文を掲げる。

序章：書き下ろし
第1章：篠田隆（1997）「インドの産業政策と企業家」石原享一・内田知行・篠田隆・田島俊雄編『途上国の経済発展と社会変動』緑蔭書房、439-461頁。
第2章：篠田隆（2016）「インドにおけるカースト・宗教別の経営展開と社会関係資本――「インド人間開発調査」2011/12年版個票データの分析」『東洋研究』第200号、1-100頁。
第3章：篠田隆（1994）「インド・グジャラートの宗派・カースト構成――1931年国勢調査の分析」『大東文化大学紀要（社会科学）』第32号、201-232頁。
第4章：篠田隆（1995）「インド・グジャラートのカーストと職業構成――1931年国勢調査の分析」『大東文化大学紀要（社会科学）』第33号、81-105頁。
第5章：篠田隆（1990）「グジャラート農村部のカースト、職業、後進性」押川文子編『インドの社会経済発展とカースト』アジア経済研究所、53-100頁。
第6章：篠田隆（2008）「ドゥーブラー――開発に取り残される平原部の部族民」綾部恒雄（監）金基淑（編）『講座世界の先住民族 ファースト・ピープルズの現在 03南アジア』明石書店、126-142頁。
第7章：篠田隆（1995）「グジャラートにおける製造業の展開とカースト」柳沢悠編『叢書カースト制度と被差別民第4巻 暮らしと経済』明石書店、359-410頁。
第8章：篠田隆（1997）「インドの商工会議所と経営者――グジャラート商工会議所の事例」篠田隆編『21世紀の民族と国家5 発展途上国の経営変容』未來社、149-177頁。
第9章：篠田隆（2016）「グジャラート商工会議所の会員構成と宗教・カースト――2014年会員名簿分析を中心として」『大東文化大学紀要（社会科学）』第54号、207-234頁。
第10章：篠田隆（1996）「インド・グジャラート州の経営者とカースト（Ⅱ）――南グジャラート商工会議所名簿分析」『東洋研究』第118号、69-86頁。

第11章：篠田隆（2017）「インド・グジャラート州における大規模工業の展開と経営者——大規模工業の個票データに基づく分析」『大東文化大学紀要（社会科学）』第55号、181-202頁。
第12章：篠田隆（2018）「インド・グジャラート州における中小零細企業の展開と経営者」『大東文化大学紀要（社会科学）』第56号、133-154頁。
第13章：篠田隆（2016）「インドのダリト経営者と商工会議所」『月刊「部落解放」』第723号、40-51頁。
終章：書き下ろし

以上の論考のうち、第1章は緑蔭書房、第5章は日本貿易振興機構アジア経済研究所、第6章と第7章は明石書店、第8章は未來社、第13章は解放出版社、第2章と第10章は大東文化大学東洋研究所から転載許可をいただき、本書に収録した。これら諸機関に記して謝意を表する。

経営者研究の文献調査と実態調査の双方に対して、以下の日本学術振興会科学研究費補助金プロジェクトからのご支援をいただいた。これらのプロジェクトへの参加をとおして、ローカル・リーダーのさまざまな事例と「排除」と「包摂」の研究方法に関して多くの知見とヒントを得ることができた。研究代表者および参加者の皆さまに深謝したい。

(1) 科学研究費補助金・基盤研究（B）「ローカル・リーダーの登場と下層民の台頭からみる現代インド社会の変容」（研究代表者：舟橋健太、2015〜2018年度）
(2) 科学研究費補助金・基盤研究（C）「南アジアにおける宗教的・社会的マイノリティの生存戦略——「包摂」と「排除」から「共棲」へ」（研究代表者：井上貴子、2018〜2020年度（予定））

大東文化大学からは1992年、2002年に長期海外出張（1年）、2017年に短期海外出張（5カ月）の機会を得ることができた。また、一般研究費による海外調査への支援を継続的に得ることができた。学園からの研究助成に対して、謝意を表したい。

本書は、独立行政法人日本学術振興会平成30年度科学研究費助成事業（科学研究費補助金）「研究成果公開促進費」の交付（課題番号：18HP5164）を受けて刊行された。科学研究費補助金からの研究・刊行助成に対して、深甚なる謝意を表する。

あとがき

　経営者研究の成果も、まとめる過程で多くの方々からご教示いただいた。お名前はあげないけれども、注や参考文献に掲げた先行研究から多くを学ばせていただいた。また、日本での大学院時代に知的好奇心を大いに刺激してくださった小島麗逸先生と中村尚司先生に感謝をお伝えしたい。

　インド留学時代の院生仲間やその後知り合った研究者のなかでも、Achyut Yagnik, Indira Hirway, B. B. Patel, Ghansyam Shah, Rakesh Basant, Sudarshan Iyengar, Anil Gumber, Jeemol Unni, Amita Shah, G. Parthasaraty, Keshab Das, Sukhpal Singh, Dinesh Awasthi の諸氏とは機会があればお会いし、研究交流を続けている。経営者研究についても彼らから多くの示唆を得ることができた。また、以前、客員研究員として滞在したグジャラート開発研究所のシステム・アナリストの Rajeev Rawal, Kunal Rajpriya の両氏からは中小零細企業の膨大な個票データを私の手持ちの統計ソフトで使えるよう、加工していただいた。この場を借りて感謝申し上げたい。

　日本評論社事業出版部の高橋耕氏には出版申請と出版契約の際にお世話になった。編集担当の小川敏明氏と岩元恵美氏には、多数の図表と写真が収録されている本書の編集を丁寧かつ正確に進めていただいた。本書の出版と編集にご尽力いただいた皆さまにこころからの感謝を表明したい。

＊　＊　＊

　家族への感謝を最後に記しておきたい。母の由美子は95歳、さらに元気に過ごしてくれることを願っている。3人娘の3番目もこの4月からは会社勤めが始まるので家を出ることになる。夫婦2人だけの生活がどうなるのか、少し怖い気もする。幸い、娘たちの居住地は関東圏なのであまり間をおかずに会いに来てくれる。これが嬉しく、やる気と力を満たしてくれるように感じる。今回も不十分なものであるが、本書を妻のアンジャナー、3人娘のるみ、さち、あきに捧げたい。

2019年1月

篠田　隆

索 引

■ 人 名

アンベードカル, ビームラーオ・ラームジー 464, 471
ガーンディー, インディラー 25, 29
ガーンディー, モーハンダース・カラムチャンド 37, 187, 221, 267
ガーンディー, ラジーヴ 25
カーンブレー, ミリンド 312, 463, 469
ギルダールダース, マンガルダース 267
サーラーバーイ, アンバーラール 297
シャーストリー, R.B.B.J. 348
シン, ヴィシュワナート・プラターブ 177
シン, マンモーハン 26, 487
スィン, ケーサリー 214
ターコールダース, プルショッタム 269
チョーターラール, ランチョードラール 300
ディヴェーティア, ハリシッドバーイ 270
ナーラーヤン, ジャヤプラカーシュ 22
ネルー, ジャワーハルラール 22, 350
バジパイ, アタル・ビハリ 177
パテール, サルダール 191, 212
パテール, ソーマー 215
ハルゴーヴァンダース, アムリットラール 268, 269, 271, 272, 297
プラサード, チャンドラバーン 463
プラサード, ラージェンドラ 270
マクワーナー, ガーラーバーイ 465, 466, 467
マクワーナー, ラティーラール 464-466, 468
マハラノビス, プラサンタ・チャンドラ 24

モーディー, ナーレンドラ 28, 309
ラーオ, ナルシンハ 22, 26
ラールバーイ, カストゥルバーイ 267, 297
ワサワー, チョートゥバーイ 214

■ 地名・地域名

アーメダバード 91-94, 124, 184, 220, 234, 244, 277, 315, 380, 400, 444
ヴァドーダラー 184, 220, 244, 277, 380, 400, 447
ヴァルサード県 380
ウッタル・プラデーシュ州 42, 384
ガーンディーナガル 94, 277, 315, 382
カイラー県 93
カッチ 91, 115, 256, 257, 315, 382, 383, 400
カッチ湾 91
カティアワード (=半島部) 90, 91, 104, 112, 115, 125, 127
カンダラー 91
カンバット湾 91
北インド 52
北グジャラート 91, 115, 256, 411, 444, 456
キャンベイ 91
グジャラート 30, 43, 87-90, 114, 115, 121-124, 139, 145, 149, 270, 383, 385, 389, 392-395, 398, 400, 474
グジャラート本土 90, 91, 115
ケーダー県 146, 277, 317, 382
ゴードラー県 382
コンカン 88
サーバルカーンター県 382, 444
サウラーシュトラ (=半島部) 8, 91

517

ジャームナガル　91, 94, 184, 244, 383
スィンド　88
スーラト　91, 93, 94, 98, 112, 166, 184, 187, 190, 220, 234, 244, 380, 400, 441
スレーンドラナガル　94
ターピー県　447
ダーング県　235
ダホード県　380
中央グジャラート　91, 115, 256, 258, 277, 285, 411, 425, 456
デカン　88
デリー州　384, 388, 394, 400
ナーヴサーリー　98, 444
ナルマダー県　380, 441, 447
西インド　124
西インド藩王国　95
西ベンガル州　43
バーヴナガル　91, 94, 220, 244, 444, 465
パータン県　382
バナースカーンター県　382
ハリヤーナー州　30, 115, 475
バルーチ県　91, 380, 400, 441, 447
バローダー　91
バローダー藩王国　93, 95, 96, 99, 101, 103, 109-115, 120, 123-127
パンジャーブ州　30, 42, 104, 115, 384, 412, 475
パンチマハール　277
半島部（＝サウラーシュトラ／カティアワード）　115, 149, 257, 379, 444, 456
東インド　52
ビハール州　43
ブローチ　93, 98
ポールバンダル　91
ボンベイ管区　88, 95, 98, 109, 114, 121-124, 126-128, 139
ボンベイ市　124, 145, 166, 270
マールワール　104
マーンドヴィー　91
マディヤ・プラデーシュ州　42

マハーラーシュトラ州　30, 31, 34, 43, 115, 145, 270, 384, 385, 394, 400, 474
マヒーカーンター　88
マラーター王国　34, 91, 106, 145, 150
南インド　52
南グジャラート　91, 115, 149, 154, 164, 184, 212, 235, 258, 350, 355, 411, 425, 456
ムンバイ　394
メーサーナー県　94, 382
ラージコート　94, 184, 220, 235, 244, 382, 444
ラージャスターン州　30, 42
レーウワーカーンター　88
ワルサード　94, 244

■ カースト名

アーヒール　106
アーンジャナー・パーティーダール　104, 181, 182, 241
アウディチ・バラモン　102
アナヴィル・バラモン　102, 123, 145, 164, 166-169, 190, 212, 356
ヴァールミーキ　109, 448, 453
ヴァッダル　127, 130-132
ヴァンジャーリー　127, 130, 137
カーチヤー　179
ガーンチー　180, 357
ガッジャル　242, 255, 294
カッチアー　112
カドゥワー・パーティーダール　123, 124, 182
カトリー　31-34
カヤスタ　34
カンサーラー　294
カンビー（パーティーダールの旧呼称）　101, 104, 113, 241
カンマー・ナーイドゥ　31
クンバール　5, 107, 127, 134, 140, 242, 475
コーシュティ　127, 135, 139
コーリー　4, 9, 101, 106, 110, 113, 123,

145-149, 154, 166, 167, 180, 190
シュリーマーリー 104
スタール 5, 107, 127, 134, 137, 140, 141, 242, 255, 475, 476
セーンヴァ 448, 453
ソーニー 5, 14, 101, 104, 127, 130-132, 135, 137, 140, 242, 253, 259, 294, 328, 476
ターコール 180
ダルジー 106, 127, 134, 137, 140, 178, 475
チャーラー 181
チャマール 107, 117, 127, 130-132, 140, 160, 263, 448, 450, 465, 471, 475, 485
デード（ワンカルの旧呼称） 127, 166-168
テーリー 106, 127, 134, 138, 327
ドービー 127, 134, 137
ナーガル・バラモン 102, 103, 241
パーティーダール 5, 11, 14, 31, 34, 45, 101, 104, 106, 146-149, 176, 181, 183, 190, 212, 238, 241, 242, 249, 251, 256, 258, 261-263, 294, 298, 300, 303, 305, 312, 327, 329, 331, 333, 336, 337, 340-344, 354, 356, 359, 400, 413, 415, 418-425, 428-431, 434, 458, 478, 480-484, 488
パーンチャル 14, 127, 130-132, 135, 137, 140, 242, 247, 253, 259, 294, 328, 415, 476
ハジャーム 127, 128, 134, 137, 140, 141, 475, 476
バティヤー 31
バルワード 106, 127, 134, 137, 138
バンギー 107, 117, 127, 128, 130-132, 135, 140, 448, 475
プラジャーパティ 242, 255, 259, 294, 415
ポールワード 104
マーング 127, 130, 135
マティア・パーティーダール 104
マハール 99, 127, 130, 133, 135, 137
ミストゥリー 242, 255, 259, 294
ミハルバハル 127-130, 133, 135, 140, 476
ムダリアール 31

メーグワル 107, 448, 450
モーチー 107, 127
モード・バラモン 102
ラージプート 4, 101, 106, 110, 123, 124, 145-150, 190, 240, 241, 294
ラード 104
ラバーリー 106, 241, 356
ラモーシー 127, 130, 133, 137
レーウワー・パーティーダール 101, 104, 123, 182, 241
ローハーナー 5, 104, 112, 113, 240
ローハール（＝ルハール） 5, 107, 127, 128, 134, 137-141, 242, 475, 476
ワーグリー 107, 110, 154
ワーランド 106
ワンカル 99, 107, 112, 160, 263, 448, 450, 459, 471, 485

■ **イスラム教セクト名**

アリーアー 112
アンサーリー 453, 457
カサーイー 180
クレーシー 180, 453, 457
サイヤド 453, 457
シャイフ 242, 255, 453, 457
ジュラハー 453
スレーマニー 112
ダウディ・ボーホラー 112
ナゴーシー 112
バースミヤー 242, 255, 259, 295
パターン 113, 453, 457
ホージャ 113
ボーホラー 112, 190, 428, 453, 455, 459, 483
マンスーリー 180, 242, 255, 457
メーモーン 111-113, 428, 455, 459, 483
モーミン 112, 242, 247, 255, 453, 455

■ **部族名**

ガミット 194-197, 201, 204, 207-210,

519

445-447
コークナー　196, 199, 201
タードヴィー　193, 199, 201, 445-447
ターラーヴィア　110, 111
チャウドリー　11, 110, 111, 193-201, 237-241, 255, 258, 294, 445-447
ドゥーブラー　110, 111, 166-168, 187-194, 197, 199, 201-208, 210-215, 445, 485
ドーディアー　109, 110, 164-167, 192, 193, 196-201, 204-210, 239, 255, 445
ナーイクダー　110, 194-197, 199, 201, 204, 206, 209, 211
ハルパティ（ドゥーブラーの別称）　187, 191, 445-447
ビール　109, 111, 188, 189, 194, 197, 199, 202, 207, 210, 211, 445-447
ラトワー　193-197, 199, 201, 445, 447
ワールリー　193-196
ワサワー　415, 445, 447

■ 姓集団名
アーグラワール　240, 253, 357
アミーン　11, 241, 242, 294, 337
ヴォーラー　241, 255, 357
ヴァース　239, 255
カーマー　294
ガーンディー　191, 212, 221, 240, 253, 258, 356
カパーディヤー　240, 253, 258, 356
カンバーター　294, 357
グプター　357
ジェイン　240, 258
シェート　240, 253
シャー　240, 242, 247, 253, 303, 326, 356, 415
ジャーリーワーラー　240, 253, 258, 354, 356, 359
シャルマー　239, 255
ジョーシー　170, 239, 255, 258, 303
ソーランキー　239, 241, 255

ダヴェー　112, 239, 255
タッカル　240, 253
チャーウダー　9
チャウハン　239, 255, 258
チャットルヴェーディー　103
チョーカーワーラー　356
デーサーイー　11, 237, 241, 255, 294, 354-357
ドーシー　240, 253, 258
トーピーワーラー　356
トラワーディー　112
トリヴェーディー　103, 239, 255
パーリック　240, 253
バーンサーリー　327
パーンデャー　239, 255, 303
バット　239, 255, 303
パテール　242, 247, 249, 294, 303, 326, 327, 337, 354, 356, 415
パナーラー　242, 255
パルマール　9, 239, 255, 258, 303, 485
マクワーナー　239, 255
メーヘター　112, 241, 255, 356
モーディー　28, 30, 240, 253
ラクダーワーラー　8
ラトード　9, 239, 255, 485
ワーゲーラー　9, 327
ワーサー　327

■ 財閥・大手企業名
アダーニー　36, 402
アンバーラール・サーラーバーイ・エンタープライズ会社　399
ヴィデオコン　36
ウィプロ　36
ウエルスパン　36
エッサール　36, 400
キルロースカル　31, 36
ゴードレージ　36
サーラーバーイ　30
ジェイピー　36

索 引

ジンダル　36
ターター　30, 31, 34
ターパル　31, 36
ニルマー　399, 402
バーラティー・テレコム　36
バジャージ　30
バングル　30
ビルラー　28, 30
フューチャー　36
マヒンドラ　31
マファトラール　30, 31, 36
ユニリーバ　36
リライアンス　30, 34, 396, 399, 402
ワールチャンド　30
ワディア　36

■ その他

ア

アーディワーシー　50-55, 58-61, 68-71, 74, 77-83, 462, 474
アーメダバード綿工業経営者協会　268, 300
アイデンティティ　10, 188, 211-216, 485
赤字公企業　46
アパレル製造業　447, 450, 457
アングロ・インディアン　127, 128
イスラム教　49, 50, 65, 79
（イスラム教）上層のセクト　455, 458, 459
イスラム教徒　7, 8, 11, 14, 51-55, 59, 61, 64, 65, 69, 74-77, 81, 83, 95-98, 111, 128, 138, 140, 180, 238, 242, 247, 249, 255, 258, 259, 262, 294, 299, 327-332, 336, 337, 340, 341, 354-400, 414, 417, 420, 424, 425, 430, 444, 455, 459, 474, 476, 479, 482-484, 487
イスラム教徒のセクト間格差　444, 453
イナーム地　150
インド憲法　143, 461
インド工業連合（CII）　309-311, 317
インド国民会議派　191

インド商工会議所（IMC）　350
インド商工会議所協会（ASSOCHAM）　309, 311, 317, 350
インド商工会議所連盟（FICCI）　309-315, 317, 350
インド政府州再編委員会　93
インド石油コーポレーション　396
インド人間開発調査　12, 15, 47-49, 83, 444, 461, 474, 487
インド変革国立研究所　28
インフラ・プロジェクト　368, 377-380, 384, 385, 388, 397
ヴァイシャ（ヴァルナ名）　145
ヴァイシュナヴァ派ヒンドゥー教徒　11, 98, 104, 145, 294
ヴァルナ（原意は肌の色）　145
牛飼いカースト　241, 356
エレクトロニクス　377, 379, 384
織物業　138
卸売業　405, 417, 436

カ

カースト・宗教分類　50, 64
カースト制度　145, 146, 174, 176
カースト団体　9, 10, 75, 76, 143, 146, 178
カーストと階級　144
カーストによる後進性　170
カースト・パンチャーヤト　146, 173, 178
カースト・ヒンドゥー　212, 214, 484
カースト分類　49
カーディー（手紡ぎ手織り綿布）　37
カーリーパラジ（原意は黒い人々）　188
ガーンディー主義　215
ガーンディー主義プラン　22
階級構造の再編　34
改姓　106, 434, 485, 486
改姓運動　10, 262, 434, 479
階層分化　143
開放経済体制　46
化学工業　125, 224, 225, 230, 232, 251, 259,

521

364, 366, 370, 374, 378, 379, 385, 388, 397
隠れた小作　151
鍛冶　160, 162, 433, 475, 476
下層のセクト　455, 457
カテゴリー構成　39, 404, 405, 409, 410, 418, 424, 428, 430, 436, 450, 455, 458, 483
稼働者　118-120, 126
家内工業　3, 199
株式会社　29, 274, 314, 320, 323, 329, 336, 343, 408, 422, 440, 481
慣行権　461
管理およびサポートサービス活動　405, 417
機械工業　132, 224, 225, 230, 231, 251, 261
企業家　19, 473
飢饉　156, 166
協会・商工会議所　336, 339, 340, 344, 480
業種構成の特徴　219, 291
業種の選択幅　256
業態（製造業とサービス業の区分）　41, 407, 418, 420, 424, 428, 483, 484
共通姓（州内外で共通の姓）　12, 389, 392-395, 398, 400
協同組合　75, 76, 408
キリスト教　49, 60
キリスト教徒　51, 53, 95, 98, 180
金工・宝石商　14
金刺繍絹織物　244, 246
金属工業　124, 125, 132, 139, 224, 261, 366, 378, 475
近代工業　3, 19, 28, 219
近代的綿工業　124
グジャール族　90
クシャトリヤ（ヴァルナ名、カースト集団名）　9, 11, 106, 145-148, 213, 238-240, 249-255, 258, 294, 299, 303, 327, 329, 332, 336, 337, 341, 357, 400, 413, 415, 417, 420, 424, 425, 428, 430-434, 479, 482-484
クシャトリヤ協会　9, 146, 147, 157
クシャトリヤ姓　262, 433, 435, 479, 485

クシャトリヤ連合　4
グジャラーティー（グジャラート人）　33, 34
グジャラーティー（グジャラート）語　90, 94
グジャラート工業開発公社　220, 362
グジャラート州政府産業附置局　236
グジャラート商工会議所　13, 265, 266, 284, 285, 292, 305, 307, 313, 347-350, 395, 434, 480
グジャラート・ピッカーズ　466
グジャラート部族民発展党　214
グローバル化　27, 34, 38
経営形態　13, 162, 428, 430
経営組織　404, 408, 409, 420, 439, 447, 450, 455, 484
経営代理会社　274, 275, 314
経営代理制度　2, 3
経済自由化　34-38, 41, 45, 215, 365, 402, 466, 473, 488
経済自由化政策　1, 13, 14
経済センサス　47
経済的後進県　225
経済力の集中の抑制　473
ケーダー・サッティアーグラハ　267
ケールート・サマージ（農民議会）　149
県工業センター　221, 362, 430
県工業発展センター　362
原産地証明書　269, 349
原始的集団　7, 99, 101, 102, 108, 115, 128, 189
公企業　21
工業コミッショナー　361, 403
工業団地　362
公共部門　20, 25, 46
工場セクター　221-223, 225-228, 230-232, 259, 262, 265, 480
工場法　44, 228
後進集団　107, 128, 130, 475
後進性形成要因　171

索　引

構造改革期　24
小売業　405, 417, 436
ゴードラー事件　486
ゴール（連合）　104, 146
国際通貨基金　22, 25, 46
国勢調査　2, 5, 7, 15, 87, 90, 94, 99-102, 116, 122, 127, 131, 144, 173, 188
小作人　122, 124, 150, 151, 191
個人企業　230, 408, 420, 422, 439, 447, 450, 456-458
固定資本投資額　43, 221, 229
個票データ　12, 13, 401-404, 487
雇用確保　20, 37, 41
雇用数上位100社　399, 400
婚姻グループ　146

サ

サーチャル委員会　487
サービス業　41, 407, 408, 420, 458
サービス業中心型　417-420, 436
財閥　2, 3, 20, 27-30, 46, 265, 473
財閥予備軍　36, 46
裁縫師　160, 475
雑役　160
サブプライム問題　402
サルボーダヤ・プラン　22
産業許可制度　20, 21, 220
産業構成　13, 404, 409, 415, 436, 448, 484
産業資本家　28
産業政策　14, 19, 23, 46, 143, 473
サンスクリット化　213
シーア派　111-113, 242
識字率　59
資源開発型　436
自耕作者　122, 123, 139
嗜好の変化　156, 157
司祭　160, 162
自助団体　75
自然的領域区分　93
指定カースト　7, 9, 14, 43, 45, 49, 50, 101, 107, 143-147, 151, 154, 157, 176, 182, 262, 404, 417, 424, 428, 430-436, 439, 444, 448, 450, 458, 462, 463, 470, 479, 480, 483, 484
指定カースト間の格差　444, 448
指定カースト商工会議所　471
指定部族　7, 14, 43, 45, 49, 50, 101, 144, 147, 151, 154, 157, 176, 182, 404, 430-436, 439, 441, 444, 448, 459, 462, 463, 470
指定部族間の格差　444, 445
指定部族政策　143
地主小作関係　122, 123
支配的土地所有カースト　160, 169, 170
資本集約的　374, 379, 383-385
資本蓄積　219, 256, 262, 264
資本蓄積の諸形態　14
ジャーティ（＝カースト）　99, 100, 102, 104, 116, 128
ジャイナ教　49, 60
ジャイナ教徒　5, 8, 10, 68, 95-98, 102, 104, 113-115, 127, 145, 240, 247, 294, 298, 354
社会関係資本　13, 14, 47, 48, 83, 430, 474, 484
社会集団　2, 49, 50, 404, 430, 431, 436, 439, 458, 462, 463
社会主義型社会　24
社会的教育的後進諸階級　7, 106, 157, 170, 173, 174, 182
社会的教育的後進性　172
シャクティ崇拝　113
ジャジマーニー関係　158, 160, 162, 184
就学構造　192
宗教・カースト間の親和性と排他性　345, 481
宗教・カースト構成　1-4, 13, 34, 45, 87, 115, 475
宗教・カースト分類　87
就業構造　197, 199, 219
宗教団体　75-77
宗教分類　49
州再編問題　269, 270, 309, 360

523

州政府製造業者名簿　458
集団改姓　7
ジュート工業　28
主要収入源　53-55
ジョイント部門　20
上位カースト連合　328, 345
上位諸カースト　11, 148, 238, 241, 294, 295, 299, 303, 326, 329, 332, 333, 336, 337, 340-343, 355-359, 398, 400, 417-420, 422-425, 428-431, 436, 482-484
上位のカースト　431, 488
商会　274, 314, 323, 339, 343
小企業　38, 44, 410, 418, 420, 446, 450
小企業家層の保護育成　473
小規模工業　12, 37-41, 220, 223-231, 235, 259, 265, 304
小規模工業開発機構　221, 222
商工会議所　12
小工業　37, 221
小財閥　31-34
商人ギルド　145
商人集団　417
商品作物　146
初期成長期　24
職業構成　139, 158
職業選択の幅　158, 160
職業の分類　118
職人カースト／職人・サービスカースト　5, 11, 15, 101, 104, 106, 135, 137, 155, 157, 160-163, 184, 238, 242, 247-253, 256-258, 261-264, 294, 295, 299-303, 326-332, 336, 337, 340-343, 355, 359, 398, 400, 413, 415, 420, 424, 425, 428-431, 434, 436, 458, 477, 479, 482, 483
職人・サービスカーストの存在形態　155
食品加工業　259, 280, 362, 368, 377, 379, 417
女性経営者部門　322
女性団体　75, 76
所有地上限規制法　124, 151

新興経営集団　429, 458, 484
新興財閥　31-34, 45, 46
親族知人ネットワーク　72
スィク教　49, 60
スィク教徒　34, 51, 55, 68, 95
スィンディー（スィンド人）　33, 113, 295
スゥエーターンバル（ジャイナ教白衣派）　114
スーラト商工会議所　348
スンニー派　111, 112, 242
生活改善意識　71
姓集団　11, 238, 253, 255, 257, 357, 359, 361, 389, 430, 431
姓集団の設定　389
姓使用の大衆化　296
製造業　12, 197, 199, 219, 223, 405-408, 450
製造業・サービス業バランス型　417-420, 436
製造業中心型　415, 418, 436, 457
製造業の諸範疇　221
制度的融資　44
姓の模倣　7
姓分析　2, 219, 478
製薬　368, 374, 384, 399
セーングプター委員会　20
石油化学工業　366, 376-379, 384, 385, 397
セキュリティの不安　83, 474
石鹸・化粧品工業　399
接尾辞ワーラー　8, 355
セメント工業　379, 385, 388
繊維関連業種　351, 359
繊維工業　124, 125, 139, 224, 230-235, 319, 364, 368, 370, 374-379, 384, 385, 388, 394-399, 457
全インド・スィンディー商工会議所　291
選挙制度　143
全国産業分類　283
全国指定カースト・指定部族金融発展局　470

索　引

全国標本調査　42, 47, 49, 56, 202
先進カースト　50-55, 59, 64, 68, 69, 75, 79, 81
先進集団　5, 99-102, 106, 128, 130, 135, 140
選択カースト　127-130, 475
相互結合企業　30
ソーランキー政権　177
その他後進諸階級　11, 14, 49-52, 55, 59, 61, 64, 69, 72, 79-83, 143, 147, 151, 153, 404, 412-417, 420, 424, 425, 428-434, 439, 440, 444, 458, 462, 474, 482-484
その他のサービス活動　417, 436
村外雇用機会　168
村落内（間）分業体制　14, 140, 475

タ

第1次不服従運動　212
第1次SEBCC（通称バクシー委員会）144, 170, 173, 174
第2次SEBCC（通称ラーネー委員会）144, 171-176, 184
第3次SEBCC（通称マンカド委員会）176, 177
第4次SEBCC（通称ゴークルクリシュナン委員会）176
第5次SEBCC（通称バット委員会）176
大企業　313, 314, 320, 329, 336, 343, 481
大規模工業　12, 361, 401
大工　160-163, 433, 475, 476
大グジャラート運動　93, 475
大グジャラート会議　93
大財閥　31
代表者カーストの組み合わせ　481
代表者組み合わせ分析　307
ダイヤ加工業　351, 359
多額出費　82
ダリト（＝不可触民／指定カースト）50-55, 59-61, 68, 69, 74-83, 312, 461-465, 470, 474, 485

ダリト・インド商工会議所（DICCI）　312, 461, 463, 464, 471, 485
ダリト・エリート　461, 469
ダリト資本主義　469
地域格差　37
地租形態　150
地代取得者　122
父親・夫の教育年数　64, 65
父親・夫の職業　56
チャーカル制度　154
チャルカー運動　221
中央グジャラート集中型　425, 441, 447
中央グジャラート商工会議所　285, 347
中間集団　99-104, 128, 133, 137-140, 475, 476
中企業　38, 410, 418, 420, 446
中小零細企業　27, 36, 39, 41, 44-46, 411
中小零細企業法　13, 38, 362
長期停滞期　24
直轄統治県　88, 96, 110, 113, 115, 120, 123-127, 156
賃金の地域格差　154, 160
低カースト　158, 167, 463
ディガンバル（ジャイナ教裸行派）114, 115
デーヴィー運動　212, 213
鉄金属工業　231
電気機器　374, 378, 384, 394
伝統的職業　1, 14, 117, 118, 127, 130, 132, 139, 158, 160, 163, 171, 175, 256, 261, 262, 294, 417, 458, 475-478
伝統的職業からの乖離　155
陶業　368, 377, 379, 384
陶工　157, 160-163, 475
投資額上位100社　396, 398, 400
投資額と雇用数　409, 422, 440
投資家サミット　362
独立運動　360
床屋　162, 475, 476
都市居住率　98, 99, 121, 131, 474

525

土地改革　124, 143, 146, 150-153, 215
土地所有カースト　183
土地所有の規定力　1, 183
土地生産性　153

ナ

ナルマダー開発公社　271
ナルマダー計画　205, 271
ナルマダー問題　309
西インド藩王国国勢調査　95
西インド藩王国代理政府　96, 99-102, 113, 115, 123, 125, 139
認定基準　176
ネットワーク　71, 83
年次工業調査　221, 222
燃料　379, 385
農業労働者　122, 123, 139
農耕カースト　101, 104, 113, 146-149, 163, 184, 241, 249
農村工業　37
農民の階層分化　199

ハ

パーティーダール姓　434, 435, 485
パートナーシップ　230, 345, 408, 422, 439, 447, 450, 455, 459, 481
ハーリー制度　110, 154, 168, 189-192, 197, 201, 205, 215
パールスィー教徒　5, 8, 15, 28, 31, 95-98, 102, 115, 127-132, 135, 212, 258, 264, 294, 354, 356
バイクの販売修理　447, 453
ハイコスト化　20
バギア制度　154
バクシー委員会　179-181
発展途上国　19, 473
バニヤー　1, 5, 7-11, 15, 30-34, 45, 98-104, 112, 145, 176, 183, 238, 242, 247, 249-253, 256, 258, 261-264, 273, 294, 295, 298, 299, 303, 305, 312, 326-330, 333, 336, 337, 340-344, 354-359, 399, 400, 413-420, 422, 424, 428-431, 434, 436, 458, 478, 480-484
バニヤー姓　434, 485
バラモン　7-11, 15, 31, 34, 45, 50-54, 58-61, 64, 68, 69, 72-75, 79-81, 100-102, 110, 112, 145, 148, 176, 183, 238, 240, 249-256, 262, 264, 295, 299, 300, 326, 329, 332, 333, 336, 337, 340-344, 357, 359, 399, 400, 413-425, 428, 431, 434, 436, 458, 470, 479, 482, 483
バラモン的秩序　7
パルダー（女性隔離）　76
ハルパティ解放運動　191
ハルパティ奉仕団　215
藩王国　90
藩王国代理政府　96, 98, 102, 115, 120, 123, 124, 139
パンジャービー（パンジャーブ人）　11, 33, 34, 412-417, 420-425, 428, 431, 434, 436, 482
パンチャーヤティー・ラージ　26
パンチャーヤト　75, 77
反留保運動　182
ピープルズ・プラン　22
皮革加工業　124, 125, 139, 447, 450, 475
非協力運動　267
ビジネスサポート活動　457
非制度金融　44
非鉄金属工業　232
被抑圧集団　7, 99, 101, 107, 128, 130
肥料工業　399
貧困の除去　19
ヒンドゥー化　109, 188, 189
ヒンドゥー家族社　408, 422, 440
ヒンドゥー教　49, 79
ヒンドゥー教徒　8, 10, 95-101, 108, 128, 180, 433
ヒンドゥー相続法　113
ヒンドゥー・バニヤー　127, 240, 354
品目留保政策　37

索 引

不可触民　144, 154, 158-160
不可触民差別　78, 83, 461, 474, 485, 486
不可触民制　459
部族民　11, 49, 95, 96, 108, 115, 144, 154, 187-189, 193, 194, 197, 202, 204, 412-417, 420, 424, 425, 428, 430, 441, 448, 482, 484
部族民県（指定部族人口比率の高い県）441
部族民姓　433, 435
部族民統一会議　214
部族民ベルト　197, 209
普通選挙制度の導入　9
仏教　49, 60
仏教徒　51, 95
プラスチック製品　374, 388
平均教育年数　64
ベンガリー（ベンガル人）　33, 34
縫製業　124, 138, 139, 362
宝石加工業　362
ボーパール会議　463
牧畜カースト　101, 104
ホワイト・カラー職　167, 183, 478
ボンベイ管区国勢調査　95
ボンベイ藩王国代理政府　88
ボンベイ・プラン　22

マ

マールワーリー（マールワール出身の商人）　3, 28, 31, 33, 240, 265
マトリキュレーション（大学入学許可）192, 193
マハー・グジャラート運動　276
マハージャン　282, 284, 347
マラーティー語　94
マンダル委員会　177
緑の革命　25
南グジャラート集中型　425, 441, 447
南グジャラート商工会議所　13, 285, 347-349
南・中央グジャラート分散型　425, 444

民間部門　20, 21
民族系財閥　31
ムガル朝　91, 145, 150, 453
村書記（タラーティー）　146
綿工業　28, 219, 220, 225, 235, 244, 247, 251, 259, 277, 280, 417
木材加工業　124, 261, 447
モビリティ　2, 5, 8, 50, 53, 71, 83, 118, 164, 182, 185, 256, 262, 474, 479

ヤ

躍動するグジャラート　309, 310
優遇政策（アファーマティヴ・アクション）470
有限会社　274, 314, 320, 323, 329, 336, 339, 343, 408, 422, 440, 450, 455
有限トラスト　314
輸出の促進　41
ユダヤ教徒　95
輸入代替政策　24, 27
窯業　124, 139, 475

ラ

ラージコート商工会議所　347
ラージプート姓　7, 8, 241
ライセンス支配　21
ライフロング職業　56
ライヤットワーリー制度　150, 156, 477
ランチョードラール　300
力織機工業　37
留保政策（制度）　45, 143, 157, 404, 453, 488
零細企業　12, 38, 39, 43, 410, 418, 420, 441, 447, 450, 455, 458
零細工業　37, 38, 229
労働従属人口　118, 121, 130, 476
労働集約的　374, 379, 383, 385, 388, 394
労働の非正規化　485

527

ワ

ワーラー姓　355

1921年国勢調査　118
1931年国勢調査　5, 87, 95, 103, 117, 118, 128
1948年決議　19, 29
1951年産業（開発・規制）法　19, 29, 46, 363
1956年会社法　313
1956年決議　19, 20, 29, 46
1956年小作および農用地（修正）立法　151
1960年所有地上限規制法　151, 152
1976年改訂所有地上限規制法　151
2011年国勢調査　110, 199, 202
2部門分割モデル　24
5カ年計画（第1次〜第12次）　24-27, 46

EUの負債問題　27
KHAM連合（クシャトリヤ（K）、ハリジャン（H）、アーディワーシー（A）、ムスリム（M）による政治連合）　5, 147, 148
OBCの認定取り消し　181
OBC認定　177, 181
OBC留保枠　177, 488

著者略歴

篠田　隆（しのだ　たかし）

1951年	秋田県生まれ
1981年	神奈川大学大学院経済学研究科博士課程単位取得退学
1982年	グジャラート・ヴィディヤーピート（M.Phil課程）留学
1983年	サルダール・パテール経済社会研究所（Ph.D.課程）留学
1986年	大東文化大学国際関係学部専任講師
現　在	大東文化大学国際関係学部教授（経済学博士）
著　書	『インドの清掃人カースト研究』（春秋社、1995年）
	『発展途上国の経営変容』（編著、未來社、1997年）
	『インド農村の家畜経済長期変動分析──グジャラート州調査村の家畜飼養と農業経営』（日本評論社、2015年）
	The Other Gujarat: Social Transformation among Weaker Sections (ed., Popular Prakashan, 2002).
	Marginalization in the Midst of Modernization: A Study of Sweepers in Western India (Manohar, 2005).
	Social Transformation and Cultural Change in South Asia (eds., Daito Bunka University, 2017).

インドにおける経営者集団の形成と系譜
グジャラート州の宗教・カーストと経営者

2019年2月28日／第1版第1刷発行

著　者　篠田　隆
発行所　株式会社日本評論社
　　　　〒170-8474　東京都豊島区南大塚3-12-4
　　　　電話　03-3987-8621（販売）　03-3987-8601（編集）
　　　　https://www.nippyo.co.jp/
印刷所　精文堂印刷
製本所　牧製本印刷
装　幀　菊地　幸子

Ⓒ Takashi Shinoda 2019　検印省略　　　　　　Printed in Japan
ISBN978-4-535-55936-3

〈(社)出版者著作権管理機構　委託出版物〉
本書の無断複写は著作権法上での例外を除き禁じられています。複写される場合は、そのつど事前に、(社)出版者著作権管理機構（電話03-5244-5088、FAX03-5244-5089、E-mail : info@jcopy.or.jp）の許諾を得てください。また、本書を代行業者等の第三者に依頼してスキャニング等の行為によりデジタル化することは、個人の家庭内の利用であっても、一切認められておりません。